W0244647

Die Chronik-Bibliothek des 20. Jahrhunderts

Inhalt

Hauptteil (ab Seite 8)

Jeder Monat beginnt mit einem Kalendarium, in dem die wichtigsten Ereignisse chronologisch geordnet und in knappen Texten dargestellt sind. Sonn- und Feiertage sind durch farbigen Druck hervorgehoben. Pfeile verweisen auf ergänzende Bild- und Textbeiträge auf den folgenden Seiten. Faksimiles von Zeitungen und Zeitschriften, die im jeweiligen Monat des Jahres 1928 erschienen sind, spiegeln Zeitgeist und herausragende Ereignisse.

Wichtige Ereignisse des Jahres 1928 werden – zusätzlich zu den Eintragungen im Kalendarium – in Wort und Bild beschrieben. Jeder der 383 Einzelartikel dieses Bandes bietet eine in sich abgeschlossene Information. Die Pfeile des Verweissystems machen auf Artikel aufmerksam, die an anderer Stelle dieses Bandes ergänzende Informationen zu dem jeweiligen Thema vermitteln.

581 teils farbige Abbildungen und grafische Darstellungen illustrieren die Ereignisse und Entwicklungen des Jahres 1928 und werden damit zu einem historischen Kaleidoskop besonderer Art.

Hinter dem Hauptteil (auf S. 210) geben originalgetreue Abbildungen einen Überblick über alle Postwertzeichen, die im Jahr 1928 im Deutschen Reich neu ausgegeben wurden.

Übersichtsartikel (ab Seite 18)

18 Übersichtsartikel, am blauen Untergrund zu erkennen, stellen Entwicklungen des Jahres 1928 zusammenfassend dar.

Alle Übersichtsartikel aus den verschiedenen Jahrgangsbänden ergeben – zusammengenommen – eine sehr spezielle Chronik zu den jeweiligen Themenbereichen (z. B. Film von 1900 bis 2000).

Anhang (ab Seite 211)

Der Anhang zeigt das Jahr 1928 in Statistiken und anderen Übersichten. Ausgehend von den offiziellen Daten für das Deutsche Reich, Österreich und die Schweiz, regen die Zahlen und Fakten zu einem Vergleich mit vorausgegangenen und nachfolgenden Jahren an.

Für alle wichtigen Länder der Erde sind die Staats- und Regierungschefs im Jahr 1928 aufgeführt und werden wichtige Veränderungen aufgezeigt. Die Zusammenstellungen herausragender Neuerscheinungen auf dem Buchmarkt sowie der Premieren auf Bühne und Leinwand werden zu einem Führer durch das kulturelle Leben des Jahres.

Das Kapitel »Sportereignisse und -rekorde« spiegelt die Höhepunkte des Sportjahres 1928.

Internationale und deutsche Meisterschaften, die Entwicklung der Leichtathletik- und Schwimmrekorde sowie alle Ergebnisse der großen internationalen Wettbewerbe im Automobilsport, Eiskunstlauf, Fußball, Gewichtheben, Pferde-, Rad- und Wintersport sowie im Tennis sind wie die Boxweltmeister im Schwergewicht nachgewiesen.

Der Nekrolog enthält Kurzbiographien von Persönlichkeiten, die 1928 verstorben sind.

Register (ab Seite 233)

Das *Personenregister* nennt – in Verbindung mit der jeweiligen Seitenzahl – alle Personen, deren Namen in diesem Band verzeichnet sind.

Werden Personen abgebildet, so sind die Seitenzahlen kursiv gesetzt. Herrscher und Angehörige regierender Häuser mit selben Namen sind alphabetisch nach den Ländern ihrer Herkunft geordnet.

Wer ein bestimmtes Ereignis des Jahres 1928 nachschlagen möchte, das genaue Datum oder die Namen der beteiligten Personen aber nicht präsent hat, findet über das spezielle *Sachregister* Zugang zu den gesuchten Informationen.

Oberbegriffe und Ländernamen erleichtern das Suchen und machen zugleich deutlich, welche weiteren Artikel und Informationen zu diesem Themenfeld im vorliegenden Band zu finden sind. Querverweise helfen bei der Erschließung der immensen Informationsvielfalt.

Das Jahr 1928

»Kann der zivilisierten Welt eine bessere Lehre geboten werden als dieses Schauspiel einer Zusammenkunft, in der zur Unterzeichnung eines Paktes gegen den Krieg Deutschland aus freien Stücken und ohne Zögern zwischen sämtlichen anderen Signataren, seinen früheren Gegnern, Platz nimmt?«
Diese – rein rhetorische – Frage stellt der französische Außenminister Aristide Briand anläßlich der feierlichen Unterzeichnung des Kriegsächtungspakts in Paris am 27. August 1928. Die Teilnahme des deutschen Außenministers Gustav Stresemann an dem feierlichen Akt belegt in der Tat, daß – im zehnten Jahr nach Kriegsende – Deutschland sich vom Stigma eines kriegslüsternen Staates zu einem Gutteil hat befreien können und wieder in die Völkergemeinschaft aufgenommen ist (auf sportlichem Gebiet wird dies durch die Teilnahme der Deutschen an den Olympischen Spielen in Amsterdam besiegelt – 1920 und 1924 waren sie noch ausgeschlossen).
Der Abschluß dieses Vertrags, mit dem – erstmals in der Geschichte der Menschheit – der Angriffskrieg verurteilt wird, täuscht allerdings darüber hinweg, daß die seit Ausgang des Weltkriegs bestehenden Probleme keineswegs gelöst sind. Die Verständigung mit Frankreich wird in Deutschland von der militärischen Führung und der politischen Rechten scharf abgelehnt. Das Deutsche Reich hat sich zudem mit Polen nicht ausgesöhnt und hält die Grenzfrage im Osten bewußt offen.
Während in Europa die Konflikte unter der Oberfläche schwelen, sind sie für jedermann sichtbar in Lateinamerika, wo die USA mit Waffengewalt ihre »Einflußzonen« sichern, und in China, wo die Japaner verstärkt in den Bürgerkrieg eingreifen. Der Kriegsächtungspakt ist in diesen Konflikten weitgehend wirkungslos, denn er verurteilt nur den Angriffskrieg und läßt damit breiten Spielraum für die Rechtfertigung militärischer Aktionen.
Das innenpolitische Klima im Deutschen Reich ist ebenso durch eine trügerische politische Stabilität gekennzeichnet. Das Streitthema des Jahres 1928, der Bau des Panzerschiffs A, zeigt, daß neun Jahre nach Abschluß des Friedensvertrags die »Schmach von Versailles« – von den Rechtsparteien, der Reichswehrspitze und den vaterländischen Verbänden immer wieder beschworen – eine unbefangene Haltung auch der Sozialdemokraten in Rüstungsfragen ausschließt. Das Taktieren der SPD schmälert zudem weiter das Ansehen der – von der Rechten im Grunde stets abgelehnten – parlamentarischen Institutionen. Die Neuregelung der Reparationsfrage, die das Deutsche Reich und seine Gläubigernationen 1928 in Angriff nehmen, wird den konservativ-nationalistischen Kräften bereits im Jahr darauf Anlaß sein, gemeinsam und massiv gegen den demokratischen Staat Front zu machen.
Die Labilität des parlamentarisch-demokratischen Systems der Weimarer Republik zeigt sich außerdem darin, daß nach den Reichstagswahlen vom 20.

Mai das Parteienspektrum in Bewegung gerät: Die Linksparteien SPD und KPD driften nach der sozialdemokratischen Regierungsbeteiligung weiter auseinander. Bei den bürgerlichen Parteien vollzieht sich ein Rechtsruck: Alfred Hugenberg, der dem nationalistisch-chauvinistischen Flügel zuzurechnen ist, übernimmt den Vorsitz der Deutschnationalen, der progressive Teil des Zentrums erleidet mit der Wahl des Geistlichen Ludwig Kaas zum Parteivorsitzenden eine Niederlage. Die Nationalsozialisten, die weiter ihre antisemitischen und antimarxistischen Hetzparolen verbreiten, werden von der Presse wenig beachtet und von den demokratischen Parteien unterschätzt.
Aber nicht nur in der Politik gibt es Grund zur Besorgnis, auch der wirtschaftliche Aufschwung im Deutschen Reich steht auf tönernen Füßen. Die starke Abhängigkeit von Auslandskrediten macht die deutsche Wirtschaft anfällig für Krisen, auch wenn die Arbeitgeber gegenüber den Beschäftigten ihre Marktposition behaupten können: Die häufigen Streiks, mit denen die Arbeiter ihren Anteil am Aufschwung sichern wollen, enden vielfach mit politischen und juristischen Erfolgen der Unternehmer.
Ungeachtet dieser Gegenkräfte – oder gerade von ihnen provoziert: Die kulturelle Avantgarde im Deutschen Reich versteht sich als links und ist entschieden pazifistisch. Die »Dreigroschenoper«, die amüsant das kapitalistische System attackiert, begeistert Publikum und Kritik, antimilitaristische und gesellschaftskritische Zeitstücke werden zu Höhepunkten der Theatersaison, und der Antikriegsroman »Im Westen nichts Neues« von Erich Maria Remarque, von den Verlagen zunächst abgelehnt, findet beim Vorabdruck in der »Vossischen Zeitung« große Beachtung. 1928 ist aber auch das Jahr, in dem der Jugendroman »Emil und die Detektive« von Erich Kästner erscheint. In Großbritannien führen freizügige Passagen in dem Roman »Lady Chatterley« von D. H. Lawrence zum Skandal.
Aus den Filmproduktionen des Jahres 1928 ragt vor allem Sergej M. Eisensteins »Oktober« heraus, in Deutschland später unter dem Titel »10 Tage, die die Welt veränderten« bekannt. Das Ballett »Bolero« von Maurice Ravel reißt das Pariser Premierenpublikum zu Beifallsstürmen hin.
Sportliche Höhepunkte des Jahres sind die Kugelstoßweltrekorde von Emil Hirschfeld, der Olympiasieg von Sonja Henie im Eiskunstlauf sowie die Rekordserie des finnischen Laufwunders Paavo Nurmi. Der Radprofi Alfredo Binda gewinnt zum dritten Mal den Giro d'Italia und Rudolf Caracciola wird Sieger des Großen Preises von Deutschland im Automobilrennen. Der deutsche Boxer Max Schmeling wird Deutscher Schwergewichtsmeister.
Mit stockendem Atem verfolgt die Welt die dramatische Rettungsaktion für das über dem Nordpol abgestürzte Luftschiff »Italia« von Umberto Nobile, die dem norwegischen Polarforscher Roald Amundsen den Tod bringt.

◁ *Unterzeichnung des Briand-Kellogg-Pakts; im Hintergrund (M.) einer der Initiatoren des Kriegsächtungspaktes, Frankreichs Außenminister A. Briand*

Januar 1928

Mo	Di	Mi	Do	Fr	Sa	So
						1
2	3	4	5	6	7	8
9	10	11	12	13	14	15
16	17	18	19	20	21	22
23	24	25	26	27	28	29
30	31					

1. Januar, Neujahr

Im Verkehr zwischen Großbritannien und dem Deutschen Reich wird der Visumzwang aufgehoben.

In den Neujahrsansprachen der Politiker überwiegen versöhnliche Töne. →S. 13

Der Freisinnige Edmund Schultheß tritt turnusgemäß sein Amt als Bundespräsident der Schweiz für 1928 an.

Im britischen Protektorat Sierra Leone (Westafrika) tritt ein Gesetz in Kraft, wonach die Sklaverei abgeschafft ist. →S. 16

An der Grenzstation Szent Gotthard an der österreichisch-ungarischen Grenze werden fünf Eisenbahnwaggons beschlagnahmt, die nicht-deklarierte Maschinengewehrteile enthalten. →S. 16

Zu Jahresbeginn 1928 gibt es 2 009 842 Rundfunkhörer im Deutschen Reich.

Der deutsche Schriftsteller und Essayist Thomas Mann veröffentlicht in der schwedischen Tageszeitung »Dagens Nyheter« einen »Neujahrswunsch an die Menschheit«. →S. 12

In der Neujahrsausgabe der »Vossischen Zeitung« geht der Schriftsteller Emil Ludwig der Frage nach: »Gibt es heute noch große Männer?« Er stellt fest, daß derzeit Preisboxer und Filmstars den größten Ruhm ernten.

Die Jazzoper »Jonny spielt auf« von Ernst Křenek wird in Wien zum ersten Mal gezeigt. →S. 13

Italien schlägt die Schweiz in einem Fußball-Länderspiel in Genua 3:2.

2. Januar, Montag

Gregor Strasser wird Vorsitzender des Organisationsausschusses der NSDAP. Strasser hatte bisher den Propagandaausschuß der Partei geleitet.

Der nationalsozialistische bayerische Landtagsabgeordnete Julius Streicher wird in Nürnberg wegen Beleidigung des politischen Gegners zu einem Monat Gefängnis verurteilt.

Der Versuch der britischen Sportlerin Mercedes Gleitze, die Meerenge von Gibraltar zu durchschwimmen, muß wegen heftigen Wellengangs kurz vor dem Ziel abgebrochen werden (→6. 4./S. 67).

3. Januar, Dienstag

Im Deutschen Reich wird der Inventur-Ausverkauf eröffnet. Bis zum 15. Februar haben Einzelhändler die Gelegenheit, Waren zu reduzierten Preisen anzubieten. →S. 15

Im Ufa-Palast am Zoo in Berlin wird der erste Teil des Films »Der alte Fritz« von Gerhard Lamprecht mit Otto Gebühr in der Titelrolle uraufgeführt (→S. 23).

4. Januar, Mittwoch

Parker Gilbert, der von Berlin aus die Einhaltung der Reparationsverpflichtungen des Deutschen Reiches überwacht, trifft zur Berichterstattung in Washington mit US-Präsident Calvin Coolidge und US-Außenminister Frank Billings Kellogg zusammen.

Die Filmkomödie »Ein Frack – ein Claque – ein Mädel« mit Adolphe Menjou wird im Berliner Gloria-Palast uraufgeführt (Regie: Luther Reed).

5. Januar, Donnerstag

Der argentinische Außenminister Angel Gallardo trifft zu einem Staatsbesuch des Deutschen Reichs in Berlin ein.

Bei einer Einsturzkatastrophe in Berlin sterben 17 Menschen. →S. 15

6. Januar, Freitag

Der Bund zur Erneuerung des Reiches, der sich eine Neuregelung des Verhältnisses zwischen Reich und Ländern zum Ziel setzt, wird unter der Leitung des ehemaligen Reichskanzlers Hans Luther (parteilos) gegründet (→18. 1./S. 14; 23. 10./S. 172).

Papst Pius XI. spricht sich in der Enzyklika »Mortalium animos«, die im Vatikan in Rom erlassen wird, gegen jegliche Einheitsbestrebungen der christlichen Kirchen aus. →S. 17

Zur Feier des 100. Geburtstages des norwegischen Dichters Henrik Ibsen am 20. März hat am Deutschen Theater in Berlin das Drama »Peer Gynt« mit Werner Krauss in der Titelrolle Premiere (Regie: Berthold Viertel).

Der Profiboxer Max Schmeling verteidigt durch einen K. o.-Sieg über den Italiener Michele Bonaglia im Berliner Sportpalast seinen Titel als Box-Europameister im Halbschwergewicht. →S. 23

7. Januar, Sonnabend

Die deutsche Reichsregierung erhebt beim Ständigen Internationalen Gerichtshof in Den Haag Klage gegen Polen wegen des oberschlesischen Schulstreits. Die deutsche Seite wirft Polen vor, die Rechte der deutschen Minderheit in Oberschlesien bei der Schulwahl nicht zu gewährleisten (→15. 12./S. 198).

Durch den Bruch der Kaimauern an der Themse kommt es zu einer Überschwemmungskatastrophe in London. →S. 20

In New York wird der Film »Circus« mit Charlie Chaplin uraufgeführt (→S. 108).

8. Januar, Sonntag

Im Theater am Nollendorfplatz in Berlin findet eine Protestkundgebung statt, die sich gegen das bevorstehende Hochverratsverfahren gegen den Schriftsteller Johannes R. Becher richtet. →S. 14

König Aman Ullah von Afghanistan trifft zum Auftakt einer mehrwöchigen Europareise in Rom ein. Am 12. Januar wird der Monarch von Papst Pius XI. empfangen (→22. 2./S. 33).

Bei einer Explosionskatastrophe im Berliner Stadtteil Dahlem sterben zwei Menschen (→5. 1./S. 15).

Der Regisseur Erwin Piscator eröffnet die Studiobühne seines Theaters in Berlin mit einer Inszenierung des Stücks »Heimweh« von Franz Jung (→23. 1./S. 22).

9. Januar, Montag

Die als Tarnfirma zur Finanzierung geheimer Aufrüstung fungierende »Phoebus«-Filmgesellschaft (→14. 1./S. 14) wird an die Unternehmensgruppe Emelka-Lustig verkauft (→14. 11./S. 192).

Die irakische Regierung unter Ministerpräsident Dscha'far Pascha al'Askari, die wegen ihrer nachgiebigen Haltung gegenüber der Mandatsmacht Großbritannien auf Kritik stößt, tritt zurück. Am 14. Januar wird eine neue Regierung unter Ministerpräsident Abd al-Muhsin Bey al Sa'dun gebildet.

In Wien wird der Reichssekretär der Kommunistischen Partei Österreichs, Johann Koplenig, freigesprochen. Der Parteifunktionär war aufgrund einer Rede bei der Beisetzungsfeier für 65 Demonstranten, die bei den Juli-Unruhen in Wien 1927 von Polizisten erschossen worden waren, wegen Vergehens gegen die öffentliche Ruhe und Ordnung angeklagt worden (→13. 1./S. 16).

Der schweizerische Nahrungsmittelkonzern Nestlé fusioniert mit den renommierten Schokoladenfabriken Peter Kohler und Cailler. →S. 21

Die Nordatlantik-Schiffahrtskonferenz, die unter deutschem Vorsitz in Paris tagt, beschließt eine Erhöhung der Preise für eine Passage nach New York um durchschnittlich fünf US-Dollar (20,90 Reichsmark).

10. Januar, Dienstag

Der sowjetische Politiker Leo D. Trotzki, der im November 1927 aus der Kommunistischen Partei der Sowjetunion (KPdSU) ausgeschlossen worden ist, wird zusammen mit 30 weiteren Angehörigen der innerparteilichen Opposition aus Moskau ausgewiesen. Trotzki wird am →17. Januar (S. 16) nach Alma Ata in die Verbannung geschickt.

In den USA werden mehr als 1000 Soldaten an Bord von drei Kreuzern und anderen Schiffen zur Verstärkung der US-Truppen in Nicaragua nach Managua eingeschifft (→16. 1./S. 17; 15. 3./S. 45).

Der bisherige Präsident der Deputiertenkammer des französischen Parlaments, Fernand Bouisson, wird zur Eröffnung der Parlamentssession mit großer Mehrheit wiedergewählt.

Zum 70. Geburtstag des Zeichners und Humoristen Heinrich Zille erscheinen Würdigungen in allen großen Berliner Zeitungen.

Die Sektion Dichtkunst der Preußischen Akademie der Künste in Berlin wählt Leonhard Frank, Alfred Mombert, Theodor Däubler, Alfred Döblin und Fritz von Unruh als neue Mitglieder.

11. Januar, Mittwoch

Der christlichsoziale Politiker Anton Schreiner wird mit 28 von 29 Stimmen vom burgenländischen Landtag zum neuen Landeshauptmann des Burgenlandes gewählt.

In Mexiko tritt ein neues Petroleumgesetz in Kraft, das die Beschränkungen für ausländische Konzessionäre wieder aufhebt. Damit wird der Ölkonflikt mit den USA entschärft (→27. 3./S. 45).

Im Essener Opernhaus wird die musikalische Tragödie »Antigone« des schweizerischen Komponisten Arthur Honegger (Libretto von Jean Cocteau nach dem antiken Drama von Sophokles) in deutscher Erstaufführung gezeigt.

Die Zeitschrift »Gartenlaube« wird 75 Jahre alt. Das »Börsenblatt für den deutschen Buchhandel« veröffentlicht aus diesem Anlaß eine Würdigung.

12. Januar, Donnerstag

Die wegen des oberschlesischen Schulstreits unterbrochenen Handelsvertragsverhandlungen zwischen Polen und dem Deutschen Reich werden wiederaufgenommen.

13. Januar, Freitag

Die Schwurgerichtsprozesse gegen elf Angeklagte, die am 15./16. Juli 1927 an einer Demonstration in der Wiener Innenstadt teilgenommen hatten, in deren Verlauf der Justizpalast in Brand geraten war, enden mit Freisprüchen. →S. 16

Die Nationalsozialisten rufen in Wien zu einer Protestkundgebung gegen die Aufführung der Jazzoper »Jonny spielt auf« von Ernst Křenek in der Wiener Staatsoper auf (→1. 1./S. 13).

14. Januar, Sonnabend

Reichswehrminister Otto Geßler (parteilos), der im Zusammenhang mit geheimen, den Bestimmungen des Versailler Friedensvertrags von 1919 widersprechenden Finanzgeschäften der Marine und der Reichswehr ins Zwielicht geraten ist, reicht seinen Rücktritt ein. →S. 14

Die Teilnehmer der deutsch-österreichischen Verhandlungen über ein einheitliches Strafrecht (bis 16. 1.) verständigen sich in Berlin darauf, alle voneinander abweichenden Strafrechtsbestimmungen bei den Staaten generell anzugleichen.

Der Münchner Komiker und Kabarettist Karl Valentin gastiert mit seiner Partnerin Liesl Karlstadt zum zweiten Mal in Berlin und wird vom Publikum begeistert gefeiert. →S. 22

Der Film »The Divine Woman« (»Das göttliche Weib«) mit der schwedischen Schauspielerin Greta Garbo (Regie: Victor Sjöström) wird in den USA uraufgeführt. →S. 23

Während die »Illustrated London News« vom 28. Januar auf ihrem Titelblatt die Vergnügungen des Wintersports darstellt, folgt im Innenteil ein ausführlicher Bericht über die Folgen des harten Winters in Großbritannien

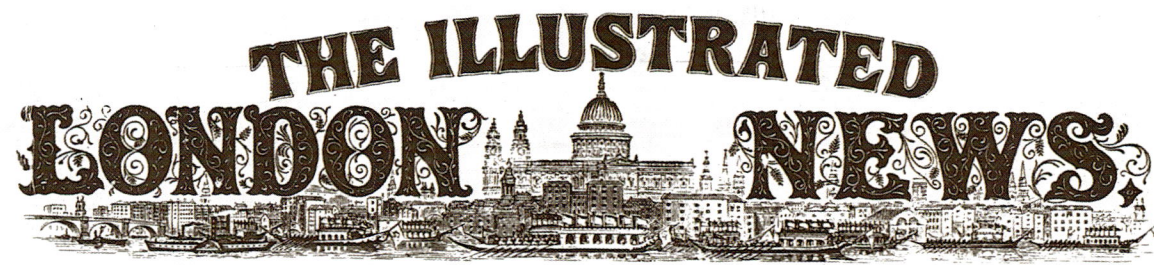

THE ILLUSTRATED LONDON NEWS

REGISTERED AS A NEWSPAPER FOR TRANSMISSION IN THE UNITED KINGDOM AND TO CANADA AND NEWFOUNDLAND BY MAGAZINE POST.

SATURDAY, JANUARY 28, 1928.

The Copyright of all the Editorial Matter, both Engravings and Letterpress, is Strictly Reserved in Great Britain, the Colonies, Europe, and the United States of America.

A "WIND-SLAB" AVALANCHE, THE SKI-RUNNER'S GREATEST PERIL: BLOWN SNOW SPLIT INTO SLIDING BLOCKS WITH "A BOOMING, TEARING CRACK"—A RISKY TEST NEAR PONTRESINA.

The greatest and most subtle enemy of the ski-runner is known as the "wind-slab" avalanche. Loose snow is blown and compacted into great hard slabs. At first sight these appear perfectly safe, but the ski-runner rash or ignorant enough to traverse a "wind-slab" is soon disillusioned. There is a booming, tearing crack, and the whole outer shield of snow, often several feet thick, breaks off into a mass of sliding blocks. At once the ski-runner is carried off his feet and overwhelmed. Should the slope be a long one, or the avalanche a big one, his chance of escape is nil. Even if he is not suffocated beneath the snowy incubus, he is likely to be crushed to death by the weight of the snow blocks. Considerable experience is required to detect a "wind-slab," but its presence must always be suspected on the lee side of ridges where the blown snow collects. To obtain this unique photograph a short slope of wind-slab was deliberately traversed, and an avalanche started. The photograph shows well the breaking away of a typical wind-slab, and the wind-rippled snow characteristic of such surfaces. The ski-runner on the left is trying to escape, while his companion is already involved in a mass of sliding snow. "There were friends present to dig us out if necessary," writes our correspondent, "But I don't want to try the experiment again, as I had my legs nearly broken by the weight of snow."

15. Januar, Sonntag

Heinrich Imbusch, der Vorsitzende des Gewerkschaftsvereins christlicher Bergarbeiter Deutschlands, übt in einer Rede in Oberhausen Kritik an den Zuständen in seiner Partei, dem Zentrum. Die Arbeiter hätten nicht mehr den ihnen gebührenden Einfluß in der Partei.

Der ehemalige Hofprediger Bruno Doehring gründet die Deutsche Reformationspartei, die ein protestantisches Pendant zum katholischen Zentrum sein will.

16. Januar, Montag

In Havanna (Kuba) wird die sechste Panamerikanische Konferenz eröffnet (bis 21. 2.). Die USA werden wegen ihrer Interventionspolitik in Mittelamerika heftig angegriffen. →S. 17

In Berlin wird der Film »Königin Luise« mit Mady Christians (Regie: Karl Grune) uraufgeführt (→S. 23).

Der naturalistische Dramatiker Gerhart Hauptmann erklärt sich dazu bereit, der Sektion Dichtkunst der Preußischen Akademie der Künste beizutreten. Hauptmann hatte am 7. Mai 1926 eine Berufung mit der Begründung abgelehnt, daß es »eine bewußte Führung auf dem Gebiet der Dichtkunst nicht gibt«.

17. Januar, Dienstag

Der sowjetische Politiker Leo D. Trotzki wird vom Chef der KPdSU, Josef W. Stalin, nach Alma Ata verbannt. →S. 16

In Oslo wird ein Abkommen zwischen dem Deutschen Reich und Norwegen zur Aufhebung des Visumzwangs unterzeichnet.

18. Januar, Mittwoch

In Berlin endet ohne konkretes Ergebnis die Länderkonferenz für Reichs- und Verwaltungsreform, die am 16. Januar zusammengetreten war, um über eine Neuaufteilung der Kompetenzen zwischen Ländern und Reich zu beraten. →S. 14

Im Reichstag in Berlin findet die Reichsgründungsfeier statt.

Der deutsche Student Georg Hansen wird in London wegen Spionage zu zehn Jahren Zuchthaus verurteilt. Hansen hatte sich zusammen mit einem britischen Kommunisten, der ebenfalls eine zehnjährige Zuchthausstrafe erhält, darum bemüht, Informationen über britische Waffenlieferungen an osteuropäische Staaten zu erhalten.

19. Januar, Donnerstag

Generalleutnant a. D. Wilhelm Groener (parteilos) wird als neuer Reichswehrminister vereidigt. Der Nachfolger Erich Ludendorffs als Generalquartiermeister der Obersten Heeresleitung (1918) gilt als loyal gegenüber der republikanischen Verfassung (→14. 1./S. 14).

Die mehrwöchige Debatte über den Reichshaushalt 1928 im Reichstag in Berlin wird mit einer Rede von Finanzminister Heinrich Franz Köhler (Zentrum) eröffnet (→31. 3./S. 44).

Die schwedische Kugellagerfabrik SKF übernimmt die Aktienmehrheit der größten Kugellagerfabrik Frankreichs und wächst damit zu einem Weltunternehmen heran. →S. 20

20. Januar, Freitag

Der zweite Teil des Films »Der alte Fritz« mit Otto Gebühr in der Titelrolle wird in Berlin erstmals gezeigt (→S. 23).

21. Januar, Sonnabend

In Lettland wird eine neue Regierung unter Ministerpräsident Peter Jurasevski (Demokraten) gebildet, die sich auf alle bürgerlichen Parteien im Parlament unter Einschluß der deutschen Fraktion stützen kann.

Auf Wunsch von Ministerpräsident Gichi Baron Tanaka löst der japanische Kaiser Hirohito das Parlament auf. Neuwahlen werden für den →20. Februar (S. 32) angesetzt.

In einem Notenwechsel (5. 1. Frankreich an USA, 11. 1. USA an Frankreich, 21. 1. Frankreich an USA) verständigen sich die französische und die US-amerikanische Regierung darauf, statt eines bilateralen Abkommens einen internationalen Kriegsächtungspakt auszuarbeiten (→27. 4./S. 62; 27. 8./S. 132).

In Paris wird das französisch-schweizerische Handelsabkommen unterzeichnet, das den bisher gültigen Handelsvertrag von 1906 ablöst. →S. 21

Einer der Höhepunkte der Ballsaison 1927/28 ist der »Ball des Kabaretts der Komiker«, ein Kostümfest im Berliner Sportpalast (→S. 35).

22. Januar, Sonntag

In Dresden findet eine Protestkundgebung gegen die Pläne der Reichsregierung zur Reform des Schulwesens statt. Die Regierungskoalition erwägt eine Verfassungsänderung zur Stärkung der Konfessionsschulen gegenüber den bekenntnisbezogenen Schulen (→15. 2./S. 28).

Der Evangelische Bund veröffentlicht eine ablehnende Stellungnahme zur Papstenzyklika vom 6. Januar. →S. 17

In Garmisch-Partenkirchen wird der Berliner Schlittschuhklub durch ein 2:1 über den SC Rießersee Deutscher Meister im Eishockey.

23. Januar, Montag

Das dänische Unterrichtsministerium lehnt die vom Deutschen Schulverein in einer Eingabe im Februar 1927 erhobenen Forderungen ab. Der Verein hatte sich für die Einführung eines deutschen Realexamens und eines deutschen Abiturs an mindestens einer Schule im zu Dänemark gehörenden Nordschleswig ausgesprochen.

Auf der Piscator-Bühne am Nollendorfplatz in Berlin wird die dramatisierte Fassung des Romans »Die Abenteuer des braven Soldaten Schwejk« von Jaroslav Hašek uraufgeführt. Die Titelrolle spielt Max Pallenberg. →S. 22

24. Januar, Dienstag

Zum Auftakt eines geplanten regelmäßigen Programmaustausches zwischen den Rundfunksendern in Warschau, Wien und Berlin wird ein Warschauer Musikprogramm im Berliner Rundfunk ausgestrahlt.

Elisabeth Bergner spielt die Hauptrolle in dem Film »Donna Juana«, der in Berlin uraufgeführt wird (Regie: Paul Czinner).

25. Januar, Mittwoch

30 türkische Kommunisten werden von einem Gericht in Istanbul zu Haftstrafen zwischen einem Monat und vier Monaten verurteilt. Das Publikum im Gericht begrüßt die unerwartet milden Urteile mit Beifall.

In Berlin wird der Film »Alraune« von Henrik Galeen uraufgeführt. Im Mittelpunkt der Handlung steht ein Mädchen, das durch künstliche Befruchtung einer Prostituierten mit dem Samen eines Mörders gezeugt ist (gespielt von Brigitte Helm; →S. 108).

26. Januar, Donnerstag

Dem Malik-Verlag wird per Gerichtsentscheid untersagt, auf dem Umschlag des Buches »Harry Domela, der falsche Prinz« ein Bild des Kronprinzensohnes Wilhelm abzudrucken. →S. 21

27. Januar, Freitag

Reichspräsident Paul von Hindenburg teilt der Reichsregierung mit, daß er »unter keinen Umständen sich bereit finden werde«, den zehnten Jahrestag der Novemberrevolution (9. 11. 1928) »irgendwie zu beachten« (→9. 11./S. 186).

In der sowjetischen Tageszeitung »Prawda« wird ein Artikel veröffentlicht, in dem Grigori J. Sinowjew und Lew B. Kamenew, die im November 1927 aus der Kommunistischen Partei der Sowjetunion (KPdSU) ausgeschlossen worden sind, ihre Anschauungen widerrufen (→17. 1./S. 16).

Im Deutschen Theater in Berlin wird die Komödie »Finden Sie, daß Constanze sich richtig verhält?« von William Somerset Maugham in deutscher Erstaufführung gezeigt.

28. Januar, Sonnabend

140 000 Bauern demonstrieren in mehreren Städten Schleswig-Holsteins gegen die Reichsregierung. Sie werfen ihr vor, der Verschuldung der deutschen Landwirtschaft tatenlos zuzusehen. In Heide wird ein Forderungskatalog verabschiedet. →S. 15

In Berlin wird die Grüne Woche eröffnet. Bis zum 3. Februar stellten deutsche Landwirte ihre Erzeugnisse aus.

Der neue deutsche Botschafter in den USA, Friedrich Wilhelm Freiherr von Prittwitz und Gaffron, überreicht in Washington sein Beglaubigungsschreiben. Sein Vorgänger in diesem Amt, Ago Freiherr von Maltzan, war am 23. September 1927 bei einem Flugzeugabsturz ums Leben gekommen.

In Norwegen wird die erste Arbeiterregierung mit Christopher Hornsrud (Arbeiterpartei) als Ministerpräsident gebildet (→8. 2./S. 32).

In Frankfurt am Main wird die Komödie »Der Präsident« von Georg Kaiser uraufgeführt.

29. Januar, Sonntag

Bei den Landtagswahlen in Mecklenburg-Strelitz erhält die SPD 13 der 35 Sitze (bisher 12) und bleibt damit stärkste Partei. Die rechtsgerichtete Deutschnationale Volkspartei (DNVP) verliert zwei Mandate und verfügt künftig über acht Abgeordnetensitze im Landtag.

Im Rahmen eines Aufenthaltes des litauischen Ministerpräsidenten Augustin Voldemaras in Berlin wird ein deutsch-litauischer Schiedsvertrag unterzeichnet.

30. Januar, Montag

In einer Rede vor dem Reichstag spricht sich Reichsaußenminister Gustav Stresemann dafür aus, die Verständigungspolitik gegenüber Frankreich fortzusetzen.

45 000 Arbeiter in der spanischen Stadt Barcelona treten in Streik, um gegen eine neue Besteuerung zu protestieren. Bisher waren sie als Tagelöhner von allen direkten Steuern befreit.

Der Schwede Sven Hedin berichtet in einem Telegramm von seiner Expedition durch die Wüste Gobi. →S. 20

31. Januar, Dienstag

Die Erweiterungsbauten der Königsberger Universität werden vom preußischen Kultusminister Carl Heinrich Becker feierlich eingeweiht.

Gestorben:

11. Max Gate bei Dorchester: Thomas Hardy (*2. 6. 1840, Upper Bockhampton/Dorset), britischer Romanschriftsteller und Lyriker.

28. Menton: Vicente Blasco Ibáñez (*29. 1. 1867, Valencia), spanischer naturalistischer Schriftsteller.

30. Locarno: Karl Bleibtreu (*13. 1. 1859, Berlin), deutscher Kritiker, Dramatiker und Erzähler.

Geboren:

5. Larkana: Zulfikar Ali-Khan Bhutto (†4. 4. 1979, Rawalpindi), pakistanischer Politiker.

23. Paris: Jeanne Moreau, französische Schauspielerin.

Das Wetter im Monat Januar

Station	Mittlere Lufttemperatur (°C)	Niederschlag (mm)	Sonnenscheindauer (Std.)
Aachen	4,2 (1,8)	77 (72)	– (51)
Berlin	1,3 (–0,4)	55 (43)	– (56)
Bremen	2,6 (0,6)	58 (57)	– (47)
München	1,2 (–2,1)	29 (55)	– (56)
Wien	0,9 (–0,9)	19 (40)	– (–)
Zürich	2,6 (–1,0)	53 (68)	38 (46)
( ) Langjähriger Mittelwert für diesen Monat – Wert nicht ermittelt			

*Die US-amerika-
nische Zeitschrift
»Vanity Fair«
übermittelt mit
ihrem Januarheft
das Lebensgefühl
der »Golden
Twenties«*

Kostümbälle, Tanzveranstaltungen, Revuen, Varietés und Kabaretts bieten Zerstreuung für das großstädtische Bürgertum (Karikatur aus »Simplicissimus«)

Die Karikatur aus dem »Simplicissimus« zeigt die Regisseure und Intendanten der großen Berliner Theater, in der Mitte der Regisseur Max Reinhardt

Die »goldenen 20er« auf ihrem Höhepunkt

Die Atmosphäre im Deutschen Reich zu Jahresbeginn 1928 ist geprägt durch das in bürgerlichen Schichten verbreitete Bewußtsein, in einer Zeit innen- und außenpolitischer Stabilität und wirtschaftlicher Prosperität zu leben.

Angesichts der (scheinbaren) Sicherung von Wohlstand, Demokratie und Frieden treten politische Veranstaltungen und Themen in den Hintergrund, die Energien wenden sich dem kulturellen Angebot zu, das sich insbesondere in der Reichshauptstadt Berlin, der europäischen Metropole der 20er Jahre, in einer nie dagewesenen Vielfalt präsentiert. Das Theaterleben in Berlin steht in voller Blüte: Hier führt Max Reinhardt am Deutschen Theater seinen opulent-magischen Bühnenstil fort, hier ist das auf politische Wirksamkeit ausgerichtete Theater des KPD-nahen Regisseurs Erwin Piscator ein Anziehungspunkt für die Kulturschickeria (→ 23. 1./S. 22), hier stehen am Staatlichen Schauspielhaus aktualisierte Klassikerinszenierungen auf dem Spielplan, hier werden die neuesten Volksstücke von Gerhart Hauptmann oder Carl Zuckmayer, die gesellschaftskritischen Dramen des sozialistischen Schriftstellers Bertolt Brecht, aber auch die anspruchslosen Boulevardkomödien eines Walter Hasenclever oder Ferenc Molnár aufgeführt.

Zerstreuung suchen die Angehörigen der großstädtischen Mittelschicht nicht nur im Theater, sondern auch bei Revuen – etwa von Eric Charell oder Hermann Haller –, im Varieté, Kabarett oder bei Sportveranstaltungen. Eine unreflektierte Faszination an technischen Neuerungen, eine weitverbreitete Amerikabegeisterung, aber auch eine Aufgeschlossenheit gegenüber den kulturellen Experimenten in dem noch jungen sowjetischen Staat bestimmen das Bild.

Im deutlichen Kontrast zur weltoffen-liberalen, vielfach linksorientierten Kulturszene steht das offizielle Deutschland, wie es von den staatlichen Organen repräsentiert wird. Paul von Hindenburg, 1925 als Nachfolger des verstorbenen Friedrich Ebert (SPD) zum Reichspräsidenten gewählt, verkörpert den militaristischen, antirepublikanischen Geist der Kaiserzeit. Der Reichsregierung gehören neben dem katholischen Zentrum, der rechtsliberalen Deutschen Volkspartei (DVP) und der Bayerischen Volkspartei (BVP) auch Vertreter der scharf rechtsgerichteten Deutschnationalen Volkspartei (DNVP) an, die durch ihre revanchistischen Reden im Ausland Besorgnisse wecken.

Bei Liberalen und Linken bestehen Zweifel, ob Paul von Hindenburg, der 1925 zum zweiten Präsidenten der Weimarer Republik gewählt worden ist, das parlamentarisch-demokratische System bejaht; der Generalfeldmarschall im Weltkrieg teilt am 27. Januar mit, daß er nicht bereit sei, den zehnten Jahrestag der deutschen Novemberrevolution (9. 11. 1928) »irgendwie zu beachten«

Mann warnt vor zu viel Optimismus

1. Januar. In einem »Neujahrswunsch an die Menschheit«, der in der schwedischen Zeitung »Dagens Nyheter« veröffentlicht wird, spricht sich der deutsche Schriftsteller Thomas Mann für eine Förderung der »Klugheit« und »Geistwilligkeit« in einem erhaltenden Sinne aus. Er führt weiter aus:

»Es gibt heute nur *einen* Konservatismus, der seinen Namen verdient. Er ist derjenige, der unsere Zivilisation vor dem Untergang zu bewahren, sie zu ›erhalten‹ wünscht gegen Katastrophen, die ihr drohen und die

Thomas Mann

ihrer Vernichtung gleichkommen würden. Daß sie ihr drohen, sollte glaubhaft gemacht worden sein durch diejenigen, die sie bereits getroffen haben, die aber nur das Vorspiel eines Aufräumens sondergleichen werden gewesen sein, wenn die menschliche Gesellschaft . . . vermeinen sollte, mit jenen Zwischenfällen, die sie heimgesucht und von denen sich ziemlich rasch zu erholen sie das behagliche Gefühl hat, sei es getan und sie könne sich in betreff der Zukunft einem Optimismus überlassen, der ihr jede Dummheit, jede . . . Rückfälligkeit und jedes alberne Spiel mit dem Feuer gestatte . . .«

Skandal um Jazz in Wiener Staatsoper

1. Januar. In der Wiener Staatsoper wird am Neujahrstag die Jazzoper »Jonny spielt auf« von Ernst Křenek aufgeführt, die am 10. Februar 1927 in Leipzig Weltpremiere hatte und am 31. Dezember 1927 – anstelle der üblichen Silvestervorstellung mit der Operette »Die Fledermaus« von Johann Strauß (Sohn) – erstmals in Wien gezeigt worden ist. Die Inszenierung stammt vom Oberspielleiter des Hauses, Lothar Wallerstein. Es dirigiert Robert Heger.

Die Nationalsozialisten rufen für den 13. Januar zu einer Protestkundgebung gegen die »freche jüdisch-negerische Besudelung« der Oper durch einen »tschechischen Halbjuden« auf, an der sich allerdings nur wenige hundert Menschen beteiligen. Die Oper bleibt bis zum März wegen des großen Publikumszuspruchs auf dem Spielplan und wird 18mal in Wien aufgeführt.

Die Sänger werden in »Jonny spielt auf« von einer Jazzband begleitet. Die Musik, die sich an Blues- und Jazzrhythmen sowie an modernen Tanzformen wie Shimmy, Charleston, Tango und Foxtrott orientiert, wird von Alltagsgeräuschen (Staubsaugersummen, Polizeisirenen u.a.) durchmischt.

Eine Textstelle enthält das Programm des Komponisten, der zugleich das Libretto geschrieben hat: »So spielt uns Jonny auf zum Tanz. Es kommt die Neue Welt übers Meer gefahren mit Glanz und erbt das alte Europa durch den Tanz.«

Aufruf der Nationalsozialisten zum Protest gegen »Jonny spielt auf«

Versöhnliche Stimmen zum Jahreswechsel

1. Januar. Die Neujahrsansprachen der Politiker sind geprägt von der Zufriedenheit über die stabile internationale Lage und von der Hoffnung auf eine Fortsetzung des Entspannungsprozesses. Die Aussöhnung des Deutschen Reiches mit den ehemaligen Kriegsgegnern Belgien, Frankreich und Großbritannien wird positiv gewürdigt; es verbindet sich damit die Hoffnung auf einen Abbau der Spannungen zwischen dem Deutschen Reich und Polen und – bei deutschen Politikern – auf eine vorzeitige Räumung des Rheinlands.

Reichskanzler Wilhelm Marx (Zentrum) verweist anläßlich des Neujahrsempfangs im Palais des Reichspräsidenten, Paul von Hindenburg, in Berlin auf die gefestigte Stellung des Deutschen Reiches in der Welt:

»Es will mir nicht als überheblich erscheinen, auf das abgelaufene Jahr mit dem Gefühl dankbarer Befriedigung zurückzublicken ... Zwar ist der Herzenswunsch des gesamten deutschen Volkes, die Befreiung des besetzten Gebietes, noch nicht in Erfüllung gegangen, aber dennoch ist eine Besserung und Festigung unserer auswärtigen Lage unverkennbar. Auch das abgelaufene Jahr hat mehr und mehr die Schranken niedergelegt, die noch immer die Völker trennen, Deutschlands Stellung unter den Völkern wird sich auch in Zukunft weiter heben, wenn unser tiefer und ehrlicher Wille, an den großen Völkerfragen tatkräftig mitzuwirken, die gemeinsame Arbeit zur Sicherung des Friedens gefördert hat ... Schwere Aufgaben sind auch 1928 zu lösen.«

Reichspräsident Paul von Hindenburg legt in seiner Erwiderung den Akzent auf die fortbestehende Besetzung des Rheinlands durch französische, belgische und britische Truppen:

»Gerne erkenne ich rückblickend an, daß das nun abgelaufene Jahr in mancher Beziehung eine Besserung unserer Lage gebracht hat. Aber die Hoffnung, mit der das gesamte deutsche Volk das nun zu Ende gegangene Jahr begrüßte, daß es unsern Brüdern am Rhein die Freiheit bringen möge, ist leider noch nicht erfüllt worden. Wir gedenken daher heute wiederum in schmerzlicher Anteilnahme der Volksgenossen im besetzten Gebiet und geben im Bewußtsein, in diesem Wunsche mit dem ganzen deutschen Volke eins zu sein, auch heute der Erwartung Ausdruck, daß ihnen bald Befreiung werde. Fremde Militärgewalt und Besatzung im Land ist unvereinbar mit einer endgültigen Befriedung. Nur auf freiem Boden und zwischen freien Völkern können die Gedanken der Verständigung ... voll zur Auswirkung gelangen ...«

Der konservative britische Premierminister Stanley Baldwin kommt in einer Rede in Worcester zu der Einschätzung, daß die Kriegsperiode in Europa – nahezu zehn Jahre nach dem Ende der militärischen Auseinandersetzungen im Weltkrieg – endgültig beendet sei:

»In den letzten drei Jahren ist in ganz Europa ein größerer Fortschritt zu verzeichnen als in irgendeinem gleichen Zeitabschnitt seit dem Krieg. Was man auch immer später über unsere Regierung sagen wird, auf jeden Fall wird man das Werk anerkennen, das sie und ihr Außensekretär [Joseph Austen Chamberlain] in Europa geleistet haben. Die unmittelbare Wirkung von Locarno ist die Erweckung eines Sicherheitsgefühls in Frankreich gewesen. Der Eintritt Deutschlands in den Völkerbund bedeutet das endgültige Ende der Kriegsperiode. Während sich die Beziehungen Großbritanniens zum Deutschen Reich wesentlich gebessert hatten, ist auch das Zusammenwirken mit Frankreich und Italien erweitert worden. Wir haben erreicht, was vor drei Jahren fast unmöglich schien, nämlich die großen fortschrittlichen Nationen des Westens vereint zu sehen in dem Bemühen, ein friedliches und gedeihendes Europa zu schaffen ...«

Der französische Außenminister Aristide Briand, mit dessen Namen die deutsch-französische Aussöhnung untrennbar verbunden ist, drückt in einem Zeitungsinterview seine Hoffnung auf eine Fortsetzung der Entspannungspolitik unter der Schirmherrschaft des Völkerbundes aus:

»Mein sehnlichster Wunsch für das ... neue Jahr ist die Erhaltung eines auf Gerechtigkeit gegründeten und auf den Respekt der bestehenden Verträge gestützten Friedens in der ganzen Welt. Ich wünsche vor allem, daß das große Werk der Wiederannäherung der Völker unter der Ägide des Völkerbundes und zum Segen der ganzen Menschheit mehr und mehr seiner Vollendung entgegenreife. Das gilt insbesondere von der Politik deutsch-französischer Wiederannäherung, die ich zusammen mit Herrn Stresemann inauguriert habe und von der ich hoffe, daß sie ... eine konsequente Weiterentwicklung erfahren wird ...«

Der polnische Außenminister August Zaleski hebt auf dem Jahresbankett der polnischen Gesellschaft zur Prüfung internationaler Probleme hervor, daß es im Jahr 1927 – vor allem im Rahmen der Gespräche beim Völkerbund in Genf – zu einer Verbesserung der Kontakte zwischen dem Deutschen Reich und Polen gekommen sei:

»Vor allem ... sind es zwei Momente, die die Hoffnung auf eine weitere Entwicklung der guten Beziehungen zwischen beiden Völkern gestatten. Dies ist die beginnende deutsch-polnische Zusammenarbeit in Genf und eine merkbare Änderung in der Einstellung der öffentlichen Meinung in Deutschland gegen Polen. Wohl kein ernsthaft denkender Mensch in Deutschland wagt heute noch zu behaupten, daß Polen lediglich ein ›Saisonstaat‹ sei.«

Geßler stolpert über den Phoebus-Skandal

14. Januar. Der seit 1920 amtierende Reichswehrminister Otto Geßler (parteilos) erklärt seinen Rücktritt. Als Nachfolger wird am 19. Januar der Generalleutnant a. D. und ehemalige Generalquartiermeister Wilhelm Groener (parteilos) vereidigt.

Geßlers Ausscheiden aus der Regierung steht im Zusammenhang mit der Phoebus-Affäre. Im August 1927 war bekanntgeworden, daß die in Konkurs gegangene »Phoebus«-Filmgesellschaft vom Reichswehrministerium Bürgschaften für Kredite in Höhe von 7,5 Millionen Reichsmark (RM) und Darlehen in einer Gesamthöhe von 1,3 Millionen RM erhalten ·hatte. Diese Gelder dienten, wie andere Mittel, die vom Reichswehrministerium einer Reihe von Privatunternehmen zur Verfügung gestellt worden waren, zur Finanzierung von geheimen, den Bestimmungen des Versailler Friedensvertrags widersprechenden Aufrüstungsanstrengungen.

Beim Reichswehrministerium war 1923, nach Beendigung des Ruhrkampfes, ein Geheimfonds der Marine eingerichtet worden, der u. a. Projekte zur serienreifen Entwicklung von (verbotenen) Seeflugzeugen, zur Entwicklung von Schnellbooten, die nicht mit den Abrüstungsbestimmungen von Versailles in Einklang stehen, und zur Ausbildung von U-Boot-Konstrukteuren und U-Boot-Personal finanzierte.

Bei Bekanntwerden der geschäftlichen Verbindungen zwischen der Reichswehr und der »Phoe-

Otto Geßler, der dienstälteste deutsche Reichsminister, muß zurücktreten

Neuer Reichswehrminister wird Generalleutnant a. D. Wilhelm Groener

bus«-Filmgesellschaft hatte sich die Reichsregierung bemüht, diese Aufrüstungsmaßnahmen, die Reichsaußenminister Gustav Stresemann sowie alle seit 1923 regierenden Reichskanzler kompromittiert hätten, weiterhin geheimzuhalten. Durch Absprachen mit den Fraktions- und Parteiführern der bürgerlichen Parteien sowie mit dem SPD-Fraktionsvorsitzenden Hermann Müller war es Reichskanzler Wilhelm Marx (Zentrum) zunächst gelungen, eine öffentliche Untersuchung der Affäre und eine Reichstagsdebatte zu dem Thema zu verhindern. Erst am 10. Dezember forderte die sozialdemokratische

preußische Staatsregierung bei den Haushaltsberatungen im Reichstag zumindest eine interne Aufklärung über die Hintergründe der Affäre und lehnte, als diese nicht erfolgte, am 17. Dezember die erste Rate zum geplanten Bau eines Panzerschiffes (→ 27. 3./S. 42) ab.

Mit dem Rücktritt Geßlers wird eine öffentliche Diskussion der Affäre im Rahmen der Reichstagsdebatte über den Haushalt, die am 19. Januar beginnt, verhindert: Geßler ist nicht mehr für das Reichswehrministerium verantwortlich. Groener seinerseits kann darauf verweisen, daß er sich noch nicht in die Materie eingearbeitet habe.

Als eine seiner letzten Amtshandlungen führt der scheidende Otto Geßler neue Uniformen für die Reichswehr ein

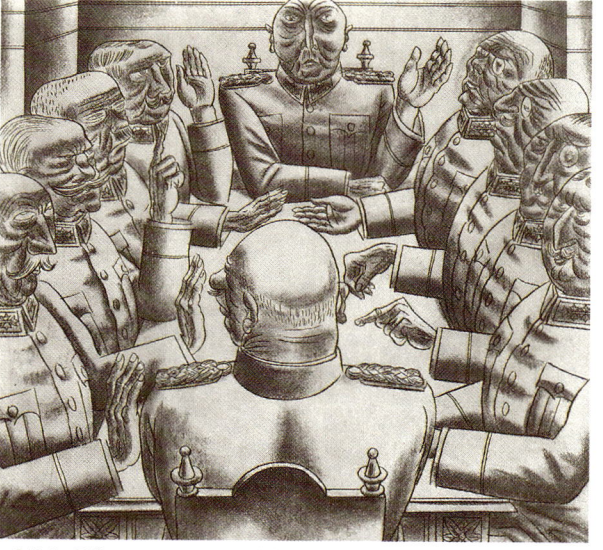

»Mit'n Film sin wa rinjeschliddert« – Karikatur im »Simplicissimus« zum Skandal um die »Phoebus«-Filmgesellschaft

Nord gegen Süd in Reichsreform-Frage

18. Januar. In Berlin geht die am 16. Januar unter Vorsitz von Reichskanzler Wilhelm Marx (Zentrum) eröffnete Länderkonferenz für die Reichsreform zu Ende, auf der die zuständigen Reichsminister und die Ministerpräsidenten der Länder über eine Neuordnung des Verhältnisses zwischen Reich und Ländern beraten haben.

Während der Hamburger Bürgermeister Carl Petersen (DDP) und der preußische Ministerpräsident Otto Braun (SPD) sich für einen zentralisierten Einheitsstaat aussprachen, forderten der württembergische Ministerpräsident Wilhelm Bazille (DNVP) und sein bayerischer Amtskollege Heinrich Held (BVP) die Rückkehr auf den Boden des Föderativstaates.

Eine grundsätzliche Einigung kommt nicht zustande. Die Teilnehmer verständigen sich jedoch u. a. darauf, daß das Reich seinen Machtbereich nicht durch »finanzielle Aushöhlung« der Länder erweitern solle (→ 23. 10./S. 172).

Kundgebung für angeklagten Autor

8. Januar. In Berlin findet im Theater am Nollendorfplatz eine gut besuchte Versammlung statt, die gegen das Hochverratsverfahren gegen den Schriftsteller Johannes R. Becher protestiert.

Die Anklage, die am 16. Januar vor dem Reichsgericht in Leipzig zur Verhandlung kommen soll (später auf März vertagt), lautet auf Hochverrat, Beschimpfung der Republik und Gotteslästerung. Sie bezieht sich vor allem auf Bechers 1926 erschienenen und bereits verbotenen Roman »Levisite oder Der einzig gerechte Krieg«.

In diesem Roman verbindet Becher die Schilderung der Schrecken des vergangenen Krieges mit der Warnung vor einem künftigen, insbesondere vor einem Gaskrieg. Er läßt Figuren auftreten, die es als Aufgabe der Arbeiterklasse ansehen, einen künftigen Krieg zu verhindern; dieser Kampf erscheint als der einzig gerechte Krieg.

Nach der Verabschiedung des Amnestiegesetzes am → 13. Juli (S. 118) wird der Prozeß gegen den Schriftsteller ausgesetzt.

Protest der Bauern gegen Verschuldung

28. Januar. Nachdem es zuvor bereits in anderen Teilen des Reiches zu Bauerndemonstrationen gekommen ist, versammeln sich an verschiedenen Orten in Schleswig-Holstein insgesamt 140 000 Landwirte, um gegen die Agrarpolitik der Reichsregierung zu protestieren. In Heide verabschiedet das schleswig-holsteinische Landvolk eine Resolution, in der Hilfen für die Landwirtschaft gefordert werden.

Die Zinsbelastung der Landwirtschaft ist seit dem Inflationsjahr 1923 – das eine Entlastung von bisherigen Schulden bis zur fast vollständigen Tilgung brachte – kontinuierlich gestiegen und beläuft sich im Agrarjahr 1927/28 auf 8,32% der Verkaufserlöse (zum Vergleich: im letzten Vorkriegsjahr 1913 6,98%); hinzu kommen steigende Steuern und Sozialabgaben.

Die Zinszahlungen liegen u. a. deshalb so hoch, weil etwa ein Drittel der Schulden keine langfristigen Kredite sind und daher möglicherweise nur gegen weiter ansteigende

Zentrale Protestkundgebung von schleswig-holsteinischen Bauern in Neumünster gegen die finanzielle Notlage der deutschen Landwirtschaft

Zinsen gedeckt werden können. Dementsprechend fordern die Landwirte von der Regierung, kurzfristige Wechselkredite für die Landwirtschaft zu unterbinden, Umschuldung einzuleiten und Vorauszahlungen der Einkommensteuer nicht länger zu erheben. Die Nahrungsmitteleinfuhr aus dem Ausland (die sich 1927 auf vier Milliarden Reichsmark belief) solle eingeschränkt werden (→ 27. 2./S. 28).

(→ 27. 2./S. 28).

Forderungskatalog an die Regierung

28. Januar. Auf der Versammlung des Landvolkes von Schleswig-Holstein in Heide wird folgender Forderungskatalog an die Regierung verabschiedet:

»Wir fordern:
1. Sofortige grundlegende Änderung unserer deutschen Handelspolitik mit dem klaren Ziel der ›Nahrungsmittelfreiheit vom Auslande‹ . . .
Der deutsche Arbeiter soll und muß Lohn und Brot in ausreichender Weise durch deutsche Arbeit erhalten und unser gesamtes Volk seine sichere Ernährungsgrundlage innerhalb der deutschen Grenzen finden.
Wir fordern:
2. Um die Landwirtschaft zu dieser Tat frei zu machen, sofortige Übernahme der Rentenbankgrundschuldzinsen auf das Reich – alsdann weiter sofortige Übernahme des übersteigerten Zinssatzes und schärfste Beaufsichtigung des Schuldenzinsensatzes für Realkredite . . . durch das Reich . . .«

Qualität beim Inventurausverkauf gefragt

3. Januar. *In den Einzelhandelsgeschäften des Deutschen Reiches wird der Inventurausverkauf eröffnet, bei dem insbesondere modische Ware und saisonabhängige Artikel zu herabgesetzten Preisen angeboten werden. Die Ausverkäufe sind bis zum 15. Februar gestattet, jedes einzelne Geschäft darf jedoch seine Waren nur insgesamt 14 Tage lang billiger verkaufen.*
Trotz des vorangegangenen guten Weihnachtsgeschäfts äußern sich die Ladenbesitzer über den Inventurausverkauf im allgemeinen zufrieden – eine Folge der relativ günstigen Wirtschaftslage. Besonders gefragt ist Qualitätsware, bei Oberbekleidung, Schuhen, Pelzen und Hüten, aber auch bei Wäsche, Gardinen und Teppichen (Abb.: Lichtreklame zum Ausverkauf).

17 Tote bei Einsturzkatastrophe in Berlin

5. Januar. *17 Menschen sterben, als kurz nach Mitternacht ein Haus in der Landsberger Allee in Berlin nach einer Explosion einstürzt (Abb). Die Leichen können z. T. erst Tage später aus den Trümmern geborgen werden. Ursache des Unglücks ist eine Leuchtgasexplosion. Erst am Tage vor der Katastrophe war eine neue Gasleitung – offensichtlich nicht ordnungsgemäß – gelegt worden. Am 8. Januar kommt es in Berlin-Dahlem erneut zu einer Explosionskatastrophe, der zwei Menschen zum Opfer fallen. Einer der Bewohner hatte unbedacht mit pyrotechnischen Gegenständen experimentiert; gerüchteweise ist auch von einem Selbstmordversuch die Rede. Die Polizei weist Vorwürfe, sie hätte die Katastrophen verhindern können, zurück.*

Stalin schickt Trotzki in die Verbannung

17. Januar. Leo. D. Trotzki, einer der Führer der Opposition innerhalb der sowjetischen kommunistischen Partei (KPdSU), wird von Parteichef Josef W. Stalin nach Alma Ata in Turkestan nahe der chinesischen Grenze verbannt.

Trotzki war am 14. November 1927 vom gemeinsamen Plenum des Zentralkomitees und der Zentralen Kontrollkommission der KPdSU zusammen mit Lew B. Kamenew, Grigori J. Sinowjew und weiteren führenden Funktionären aus der Partei ausgeschlossen worden.

Der Konflikt zwischen Stalin und Trotzki reicht bis in das Jahr 1922, als Revolutionsführer Wladimir I. Lenin schwer erkrankt war, zurück; der Streit entbrannte nach dem Tode Lenins am 21. Januar 1925 in voller Schärfe. Kamenew und Sinowjew, die zunächst noch in der kollektiven Parteiführung eng mit Stalin zusammenarbeiteten, wurden erst 1925 in die Opposition gedrängt.

Die Ursachen des Machtkampfes liegen in persönlichen Rivalitäten und in theoretischen Gegensätzen in zentralen politischen Fragen. Während Stalin mit seiner Doktrin vom »Aufbau des Sozialismus in einem Lande« davon ausgeht, daß ein sozialistisches Gesellschaftssystem in der Sowjetunion auch ohne eine Revolution in anderen Staaten zu verwirklichen sei, hält Trotzki daran fest, daß eine revolutionäre Veränderung im Westen die Voraussetzung für die Schaffung des Sozialismus in der Sowjetunion sei. Daher müsse die Weltrevolution mit allen Kräften gefördert werden.

 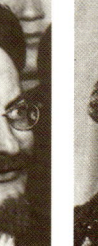  

Leo D. Trotzki   *Grigori J. Sinowjew*   *Lew B. Kamenew*

Von Kamenew und Sinowjew veröffentlicht die sowjetische Zeitung »Prawda« am 27. Januar eine Unterwerfungserklärung, in der diese die Beschlüsse der Partei billigen; sie werden dennoch nicht wieder in die KPdSU aufgenommen. Trotzki zeigt dagegen keine Bereitschaft, von seinen Vorstellungen abzugehen. Von Alma Ata aus führt er einen regen Schriftwechsel mit anderen Oppositionellen (→ 16. 12./S. 199).

Josef W. Stalin (r.), seit 1901 in der kommunistischen Bewegung, hat seine Position innerhalb der KPdSU seit dem Tod von Revolutionsführer Wladimir Iljitsch Lenin 1922 zielstrebig und taktisch geschickt immer weiter ausgebaut; seine Stellung ist 1928 unangefochten; Trotzki wirft dem Parteichef u. a. Bürokratismus und Verrat an den revolutionären Zielen der Partei vor

215 000 Sklaven in Sierra Leone sind frei

1. Januar. Im britischen Protektorat Sierra Leone (Westafrika) werden 215 000 Sklaven freigelassen.

Sierra Leone folgt damit einem Gesetz, das auf Anweisung des britischen Kolonialamtes im September 1927 vom gesetzgebenden Rat von Sierra Leone verabschiedet worden ist und die vollständige Abschaffung der Sklaverei vorsieht. Dem Gesetz zufolge müssen die im Haushalt beschäftigten Sklaven nicht entlassen werden, sie erhalten jedoch das Recht, sämtliche Verbindungen zu ihrem früheren Herrn zu lösen. Hintergrund des Eingreifens der Regierung in London war eine Entscheidung, die der Oberste Gerichtshof von Sierra Leone in Freetown, der größten Stadt des britischen Protektorats, gefällt hatte: Zwei entlaufene Sklaven wurden per Gerichtsentscheidung in die Zwangsarbeit zurückgeführt; das Gericht stellte ausdrücklich fest, daß Sklavenhalter zur Wiederergreifung entlaufener Sklaven berechtigt seien.

Dieser Gerichtsspruch war nicht nur im britischen Mutterland mit Empörung aufgenommen worden. In Großbritannien wurde die Sklaverei bereits 1807, in den britischen Kolonien 1833 offiziell verboten. Die internationale Zusammenarbeit in der Bekämpfung der Sklaverei schlug sich 1926 in einer Antisklavereiakte des Völkerbundes nieder; in Artikel 23 der Völkerbundssatzung heißt es wörtlich: »Die Bundesmitglieder verbürgen der eingeborenen Bevölkerung in den ihrer Verwaltung unterstellten Gebieten eine gerechte Behandlung.« Bei der Völkerbundsversammlung im September 1927 waren daher der Gerichtsentscheid in Sierra Leone scharf kritisiert und die Londoner Regierung zum Handeln aufgefordert worden.

Freetown ist 1787 von britischen Philanthropen als Niederlassung für befreite Sklaven gegründet worden.

Freispruch für die Julidemonstranten

13. Januar. Der vorerst letzte Prozeß vor dem Wiener Schwurgericht gegen elf Teilnehmer an der Demonstration vom Juli 1927 endet, wie die vorausgegangenen, mit Freisprüchen für sämtliche Angeklagten. Das Gericht kann nicht beweisen, daß sie an Ausschreitungen, in deren Folge der Wiener Justizpalast in Brand geraten war, beteiligt waren.

Bei Auseinandersetzungen zwischen protestierenden Arbeitern und der Polizei waren am 15./16. Juli 1927 83 Demonstranten und Unbeteiligte sowie fünf Polizisten ums Leben gekommen. Als einige Demonstranten in den Justizpalast eindrangen und dort Akten anzündeten, erteilte der Wiener Polizeipräsident Johannes Schober Schießbefehl für die Polizisten, die blindwütig in die Menge zielten und selbst fliehenden und wehrlosen Demonstranten nachsetzten.

Die Julidemonstration richtete sich gegen einen umstrittenen Freispruch für Mitglieder der rechtsgerichteten Frontkämpfervereinigung.

Ungarn: Skandal um Waffenschmuggel

1. Januar. Österreichische Zollbeamte der Grenzstation Szent Gotthard an der Grenze zu Ungarn decken bei der Kontrolle eines Eisenbahnzuges einen großangelegten Waffenschmuggel auf.

In fünf Waggons werden 591 Kisten mit Teilen von Maschinengewehren gefunden, die an eine Speditionsfirma in Nowo Miesto (Slowakei) adressiert sind. Absender ist eine italienische Firma; die Waren sind als »Maschinenbestandteile« deklariert. Wegen falscher Deklaration der Sendung und wegen des fehlenden Waffenbegleitscheins werden die Waggons von den österreichischen Behörden beschlagnahmt.

Die ungarische Regierung stellt – so lauten die Vorwürfe der Staaten der Kleinen Entente (ČSR, Königreich der Serben, Kroaten und Slowenen, Rumänien) – keine ausreichenden Nachforschungen über die Hintergründe der Affäre an. Diese Staaten wenden sich daher an den Völkerbundsrat mit der Bitte um Einsetzung eines Untersuchungsausschusses. Der Rat entspricht diesem Ersuchen jedoch nicht.

Papst Pius XI. (Achille Ratti), seit 1922 Oberhaupt der katholischen Kirche, in seinem Arbeitszimmer im Vatikan

Absage von Papst Pius XI. an die Ökumene

6. Januar. Papst Pius XI. erläßt in Rom die Enzyklika »Mortalium animos«, in der er den Bemühungen um eine Überwindung der Konfessionsgrenzen eine scharfe Absage erteilt. »Viele Leute begünstigen unter der Vorgabe, das Beste zu suchen, die falsche religiöse Einheit der Christen«, heißt es in dem päpstlichen Rundschreiben. Die Einigkeit der Christen sei nur zu erreichen, wenn Angehörige anderer Konfessionen von ihrem Irrtum abließen und sich dem Papst unterwürfen.

Papst Pius XI. reagiert mit der Enzyklika auf die ökumenischen Bestrebungen, die seit Anfang des Jahrhunderts an Bedeutung gewonnen haben. 1910 fand in Edinburgh die erste Weltmissionskonferenz statt; 1921 folgte die Gründung des Internationalen Missionsrats.

An der im August 1925 in Stockholm tagenden Weltkirchenkonferenz, die von der Bewegung For Life and Work (Weltkonferenz für praktisches Christentum) veranstaltet wurde, nahmen 600 Abgeordnete aus allen christlichen Kirchen mit Ausnahme der katholischen teil. Auch der Weltkirchenkonferenz in Lausanne, die eine andere große ökumenische Organisation, For Faith and Order (Weltkonferenz für Glaube und Verfassung), im August

1927 ausrichtete, blieb die katholische Kirche fern.

Ziel der ökumenischen Bewegung ist die Einheit der Kirchen in der Verkündigung von Jesus Christus und im Dienst an der Welt. Weiterhin bestehende Meinungsverschiedenheiten zwischen den Konfessionen sollten zurückstehen und toleriert werden. Die Enzyklika untersagt den Katholiken nun die Teilnahme an diesen Einigungsbemühungen.

Der Evangelische Bund fordert Einigkeit

22. Januar. Das von Hermann Scholz geleitete Präsidium des Evangelischen Bundes im Deutschen Reich wendet sich gegen die Absage von Papst Pius XI. an alle ökumenischen Bestrebungen ebenso wie gegen den Alleinvertretungsanspruch der katholischen Kirche. Die »Abwehr« hat folgenden Wortlaut:

»... Der Papst lehnt ... auf Grund durchaus einseitiger und

Präsident Hermann Scholz

oberflächlicher Beurteilung die ... Einigungsbestrebungen der christlichen Kirchen mit aller Schroffheit ab. Er sieht demgegenüber den einzig möglichen Weg zur Einigung in der Unterwerfung der ›Dissidenten‹ unter die Macht des römischen Stuhls ...

Dieser anmaßlichen Überhebung gegenüber erklären wir mit aller Deutlichkeit, daß wir evangelischen Christen den Anspruch der römischen Kirche, allein die Verwirklichung der heilsnotwendigen, sichtbaren Kirche Christi zu sein ... als unbiblisch, unevangelisch und mit der Pflicht christlicher Liebe und Eintracht unvereinbar ablehnen ... Demgegenüber begrüßen wir um so dankbarer die aus tiefempfundener Gesamtverantwortung der daran beteiligten Kirchen entstandenen Einigungsbestrebungen ...«

US-Regierung in Havanna attackiert

16. Januar. In Havanna auf Kuba wird der sechste Panamerikanische Kongreß, an dem die USA und 20 lateinamerikanische Staaten teilnehmen, eröffnet. Hauptstreitpunkt der Konferenz, die am 21. Februar zu Ende geht, ist die Interventionspolitik der USA.

Wortlaut der Resolution

»Die amerikanischen Republiken wünschen auszudrücken, daß sie den Krieg als ein Instrument ihrer nationalen Politik in den gegenseitigen Beziehungen verdammen. Die amerikanischen Republiken hegen den aufrichtigen Wunsch, die friedliche Beilegung von internationalen Streitfällen zu fördern. Zu diesem Zwecke verpflichten sich die amerikanischen Republiken zur Annahme der obligatorischen Schiedsgerichtsbarkeit als Mittel zur Lösung internationaler Differenzen rechtlichen Charakters.«

Die USA stellen in ihren Beziehungen zu den Staaten Lateinamerikas nicht nur faktisch, sondern sogar in der Theorie die eigenen strategischen und wirtschaftlichen Interessen über die Bestimmungen des Völkerrechts. 1927/28 stehen die Entsendung von US-Truppen nach Nicaragua (→ 15. 3./S. 45) und der Ölkonflikt zwischen den USA und Mexiko (→ 27. 3./S. 45) im Mittelpunkt der öffentlichen Diskussion.

Die argentinische Delegation bringt auf dem Kongreß einen Vorschlag ein, in dem die bisherige US-Praxis verurteilt wird und in dem es weiter heißt: »Ein Staat soll weder in den inneren noch in den äußeren Geschäften eines anderen Staates intervenieren.« Mexiko und die Dominikanische Republik schlagen folgende Resolution vor: »Kein Staat soll in Zukunft direkt oder indirekt aus irgendeinem Grunde, auch nicht einmal zeitweise, irgendein Gebiet eines anderen Staates besetzen. Die Zustimmung des besetzten Staates ... soll die Besetzung nicht legitim machen ...«

Die US-Delegation kann unter Einsatz von Druckmitteln die Annahme dieser US-kritischen Dokumente verhindern. Statt dessen wird eine unverbindliche Resolution zur Kriegsächtung verabschiedet.

Gipfel der feinen Genüsse: Schildkrötensuppe – die Tiere werden speziell dafür
gezüchtet (Abb.: Schildkrötenfarm eines Luxushotels in Florida)

Lager von Pfeilschwanzkrebsen am Ufer des Delaware; die Meerestiere, die
dort zu Hunderttausenden leben, werden zu delikaten Konserven verarbeitet

Kopenhagen: Lebensmittelautomat
für Einkäufe nach Ladenschluß

Henkelkanne als Wahrzeichen für ein
Wirtshaus in Kalifornien

Essen und Trinken 1928:

Grundbedürfnisse gedeckt – Luxus gefragt

Infolge der relativen Stabilisierung
der wirtschaftlichen Situation im
Deutschen Reich ist der Bedarf der
Bevölkerung an Grundnahrungs-
mitteln im allgemeinen gedeckt.
Seit dem Krisen- und Inflationsjahr
1923 ist die inländische landwirtschaftliche Produktion kontinuierlich angestiegen und hat 1928 erstmals wieder den Vorkriegsstand erreicht. Wegen der ausländischen
Konkurrenz und der Überproduk-
tion (→ 28. 1./S. 15; 27. 2./S. 28)
sind die Erlöse für Agrarprodukte
1928 erstmals rückläufig. So sinken
die Durchschnittspreise für Schwei-
nefleisch um 2,5%, für Rindfleisch
um 1,2%, für Weizenmehl um
3,9%, für Zucker um 12,8% und für
Kartoffeln sogar um 14,1% im Vergleich zum Vorjahr.
Der Verbraucher reagiert auf den
Wohlstand mit geänderten Eßge-
wohnheiten; er verzehrt weniger
Grundnahrungsmittel und wendet
sich feineren Genüssen zu. Der Kar-
toffelverbrauch pro Kopf der Bevölkerung liegt z. B. 1928 mit 168,37
kg erheblich unter der Vergleichs-
zahl aus dem letzten Vorkriegsjahr
1913 (203,31 kg); er ist außerdem
seit 1925 stetig zurückgegangen:
▷ 1925: 182,85 kg
▷ 1926: 176,80 kg
▷ 1927: 174,16 kg
Demgegenüber hat der Verzehr von
Obst im Vergleich zur Vorkriegszeit
erheblich zugenommen: 42,97 kg
pro Kopf der Bevölkerung im Jahr
1928 gegenüber 25,96 kg im Jahr
1913. Beim Fleisch zeigt sich ebenfalls ein – allerdings geringerer – Zuwachs: 44,93 kg Fleischverbrauch
pro Kopf 1913 stehen 51,37 kg 1928
gegenüber.
»Gesunde Ernährung« wird zu einem Schlagwort in einer Zeit der Sicherung des Grundbedarfs. Roh-
kostler, Vegetarier und Anhänger
des schweizerischen Arztes Maximilian Bircher-Benner, der eine rein
pflanzliche Ernährungstherapie mit
hohem Getreideanteil entwickelt
hat, werben z. T. mit weltanschauli-
chen Argumenten für ihre Bewegungen; die Zeitungen berichten
von Experimenten zur künstlichen
Anreicherung der Nahrung mit
Vitaminen und Eiweiß.

Trotz gestiegenen
Gesundheitsbe-
wußtseins und
trotz erheblichen
Werbe-Einsatzes
der Pflanzenfett-
Industrie (hier:
Reklame für
»Alma«-Marga-
rine) gilt Marga-
rine im Deut-
schen Reich noch
nicht als vollwer-
tiger Ersatz für
Butter, sondern
als Brotaufstrich
für ärmere Bevöl-
kerungsschich-
ten, zumal die
angebotenen
Marken ge-
schmacklich nicht
voll überzeugen;
lediglich zum
Backen findet
Margarine zu-
nehmend Ver-
wendung

Schauwettkochen bei den Gaswerken

»Wer ist die tüchtigste Hausfrau?« fragen die städtischen Gaswerke Berlins, die ein Schauwettkochen vor Publikum veranstalten. Dabei geht es nicht um die Kochkunst im eigentlichen Sinne, sondern darum, in möglichst kurzer Zeit und mit möglichst wenig Energieverbrauch ein vorgeschriebenes Menü herzustellen. Folgende Speisen und Getränke sind zu liefern: Morgenkaffee, eineinhalb Liter Erbsensuppe, ein Pfund Gulasch, eineinhalb Pfund Kartoffeln, eineinhalb Pfund Gemüse, ein halbes Pfund Kompott und eineinhalb Liter Tee; ferner müssen zwei Liter Spülwasser auf 70° C erwärmt werden.

Das Wettkochen findet im Rahmen der Ausstellung »Die Ernährung« statt, die vom 5. Mai bis zum 8. August auf 40 000 m² Ausstellungsfläche auf dem Gelände um dem Berliner Funkturm veranstaltet wird. Im Mittelpunkt stehen Fragen der Rationalisierung der Hausarbeit, etwa durch eine überflüssige Wege ersparende Anordnung der Küchenmöbel. Eines der hervorragenden Beispiele dieser Reformküchen ist die »Frankfurter Küche« von der österreichischen Designerin Grete Schütte-Lihotzky.

Das Schauwettkochen der städtischen Gaswerke Berlin – zugleich eine Werbeveranstaltung für moderne Gasherde

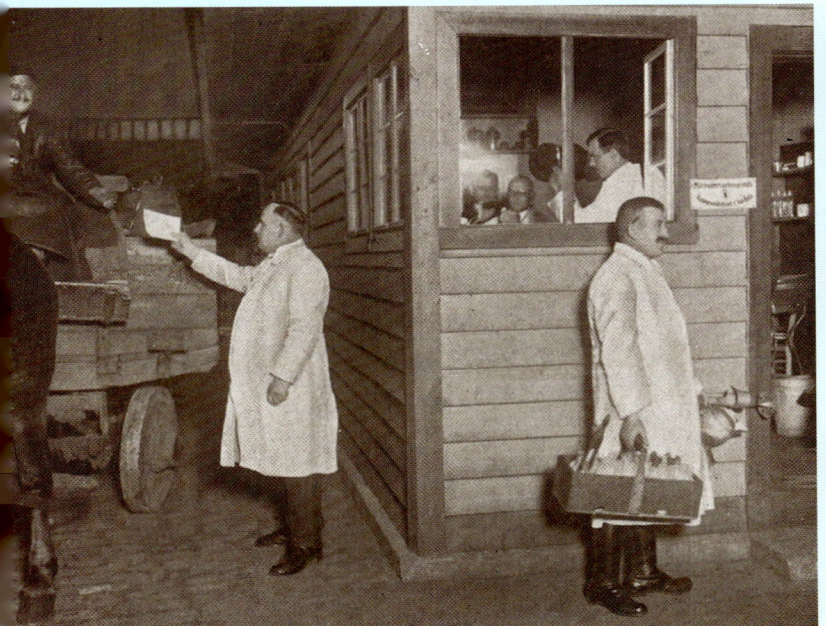

Aus der Frischmilchversorgung einer Großstadt: Ein Milchwagen verläßt den Güterbahnhof in Berlin, nachdem die Ladung von der städtischen Prüfstelle kontrolliert und als hygienisch einwandfrei für den Handel freigegeben worden ist; in den frühesten Morgenstunden treffen auf dem Bahnhof der Reichshauptstadt die Milchtransporte aus den umliegenden ländlichen Gebieten ein

In einer Berliner Großbäckerei: Zum Jahreswechsel und während der Karnevalszeit herrscht dort Hochbetrieb, um den Bedarf an den allseits beliebten Pfannkuchen – außerhalb der Reichshauptstadt werden die in Schmalz ausgebackenen Küchelchen »Berliner« genannt – sicherzustellen; auch im Bäckerhandwerk setzen sich rationelle Produktionsmethoden durch

Sven Hedin telegrafiert aus der Wüste Gobi

Kugellagerfabrik SKF wird Welttrust

30. Januar. Der schwedische Asienforscher Sven Hedin sendet von einer Expedition durch die Wüste Gobi ein Telegramm an die Zeitung »Dagens Nyheter«, in dem er den Verlauf seiner Reise beschreibt.

Die Deutsche Lufthansa finanziert die Expedition mit eineinhalb Millionen Reichsmark und stellt drei Flugzeuge und eine meteorologische Ausrüstung zur Verfügung. Ziel der Mission ist es u. a., Möglichkeiten zur Einrichtung einer Fluglinie von Berlin nach Peking zu erkunden. Hedin hatte bereits am 31. Oktober 1926 seine Bahnreise über Sibirien nach Peking angetreten. Wegen der unklaren Situation in dem vom Bürgerkrieg bestimmten China (→ 8. 6./S. 100) hat er erst am 22. Juli 1927 von dem kleinen Ort Paoto nahe Peking starten können, um die äußerst dünn besiedelte Wüste Gobi bis nach Urumtschi zu durchqueren. In der Begleitung des Asienforschers befinden sich schwedische, dänische, deutsche und chinesische Wissenschaftler, die u. a. ethnologische, astronomische und meteorologische Studien betreiben. Die Gruppe teilte sich auf und wählte drei Routen, um

Forscher und Abenteurer

Sven Hedin, geboren am 19. Februar 1865 in Stockholm, ein Schüler des Geologen Ferdinand Freiherr von Richthofen, bereiste 1893 bis 1897 – auf den Spuren der alten Seidenstraßen – erstmals China; er unternahm u. a. Expeditionen in das Pamir-Gebiet, durchquerte die Wüste Takla Makan und gelangte über den See Lop Nor und Nordtibet bis nach Peking. Auf einer weiteren großen Reise 1905 bis 1908 erforschte er die Quellgebiete des Brahmaputra und des Indus und durchquerte als erster Europäer den Transhimalaja. Eine Weltreise führte Hedin 1923 u. a. nach Nordamerika, Japan und Sibirien.

sich Anfang November 1927 in der Oase Edsen-gol wiederzutreffen.

Der Start durch den anschließenden unfruchtbaren Teil der Wüste erfolgte am 27. November 1927 – ebenfalls in drei Abteilungen. Die Expedition sah sich mit schweren Sand- und Schneestürmen, der 62jährige Hedin zudem mit einem Gallenleiden konfrontiert.

Die Pläne zur Errichtung einer Fluglinie lassen sich nicht verwirklichen, da die chinesische Provinzregierung aus politischen Gründen alle Flüge über die Provinz Siankiang untersagt. Die Lufthansa zieht daraufhin ihre Unterstützung zurück, so daß Hedin im Mai 1928 nach Europa zurückkehren muß, um einen neuen Geldgeber zu suchen.

19. Januar. Die Generalversammlung der schwedischen Kugellagerfabrik SKF (Svenska Kullager Fabriken) mit Hauptsitz in Göteborg beschließt, von einem britischen Bankenkonsortium die Aktienmehrheit der größten Kugellagerfabrik in Frankreich, Compagnie d'Applications mécaniques, zu übernehmen sowie Aktien von Kugellagerfirmen in anderen Staaten aufzukaufen.

Damit wächst die SKF, die in 27 Ländern Zweigunternehmen unterhält, zu einem Welttrust heran. Der Anteil der SKF an der Weltproduktion von Kugellagern erhöht sich durch den Aufkauf des Unternehmens von bisher 20 bis 25% auf 35%.

Als Gegenleistung bietet die SKF den ausländischen Aktienverkäufern eine Neuemission von Aktien in Höhe von 14 Millionen Schwedenkronen (15,7 Millionen Reichsmark) an, die als sog. B-Aktien jedoch lediglich ein Tausendstel Stimmrecht gewähren. Mit einem ähnlichen Modell hat sich ein anderer internationaler Konzern aus Schweden, die Zündholzfirma Svenska Tändsticks AB, weltweit Einfluß gesichert.

Die größte Flutkatastrophe in London seit Menschengedenken fordert 15 Todesopfer

7. Januar. *In der Nacht zum 7. Januar tritt die Themse in London und in weiten Gebieten bis zur Mündung infolge einer Springflut über die Ufer. Die Überschwemmung trifft die Londoner Bevölkerung völlig unvorbereitet. Die Menschen werden von den Wassermassen z. T. im Schlaf überrascht. 15 Personen kommen in den Fluten um; Hunderte von Häusern stehen unter Wasser, über 1000 Menschen werden zumindest vorübergehend obdachlos, 200 Patienten eines überfluteten Krankenhauses müssen verlegt werden. Besonders betroffen sind die Stadtteile um Westminster, da eine Uferböschung in der Grosvenor Road dem Druck des Wassers nicht standhält und ganze Straßenzüge*

überflutet werden. Da das Kraftwerk der U-Bahn ebenfalls unter Wasser steht, verkehren die Untergrundzüge am 7. Januar nur eingeschränkt. Tausende von Arbeitern und freiwilligen Helfern bemühen sich nach dem Absinken des Wasserspiegels, Barrikaden aus Sandsäcken zu errichten, um eine erneute Überschwemmung bei der nächsten Flut zu verhindern. Allerdings erreicht das Wasser danach nicht wieder einen so hohen Pegelstand. Innerhalb von zwei Tagen werden 10000 Pfund (203 900 Reichsmark) von Londoner Bürgern in einem Hilfsfonds eingezahlt (Abb. l.: Überflutete Eisenbahnlinie in Berkshire, ein Zug läuft in die Station Newbury ein, r.: Überschwemmung in Maidstone).

Der belgische König Albert zum Wintersport in Sankt Moritz

Als erster Monarch in der Geschichte von Sankt Moritz hält sich der belgische König Albert zusammen mit seiner Frau, Königin Elisabeth, und seiner Tochter, Prinzessin Marie-José, in dem legendären schweizerischen Wintersport- und Heilkurort im Oberengadin auf.
Der 42jährige König der Belgier unternimmt eine Reihe von Bobabfahrten (Abb.: König Albert, 2. v. r. liegend auf dem Bob, mit seinen Begleitern am Start), wobei er infolge
eines leichten Unglücks bei der dritten Abfahrt eine Schramme am Ellbogen davonträgt. Seiner Frau untersagt der König einen Start mit dem Bob im letzten Moment als zu gefährlich. – Das belgische Königspaar, das im November 1926 durch die Vermählung seines Sohnes, Kronprinz Leopold, mit Prinzessin Astrid von Schweden ins Zentrum des Interesses gerückt ist, erfreut sich auch außerhalb des eigenen Landes einer großen Beliebtheit.

Nestlé übernimmt Cailler-Schokoladenfirma

9. Januar. Die Verhandlungen zwischen dem Großkonzern der schweizerischen Kondensmilchindustrie, der Nestlé AG, und den Schokoladenfabriken Peter Kohler und Cailler über eine Fusion gelangen in Zürich zu einem erfolgreichen Abschluß. Das renommierte Süßwarenunternehmen wird vollständig von der Nestlé AG übernommen, die Produkte werden jedoch unter dem Namen Cailler fortgeführt.
Die Liquidation der Unternehmen Peter Kohler und Cailler erfolgt durch den Umtausch von vier Schokoladen-Aktien durch eine Nestlé-Aktie. Die Aktien der Nestlé sind in den letzten Monaten vor dem Aufkauf stark im Wert gestiegen.
Durch den Zusammenschluß von Nestlé, das über ein Aktienkapital von 125 Millionen Schweizer Franken (100,75 Millionen Reichsmark, RM) verfügt und Cailler (Aktienkapital 35 Millionen Schweizer Franken, 28,21 Millionen RM) wird eine Kapitalerhöhung um rd. 18 Millionen Schweizer Franken (14,51 Millionen RM) notwendig.

Die Nestlé AG ist 1905 durch den Zusammenschluß der 1866 in Cham gegründeten Anglo-Swiss Condensed Milk Co. und der seit 1875 bestehenden Farine Lactée Henri Nestlé (seit 1899 S. A. Nestlé) entstanden. Der Chemiker Henri Nestlé hatte bereits 1867 in Vevey eine Fabrik gegründet, in der er eine von ihm selbst entwickelte Säuglingsnahrung aus Milch, Zucker und Weizenmehl produzierte.

Geschätzt in aller Welt: Cailler-Schokolade aus der Schweiz (Reklame)

»Cremig, schmackhaft, köstlich« – Reklame für Nestlé-Schokolade

Prinz gehört nicht Zeitgeschichte an

26. Januar. In der Privatklage des Prinzen Wilhelm von Preußen, des Enkels von Ex-Kaiser Wilhelm II., gegen den Malik-Verlag entscheidet das Gericht im Revisionsverfahren, daß der Verlag das Bild des Prinzen fortan nicht mehr auf dem Umschlag des Buches »Harry Domela, der falsche Prinz« abbilden darf. Zur Begründung heißt es, der Prinz sei keine Figur der Zeitgeschichte. Die Verhältnisse in der Weimarer Republik seien so konsolidiert, daß ein Prinz eines ehemals regierenden Hauses nicht als prominente Persönlichkeit zu betrachten sei. Sein Privatleben sei daher zu schützen.
Der 23jährige Harry Domela hatte sich im Dezember 1926 als Prinz Wilhelm ausgegeben und sich auf diese Weise Geld und Zugang zu höheren Gesellschaftskreisen erschwindelt. Er war am 6. Januar 1927 festgenommen und am 11. Juli 1927 wegen Betrugs zu sieben Monaten Gefängnis verurteilt worden. Noch während der Untersuchungshaft hatte er seine Erlebnisse als »falscher Prinz« niedergeschrieben und bei Malik veröffentlicht.

Export der Schweiz vertraglich sicherer

21. Januar. Das französisch-schweizerische Handelsabkommen wird nach neunmonatigen Verhandlungen in Paris unterzeichnet. Das in der Wirtschaftspresse als »provisorisches Teilabkommen« bezeichnete Vertragswerk hat eine Laufzeit bis zum 30. Juni 1929, kann jedoch mit Monatsfrist gekündigt werden.
Das Handelsabkommen löst den Handelsvertrag von 1906 ab, der am 6. September 1927 ausgelaufen war. Die beiden Partner sichern sich volle Meistbegünstigung zu, d. h., sie räumen sich gegenseitig alle handelspolitischen Vergünstigungen ein, die sie auch anderen Handelspartnern gewähren. Von dieser Grundsatzregelung sind jedoch eine Reihe von Produkten ausgenommen.
Die »Neue Zürcher Zeitung« kommentiert: »Es ist gelungen, für die Produkte unseres Maschinenbaus, der Elektrowerke, der chemischen Branche und der Seidenindustrie Ermäßigungen durchzusetzen, welche unsere bedrohte Konkurrenzfähigkeit . . . wiederherstellt.«

DÉTAIL DE LA MISE EN SCÈNE

Max Pallenberg als Schwejk (M., stehend) vor dem laufenden Band mit Pappfiguren, die George Grosz entworfen hat

Pallenberg: Idealbesetzung für Schwejk

23. Januar. An der Piscator-Bühne am Berliner Nollendorfplatz findet die mit Spannung erwartete Uraufführung der dramatisierten Fassung des Romans »Die Abenteuer des braven Soldaten Schwejk« mit Max Pallenberg in der Titelrolle statt.

In seinem 1921 bis 1923 geschriebenen Roman stellt der tschechische Autor Jaroslav Hašek die Widersinnigkeit des Krieges dar und gibt Militarismus und Staatsautorität der Lächerlichkeit preis; sein Schwejk wurde zu einer Symbolfigur des Widerstands. Die erste Bühnenfassung des Romans stammt von Max Brod und Hans Reimann; der Regisseur Erwin Piscator hat sie jedoch in Zusammenarbeit mit den Schriftstellern Bertolt Brecht und Leo Lania sowie dem Dramaturgen Felix Gasbarra nochmals umgearbeitet.

Piscator und seinem Team geht es darum, »den ganzen Komplex des Krieges im Scheinwerfer der Satire [zu] zeigen und die revolutionäre Kraft des Humors [zu] veranschaulichen«. Wie stets verwendet Piscator in seiner Inszenierung die Mittel moderner Technik – Filmeinblendungen, bewegliche Bühne –, die seine Regieabsicht unterstreichen.

Dem satirischen Charakter der Inszenierung entsprechend, sind die Personen, mit denen Schwejk zu tun hat, stark überzeichnet. Schwejk, der mit seinem Verhalten Militär, Polizei, Justiz und Kirche lächerlich macht, erscheint so als das einzig menschliche Wesen.

Es treten nur wenige Schauspieler auf, Schwejks Umwelt wird zum größten Teil von Pappfiguren dargestellt und mit Filmeinblendungen geschildert. Die Zeichnungen für den Trickfilm und die Pappfiguren stammen von George Grosz, der in oft grotesk übersteigerter Weise Militär, Justiz und Kirche karikiert. Auch die Kostüme und Masken der Schauspieler unterstreichen die satirische Absicht der Inszenierung. Beispielsweise ist der Profos des Gefängnisses mit einer Riesenfaust ausgestattet. Den Pappfiguren kommt die Funktion zu, die Erstarrung im gesellschaftlich-politischen Leben in Österreich-Ungarn zur Zeit des Weltkriegs vor Augen zu führen. Jedoch weisen die Karikaturen von Grosz auch in die Gegenwart, denn die Typen, die dieser darstellt, haben noch immer Einfluß.

Um den epischen Ablauf des Romans szenisch zu gestalten und um zu zeigen, wie Schwejk von einer Situation in die nächste gerät, hat Piscator eine Bühne mit zwei laufenden Bändern entwickelt, auf denen das Geschehen abrollt.

Das Bühnenbild findet bei der Kritik großen Anklang, so schreibt »Die Welt am Abend«: »Piscator besitzt eine technische Phantasie, wie man sie zuvor nie erlebt hat, er hat alle Kräfte der Bühne entfesselt, ihr alle Geheimnisse entlockt, sein rollendes Band bedeutet wirklich mehr als ein bloßer Trick«. Star des Abends ist Max Pallenberg; er gilt der »Vossischen Zeitung« als »der ideale Schwejk«, und der Kritiker Alfred Polgar schreibt: »Pallenbergs Schwejk hat die kostbare Mischung von Einfalt und Pfiffigkeit, wie sie in Hašekes Buch steht, er ist leibhaftig die gute Miene zum bösen Spiel, die dieses erbarmungsloser entlarvt, als die heftigste Empörung es imstande wäre« (→ 1. 3./S. 51; 15. 6./S. 107).

Erwin Piscators Polit-Theater

Erwin Piscator, geboren am 17. Dezember 1893 in Ulm/Landkreis Wetzlar, zählt zu den Regisseuren, die das Theaterleben der Weimarer Republik maßgeblich prägen. Er hat dazu beigetragen, Stücken mit einer aktuellen Thematik und dem Dokumentartheater zum Durchbruch zu verhelfen. Der von ihm entwickelte avantgardistische Aufführungsstil setzt moderne Techniken und Medien ein und experimentiert mit neuen Bühnenformen und den Projektionen von Filmen und Fotos. Theater ist für den der KPD nahestehenden Regisseur kein Selbstzweck, sondern ein Mittel, um seine politischen Ideen zu propagieren.

Münchner Komiker erobert Berliner

14. Januar. Der Münchner Komiker und Kabarettist Karl Valentin (eigentl. Valentin Ludwig Fey) tritt sein zweites erfolgreiches Gastspiel in Berlin an (bis 1. 3.).

Valentins Programm besteht aus satirischen Couplets, Sketchen und kurzen Szenen; seine Darbietungen enthalten zeitkritische Anspielungen und haben meist eine absurde, doppelbödige Logik.

Seit Jahren führt Valentin sein Programm zusammen mit der Volks-

Ein Sketch wird aufgeschrieben

»Nein du, erst frag ich dich: Wo geht's denn zur Ludwigslust? Und dann sagst du . . .«

»Na – du irrst dich. Du sagst zu mir: Ich weiß den Weg nicht und dann sag' ich . . .«

»Ich weiß schon, wart' . . . Du sagst: Erst müssen S' rechts gehen und dann links, immer geradeaus, wo der Schmetterling fliegt . . .«

schauspielerin Liesl Karlstadt (eigentl. Elisabeth Wellano) vor. Das Komikerpaar, das seine Szenen oft aus dem Stegreif entwickelt, tritt vor allem in Münchner Kabaretts, Kleinkunstbühnen und Kneipen auf. Sein Ruhm reicht jedoch über die bayerische Heimat hinaus, wozu auch die Kurzfilme beigetragen haben, die Valentin und Karlstadt seit 1912 zusammen gedreht haben. – Zu Beginn des Gastspiels lobt die »Vossische Zeitung« die »hinreißende[n] Szenen logischen Unsinns«.

Plakat zum Gastspiel von Karl Valentin und Liesl Karlstadt in Berlin

Greta Garbo im Film als »göttliche Frau«

Schmeling bleibt Box-Europameister

14. Januar. In den USA wird der Film »The Divine Woman« (»Das göttliche Weib«) mit Greta Garbo in der Hauptrolle uraufgeführt (Regie: Victor Sjöström). Der Stummfilm wird zum Markenzeichen für die Schauspielerin, die aufgrund ihrer melancholischen und unnahbaren Schönheit den Beinamen »die Göttliche« erhält.

Die Garbo ist in der Rolle der Tochter einer alternden Mätresse zu sehen. Sie wird vom Lande nach Paris geholt, veranlaßt den Soldaten Lucien zur Desertion und erhält von einem Gönner die Möglichkeit zu einer Karriere als Schauspielerin. Nach einer Reihe von Mißerfolgen unternimmt sie völlig verarmt und krank einen Selbstmordversuch. Von allen Freunden verlassen, hält in dieser Situation lediglich Lucien, von dem sie sich in ihren Glanzzeiten losgesagt hat, zu ihr.

Die Schwedin Greta Garbo (eigentl. Greta Lovisa Gustafsson) nahm nach einer Tätigkeit als Verkäuferin an der Königlich Dramatischen Theaterschule in Stockholm Schauspielunterricht. Entdeckt wurde sie von dem Regisseur Mauritz Stiller. 1925 spielte sie unter Georg Wil-

In dem bei Metro-Goldwyn-Mayer in Hollywood produzierten Film »The Divine Woman« (»Das göttliche Weib«) beeindruckt die 25jährige schwedische Filmschauspielerin Greta Garbo, wie bereits 1927 als Anna Karenina in »Love« (»Liebe«), vor allem in den Liebesszenen; hier im Holländerinnenkostüm mit dem Schauspieler Lars Hanson

helm Pabst in »Die freudlose Gasse«. Kurz darauf erhielt sie von der Metro-Goldwyn-Mayer ein Engagement nach Hollywood. Ihr Filmstudio legt die Garbo auf ein bestimmtes Rollenschema fest: Sie spielt meist Frauen, die in unglückliche Liebesbeziehungen mit meist tragischem Ausgang verstrickt sind.

Zusammen mit ihrem zurückhaltenden Auftreten in der Öffentlichkeit trägt diese Rollenauswahl zu dem Kult um ihre geheimnisvolle, unterkühlte Schönheit bei. Die große Wirkung ihrer Filme, die in der Regel inhaltlich unbedeutend sind, beruht vor allem auf der Ausstrahlungskraft ihres Gesichtes.

6. Januar. Der 22jährige deutsche Profiboxer Max Schmeling kann seinen Titel als Europameister im Halbschwergewicht in einem Kampf gegen den Italiener Michele Bonaglia im ausverkauften Berliner Sportpalast erfolgreich verteidigen. Schmeling schlägt den Her-

Max Schmeling

ausforderer nach einem nur zweieinhalb Minuten dauernden Fight durch eine Rechte gegen die Kinnspitze k.o.

Schmeling war am 19. Juni 1927 durch einen Sieg über Fernand Delarge (Belgien) Europameister geworden. »Schmeling kann Weltmeister werden«, heißt es prophetisch in einer Headline der »Vossischen Zeitung« nach dem Sieg über Bonaglia. Wegen Gewichtsproblemen – er bringt in Berlin bereits 78,9 kg auf die Waage – gibt Schmeling allerdings den Europameistertitel zurück (→ 4. 4./S. 74).

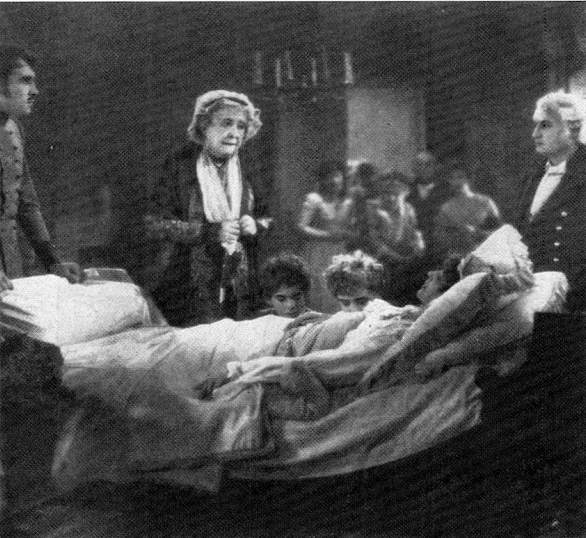

»Der alte Fritz« und »Königin Luise« — Spielfilme über die Hohenzollern haben Konjunktur

Januar. *Zwei neue Preußen-Filme kommen in die Kinos: Am 3. und 20. Januar wird der zweiteilige Film »Der alte Fritz« von Gerhard Lamprecht mit Otto Gebühr in der Titelrolle im Berliner Ufa-Palast am Zoo uraufgeführt, und am 16. Januar hat »Königin Luise« von Karl Grune in Berlin Premiere.*

»Der alte Fritz« zeigt die letzten Lebensjahre von König Friedrich II., seine Vereinsamung und seinen körperlichen Verfall. Der Film findet bei der Kritik wenig Begeisterung; er gebe »nichts als historische Illustration«, wie der »Vorwärts« urteilt, er sei »ohne Tempo und ohne Steigerung . . ., langweilig

photographiert und langweilig gespielt« (»Vossische Zeitung«). Als positiv gilt nur, daß keine »Filmhymne« (»Film-Kurier«) auf die Hohenzollern und den Militarismus entstanden sei (Abb. l.: König Friedrich II., dargestellt von Otto Gebühr [M., sitzend], bei einer Tafelrunde in Schloß Sanssouci).

»Königin Luise« mit Mady Christians in der Titelrolle ist ein typischer Hohenzollernfilm mit legendenhafter Verklärung. Im Mittelpunkt steht die Begegnung der Königin mit Napoleon in Tilsit nach der Niederlage Preußens 1807 (Abb. r.: Filmszene, Königin Luise auf dem Sterbebett).

Februar 1928

Mo	Di	Mi	Do	Fr	Sa	So
		1	2	3	4	5
6	7	8	9	10	11	12
13	14	15	16	17	18	19
20	21	22	23	24	25	26
27	28	29				

1. Februar, Mittwoch

In Paris wird ein deutsch-französisches Abkommen über die 26%ige Reparationsabgabe, die bei deutschen Exporten nach Frankreich zu zahlen ist, paraphiert. Durch die neuen Bestimmungen werden deutsche Ausfuhren erleichtert.

Die faschistische Miliz in Italien feiert ihr fünfjähriges Bestehen. Der italienische Ministerpräsident und Duce Benito Mussolini kündigt aus diesem Anlaß eine Vereinigung der »Schwarzhemden« mit dem regulären Heer an.

Im Berliner Tauentzienpalast wird der Film »Schinderhannes – Der Rebell vom Rhein« nach dem Drama des Schriftstellers Carl Zuckmayer uraufgeführt (Regie: Kurt Bernhardt).

2. Februar, Donnerstag

Der französische Außenminister Aristide Briand bekennt sich in einer Rede vor dem Senat, der zweiten Kammer des französischen Parlaments, zur Verständigungspolitik mit dem Deutschen Reich und kündigt für 1928 einschneidende Veränderungen in der Reparationsfrage an (→ 31. 8./S. 136).

Der französische Ministerpräsident Raymond Poincaré spricht sich gegen eine Abwertung des Franc zum gegenwärtigen Zeitpunkt aus (→ 25. 6./S. 101).

3. Februar, Freitag

Die britische Verfassungskommission unter Leitung von John Simon trifft in Indien ein, um sich über die Situation in der britischen Kolonie zu informieren und Vorschläge für eine neue Verfassung auszuarbeiten. → S. 32

Bei der Hamburger Werft Blohm und Voss läuft der Dampfer »Watussi«, der auf der Afrikalinie eingesetzt werden soll, vom Stapel. Beim Stapellauf wird keine Flagge in den Reichsfarben Schwarz-Rot-Gold gehißt, da die Werft systematisch die Reichsflagge boykottiert.

4. Februar, Sonnabend

Der Deutsche Studentenverband, ein Zusammenschluß demokratisch-republikanischer Studierender, wird als Gegengewicht zur völkisch eingestellten Deutschen Studentenschaft gegründet.

Die Wiener Nationalsozialisten fordern ein Auftrittsverbot für die Tänzerin Josephine Baker (→ 1. 1./S. 13).

Der Leiter des Bauhauses in Dessau, der Architekt Walter Gropius, bittet um eine vorzeitige Entlassung aus dem Amt. Gropius begründet seinen Rücktritt damit, daß er sich künftig stärker eigenen Bauvorhaben widmen wolle (→ 1. 4./S. 69).

Das Schauspiel »Der Turm« von Hugo von Hofmannsthal wird am Münchner Prinzregententheater in zweiter Fassung uraufgeführt. Am gleichen Tag wird das Stück am Deutschen Schauspielhaus in Hamburg und am Würzburger Stadttheater erstmals gespielt. → S. 36

Am Staatlichen Schauspielhaus in Berlin hat das Drama »Die Weber« von Gerhart Hauptmann in der Inszenierung des Intendanten, Leopold Jessner, Premiere. Die Kritik an Jessner, die sich gegen das Übergewicht klassischer Stücke im Spielplan des Staatstheaters richtet, verstummt nach der Aufführung.

5. Februar, Sonntag

Bei Mariazell in der Steiermark wird die Seilschwebebahn auf die Bürgeralpe ihrer Bestimmung übergeben.

6. Februar, Montag

In Washington wird der französisch-US-amerikanische Schiedsvertrag unterzeichnet, in dem sich beide Nationen auf ein Schiedsgerichtsverfahren bei Streitigkeiten verpflichten.

7. Februar, Dienstag

Der in Westpreußen geborene Reichspräsident Paul von Hindenburg spricht sich bei einem gemeinsamen Kabinettsrat der Reichsregierung und der preußischen Staatsregierung dafür aus, den Landwirten in Ostpreußen besondere Unterstützungsmaßnahmen zu gewähren.

In Rudolstadt (Thüringen) demonstrieren 30 000 Landwirte gegen die Agrarpolitik der Reichsregierung; zu der Protestkundgebung hat der thüringische Landbund – eine Bauernorganisation – aufgerufen (→ 28. 1./S. 15; 27. 2./S. 28).

Die Kommunistische Partei der Sowjetunion (KPdSU) fordert den Komponisten der »Internationale«, Pierre Degeter, der in Saint Denis in ärmlichen Verhältnissen lebt, dazu auf, nach Moskau überzusiedeln. Es wird ihm eine Unterkunft im Haus der »Veteranen der Revolution« und darüber hinaus eine staatliche Pension in Aussicht gestellt.

Der australische Ingenieur Bert Hinkler startet von London aus zu einem Alleinflug nach Australien (→ 22. 2./S. 34).

Der Film »Circus« von und mit Charlie Chaplin wird in Berlin in deutscher Erstaufführung gezeigt (→ S. 108).

8. Februar, Mittwoch

Der Faschistische Großrat Italiens bekräftigt seine Absicht, den Status eines verfassungsmäßigen Staatsorgans zu erlangen (→ 12. 5./S. 84).

Nach nur zwei Wochen Amtszeit wird die norwegische Arbeiterregierung unter Ministerpräsident Christopher Hornsrud durch ein Mißtrauensvotum im Storting, dem norwegischen Parlament, gestürzt. → S. 32

Dem schottischen Techniker John Logie Baird gelingt die erste internationale Fernsehübertragung. TV-Bilder werden über Kurzwelle von London nach New York übertragen. → S. 31

9. Februar, Donnerstag

Der Reichstag in Berlin verabschiedet in dritter Lesung eine Novelle des Mieterschutzgesetzes, die den Kündigungsschutz einschränkt. → S. 29

Reichspräsident Paul von Hindenburg richtet an Reichskanzler Wilhelm Marx (Zentrum) einen Brief, in dem er diesen auffordert, alles zu tun, um einen Bruch der Regierungskoalition wegen des Reichsschulgesetzes zu vermeiden. Eine Einigung in dieser Frage solle zurückgestellt werden (→ 15. 2./S. 28).

Im Ufa-Palast am Zoo in Berlin wird der zweite Teil des Films »Der Weltkrieg« mit Dokumentaraufnahmen aus dem Kriegsgeschehen uraufgeführt (Premiere des ersten Teils am 14. 10. 1927).

10. Februar, Freitag

Im Reichstag in Berlin wird eine Lockerung des Reichsmietengesetzes für größere Wohnungen und Geschäftsräume beschlossen (→ 9. 2./S. 29).

Zwischen dem Deutschen Reich und den USA wird der drahtlose Fernsprechverkehr aufgenommen. → S. 31

Der Physiker Franz Hoefft erläutert in einem Vortrag in Wien seine Zukunftsvisionen zur Raumfahrt. → S. 35

11. Februar, Sonnabend

In Berlin werden deutsch-sowjetische Wirtschaftsbesprechungen aufgenommen (→ 21. 12./S. 202).

In Sankt Moritz (Schweiz) werden die II. Olympischen Winterspiele mit Teilnehmern aus 25 Ländern eröffnet. Erstmals seit dem Weltkrieg nimmt wieder eine deutsche Mannschaft teil (→ 19. 2./S. 37).

12. Februar, Sonntag

Der Centralverband deutscher Staatsbürger jüdischen Glaubens veranstaltet eine Kundgebung in Berlin, auf der sich verschiedene Redner dazu bekennen, am Wiederaufbau des im Krieg zerstörten Deutschland mitwirken zu wollen.

13. Februar, Montag

Das Preußische Staatsministerium begnadigt vier Angehörige der Schwarzen Reichswehr (Erich Klapproth, Fritz Fuhrmann, Peter Umhofer und Paul Schulz), die am 26. März 1927 wegen gemeinschaftlichen Fememordes bzw. wegen Anstiftung zum Mord zum Tode verurteilt worden waren, zu lebenslänglicher bzw. 15jähriger Haft.

Vor dem Landgericht in München beginnt der Prozeß, den die Witwe des ehemaligen bayerischen Ministerpräsidenten Kurt Eisner gegen die bayerische Staatsregierung angestrengt hat. Sie klagt auf Zahlung einer Jahresrente von 6000 Reichsmark. Eisner (USPD), der Begründer der Münchener Räterepublik, war am 21. Februar 1919 ermordet worden.

14. Februar, Dienstag

Der österreichische Bundeskanzler Ignaz Seipel (christlichsozial) trifft zu einem dreitägigen Besuch der Tschechoslowakei in Prag ein.

Die Diskussion um eine Verlegung des Völkerbundes von Genf nach Wien erhält durch eine Presseveröffentlichung des ehemaligen österreichischen Botschafters in der Schweiz, Stephan Haupt-Buchenrode, neue Nahrung. → S. 32

An den ungarischen Hochschulen finden Studentenstreiks statt, die sich gegen die geplante Lockerung des Numerus clausus für Juden richten (→ 14. 3./S. 55).

In Spanien wird eine Verfügung erlassen, wonach die Pferde bei Stierkämpfen Schutzpanzer tragen müssen.

14. Februar, Dienstag

In Hessen wird Bernhard Adelung (SPD) als neuer Staatspräsident vereidigt. Er steht an der Spitze einer Koalition aus Sozialdemokraten, Demokraten (DDP) und Zentrum.

Der preußische Innenminister Albert Grzesinski (SPD) spricht sich auf der Preußentagung seiner Partei in Berlin gegen die Zerschlagung Preußens zugunsten eines deutschen Einheitsstaates aus (→ 18. 1./S. 14; 23. 10./S. 172).

Der Schriftsteller und Arzt Alfred Döblin spricht sich auf einer Veranstaltung der Gesellschaft für Sexualreform in Berlin gegen den Abtreibungsparagraphen 218 des Strafgesetzbuches aus.

Am Staatstheater Dresden wird das Antikriegsstück »Toboggan« von Gerhard Menzel uraufgeführt (→ S. 162).

15. Februar, Mittwoch

Die Verhandlungen der Regierungsparteien über einen Gesetzentwurf zur Schulreform werden ergebnislos abgebrochen. Die Reichsregierung ist damit gescheitert. → S. 28

Johann Ludwig Mowinckel von der Fraktion der Demokraten wird nach dem Sturz der Arbeiterregierung unter Christopher Hornsrud als neuer norwegischer Ministerpräsident vor dem Parlament vereidigt (→ 8. 2./S. 32).

In der Sowjetunion wird durch einen Artikel in der Zeitung »Prawda« die Kampagne gegen das mangelhafte Versorgungssystem, mit der die Kollektivierung der Landwirtschaft eingeleitet werden soll, gestartet.

16. Februar, Donnerstag

Die Republik Litauen existiert zehn Jahre. In einem Aufruf aus diesem Anlaß fordert Diktator Antanas Smetona die Bevölkerung dazu auf, die zu Polen gehörende Stadt Wilna, auf die Litauen Anspruch erhebt, zurückzugewinnen. Wegen Wilna war es im November 1927 zu einer Krise zwischen Polen und Litauen gekommen.

In Berlin wird der in katholischen Kreisen heftig umstrittene Film »Luther« uraufgeführt (Regie: Hans Kyser). → S. 33

*Der in München heraus-
gegebene »Simpli-
cissimus« karikiert das
Reichsschulgesetz, dessen
Durchsetzung zu einer
schweren Regierungs-
krise führt*

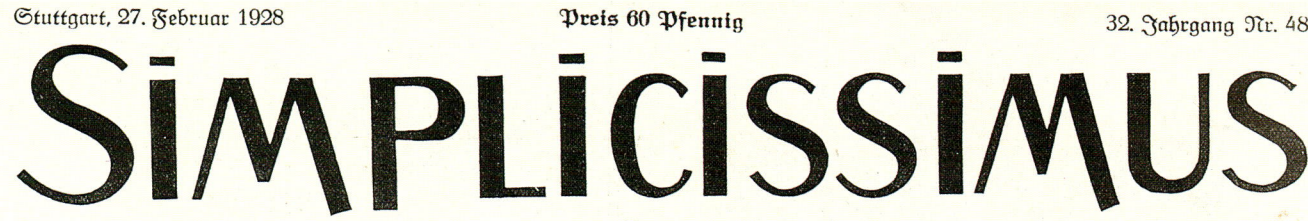

Stuttgart, 27. Februar 1928 — Preis 60 Pfennig — 32. Jahrgang Nr. 48

SIMPLICISSIMUS

Herausgabe in München
Postversand in Stuttgart

Begründet von Albert Langen und Th. Th. Heine

Bezugspreis vierteljährlich 7.— Reichsmark
Copyright 1928 by Simplicissimus-Verlag G. m. b. H. & Co., München

Übers Grab hinaus!

(Zeichnung von Th. Th. Heine)

HIER RUHT DAS SCHULGESETZ

„Wir finden Trost in dem Glauben unserer Kirche: Auferstehn, ja auferstehn wirst du!"

17. Februar, Freitag

In einer Debatte im Nationalrat, dem österreichischen Parlament, wirft der christlichsoziale österreichische Bundeskanzler Ignaz Seipel der italienischen Regierung vor, ihre Verpflichtung zu einer liberalen Politik gegenüber den in Südtirol lebenden Deutschen nicht einzuhalten.

18. Februar, Sonnabend

Die Reichsregierung erklärt, daß sie Reichspräsident Paul von Hindenburg um Neuwahlen bitten will, da sich die Regierungsparteien Zentrum, DVP, DNVP und BVP am →15. Februar (S. 28) nicht auf einen gemeinsamen Entwurf für ein Schulgesetz haben verständigen können (→20. 5./S. 80).

Die bayerische Staatsregierung setzt eine Kommission ein, die Vorschläge zur Vereinfachung der Landesverwaltung erarbeiten soll.

Der neue rumänische Botschafter in Berlin, Petresco Comnèn, überreicht Reichspräsident Paul von Hindenburg sein Beglaubigungsschreiben.

Das indische Parlament in Delhi nimmt mit 68 gegen 62 Stimmen den Antrag der Opposition an, die britische Verfassungskommission unter John Simon zu boykottieren (→3. 2./S. 32).

Die Uraufführung der Oper »Der Zar läßt sich photographieren« von Kurt Weill findet in Leipzig statt.

19. Februar, Sonntag

Aus den Bürgerschaftswahlen in Hamburg gehen die Sozialdemokraten trotz Verlustes von drei Sitzen mit 60 der 160 Mandate als stärkste Partei hervor. Zweitstärkste Kraft im Parlament sind die Kommunisten, die ihr Ergebnis (27 Sitze) halten können.

Der britische Automobilrennfahrer Malcolm Campbell erzielt in Daytona Beach (Florida) mit 333,061 km/h einen Geschwindigkeitsweltrekord. →S. 34

Bei den II. Olympischen Winterspielen, die in Sankt Moritz (Schweiz) zu Ende gehen, dominieren die skandinavischen Sportler. →S. 37

In Kassel wird die Oper »Armer Columbus«, das Erstlingswerk des Komponisten Erwin Dressel, uraufgeführt.

20. Februar, Montag

Zwischen Großbritannien und dem britischen Mandatsgebiet Transjordanien wird ein Vertrag geschlossen, mit dem die Briten die beschränkte Souveränität Transjordaniens anerkennen. →S. 32

Erstmals in der Geschichte Japans werden Parlamentswahlen nach dem allgemeinen Wahlrecht abgehalten. Die Seiyukai-Partei von Ministerpräsident Gi-ichi Tanaka verliert zwar die absolute Mehrheit der Mandate, Tanaka bleibt aber dennoch im Amt. →S. 32

In den Niederlanden wird die Einrichtung eines Landesverteidigungsministeriums anstelle der bisherigen getrennten Ministerien für Krieg und Marine beschlossen.

An der Tagung des Sicherheitskomitees der Vorbereitenden Abrüstungskommission, die in Genf eröffnet wird (bis 7. 3.), nimmt der Sowjetbürger Boris Stein als Beobachter teil. Er erläutert die Abrüstungsvorschläge, die der stellvertretende sowjetische Volkskommissar des Äußeren, Maxim M. Litwinow, im November 1927 in Genf vorgelegt hat.

Die Reichsbahn nimmt den Betrieb elektrischer Schnellzüge auf (→S. 156).

In Berlin geht der Sensationsprozeß um die »Steglitzer Schülertragödie« zu Ende. Der wegen Mordes angeklagte Primaner Paul Krantz wird freigesprochen. →S. 29

In Köln findet der zweite Rosenmontagsumzug seit dem Weltkrieg statt; auch in Mainz gibt es einen Rosenmontagszug. →S. 34

21. Februar, Dienstag

In Mecklenburg-Strelitz tritt Ministerpräsident Karl Schwabe (DNVP) mit seinem Kabinett zurück. Als Übergangskabinett wird zunächst ein Beamtenministerium eingesetzt.

Reichsaußenminister Gustav Stresemann konferiert an seinem Urlaubsort, in Cap Martin an der französischen Riviera, mit seinem rumänischen Amtskollegen Nikolaus Titulescu.

22. Februar, Mittwoch

Als erstes gekröntes Haupt seit Bestehen der Weimarer Republik stattet König Aman Ullah von Afghanistan dem Deutschen Reich einen Staatsbesuch ab (bis 28. 2.). →S. 33

Die Regierung des Königreichs der Serben, Kroaten und Slowenen (heute Jugoslawien) unter Ministerpräsident Welja Vukicević, die am 1. Februar 1928 zurückgetreten ist, wird in geringfügig veränderter Zusammensetzung erneut vereidigt. Versuche zur Bildung einer Regierung unter Einschluß der Kroaten sind gescheitert (→20. 6./S. 101).

Die albanische Regierung richtet einen Hilferuf an das Generalsekretariat des Völkerbundes in Genf. Sie bittet um Unterstützung bei der Bekämpfung der Hungersnot, die infolge schlechter Ernten in einigen Teilen des Landes herrscht.

Der Australier Bert Hinkler landet nach einem 16tägigen Flug wohlbehalten in Port Darwin (Australien). Er ist am 7. Februar von London aus zum ersten Alleinflug von Europa nach Australien gestartet. →S. 34

Der niederländische Frauenarzt und Sexualforscher Theodor Hendrik van de Velde hält in Berlin einen Vortrag zu seinem kürzlich erschienenen Buch »Die Abneigung in der Ehe«. →S. 29

In Berlin wird der Film »Du sollst nicht ehebrechen/Thérèse Raquin« von Jacques Feyder nach dem Roman von Émile Zola uraufgeführt.

23. Februar, Donnerstag

In der Sowjetunion wird der zehnte Jahrestag der Gründung der Roten Armee festlich begangen.

Das deutsch-französische Abkommen über den Handel mit dem Saarland, das in Paris paraphiert wird, sieht Zollmäßigungen im Warenaustausch zwischen dem Saargebiet, das nach den Bestimmungen des Versailler Friedensvertrags zollmäßig Frankreich zugeordnet ist, und dem Deutschen Reich vor.

Der Kunstflieger Ernst Udet landet mit einem 20-PS-Flugzeug auf der Zugspitze.

Alexander Zoubkow, der 28jährige Ehemann der 61jährigen Prinzessin Viktoria zu Schaumburg-Lippe, einer Schwester von Ex-Kaiser Wilhelm II., schlägt bei einer Rauferei in Berlin einen Hotelpagen nieder. Zoubkow wird von einem Schnellgericht zu 500 Reichsmark Geldstrafe verurteilt.

24. Februar, Freitag

Der US-amerikanische Politiker Parker Gilbert, der als Reparationsagent von Berlin aus die Reparationszahlungen des Deutschen Reiches überwacht, spricht seine Besorgnis über die zunehmende Auslandsverschuldung der öffentlichen Hände im Deutschen Reich aus (→31. 8./S. 136).

Die Republik Estland feiert ihr zehnjähriges Bestehen.

Die mitteldeutschen Metallarbeiter nehmen nach der Zwangsschlichtung von Reichsarbeitsminister Heinrich Brauns (Zentrum), die eine Lohnerhöhung um fünf Pfennig pro Stunde beinhaltet, die Arbeit wieder auf. →S. 29

25. Februar, Sonnabend

In der Berliner Krolloper wird unter der musikalischen Leitung von Otto Klemperer die oratorische Oper »König Ödipus« von Igor Strawinski (Libretto: Jean Cocteau) in der szenischen Fassung uraufgeführt. Die Uraufführung der konzertanten Fassung fand bereits am 30. Mai 1927 in Paris statt (→S. 52).

26. Februar, Sonntag

Reichsaußenminister Gustav Stresemann analysiert vor seiner Partei, der rechtsliberalen Deutschen Volkspartei (DVP), die Situation des Parlamentarismus im Deutschen Reich. →S. 28

Im Berliner Capitol-Theater findet die erste öffentliche Versammlung des Volksverbandes für Filmkunst, der sich die Förderung des fortschrittlichen Films zum Ziel gesetzt hat, statt. →S. 36

Das ehemals deutsche Luftschiff »Los Angeles« (bis 1924: »LZ 126«) startet zu einem Nonstop-Flug von New York zum Panamakanal.

Die Weltmeisterschaften im Eiskunstlauf der Herren in Berlin (seit 25. 2.) gewinnt – wie in allen Titelkämpfen seit 1925 – der Österreicher Willi Böckl, der bei den Olympischen Winterspielen

(→19. 2./S. 37) hinter dem Schweden Gillis Grafström Zweiter geworden ist. Grafström tritt in Berlin nicht an.

27. Februar, Montag

Die Reichsregierung beschließt ihr Arbeitsprogramm bis zum Ende der Legislaturperiode (→15. 2./S. 28). Kernpunkt ist ein Notprogramm für die Landwirtschaft. →S. 28

Nach einer Intervention der deutschen Botschaft in London wird im britischen Unterhaus über den Film »Dawn« debattiert. Er schildert das Leben der britischen Krankenschwester Edith Cavell, die während des Weltkriegs von einem deutschen Militärgericht als Spionin zum Tode verurteilt worden ist. →S. 33

Bei einem Kinobrand in Mariago bei Treviso sterben 40 Menschen.

28. Februar, Dienstag

Der US-amerikanische Senat in Washington verabschiedet den Gesetzentwurf über die Freigabe des deutschen Eigentums in den USA, das nach Kriegsende beschlagnahmt worden ist. Am 29. Februar erteilt auch das Repräsentantenhaus seine Zustimmung (→10. 3./S. 42).

29. Februar, Mittwoch

Reichsernährungsminister Martin Schiele (DNVP) erläutert in der Reichstagsdebatte in Berlin das Notprogramm für die Landwirtschaft (→27. 2./S. 28).

Gestorben:

4. Haarlem: Hendrik Antoon Lorentz (*18. 7. 1853, Arnheim), niederländischer Physiker, Physiknobelpreis 1902.

12. Schloß Hernau bei Salzburg: Manfred Graf Clary und Aldringen (*30. 5. 1852, Wien), österreichischer Politiker.

15. London: Herbert Henry Asquith (*12. 9. 1852, Morley/Yorkshire), britischer liberaler Politiker, Premierminister 1908 bis 1916.

27. Berlin: Karl Max von Lichnowsky (*8. 3. 1860, Kreuzenort bei Ratibor), deutscher Diplomat.

29. Nyon: Adolphe Appia (*1. 9. 1862, Genf), schweizerischer Bühnenbildner.

29. Rom: Armando Diaz (*5. 12. 1861, Neapel), italienischer Marschall.

Geboren:

27. Wien: Alfred Hrdlicka, österreichischer Bildhauer.

Das Wetter im Monat Februar

Station	Mittlere Lufttemperatur (°C)	Niederschlag (mm)	Sonnenscheindauer (Std.)
Aachen	5,1 (2,1)	82 (59)	– (74)
Berlin	2,4 (0,4)	51 (40)	– (78)
Bremen	4,0 (0,9)	46 (48)	– (68)
München	2,0 (–0,9)	65 (50)	– (72)
Wien	2,3 (0,6)	58 (41)	– (–)
Zürich	3,3 (0,2)	73 (61)	124 (79)

( ) Langjähriger Mittelwert für diesen Monat
– Wert nicht ermittelt

Die Begeisterung für die II. Olympischen Winterspiele in St. Moritz, an denen erstmals deutsche Sportler teilnehmen, zeigt sich in ausführlichen Berichten, wie in der »Woche« aus Berlin

Die Woche

Nummer 7   Berlin, 18. Februar 1928   30. Jahrgang

TRAINING ZUR WINTER-OLYMPIADE
In der Kurve der Bobbahn

Bruch der Koalition wegen Schulgesetz

15. Februar. Da die Verhandlungen zwischen den Parteien, die der Reichsregierung angehören, über den Entwurf eines Reichsschulgesetzes ohne Ergebnis bleiben, bricht die Mitte-Rechts-Koalition auseinander (→ 28. 6./S. 102).

Die Bürgerblock-Regierung unter Reichskanzler Wilhelm Marx (Zentrum) war am 29. Januar 1927 gebildet worden. Der Koalition gehören die folgenden Parteien an:

▷ Das Zentrum, in dem das katholische Kleinbürgertum repräsentiert ist

▷ Die rechtsliberale, der Großindustrie nahestehende Deutsche Volkspartei (DVP)

▷ Die rechtsgerichtete protestantische Deutschnationale Volkspartei (DNVP)

▷ Die Bayerische Volkspartei (BVP), die Schwesterpartei des Zentrums.

Die Regierungskoalition sah eine ihrer Hauptaufgaben darin, ein neues Schulgesetz zu schaffen. Dem Wunsch des Zentrums und der DNVP zufolge sollte die konfessionsgebundene Schule gegenüber der Gemeinschaftsschule aufgewertet werden. Zu diesem Zweck war

Das deutsche Schulsystem zwischen Tradition und Moderne: Durch Verkehrsunterricht werden Schüler auf die Gefahren des Straßenverkehrs vorbereitet

eine Änderung von § 146 der Weimarer Verfassung notwendig, in dem die bekenntnisgebundene Simultanschule zur Regelschule erklärt, die Einrichtung von Konfessionsschulen jedoch auf Antrag der Eltern ermöglicht wird. Nach dem Gesetzentwurf von Zentrum und DNVP, der am 14. Juli 1927 vorgelegt wurde, sollte dieser Vorrang der bekenntnisfreien Schulen beseitigt werden. Der Entwurf stieß bei weiten Teilen der Lehrer- und Elternschaft auf Widerstand und wurde wegen Bedenken der DVP-Minister in der Reichsregierung, Gustav Stresemann (Außen) und Julius Curtius (Wirtschaft), zunächst nicht in den Reichstag eingebracht. Der Bruch der Regierung erfolgt nun, weil bei der erneuten koalitionsinternen Beratung die DVP weiterhin nicht bereit ist, dem Gesetzentwurf zuzustimmen.

Notprogramm für die Landwirtschaft

27. Februar. Die Reichsregierung stellt im Reichstag ihr Arbeitsprogramm bis zum Ende der Legislaturperiode vor, in dessen Mittelpunkt ein Notprogramm für die Landwirtschaft steht (→ 28. 1./S. 15).

Die Reichsregierung stellt den landwirtschaftlichen Kreditanstalten Kassenvorschüsse in einer Gesamthöhe von 100 Millionen Reichsmark zur Verfügung, die dazu verwendet werden sollen, die hochverzinslichen kurzfristigen Schulden der Bauern in langfristige Realkredite umzuwandeln; ferner werden den Genossenschaften 25 Millionen Reichsmark zur Ankurbelung der Agrarproduktion gewährt.

Ernährungsminister Martin Schiele (DNVP) weist in einer Reichstagsdebatte am 29. Februar darauf hin, daß die Maßnahme für die Bauern nur eine kurzfristige Erleichterung bis zur nächsten Ernte bringen würde. Langfristig sei eine Schutzzollpolitik notwendig, um die deutschen Landwirte vor ausländischer Billigkonkurrenz zu schützen. Sprecher der SPD äußern die Befürchtung, daß die Gelder nicht gerecht verteilt werden könnten.

Stresemann: »Wir sind vom Faschismus noch weit entfernt«

26. Februar. Reichsaußenminister Gustav Stresemann, der Vorsitzende der rechtsliberalen Deutschen Volkspartei (DVP), beschreibt in einem Aufruf an seine Partei die politische Situation im Deutschen Reich als eine Krise des Parlamentarismus. Er setzt sich mit der Forderung auseinander, die Stellung des Reichspräsidenten in der Verfassung zu stärken (→ 23. 9./S. 152), und geht der Frage nach, ob für das Deutsche Reich die Gefahr des Faschismus bestehe. Im folgenden sind Auszüge des Beitrags wörtlich wiedergegeben:

»Täuschen wir uns nicht darüber: wir stehen in einer Krise des Parlamentarismus, die schon mehr als eine Vertrauenskrise ist. Diese Krise hat zwei Ursachen: einmal das Zerrbild, das aus dem parlamentarischen System in Deutschland geworden ist, zweitens die völlig falsche Einstellung des Parlaments in bezug auf seine Verantwortlichkeit gegenüber der Nation.

Was bedeutet ›parlamentarisches System‹? Es bedeutet die Verantwortlichkeit des Reichsministers gegenüber dem Parlament, das ihm mit Mehrheit das Vertrauen entziehen und ihn zur Amtsniederlegung zwingen kann. Nirgends bedingt diese Bestimmung, daß der Minister Parteimann sein muß. Nirgends bedingt sie die Verteilung der Ministersitze nach der Stärke der Fraktionen. Nirgends bedingt sie weiter den Übergang des Regierens vom Kabinett auf die Fraktionen. Die Ernennung der Minister erfolgt durch den Reichspräsidenten. Es ist klar, daß der Reichspräsident Rücksicht darauf nehmen wird, daß die von ihm ernannten Reichsminister das Vertrauen der Mehrheit des Reichstages erringen ...

Bewegungen im deutschen Volk sprechen von der Notwendigkeit, die Rechte des Reichspräsidenten zu verstärken. Es wäre zunächst wünschenswert, daß die Fraktionen und Parteien sich bemühten, durch ihre Einstellung das Ansehen des Reichspräsidenten nicht zu verringern. Selbstverständlich bedarf die Ernennung der Minister der Gegenzeichnung des Reichs-

kanzlers, genau wie die Ernennung der Beamten der Gegenzeichnung des Ressortministers. Und wenn es zu Verschiedenheiten der Auffassung kommt, wird der Kampf zwi-

Gustav Stresemann (DVP), seit 1923 Außenminister des Deutschen Reichs

schen dem Reichspräsidenten und dem Reichsminister auszufechten sein. Es heißt aber das Ansehen des Reichspräsidenten und sein Verantwortungsgefühl herabwürdigen und ihn als Unterzeichnungsmaschine hinstellen, wenn ohne jede Diskussion über die Auffassung des Reichspräsidenten erklärt wird, daß diese oder jene Minister ernannt werden müßten ...

Es geht ein Raunen durch das Land von illegalen Bestrebungen zur Ersetzung der Verfassung durch Diktaturpläne und ähnliches. Trotz der herzlichen Beziehungen, in denen der Oberbürgermeister von Köln [Konrad Adenauer] zu Großmächten Europas steht, in denen diese Regierungsform besteht, glaube ich, daß wir vom Faschismus noch weit entfernt sind ... Es gibt ... niemanden, der den Wahnwitz denken kann, daß ... Hindenburg sich zur Verletzung der Verfassung hergeben würde ...«

Streikabbruch in Metallindustrie

24. Februar. Die Arbeiter der mitteldeutschen Metallindustrie, die sich seit dem 17. Januar im Streik befinden, nehmen in allen Betrieben die Arbeit wieder auf.

Die Arbeiter hatten den Arbeitskampf begonnen, als die Arbeitgeber nach Auslaufen des Tarifvertrags ihren Forderungen nach einer Erhöhung der Stundenlöhne um 15 Pfennig das Angebot entgegensetzten, die Löhne beizubehalten, und die erste Schlichtungsinstanz in Magdeburg auf Lohnerhöhungen um 3 Pfennig je Stunde entschied.

Die mitteldeutschen Metallunternehmer reagierten auf den Streik mit Aussperrungen, von denen bis zu 50 000 Arbeiter betroffen waren; der Verband der Metallarbeitgeber drohte die Aussperrung der Metallarbeiter im ganzen Reichsgebiet (800 000 Personen) an.

Den Schiedsspruch der zweiten Schlichtungsinstanz, der auf eine Erhöhung der Stundenlöhne um 5 Pfennig lautet, erklärt Reichsarbeitsminister Heinrich Brauns (Zentrum) am 22. Februar für verbindlich; der Streik wird daraufhin abgebrochen (→ 15. 3./S. 44).

Mieterschutz eingeschränkt

9. Februar. Der Reichstag verabschiedet mit den Stimmen der Regierungsparteien und der Wirtschaftspartei eine Novelle des Mieterschutzgesetzes und (am folgenden Tag) des Reichsmietengesetzes.

Nach dem Mieterschutzgesetz vom 1. Juni 1923 sind die Mieter von Altbauwohnungen sowie von Neubauwohnungen, die mit öffentlichen Mitteln erstellt werden, geschützt. Der Vermieter kann eine Aufhebung des Mietvertrags nur durch eine gerichtliche Klage und nur bei

Hinterhausidylle in Berlin (Aquarell von Elsa Hoffmann)

genau festgelegten Bedingungen (Verzug der Mietzahlungen) erreichen. Nach der nun verabschiedeten Novelle ist eine Aufhebung des Mietverhältnisses von seiten des Vermieters ebenfalls nur bei Zahlungsverzug des Mieters möglich; der Vermieter kann jedoch – ohne Einschaltung des Gerichts – eine Kündigung zustellen. Erhebt der Mieter dagegen keinen Widerspruch, dann findet keine juristische Prüfung statt, ob die Kündigung gerechtfertigt ist. Die linksoppositionellen Parteien im Reichstag sehen in dieser Gesetzesänderung eine Aushöhlung des Mieterschutzes, da »unerfahrene und ungewandte Mieter« ihre Möglichkeiten zum Widerspruch nicht nutzen würden.

Die Änderung des Reichsmietengesetzes sieht vor, daß große Wohnungen (mindestens sechs Räume, mindestens 100 m² Wohnfläche) und Geschäftsräume von der gesetzlichen Miete befreit werden. Durch das Reichsmietengesetz vom 24. März 1922 sind Höchstmieten festgesetzt, die sich an der »Friedensmiete« von 1914 orientieren; Mieterhöhungen sind bei Verteuerung der Betriebskosten möglich.

Des Mordes angeklagt: Krantz (l.)

Urteilsspruch zur »Schülertragödie«

20. Februar. In Berlin wird der Primaner Paul Krantz vom Verdacht des Mordes freigesprochen.

Krantz und sein Freund Günther Scheller hatten im Juli 1927 unter starkem Alkoholeinfluß den Entschluß gefaßt, die Schwester Schellers, Hildegard, und einen gemeinsamen Freund, Hans Stephan, zu erschießen und anschließend Selbstmord zu begehen. Hildegard Scheller unterhielt intime Beziehungen zu Paul Krantz und zu Hans Stephan. Verabredungsgemäß sollte Günther Scheller Hans Stephan erschießen und danach Selbstmord begehen, anschließend sollte Krantz Hildegard Scheller umbringen und sich dann selbst das Leben nehmen. Während Günther Scheller tatsächlich einen tödlichen Schuß auf Stephan abgab und sich selbst richtete, führte Paul Krantz die Tat nicht aus. Er wurde dennoch wegen gemeinschaftlichen Mordes angeklagt.

Das Verfahren, das öffentlich geführt wird, stößt bei der in- und ausländischen Presse auf große Resonanz; es wird darüber sogar im Reichstag debattiert. Der Prozeß gibt Anlaß zu Stellungnahmen von Pädagogen, Psychologen und Soziologen, die Klagen über den sittlichen Verfall der Jugend, aber auch über das mangelnde Vorbild der Erwachsenen vorbringen. »Die Hauptschuld ist . . . an uns Älteren gelegen, denn es gibt kein richtiges Vorbild, wenn die Eltern und Erzieher selbst Sexualkrisen haben wie nie, wenn sie der Jugend ihre eigenen Sexualkrisen vorleben«, schreibt z. B. der Schriftsteller Walter von Molo.

Van de Velde über die vollkommene Ehe

22. Februar. Der niederländische Frauenarzt und Sexualforscher Theodor Hendrik van de Velde stellt in einem Vortrag in Berlin sein neues Buch »Die Abneigung in der Ehe« vor, dessen deutsche Ausgabe Anfang 1928 erschienen ist.

Van de Veldes Buch »Die vollkommene Ehe«, das seit 1926 auf deutsch vorliegt, ist zu einem Standard-Aufklärungswerk für junge Eheleute geworden; entsprechend groß ist der Zulauf bei der Veranstaltung in Berlin. Während der niederländische Sexualforscher sich in seinem ersten Werk insbesondere an den Mann wendet und Hinweise gibt, wie dieser durch körperliche Technik eine gelungene sexuelle Beziehung zu seiner Frau herstellen kann, gibt er in seinem zweiten Werk praktische Ratschläge vor allem für die Frau, die nach seiner Ansicht dafür zu sorgen habe, daß die erotische Spannung zwischen den Eheleuten nicht nachläßt. Van de Velde hält dabei an den traditionellen Rollenvorstellungen – der Mann

als Verführer, die Frau als Empfangende – fest.

In der Diskussion über die »moderne Ehe« gibt es jedoch auch zaghafte Ansätze, das überlieferte Verständnis von den Geschlechterrollen in Frage zu stellen. Eine größere Bewegungsfreiheit für die Ehefrau könne eine Bereicherung sein, heißt es. Die in den USA praktizierte »Ehe auf Probe« stößt in der deutschen Öffentlichkeit auf Widerstand.

Der niederländische Frauenarzt Theodor Hendrik van de Velde (r.) mit seiner Frau und seinem Manager auf dem Pariser Platz in Berlin; die Visite des bekannten Sexualkundlers findet in der deutschen Presse große Beachtung

Streiks und Arbeitskämpfe auch in den Vereinigten Staaten: Versammlung von Beschäftigten der New Yorker Untergrundbahnen während des Ausstands

Versteigerung von Arbeitskräften: In New York werden Stellungsuchende verschiedener Berufssparten öffentlich gegen Höchstgebot verauktioniert

Arbeit und Soziales 1928:

Höhere Löhne und leichter Anstieg der Arbeitslosenzahlen

Das Arbeitsleben im Deutschen Reich ist durch steigende Löhne, die vielfach mit Streiks durchgesetzt werden, einen leichten Anstieg der Arbeitslosenzahlen und die Diskriminierung der Frau am Arbeitsplatz gekennzeichnet.

Der tarifliche Stundenlohn für einen gelernten Arbeiter in der Produktionsmittelindustrie liegt nach Angaben des Statistischen Jahrbuchs im April 1928 durchschnittlich bei 1,07 Reichsmark (RM; April 1927: 1,01 RM), ein ungelernter Arbeiter in der Produktionsmittelindustrie erhält immerhin 0,77 RM pro Stunde, das sind 7 Pfennig mehr als im April 1927.

Die Lohnerhöhungen können die gewerkschaftlich organisierten Arbeiter in einer Reihe von Arbeitskämpfen durchsetzen (→ 24. 2./S. 29; 15. 3./S. 44); die Unternehmer setzen verstärkt das Mittel der Aussperrung ein (→ 1. 11./S. 185). Insgesamt werden 1928 5672 Betriebe im Deutschen Reich bestreikt. An den Streiks nehmen 328 529 Personen teil, von Aussperrungen sind 451 867 Personen betroffen. 8,5 Millionen Arbeitstage gehen durch Arbeitskämpfe im Verlaufe des Jahres verloren (1926: 0,87 Millionen; 1927: 2,95 Millionen) – ein Zeichen dafür, daß in Zeiten der Hochkonjunktur in der Arbeiterschaft die Bereitschaft zu Kampfmaßnahmen wächst. Auch in den USA häufen sich die Streiks.

Die deutsche Arbeitslosenzahl liegt mit 1,368 Millionen um 3,1% höher als 1927; ein aussagekräftiger Vergleich der Quote läßt sich, da erst seit Einführung der Arbeitslosenpflichtversicherung am 7. Juli 1927 die Erwerbslosen statistisch erfaßt werden, nicht anstellen. Es sind lediglich die Arbeitslosenquoten der Gewerkschaftsmitglieder bekannt. Danach ergibt sich eine Quote von 9,7% gegenüber 8,8% 1927.

Aufgrund dieser Beschäftigungslage wird die Kampagne gegen das »Doppelverdienertum«, die sich gegen die Erwerbstätigkeit von verheirateten Frauen richtet, fortgeführt und findet Anklang auch in weiten Teilen der Gewerkschaften. Besonders deutlich ist diese Diskriminierung der Frauen bei den Reichsbeamtinnen, die im Falle der Eheschließung entlassen werden können. Trotz des Gleichberechtigungsgebots der Weimarer Verfassung liegen die Löhne für Frauen im Durchschnitt um ein Viertel niedriger als die Männerlöhne.

Auch in den USA gibt es in den »roaring twenties« Arbeitslosigkeit; Stellungsuchende im New Yorker Bryant-Park

Fernsprechverkehr drahtlos

10. Februar. Zwischen dem Deutschen Reich und den USA wird der drahtlose Fernsprechverkehr feierlich eröffnet.

Die ersten offiziellen Gespräche führen von Berlin aus Reichskanzler Wilhelm Marx, Reichspostminister Georg Schätzel und der US-Botschafter im Deutschen Reich, Jacob Gould Schurman, mit US-amerikanischen Regierungsvertretern und dem deutschen Botschafter in Washington, Friedrich Wilhelm von Prittwitz und Gaffron.

Während des ersten Tages werden 14 Gespräche von Berlin und je sechs von Hamburg und Frankfurt am Main nach New York geführt. Die Presse kritisiert, daß der Mindesttarif für Gespräche über den Atlantik in Höhe von 300 Reichsmark viel zu teuer sei, zumal keine kostspieligen Kabelverbindungen mehr genutzt würden. Die Telefonverbindung wird vor allem von Bankhäusern in Anspruch genommen, die sich über das Börsengeschehen in den USA informieren.

Die Kabelverbindung zwischen dem Deutschen Reich und den USA, die 1914 kurz nach Ausbruch des Weltkriegs zerstört worden war, ist erst am 4. März 1927 wiederhergestellt worden.

Telegramm-Aufnahme im Berliner Haupttelegrafenamt; im Deutschen Reich arbeiten Frauen vielfach als Stenotypistin oder in anderen Büroberufen

Direktorin einer Tuchfabrik in Moskau kontrolliert eine der Maschinen; die Gleichberechtigung der Frau in der Arbeitswelt ist in der Sowjetunion nicht nur proklamiertes Ziel der regierenden kommunistischen Partei, sondern vielfach bereits verwirklicht; in der Familie bleibt die traditionelle Rollenverteilung dagegen weiterhin erhalten

Jacob G. Schurman, US-Botschafter in Berlin, telefoniert in die USA

Im Berliner Haupttelegrafenamt wird die erste Verbindung hergestellt

Fernsehbild über den Ozean

8. Februar. Der 1927 gegründeten Baird Television Development Company des schottischen Technikers John Logie Baird gelingt erstmals in der Geschichte die Übertragung bewegter Bilder über den Atlantischen Ozean.

Zwei Personen bewegen sich im Aufnahmestudio in London vor einem sog. Televisor-Apparat. Mittels Kurzwelle werden die von ihnen aufgenommenen Bilder über den Ozean gesandt und von einem Aufnahmeapparat in New York empfangen. Ihre Bewegungen sind nach Aussagen von Beobachtern deutlich zu erkennen.

Baird hatte am 27. Januar 1926 der Presse die erste Fernsehübertragung eines Halbtonbildes sowie ein mit Infrarotstrahlen arbeitendes Fernsehgerät bei Nacht (»Noctovisor«) vorgeführt; 1928 entwickelt er ferner ein Verfahren zur Übertragung farbiger Fernsehbilder, das allerdings technisch noch unausgereift ist. Er arbeitet außerdem an der Entwicklung von stereoskopischem und Großbild-Fernsehen (→ 9.9./S. 165).

Bairds Experimente beruhen – wie die seit 1919 von Dénes von Mihály, Max Dieckmann und August Karolus durchgeführten Versuche zur Fernsehübertragung – auf der mechanischen Zerlegung des Bildes und der Umwandlung der Bildteile in Signale, die über Draht oder auch drahtlos übertragen werden.

In der deutschen Presse wird Bairds Erfindung nur beiläufig registriert.

Vertrag der Briten mit Transjordanien

20. Februar. Zwischen Großbritannien und seinem Völkerbundsmandat Transjordanien wird ein Vertrag geschlossen, in dem die britische Regierung die – allerdings eingeschränkte – Unabhängigkeit seines Mandatsgebiets anerkennt.

Großbritannien wird auch künftig in Transjordanien durch einen Residenten vertreten sein, durch dessen Hände alle Mitteilungen der transjordanischen Regierung an fremde Mächte gehen müssen; ferner bleibt den Briten das Recht vorbehalten, nach eigenem Ermessen eine britische Truppe in dem Wüstenstaat zu stationieren.

Nach dem Zusammenbruch des Osmanischen Reiches in der Folge des Weltkriegs war das arabische Gebiet im Vorderen Orient vom Völkerbund als Mandat unter britische und französische Verwaltung gestellt worden, wobei Frankreich Syrien und der Libanon, Großbritannien der Irak, Transjordanien und Palästina zugesprochen wurden. Diese Gebiete sind sog. A-Mandate, d.h. der Völkerbund geht davon aus, daß sie aufgrund ihres Entwicklungs-

Der saudische König Ibn Saud (M.) hilft Transjordaniens Aufständischen im Kampf gegen Fremdherrschaft

standes rasch in die Selbständigkeit entlassen werden können.

In dem Vertrag zwischen Großbritannien und Transjordanien wird festgelegt, daß zwischen Transjordanien und Palästina keine Zölle erhoben werden. Der britische Schritt stößt bei den Zionisten auf Kritik. Er sei gegen den geplanten jüdischen Staat in Palästina gerichtet.

Erstmals in Japan allgemeine Wahlen

20. Februar. Bei den ersten allgemeinen Wahlen zur Abgeordnetenkammer in Japan verliert die regierende konservative Seiyukai-Partei von Ministerpräsident Gi-ichi Tanaka die absolute Mehrheit, bleibt jedoch stärkste Fraktion im Parlament. Die oppositionelle Minseito-Partei erreicht nur einen Sitz weniger, Tanaka bleibt mit Unterstützung neutraler Abgeordneter im Amt.

Bisher wurden die Mitglieder der Abgeordnetenkammer nach einem Zensussystem gewählt. Mit dem Wahlgesetz von 1925 wurde das allgemeine Wahlrecht eingeführt, das nun erstmals praktiziert wird: Jeder Japaner, der im Wahljahr das 24. Lebensjahr erreicht, ist stimmberechtigt. Damit erhöht sich die Zahl der Wahlberechtigten nahezu auf das Vierfache. Vor Verabschiedung des Wahlgesetzes waren alle Parteien, die als umstürzlerisch angesehen wurden, verboten worden. Tanaka setzt nach seiner Wiederwahl diesen Kurs zur Unterdrückung der Linken fort: Er läßt Kommunisten verhaften, verbietet Gewerkschaften und Parteien (→ 15. 3./S. 45).

Arbeiterregierung in Oslo gescheitert

8. Februar. Die erste Arbeiterregierung in der Geschichte Norwegens unter Ministerpräsident Christopher Hornsrud, die erst am 20. Januar eingesetzt worden ist, wird durch ein Mißtrauensvotum, das der Vorsitzende der Fraktion der Demokraten, Johann Ludwig Mowinckel, in den Storting, das norwegische Parlament, einbringt, gestürzt. Mowinckel wird am 15. Februar als neuer Ministerpräsident vereidigt.

Die 1887 gegründete traditionsreiche Arbeiterpartei, die sich ein Jahr zuvor, also 1927, mit den Sozialdemokraten zusammengeschlossen hatte, war aus den Parlamentswahlen am 17. Oktober 1927 als stärkste Partei hervorgegangen und verfügt zusammen mit den Kommunisten und den Demokraten über die Mehrheit der Mandate in dem mit 150 Abgeordneten besetzten Parlament. In seinem Regierungsprogramm bekannte sich Hornsrud offen zu dem Ziel, eine sozialistische Gesellschaft in Norwegen aufzubauen. Die Demokraten entzogen ihm daraufhin die Unterstützung und ließen damit die Koalition scheitern.

Protest gegen Simon-Kommission in Indien

3. Februar. *Eine Verfassungskommission aus Großbritannien unter Leitung von John Simon trifft in der britischen Kolonie Indien ein, um Vorschläge für eine Verfassungsreform auszuarbeiten, die eine stärkere Beteiligung der Inder an den Regionalverwaltungen beinhalten soll, eine Entlassung der Kolonie in die Unabhängigkeit jedoch nicht vorsieht. Simon wird auf seiner Reise durch Indien von Demonstrationen begleitet (Abb.: Proteste in Bombay). Da an der Kommission Inder nicht beteiligt sind, wird sie von indischen Politikern einhellig boykottiert; kein indischer Politiker ist bereit, vor der Kommission Aussagen zu machen (→ 3. 8./S. 137; 29. 12./S. 199).*

Diskussion um Verlegung des Völkerbundes

13. Februar. *Die Diskussion um eine Verlegung des Völkerbundes von Genf nach Wien erhält durch einen Vorschlag, den der ehemalige österreichische Botschafter in der Schweiz, Stephan Haupt-Buchenrode, in einem Leitartikel des »Neuen Wiener Journals« vorstellt, neuen Auftrieb. Haupt-Buchenrode empfiehlt, Wien und Niederösterreich zu einem Völkerbundsstaat zu erklären und die übrigen österreichischen Bundesländer dem Deutschen Reich anzugliedern. Die in der Wiener Presse heftig erörterte Verlegung stößt auf wenig Resonanz (Abb.: Henri Nenot[M.], der Architekt des geplanten neuen Völkerbundspalasts in Genf im Kreise seiner Mitarbeiter).*

Streit um Spionin wieder aufgewärmt

27. Februar. Das britische Unterhaus in London debattiert über den Film »Dawn«, der das Leben der britischen Krankenschwester Edith Cavell zum Inhalt hat.

Edith Cavell hatte während des Weltkriegs zahlreichen alliierten Kriegsgefangenen die Flucht aus deutschen Gefangenenlagern ermöglicht; sie war deshalb am 12. Oktober 1915 von einem deutschen Militärgericht in Brüssel als Spionin zum Tode verurteilt und am 15. Oktober hingerichtet worden.

Wegen der Darstellung der Erschießung in dem Film hatte die deutsche Botschaft in London interveniert, um eine Aufführung zu verhindern. Die Filmszene, in der ein deutscher Soldat, der sich weigert, Edith Cavell zu erschießen, von einem Offizier selbst erschossen wird, entspreche nicht den Tatsachen. Die britische Filmzensur setzt daraufhin durch, daß die Erschießungsszene aus dem Film herausgeschnitten wird.

Am 4. April wird die Genehmigung zur Aufführung des Films mit den angeordneten Kürzungen in Londoner Kinos erteilt.

Proteste gegen den Film über Luther

16. Februar. Die Uraufführung des Films »Luther« von Hans Kyser im Berliner Ufa-Palast am Zoo löst heftige Reaktionen aus.

Die Fuldaer Bischofskonferenz und das bayerische Innenministerium fordern ein Verbot des Films über den Reformator Martin Luther, weil der Streifen angeblich die Gefühle der Katholiken verletze.

Der Evangelische Bund weist darauf hin, daß sich die Vorbehalte gegen den Film weniger gegen einzelne Szenen richten, sondern gegen die Darstellung der Reformation und der Gedanken des Protestantismus. »Was unterdrückt werden soll, ist . . . die Wahrheit der Geschichte«, da die katholische Kirche laut der Papst-Enzyklika vom → 6. Januar 1928 (S. 17) dem Protestantismus »die Existenzberechtigung einer christlichen Religionsgemeinschaft abspricht«. Am 22. März weist die Film-Oberprüfstelle den Antrag ab, den Luther-Film für das ganze Deutsche Reich oder zumindest für Bayern zu verbieten.

Auto mit König Aman Ullah von Afghanistan und Reichspräsident Paul von Hindenburg am Pariser Platz

Alle wollen den Monarchen sehen: Die Berliner funktionieren haltende Omnibusse zu Zuschauertribünen um

König Aman Ullah ehrenvoll empfangen

22. Februar. Im Rahmen einer mehrwöchigen Europareise trifft der afghanische König Aman Ullah zu einem offiziellen Besuch des Deutschen Reichs in Berlin ein.

Der Monarch, der als erstes gekröntes Haupt dem republikanischen Deutschland einen Besuch abstattet, wird mit allen Ehren empfangen und standesgemäß im Palais Prinz Albrecht, das die Reichsregierung für diesen Zweck angemietet hat, untergebracht. Tausende von Berlinern säumen die Straßen, um den afghanischen Herrscher gebührend und herzlich zu begrüßen.

Aman Ullah wurde am 20. Februar 1919 nach der Ermordung seines Vaters, Habib Ullah, mit Unterstützung der Armee zum Emir von Afghanistan ausgerufen. Am 10. Juni 1926 ernannte er sich selbst zum König.

Die Politik Aman Ullahs, die darauf abzielt, durchgreifende soziale Reformen nach türkischem Vorbild (→ 8. 4./S. 62) durchzusetzen, ist im eigenen Land umstritten. Insbesondere bei der Geistlichkeit wird sie als Anpassung an europäische Vorstellungen und als Abkehr von islamischen Werten attackiert. Die Tatsache, daß die Frauen im Gefolge Aman Ullahs während der Europareise unverschleiert auftreten, stößt in Afghanistan auf Unverständnis.

Afghanistan als ein Pufferstaat

Die Geschichte Afghanistans ist seit dem 19. Jahrhundert durch eine ständige Bedrohung seiner Souveränität durch Großbritannien und Rußland gekennzeichnet. Von der britisch-russischen Rivalität konnte der Staat allerdings auch profitieren.

1878 eroberten die Briten von ihrer Kolonie Indien aus zum zweiten Mal die afghanischen Städte Kabul und Kandahar; 1879 mußte Afghanistan die britische Oberhoheit über seine Außenpolitik anerkennen.

Zu Beginn der 80er Jahre des 19. Jahrhunderts hatten die Russen ganz Zentralasien in ihre Gewalt gebracht und die Nordgrenze Afghanistans erreicht. Die russische und die britische Interessenzone stießen hier aufeinander, so daß es 1884/85 zu einer Krise zwischen den beiden Staaten kam. 1886 wurde der Konflikt beigelegt, eine britisch-russische Kommission legte die Grenze zwischen Rußland und Afghanistan fest. 1893 mußten die Afghanen weitere Gebiete an Großbritannien abtreten.

Erst 1919 gelang es Aman Ullah, nach einem britisch-afghanischen Krieg die völlige Unabhängigkeit von Großbritannien sicherzustellen.

Nach der Ankunft des afghanischen Königspaars in Berlin: Aman Ullah (l.) mit seiner Frau Turaja und Reichspräsident Hindenburg (r.) am Lehrter Bahnhof

Malcolm Campbell bei einer Probefahrt am Strand von Daytona Beach in Florida; dort hatte auch Segrave 1927 seinen Tempo-Weltrekord aufgestellt

Der australische Ingenieur und Pilot Bert Hinkler vor der »Avian«-Maschine, mit der ihm der erste Alleinflug von Europa nach Australien gelingt

Campbells Tempo-Rekord

19. Februar. Der britische Automobilrennfahrer Malcolm Campbell erreicht vor 5000 Zuschauern am feinsandigen Strand von Daytona Beach in Florida mit einem speziell konstruierten Napier-Campbell, genannt »Bluebird«, eine Geschwindigkeit von 333,061 km/h und stellt damit einen neuen Tempo-Weltrekord auf. Campbell übertrifft den Rekord, den Henry O'Neal de Hane Segrave (Großbritannien) am 29. März 1927 – ebenfalls in Daytona Beach – erzielt hatte, um 5,102 km/h. Der Rekord wird als Durchschnittsgeschwindigkeit aus zwei Fahrten in entgegengesetzter Richtung ermittelt. Als absolute Höchstgeschwindigkeit erreicht Campbells »Bluebird« 345,68 km/h.

Alleinflug nach Australien

22. Februar. Der 34jährige Australier Bert Hinkler landet mit seinem Flugzeug »Avian« der britischen A. D. C. Aircraft Ltd. in Port Darwin (Australien). Er ist am 7. Februar von London aus gestartet und hat als erster Mensch einen Alleinflug von Europa nach Australien mit Erfolg durchgeführt.

In direkter Luftlinie beträgt die Distanz zwischen London und Port Darwin 16 700 km, tatsächlich hat Hinkler jedoch – mit einer Reihe von Zwischenlandungen – nahezu etwa 20 000 km zurückgelegt.

Hinkler hatte bereits im Dezember 1927 den Versuch zu einem Nonstop-Flug von Australien nach Indien unternommen, mußte jedoch wegen schlechten Wetters aufgeben.

Politisches beim Rosenmontagszug

20. Februar. Die Wagen der Karnevalsgesellschaften beim Rosenmontagsumzug in Köln – dem zweiten nach 1914 (bis 1926 fiel dieser Festzug des Frohsinns wegen der Besetzung der Kölner Zone des Rheinlands aus) greifen aktuelle politische und gesellschaftliche Themen auf – den Rücktritt von Reichswehrminister Otto Geßler (→ 14. 1./S. 14), die Warnungen des Reparationsagenten Parker Gilbert vor Verschwendungssucht der deutschen Kommunen, die durch den Atlantikflug von Charles A. Lindbergh im Mai 1927 angestachelte Rekordjagd in der Luft u. a. Aus München wird gemeldet, daß infolge starken Besucherandrangs beim erstmals seit 32 Jahren wieder veranstalteten Metzgersprung auf dem Marienplatz eine Tribüne einstürzt. 175 Personen werden verletzt.

Auf dem Neumarkt in Köln formiert sich der Rosenmontagszug; im Hintergrund ein Wagen, der die Beschränkungen der deutschen Luftflotte aufs Korn nimmt; auch Kölns Oberbürgermeister Konrad Adenauer gelten mehrere Anspielungen

Der deutsche Raketenforscher und Physiker österreichischer Abstammung Hermann Oberth; neben ihm ein Verflüssigungsbehälter für das Treibgas Methan

Von einer speziellen Kabine aus steuert ein Angestellter den unterirdischen Postverkehr in London, der mit mehreren führerlosen Zügen abgewickelt wird

Diskussion um Mondrakete

10. Februar. Der Wiener Physiker Franz Hoefft, Präsident der Gesellschaft für Höhenforschung, stellt in einem Vortrag in Wien seine Überlegungen zur Raketentechnik vor.

Nach seinen Ausführungen ist es derzeit möglich, Raketen mit Registrierapparaten etwa 80 bis 100 km hoch bis in die dünnsten Schichten der Erdatmosphäre zu schießen.

Nach Berechnungen des Physikers Hermann Julius Oberth erreichen Raketen dort eine Geschwindigkeit von 12 km pro Sekunde und können also theoretisch die Anziehungskraft der Erde überwinden.

Langfristig schwebt Hoefft der Einsatz von bemannten Mondraketen vor, die ihre Treibstofftanks nach Verwendung selbsttätig abwerfen.

Postverkehr unter der Erde

15. Februar. In London wird eine vollautomatische Untergrundbahn für die Beförderung von Poststücken von einem Postamt zum anderen eröffnet. Die Bahn – die erste dieser Art – hat eine Länge von 10,5 km und reicht von Paddington bis Whitechapel. Der Bau ist während des Weltkriegs begonnen worden.

In dem 2,70 m breiten Tunnel verkehren im Zwei-Minuten-Takt auf zwei Gleisen führerlose Züge, die so konstruiert sind, daß die Bremsen bei der Einfahrt in den jeweiligen Bahnhof, der stets etwas höher liegt als die übrige Gleisstrecke, selbsttätig angezogen werden. Mit der unterirdischen Postbeförderung soll die Zustellung innerhalb Londons beschleunigt werden.

Die Tänzerin Els Eberto in einem stilisierten spanischen Kostüm, gehalten in Schwarz, Goldorange und Blau

Als orientalische Sternenprinzessin präsentiert sich in einem Krinolinenkostüm die Schauspielerin Marga Bernard

Karnevalskostüme im Exoten-Look

Die Karnevalsmode des Jahres 1928 ist durch einen Hang zur Exotik gekennzeichnet: In Pluderhosen und mit Turban, Fes oder (durchsichtigem) Schleier präsentieren sich – in Anspielung auf den bevorstehenden Besuch des afghanischen Königs Aman Ullah (→ 22. 2./S. 33) – orientalische Schönheiten; beliebt sind außerdem raffinierte spanische, chinesische und mongolische Kostüme. Die Rocklänge variiert dabei allgemein von oberschenkelkurz bis bodenlang.

Nicht nur die Hochburgen des rheinischen Frohsinns, sondern auch die Reichshauptstadt Berlin ist im Kostümballrausch: Seit Mitte Januar finden an jedem Sonnabend bis zu zehn große Bälle statt – in der Funkhalle, im Zoo, in der Philharmonie, im Sportpalast, im Rheingold und seit Anfang Februar dann auch in den renovierten Sälen der Krolloper.

Ein Ideendrama um Gewalt und Leiden

4. Februar. Am Münchner Prinzregententheater findet die Uraufführung der zweiten Fassung des Schauspiels »Der Turm« des österreichischen Dichters Hugo von Hofmannsthal statt. Gleichzeitig bringen auch das Deutsche Schauspielhaus in Hamburg und das Stadttheater Würzburg das Drama heraus. Hofmannsthal setzt sich in seinem Stück mit den Problemen der Herrschaft, der Gewalt und eines politisch-gesellschaftlichen Umbruchs auseinander. Der junge Prinz Sigismund muß aufgrund der Prophezeiung, er werde seinen Vater töten, in einem Turmverlies leben. Bei der ersten Begegnung mit seinem Vater greift er diesen tatsächlich an, allerdings ohne ihn zu töten. Als ein Aufruhr ausbricht, lehnt er es dann aber ab, die Macht zu übernehmen, und wird ermordet. Sigismund erscheint als Märtyrer; der Prinz, der an ideelle Werte glaubt, hat der Welt der Gewalt nichts entgegenzusetzen. Hofmannsthal gestaltet in seinem

Szenenfoto aus der Hamburger Uraufführung des Schauspiels »Der Turm« von Hugo von Hofmannsthal; l. Hans Otto in der Rolle des Prinzen Sigismund

Stück das Gefühl, in einer krisenhaften Welt zu leben, er sieht den Geist durch die Gewalt bedroht.

»Der Turm« findet ein unterschiedliches Echo. Während die »Münchner Zeitung« die »Schwere und Vielbedeutsamkeit« des Werkes lobt, bezweifelt das »Hamburger Fremden-blatt«, daß es gelungen sei, »das Problem der Herrschaft klar abzuwandeln« oder »ins Dichterische überführt zu haben«, und die »Hamburger Nachrichten« bezeichnen den Inhalt sogar als ein »nebelhaftes, verworrenes Geschehen«. Das Publikum jedoch klatscht Beifall.

Der deutsche Film soll besser werden

26. Februar. Der Anfang des Jahres gegründete Volksverband für Filmkunst hält im Berliner Capitol-Theater die erste öffentliche Versammlung ab, um seine Ziele zu erläutern. Der Verband setzt sich dafür ein, das Niveau des deutschen Films zu heben, dem er Kommerzialisierung, Trivialisierung und einseitige ideologische Ausrichtung vorwirft.

In einer vielbeachteten Rede beklagt der Vorsitzende des Verbandes, der Schriftsteller Heinrich Mann, daß der deutsche Film die »wirkliche Arbeit, wirkliche Not und die Art von Lebensgefühl . . .«, die in Wahrheit vorherrscht«, nicht sichtbar macht. Er bemängelt, daß die politischen Filme eine »zurückgebliebene Gesinnung durchsetzen« wollten.

Der Verband will die Aufführung anspruchsvoller Filme ermöglichen und die Filmproduktion beeinflussen. Als ersten Film zeigt er »Das Ende von St. Petersburg« von dem sowjetischen Regisseur Wsewolod I. Pudowkin.

Reinhardt: »Das Heil kann nur vom Schauspieler kommen«

Der österreichische Regisseur Max Reinhardt hält zum Abschluß einer Tournee, die ihn mit seinem Ensemble vom 17. November 1927 bis 4. Februar 1928 in die USA führt, an der Columbia-Universität in New York die »Rede über den Schauspieler«, in der er eine Überwindung der Theaterkrise durch die Darstellerkunst vorhersagt. Im folgenden ist diese Rede in Auszügen wiedergegeben:

»Das Theater ringt heute um sein Leben. Nicht so sehr aus wirtschaftlicher Not, die allgemein ist. Es krankt vielmehr an der Armut des eigenen Blutes. Weder durch die literarische Nahrung, die ihm lange fast ausschließlich zugeführt wurde, noch durch rein theatralische Rohkost ist ihm aufzuhelfen. Die Gegenwart hat eine verschwenderische Fülle starker Schauspieler auf den Sand geworfen. Noch stehen sie in wunderbarer Blüte. Aber das einzig belebende Element theatralischer Dichtung sickert dünn, und unsere wahrhaft dramatische Zeit spiegelt sich nur schwach in ihr. Die menschliche Schöpferkraft strömt jetzt durch andere Betten. Im Augenblick . . .

Das Heil kann nur vom Schauspieler kommen, denn ihm und keinem anderen gehört das Theater. Alle großen Dramatiker waren geborene Schauspieler, gleichviel, ob sie diesen Beruf . . . ausübten . . .

Das Theater kann, von guten Geistern verlassen, das traurigste Gewerbe, die armseligste Prostitution sein. Aber die Leidenschaft, Theater zu schauen, Theater zu spielen, ist ein Elementartrieb des Menschen. Und dieser Trieb wird

Der österreichische Regisseur Max Reinhardt spricht in New York

Schauspieler und Zuschauer *immer wieder* zum Spiel zusammenführen und jenes höchste, alleinseligmachende Theater schaffen. Denn in jedem Menschen lebt, mehr oder weniger bewußt, die Sehnsucht nach Verwandlung. Wir alle tragen die Möglichkeiten zu allen Leidenschaften, zu allen Schicksalen, zu allen Lebensformen in uns. Nichts Menschliches ist uns fremd! Wäre das nicht so, wir könnten andere Menschen nicht verstehen, weder im Leben noch in der Kunst. Aber Vererbung, Erziehung, individuelle Erlebnisse befruchten und entwickeln nur wenige von den tausend Keimen in uns. Die andern verkümmern allmählich und sterben ab. Das bürgerliche Leben ist eng begrenzt und arm an Gefühlsinhalten . . . Der normale Mensch empfindet gewöhnlich *einmal* im Leben die ganze Seligkeit der Liebe einmal den Jubel der Freiheit, er haßt einmal gründlich, er begräbt einmal mit tiefem Schmerz ein geliebtes Wesen und stirbt am Ende einmal selbst . . .

Der Mensch, in ein kurzes Dasein gesetzt, in eine dicht gedrängte Fülle verschiedenartigster Menschen, die ihm so nahe und doch so unfaßbar fern sind, hat eine unwiderstehliche Lust, sich im Spiel seiner Phantasie von einer Gestalt in die andere, von einem Schicksal ins andere, von einem Affekt in den anderen zu stürzen . . .

Die Schauspielkunst ist . . . zugleich die Befreiung von der konventionellen Schauspielerei des Lebens, denn: nicht Verstellung ist die Aufgabe des Schauspielers, sondern Enthüllung. Wir können heute über den Ozean fliegen, hören und sehen. Aber der Weg zu uns selbst und zu unseren Nächsten ist sternenweit. Der Schauspieler ist auf diesem Weg. Mit dem Licht des Dichters steigt er in die noch unerforschten Abgründe der menschlichen Seele; *seiner eigenen Seele,* um sich dort geheimnisvoll zu verwandeln und Hände, Augen und Mund voll von Wundern wiederaufzutauchen. Er ist Bildner und Bildwerk zugleich; er ist der Mensch an der äußersten Grenze zwischen Wirklichkeit und Traum . . .«

Der Schweizer Wintersportort Sankt Moritz hat sich durch den Bau neuer Anlagen auf die II. Olympischen Winterspiele vorbereitet

Wegen der französischen Bezeichnungen für die teilnehmenden Nationen führt die deutsche Mannschaft, mit 50 Sportlern zahlenmäßig die stärkste, den Festzug durch Sankt Moritz an

Skandinavier bei den Winterspielen vorn

19. Februar. Im schweizerischen Winterkurort Sankt Moritz gehen die II. Olympischen Winterspiele zu Ende (seit 11. 2.). Gegenüber den ersten Winterspielen in Chamonix (Frankreich) 1924, bei denen 293 Athleten aus 16 Nationen antraten, hat sich die Teilnehmerzahl wesentlich erhöht: 494 Wintersportler aus 25 Nationen messen sich im sportlichen Wettkampf.

Auf dem Programm stehen 14 Wettbewerbe, von denen der 10 000-km-Eisschnellauf wegen Tauwetters abgebrochen werden muß. Neu aufgenommen ist das Skeleton, ein Rennen mit einem niedrigen, schweren Schlitten ohne Steuer, der bäuchlings gefahren wird. Diese Disziplin erfreut sich beim Publikum außerordentlicher Beliebtheit.

Die Spiele stehen ganz im Zeichen der Skandinavier, die die nordischen Skiwettbewerbe fast unter sich entscheiden. Lediglich dem Tschechen Rudolf Burkert gelingt durch eine

Nationenwertung von Sankt Moritz

Land	Gold	Silber	Bronze
Norwegen	6	4	5
USA	2	2	2
Schweden	2	2	1
Finnland	2	1	1
Frankreich	1	–	–
Kanada	1	–	–
Österreich	–	3	1
Belgien	–	–	1
Deutsches Reich	–	–	1
Großbritannien	–	–	1
Schweiz	–	–	1
Tschechoslowakei	–	–	1

Bronzemedaille im Spezialsprunglauf ein Einbruch in die Domäne der Nordeuropäer.

Erstmals seit dem Weltkrieg nehmen deutsche Sportler wieder an Olympischen Spielen teil; der Boykott des Deutschen Reiches ist aufgehoben. Die deutsche Mannschaft, mit 50 Aktiven zahlenmäßig die stärkste, kann nur eine Bronzemedaille mit nach Hause nehmen: Hanns Kilian und seine Crew erreichen im Fünferbob einen dritten Platz hinter zwei US-amerikanischen Teams. Die Schweiz bekommt ebenfalls eine Bronzemedaille, im Eishockey.

Erfolgreicher sind die österreichischen Sportler, die in den Eiskunstlaufwettbewerben dreimal Silber und einmal Bronze erhalten:

▷ Willi Böckl belegt den zweiten Platz bei den Herren
▷ Fritzi Burger wird bei den Damen ebenfalls Zweite
▷ Im Paarlauf kommen Lilly Scholz/Otto Kaiser auf den zweiten und Melitta Brunner/Ludwig Wrede auf den dritten Platz. Den Wettbewerb gewinnt das französische Meisterpaar Andrée Joly/Pierre Brunet, das in Chamonix noch Dritter geworden war.

Stars der Spiele sind die 15jährige Norwegerin Sonja Henie, die Gold im Dameneiskunstlauf erreicht, und der finnische Eisschnelläufer Clas Thunberg, der zweimal Gold – über 500 m und 1500 m – holt.
(Weitere Ergebnisse siehe Anhang)

Clas Thunberg gewinnt nach drei Erfolgen in Chamonix in Sankt Moritz zwei Eisschnellauf-Wettbewerbe

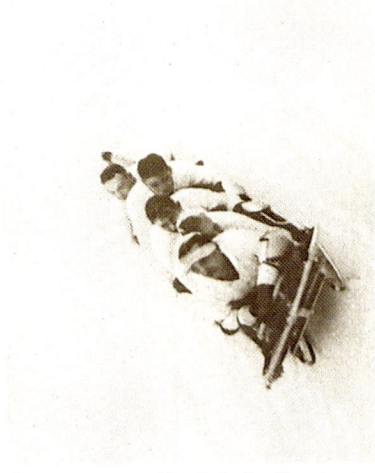

Gewinnen im Fünferbob die einzige deutsche Olympiamedaille: Hanns Kilian (vorn) und sein Team

Der Norweger Johan Gröttumsbraaten ist im 18-km-Langlauf und in der nordischen Kombination, Spezialgebiet der skandinavischen Sportler, siegreich und erringt damit zwei der insgesamt sechs Goldmedaillen für Norwegen

März 1928

Mo	Di	Mi	Do	Fr	Sa	So
			1	2	3	4
5	6	7	8	9	10	11
12	13	14	15	16	17	18
19	20	21	22	23	24	25
26	27	28	29	30	31	

1. März, Donnerstag

Reichswehrminister Wilhelm Groener setzt sich vor dem Haushaltsausschuß des Reichstags für die Genehmigung der ersten Rate für den Bau des Panzerschiffes A ein (→30. 3./S. 42).

In Ungarn wird eine Amnestie für mehrere hundert Personen erlassen; Emigranten werden nicht begnadigt.

Die erste reguläre Trans-Ozean-Fluglinie für den Personenverkehr, die von Paris mit zahlreichen Zwischenstationen bis nach Buenos Aires führt, wird eröffnet. →S. 48

Zwölf Bergleute kommen bei einem Grubenunglück auf der Zeche »Ewald« in Erkenschwick ums Leben, als die Förderanlage versagt. →S. 49

Erwin Piscator übernimmt zusätzlich zur Bühne am Nollendorfplatz das Lessingtheater in Berlin. →S. 51

2. März, Freitag

Ein ehemaliger deutscher Farmer aus Ostafrika nimmt den stellvertretenden Leiter des Reichsentschädigungsamtes in Berlin, Hugo von Bach, als Geisel, um Forderungen nach einer Entschädigungszahlung durchzusetzen. Er kann, obwohl er mit 14 Pfund Sprengstoff ausgerüstet ist, von der Polizei überwältigt werden. →S. 55

3. März, Sonnabend

In Berlin wird ein deutsch-finnisches Unfallversicherungsabkommen ratifiziert.

Der Ständige Internationale Gerichtshof entscheidet, daß den Eisenbahnern der Freien Stadt Danzig das Recht zusteht, ihre vermögensrechtlichen Ansprüche gegenüber Polen auf dem Klagewege durchzusetzen. Vorausgegangen ist ein zweijähriger Rechtsstreit zwischen Danzig und Polen.

Frankreich und Spanien schließen ein Abkommen zur Sicherung ihrer Einflußzonen in Tanger (→25. 7./S. 117).

Der italienische Ministerpräsident und Duce Benito Mussolini weist in Rom Angriffe des österreichischen Bundeskanzlers Ignaz Seipel wegen der Behandlung der deutschen Minderheit in Südtirol als Einmischung in die inneren Angelegenheiten Italiens zurück.

Leopold Jessner, der Intendant des Staatlichen Schauspielhauses in Berlin, wird an seinem 50. Geburtstag mit Ehrungen überhäuft.

4. März, Sonntag

Bei den Wahlen zum Sejm, der zweiten Kammer des polnischen Parlaments, erreicht der Parteilose Block der Zusammenarbeit mit der Regierung, der Ministerpräsident Jósef Klemens Piłsudski nahesteht, die meisten Mandate. →S. 45

Die ägyptische Regierung lehnt einen Vertragsentwurf Großbritanniens, mit dem die Briten ihren Anspruch auf militärische Präsenz in Ägypten bekräftigen, ab. Ministerpräsident Abd Al Chalik Tharwat Pascha tritt daraufhin zurück (→1. 5./S. 84).

Das erste Kandahar-Rennen wird auf dem Arlberg bei Sankt Anton (Österreich) ausgetragen. →S. 54

5. März, Montag

In Nassau konstituiert sich eine Christlichnationale Bauernpartei.

6. März, Dienstag

In Termini Imerese (Sizilien) werden 68 Angehörige der Mafia zu Freiheitsstrafen bis zu 27 Jahren verurteilt.

Der Völkerbundsrat in Genf beschließt den Neubau des Völkerbundspalastes nach einem (abgewandelten) Entwurf der Architekten Henri Paul Nénot und Julien Flegenheimer. Damit ist Spekulationen über eine Verlegung des Völkerbundes nach Wien der Boden entzogen (→13. 2./S. 32).

Die Weltmeisterschaften im Eiskunstlauf der Damen und der Paare gewinnen in London Sonja Henie (Norwegen) und Andrée Joly/Pierre Brunet (Frankreich).

7. März, Mittwoch

Der österreichische Anatom Julius Tandler erteilt bei einem Vortrag in Wien sog. »Verjüngungsoperationen« eine scharfe Absage. Durch das Altern hervorgerufene Veränderungen der Organe seien operativ nicht zu beeinflussen.

8. März, Donnerstag

Die französische Deputiertenkammer lehnt die von der Linken seit zwei Jahren geforderte Einführung eines staatlichen Petroleummonopols ab.

Das Moskauer Oberste Kriegsgericht verurteilt vier Brandstifter, die im Juli 1926 eine Papierfabrik in Brand gesteckt haben sollen, zum Tode. Die Verurteilten behaupten, sie hätten im Auftrag eines finnischen Agenten gehandelt.

9. März, Freitag

Der Senat, die zweite Kammer des französischen Parlaments, nimmt das von der Regierung ausgearbeitete Rekrutierungsgesetz an, das die Einführung der einjährigen Dienstpflicht ab 1. November 1930 in Frankreich vorsieht.

10. März, Sonnabend

Der US-amerikanische Präsident Calvin Coolidge unterzeichnet ein Gesetz, mit dem das nach dem Weltkrieg in den USA beschlagnahmte deutsche Eigentum freigegeben wird. →S. 42

Frankreich und die Niederlande unterzeichnen in Genf einen Schiedsgerichts- und Schlichtungsvertrag, in dem sie sich zur friedlichen Beilegung von Streitigkeiten verpflichten.

Auf der 49. Tagung des Völkerbundsrats, die in Genf zu Ende geht (seit 5. 3.), wird der Brite Ernest Wilton als Präsident der Regierungskommission des Saargebiets bestätigt. Das Saargebiet untersteht der Verwaltung des Völkerbundes.

Der Präsident der Preußischen Akademie der Künste in Berlin, der Maler Max Liebermann, eröffnet in Berlin eine Ausstellung zu Ehren des Künstlers Albrecht Dürer, dessen 400. Todestag auf den →6. April (S. 67) fällt.

Der traditionelle Wasalauf, ein Skilanglauf über rd. 90 km in Schweden, endet mit zwei Siegern: Per Erik Hedlund und Sven Utterström überqueren Hand in Hand die Ziellinie. →S. 54

11. März, Sonntag

Bei den Wahlen zum polnischen Senat, der ersten Kammer des Parlaments, kann der Parteilose Block der Zusammenarbeit mit der Regierung das Ergebnis der Sejm-Wahlen vom →4. März (S. 45) eindrucksvoll bestätigen.

Die Deutsche Bank kündigt aus Anlaß der Veröffentlichung ihres Geschäftsberichts für 1927 die Zahlung einer Dividende von 10% an.

In Lausanne besiegt die schweizerische Fußball-Nationalmannschaft die französische Auswahl in einem Länderspiel 4:3.

12. März, Montag

Die Mittelmeerinsel Malta wird zum britischen Dominion erklärt, d. h. sie erhält den Status eines Kronlandes innerhalb des Commonwealth of Nations.

13. März, Dienstag

Im Land Mecklenburg-Strelitz wird eine neue Regierung unter Ministerpräsident Kurt Artur Freiherr von Reibnitz (SPD) gebildet.

Wilhelm Frick, der Vorsitzende der Reichstagsfraktion der NSDAP, erklärt in einem Brief an das Reichsinnenministerium, daß seine Partei »eine vollkommene Umwälzung des Staates«, allerdings auf legalem Wege, anstrebe.

Bei einer Überschwemmung, die durch den Bruch eines Staudamms in San Francisquito Valley in der Nähe von Los Angeles entsteht, sterben rd. 700 Menschen. Der Sachschaden beläuft sich auf 15 Millionen US-Dollar (62,7 Millionen Reichsmark). →S. 49

Das Stück »Oktobertag« von Georg Kaiser wird in der Inszenierung von Gustaf Gründgens an den Hamburger Kammerspielen uraufgeführt. →S. 51

14. März, Mittwoch

Die pazifistischen Journalisten Berthold Jacob und Fritz Küster, die 1925 in einem

Zeitschriftenartikel über geheime Aufrüstungsbemühungen der Reichswehr berichtet hatten, werden wegen Landesverrats zu je neun Monaten Festungshaft verurteilt. →S. 44

Das ungarische Parlament in Budapest billigt einen Gesetzentwurf, der den Numerus clausus für Juden an den Hochschulen des Landes – mit einem geänderten Verfahren – bestätigt. →S. 55

Die Leipziger Messe, die am 4. März eröffnet worden ist, geht zu Ende. Die Messeleitung meldet gute Geschäfte und einen Rekordbesuch. →S. 48

Der Film »Oktober« über die Oktoberrevolution 1917 von Regisseur Sergei M. Eisenstein wird in der Sowjetunion uraufgeführt. →S. 50

15. März, Donnerstag

In Genf wird die Tagung des vorbereitenden Ausschusses für die Abrüstungskonferenz eröffnet (bis 24. 3.). Der deutsche Vertreter, Johann Heinrich Graf von Bernstorff, kritisiert die schleppende Arbeit des Ausschusses.

Die USA entsenden zusätzliche 2000 Soldaten nach Nicaragua, um ihren Einfluß in Mittelamerika zu stärken. →S. 45

In Japan finden Massenverhaftungen von Kommunisten statt. →S. 45

Der Arbeitskampf der Berliner Werkzeugmacher wird durch einen Schiedsspruch beendet. →S. 44

Das 20. Berliner Sechstagerennen gewinnen Ehmer/Kroschel. →S. 54

16. März, Freitag

Der deutsche Botschafter in Moskau, Ulrich Carl Christian von Brockdorff-Rantzau, interveniert wegen der Verhaftung von sechs deutschen Technikern und Ingenieuren, denen – wie 54 verhafteten Sowjetbürgern – Sabotage im Kohlenrevier des Donezbeckens vorgeworfen wird, bei der sowjetischen Regierung. →S. 44

Die Abgeordnetenkammer in Rom verabschiedet die Wahlreform, mit der dem Wähler künftig lediglich die Möglichkeit gegeben wird, einer vom faschistischen Großrat vorgelegten Liste von Abgeordneten zuzustimmen oder sie abzulehnen. Der Senat billigt das Gesetz am →12. Mai (S. 84), das damit in Kraft tritt.

In Ägypten wird eine neue Regierung unter Ministerpräsident Mustafa Nahhas Pascha gebildet. Nahhas Pascha bekräftigt seinen Willen zur Verständigung mit Großbritannien (→1. 5./S. 84).

17. März, Sonnabend

Der Rechtsausschuß des Reichstags kann sich nicht auf einen Entwurf für eine Amnestie für politische Straftaten verständigen (→13. 7./S. 118).

Die kommunistisch orientierte Rote Gewerkschaftsinternationale fordert die Arbeiter im Deutschen Reich dazu auf, ihre Forderungen mit wilden Streiks durchzusetzen.

Die Entwicklung der politischen Ereignisse in Abessinien, die im Verlauf des Jahres zur Krönung von Täfäri Mäkwännen (Haile Selassie) zum König führen, stellt die in Paris erscheinende »L'Illustration« dar

Avec ce numéro, LA PETITE ILLUSTRATION contenant
LE JEU DE L'AMOUR ET DE LA MORT, pièce, par M. Romain Rolland

L'ILLUSTRATION

RENÉ BASCHET, directeur.

SAMEDI 10 MARS 1928
86e Année. — No 4436.

Gaston SORBETS, rédacteur en chef.

UNE CÉRÉMONIE DE TRADITION OCCIDENTALE EN ÉTHIOPIE. — Pose de la première pierre de la gare des voyageurs à Addis-Abeba.

Le ras Taffari, régent de l'Empire, tient à la main le parchemin commémoratif qui va être scellé dans la pierre ; derrière le ras, le gouverneur de la ville, Kantiba Nassibou.

Phot. Chahbas. — Voir l'article page 221.

Das U-Boot S 4, das am 17. Dezember 1927 vor der US-amerikanischen Küste im Atlantik gesunken ist, kann geborgen werden. →S. 48

Am Kristallpalast in London findet ein Seitenwagenrennen statt. Dieser Motorradsport erfreut sich in Großbritannien immer größerer Beliebtheit. →S. 54

18. März, Sonntag

Im Zirkus Busch in Berlin versammeln sich Anhänger der Deutschnationalen Volkspartei, um für den Schulgesetzentwurf von Innenminister Walter von Keudell (DNVP) zu demonstrieren, an dem die letzte Reichsregierung zerbrochen ist (→15. 2./S. 28).

In Davos werden die ersten nichtständigen Hochschulkurse eröffnet. Der Plan zur Errichtung einer Hochgebirgsuniversität in Davos für Lungenkranke ist endgültig aufgegeben.

19. März, Montag

Reichsernährungsminister Martin Schiele (DNVP) legt dem Reichstag eine Denkschrift über die Lage der Landwirtschaft vor, um das Notprogramm der Regierung vom →27. Februar (S. 28) zu begründen. Die Presse reagiert enttäuscht auf die – allgemein gehaltene – Denkschrift.

Die sowjetische Zeitung »Iswestija« wirft der »Vossischen Zeitung« vor, in einem außenpolitischen Grundsatzartikel zur Bildung einer wirtschaftlichen Einheitsfront gegen die Sowjetunion aufgerufen zu haben. Die »Vossische Zeitung« weist diese Anschuldigung zurück.

20. März, Dienstag

In Paris wird die Tangerkonferenz eröffnet, an der neben Frankreich und Spanien auch Großbritannien und Italien teilnehmen. Ziel ist die Revision des Statuts von 1923 über die Entmilitarisierung des Gebiets um die marokkanische Hafenstadt (→25. 7./S. 117).

Die Verhandlungen zwischen den bisherigen Regierungsparteien in Hamburg (SPD, DVP und DDP) über die Fortführung der Koalition werden erfolgreich abgeschlossen. Erster Bürgermeister bleibt der DDP-Politiker Carl Petersen.

21. März, Mittwoch

Das Deutsche Reich und Großbritannien schließen ein Rechtshilfeabkommen.

Die Schweiz und Frankreich ratifizieren in Paris ein Abkommen, wonach der Konflikt um die zollmäßige Zugehörigkeit der Freizonen um Genf durch ein Schiedsgericht entschieden werden soll.

22. März, Donnerstag

Im Berliner Ufa-Palast am Zoo wird der Film »Spione« von Fritz Lang (Drehbuch: Thea von Harbou) uraufgeführt. →S. 51

Der Film »Wenn ein Weib den Weg verliert« mit Marlene Dietrich (Regie: Gustav Ucicky) wird in Berlin in deutscher Erstaufführung gezeigt.

Die Film-Oberprüfstelle des Deutschen Reichs weist den Antrag auf Verbot des Films »Luther« (Regie: Hans Kyser) ab (→16. 2./S. 33).

Bei einem Lawinenunglück in den Hohen Tauern sterben 14 Menschen.

Der Internationale Tennisverband lehnt auf einer Tagung in Paris die Ersuchen von Suzanne Lenglen und Paul Ferets auf Wiedererlangung des Amateurstatus ab. Die beiden Tennissportler spielen seit Anfang 1927 als Professionals.

23. März, Freitag

Der Staatsvertrag über die Vereinigung des Freistaates Waldeck mit Preußen wird unterzeichnet. →S. 43

Der deutsche Botschafter in den USA, Friedrich Wilhelm von Prittwitz und Gaffron, spricht sich in New York für eine deutsche Beteiligung an der französisch-US-amerikanischen Gewaltverzichtsinitiative aus (→27. 8./S. 132).

In Berlin wird der Film »Qualen der Ehe« mit Pola Negri (Regie: Mauritz Stiller) in deutscher Erstaufführung gezeigt.

24. März, Sonnabend

Der Barmat-Untersuchungsausschuß des Reichstags stellt in einem abschließenden Bericht einstimmig fest, daß alle gegen den ehemaligen Reichspräsidenten Friedrich Ebert wegen seiner Beziehungen zu Julius Barmat erhobenen Vorwürfe sich als unbegründet erwiesen haben (→30. 3./S. 44).

Die rechtsgerichtete österreichische Heimwehr sprengt in Feldkirchen (Kärnten) eine sozialdemokratische Versammlung. 22 Personen werden verletzt.

Der italienische Ministerpräsident und Duce Benito Mussolini und der deutsche Botschafter in Rom, Konstantin Freiherr von Neurath, unterzeichnen in Rom ein Rechtshilfeabkommen, um das internationale Privatrecht gemäß den Haager Konventionen wieder in Kraft zu setzen.

Das Deutsche Reich und Griechenland schließen einen Handelsvertrag, in dem sie sich gegenseitige Meistbegünstigung einräumen.

25. März, Sonntag

Der Schlußbericht über die Finanzaffäre der Reichswehr, die zum Rücktritt von Reichswehrminister Otto Geßler geführt hat (→14. 1./S. 14), wird vorgelegt. Danach entstand dem Reich durch seine Geschäfte mit der »Phoebus«-Filmgesellschaft ein Verlust von 26,9 Millionen Reichsmark.

In Hamburg geht die fünfte Reichskonferenz des Rotfrontkämpferbundes, einer der KPD nahestehenden Organisation, zu Ende (seit 23. 3.).

Der mit diktatorischen Vollmachten ausgestattete portugiesische Staatspräsident António Oscar Fragoso Carmona wird bei Präsidentschaftswahlen in seinem Amt bestätigt. Am →19. April (S. 63) wird in Portugal eine neue Regierung gebildet.

Papst Pius XI. verurteilt in einer Sonntagsansprache in Rom die Schulpolitik der faschistischen Regierung in Italien (→30. 3./S. 55).

Die Mitglieder der rechtsgerichteten kirchenfeindlichen Action française dürfen nach einem Beschluß des Vatikans nicht mehr an den Sakramenten teilhaben.

26. März, Montag

Hermann Köhl und Ehrenfried Günther Freiherr von Hünefeld starten von Berlin-Tempelhof zum ersten Atlantikflug in Ost-West-Richtung (→13. 4./S. 60).

In der Komödie in Dresden wird das Drama »Pioniere in Ingolstadt« von Marieluise Fleißer uraufgeführt. →S. 51

Die Komponisten Heinrich Kaminski und Arnold Mendelssohn werden mit dem – erstmals verliehenen – staatlichen Beethovenpreis der Akademie der Künste in Berlin ausgezeichnet.

27. März, Dienstag

Der bayerische Landtag in München billigt die von der Landesregierung eingebrachte Besoldungsvorlage, ohne einen Vorschlag des Bauernbundes, der selbst an der Regierung beteiligt ist, zu berücksichtigen. Der Bauernbund wollte die Beamten, die den oberen Besoldungsgruppen angehören, von der Besoldungserhöhung ausnehmen.

Der mexikanische Präsident Plutarco Elías Calles unterzeichnet die Ausführungsbestimmungen für das Petroleumgesetz, die ausländische Konzessionäre von der Verstaatlichung ausnehmen. Der Ölkonflikt mit den USA ist damit endgültig beigelegt. →S. 45

Der Sozialist Ignacy Daszynski – und nicht der von Ministerpräsident Józef Klemens Piłsudski vorgeschlagene Kasimierz Bartel – wird zum Präsidenten des Sejm, der zweiten Parlamentskammer in Polen, gewählt (→4. 3./S. 45).

28. März, Mittwoch

Reichsaußenminister Gustav Stresemann fordert in einer Rede vor dem Verein der ausländischen Presse eine allgemeine Abrüstung aller Staaten und wendet sich gegen die im Versailler Vertrag festgeschriebene einseitige Abrüstung des Deutschen Reiches.

Anläßlich seines 60. Geburtstags wird der sowjetische Schriftsteller Maxim Gorki in Zeitungsartikeln und Vorträgen gewürdigt. →S. 51

29. März, Donnerstag

Die Preußische Akademie der Künste in Berlin ruft zu einer Spende auf, die zur Erhaltung des Goethe-Hauses in Frankfurt am Main verwendet werden soll.

Das britische Unterhaus in London nimmt mit 387 gegen zehn Stimmen die Gesetzesvorlage zur Erweiterung des Frauenwahlrechts in zweiter Lesung an. Die endgültige Verabschiedung erfolgt am →7. Mai (S. 85).

30. März, Freitag

Der Reichstag in Berlin verabschiedet in dritter Lesung den Reichshaushalt 1928 und die erste Rate für den Bau des Panzerschiffs A. →S. 42

Die Brüder Julius und Henri Barmat werden in Berlin wegen aktiver Bestechung zu mehrmonatigen Haftstrafen verurteilt. Der Zusammenbruch ihres Unternehmens 1924 hatte wegen der Verwicklung von Politikern einen Skandal ausgelöst. →S. 44

Die italienische Regierung ordnet die Auflösung sämtlicher nichtfaschistischer Jugendverbände innerhalb von 30 Tagen an; das Verbot richtet sich vor allem gegen katholische Verbände. →S. 55

Die Stadt Smyrna (heute Izmir) in der Türkei ist von einem schweren Erdbeben betroffen.

Im Admiralspalast in Berlin wird die Operette »Rosemarie« von Otto Harlbach uraufgeführt.

31. März, Sonnabend

Der Reichsrat, die Vertretung der Länder, billigt den zuvor vom Reichstag verabschiedeten Reichshaushalt 1928. →S. 44

Der Reichsrat ersucht die Reichsregierung, nicht vor dem 1. September mit dem Bau des geplanten Panzerschiffs A zu beginnen (→30. 3./S. 42).

Der Reichstag tritt zu seiner letzten Sitzung der Legislaturperiode zusammen (→15. 2./S. 28; 20. 5./S. 80).

Das Verbot der Ortsgruppe Berlin-Brandenburg der NSDAP, das am 6. Mai 1927 nach Straßenkämpfen verhängt worden ist, wird aufgehoben. →S. 44

Gestorben:

3. Den Haag: Jan Toorop (*20. 12. 1858, Purworedjo/Java), niederländischer Maler und Grafiker.

31. Cologny bei Genf: Gustave Ador (*23. 12. 1845, Genf), schweizerischer Jurist und liberaler Politiker.

Geboren:

12. Washington: Edward Franklin Albee, US-amerikanischer Dramatiker.

16. Darmstadt: Karlheinz Böhm, deutsch-österreichischer Schauspieler.

19. Sursee: Hans Küng, schweizerischer katholischer Theologe.

21. Breslau: Peter Hacks, deutscher Dramatiker und Schriftsteller.

Das Wetter im Monat März

Station	Mittlere Lufttemperatur (°C)	Niederschlag (mm)	Sonnenscheindauer (Std.)
Aachen	5,5 (5,5)	19 (49)	– (125)
Berlin	3,1 (3,9)	20 (31)	– (151)
Bremen	3,8 (4,0)	11 (42)	– (117)
München	2,7 (3,3)	36 (46)	– (142)
Wien	2,8 (4,9)	30 (42)	– (–)
Zürich	5,0 (4,2)	50 (69)	134 (119)

( ) Langjähriger Mittelwert für diesen Monat
– Wert nicht ermittelt

Das US-ameri-
kanische Unter-
haltungsmagazin
»THE DANCE«
mit einem Bild
der Tänzerin
Helen Brown

Stapellauf des Zerstörers »Luchs« in Wilhelmshaven; der Besitz von zwölf Kriegsschiffen dieses Typs ist dem Deutschen Reich erlaubt

Das deutsche Torpedoboot »Greif«: Nach den Bestimmungen des Versailler Vertrags sind auch zwölf solcher Kriegsschiffe zulässig; das Reich hat diese Quote voll ausgeschöpft

Panzerschiff A unter Vorbehalt gebilligt

30. März. Der Reichstag in Berlin billigt, einen Tag vor seiner vorzeitigen Auflösung (→ 15. 2./S. 28), den Reichshaushalt 1928 (→ 31. 3./S. 44) und damit die erste Rate für den Bau des Panzerschiffs A in Höhe von 9,3 Millionen Reichsmark (RM).

Nach den Bestimmungen des Versailler Friedensvertrags von 1919 ist der Höchstbestand der deutschen Flotte auf sechs Linienschiffe, sechs kleine Kreuzer, zwölf Zerstörer und zwölf Torpedoboote begrenzt, der Bau und der Besitz von U-Booten sind nicht gestattet (→ 14. 1./S. 14). Ersatzbauten sind bei Linienschiffen nach 20 Jahren, bei Zerstörern und Torpedobooten nach 15 Jahren

ab Stapellauf erlaubt. Die Tonnage von Ersatzbauten ist beschränkt, bei Linienschiffen z. B. auf 10 000 Tonnen. Das Panzerschiff A, dessen Planung die Bürgerblock-Regierung bereits 1927 in Angriff genommen hat, bleibt im Rahmen der durch den Versailler Vertrag gezogenen Grenzen. Es soll – so die Aussage der Marineleitung – mit einer Geschwindigkeit von 26 Knoten und einer Panzerstärke von 100 mm die Eigenschaften eines schweren Kreuzers mit denen eines Linienschiffes kombinieren. Der Neubau soll den Auftakt für den Ersatzbau aller sechs veralteten Linienschiffe innerhalb eines Zeitraums von zehn bis 15 Jah-

ren bilden, mit einer Gesamtbelastung des Haushalts von rd. 200 Millionen RM. Die Gesamtkosten für ein Panzerschiff werden mit 35 Millionen RM angesetzt.

Die erste Rate für das Panzerschiff A wird im Reichstag mit 200 Ja- und 170 Nein-Stimmen bei vier Enthaltungen angenommen. Die SPD- und die KPD-Fraktion stimmen dagegen. Sie begründen ihre Ablehnung – unter Hinweis auf Kürzungen bei den Sozialausgaben – vor allem mit Kostenargumenten. »Kinderspeisung statt Panzerkreuzer«, lautet eine Parole der SPD für die Reichstagswahlen am → 20. Mai (S. 80).

Außerdem verweisen Abgeordnete der Linksparteien in der Reichstagsdebatte darauf, daß durch die Marineaufrüstung das Vertrauen, das die ehemaligen Kriegsgegner durch die Verständigungspolitik von Reichsaußenminister Gustav Stresemann in die Führung des Reichs gewonnen hätten, aufs Spiel gesetzt werde. Die Anknüpfung an die Flottenbaupolitik des kaiserlichen Deutschlands stehe im Widerspruch zu den Wertvorstellungen von Weimar.

Der Reichsrat verabschiedet am 31. März auf Initiative des sozialdemokratisch regierten Preußen eine Resolution, wonach mit der Vergabe von Aufträgen für den Bau des Panzerschiffs nicht vor dem 1. September 1928 begonnen werden soll. Nur unter diesem Vorbehalt stimmt die Vertretung der Länder dem Reichshaushalt zu (→ 28. 6./S. 102; 16. 10./S. 172; 16. 11./S. 184).

Die aufgrund des Friedensvertrags von 1919 stillgelegten Kriegsschiffe »Braunschweig«, »Preußen«, »Thetis«, »Hamburg« im Hafen von Wilhelmshaven

Freigabebill hebt Beschlagnahme auf

10. März. US-Präsident Calvin Coolidge unterzeichnet die Freigabebill, die Senat und Repräsentantenhaus in Washington im Februar gebilligt haben.

Damit ist die Beschlagnahme deutschen Eigentums in den USA rechtskräftig aufgehoben. Sie war nach dem Weltkrieg erfolgt, um Schadenersatzansprüche von US-Bürgern, US-Unternehmen und der US-Regierung gegenüber dem Deutschen Reich zu befriedigen. Die beschlagnahmten Vermögen und Güter sollten gewissermaßen als Pfand für die Begleichung der Kriegsschulden dienen.

Von der Beschlagnahme waren vor allem deutsche Reedereien, deren Schiffe bei Kriegsende in US-Häfen lagen, betroffen. Sie erhalten nun, wie auch die Inhaber von Patenten, die von den USA in Gebrauch genommen worden sind, Entschädigungen bis zu einer Höhe von 100 Millionen US-Dollar (418 Millionen Reichsmark). Ferner sieht die Freigabebill vor, daß die deutschen Eigentümer ihr Vermögen zu 80% zurückerhalten. Die Gesamthöhe dieser Vermögen soll, einschließlich der aufgelaufenen Zinsen, 221 Millionen US-Dollar (923,78 Millionen Reichsmark) betragen.

Über die Freigabebill wird in den USA seit Jahren diskutiert.

Freistaat Waldeck Preußen angegliedert

23. März. Der Freistaat Waldeck und der Freistaat Preußen schließen einen Staatsvertrag, mit dem Waldeck seine Souveränität verliert und an Preußen angegliedert wird.

Der Verzicht Waldecks auf staatliche Selbständigkeit ist ein weiterer Schritt auf dem Weg zur Beseitigung der Kleinstaaterei im Deutschen Reich nach der Angliederung Coburgs an Bayern (1920), der Vereinigung der thüringischen Staaten (1920), dem Anschluß Pyrmonts an Preußen (1922) und des sächsisch-thüringischen Grenzausgleichs, der am 7. Dezember 1927 geregelt worden ist und durch Gebietsaustausch Enklaven aufgehoben hat.

Die wechselvolle Geschichte des ganz von Preußen umgebenen Gebiets hatte Waldeck, das zuvor unter hessischer Lehnshoheit stand, 1807 mit dem Beitritt zum zweiten Rheinbund die Souveränität beschert. Im Deutschen Krieg 1866 schloß sich das Gebiet Preußen an. 1867 vereinbarten die beiden Länder einen Akzessionsvertrag, der Waldeck unter preußische Verwaltung stellte; lediglich die Kirchen- und Schulhoheit blieben erhalten.

Nach der Novemberrevolution 1918 wurde Waldeck Freistaat. Der weiterhin bestehende Akzessionsvertrag war auf die Dauer nicht haltbar, da er dem preußischen Staatsministerium die Hoheitsverwaltung zusprach, die Waldecker Bevölkerung jedoch nicht durch Teilnahme an den preußischen Landtagswahlen Einfluß auf die Bildung der Regie-

rung Preußens nehmen konnte. Preußen kündigte daher 1926 diesen Vertrag, an dessen Stelle nun die völlige Angliederung Waldecks tritt. Sie ist auch im wirtschaftlichen Interesse des Zwergstaates, dem die finanziellen Mittel fehlen, um sich selbst zu verwalten.

Der Vertrag zwischen Waldeck und Preußen wird am 29. März von der Landesvertretung Waldecks, am 25. Juli vom preußischen Landtag ratifiziert. Die Vereinigung der beiden Staaten soll zum 1. April 1929 vollzogen werden. Waldeck wird dem Regierungsbezirk Kassel innerhalb der Provinz Hessen-Nassau angegliedert. Preußen sichert den Fortbestand der drei waldeckischen Kreise für die Dauer von fünf Jahren zu.

Park von Bad Wildungen (Waldeck); im Hintergrund Schloß Friedrichstein

Kleinstaaterei im Deutschen Reich

Deutschland ist seit dem Mittelalter durch eine Zersplitterung in Klein- und Mittelstaaten gekennzeichnet. Im 19. Jahrhundert hat dies im öffentlichen Bewußtsein vielfach zu einer Abwertung der »Kleinstaaterei« und zu einer Überbewertung des zentralistischen Machtstaates geführt. Die positiven Seiten einer starken staatlichen Zergliederung, wie z.B. kulturelle Vielfalt, sind in den Hintergrund getreten.

Die Weimarer Verfassung von 1919 vermittelt zwischen den Ansprüchen der Länder auf Selbstverwaltung und dem Bestreben nach einer effektiven zentralen Führungskraft im Reich. Die ursprünglich vorgesehene Aufteilung Preußens ist ebenso unterblieben wie die Schaffung eines Einheitsstaates. Die Interessengegensätze zwischen Nord und Süd (→ 18. 1./S. 14; 23. 10./S. 172) bestehen weiterhin fort.

Preußen übernimmt nach der Vereinigung mit Waldeck eine Reihe von finanziellen Verpflichtungen des Kleinstaates. Die preußische Staatsregierung will mit diesem vorbildlichen Verhalten den Bestrebungen nach Abschaffung der föderativen Struktur und nach Beseitigung des Landes Preußens die Spitze nehmen.

Blick auf die Edertalsperre im ehemaligen Fürstentum Waldeck, das nicht zuletzt aus finanziellen Gründen die Vereinigung mit dem Staat Preußen vollzieht

Schloß der ehemals regierenden Fürsten in dem Ort Arolsen, der auch nach der Umwandlung Waldecks in einen Freistaat Landeshauptstadt geblieben war

Haft für zwei Journalisten

14. März. *Die Journalisten Berthold Jacob (eigentl. Berthold Salomon) und Fritz Küster werden wegen Landesverrats zu je neun Monaten Festungshaft verurteilt. Jacob hatte in einem 1925 in der Zeitschrift »Das andere Deutschland« erschienenen Artikel, für den Küster als verantwortlicher Redakteur zeichnete, aufgedeckt, daß entgegen den Bestimmungen des Versailler Friedensvertrags bei der Reichswehr sogenannte »Zeitfreiwillige« eingestellt sind. Die Verteidiger hatten sich mit ihrer Ansicht, daß die Aufdeckung völkerrechtswidriger Zustände niemals Landesverrat sein könne, nicht durchsetzen können (Abb. Reichswehrmanöver).*

Vorwürfe gegen Ingenieure

16. März. *Der deutsche Botschafter in Moskau, Ulrich Carl Christian von Brockdorff-Rantzau, fordert von der Sowjetregierung Aufklärung über die Verhaftung von sechs deutschen Technikern und Ingenieuren im Donezgebiet. Ihnen wird, wie 54 verhafteten Sowjetbürgern, vorgeworfen, Sabotageakte gegen die Gruben im Donez-Kohlengebiet unternommen zu haben (→ 6. 7./S. 116). Unter den festgenommenen Deutschen befinden sich vier Angestellte der AEG, die am Aufbau einer Turbinenanlage beteiligt waren. Einen Tag nach der Intervention werden zwei Deutsche freigelassen (Abb. Verlesung der Anklage durch Staatsanwalt Krylenko).*

Urteile wegen Bestechung

30. März. *Im Prozeß gegen die Brüder Julius und Henri Barmat werden in Berlin die Urteile verkündet. Julius Barmat wird wegen aktiver Bestechung in zwei Fällen zu elf Monaten, Henri Barmat wegen aktiver Bestechung in einem Fall zu sechs Monaten Gefängnis verurteilt. Der Zusammenbruch des Barmat-Konzerns 1924 hatte weitreichende Folgen, da Politiker der SPD und des Zentrums beschuldigt wurden, sie hätten dem Unternehmen – gegen Geldzahlungen – Kredite verschafft. Auch der damalige Reichspräsident Friedrich Ebert (SPD) geriet fälschlicherweise ins Gerede (Abb.: vorn links Julius Barmat).*

Der Reichshaushalt ist verabschiedet

31. März. Nach dem Reichstag billigt auch der Reichsrat, die Vertretung der Länder, den Reichshaushalt 1928 (→ 30. 3./S. 42). Reichsfinanzminister Heinrich Köhler (Zentrum) hat in seinem Etatentwurf erstmals eine Aufschlüsselung der Ausgaben nach Verwendungszwecken vorgelegt. Danach ergeben sich – abgesehen von Reparationen und Überweisungen an die Länder – Ausgaben von 4,6454 Milliarden Reichsmark.

Ausgaben d. Deutschen Reichs 1928

	Millionen RM
Zinsendienst der Reichsschulden	479,2
Innere Kriegslasten	227,8
Versorgung der Kriegsteilnehmer	1702,1
Reichswehr	689,8
Versorgung der Reichswehr	53,7
Polizeiliche Zwecke	7,1
Soziale Zwecke	533,1
Wirtschaftliche Zwecke	230,0
Kulturelle Zwecke	34,6
Gesundheitswesen	6,7
Finanzverwaltung	436,7
Andere Verwaltungszweige	91,6
Versorgung der Zivilbediensteten	108,0
Sonstiges	45,0

NSDAP-Verbot in Berlin fällt

31. März. Der Polizeipräsident von Berlin, Karl Zörgiebel, hebt das am 6. Mai 1927 verhängte Verbot der NSDAP-Ortsgruppe Berlin-Brandenburg auf. Die Partei, die im »Gau« Berlin-Brandenburg von Joseph Goebbels geleitet wird, erhält damit für den Wahlkampf zu den Reichstagswahlen am → 20. Mai (S. 80) die gleichen Betätigungsmöglichkeiten wie die anderen Parteien. Dem Verbot war eine Reihe von Zwischenfällen vorausgegangen, u. a. ein Überfall von Nationalsozialisten auf Kommunisten im Bahnhof von Berlin-Lichterfelde am 20. März 1927, bei dem 15 Personen z. T. schwer verletzt wurden, und Tumulte bei einer NSDAP-Versammlung am 4. Mai 1927, als ein anwesender Pfarrer und ein Journalist von Parteimitgliedern niedergeschlagen wurden. In der Begründung des Verbots, das alle Unterorganisationen wie Sturmabteilung (SA), Schutzstaffel (SS) und Hitlerjugend einschloß, war von 30 Fällen von Gewalttätigkeiten, Überfällen auf politisch Andersdenkende, Widerstand gegen die Staatsgewalt und anderen Delikten die Rede.

Joseph Goebbels (r.), »Gauleiter« der NSDAP in Berlin-Brandenburg

Werkzeugmacher: Zwangsschlichtung

15. März. Die Werkzeugmacher im Tarifbezirk Berlin, die seit dem 27. Februar streiken, um die Festsetzung von Mindestlöhnen und neuen Akkordsätzen durchzusetzen, nehmen ihre Arbeit wieder auf.
Der Arbeitskampf hatte sich ausgeweitet, als am 3., 5. und 6. März die Berliner Werke von Siemens-Halske und Siemens-Schuckert, die Bergmann-Elektrizitätswerke, die Mix & Genest AG, die Deutschen Telephonwerke und die Lorenz AG stillgelegt wurden. 50 000 Berliner Metallarbeiter waren daraufhin von dem Arbeitskampf betroffen. Die Unternehmen lehnen die Bezeichnung »Aussperrung« für ihre Maßnahme ab: Sie seien aufgrund des Streiks der Werkzeugmacher nicht dazu in der Lage, die Produktion aufrechtzuerhalten.
Der Schiedsspruch sieht einen Mindesttariflohn von einer Reichsmark und unveränderte Akkordsätze vor.

Die USA entsenden weitere 2000 Marines nach Nicaragua

15. März. Die US-Regierung in Washington beschließt die Entsendung von weiteren 2000 Marinesoldaten nach Nicaragua. Bereits am 10. Januar 1928 waren 1000 Marines eingeschifft worden, um die in dem mittelamerikanischen Staat stationierten über 5000 Mann starken US-Truppen zu unterstützen. Die USA betrachten Nicaragua traditionell als ihr Einflußgebiet. Sie hatten sich dennoch im August 1925 mit ihren Truppen zurückgezogen, in der Hoffnung, die von ihnen unterstützte konservative Regierung

Augusto Sandino

könne sich mit Hilfe der Nationalgarde, an deren Aufbau US-Militärberater mitgewirkt hatten, an der Macht halten.

Nach Ausbruch eines Bürgerkriegs zwischen dem konservativen Präsidenten Adolfo Díaz und seinem liberalen Gegenspieler Juan Bautista Sacasa nahmen die USA jedoch bereits 1926 ihr militärisches Engagement wieder auf. Es eskalierte Anfang 1927 mit der Entsendung von elf Kreuzern und Zerstörern in nicaraguanische Häfen. Dem US-Industriellen Henry Stimson, den Washington als Sonderbotschafter entsandt hatte, gelang es, ein Abkommen mit den rivalisierenden Parteien zu schließen. Díaz mußte sich verpflichten, 1928 Wahlen abzuhalten. Sämtliche Generäle der Liberalen erklärten sich daraufhin am 12. Mai 1927 zur Beendigung des Bürgerkriegs bereit. Der aussichtsreichste Kandidat der Liberalen für die Präsidentschaft, José Moncada, versicherte Stimson, daß er im Falle seiner Wahl keine sozialistischen Reformen nach mexikanischem Muster durchführen wolle. Die USA sagten daraufhin den Liberalen für die Wahlen Unterstützung zu.

Lediglich der ebenfalls auf der Seite der Liberalen kämpfende General Augusto César Sandino führt weiterhin mit einer bis zu 1000 Mann starken Partisanentruppe Überfälle auf US-Stützpunkte durch (→ 16. 1./S. 17).

Trotz der heftigen Proteste lateinamerikanischer Staaten verstärken die USA ihre militärische Präsenz in Nicaragua

Ölkonflikt Mexikos mit USA beigelegt

27. März. Der mexikanische Präsident Plutarco Elías Calles unterzeichnet die Ausführungsbestimmungen für das 1926 verabschiedete Petroleumgesetz, mit denen wichtige Bestandteile des Gesetzes zurückgenommen werden.

Der Beschluß der mexikanischen Regierung von 1926, sämtliche Bodenschätze einschließlich des Erdöls zu verstaatlichen, hatte zu scharfen Protesten der US-Regierung geführt, da vor allem US-amerikanische Firmen, die in Mexiko Land erworben hatten, damit rechnen mußten, daß ihnen die Konzession für die Erdölförderung entzogen wird.

Nach massivem Druck von seiten Washingtons lenkte Mexiko im Dezember 1927 ein. Die nun unterzeichneten Gesetzesbestimmungen heben alle Maßnahmen, die sich gegen ausländische Ölkonzessionäre richten, auf. Die Verstaatlichung hat keine rückwirkende Kraft.

Piłsudskis Position gestärkt

4. März. Bei den Wahlen zum Sejm, der zweiten Kammer des polnischen Parlaments, wird der von Oberst Walery Sławek, einem Vertrauten von Ministerpräsident Marschall Józef Klemens Piłsudski, ins Leben gerufene Parteilose Block der Zusammenarbeit mit der Regierung mit 122 von 444 Sitzen stärkste Kraft, ebenso wie bei den Wahlen zum Senat am 11. März.

Die Parlamentswahlen sind die ersten seit dem Staatsstreich vom Mai 1926, der Marschall Piłsudski mit Unterstützung des Militärs an die Macht gebracht hatte. Piłsudski lenkt seitdem als Kriegsminister, seit Oktober 1926 auch als Ministerpräsident mit autoritären Vollmachten die Geschicke Polens. Die Befugnisse des Parlaments sind eingeschränkt: Das Recht zur Parlamentsauflösung, das zuvor dieses Gremium selbst innehatte, kommt seit August 1926 dem Staatspräsidenten zu (das Amt ist mit dem Piłsudski-Mitarbeiter Ignacy Móscicki besetzt); die Regierung kann ohne Zustimmung des Parlaments Ausgaben in Höhe des Vorjahreshaushalts beschließen. Vor allem sichert sich Piłsudski seine Macht jedoch durch die massive Einschüchterung der politischen Gegner.

Trotz vieler Verhaftungen von Mitgliedern der Oppositionsparteien während des Wahlkampfes können die

Józef Piłsudski

Linksparteien ihre Mandatszahl erheblich erhöhen, das Bündnis der nationalen Minderheiten (Ukrainer, Deutsche, Juden) kann seine Position halten. Erhebliche Verluste müssen dagegen die Nationaldemokraten und die Bauernpartei Piast hinnehmen.

Massenverhaftung von Kommunisten

15. März. Die konservative japanische Regierung unter Ministerpräsident Gi-ichi Tanaka, deren Position bei den Parlamentswahlen am → 20. Februar (S. 32) geschwächt worden ist, startet eine Kampagne zur Verfolgung linksgerichteter Politiker.

Die europäischen Staaten erhalten – infolge scharfer Pressezensur – erst Anfang April Nachricht von den Kommunistenverhaftungen. Bis zu diesem Zeitpunkt sind etwa 1000 Personen festgenommen worden, denen eine Verschwörung gegen das Kaiserhaus vorgeworfen wird. Die japanische Regierung beschuldigt die Sowjetunion, die angeblichen »Aufrührer« zu unterstützen.

Am 11. April wird die Aufhebung der Arbeiter- und Bauernpartei Rodo Nomino sowie der Bauernparteien Nihon Nonoto und Nihon Nomino verfügt. Die Abgeordneten der Rodo Nomino verlieren ihre Parlamentssitze.

Auto 1928:
Konzentration in der Autoindustrie

Die Situation auf dem internationalen Automobilmarkt ist durch einen anhaltenden Konzentrationsprozeß gekennzeichnet, hervorgerufen durch die allmähliche Sättigung des Marktes in den USA, dem größten Automobilland der Welt. Dort verfügt jeder fünfte Einwohner über ein eigenes Kraftfahrzeug.

Kraftfahrzeugbestand im Juli 1928
(in den deutschen Großstädten)

	Pkws und Busse	Kraftfahrzeuge insges.*	1 Kfz. auf ...Einw.
Altona	1090	3207	72
Barmen	1202	2393	79
Berlin	36215	77659	54
Bochum	971	2209	98
Bremen	2803	5955	50
Breslau	5678	11671	52
Chemnitz	3851	9035	38
Dortmund	1925	4522	103
Dresden	6984	15532	40
Duisburg	1296	2888	96
Düsseldorf	4060	8970	49
Essen	2370	4543	105
Frankfurt a. M.	5955	12797	43
Gelsenkirchen-Buer	777	2247	153
Halle a. S.	1559	3832	52
Hamburg	9703	20787	54
Hannover	3857	8870	49
Kiel	1349	3057	71
Köln	7843	15525	47
Königsberg	1985	3936	74
Leipzig	5907	13408	51
Magdeburg	2375	5452	55
Mannheim	2478	5320	48
München	7362	19933	35
Nürnberg	3662	9651	42
Stettin	1419	3199	83
Stuttgart	5220	10706	34

* einschließlich Lastkraftwagen, Krafträder und Kleinkrafträder

Im Deutschen Reich, dessen Automobilproduktion in den Jahren nach dem Weltkrieg durch eine große Vielfalt gekennzeichnet war, hat sich die Zahl der Unternehmen von Ende 1924 bis Ende 1927 von 86 auf 19, die Zahl der angebotenen Typen von 146 auf 40 verringert. Dieser Trend setzt sich auch 1928 fort: Am 7. November steigt der italienische Fiat-Konzern als Großaktionär bei der angeschlagenen Neckarsulmer Fahrzeugwerke AG (NSU) ein, und am 3. November kaufen die Bayerischen Motorenwerke (BMW) für zehn Millionen Reichsmark die hochverschuldeten, aber gut ausgestatteten Dixi-Werke in Eisenach, die sich auf Kleinwagen spezialisiert haben.

Der Kampf der US-amerikanischen Automobilgiganten um den europäischen Markt wird mit großer Härte geführt. Die Ford-Werke, die durch die Umstellung von ihrem traditionsreichen Modell T (»Tin Lizzy«) auf ein schnelleres und komfortableres Fahrzeug, die 1927 vollzogen wurde, in den USA Marktanteile verloren haben, starten zu Jahresbeginn 1928 eine großangelegte Anzeigenkampagne im Deutschen Reich. Am 23. Januar wird das neue Vierzylindermodell in einer 2-Liter-Version (85 km/h Spitze) und auch einer 3,28-Liter-Version (100 km/h Spitze) erstmals auf dem deutschen Markt angeboten. Im November folgt die Gründung der Europäischen Ford AG. In Großbritannien und Irland will das Unternehmen 200 000 Automobile jährlich für Käufer in Europa produzieren.

Gerüchte, daß auch der Ford-Konkurrent General Motors ein Engagement in Europa beabsichtigt, werden zunächst noch dementiert. Es ist von einer Beteiligung bei Fiat, Citroën oder Opel die Rede.

Die Karosserie der Hispano-Suiza-32-CV-Limousine besticht durch ihre einfache, aber elegante Linienführung

◁ *Die Filmschauspielerin Vera Engels in einem schicken NSU-Roadster, einem Sechszylinder mit 30 PS; im November 1928 kauft das Turiner Automobilunternehmen Fiat die Neckarsulmer Fahrzeugwerke AG (NSU) auf; am 1. Januar 1929 folgt die Gründung der NSU-Fiat in Heilbronn; die deutsche Automobilindustrie sieht sich von der US-amerikanischen Konkurrenz bedroht, die infolge des größeren heimischen Absatzmarktes in größeren Stückzahlen und daher billiger produzieren kann; die Großkonzerne aus den USA wie Ford und General Motors drängen auf den gewinnträchtigen europäischen Automobilmarkt*

OPEL DER GROSSE WURF
MODELL EUROPA

OPEL SECHSZYLINDER

VIERSITZER 4600.— RM · LIMOUSINE 4900.— RM · LUXUS-LIMOUSINE 5400.— RM

Mit einer Sieghaftigkeit ohne gleichen hat Opels neuer Sechszylinder seine Bahn genommen. Ganz besonders im Ausland — wo auch immer er erschien: auf den Ausstellungen von Amsterdam, Kopenhagen, Wien, Genf — überall hat er solche Fülle der Bestellungen auf sich gezogen, daß das Werk Mühe hat, nachzukommen. Daß Genialität des deutschen Konstrukteurs, Sorgfalt des deutschen Arbeiters, Geschmack des deutschen Künstlers wirksam waren, ist selbstverständlich. Was aber mehr bedeutet: Glück hat hier die unendlichen Beziehungen der Pläne und Ausführungen zu einer Einheit und Vollendung gebracht, wie sie nur selten sich ergeben. Der Opel 2 Liter Sechszylinder ist der

WAGEN EUROPAS

geworden, der Wagen, der die Eigenart europäischer Verhältnisse wie kein anderer getroffen hat. Gebrauchswagen, der höchste Leistungen mit höchster Wirtschaft verbindet, und Luxusfahrzeug zugleich, das im Gegensatz zum Massenfabrikat jedem persönlichen Wunsche schmeichelt: diese besondere Mischung — im Opel Sechszylinder ist sie Tat geworden. Er hat daher den Namen „Europa" erhalten.

Der ewige Stern der Vollkommenheit

MERCEDES-BENZ

BENTLEY
BENTLEY MOTORS LTD
POLLEN HOUSE, CORK ST,
LONDON, W.I.

TELEPHONE: REGENT 6911.
TELEGRAMS: "BENMOTLIM, PHONE, LONDON."

◁ △ *Die Werbeanzeige für den Opel-Sechszylinder, Modell »Europa«, setzt sich durch den Hinweis auf deutsche Wertarbeit und auf die Anpassung an europäische Käuferwünsche von der US-amerikanischen Konkurrenz deutlich ab; der 2-Liter-Sechszylinder ist – verglichen mit den Luxuskarossen von Audi, Horch oder Mercedes-Benz – preiswert*
△ *Luxus und Prestige, Eleganz und Zuverlässigkeit – mit diesen Attributen wendet sich die Mercedes-Benz AG in ihrer Anzeige im Art-Deco-Stil an zahlungskräftige Käufer*
◁ *Auch die britischen Bentley-Werke setzen nicht auf Information potentieller Käufer über die angebotenen Modelle, sondern auf die selbstverständliche Bekanntheit ihrer Marke; die britische Automobilindustrie muß sich auf eine harte Konkurrenz durch die im Jahr 1928 in Großbritannien gegründete Europäische Ford AG einstellen*

Eine neuartige, für Transporte in der Industrie vielseitig verwendbare Stuhl-schwebebahn wird auf der Leipziger Frühjahrsmesse vorgestellt

Leipziger Messe gut besucht

14. März. Die Leipziger Frühjahrsmesse, ein zuverlässiges Konjunkturbarometer, geht nach elftägiger Dauer zu Ende.
10 000 Firmen haben ihre Produkte angeboten, im Vergleich zur Frühjahrsmesse 1927 eine Steigerung um knapp 10 %. 175 000 Menschen – das ist die höchste Zahl seit der Währungsreform 1923 – haben die Messe besucht. Die Aussteller äußern sich über ihre Verkaufsabschlüsse im allgemeinen zufrieden, wobei die Geschäfte mit ausländischen Firmen – rd. 30 000 Einkäufer aus dem Ausland sind nach Leipzig gekommen – besser gelaufen sind als mit inländischen.

Infolge der hohen Mieten ist die Leipziger Messe nach Einschätzung der Messeleitung künftig auf staatliche Subventionen angewiesen. Ein Antrag der Regierungsparteien auf Gewährung von 800 000 Reichsmark ist bereits in den Reichstag eingebracht worden.
Der Wirtschaftsjournalist Richard Lewinsohn konstatiert, daß sich die Leipziger Messe von einem Verkaufsmarkt zu einer Großausstellung, die mit den Weltausstellungen vergleichbar sei, gewandelt habe. Bei den Ausstellern stehe Propaganda und Werbung, bei den Besuchern die Information über Neuerungen im Vordergrund.

Erste Trans-Ozean-Fluglinie

1. März. Die erste Fluglinie für einen regelmäßigen Personenverkehr über den Ozean wird eröffnet. Für die Strecke von Paris nach Buenos Aires werden zehn Tage benötigt.
Die erste Zwischenlandung erfolgt in Perpignan. Weitere Stationen sind Alicante (Spanien) und – nach der Überquerung der Straße von Gibraltar – Casablanca (Marokko). Von dort aus geht es weiter nach Dakar in der französischen Kolonie Senegal. Hier steigen die Passagiere in ein Wasserflugzeug um, denn die nächste Station sind die Capverdischen Inseln. Dort wird die Reise zunächst per Boot fortgesetzt: Mit sogenannten Avisos, das sind ehemalige französische Torpedobootzerstörer, werden die Reisenden in etwa 48 Stunden bis zur Insel Fernando Noronha gebracht. Die Passagiere müssen wiederum ein Wasserflugzeug besteigen, das nach Recife an der Küste Brasiliens fliegt. Von dort aus geht es mit Landflugzeugen weiter; nach einer weiteren Zwischenlandung in der brasilianischen Hauptstadt Rio de Janeiro kommen die Fluggäste schließlich ans Ziel ihrer Reise, nach Buenos Aires.
Zwar ist diese Trans-Ozean-Flugreise wegen des viermaligen Umsteigens recht anstrengend, gegenüber der Schiffspassage verkürzt sich die Reisezeit jedoch um die Hälfte.
Die Flüge finden regelmäßig zweimal wöchentlich in beiden Richtungen statt. Brasilien und Argentinien haben die Erteilung der endgültigen Konzession davon abhängig gemacht, in welchem Ausmaß die Flüge genutzt werden.
Dem Unternehmen, das von der französischen Luftfahrtgesellschaft Latécoère durchgeführt wird, droht allerdings eine Konkurrenz durch die geplante Zeppelinlinie zwischen Sevilla und Buenos Aires. Die spa-

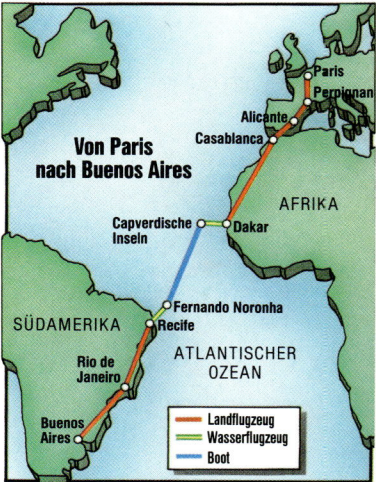

nische Luftfahrtgesellschaft Colón hat den Bau eines geeigneten Zeppelins in Auftrag gegeben; er soll die Strecke in etwa 60 Stunden, also weitaus schneller als die französische Fluglinie, zurücklegen.
Die Einrichtung der Trans-Ozean-Linie ist durch die Nonstop-Flüge von Nordamerika nach Europa vorbereitet worden, die 1927 Charles A. Lindbergh und andere Piloten – teils mit tödlichem Ausgang – unternommen haben.

U-Boot S 4 kann geborgen werden

17. März. Das US-amerikanische U-Boot S 4, das am 17. Dezember 1927 nach einer Kollision bei Provincetown (USA) gesunken war, kann gehoben werden.
Bei dem Unglück waren 40 Menschen ums Leben gekommen. Die Bemühungen, mit Hilfe von Tauchern Sauerstoffflaschen durch die Torpedoröhren in das U-Boot hinunterzulassen, waren erst erfolgreich, als jede Hilfe zu spät kam. Die eingeschlossene Besatzung hatte sich noch drei Tage nach dem Unfall durch Klopfzeichen mit der Außenwelt zu verständigen versucht.

Das mit Hilfe von sechs Hebepontons geborgene U-Boot S 4 beim Einlauf in den Hafen von Boston (Massachusetts)

Das Leck, das dem U-Boot beim Zusammenstoß mit einem Zerstörer geschlagen wurde, ist deutlich zu erkennen

Ein Blick aus der Luft auf das riesige leere Staubecken nach dem Bruch des Damms in San Francisquito Valley

Bruch eines Staudamms bei Los Angeles

13. März. Am frühen Morgen bricht der Staudamm in San Francisquito Valley, etwa 65 km von Los Angeles entfernt, unter dem Druck der Wassermassen zusammen.

Eine Flutwelle, die eine Höhe von 20 m und eine Breite von 8 km erreicht, begräbt die umliegenden Ortschaften Fillmore, Piru, Montalva, Castaic, Obery und Oxnard unter sich. 750 Häuser werden vom Wasser fortgerissen, etwa 700 Menschen, darunter allein 115 Arbeiter des Kraftwerks am Staudamm, ertrinken. Der Sachschaden beläuft sich auf 15 Millionen US-Dollar (62,7 Millionen Reichsmark).

Die Ursache der Katastrophe sind bauliche Mängel am Staudamm. Der Verbund zwischen dem Mauerwerk des 56 m hohen Wehrs und dem angrenzenden Felsgebirge zeigte bereits 14 Tage vor dem Unglück Risse. Die Annahme, daß der Dammbruch durch leichte Erdstöße ausgelöst wurde, erweist sich als irrig.

Das Stauwerk, das zur Versorgung von Los Angeles mit Elektrizität beiträgt, war nach den winterlichen Regenfällen mit 1,344 Milliarden US-Gallonen (5,087 Milliarden Liter) Wasser gefüllt.

Bei der letzten großen Dammbruchkatastrophe am 1. Dezember 1923 waren in den Bergamasker Alpen (Italien) 600 Menschen ums Leben gekommen, als der Damm des künstlichen Sees Gleno infolge starker Regenfälle brach.

Unglück auf Zeche in Erkenschwick

1. März. Bei einem Grubenunglück auf der Zeche »Ewald« in Erkenschwick bei Recklinghausen sterben zwölf Bergleute, 36 werden zum Teil schwer verletzt.

Das Unglück ereignet sich um 6.00 Uhr morgens beim Wechsel von der Nacht- zur Frühschicht. Infolge eines Versagens der Förderanlage wird der aufsteigende Förderkorb mit 21 Bergleuten gegen die Seilscheibe gedrückt und zerschmettert, der Korb mit den 27 einfahrenden Bergarbeitern wird in 800 m Tiefe in den Schachtsumpf gestaucht.

Da seit einigen Monaten Grubenunglücke infolge mangelhaft funktionierender Förderanlagen vermehrt aufgetreten sind – während Unfälle durch schlagende Wetter zurückgehen –, führt die Katastrophe zu einer Diskussion über die Sicherheit im Bergbau. Die KPD-Fraktion bringt eine Anfrage im Reichstag ein, in der es u. a. heißt:

»Die Häufung der Unglücksfälle im Bergbau beweist, daß die kapitalistische Rationalisierung ein derartiges Hetztempo geschaffen hat, daß wichtige Vorsichtsmaßregeln nicht mehr eingehalten werden . . . Ist die Reichsregierung bereit . . ., endlich wirksame Maßnahmen zum Schutze der ausgebeuteten Bergarbeiter zu treffen und die bergbaulichen Schutzbestimmungen . . . zu verschärfen . . .?«

Die kommunistische Initiative wird von den anderen Reichstagsparteien als Propaganda zurückgewiesen.

Der Innenraum des US-amerikanischen U-Boots S 4, das den 40 Besatzungsmitgliedern des Schiffes zum Sarg im Atlantischen Ozean wurde

Ein Soldat der US-Marine legt zum Gedenken an seine 40 verstorbenen Kameraden einen Kranz auf dem zu spät geborgenen U-Boot nieder

Revolutionsführer Lenin agitiert Soldaten in Petrograd; Szene aus »Oktober«

Das Winterpalais ist erstürmt: Symbol der siegreichen Revolution (Filmszene)

Stummfilm über die Oktoberrevolution

14. März. »Oktober«, der Film des Regisseurs Sergei M. Eisenstein über die Oktoberrevolution, wird in der Sowjetunion uraufgeführt.

Eisenstein konnte seine Auftragsarbeit für die Feiern zum zehnten Jahrestag der Oktoberrevolution (7. 11. 1927) aufgrund der Fülle des Materials nicht rechtzeitig fertigstellen. Im Ausland läuft der Film auch unter dem Titel »Zehn Tage, die die Welt erschütterten« (deutsche Erstaufführung: 2. 4. 1928).

»Oktober« setzt mit der Februarrevolution von 1917 ein, zeigt das Scheitern der Provisorischen Regierung unter Alexandr F. Kerenski und die Ankunft Wladimir I. Lenins in Rußland. Der Film endet mit dem Sturm auf das Winterpalais.

Im Mittelpunkt stehen die Massenszenen, die Darstellung des Volkes als Träger der Revolution. Zeitweise hat der Regisseur mit über 10 000 Statisten gearbeitet.

Da es Eisenstein um eine originalgetreue Darstellung des Revolutionsgeschehens geht, hat er in einigen Szenen die an den revolutionären Ereignissen von 1917 Beteiligten

sich selbst spielen lassen und die wichtigsten Stationen nach Augenzeugenberichten und historischen Aufnahmen rekonstruiert.

Die Lenin-Rolle spielt der Arbeiter Vassilij N. Nikandrov, der Lenin zwar sehr ähnlich sieht, aber kei-

Eisenstein, der Schöpfer von »Panzerkreuzer Potemkin« und »Oktober«

ne schauspielerischen Talente hat. Diese Fehlbesetzung, die besonders schwer wiegt, weil zum ersten Mal Lenin in einem Spielfilm dargestellt wird, trägt Eisenstein Kritik ein.

Wie schon in »Panzerkreuzer Potemkin« arbeitet Eisenstein mit Montagen und Gegenschnitten, die das Geschehen kommentieren und die weltgeschichtliche Bedeutung der Oktoberrevolution herausstellen. Im gleichen Sinne verwendet er bildliche Metaphern, z. B. Götzenbilder und die Ersetzung eines Heiligenkalenders durch eine mechanische Weltuhr.

Die filmischen Experimente und die intellektuelle Machart stoßen vielfach auf Unverständnis. Der sowjetische Regisseur Boris V. Barnet beklagt das »Fehlen einer allgemeinen Emotionalität«; der deutsche Filmkritiker Rudolf Kurtz hält »Oktober« schlichtweg für einen »mißlungenen Monstre-Film«.

Demgegenüber urteilt Lenins Frau, Nadeschda K. Krupskaja, »daß der ›Oktober‹-Film eine Etappe auf dem Weg zu einer neuen Kunst, zu einer Kunst der Zukunft ist«.

Eisensteins neue Montagetechnik

Der sowjetische Regisseur Sergei M. Eisenstein gilt als einer der bedeutendsten Regisseure der Filmgeschichte; seine Werke haben dazu beigetragen, daß der Stummfilm als Kunstform anerkannt worden ist.

Eisenstein hat eine eigene Filmsprache entwickelt, die zahlreiche Regisseure beeinflußt. Er arbeitet mit Montagen, kontrastierenden Gegenschnitten und metaphorischen Bildern, die das Geschehen kommentieren und bewerten. Eine Einstellung gewinnt ihre Bedeutung erst aus dem Zusammenhang mit der nächsten. Eisenstein will sowohl die Emotionen der Zuschauer wecken als auch Denkprozesse in Gang setzen und Einsichten in gesellschaftliche Vorgänge vermitteln.

In seinen Stummfilmen gibt es keine individuellen Helden, keine übliche Fabel, vielmehr steht die Masse im Mittelpunkt der Handlung.

Kleinstadtmilieu auf der Bühne

26. März. In der Komödie in Dresden findet die Uraufführung des Stückes »Pioniere in Ingolstadt« von Marieluise Fleißer statt.

Das Stück hat den vorübergehenden Aufenthalt eines Pionierbataillons in einer Kleinstadt und die Beziehungen, die einige Frauen mit den Soldaten eingehen, zum Thema. Die aus dem Kleinbürgertum stammenden Figuren sind unfähig, ihre Gefühle auszudrücken und aus den ihnen aufgezwungenen Rollenmustern auszubrechen. Bei den Soldaten, die ihre Unterdrückung an Schwächere weitergeben, tritt latenter Sadismus zutage. Die Aufführung wird als langweilig kritisiert.

Agententhriller von Lang im Kino-Palast

22. März. Im Berliner Ufa-Palast am Zoo hat der Agentenfilm »Spione« mit Willy Fritsch, Gerda Maurus und Rudolf Klein-Rogge in den Hauptrollen Premiere.

Der Regisseur Fritz Lang hat einen spannungsvollen, mit komischen Szenen angereicherten Film um verschwundene Geheimdokumente, den allmächtigen Chef eines Spionagerings und die Liebe zweier aufeinander angesetzter Agenten gedreht. Die Kritik beurteilt den Film negativ: »Luxusausgabe eines Zehnpfennig-Detektivschmökers« (»Das Stachelschwein«). Erst Jahre später wird die Bedeutung des Films erkannt.

»Oktobertag« wird zum Erfolgsstück

13. März. Georg Kaisers romantisches Drama »Oktobertag« kommt an den Hamburger Kammerspielen in der Inszenierung von Gustaf Gründgens zur Uraufführung.

In dem Stück erweist sich die Illusion als stärker als die Wirklichkeit. Ein junges Mädchen verliebt sich bei einer einmaligen Begegnung in einen Leutnant, bekommt von einem anderen Mann ein Kind, aber der Leutnant bekennt sich zu seiner idealen Vaterschaft.

»Die helle Geistigkeit des Stücks . . ., der komprimierte Dialog, das Offenbaren hintersinnlicher Mächte« (»Kölnische Zeitung«) werden mit viel Beifall aufgenommen.

Schauspieler der Uraufführung von »Pioniere in Ingolstadt« in der Komödie in Dresden, darunter die Autorin Marieluise Fleißer (stehend, 5. v. l.)

Willy Fritsch spielt den Geheimagenten Nr. 326, der den Chef eines Spionagerings jagt; Szene aus dem Low-Budget-Film »Spione« von Fritz Lang

Szene aus der Inszenierung von »Oktobertag« an den Berliner Kammerspielen mit Margarete Köppke und Albert Steinrück; Regie: Robert Forster-Larrinaga

Geburtstagsgrüße für Maxim Gorki

28. März. Zu seinem 60. Geburtstag erreichen den russisch-sowjetischen Schriftsteller Maxim Gorki (eigentl. Alexei M. Peschkow) zahlreiche Glückwünsche.

In seinem Vortrag »An Maxim Gorki« hebt der österreichische Schriftsteller Stefan Zweig hervor, daß Gorkis Werke dazu beigetragen hätten, den Westen mit dem Alltagsleben in Rußland und mit der Denk-, Empfindungs- und Handlungsweise des Volkes vertraut zu machen. Gorkis Werke führten vor Augen, daß das Volk »hüben und drüben und allerorts . . . dasselbe ist«. Insbesondere lobt Zweig Gorkis Menschenschilderung: »Sie [Gorki] haben das Volk aufgezeigt mit einer hinreißenden Sachlichkeit, einer ungezwungenen Ehrlichkeit, mit der einzigartigen Unbestechlichkeit Ihres geraden und menschlichen Blicks.«

Gorki, der sich zur Zeit in Sorrent in Italien aufhält (→ 28. 5./S. 94), schildert in seinem Werk Außenseiter der Gesellschaft und – etwa in dem Roman »Die Mutter« – der Revolution verbundene Menschen.

Piscator übernimmt zweites Theater

1. März. Der Regisseur und Theaterleiter Erwin Piscator übernimmt auch das Berliner Lessingtheater.

Die anhaltenden Erfolge der Bühne am Nollendorfplatz und die Verpflichtungen gegenüber den Abonnenten haben Piscator dazu bewogen, mit seinem Ensemble ein zweites Theater zu bespielen. Das Abonnementsystem verlangt, eine bestimmte Anzahl von Stücken pro Spielzeit herauszubringen, was dazu geführt hat, daß noch gut laufende Stücke, für die Karten im teureren freien Verkauf abgegeben werden könnten, aus dem Programm genommen werden mußten. Eine zweite Bühne soll es ermöglichen, neue Stücke aufzuführen und gut laufende dennoch weiterzuspielen.

Die Übernahme des Lessingtheaters steht jedoch unter keinem guten Stern. Die für März geplante Premiere des Stücks »Konjunktur« von Leo Lania muß verschoben werden. Statt dessen kommt »Singende Galgenvögel« von Upton Sinclair zur Aufführung, das sich als Mißerfolg erweist (→ 15. 6./S. 107).

81 Jahre nach der Uraufführung wird Giuseppe Verdis Oper »Macbeth« am 21. April erstmals – von der Dresdner Staatsoper – im Deutschen Reich aufgeführt

Musik 1928:

Zwölftontechnik, Neoklassik und auch flotte Jazzrhythmen

Die Neue Sachlichkeit, die Abwendung vom gefühlsüberladenen Stil der Spätromantik und die Hinwendung zu klaren, strengen Formen, hat sich zur bestimmenden Richtung des Musiklebens entwickelt. Die Neue Musik ist durch eine Vielfalt von Ausdrucksformen gekennzeichnet: Durch Atonalität, Dissonanzen, rhythmische Asymmetrie oder rhythmische Melodik. Elemente des Jazz und der Volksmu-

sik werden ebenfalls einbezogen. Als einer der bedeutendsten Vertreter der Neuen Musik gilt der österreichische Komponist Arnold Schönberg, der die Zwölftontechnik entwickelt hat. In seinen am 2. Dezember 1928 durch das Berliner Philharmonische Orchester unter Leitung von Wilhelm Furtwängler in Berlin uraufgeführten »Variationen für Orchester«, op. 31, wendet er die Zwölftonmusik erstmals für

eine große Orchesterbesetzung an. Lyrische Passagen finden sich dagegen im mittleren Satz des 4. Streichquartetts des ungarischen Komponisten Béla Bartók; dem Prinzip der Formstrenge entspricht es, daß der erste und der fünfte Satz sowie der zweite und der vierte Satz aufeinander bezogen sind.

Wie Bartók zählt auch der in Frankreich lebende russische Komponist Igor Strawinski zu den Wegberei-

tern der Moderne. Sein Opern-Oratorium »Oedipus rex«, das 1928 erstmals unter Otto Klemperer als Bühneninszenierung gezeigt wird, zeichnet sich durch eine analytische Technik und einen neoklassischen Musikstil aus.

Der Einfluß des Jazz macht sich vor allem in den Zeitopern bemerkbar, den Opern, die Aktualität beanspruchen wie »Die Dreigroschenoper« von Bertolt Brecht und Kurt Weill (→31. 8./S. 142). Ein wichtiger Stellenwert im deutschen Musikleben kommt der Gemeinschaftsmusik zu, die u. a. von Paul Hindemith gefördert wird. Mit den Kompositionen für musikalische Amateure werden mehrere Ziele verfolgt: Die Laien sollen dazu angeregt werden, selbst zu musizieren; die Gemeinschaftsmusik gilt zudem als Mittel, ein breites Publikum mit den neuen Regeln vertraut zu machen, und sie vermeidet die technischen Schwierigkeiten der Neuen Musik, die nur von perfekten Berufsmusikern gespielt werden kann.

Die Gemeinschaftsmusik steht in einer engen Beziehung zur Jugendmusikbewegung, für die Hindemith 1928 die Kantate »Frau Musica« komponiert.

Tanzdrama »Luzifer« von Harald Fürstenau (Musik: Francesco Malipiero), uraufgeführt am 30. Oktober in Karlsruhe

Die Oper »Judith« von Arthur Honegger, reichsdeutsche Premiere am 11. September in Darmstadt

V. l.: Strawinski, Bühnenbildner Dülberg, Otto Klemperer

A. Schönberg: Zwölftonmusik

Kurt Weill kooperiert mit Brecht

Béla Bartók, Komponist aus Ungarn

Hindemith fördert Gebrauchsmusik

Friedhofsszene aus »Frühlings Erwachen«; das Drama von Frank Wedekind wird in der Opernfassung von Max Ettinger am 14. April in Leipzig uraufgeführt

Wasalauf: Hand in Hand durchs Ziel

10. März. Überraschend endet der Wasalauf, ein Skilanglauf über rd. 90 km von Sälen nach Mora (Schweden): Die beiden Läufer Per Erik Hedlund und Sven Utterström überqueren Hand in Hand gemeinsam als erste die Ziellinie.

Die beiden Sportler hatten sich über die gesamte Distanz ein ausgeglichenes Rennen geliefert und sich im Spuren abgelöst, um keinen Vorteil herauszufahren. Etwa 5 km vor dem Ziel versuchte Hedlund zweimal – vergeblich – Utterström zu überholen und sich von ihm zu lösen. Daraufhin reichten sich die beiden Skisportler 100 m vor dem Ziel die Hand und überqueren gemeinsam die Ziellinie – ob wirklich aus Fairneß, aus Erschöpfung oder Resignation, bleibt unklar. Die Rennleitung besteht darauf, per Losentscheid einen Sieger zu ernennen. Hedlund, dem so die Goldmedaille zuerkannt wird, läßt sie und die Silbermedaille seines Gegners zerschneiden und die vier Hälften so zusammenschwei-

Per Erik Hedlund und Sven Utterström beim Wasalauf vor dem Ziel

ßen, daß Utterström und er je eine Medaille zur Hälfte aus Gold und zur Hälfte aus Silber erhalten.

Hedlund und Utterström stellen mit 5:33:23 h einen Streckenrekord auf; sie übertreffen die bisherige Bestleistung im Wasalauf, gehalten von Hedlund, um 2:48 min.

Geburtsstunde des alpinen Skisports

4. März. Auf dem Arlberg bei Sankt Anton (Österreich) wird das erste Kandahar-Rennen ausgetragen; dieses Ereignis gilt später als die Geburtsstunde der klassischen alpinen Skirennen.

Das Rennen geht auf eine gemeinsame Initiative des aus Sankt Anton stammenden österreichischen Skimeisters Hannes Schneider und des SC Kandahar zurück, der von britischen Wintersportlern in Mürren im Berner Oberland gegründet worden ist und dort am 6. Januar 1921 von Arnold Lunn den ersten Skislalom hat ausrichten lassen.

Am Arlberg werden je ein Torlauf und ein Abfahrtslauf für Damen und Herren ausgetragen; aus der Addition beider Ergebnisse ergibt sich die Plazierung in der alpinen Kombination. Die Österreicher stellen überall die Sieger, lediglich beim Torlauf der Damen gewinnt eine Britin, Doreen Elliott.

Der alpine Skisport steht im Schatten der nordischen Disziplinen.

Schiebung beim Sechstagerennen

15. März. Das 20. Berliner Sechstagerennen, das seit dem 9. März im Sportpalast ausgetragen wird, endet mit einem Sieg für die deutsche Mannschaft Ehmer/Kroschel.

Nach dem Rennen wird bekannt, daß es Absprachen zwischen den Fahrern gegeben hat. Ehmer und Kroschel hatten sich verpflichtet, an Piet van Kempen, der mit seinem Partner Richli als Favorit galt, für den Fall des eigenen Sieges 4000 Reichsmark zu zahlen. Als Rückversicherung war außerdem vereinbart worden, daß Kempen/Richli für den Fall ihres eigenen Sieges 1200 Reichsmark an Ehmer/Kroschel zahlen sollten. Der Vorstand des Bundes Deutscher Radfahrer fällt recht milde Urteile: Van Kempen wird für drei Monate die Lizenz entzogen, er darf für ein Jahr nicht im Deutschen Reich starten. Ehmer und Kroschel erhalten ebenfalls einen Lizenzentzug für drei Monate und eine Geldstrafe von 1000 Reichsmark.

Waghalsige Manöver der Beifahrer begeistern bei Seitenwagenrennen die Zuschauer

17. März. *Das erste Seitenwagenrennen der Saison 1928 wird auf der Bahn vor dem Kristallpalast in London ausgetragen. Der spektakuläre Motorradwettbewerb erfreut sich bei den sport- und wettbegeisterten Briten ähnlicher Beliebtheit wie die Hunderennen. Die 20 000 Zuschauer sind insbesondere von den waghalsigen Manövern der Beifahrer begeistert, deren Aufgabe darin besteht, durch Verlagerung des eigenen Körpergewichts dafür zu sorgen, daß der Motorradfahrer trotz hoher Geschwindigkeit beim Durchfahren von Kurven nicht mit dem Fahrzeug stürzt oder aus der Bahn getragen wird. Der Beifahrer lehnt sich dazu so weit heraus, daß er mit seinem Kopf beinahe den Boden berührt, oder er klettert sogar, sich an einer Stange haltend, aus dem Beiwagen und stützt sich mit dem Fuß an der Radnabe ab.*

Auf dem eine Meile (1,609 km) langen Rundkurs in London, der sechs Haarna-

delkurven und eine Anzahl von steilen Steigungen aufweist, werden eine Reihe von Wettbewerben ausgetragen. Den bedeutendsten, das Rennen um den Bristol Cup, das über eine Distanz von fünf Meilen (8,045 km) geht, gewinnt ein britisches Team mit Arthur F. G. Hicks als Fahrer. Bei dem Wettbewerb wird mit 2,03 min – von einem anderen, in der Gesamtwertung wegen eines Sturzes abgeschlagenen Team – ein neuer Rundenrekord aufgestellt. Tempo-Weltrekorde werden für Seitenwagenrennen seit 1923, für andere Motorradrennen bereits seit 1920 offiziell registriert.

Beim Sturz von zwei Motorradteams wird in London lediglich ein Pressefotograf leicht verletzt (Abb. l.: Wie ein Fallschirmspringer beim Absprung lehnt sich der Beiwagenfahrer rücklings hinter dem Wagen hinaus, Abb. r.: Als besonders gefährlich gilt das Hinauslehnen im spitzen Winkel).

Juden von Ungarns Unis ferngehalten

14. März. Nach dem Abgeordnetenhaus billigt auch das ungarische Oberhaus einen Gesetzentwurf der Regierung, der den Numerus clausus für Juden an den Universitäten bestätigt, in einzelnen Bestimmungen jedoch Änderungen vornimmt.

Bisher war die Zahl der Juden, die Zugang zu den Hochschulen erhielten, auf 5% aller Studierenden begrenzt; nun wird eine Kontingentierung nach den Berufen der Väter vorgenommen: Für Berufe, in denen Juden besonders stark vertreten sind, gelten scharfe Beschränkungen. Juden waren im 19. Jahrhundert aus anderen Teilen Österreichs-Ungarns eingewandert und hatten im Magyarenreich die Rolle des Bürgertums übernommen. Sie sind in Berufen des Handels und der Finanzwirtschaft, bei Ärzten und Rechtsanwälten überproportional vertreten. Antisemitische Studenten organisieren Streiks gegen das neue Gesetz, das ihrer Meinung nach die Lage der Juden verbessert.

Höllenmaschine im Entschädigungsamt

2. März. Der ehemalige ostafrikanische Farmer Heinrich Langkoop unternimmt einen Überfall auf das Reichsentschädigungsamt in Berlin, um seine Forderung nach Zahlung einer Entschädigung in Höhe von 112 000 Reichsmark durchzusetzen. Langkoop dringt mit einer »Höllenmaschine«, einem Sprengsatz von 14 Pfund, und einer Pistole in das Amt ein und bringt den stellvertretenden Leiter, Hugo von Bach, in seine Gewalt. Nach mehrstündigen Verhandlungen gelingt es Bach und zu Hilfe gerufenen Beamten, den ehemaligen Farmer zu überwältigen. Langkoop hat vom Reichsentschädigungsamt bisher 9700 Reichsmark als Ausgleich für die Einkommenseinbußen, die durch seine erzwungene Übersiedelung ins Deutsche Reich nach dem Verlust der deutschen Kolonien im Weltkrieg entstanden sind, erhalten. Weitere 33 300 Reichsmark Entschädigung sind ihm bereits bewilligt, aber noch nicht ausgezahlt worden.

Durch die »Verzweiflungstat« Langkoops wird die Diskussion über die Situation der »Liquidationsgeschädigten« neu entfacht.

»Raum ist auch auf der kleinsten Hütte«

In den deutschen Illustrierten wird der Trend zur Verlagerung des Lebens auf die Dächer an Beispielen aus dem Ausland vorgestellt. Die USA erweist sich bei dieser Entwicklung, die infolge des zunehmenden Straßenverkehrs in den Großstädten unvermeidlich scheint, als Vorreiter: Warenhäuser haben für die Kinder ihrer Kunden Spielplätze auf dem Dach eingerichtet, Hotels haben Schwimmbassins und Liege»wiesen« für ihre Gäste auf das Dach verlegt. Unternehmer haben auf ihren Fabriken Sportplätze eingerichtet, damit sich die Arbeiter und Angestellten während der Pausen körperlich betätigen können. In Europa haben sich die Fiat-Werke mit einer Automobil-Teststrecke auf dem Dach der neuen Fabrikgebäude bei Turin, die 1926 fertiggestellt worden sind, als Vorreiter dieser Bewegung erwiesen (Abb.: Zuschauer auf einer Autoprobebahn auf dem Dach einer Pariser Autohandlung).

Die Schweizer sind gegen Todesstrafe

März. Bei der Beratung des Strafrechts, das statt wie bisher kantonal künftig für die gesamte Eidgenossenschaft einheitlich geregelt werden soll, lehnt der schweizerische Nationalrat mit 144 gegen 38 Stimmen die Einführung der Todesstrafe ab. Für dieses Strafmittel stimmen lediglich die Minderheit der Katholisch-Konservativen sowie einige Vertreter der Bauernpartei.

Justizminister Bundesrat Heinrich Haeberlin erklärt vor dem Parlament, daß die gesamte Bundesregierung die Todesstrafe aus folgenden Gründen nicht billigt:

▷ Die Rücksicht auf fremdes Leben müse höher stehen als der Schutz des eigenen Lebens
▷ Bei einem erkannten Justizirrtum könne die Strafe nicht rückgängig gemacht werden
▷ Die sadistische Wirkung dieses Strafmittels sei größer als der mögliche Nutzen der Abschrekkung, der zudem unter Wissenschaftlern umstritten sei.

Mussolinis Schlag gegen den Vatikan

30. März. Die faschistische italienische Regierung unter Ministerpräsident und Duce Benito Mussolini erläßt ein Gesetz, wonach alle nichtfaschistischen Jugendverbände innerhalb von 30 Tagen aufzulösen sind. Das Verbot richtet sich vor allem gegen die Jugendorganisationen der katholischen Kirche.

Die Faschisten reagieren damit auf eine Rede von Papst Pius XI., der sich am 25. März in Rom in scharfer Form gegen die faschistische Jugenderziehung ausgesprochen hatte:

»Die Bemühungen um den Nachweis, daß der Katholizismus heute förmlich ein goldenes Zeitalter durchmache, sind ebenso deutlich wie hartnäckig. Nicht wir werden ableugnen, was gut geworden ist, . . . aber wir wissen, wie viele christliche Eltern . . . beunruhigt sind, weil sie feststellen müssen, wie auf der einen Seite . . . Versuche gemacht werden . . ., nicht nur die körperliche, sondern auch die moralische und seelische Erziehung der Jugend zu monopolisieren, auf der anderen Seite Schwierigkeiten, . . . versteckte Drohungen und ausgesprochene Feindschaften bestehen . . .«

April 1928

Mo	Di	Mi	Do	Fr	Sa	So
						1
2	3	4	5	6	7	8
9	10	11	12	13	14	15
16	17	18	19	20	21	22
23	24	25	26	27	28	29
30						

1. April, Sonntag

Chiang Kai-shek, der Chef der nationalrevolutionären Kuomintang-Armee in China, überschreitet den Fluß Jangtsekiang und startet einen neuerlichen Vormarsch nach Norden in Richtung Peking (→ 8. 6./S. 100).

Hipólito Irigoyen, der Kandidat des Mittelstandes, gewinnt die Präsidentschaftswahlen in Argentinien und wird Nachfolger von Marcelo Torcuato de Alvear. → S. 63

Der älteste deutsche Droschkenkutscher, Gustav Hartmann, startet von Berlin aus zu einer Kutschfahrt nach Paris. Er will mit dem Unternehmen das Ende seines Gewerbes ins öffentliche Bewußtsein rufen (→ 4. 6./S. 106).

Im Deutschen Reich gibt es 2,23 Millionen Rundfunkteilnehmer; im internationalen Vergleich liegt das Deutsche Reich hinter den USA und Großbritannien auf Platz drei.

Der Schweizer Architekt Hannes Meyer wird neuer Leiter des Bauhauses in Dessau. Er folgt Walter Gropius nach, der im Februar seinen Rücktritt von diesem Amt angekündigt hat. → S. 69

In Berlin wird die Operette »Die große Kaiserin« des deutschen Komponisten Walter Kollo uraufgeführt.

Die deutsche Kunstakademie in der römischen Villa Massimo, die Stipendiaten des preußischen Staates zur Verfügung steht, wird wiedereröffnet. Sie war wegen Kriegseinwirkung geschlossen worden.

2. April, Montag

Die griechische Regierung beschließt, das Schloß »Achilleion« auf der Insel Korfu zu kaufen, das im Jahre 1890 für Kaiserin Elisabeth von Österreich (»Sisi«) erbaut worden ist.

Der neue Film des sowjetischen Meisterregisseurs Sergej M. Eisenstein, »Oktober«, wird unter dem Titel »Zehn Tage, die die Welt erschütterten« in Berlin in deutscher Erstaufführung gezeigt (→ 14. 3./S. 50).

3. April, Dienstag

Im Ruhrbergbau beginnen die Tarifverhandlungen. Die Gewerkschaften fordern eine Lohnerhöhung um 1,50 Reichsmark pro Schicht.

4. April, Mittwoch

In London wird die Genehmigung für die Aufführung des umstrittenen Films »Dawn« über die Hinrichtung der britischen Krankenschwester Edith Cavell während des Weltkriegs trotz deutscher Proteste erteilt (→ 27. 2./S. 33).

Max Schmeling wird durch einen Punktsieg über Titelverteidiger Franz Diener im Berliner Sportpalast Deutscher Meister im Schwergewichtsboxen. → S. 74

5. April, Donnerstag

In Hamburg wird der neue Senat, dem Abgeordnete der SPD, der DDP und der DVP angehören, von der Bürgerschaft gewählt. DDP-Politiker Carl Petersen bleibt Regierender Bürgermeister der Hansestadt.

In Kiel geht der erste deutsch-dänische Friedenstag (seit 4. 4.), der auf deutscher Seite von Friedensnobelpreisträger Ludwig Quidde geleitet wird, zu Ende. Die Teilnehmer der Tagung bekräftigen ihre Absicht, zur Verständigung zwischen den Nachbarvölkern beizutragen.

Im Theater an der Wien in der österreichischen Hauptstadt wird die Operette »Die Herzogin von Chicago« von Emmerich Kálmán uraufgeführt.

6. April, Karfreitag

Reichsaußenminister Gustav Stresemann und der stellvertretende sowjetische Volkskommissar des Äußeren, Maxim M. Litwinow, führen in Berlin Besprechungen über die Beziehungen zwischen beiden Staaten.

In Nürnberg wird der 400. Todestag des deutschen Malers Albrecht Dürer festlich begangen. → S. 67

Mercedes Gleitze aus Großbritannien durchquert als erste Schwimmerin die Meerenge von Gibraltar. → S. 67

7. April, Sonnabend

Eine von Studenten angeführte Revolte in Caracas, der Hauptstadt von Venezuela, wird von regierungstreuen Truppen blutig niedergeschlagen.

8. April, Ostersonntag

Das türkische Parlament verabschiedet eine Verfassungsänderung, mit der alle Hinweise auf den Islam aus der Verfassung gestrichen werden. → S. 62

Die »Vossische Zeitung« veröffentlicht die Antworten auf eine Umfrage: »Was die deutsche Wirtschaft von Amerika lernen kann«. → S. 65

Prominente aus verschiedenen Kultursparten erläutern ihren »Wunschzettel für den Rundfunk«. → S. 68

9. April, Ostermontag

In Berlin wird der Leninbund gegründet, dem Kommunisten angehören, die 1926 wegen »Linksabweichung« aus der KPD ausgeschlossen worden sind, darunter Ruth Fischer und Arkadij Maslow.

»Und Lazarus lachte«, ein Stück des US-amerikanischen Dramatikers Eugene O'Neill, wird in Pasadena (Kalifornien) uraufgeführt.

Helene Langes 80. Geburtstag ist Anlaß für die Presse, des Lebenswerks der Pädagogin und Frauenrechtlerin in Artikeln zu gedenken.

10. April, Dienstag

Im Lessingtheater, das der Regisseur und Intendant Erwin Piscator am → 1. März (S. 51) übernommen hat, wird das Stück »Konjunktur« von Leo Lania/Kurt Weill in Berlin uraufgeführt.

Der deutsche Dauerschwimmer Otto Kemmerich stellt in einem Hamburger Zirkus einen Weltrekord auf: Er bleibt 46 Stunden im Wasser. Kemmerich ist während des Schwimmens wiederholt eingeschlafen und hat die Orientierung verloren. Die Ärzte bezeichnen seinen Zustand nach Beendigung des Unternehmens als gut.

11. April, Mittwoch

Die Wahlen zur verfassunggebenden Versammlung in Syrien, das als Völkerbundsmandat unter französischer Verwaltung steht, verlaufen ruhig; die gemäßigten Nationalisten sind die Sieger.

Im Rahmen der Jubiläumsfeierlichkeiten für Albrecht Dürer wird im Germanischen Museum in Nürnberg eine Ausstellung eröffnet, die erstmals einen umfangreichen Überblick über das Werk des Malers gibt, dessen Todestag sich am → 6. April (S. 67) zum 400. Mal jährt.

Im Berliner Theater des Westens hat die musikalische Komödie »200 000«, aufgeführt vom Jüdisch-akademischen Theater aus Moskau, Premiere. Das Theater startet damit eine mehrwöchige Europatournee. → S. 72

Auf der Opel-Rennstrecke in Rüsselsheim wird der erste Rennwagen mit Raketenantrieb gestartet. Das von Maximilian Valier konstruierte Automobil beschleunigt in 8 sec aus dem Stand auf 100 km/h. → S. 66

12. April, Donnerstag

König Viktor Emanuel III. von Italien entgeht in Mailand unverletzt einem Attentat. Durch den Anschlag werden 20 Menschen getötet. → S. 63

Der Physiker Max Born antwortet in einem Zeitungsartikel dem ehemaligen Schachweltmeister Emanuel Lasker, der in einer Presseveröffentlichung Kritik am Verzicht der modernen Physik auf das Prinzip von Ursache und Wirkung (Kausalitätsprinzip) geübt hatte. → S. 67

13. April, Freitag

Die US-Regierung informiert die Großmächte Großbritannien, Japan, Italien und das Deutsche Reich offiziell über den Plan, einen Kriegsächtungspakt zu schließen (→ 27. 4./S. 62).

Den deutschen Piloten Hermann Köhl und Günther Ehrenfried Freiherr von Hünefeld sowie dem irischen Flieger James C. Fitzmaurice gelingt die erste Überfliegung des Atlantik in Ost-West-Richtung. → S. 60

14. April, Sonnabend

Reichsaußenminister Gustav Stresemann gibt für den britischen Minister für Indien, Frederick Edwin Smith Earl of Birkenhead, der sich seit dem 12. April zu einem privaten Besuch in Berlin aufhält, ein Frühstück. Der konservative Birkenhead gilt als profilierter Befürworter der deutsch-britischen Verständigung.

Am Theater am Nollendorfplatz in Berlin wird das Stück »Der letzte Kaiser« von Jean Richard Bloch uraufgeführt.

15. April, Sonntag

In Leipzig wird die Oper »Frühlings Erwachen« von Max Ettinger nach dem gleichnamigen Stück von Frank Wedekind uraufgeführt (→ S. 53).

Die deutsche Fußball-Nationalmannschaft gewinnt ein Länderspiel gegen die Auswahl der Schweiz in Bern 3:2.

Die Hildesheimerin Lotte Mühe stellt mit 3:15,8 min bei einem Schwimmfest in Magdeburg einen Weltrekord im 200-m-Brustschwimmen auf. → S. 74

16. April, Montag

Reichsinnenminister Walter von Keudell (DNVP) ersucht die Regierungen der Länder um ein Verbot des Roten Frontkämpferbundes, einer der KPD nahestehenden Organisation (→ 2. 5./S. 82).

Der Schiedsspruch im seit dem 4. April bestehenden Lohnkonflikt im Ruhrbergbau wird von beiden Tarifparteien abgelehnt. Der Spruch sieht eine Anhebung der Löhne um durchschnittlich 8% vor.

In Stettin wird ein Fememord-Prozeß eröffnet. Sieben Angeklagte werden des gemeinschaftlichen Mordes an einem »Verräter« ihres Verbandes, der rechtsgerichteten Organisation Roßbach, im Juli 1920 beschuldigt (→ 5. 5./S. 83).

Vier Nationalsozialisten, die am 20. März 1927 an einem Überfall auf Kommunisten im Bahnhof von Berlin-Lichterfelde teilgenommen hatten, werden in Berlin zu Haftstrafen zwischen zwei Monaten und zweieinhalb Jahren verurteilt. Zwei Angeklagte werden freigesprochen.

17. April, Dienstag

In Berlin werden in einer Berufungsverhandlung der Publizist Carl von Ossietzky zu einer Geldstrafe von 600 Reichsmark und der Journalist Berthold Jacob (eigentl. Berthold Salomon) zu einer Strafe von 1000 Reichsmark verurteilt. Den Angeklagten wird Beleidigung der Reichswehr zur Last gelegt. → S. 64

Die japanische Regierung beschließt die Entsendung von Kriegsschiffen in die chinesische Stadt Schantung. Sie begründet diesen Schritt mit fremdenfeindlichen Ausschreitungen (→ 3. 5./S. 84).

Das britische Unterhaus lehnt mit 192 gegen 119 Stimmen den Antrag, die Todesstrafe bei Fahnenflucht aufzuheben, ebenso ab wie ein Verbot des Einsatzes von Truppen gegen die Zivilbevölkerung im Falle eines Aufstandes.

Aus Anlaß seines 400. Todestages widmet die Leipziger »Illustrirte Zeitung« Albrecht Dürer eine Ausgabe

Illustrirte Zeitung

ALBRECHT DÜRER († 6. APRIL 1528): KAISER MAXIMILIAN I.

NACH EINER HANDZEICHNUNG AUS DEM JAHRE 1518, IN DER ALBERTINA ZU WIEN.

(Aus Anlaß des 400 jährigen Todestages von Dürer erscheint unsere Nummer 4333 als Dürer-Sondernummer in besonders reicher Ausstattung mit eingehender textlicher Würdigung und vielen z. T. mehrfarbigen Bildern nach Werken des großen deutschen Meisters.)

Der Gedichtband »Herz auf Taille« von Erich Kästner mit Zeichnungen von Erich Ohser erscheint im C. Weller-Verlag in Leipzig.

18. April, Mittwoch

Das ehemals regierende Herrscherhaus der Wittelsbacher fordert vom bayerischen Staat weitere 40 Millionen Reichsmark an Abfindung und 20 Millionen Reichsmark für die Überlassung von Mobiliar im Rahmen der Entschädigung für die Fürstenenteignung nach Ausrufung der Republik 1918.

Auf der Jahrestagung des Industrie- und Handelstages in Berlin spricht sich Präsidiumsmitglied und Ex-Reichswirtschaftsminister Eduard Hamm für eine Verwaltungsreform zur Senkung der Steuerbelastung aus.

In Berlin wird die Filmkomödie »Lotte« mit Henny Porten (Regie: Carl Froelich) uraufgeführt.

19. April, Donnerstag

Die Interalliierte Rheinlandkommission billigt, daß die Stadt Höchst, die zum besetzten Gebiet gehört, Frankfurt am Main eingemeindet wird.

In Portugal wird nach der Präsidentenwahl vom 25. März eine neue Regierung gebildet. Staatspräsident António Óscar Fragoso Carmona gibt das Amt des Ministerpräsidenten, das er bis dahin neben diesem Posten selbst innehatte, an José Vincente Freitas ab. →S. 63

In Washington wird ein US-amerikanisch-italienischer Schiedsvertrag unterzeichnet, in dem sich die Vertragspartner auf ein Schiedsgerichtsverfahren bei bilateralen Konflikten verständigen.

Im Deutschen Reich fällt die Entscheidung über die Einführung eines einheitlichen Autokennzeichens. →S. 65

Im Carl Reissner Verlag in Dresden erscheint die Biographie »Stresemann« von Rochus Freiherr von Rheinbaben.

Der Schauspieler und Regisseur Gustaf Gründgens gibt mit dem Schauspiel »Der Snob« von Carl Sternheim seine Abschiedsvorstellung an den Hamburger Kammerspielen. →S. 72

20. April, Freitag

Der Christliche Volksdienst, eine Partei, die in den süddeutschen Ländern die Interessen der evangelischen Minderheit vertreten will, wird gegründet.

Die französische Regierung unterbreitet in Tokio, Rom, London und Berlin ihre Vorstellungen über den geplanten Kriegsächtungspakt (→27. 4./S. 62).

Der Film »Die Passion der Jeanne d'Arc« von Carl Theodor Dreyer wird in Paris uraufgeführt. →S. 73

Nach Erhebungen des Tennisbundes gibt es im Deutschen Reich 85 000 organisierte Tennisspieler. Die Mitgliederzahl des Sportverbandes ist höher als in den Tennisnationen USA und Frankreich.

21. April, Sonnabend

Alle Länder mit Ausnahme Bayerns und Württembergs haben beim Staatsgerichtshof zum Schutz der Republik gegen den Antrag von Reichsinnenminister Walter Keudell, den Roten Frontkämpferbund zu verbieten, Beschwerde eingelegt (→2. 5./S. 82).

81 Jahre nach der Uraufführung in Florenz wird die Oper »Macbeth« von Giuseppe Verdi in Dresden in deutscher Erstaufführung gezeigt.

Überraschungssieger beim Finale um den englischen Fußballcup im Wembley-Stadion in London ist die Mannschaft Blackburn Rovers, die den Favoriten Huddersfield 3:1 besiegt. →S. 74

22. April, Sonntag

Die SPD spricht sich in einem Wahlaufruf für die Reichstagswahlen am →20. Mai (S. 80) für eine allgemeine Abrüstung und für eine vorzeitige Räumung des Rheinlands aus.

Die Reichskonferenz der Sozialistischen Arbeiterjugend Deutschlands geht in Leipzig zu Ende (seit 21. 4.).

Die griechische Stadt Korinth wird durch ein Erdbeben nahezu vollständig zerstört. Mehr als 10 000 Menschen werden obdachlos. →S. 67

Der Automobilrennfahrer Ronny Keech stellt in Daytona Beach (Florida) auf White Triplex mit 334,010 km/h einen neuen Geschwindigkeitsweltrekord auf (→19. 2./S. 34).

23. April, Montag

In Moskau geht die Tagung des Zentralexekutivkomitees der Sowjetunion zu Ende, auf der u. a. der Haushalt für 1927/28 verabschiedet wird. Er sieht eine Steigerung der Ausgaben um rd. 16% und die Einführung einer Sondersteuer für Großbauern vor. Damit wird die Kampagne zur Kollektivierung der Landwirtschaft fortgesetzt.

Reichsarbeitsminister Heinrich Brauns (Zentrum) erklärt den Schiedsspruch im Ruhrbergbau, der Lohnerhöhungen um 8% vorsieht, für verbindlich.

Die Reederei Norddeutscher Lloyd teilt mit, daß die Einwanderungsquote der USA bestehen bleibt. Demnach können vom 1. Juli 1928 bis zum 30. Juni 1929 höchstens 51 227 Deutsche in die Vereinigten Staaten einwandern.

Der französische Architekt Le Corbusier (eigentl. Charles Édouard Jeanneret-Gris) hält in Frankfurt am Main einen Vortrag über das Thema »Zur Ästhetik des flachen Daches«.

24. April, Dienstag

Heinrich Himmler wird stellvertretender Reichsführer der SS bei der NSDAP.

Von Heidelberg aus richtet die deutsche Abteilung des Weltkirchenbundes einen Appell zur allseitigen Abrüstung an die Großmächte.

Im Bauhaus in Dessau wird das Werk »Bilder einer Ausstellung« des russischen Komponisten Modest P. Mussorgski aufgeführt; die Bühnengestaltung stammt von Wassily Kandinsky.

25. April, Mittwoch

Eine Wahlversammlung von Reichsaußenminister Gustav Stresemann, der für die DVP in Bayern zu den Reichstagswahlen am →20. Mai (S. 80) kandidiert, im Bürgerbräukeller in München wird von Nationalsozialisten gestört. →S. 64

Die Reichsbank setzt, um weitere Devisenverluste zu vermeiden, den Diskontsatz von bisher 6,5 auf 7% und den Lombardsatz von 7,5 auf 8,5% herauf.

Die I.G. Farben gibt auf ihrer Generalversammlung bekannt, daß sie im Geschäftsjahr 1927 einen Nettogewinn von 100 Millionen Reichsmark erzielt hat und eine Dividende von 12% an ihre Aktionäre zahlen wird.

26. April, Donnerstag

In Wien wird der ehemalige ungarische Volkskommissar Béla Kun, der 1920 wegen politischer Agitation aus Österreich ausgewiesen worden ist, verhaftet (→26. 6./S. 101).

Der Ständige Internationale Gerichtshof entscheidet in der Frage des Schulbesuchs von Kindern der deutschen Minderheit im zu Polen gehörenden Oberschlesien. Danach dürfen Erklärungen der Erziehungsberechtigten über die Zugehörigkeit zur deutschen Minderheit von den polnischen Behörden – z. B. durch Sprachtests – nicht nachgeprüft werden (→15. 12./S. 198).

Die ersten Pullmanwagen für die Reichsbahn, die auf der Strecke Niederlande–Schweiz eingesetzt werden sollen, absolvieren eine Probefahrt (→15. 5./S. 88).

27. April, Freitag

Die Reichsregierung begrüßt die Initiative zum Abschluß eines Kriegsächtungspakts. →S. 62

Mit der Begründung, die Wehrbundbewegung habe keine Zukunft, löst Kapitän Hermann Ehrhardt den rechtsgerichteten paramilitärischen Verband Wikingbund auf.

Im Rahmen einer Umbildung des Kabinetts in Portugal wird António de Oliveira Salazar zum Finanzminister ernannt (→19. 4./S. 63).

Das Ballett »Apollon Musagète« des russischen Komponisten Igor Strawinski wird in der Kongreßbibliothek in Washington uraufgeführt. →S. 73

28. April, Sonnabend

Joseph Goebbels, »Gauleiter« der NSDAP für Berlin-Brandenburg, wird in Berlin wegen Beleidigung zu zwei Wochen Haft verurteilt. →S. 64

Das Wachsfigurenkabinett von Madame [Marie] Tussaud in London, das am 18. März 1925 durch einen Brand zerstört

worden war, wird nach der Renovierung wiedereröffnet. →S. 68

Die Berliner Staatsoper »Unter den Linden« wird nach zweijährigem Umbau wiedereröffnet. →S. 72

29. April, Sonntag

Bei den Landtagswahlen in Schaumburg-Lippe erreichen die Sozialdemokraten die absolute Mehrheit.

Die Wahlen zur Deputiertenkammer, der ersten Kammer der französischen Nationalversammlung, ergeben im zweiten Wahlgang eine Mehrheit für die Parteien der Mitte. →S. 63

Die britische Regierung überreicht der ägyptischen Regierung in Kairo ein Ultimatum, wonach die Erweiterung des Versammlungsgesetzes sofort zurückzunehmen sei (→1. 5./S. 84).

30. April, Montag

Der »Gauleiter« der NSDAP in Berlin-Brandenburg, Joseph Goebbels, erläutert in einem Artikel der von ihm herausgegebenen Zeitschrift »Angriff«, wie die Nationalsozialisten auf legalem Wege (über das Parlament) die Macht im Deutschen Reich zu übernehmen beabsichtigen (→25. 4./S. 64).

Vier britische Kriegsschiffe laufen von Malta in Richtung Ägypten aus, um das Ultimatum der Regierung vom 29. April zu unterstreichen (→1. 5./S. 84).

In New York findet eine Konfettiparade zu Ehren der Flieger Hermann Köhl, Günther Ehrenfried Freiherr von Hünefeld und James C. Fitzmaurice statt, die als erste den Atlantik in Ost-West-Richtung überquert haben (→13. 4./S. 60).

In Hannover wird das Anzeiger-Hochhaus, entworfen von dem Architekten Fritz Höger, eingeweiht. →S. 68

Gestorben:

27. Fulda: Konstantin Gutberlet (*20. 1. 1837, Geismar/Landkreis Bad Salzungen), deutscher katholischer Philosoph und Theologe.

29. Zürich: Heinrich Federer (*7. 10. 1866, Brienz), schweizerischer Schriftsteller.

Geboren:

15. Danzig: Hanna-Renate Laurien, deutsche Politikerin.

28. Nizza: Yves Klein (†6. 6. 1962, Paris), französischer Maler.

Das Wetter im Monat April

Station	Mittlere Lufttemperatur (°C)	Niederschlag (mm)	Sonnenscheindauer (Std.)
Aachen	8,8 (8,8)	108 (63)	– (178)
Berlin	8,1 (8,3)	34 (41)	– (193)
Bremen	8,2 (8,2)	58 (50)	– (185)
München	8,2 (8,0)	36 (59)	– (173)
Wien	10,1 (9,6)	40 (54)	– (–)
Zürich	8,7 (8,0)	79 (88)	167 (173)
( ) Langjähriger Mittelwert für diesen Monat – Wert nicht ermittelt			

Das April-Heft des traditionsreichen US-amerikanischen Monatsmagazins »Ladies Home Journal« mit einem jungen Paar auf dem Titel

Der erste Flug über den Atlantik in Ost-West-Richtung

13. April. Die Junkers W 33 »Bremen«, die am 12. April vom Flughafen Baldonnell bei Dublin gestartet ist, landet nach einem Flug von 36:30 h auf der Insel Greenly Island (Neufundland).

An Bord befinden sich zwei Deutsche, Hauptmann a. D. Hermann Köhl als Flugkapitän und Ehrenfried Günther Freiherr von Hünefeld als Navigator, sowie der Ire James C. Fitzmaurice als Copilot. Sie haben – knapp ein Jahr nach Charles A. Lindberghs spektakulärem erstem Nonstop-Alleinflug über den Atlantik (von New York nach Paris) – erstmals den Ozean in Ost-West-Richtung überquert.

Technische Daten der »Bremen«

Länge	10,6 m
Spannweite	17,76 m
Höhe	3,18 m
Fluggewicht	2500 kg
Höchstgeschwindigkeit	191 km/h
Triebwerk: Ein Junkers-L-5-Sechszylindermotor	
Leistung	350 PS

Untersuchen die bei der Notlandung beschädigte »Bremen«: Freiherr von Hünefeld (3. v. r.) und Hermann Köhl (5. v. r.)

Der Überflug von Europa nach Amerika ist wegen der normalerweise vorherrschenden Westwinde erheblich schwieriger. Tatsächlich sind die drei Flieger schweren Stürmen und Regenfällen ausgesetzt. Ohne Funkverbindung und trotz Nebels gelingt es ihnen dennoch, zwar nicht auf dem geplanten Zielflughafen New York, aber doch in der Nähe eines zufällig gesichteten Leuchtturms auf Greenly Island aufzusetzen. Die Maschine geht bei der wegen Benzinmangels unausweichlichen Notlandung auf dem steinigen Gelände zu Bruch.

Köhl und Hünefeld hatten bereits im August 1927 zusammen mit einem dritten Deutschen den Versuch zur Ost-West-Atlantiküberquerung mit der »Bremen« unternommen, waren wegen schlechten Wetters jedoch frühzeitig umgekehrt.

Wegen der Gefährlichkeit des Fluges – bislang sind 19 Menschen bei Versuchen, den Atlantik zu überfliegen, ums Leben gekommen – stand die Öffentlichkeit dem Unternehmen skeptisch gegenüber. Die Deutsche Lufthansa, bei der Hermann Köhl beschäftigt war, entließ ihren Angestellten fristlos, als sie von dessen Vorhaben erfuhr. »Die Deutsche Lufthansa steht … auf dem … Standpunkt, daß Flüge mit den bisherigen Landflugzeugen über den Ozean in keiner Weise zu verantworten sind …«, heißt es in einem Kommuniqué, das einige Wochen vor dem Start veröffentlicht worden war. Hünefeld, der bei Privatunternehmen für finanzielle Unterstützung des Flugs geworben hatte, mußte das Geld aus seinem Privatvermögen zur Verfügung stellen. Dennoch ist der Jubel nach dem Gelingen des Flugs auf beiden Seiten des Atlantiks groß. Die Flieger erhalten am 30. April in New York eine Konfettiparade, und sie werden von US-Präsident Calvin Coolidge mit einem Ehrenkreuz ausgezeichnet.

Der Leuchtturmwärter von Greenly Island und seine Frau mit den Fliegern Köhl (l.) und Hünefeld (2. v. r.)

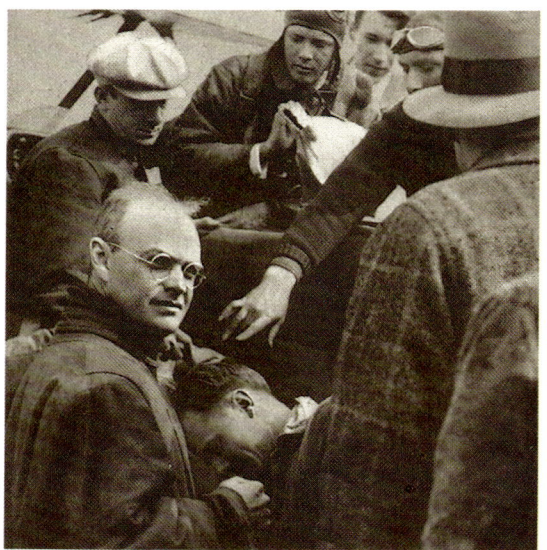

Der US-Flieger Floyd Bennett (M.) erkrankt beim Hilfsflug nach Greenly Island und stirbt

Der Sprecher des US-Kongresses stellt Köhl, Hünefeld und Fitzmaurice den Abgeordneten vor

»Millionen haben um ihr Leben gezittert«

In einer Falschmeldung aus den USA heißt es, daß die »Bremen« am 13. April um 10.48 Uhr Ortszeit über Neuschottland gesichtet worden sei. Die deutschen Zeitungen übernehmen diese Meldung und berichten am 14. April in den Morgenausgaben auf der Titelseite über den Erfolg des Unternehmens. Die linksliberale Berliner Tageszeitung »Vossische Zeitung«, die sich in der Vergangenheit mehrfach gegen die Durchführung weiterer Atlantikflüge ausgesprochen hat, veröffentlicht einen Leitartikel, der sich auf die Fehlinformationen stützt. Er ist – anders als bei der Berichterstattung über Charles Lindberghs West-Ost-Atlantikflug im Mai 1927 – durch einen sachlich-nüchternen Ton gekennzeichnet. Die Hochachtung der Zeitung gilt eher der technischen Leistung als dem Mut oder dem Pioniergeist der Piloten:

»Sie haben's also geschafft! Millionen diesseits und jenseits des Ozeans haben von gestern morgen an um das Leben der Ozeanflieger gezittert, und die Gedanken gingen zu ihren Angehörigen, die in banger Sorge furchtbare Stunden durchgemacht haben werden. Zum ersten Mal ist es nun doch gelungen, den nördlichen Atlantik in der Richtung von Osten nach Westen auf dem Luftwege zu bezwingen. Versucht wurde es zum erstenmal im Mai vorigen Jahres von den Franzosen [Charles] Nungesser und [François] Coli, und ihnen folgten so manche, die ihr Unternehmen mit dem Tode bezahlen mußten.

Wir freuen uns des Erfolges, den die deutsche Maschine mit einem deutschen Motor erreicht hat. Die Leistung der beiden Piloten Köhl und Fitzmaurice ist als sportlicher Rekord zu werten . . .

Daß es ihnen offenbar gelungen ist, sich in der Nacht zu orientieren, ist eine bewundernswerte Leistung. Die Piloten konnten, da sie keine Radio-Einrichtung an Bord hatten, nicht einmal Schiffe in näherer oder weiterer Umgebung nach dem jeweiligen Standort anfragen. Sie waren nur auf ihre nautischen Instrumente angewiesen. Eine nur geringe Abweichung vom Kurs hätte bei einer Geschwindigkeit von 100 bis 150 Kilometer pro Stunde den Erfolg in Frage stellen können.

Die Maschine, die diesen außerordentlichen Flug vollbracht hat, ist eine ›Junkers W 33‹ auf Landfahrgestell mit einem ›Junkers-L-5‹-Motor. Es ist dies ein Spezial-Frachtflugzeug, das auf den neu einzurichtenden Frachtstrekken der Deutschen Lufthansa nach London und Paris verwandt werden soll. Der Apparat ohne Fenster und ohne Sitze hat einen

Hermann Köhl, James Fitzmaurice und Ehrenfried Günther Freiherr von Hünefeld (v. l.), denen als erste trotz widriger Wetterbedingungen ein Flug über den Atlantischen Ozean von Osten nach Westen gelingt

außerordentlich geringen Brennstoffverbrauch, weswegen er von Köhl zu dem Transatlantik-Fluge verwandt wurde. Auf derselben Maschine haben seinerzeit [Hans] Risticz und [Cornelius] Edzard den Dauerweltrekord in Dessau erreicht. Junkers liefert derartige Apparate besonders nach Südamerika und häufig als sogenannte Luftbild-Apparate zur kartographischen Herstellung von Landkarten.

Der ›Junkers-L-5‹-Motor wird bei den meisten deutschen Verkehrsflugzeugen und auf vielen im Ausland verkehrenden deutschen Apparaten verwandt.

. . . Nach Meldungen aus Irland beabsichtigt [Hermann Köhl], sich später dauernd in Amerika niederzulassen. Wir wollen hoffen, daß er, nachdem ihm der große Wurf der Bezwingung des Ozeans geglückt ist, wieder auf seinen Posten nach Berlin zurückkehrt, wo ihm gerade jetzt bedeutende Aufgaben bei der Einrichtung des Nachtflugverkehrs, der sicherlich bald über die deutschen Grenzen hinausgehen wird, bevorstehen dürften . . .« (Köhl war wegen des geplanten Fluges von der Lufthansa entlassen worden.)

Wie im Jahr zuvor ihrem Landsmann, dem Atlantikflieger Charles Lindbergh, bereiteten die New Yorker Köhl, Hünefeld und Fitzmaurice eine Konfettiparade

Europäisierung der Türkei wird fortgesetzt

8. April. Die türkische Nationalversammlung in Ankara nimmt mit 269 von 316 Stimmen den von Ministerpräsident Mustafa Ismet Pascha (später Ismet Inönü) eingebrachten Antrag auf Verfassungsänderung an, mit dem die Trennung von Staat und islamischer Geistlichkeit vollzogen wird. Der Satz »Die Staatsreligion ist der Islam« wird, wie alle anderen religiösen Bestimmungen, aus der Verfassung eliminiert.

Dieser Beschluß ist ein weiterer Schritt in dem Prozeß der Europäisierung und Verweltlichung der Türkei, den Staatspräsident Mustafa Kemal Pascha (später: Kemal Atatürk) 1923, trotz Widerständen in der islamischen Geistlichkeit und in der Bevölkerung, eingeleitet hat. Kemal Pascha hatte noch während der Konferenz von Lausanne, die der Türkei 1923 die vollständige staatliche Souveränität brachte, seine Absicht bekundet, den Vorsprung der europäischen Staaten in Wissenschaft und Technik aufzuholen, und erklärt: »Wir werden uns in die modernste Nation verwandeln.«

Folgende Maßnahmen sind seitdem beschlossen worden:

1923: Ankara wird anstelle von Istanbul Hauptstadt des Landes. Die Republik als europäische Staatsform wird am 23. Oktober des Jahres ausgerufen.

Der türkische Staatspräsident Kemal Pascha (später: Kemal Atatürk), der seit 1923 – mit diktatorischen Vollmachten ausgestattet – regiert, hat sich den Anschluß der Türkei, die z. T. zu Europa und z. T. zu Asien gehört, an Westeuropa zum Ziel gesetzt; hier gibt er persönlich eine Lektion in den neu eingeführten lateinischen Schriftzeichen

1924: Folgerichtig wird das Kalifat abgeschafft, da neben dem Präsidenten der Republik ein Kalif als geistliches Oberhaupt keinen Platz hat. Ferner werden die Koranschulen aufgehoben und die Scheriatgerichte, die sich an der islamischen Gesetzgebung orientieren, abgeschafft.

1925: Mit einem Gesetz gegen »Mißbrauch der Religion zu politischen Zwecken« geht Kemal Pascha gegen die Geistlichkeit vor, die mit seinem Kurs der Verweltlichung nicht einverstanden ist. Die europäische Kleidung und Kopfbedeckung für Männer wird eingeführt. Von der Abschaffung der traditionellen Kopfbedeckung für Frauen, dem Schleier, nimmt Kemal Pascha wegen heftigen Widerstands zunächst Abstand.

1926: Die christliche Jahreszählung wird eingeführt. Am 4. Oktober wird ein neues Zivilrecht nach schweizerischem, italienischem und deutschem Vorbild in der Türkei eingeführt.

Lateinisches Abc wird eingeführt

Der türkische Staatspräsident Mustafa Kemal Pascha setzt seine persönliche Autorität ein, um den Anschluß der Türkei an Europa und die Abkehr von islamischen Traditionen durchzusetzen. Dazu tragen insbesondere die Einführung der in Europa gebräuchlichen Ziffern, die am 20. Mai 1928 von der Nationalversammlung beschlossen wird, vor allem jedoch die Einführung des lateinischen Alphabets bei. Nach einem Gesetz, das die Nationalversammlung am 1. November 1928 verabschiedet, müssen ab 1. Dezember 1928 alle Zeitungen und Zeitschriften in lateinischer Schrift erscheinen. Ab 1. Januar müssen Banken und Handelsfirmen ihre gesamte Korrespondenz in lateinischen Buchstaben führen.

Die arabische Schrift haben die Türken mit der Islamisierung im 12. Jahrhundert übernommen. Mit der nun vollzogenen Reform wird zwar die Kommunikation mit den europäischen Staaten erleichtert, die Türken werden jedoch von ihren eigenen religiösen und literarischen Traditionen abgeschnitten.

Positive Reaktion aus Berlin auf den Kriegsächtungsplan

27. April. In einer Antwortnote, unterzeichnet von Reichsaußenminister Gustav Stresemann, äußert sich die Reichsregierung positiv zu dem Vorschlag, einen internationalen Pakt zur Ächtung des Krieges zu schließen. Der Plan zu einem solchen Vertrag war der deutschen Regierung, zusammen mit der britischen, italienischen und japanischen, am 13. April von den USA unterbreitet worden. Am 20. April setzte schließlich auch die französische Regierung diese Mächte von ihren Vorschlägen zu einem Kriegsverzichtspakt in Kenntnis.

Die Vorgeschichte: Am zehnten Jahrestag des US-amerikanischen Kriegseintritts, dem 6. April 1927, wandte sich der französische Außenminister, Aristide Briand, in einer Botschaft direkt an das US-amerikanische Volk. Er schlug den Abschluß eines zweiseitigen Pakts zwischen den USA und Frankreich vor, der den Krieg als Mittel der Politik ächten sollte. Briand hatte die Anregung dazu in Gesprächen mit den Intellektuellen James T. Shotwell und Salmon O. Levinson, die der US-amerikanischen Friedensbewegung angehören, erhalten.

V. l.: Frank Billings Kellogg, Aristide Briand; nach dem US-Außenminister und seinem französischen Amtskollegen wird der Kriegsächtungspakt benannt

US-Außenminister Frank Billings Kellogg stand einem bilateralen Abkommen mit Frankreich, das die USA in das Sicherheitssystem der europäischen Kontinentalmacht einbeziehen sollte, skeptisch gegenüber. Er schlug statt dessen im Dezember 1927 einen Vertrag vor, in dem sich alle Großmächte verpflichten sollten, auf den Krieg als politisches Mittel zu verzichten.

Nach einem längeren Notenwechsel zwischen Paris und Washington unterbreiten Frankreich und die USA nun ihren ersten Vertragsentwurf. Die Reichsregierung hebt in ihrer Antwortnote hervor, daß die internationalen Verpflichtungen, die das Deutsche Reich seit Abschluß des Weltkriegs eingegangen ist – Locarno-Pakt und Völkerbundssatzung – ihrer Ansicht nach nicht im Widerspruch zu dem geplanten Kriegsächtungspakt stehen (→ 27. 8./S. 132).

Nach dem mißglückten Attentat: Der italienische König Viktor Emanuel III. (M., stehend) verläßt die Stadt Mailand

Viktor Emanuel III. entgeht einem Attentat

12. April. König Viktor Emanuel III. von Italien entgeht in Mailand unverletzt einem Attentat, bei dem 20 Menschen sterben und 30 z. T. schwer verletzt werden.

Der italienische Monarch hatte sich zur Eröffnung einer internationalen Messe nach Mailand begeben. Eine mit einem Uhrwerk versehene Bombe, die in einer Straßenlaterne am Eingang des Messegeländes versteckt war, explodierte um 10 Uhr morgens. Da sich der König und sein Gefolge verspätet hatten, waren von dem Sprengstoffattentat zur Absperrung abkommandierte Truppen betroffen.

Das Attentat wird mit dem neuen Wahlgesetz in Zusammenhang gebracht, das die Wahlrechte erheblich einschränkt (→12. 5./S. 84). Viktor Emanuel III. hat am 30. Oktober 1922 nach dem Marsch der Faschisten auf Rom Benito Mussolini zum Ministerpräsidenten ernannt und sich seither nicht von der faschistischen Regierung distanziert.

Paris: Poincaré bleibt Präsident

29. April. Nach dem zweiten Wahlgang steht die Zusammensetzung der Deputiertenkammer, der ersten Kammer der französischen Nationalversammlung, fest: Die Parteien der Rechten und der Linken stehen sich etwa gleich stark gegenüber, und die Mitte verfügt über die Mehrheit der Sitze. Ministerpräsident Raymond Poincaré, der seit 1926 einer Koalition aus den Parteien der Mitte (Union Nationale) unter Einschluß der Radikalsozialisten vorsteht, bleibt somit im Amt.

Das Parteiensystem ist in Frankreich wenig ausgebildet. Die Parteienlandschaft ist außerordentlich zersplittert und von wechselnden Bündnissen geprägt. Die persönliche Autorität einzelner Politiker (deren Zuordnung im Parteienspektrum vielfach schwer möglich ist) hat ein starkes Gewicht. Zu den profilierten Per-

Plakate der französischen Parteien werben für die Stimmabgabe bei der Wahl zur Deputiertenkammer; das Parteiensystem in Frankreich ist zersplittert

sönlichkeiten gehören u. a. Außenminister Aristide Briand und Unterrichtsminister Édouard Herriot.

Die Kammerwahlen 1928, die erstmals seit 1919 wieder nach dem reinen Mehrheitswahlrecht durchgeführt werden, unterstreichen die relative Unabhängigkeit der Gewählten gegenüber den Parteizentralen. Über die genaue parteipolitische Zusammensetzung des Parlaments herrscht zunächst Unklarheit.

Salazar übernimmt Schlüsselressort

19. April. Nach der Präsidentenwahl am 25. März wird in Portugal eine neue Regierung unter Ministerpräsident José Vincente Freitas gebildet, in die am 27. April António de Oliveira Salazar als Finanzminister eintritt.

Salazar

General António Óscar Fragoso Carmona legt nach der Wiederwahl zum Präsidenten der Republik das Amt des Ministerpräsidenten nieder, das er seit 1926 zusammen mit dem Staatspräsidentenamt innehatte.

Von der Ernennung Salazars, der Professor für Wirtschafts- und Finanzwissenschaften an der Universität Coimbra ist und als der kompetenteste Finanzfachmann des Landes gilt, erhofft man sich eine Lösung der wirtschaftlichen Probleme. In den vorausgegangenen Jahren ist das Haushaltsdefizit drastisch angestiegen, was eine zunehmende Inflation zur Folge hat.

Am 9. März hatte die portugiesische Regierung die wegen einer Finanzhilfe mit dem Völkerbund geführten Verhandlungen abgebrochen.

Irigoyen gewinnt argentinische Wahl

1. April. Sieger der Vorwahlen zu den Präsidentschaftswahlen in Argentinien ist Hipólito Irigoyen, der Kandidat der Mittelstandspartei Union Civica Radical. Damit steht fest, daß er von einem Wahlmännergremium zum Präsidenten gekürt und den bisherigen Amtsinhaber Marcelo Torcuato de Alvear ablösen wird. Insgesamt werden 750 000 Stimmen für Irigoyen abgegeben, während die gegnerischen Parteien zusammen 389 000 Stimmen erhalten. Dieses Wahlergebnis ist Ausdruck für den zunehmenden politischen Einfluß des Mittelstands gegenüber der Oligarchie der Großgrundbesitzer.

Es handelt sich um die zweite Präsidentschaft des über 80jährigen Irigoyen. Bereits im Jahre 1916 war er gewählt worden; diese Wahl war die erste freie in Argentinien.

Die Nationalsozialisten gegen Stresemann

25. April. Eine Wahlveranstaltung mit Reichsaußenminister Gustav Stresemann im Bürgerbräukeller in München wird von Nationalsozialisten gesprengt.

Stresemann, der zugleich Vorsitzender der rechtsliberalen Deutschen Volkspartei (DVP) ist, tritt als Spitzenkandidat seiner Partei für die Reichstagswahlen am → 20. Mai (S. 80) in Bayern an – in einem Land, wo die Skepsis gegenüber seiner Politik der Verständigung mit den ehemaligen Kriegsgegnern weitverbreitet ist und wo die Nationalsozialisten traditionell ihre Hochburg haben.

Der Bürgerbräukeller in München ist mit 3000 Personen voll besetzt. Die Mehrheit von ihnen steht der NSDAP nahe und ist von vornherein darauf aus, sich nicht zu informieren, sondern die Wahlrede Stresemanns zu stören. Der Reichsaußenminister kann seine Ansprache nicht zu Ende führen. Die Polizei reagiert hilflos auf den Tumult.

Die Nationalsozialisten, die bei den letzten Reichstagswahlen 1924 gerade 3,0% der Stimmen erreicht haben und deren Chancen für die bevorstehenden Wahlen von politischen Beobachtern nicht positiver eingeschätzt werden, versuchen durch spektakuläre Aktionen und Thesen auf sich aufmerksam zu machen. Der »Gauleiter« der NSDAP für Berlin-Brandenburg, Joseph Goebbels, veröffentlicht in der Zeitschrift »Der Angriff« am 30. April einen Artikel, in dem er die Strategie seiner Partei, auf legalem Weg an die Macht zu gelangen, darstellt. Die Person Stresemanns wird dabei wiederum angegriffen:

»Wir gehen in den Reichstag hinein, um uns im Waffenarsenal der Demokratie mit deren eigenen Waffen zu versorgen. Wir werden Reichstagsabgeordnete, um die Weimarer Gesinnung mit ihrer eigenen Unterstützung lahmzulegen. Wenn die Demokratie so dumm ist, uns für diesen Bärendienst Freifahrkarten und Diäten zu geben, so ist das ihre eigene Sache ... Uns ist jedes gesetzliche Mittel recht, den Zustand von heute zu revolutionieren. Wenn es uns gelingt, bei diesen Wahlen 60 bis 70 Agitatoren unserer Partei in die verschiedenen Parlamente hineinzustecken, so wird der Staat selbst in Zukunft unseren Kampfapparat ausstatten und besolden ... Wir kommen als Feinde!

... [Wir können], wenn Herr Stresemann von Genf erzählt, unsachgemäße Zwischenfragen stellen, zum Beispiel, ob es den Tatsachen entspricht, daß besagter Stresemann Freimaurer und mit einer Jüdin verheiratet ist.«

Versammlung der Nationalsozialisten im historischen Bürgerbräukeller in München; ein Auftritt von Gustav Stresemann in diesem Saal wird gestört

Carl von Ossietzky ist Herausgeber der linksgerichteten »Weltbühne«

Milderes Urteil in der Berufung

17. April. In der Berufungsverhandlung gegen den Journalisten Berthold Jacob (eigentl. Berthold Salomon) und den Publizisten Carl von Ossietzky wird das Urteil gefällt: Jacob erhält eine Geldstrafe von 1000, Ossietzky von 600 Reichsmark.

Ossietzky – ein überzeugter Pazifist
Carl von Ossietzky, geboren am 3. Oktober 1889, ist durch den Weltkrieg zum Pazifisten geworden. 1919/20 war er bei der Deutschen Friedensgesellschaft tätig, danach arbeitete er als Journalist bei der »Berliner Volkszeitung« und anschließend bei der Zeitschrift »Das Tagebuch«. Nach dem Tod Siegfried Jacobsohns 1926 übernahm er die Leitung der pazifistischen Zeitschrift »Die Weltbühne«.

Die beiden Angeklagten waren am 20. Dezember 1927 in erster Instanz wegen Beleidigung der Reichswehr zu Gefängnisstrafen von einem bzw. zwei Monaten verurteilt worden. Jacob hatte in einem Artikel der »Weltbühne« (Herausgeber: Ossietzky) vom 22. März 1927 im Zusammenhang mit einem Fememordprozeß auf die Hintermänner in der obersten Reichswehrführung verwiesen und dabei u.a. den Leiter der Wehrmachtsabteilung, Oberst Kurt von Schleicher, und den ehemaligen Chef der Heeresleitung, Hans von Seeckt, genannt.

Goebbels zu zwei Wochen Haft verurteilt

28. April. Joseph Goebbels, der »Gauleiter« der NSDAP für Berlin-Brandenburg, dessen Organisation erst am → 31. März (S. 44) wieder zugelassen worden ist, wird vom Schöffengericht Berlin-Schöneberg wegen Beleidigung zu zwei Wochen Haft verurteilt.

Goebbels hatte als Herausgeber des völkischen Blattes »Der Angriff« drei Artikel unter der Überschrift »Vorsicht, Gummiknüppel!« zu verantworten, die Ausfälle gegenüber Angehörigen des Berliner Polizeipräsidiums enthielten; diese waren als »Arbeiterschlächter« tituliert worden, die nicht davor zurückschreckten, Hunde auf Kriegsbeschädigte zu hetzen.

J. Goebbels, der für den Reichstag kandidiert, wird verurteilt

Bei Eröffnung der Verhandlung hatte der Verteidiger Goebbels' erklärt: »Falls einer der Herren Richter oder Schöffen jüdischer Konfession ist, müssen wir ihn ablehnen.« Das Gericht wies diesen Ablehnungsantrag jedoch als mit dem deutschen Gesetz nicht vereinbar zurück.

Das Urteil gegen Goebbels wird außerhalb der Reichshauptstadt von der Öffentlichkeit nicht registriert; in den Berliner Tageszeitungen erscheinen lediglich kleine Meldungen. Wie unbekannt der NSDAP-Politiker ist, zeigt sich daran, daß sein Name (als »Göbel«) in der Presse nicht korrekt wiedergegeben wird.

Ein einheitliches Autokennzeichen

19. April. In Berlin fällt eine Jury die Entscheidung im Preisausschreiben des Reichsverbands der Automobilindustrie über den Entwurf eines einheitlichen Autokennzeichens im Deutschen Reich. Bisher haben die Länder jeweils unterschiedliche Kennzeichen verwendet.

Die Jury hatte eine Auswahl unter 20 000 Einsendungen zu treffen. Mit dem ersten Preis (5000 Reichsmark) wird der Entwurf des Berliner Graphikers Safis ausgezeichnet.

Das neue Autokennzeichen ist weiß mit einem schwarzen Rand. Es enthält eine Kombination von Buchstaben zur Kennzeichnung der Herkunft des Automobilbesitzers und eine Registriernummer, beides ebenfalls in Schwarz. Die Einführung des einheitlichen Kennzeichens erleichtert die Arbeit der Polizei.

Autokennzeichen mit einer zweistelligen Buchstabenkombination und einer vierstelligen Registriernummer

Die Einführung des länderübergreifend einheitlichen Kennzeichens verbessert die Fahndung der Polizei

»Was die Wirtschaft in den USA lernen kann«

8. April. Die »Vossische Zeitung« veröffentlicht das Ergebnis einer Umfrage unter deutschen, österreichischen und US-amerikanischen Unternehmern und Wirtschaftswissenschaftlern: »Was die deutsche Wirtschaft von Amerika lernen kann«. In den Antworten wird u. a. auf den in den USA besonders entwickelten »Dienst am Kunden«, auf die weitreichenden Möglichkeiten, Waren mit Ratenzahlungskrediten zu erwerben, und auf den Rotary-Gedanken verwiesen.
Der Wirtschaftswissenschaftler Edwin R. A. Seligman von der Columbia Universität in New York erläutert die weitgefächerten Möglichkeiten des Teilzahlungskredits in den USA:

»Bei uns [d. h. in den USA] kam der Teilzahlungskredit zuerst im Grundbesitzgeschäft auf. Neuerdings finanziert man so auch die Etagenhäuser und Wolkenkratzer. Aber man hat das System der Teilzahlungen ... auch auf gewöhnliche Waren angewandt ... So wird eigentlich fast alles, vom kleinsten Gegenstand bis zu den Druckpressen und dem Material für die Eisenbahn, auf diese Weise verkauft. All dies trägt den Kredit in das gewöhnliche Geschäftsleben, und man spricht gewöhnlich von Produktionskrediten. Wenn wir aber vom Abzahlungsgeschäft sprechen, meinen wir fast immer den Verkauf von Verbrauchsartikeln durch Teilzahlungen ...
Zwei Einflüsse wirken zusammen: der Wunsch des Käufers, eine etwas bequemere Form der Bezahlung zu erlangen, und das Interesse des Fabrikanten, einen größeren, gleichmäßigen ... Gang der Produktion zu sichern ...«

Felix Deutsch, der Vorstandsvorsitzende der AEG, beschäftigt sich mit den vorbildlichen Serviceleistungen im US-amerikanischen Handel:

»Der Amerikaner besitzt die besondere Fähigkeit, einen Komplex von Gedanken und Forderungen in einem Schlagwort zusammenzufassen und dieses in geschickter Weise propagandistisch zu verwerten. Eines der Schlagworte, denen man heute beim Besuch der Vereinigten Staaten am häufigsten begegnet, ist der Begriff des ›Service‹, des Dienstes am Kunden oder ... an Seiner Majestät dem Kunden. In jeder Unterhaltung, die man in Amerika über geschäftliche Grundsätze führt, in jedem Prospekt, den man aufschlägt, überall wird betont, welche Bedeutung das Unternehmen einem guten Service, einer Einstellung auf die Wünsche des Kunden und auf seine Psyche, beilegt.
So ist der Service-Gedanke in Amerika eine Art Geschäftsreligion ge-

worden, die man nicht nur im Munde führt, sondern nach der auch wirklich gehandelt wird. Die Liebenswürdigkeit, mit der man in jedem einzelnen Geschäft in Amerika bedient wird, ist außerordentlich und bleibt unverändert, auch wenn man sich stundenlang die verschiedensten Gegenstände hat vorführen lassen und schließlich das Geschäft verläßt, ohne etwas zu kaufen. Nicht minder groß ist die Bereitwilligkeit zum Umtausch oder zur Zurücknahme gekaufter und nicht zusagender Waren.

Der Geheime Kommerzienrat Felix Deutsch ist Vorsitzender der AEG

Überall ist der Gedanke richtungweisend, daß jedermann, auch wenn man im Augenblick nicht zu einem Geschäft mit ihm gelangen kann, immer ein möglicher Käufer für die Zukunft bleibt und deshalb, soweit es nur irgend angängig ist, nicht verärgert werden darf. Zur Vollendung sind die Methoden des Kundendienstes z. B. bei dem großen Versandhaus Sears Ruebock & Co. gebracht ... Hier liegt die Geschicklichkeit in der Kundenbehandlung einmal in der ungeheuren, für unsere Begriffe vollkommen neuartigen Reichhaltigkeit des Versandkatalogs – nach dem man ebensogut Landhäuser und Automobile wie Seife oder Stecknadeln bestellen kann –, sodann aber in der gewaltigen Schnelligkeit der Belieferung, die trotz des riesigen Kundenkreises von 12 Millionen und des täglichen Briefeingangs von 60 000 bis 100 000 Sendungen fast ausnahmslos innerhalb von 24 Stunden erfolgt ...«

Der Wiener Kommerzialrat Oskar Berl stellt dem deutschen Leser den Gedanken der Rotary Clubs vor, eines Zusammenschlusses von Angehörigen verschiedener Berufe, die sich eine Humanisierung des Wirtschaftslebens zum Ziel gesetzt haben. Die Rotary-Bewegung hat inzwischen von den USA auf Europa übergegriffen:

»Vor 23 Jahren fanden sich in Chicago ein Rechtsanwalt, ein Bergwerksbesitzer, ein Kohlenhändler und ein Schneider zur Gründung eines Clubs zusammen. Allwöchentlich trafen sie sich in der Wohnung eines der Mitglieder, und der Gastgeber hielt den Clubfreunden einen Vortrag aus seinem Beruf. Und dann sprach man darüber, wie man das Leben überhaupt, insbesondere aber die Wirtschaft, friedlicher und menschlicher gestalten könne, ohne die Triebkräfte des Fortschritts zu lähmen. Die Zusammenkünfte gingen reihum (›in rotation‹); daraus entstand der Name Rotary Club.
Das war die Keimzelle. Heute ist daraus eine internationale Bewegung geworden. In allen Weltteilen gibt es Rotary Clubs, im ganzen an die 3000, mit mehr als 200 000 Mitgliedern. Und die Zahl wäre gewiß noch weit größer, wenn nicht das Statut der Rotary International bestimmen würde, daß in jedem Klub die einzelnen Berufskategorien nur durch ein Mitglied vertreten sein dürfen – mit einer einzigen Ausnahme: den Publizisten ...
Der Grundgedanke [der Bewegung] ist in den wenigen Worten ausgedrückt: ›Service above self‹. Wenn dies ins Deutsche übersetzt werden soll, hieße es: ›Erst Dienst – dann Du‹ ... Da Rotary dem Ursprung nach eine amerikanische Bewegung ist, ergibt sich von selbst, daß die Klubs das besondere Bestreben haben, eine Atmosphäre der Freundschaft und Verständigung zwischen Amerika und den übrigen Kontinenten zu schaffen. Nur aus der politischen Entwicklung der letzten Jahrzehnte ist es zu erklären, daß Rotary in Deutschland noch ein wenig bekannter Begriff ist. Aber die Anfänge sind auch hier schon vorhanden. Im Herbst vorigen Jahres ist in Hamburg von angesehenen Kaufleuten der erste reichsdeutsche Rotary Club gegründet worden, und der frühere Reichskanzler [Wilhelm] Cuno hat den Vorsitz übernommen ...«

Testfahrt des Raketenwagens auf der Rennstrecke der Opel-Werke in Rüsselsheim; der Pulverraketenantrieb des Wagens erzeugt einen Rauchschweif

Raketenauto beschleunigt in acht Sekunden auf 100 km/h

11. April. Auf der Rennstrecke der Opel-Werke in Rüsselsheim wird das erste von Pulverraketen angetriebene Automobil gestartet. Der Rennwagen beschleunigt in acht Sekunden von 0 auf 100 km/h – eine Leistung, die bisher von keinem Auto mit Benzinmotor erreicht worden ist. Ein weiteres Opel-Versuchsfahrzeug, »RAK II«, erreicht am 23. Mai auf der Berliner Avus eine Geschwindigkeit von 230 km/h.

Das Raketenauto »RAK II« hat kleine Seitenflügel, die zur Stabilisierung der Straßenlage beitragen sollen. Das Fahrzeug wird von 24 Feststoffraketen angetrieben, die wie kleine Kanonenrohre, dicht an dicht konzentrisch angeordnet, aus dem Heck des Wagens herausragen. Der Raketenantrieb wandelt die bei der chemischen Umsetzung des Treibstoffs frei werdende Energie in gerichtete Strömungsenergie um.

Die »Vossische Zeitung« beschreibt die Vorführung des Raketenautos auf der Berliner Rennstrecke Avus in apokalyptischen Bildern: »In we-

Fließbandfertigung seit 1924

Bei den Opelwerken in Rüsselsheim, die 9400 Menschen beschäftigen, werden jährlich fast 43 000 Fahrzeuge hergestellt. Besonders erfolgreich ist der Kleinwagen 4/12 PS, genannt »Laubfrosch«, der seit 1924 in Fließbandfertigung produziert wird. Er kostet unter 3000 Reichsmark. Trotz günstiger Auftragslage ist von einer Fusion mit General Motors (USA) die Rede (→ S. 46).

nigen Augenblicken waren die Raketen entzündet und das Raketenauto sauste los. Man kann sich von dieser Fahrt nur einen Begriff machen, wenn man längere Zeit innerhalb einer Trommelfeuer schießenden Batterie gestanden hat. Einen solchen Höllenlärm vollführen die Raketen. Sie schaffen das Gasgemisch, das das Auto mit riesiger Geschwindigkeit vorwärts treibt. Man sieht einen kurzen Augenblick große Flammen aus dem Ende des Rumpfes entlangschießen, dann ist alles durch Rauch verdeckt. Als der Wagen auf der anderen Seite der Avus zurückkam, konnte man ihn schon längere Zeit beobachten. Man hatte das Gefühl, daß er tanzt oder schwimmt, und daß Fritz von Opel nur das Höhensteuer anziehen müßte, um in die Lüfte zu steigen . . .«

Fritz von Opel, ein Enkel des Firmengründers Adam Opel, ist nicht nur der Fahrer des neuartigen Automobils, er hat es auch in Zusammenarbeit mit dem Ingenieur Maximilian Valier, der als Experte für Raketentechnik gilt und 1924 durch die Veröffentlichung des Buches »Der Vorstoß in den Weltraum« hervorgetreten ist, entwickelt. In der Presse wird das Experiment als Vorbereitung für raketenangetriebene Flugzeuge (→ 25. 5./S. 88) und als Vorreiter für die Raumfahrt gefeiert.

Fritz von Opel, der Fahrer des Raketenwagens »RAK II«, hält vor dem Start auf der Avus-Rennstrecke eine Rede

Der Raketenwagen wird auf der Avusbahn zum Start gebracht; die Raketen am Heck sind deutlich zu erkennen

Gibraltar-Straße durchschwommen

6. April. Die britische Stenotypistin deutscher Abstammung, Mercedes Gleitze, durchschwimmt als erste Sportlerin die Straße von Gibraltar. Sie startet von Spanien aus und erreicht nach 12:50 h das afrikanische Festland. Die Straße von Gibraltar ist an der engsten Stelle 14 km breit. Tatsächlich hat Mercedes Gleitze, die diese Strecke wegen der Strömung nicht in Luftlinie zurücklegen kann, über 20 km zurückgelegt.

Die Schwimmerin hat seit Jahresbeginn insgesamt fünf Versuche zur Durchquerung der Wasserstraße unternommen. Sie war zuvor meist von der afrikanischen Seite gestartet und deshalb ungünstigen Strömungsverhältnissen ausgesetzt. Alle bisherigen Versuche mußte sie wegen Entkräftung – z. T. nur 1,5 km vor dem Ziel – abbrechen.

Dauerschwimmen ist in den 20er Jahren eine beliebte Sportart. Bei Wettbewerben in den USA und in Kanada sind Preisgelder von umgerechnet über 50 000 Reichsmark ausgesetzt. In Europa konzentriert sich die Rekordjagd auf den Ärmelkanal. 1926 gelang es der US-Amerikanerin deutscher Herkunft Gertrude Caroline Ederle als erster Frau, die Wasserstraße zu durchschwimmen. Mercedes Gleitze glückte diese Leistung 1927.

Korinth durch Erdbeben völlig zerstört

22. April. *Die griechische Stadt Korinth wird von einem schweren Erdbeben heimgesucht, bei dem alle älteren Häuser vollständig zerstört werden. Insgesamt fallen 80% der Gebäude in der Stadt der Naturkatastrophe zum Opfer, 10 000 Menschen werden obdachlos. Die Schäden im antiken Korinth sind geringer. Unter der Bevölkerung bricht nach Einsetzen der ersten Erdstöße am Abend des 22. April eine Panik aus; die meisten Menschen verbringen die Nacht im Freien. Dennoch sterben bei dem Beben 20 Menschen, 70 werden z. T. schwer verletzt. Die Stromversorgung in dem betroffenen Gebiet bricht zusammen, alle Kabel- und Telefonverbindungen fallen aus. Um Hunger zu vermeiden, werden aus der Hauptstadt Athen Nahrungsmittel eingeflogen (Luftaufnahme nach dem Beben).*

Nürnberg feiert Dürer-Jubiläum

6. April. In Nürnberg, der Heimatstadt des Malers und Graphikers Albrecht Dürer, werden die Feiern anläßlich seines 400. Todestages mit einer Gedenkstunde am Grab des Künstlers eröffnet.

Am 11. April wird im Nürnberger Germanischen Museum eine Ausstellung eröffnet, die erstmals einen umfangreichen Überblick über das gesamte Schaffen Dürers vermittelt. Zahlreiche Museen aus dem In- und Ausland haben Leihgaben zur Verfügung gestellt. Rechtzeitig zum Jubiläum ist zudem das Haus restauriert worden, das sich Dürer in Nürnberg erbauen ließ.

Die Vorträge und Ausstellungen zum Dürerjahr stoßen in der Öffentlichkeit auf ein breites Interesse. Albrecht Dürer (21. 5. 1471–6. 4. 1528) gilt als einer der bedeutendsten deutschen Künstler, sein Werk und seine kunsttheoretischen Schriften haben zahlreiche Maler und Graphiker bis in die Gegenwart hinein entscheidend beeinflußt.

Dürer eröffnete der deutschen Malerei den Zugang zur italienischen Renaissance und überwand mit seiner realistischen Darstellungsweise mittelalterliche Traditionen. Er beschäftigte sich intensiv mit dem Problem der Perspektive und den menschlichen Proportionen.

Berühmt würde Dürer durch seinen ersten Holzschnittzyklus, die »Apokalypse« (1498). Neben seinen religiösen Werken – Altäre, Andachtsbilder – schuf Dürer zahlreiche Porträts und Selbstbildnisse, in denen die individuellen Züge der Dargestellten heraustreten. Diese Gemälde dokumentieren das Selbstbewußtsein des Bürgertums.

Schachmeister Lasker kontra Physiker Born

12. April. Der Physiker Max Born, der mit seinen Schülern Werner Heisenberg und Pascual Jordan 1926 eine Interpretation der Quantenmechanik entwickelt hat, wonach im mikrophysikalischen Bereich Ort, Zeit, Bewegung und Energie eines Teilchens nur nach statistischer Wahrscheinlichkeit zu bestimmen sind, antwortet in einem Zeitungsartikel dem ehemaligen Schachweltmeister Emanuel Lasker.

Lasker hatte scharfe Kritik an den Bestrebungen der modernen Physik geäußert, das Kausalitätsprinzip zu bestreiten. Nach seiner Auffassung führt der Verzicht auf das Prinzip von Ursache und Wirkung zu einer Aufgabe wissenschaftlicher Methoden und zur Naturmagie.

Born stellt in seiner Antwort zunächst seine Formulierung des Kausalitätsprinzips vor: »Wenn in einem abgeschlossenen System der Zustand in einem Augenblick genau bekannt ist, so bestimmen die Naturgesetze den Zustand zu jedem späteren Zeitpunkt.« Ein abgeschlossenes System kann es nach Born jedoch beim physikalischen Experiment nicht geben, da durch die Untersuchungsbedingungen selbst – und sei es durch die feinste Sonde – der Zustand dieses Systems verändert wird. Der Begriff der Kausalität sei daher nicht falsch, aber leer.

Der Physiker Max Born verteidigt die Auffassung der modernen Physik

Schach-Champion Emanuel Lasker hält an der strikten Kausalität fest

Selbstbildnis des deutschen Malers Albrecht Dürer aus dem Jahre 1498

Hochhaus für »Hannoverschen Anzeiger«

30. April. In Hannover wird das neue Gebäude des »Hannoverschen Anzeigers« eingeweiht, ein Hochhaus, das der Architekt Fritz Höger entworfen und errichtet hat.

Fritz Höger

Höger verbindet den klaren Funktionalismus der Moderne mit traditionellen Stilelementen. Der neue Sitz der bedeutenden Provinzzeitung besteht aus einem achtstöckigen Mitteltrakt, der von der kupfernen Halbkugel eines Planetariums gekrönt ist, und zwei niedrigeren, schmaleren Flügeln. Die schlichte Front ist durch Fenster gegliedert, den Abschluß der Seitengebäude bilden flache Dächer. Das Baumaterial, niederdeutscher Klinker, und die vorgezogenen Pfeiler greifen traditionelle Formen auf. Högers Werk vermittelt den Eindruck eines Hauses »mannigfacher, nervenanspannender Tätigkeit«, wie die Berliner »Vossische Zeitung« kommentiert.

Hochhaus des »Hannoverschen Anzeigers«, entworfen von Fritz Höger, der 1923 auch das Chilehaus in Hamburg, ebenfalls ein Klinkerbau, geschaffen hat

Ein »Wunschzettel für den Rundfunk«

8. April. Die »Vossische Zeitung« veröffentlicht die Antworten auf eine Rundfrage zum Thema, welche Zukunftshoffnungen mit dem Rundfunk zu verbinden seien.

Der Direktor der Berliner »Funkstunde«, Carl Hagemann, hebt in seinem Beitrag hervor, daß der Rundfunk die Aufgabe habe, den Hörer an die Kunst – sofern sie akustisch vermittelbar ist – heranzuführen. Eine Konkurrenz zu anderen Medien wie Theater, Film, Konzert oder Vortrag bestehe nicht, da der Rundfunk lediglich eine vorbereitende Funktion innehabe.

Der Regisseur Erwin Piscator lehnt ebenfalls eine Rivalität zwischen dem Rundfunk und anderen Medien ab. Er fordert die Entwicklung einer eigenen, dem Radiohören angemessenen Kunstgattung – das Hörspiel: »Die Erschließung der Welt von einer neuen Seite, das Lautwerdenlassen des Lebens selber ist seine Aufgabe. Die Entstehung jener Tonwelt, in der wir leben, meist ohne sie zu hören.«

Der Schriftsteller und Publizist Kurt Tucholsky spricht sich gegen die Rundfunkzensur aus.

Wachsfigurenkabinett nach Restaurierung wiedereröffnet

28. April. Das neue Gebäude des berühmten Londoner Wachsfigurenkabinetts von Madame Tussaud wird feierlich eröffnet. Das alte Haus war mit einem großen Teil der ausgestellten Wachsfiguren am 18. März 1925 den Flammen zum Opfer gefallen.

Die neue Ausstellung enthält neben Figurengruppen mit Angehörigen des britischen Herrscherhauses und prominenten britischen Politikern (darunter Schatzkanzler Winston Churchill und Außenminister Joseph Austen Chamberlain) auch eine Reihe von Persönlichkeiten aus der Sportwelt: In einer Gruppe von Boxern ist u.a. eine Nachbildung von Ex-Schwergewichtsweltmeister Jack Dempsey zu besichtigen, in der Gruppe der Tennisspieler der französische Profistar Suzanne Lenglen.

Die Gründerin des Wachsfigurenkabinetts, Madame Marie Tussaud (1761–1850), stellte zunächst in Paris Wachsfiguren von Anhängern und Opfern der Französischen Revolution her, 1802 ging die Französin schweizerischer Herkunft mit ihrer Sammlung nach London. Die lebensgroßen Wachsnachbildungen von Personen der Zeitgeschichte wurden seither von Zeit zu Zeit durch neue ersetzt.

Britische Politiker, nachgebildet aus Wachs, v. l. Churchill, Joseph Austen Chamberlain, Baldwin und Birkenhead

Boxergruppe in Londons Wachsfigurenkabinett, v. l. Jack Dempsey, Jimmy Wilde, Joe Beckett, Georges Carpentier

Gebäude des Konsumvereins (1928) und Reihenhäuser (1927) in der Siedlung Dessau-Törten, die 1926 bis 1928 unter der Leitung von Gropius errichtet wird

»Bauhaus 1928« heißt dieses Kunstwerk, geschaffen von Herbert Bayer

Gropius verläßt das Bauhaus in Dessau

1. April. Der Schweizer Architekt Hannes Meyer übernimmt von Walter Gropius die Leitung des Dessauer Bauhauses, der wegweisenden Hochschule für Gestaltung.

Gropius, der Gründer des Bauhauses, hat im Februar seinen Rücktritt bekanntgegeben; es wird vermutet, daß bei seiner Entscheidung sein Wunsch, sich wieder verstärkt der eigenen Bautätigkeit zu widmen, eine Rolle gespielt hat.

Der von Gropius zum Nachfolger ausersehene Meyer lehrt seit einem Jahr an der Architekturabteilung des Bauhauses. Meyer vertritt einen streng funktionalistischen Baustil, es geht ihm um Nützlichkeit, Praktikabilität, um die Herstellung von Gebrauchsartikeln für jedermann. Auch unter Gropius war das Bauhaus dem Konstruktivismus und der Sachlichkeit verpflichtet, galt die Devise, für den Volksbedarf und nicht für den Luxusbedarf zu arbeiten. Meyer geht jedoch noch einen Schritt weiter, indem er alles Ästhetische als überflüssig bezeichnet. Bauen ist für ihn nur ein technischer Vorgang, der sich den Lebensvorgängen anpaßt; »bauen ist nur organisation: soziale, technische, ökonomische, psychische organisation«. Darüber hinaus sieht Meyer das Bauen als einen Gemeinschaftsvorgang an und legt großen Wert auf kollektive Zusammenarbeit, die er im sozialistischen Sinne versteht. Zur Verstärkung dieser Ausrichtung nimmt Meyer Kurse in Sozialwissenschaften und Philosophie in das Bauhaus-Unterrichtsprogramm auf.

Außerdem setzt sich Meyer für eine engere Anbindung der Hochschule an das Alltagsleben ein. Er befürwortet es, daß Studenten wirkliche Bauaufträge übernehmen, und er verstärkt die Kontakte zur Industrie. Ab 1928 entwirft das Bauhaus Tapeten für die Firma Rasch, und die Firma Körting & Matthiesen stellt Bauhaus-Lampen her.

Befürworter funktionalen Bauens

Der Architekt Hannes Meyer, der neue Leiter des Dessauer Bauhauses, wurde am 18. November 1889 in Basel geboren. Er kommt aus der Schweizer Genossenschaftsbewegung und entwickelte zusammen mit Hans Wittwer einen – abgelehnten – Entwurf für den neuen Völkerbundspalast in Genf. Der vom Sozialismus beeinflußte Meyer lehrt seit 1927 an der neu eingerichteten Architekturabteilung des Bauhauses in Dessau.

Initiator moderner Gestaltung

Der Architekt Walter Gropius, der Gründer und bisherige Leiter des Bauhauses, wurde am 18. Mai 1883 in Berlin geboren. Die Errichtung des Fagus-Werks, einer Fabrik in Alfeld/ Leine (1911–1918), und der Fabrikanlage für die Werkbundausstellung in Köln 1914 machten ihn berühmt. In Dessau erbaute er die Törtener Siedlung und ein neues Arbeitsamt. Nach seinem Weggang aus Dessau eröffnet er in Berlin ein Architektenbüro.

Die Ausrichtung auf Funktionalität und Kollektivität und die Hinwendung zu industrieller Fertigung haben mehrfach zu Spannungen innerhalb des Bauhauses geführt. Mehrere Bauhaus-Künstler, insbesondere die Maler, wenden sich gegen den Antisubjektivismus. Die Anpassung an den kapitalistischen Markt bleibt umstritten.

Wegbereiter der Moderne in Dessau

Der Konzeption des Bauhauses liegt die Vorstellung zugrunde, Kunst und Technik zu einer neuen Einheit zu verschmelzen und neue Ausdrucksformen zu finden, die dem Wandel der Gesellschaft entsprechen und Wege in die Zukunft weisen.

Im Mittelpunkt der Arbeiten des Bauhauses in den Bereichen Architektur und Design steht die Funktionalität, die Suche nach der Form, die den Zwecken am besten dienlich ist. Dekor und Ästhetizismus werden abgelehnt. Diese Ausrichtung entspringt der Kunstform der Neuen Sachlichkeit, sie erfüllt jedoch auch eine soziale Funktion. Die Produkte sollen »dauerhaft, billig und ›schön‹ sein« (Walter Gropius), also allen Schichten zugute kommen. Immer stärker richtet sich das Bauhaus danach aus, »Typen für die nützlichen Gegenstände des Gebrauchs« zu entwerfen, da die »Lebensbedürfnisse der Mehrzahl der Menschen in der Hauptsache gleichartig« (Gropius) sind. Die Hinwendung zu Funktionalität und Gebrauchsartikeln soll also auch dazu beitragen, Klassenschranken zu überwinden.

Anfangs hat das Bauhaus vor allem theoretisch gearbeitet und mit Gestaltungsformen für eine Gesellschaft experimentiert, die auf Gleichheit aufbaut. Später wendet sich die Schule mehr der Praxis zu, unterstützt die Wohnungsbaukampagnen der 20er Jahre und entwickelt Prototypen für Handwerk und Industrie. Die Hochschule bietet Kurse in allen Bereichen der Gestaltung an, wobei Malerei, Theater und Kunsthandwerk immer mehr in den Hintergrund treten. In den Werkstätten sollen die Studenten die technischen und gestalterischen Bedingungen der einzelnen Werkstoffe – Stein, Holz, Metall, Ton, Farbe – gemeinsam kennenlernen und erproben.

Die Arbeiten des Bauhauses wirken stilbildend für die Moderne, tragen dem Institut jedoch auch zahlreiche Anfeindungen ein.

Wohnen und Design 1928:

Unpersönliche, funktionale Wohnkultur wird propagiert

Moderner leben, so lautet die Devise für Wohnungsbau und -einrichtung. Zeitschriften und Werbung propagieren den funktionsgerechten, unterkühlten Stil der Neuen Sachlichkeit, der nicht nur eine neue Form des Bauens und Designs meint, sondern ein neues Lebensgefühl kennzeichnet.

Im Wohnungsbau steht in den Städten die Errichtung großer Siedlungen im Vordergrund, für deren Konzeption moderne Formvorstellungen, wirtschaftliche Notwendigkeiten und soziale Motive eine enge Verbindung eingehen. Um den immer noch großen Wohnraumbedarf zu decken und um Wohnungen mit günstigen Mieten anbieten zu können, die auch für Arbeiter und Angestellte erschwinglich sind, ist es erforderlich, kostensparende Bauweisen zu entwickeln. Die Architekten arbeiten deshalb mit Skelett- und Fertigbauweise sowie mit normierten Grundrissen. Die Siedlungen bestehen zumeist aus zwei- bis fünfgeschossigen Reihenhäusern, die in Blöcken oder versetzt angeordnet sind. Grünflächen, Innenhöfe und Balkons sorgen für Licht und Luft. Tonangebend im Siedlungsbau sind die Städte Berlin, Frankfurt am Main und Stuttgart. In Frankfurt am Main errichtet der Architekt Ernst May die Siedlungen in Praunheim und an der Bruchfeldstraße; in Berlin erbaut der Architekt Bruno Taut die Siedlung On-

Sofaecke, entworfen von Günter Hirschel-Protsch mit Schränkchen aus Schleiflack

Der »traditionelle gutbürgerliche Tisch«; Foto von der Ausstellung »Der gedeckte Tisch« des Hausfrauenvereins Leipzig

kel-Toms-Hütte und die Hufeisensiedlung in Britz.

Die meisten Wohnungen sind eher klein, vermitteln aber den Eindruck von Weitläufigkeit weil die Räume ineinander übergehen. Zur modernen Wohnungsausstattung gehören Zentralheizungen und Heißwassersysteme.

Für die Inneneinrichtung werden zweckdienliche, platzsparende Möbel und klare, einfache Formen bevorzugt. Dem Nützlichkeitsdenken entsprechen die Klappbetten, Klapptische, die doppelstöckigen Kinderbetten, die Sofas mit Bettkasten, die verstellbaren Liegen und die Einbauschränke. Insbesondere

die Kücheneinrichtung ist auf Rationalität und Arbeitsersparnis abgestellt, und die Hausfrau avanciert in diesem Konzept zur »Küchen-ingenieurin«.

Bevorzugt werden Schleiflack-, Stahlrohr- und Metallmöbel, die völlig ihren Funktionen angepaßt sind und kein überflüssiges Dekor aufweisen. Möbel gelten dem Designer Marcel Breuer als »notwendige apparate heutigen lebens«, und dieselben Stühle und Sessel können sowohl in Wohnungen als auch in Theatern und Hörsälen stehen. Die Möbel sollen weder den persönlichen Stil des Designers ausdrücken noch den Wohnungen eine in-

dividuelle Note verleihen. Gefragt ist allein ein sachlich-funktionaler, unpersönlicher Stil.

Klare, einfache Formen beherrschen auch die Gebrauchsgegenstände. In Mode kommen einfaches, weißes Geschirr, Glasservices und unverzierte Bestecke. In der Produktion herrscht die Serienanfertigung vor.

Die funktionalisierte, standardisierte, unpersönliche Wohnkultur findet immer mehr Anhänger, aber nicht alle wollen von Plüsch und Dekor Abschied nehmen, und längst nicht alle, die dem neuen Stil positiv gegenüberstehen, können sich das moderne Design leisten.

Stahl – neues Material für das Möbeldesign (Anzeige von Hans Stövhase)

Werbung eines Wiener Unternehmens für elektrische Haushaltsgeräte

Bewegungsfreiheit und Sachlichkeit

Die Propagierung einer funktional eingerichteten, mit nur wenigen Möbeln ausgestatteten Wohnung ohne Dekor verfolgt zum einen das Ziel, die im Haushalt notwendigen Arbeitsvorgänge auf ein Minimum zu reduzieren. Zum anderen steht hinter diesem Konzept aber auch die Vorstellung, daß die gewonnene Bewegungsfreiheit eine größere Freiheit des Geistes ermöglicht, daß ein sachliches Mobiliar zu einem konzentrierteren Leben anregt. Es geht den Architekten und Designern darum, die Menschen von Plüsch und Pomp zu befreien, ihnen eine Wohnumgebung zu verschaffen, die sich den raschen Veränderungen der Lebensbedingungen anpaßt, die selber beweglich, veränderbar und verschieden kombinierbar ist. Für individuelle Ausgestaltung, für Gemütlichkeit, für »Intimität und Abgeschlossenheit« (Paul Westheim) bleibt dabei jedoch nur wenig Raum.

Dieser sachliche Stil entspricht einer Zeit, in der viele Menschen glauben, mit Technisierung und Rationalisierung gesellschaftliche Probleme bewältigen zu können.

Repräsentativer Empfangssaal mit Blick ins Eßzimmer; die Palisandertäfelung ist mit Silber eingefaßt

Eßzimmer im französischen Stil; Möbel aus Nußbaum

Schminkecke; Möbel mit Elfenbein verziert

Französisches getäfeltes Damenzimmer mit Ruheecke

Das nach den Plänen von Knobelsdorff errichtete Opernhaus in Berlin 1858

So sah das Opernhaus Unter den Linden zu Beginn des Umbaus 1926 aus

Das Opernhaus kurz vor Abschluß der An- und Umbauarbeiten Anfang 1928

So präsentiert sich das Gebäude bei der offiziellen Wiedereröffnung

Gründgens verläßt Hamburger Theater

19. April. Mit der Premiere von Carl Sternheims Schauspiel »Der Snob« verabschiedet sich Gustaf Gründgens von seinem Hamburger Publikum. Gründgens, der das Stück auch inszeniert hat, spielt Christian Maske, einen eiskalten Karrieristen. Der junge, noch unerfahrene Schauspieler Gustaf Gründgens kam 1923 an die Hamburger Kammerspiele und avancierte dank seines Einfallsreichtums und seiner Wandlungsfähigkeit bald zum Star des Ensembles. Er spielte klassische und moderne Rollen und ist seit 1924 auch als Regisseur erfolgreich.

Der ehrgeizige Gründgens, der neben seinem Talent und seiner Arbeitsbesessenheit auch durch sein exzentrisches Wesen von sich reden macht, verläßt Hamburg, um in der Theatermetropole Berlin einen neuen Start zu wagen.

Jüdisches Theater in Berlin

11. April. Das Jüdisch-akademische Theater aus Moskau startet seine Europa-Tournee im Berliner Theater des Westens. Die jiddisch sprechende Truppe führt die musikalische Komödie »200 000« auf, eine Bearbeitung des Volksstückes »Der Haupttreffer« von Adolph L'Arronge (eigentl. Adolphe Aronsohn). Das Stück schildert, wie eine arme Schneiderfamilie das große Los gewinnt und daraufhin in der feinen Gesellschaft zugelassen wird. Als der Schneider jedoch um seinen Gewinn betrogen wird, muß die Familie wieder in ihre armselige Kellerwohnung zurückkehren.

Die »Vossische Zeitung« lobt vor allem den Stil der Aufführung, ihre Musikalität, ihren Humor, der »den Zuschauer von seinem Sitz aufreißt, hinein in den Rhythmus der Leute da oben auf der Bühne«. Eine gesellschaftskritische Interpretation des Stoffes scheint der Zeitung nicht gegeben: »Weil jedoch der Humor im Spiel ist, so macht die Tendenz schlechte Geschäfte.«

»Die Weltbühne« dagegen hebt gerade die kontrastierende Herausarbeitung der beiden Welten hervor, der Sphäre des Proletariats und der Sphäre der Bourgeoisie. Die Proletarierwelt sei voller Kraft und Gefühl, »ist springlebendig«, die Bürgerlichen dagegen lebten in einer »Welt der Automaten, der Schminke ..., der falschen Blicke und ... Gebärden«, zu Marionetten erstarrt.

Die Tendenz des Stückes wirke jedoch nicht aufgesetzt, sondern sei völlig in Form und Stil der Inszenierung des Regisseurs Alexis Granowski eingegangen. In diesem Sinne gilt die Arbeit des Jüdisch-akademischen Theaters der »Weltbühne« als Ansatz »zu einer neuen großen Bühnenkunst« der Zukunft.

Wiedereröffnung der Staatsoper

28. April. Die Berliner Gesellschaft feiert die Wiedereröffnung der Staatsoper »Unter den Linden«, die zwei Jahre lang umgebaut worden ist. In der ersten Aufführung dirigiert Generalmusikdirektor Erich Kleiber »Die Zauberflöte« von Wolfgang Amadeus Mozart.

Durch die technischen Veränderungen hat die Staatsoper eine der modernsten Bühnen erhalten. Die Umbauten gelten jedoch vielen als Verschandelung des ursprünglich von Georg Wenzeslaus von Knobelsdorff errichteten Bauwerks.

Kritik rufen auch die hohen Kosten hervor: Statt 4,5 Millionen Reichsmark haben sich die Aufwendungen auf 14 Millionen belaufen, was Außenminister Gustav Stresemann als Verschwendung bezeichnet.

Uraufführung von »Jeanne d'Arc«

20. April. In Frankreich wird der Stummfilm »La Passion de Jeanne d'Arc« (»Die Passion der Jeanne d'Arc«) von dem dänischen Regisseur Carl Theodor Dreyer uraufgeführt.

Nach der günstigen Aufnahme seines Films »Du skal aere din hustru« (1925) in Frankreich hat eine französische Filmgesellschaft Dreyer angeboten, einen Film über eine der berühmtesten Frauen der französischen Geschichte zu drehen.

Dreyer stellt in seinem Film den Prozeß, den er auf einen Tag zusammendrängt, und den Tod Jeanne d'Arcs dar, wobei er sich um historische Authentizität bemüht. Das Drehbuch von Dreyer und Joseph Delteil basiert auf den Prozeßakten, die langen Zwischentitel geben die überlieferten Aussagen wieder, und die Bauten sind historisch getreu rekonstruiert worden.

Vor allem geht es Dreyer jedoch um die Schilderung der Gefühle und der Charaktere der Figuren. Um eine größtmögliche Wirkung zu erzielen, arbeitet Dreyer mit lang ausgehaltenen Großaufnahmen, in denen die Gesichter die Gefühle, Gedanken und Motive der Figuren zum Ausdruck bringen. In der Titelrolle beeindruckt Maria Falconetti, die in »Jeanne d'Arc« in ihrer einzigen Filmrolle zu sehen ist. Sie führt sowohl die religiöse Besessenheit als auch die Leiden der zur Ketzerin abgestempelten Heldin vor Augen. Der Film wird von den Kritikern mit Begeisterung aufgenommen, in finanzieller Hinsicht erweist er sich jedoch als Mißerfolg.

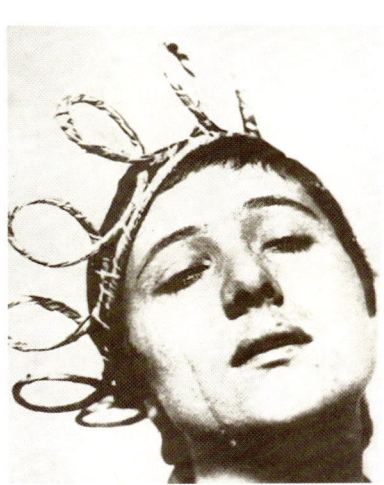

Maria Falconetti als Jungfrau von Orleans in dem Film von Carl Dreyer

Schlußszene der europäischen Erstaufführung von »Apollon Musagète« in Paris; Apollon führt die Musen auf den Parnaß

Ballett »Apollon« in Washington und Paris

27. April. Das Ballett »Apollon Musagète« des in Frankreich lebenden russischen Komponisten Igor Strawinski wird in der Kongreßbibliothek in Washington uraufgeführt. Die Choreographie stammt von Strawinskis Landsmann Adolph Bolm, der auch die Titelrolle des Gottes Apollon tanzt.

Das Ballett setzt mit der Geburt Apollons, des Gottes der Musik, ein und schildert, wie Apollon die Musen zu ihrer jeweiligen Kunst inspiriert. Im Gegensatz zu Strawinskis früheren Balletten »Der Feuervogel« und »Le Sacre du Printemps«, die von einem expressiven Ausdruck und russischer Volksmusik geprägt sind und zunächst als »barbarisch« verschrien waren, zeichnet sich »Apollon« durch einen neoklassischen Musikstil aus.

Die europäische Erstaufführung findet am 12. Juni im Théâtre Sarah Bernhardt in Paris statt. Sie wird von den »Ballets Russes« getanzt, dem berühmten, in Frankreich stationierten Ensemble, das der russische Impresario Sergei Diaghilew 1909 gegründet hat. Der Russe George Balanchine (eigentl. Georgi M. Balantschiwadse) hat die zweite Choreographie geschaffen, die für viele weitere Aufführungen des Balletts maßgeblich wird. Strawinski, der die Pariser Premiere dirigiert, lobt: »Balanchine . . . hat die Tänze so arrangiert, wie ich es mir gewünscht hatte – das heißt: in Übereinstimmung mit der klassischen Schule.«

Diaghilews Truppe, die dem klassischen, im 19. Jahrhundert in Rußland entwickelten Ballett verpflichtet ist, hat zu einer Neubelebung des Balletts in Westeuropa beigetragen und das moderne Tanztheater entscheidend beeinflußt.

Apollon mit Kalliope, der Muse für die epische Dichtkunst und Poesie

Der Gott Apollon posiert mit drei Musen, Szene der Pariser Aufführung

Eine ungewöhnliche Figur: Apollon und Terpsichore, Muse des Tanzes

Apollon mit zwei Musen, Szene in der Choreographie von George Balanchine

Max Schmeling siegt im Schwergewicht

4. April. Max Schmeling, der erst am → 6. Januar (S. 23) seinen Titel als Europameister im Halbschwergewicht verteidigt hat, schlägt im Kampf um die Deutsche Meisterschaft im Schwergewicht im ausverkauften Berliner Sportpalast Titelverteidiger Franz Diener in einem Fight über 15 Runden knapp nach Punkten. Schmeling hatte seinen Europameistertitel wegen Gewichtsproblemen zurückgeben müssen und tritt nun in der höchsten Gewichtsklasse an.

Der Kampf ist von ständigen Angriffen Dieners bestimmt. Wegen einer Verletzung an der linken Augenbraue kann der Titelverteidiger – durch herabrinnendes Blut in der Sicht behindert – von der vierten Runde an seine Schläge nicht mehr treffsicher plazieren, und der Herausforderer nutzt seine Chance: »Schmeling boxte kalt, beherrscht und ohne jedes Risiko. Er deckte sich gut und sandte von Zeit zu Zeit seine Linke, manchmal auch seine Rechte, gegen die blutende Blöße des Gegners« – so charakterisiert Sportjournalist Willy Meisl die Begegnung.

Der 22jährige Schmeling, dessen Pluspunkte in einer streng sportlichen Lebensweise und in der enormen Schlagkraft seiner Rechten liegen, kann bereits auf eine erstaunliche Karriere zurückblicken: Gerade ins Profilager gewechselt, konnte er am 2. August 1924 einen K.o.-Sieg gegen Kurt Czapp verzeichnen. 1926, als Arthur Bülow die Betreuung des jungen Boxers übernommen hatte, wurde Schmeling am 24. August durch einen K.o.-Sieg in der ersten Runde über Max Diekmann Deutscher Meister im Halbschwergewicht, am 19. Juni 1927 kam durch ein K. o. in der 14. Runde über den Belgier Fernand Delarge der Titel des Europameisters hinzu.

Franz Diener wurde am 18. Juni 1926 durch einen Punktsieg über Paul Samson-Körner erstmals Deutscher Schwergewichtsmeister. Am 11. Oktober 1927 gewann er einen erneuten Kampf um die Deutsche Meisterschaft gegen Rudi Wagner.

Karikatur des »Simplicissimus« zum Kampf Diener gegen Schmeling

Brustschwimmer Erich Rademacher in seinem Versicherungsbüro

H. Mayer (mit Baskenmütze) mit Schulkameradinnen in Frankfurt

Überraschung im Cup-Finale

21. April. Mit einem überraschenden 3:1-Sieg der Blackburn Rovers über den Favoriten Huddersfield (Halbzeit: 2:0) geht vor 150 000 Zuschauern im Wembley-Stadion in London das Finale um den englischen Fußballpokal zu Ende.

Bereits 30 Sekunden nach Anpfiff fällt das erste Tor, und die Blackburn Rovers erweisen sich bis zum Schluß als technisch und vor allem kämpferisch überlegen.

Das Cup-Finale ist in England nicht nur ein sportliches, sondern auch ein gesellschaftliches Ereignis ersten Ranges. Vor Beginn des Spiels findet ein gemeinsames Massensingen der Zuschauer statt, nach dem Schlußpfiff überreicht König Georg V. von Großbritannien dem siegreichen Team den Cup und zeichnet alle Spieler mit einer Medaille aus. Seit 1872 finden in England die Fußball-Pokalspiele statt. Nunmehr streiten alljährlich rund 600 Mannschaften um die begehrte Trophäe. Die Ausgeglichenheit des Wettbewerbs zeigt sich daran, daß die Finalbegegnungen stets knapp ausfallen: 1:0 ist das häufigste Ergebnis.

Schwimmerin Mühe erzielt Weltrekord

15. April. Bei einem Schwimmfest in Magdeburg stellt die Hildesheimerin Lotte Mühe mit 3:15,8 min einen Weltrekord im 200-m-Brustschwimmen auf. Sie übertrifft die bisherige Weltbestleistung, die Else Jacobsen (Dänemark) am 20. August 1927 aufgestellt hat, um acht Zehntelsekunden. Zweite wird Hilde Schrader, die mit einer Zeit von 3:17,0 min den bisherigen deutschen Rekord (3:20,2 min, gehalten von Erna Murray) noch um mehr als drei Sekunden übertrifft (→ 15. 7./S. 125).

Der finnische Langstreckenläufer Ville Ritola ist Tischlergeselle

Leistungssportler im Arbeitsleben

Nicht nur die sportlichen Leistungen, sondern auch das Privatleben der Teilnehmer der bevorstehenden IX. Olympischen Spiele in Amsterdam (→ 17. 5./S. 95; 28. 7./S. 124; 12. 8./S. 144) stehen im Mittelpunkt der Illustriertenberichterstattung. Dabei wird hervorgehoben, daß die Olympioniken im Alltag bürgerlichen Berufen nachgehen und für ihre sportlichen Leistungen – den strengen Amateurregeln des Internationalen Olympischen Komitees entsprechend – keinerlei Entgelt erhalten. Ihr sportliches Engagement beschränkt sich auf den Feierabend und die Wochenenden.

Nur Amateure dürfen teilnehmen

Die Amateurregel des Internationalen Olympischen Komitees besagt, daß nur diejenigen Sportler an den Olympischen Wettbewerben teilnehmen dürfen, die ihre sportliche Betätigung ohne jegliche geldliche Entlohnung ausüben. Auch der Beruf eines Sportlehrers ist ihnen untersagt. Einen ersten Konflikt um den Amateurstatus hat es 1913 nach den V. Olympischen Spielen in Stockholm gegeben. Jim Thorpe, ein US-Amerikaner indianischer Herkunft, hatte sowohl den Fünf- als auch den Zehnkampf überlegen gewonnen. Er wurde nach dem Ende des Wettbewerbs wegen Verstoßes gegen die Amateurbestimmungen angezeigt, weil er vor den Olympischen Spielen ein einziges Mal für ein Baseballspiel eine geringfügige Summe angenommen hatte. Das Internationale Olympische Komitee erkannte ihm daraufhin am 26. Mai 1913 die Medaillen ab. Die Entscheidung löste weltweit Protest aus. Thorpe wurde dennoch erst 1982 voll rehabilitiert.

Folgende deutsche Sportler werden mit ihren Berufen vorgestellt:
▷ Die erst 17jährige Florettfechterin Helene Mayer besucht in Frankfurt am Main ein Mädchengymnasium
▷ Der Langstreckenläufer Otto Peltzer ist als promovierter Jurist an einem Ausbildungsseminar in Wichersdorf tätig
▷ Die Mittelstreckenläuferin Lina Radke-Batschauer ist Hausfrau.

Der deutsche Sprinter Helmuth Körnig (l.), Student an der technischen Hochschule, bei Filmaufnahmen der Ufa

Die Ruderer Kurt Moeschter und Bruno Müller sind im Sport und bei der Arbeit in einer Auskunftei ein Team

Der 100-m-Läufer Georg Lammers (l.) trägt in seiner Heimatstadt Oldenburg eine Schutzpolizisten-Uniform

Gelegentlich hilft sie ihrem Mann, einem Damenschneider, im Atelier in Breslau
▷ Die 18jährige Schwimmerin Hilde Schrader lebt in Magdeburg bei ihren Eltern; sie geht der Mutter im Haushalt zur Hand
▷ Die Ruderer Kurt Moeschter und Bruno Müller, die in Amsterdam im Zweier ohne Steuermann starten, arbeiten gemeinsam in einem Berliner Auskunftsbüro
▷ Der Schwimmer Erich »Ete« Rademacher ist in Magdeburg als Versicherungsagent angestellt
▷ Der Sprinter Georg Lammers ist

in seiner Heimatstadt Oldenburg als Schutzpolizist tätig

Auch die ausländischen Olympiateilnehmer entstammen allen sozialen Schichten und sind durchweg berufstätig:
▷ Der finnische Langstreckenläufer Paavo Nurmi ist Monteur bei General Motors
▷ Sein Rivale und Landsmann Ville Ritola ist in den USA als Tischler tätig
▷ Der US-amerikanische Mittelstreckenläufer Lloyd Hahn arbeitet auf der väterlichen Farm als Schweinezüchter
Lediglich zwei Sportler fallen nach einem Bericht der »Leipziger Illu-

strierten« aus diesem Bild des biederen, in einem anerkannten Beruf arbeitenden Sportlers heraus: Der US-amerikanische Sprinter Charles William Paddock, der bei den Olympischen Spielen 1920 in Antwerpen zwei Gold- und eine Silbermedaille und bei den Spielen 1924 in Paris eine Silbermedaille gewonnen hat, hat in Hollywood eine zweite Karriere als Filmschauspieler gestartet; er tritt in Amsterdam nicht an. Der deutsche Leichtathlet Helmuth Körnig, »hauptberuflich« Student an der technischen Hochschule, ist in die Fußstapfen seines großen Rivalen getreten und filmt gelegentlich bei der Ufa in Berlin.

Mai 1928

Mo	Di	Mi	Do	Fr	Sa	So
	1	2	3	4	5	6
7	8	9	10	11	12	13
14	15	16	17	18	19	20
21	22	23	24	25	26	27
28	29	30	31			

1. Mai, Dienstag

An den Aufmärschen der Gewerkschaften zum Maifeiertag beteiligen sich in Berlin rd. 500 000 Menschen. Der preußische Ministerpräsident Otto Braun (SPD) hält eine Rundfunkrede zum Thema »Die Ideenwelt des 1. Mai«.

Die ägyptische Regierung akzeptiert ein britisches Ultimatum und nimmt einen Gesetzentwurf zur Ausweitung des Demonstrations- und Versammlungsrechts zurück. →S. 84

Bei den Maiumzügen in Warschau kommt es zu Zusammenstößen zwischen Demonstranten und der Polizei. →S. 85

Die Lufthansa nimmt den Flugverkehr von Berlin nach Moskau auf. Der Flug über Königsberg, Riga und Smolensk dauert 15 Stunden.

2. Mai, Mittwoch

Das Reichsgericht in Berlin lehnt den Antrag von Reichsinnenminister Walter von Keudell (DNVP) ab, den Roten Frontkämpferbund, eine der KPD nahestehende Organisation, zu verbieten. →S. 82

Die französische Regierung unter Ministerpräsident Raymond Poincaré erklärt, sie sehe im Ergebnis der Parlamentswahlen (→29. 4./S. 63) eine Bestätigung ihrer Politik und beabsichtige, weiter im Amt zu bleiben.

Der Reichskohlenrat genehmigt eine Erhöhung der Kohlenpreise um durchschnittlich 13%.

Die Opelwerke kündigen den Bau eines Raketenflugzeugs in Zusammenarbeit mit den Raab-Katzenstein-Flugzeugwerken an. Das Flugzeug soll vom Kunstflieger Antonio Raab gesteuert werden (→11. 4./S. 66; 25. 5./S. 88).

Papst Pius XI. spricht in einem Schreiben an die Stadtverwaltung von Rom seine Mißbilligung von Sportwettkämpfen für Frauen in der Heiligen Stadt aus. →S. 95

3. Mai, Donnerstag

In der nordostchinesischen Stadt Tsinan kommt es zu bewaffneten Auseinandersetzungen zwischen chinesischen und japanischen Soldaten. →S. 84

In Wien wird der ehemalige ungarische Volkskommissar für Unterricht, Georg Lukács, verhaftet, nachdem er sich freiwillig der Polizei gestellt hatte. Lukács unterhielt Verbindungen zu dem in Österreich gesuchten ungarischen Kommunisten Béla Kun (→26. 6./S. 101).

Das Drama »Siegfried« von Jean Giraudoux, in dem sich der Autor mit der Entwicklung im Nachkriegsdeutschland aus-

einandersetzt, wird in Paris uraufgeführt (Regie: Louis Jovet). →S. 94

Von Wien aus startet ein Zug von etwa 200 Personen, überwiegend Arbeitslose, zu einem Fußmarsch nach Äthiopien. Der Führer der Sekte, Peter Waller, will dort das Reich Mora gründen. Das Unternehmen scheitert Anfang Juni, da der Zug wegen Paßproblemen nicht die italienische Grenze überschreiten darf.

4. Mai, Freitag

Ein mißglücktes Attentat auf einen sowjetischen Diplomaten in Warschau ruft bei der Sowjetregierung scharfe Reaktionen hervor. →S. 85

König Aman Ullah von Afghanistan trifft zu einem Besuch der Sowjetunion in Moskau ein. »Wir begrüßen den Vertreter und das Oberhaupt eines Staates, mit welchem der Sowjetstaat durch die Bande enger Freundschaft verbunden ist«, heißt es in der parteiamtlichen »Prawda« (→22. 2./S. 33).

Die faschistische italienische Regierung spricht in einer Antwortnote an US-Außenminister Frank Billings Kellogg ihre grundsätzliche Bereitschaft zur Teilnahme an einem Kriegsächtungspakt aus (→27. 4./S. 62; 27. 8./S. 132).

Die Farmer Bill, mit der den Landwirten Hilfeleistung gewährt werden soll, wird vom US-Repräsentantenhaus in Washington gebilligt. Das Gesetz tritt wegen eines Vetos von Präsident Calvin Coolidge jedoch nicht in Kraft. →S. 87

5. Mai, Sonnabend

In einem Fememordprozeß in Stettin werden gegen drei Angeklagte Zuchthausstrafen ausgesprochen. →S. 83

Reichsaußenminister Gustav Stresemann und der US-Botschafter in Berlin, Jacob Gould Schurman, werden mit der Ehrendoktorwürde der Universität Heidelberg ausgezeichnet. →S. 83

Das Deutsche Reich und die USA schließen einen Schiedsvertrag, mit dem ein Verfahren zur friedlichen Beilegung von bilateralen Konflikten vereinbart wird.

In Berlin wird die Ausstellung »Die Ernährung« eröffnet (bis 12. 8.).

Die Filmkomödie »Wie heirate ich meinen Chef« des Regisseurs Erich Schönfelder mit Harry Holm und Helene Hallier wird in Berlin uraufgeführt.

6. Mai, Sonntag

In Wiesbaden werden zwei Kurzopern und eine Operette des Komponisten Ernst Křenek, »Das geheime Königreich«, »Der Diktator« und »Schwergewicht«, uraufgeführt.

Die Fußball-Nationalmannschaft der Schweiz besiegt die niederländische Elf in einem Länderspiel in Basel 2:1.

Die österreichische Nationalmannschaft schlägt bei einem Länderspiel das Königreich der Serben, Kroaten und Slowe-

nen (heute Jugoslawien) in Wien 3:0. Am gleichen Tag erreicht eine zweite österreichische Auswahl in Budapest gegen Ungarn ein 5:5.

Das Automobil-Langstreckenrennen in Targa Florio gewinnt Albert Divo (Frankreich) auf Bugatti. Er erreicht auf dem 540 km langen Kurs eine Durchschnittsgeschwindigkeit von 73,478 km/h.

Der deutsche Kugelstoßer Emil Hirschfeld stellt bei einem Trainingskurs in Ettlingen mit 15,79 m einen Weltrekord auf (→26. 8./S. 143).

7. Mai, Montag

Die britischen Frauen erhalten das aktive und passive Wahlrecht nach Vollendung des 21. Lebensjahrs und werden damit den Männern gleichgestellt. →S. 85

Die Landsgemeinde des schweizerischen Kantons Uri beschließt, Abstimmungen über Gesetze und die Wahl der Behörden nicht länger, wie seit etwa 500 Jahren üblich, unter freiem Himmel, sondern per Urnenabstimmung durchzuführen.

8. Mai, Dienstag

Die brasilianische Regierung lehnt ein Angebot des Völkerbundes auf Wiedereintritt ab. Brasilien hatte den Völkerbund 1926 – ebenso wie Spanien – verlassen, weil es infolge des Beitritts des Deutschen Reichs keine Aussicht auf einen ständigen Sitz im Völkerbundsrat hatte.

In Italien werden die katholischen Pfadfinderverbände von der faschistischen Regierung aufgelöst (→30. 3./S. 55).

9. Mai, Mittwoch

José Particio Guggiari, der Kandidat der Liberalen, wird zum Staatspräsidenten von Paraguay gewählt. Er tritt sein Amt am 15. August an.

10. Mai, Donnerstag

In Düsseldorf wird das Stück »Heroische Leidenschaften« von Erwin Guido Kolbenheyer uraufgeführt, ein Beispiel völkischen Theaters.

Der Kapitän der niederländischen Fußball-Nationalmannschaft, Harry Denis, wird zum Sprecher des Eids bei den Olympischen Spielen in Amsterdam gewählt (→28. 7./S. 124; 12. 8./S. 144).

11. Mai, Freitag

Richard Strebinger, der am 26. November 1927 ein mißglücktes Attentat auf den Wiener Bürgermeister Karl Seitz unternommen hat, wird in Wien zu zwei Jahren Kerker verurteilt.

In New York wird das erste Fernsehprogramm mit einem regulären Zeitplan ausgestrahlt: Es wird dienstags, donnerstags und freitags jeweils eine halbe Stunde gesendet.

12. Mai, Sonnabend

In Italien wird ein neues Wahlgesetz verabschiedet. Die 400 Abgeordneten des

Parlaments werden künftig nach Vorschlägen der korporativen Kammern vom Faschistischen Großrat ausgewählt und auf eine Einheitsliste gesetzt, die vom Wähler lediglich insgesamt bestätigt oder abgelehnt werden kann. →S. 84

In Köln wird die internationale Presseausstellung »Pressa«, die größte Schau ihrer Art, eröffnet. →S. 90

Der Film »Zuflucht« des Regisseurs Carl Froelich mit Henny Porten wird in Berlin uraufgeführt.

Der US-amerikanische Sportler Emerson Spencer stellt in Palo Alto (USA) mit 47,0 sec einen Weltrekord im 400-m-Lauf auf. →S. 95

13. Mai, Sonntag

Der deutsche Botschafter in Moskau, Ulrich Carl Christian Graf von Brockdorff-Rantzau, stattet den im Zusammenhang mit dem Schachty-Prozeß inhaftierten deutschen Ingenieuren einen Besuch ab (→16. 3./S. 44; 6. 7./S. 116).

14. Mai, Montag

Ein ärztliches Bulletin berichtet über eine Erkrankung von Reichsaußenminister Gustav Stresemann (→5. 5./S. 83).

Der Schweizer Völkerrechtslehrer Max Huber wird in Genf zum neuen Präsidenten des Roten Kreuzes ernannt. Er ist Nachfolger des kürzlich verstorbenen Gustave Ador.

15. Mai, Dienstag

Der Ruhrbergbau legt innerhalb einer Woche rd. 76 000 Feierschichten ein, das ist zehnmal mehr als in der Vorwoche. Die Bergbaugesellschaften nehmen Entlassungen vor.

Der neue Luxuszug der Reichsbahn, »Rheingold«, startet zu seiner ersten regulären Fahrt. →S. 88

Der totgeglaubte deutsche Innerasien-Forscher Wilhelm Filchner, der 1926 zu einer Expedition aufgebrochen war, meldet aus Tibet, daß er sein umfangreiches Arbeitsprogramm zur Erforschung unbekannter Gebiete Tibets erfolgreich abgeschlossen habe (→24. 6./S. 105).

In Berlin wird die Revue »Es liegt in der Luft« von Marcellus Schiffer und Mischa Spoliansky uraufgeführt. →S. 94

Im Rahmen der »Pressa« wird der drahtlose Fernsprechverkehr zwischen dem Deutschen Reich und Argentinien aufgenommen. Das erste Gespräch führt der Kölner Oberbürgermeister Konrad Adenauer (→12. 5./S. 90).

Die Uraufführung der Operette »Prinzessin Ti-Ti-Pa« von Robert Stolz findet in Wien statt.

16. Mai, Mittwoch

General Tschang Tso-lin verläßt vorübergehend Peking, das u. a. von den anrückenden Truppen des Kuomintang-Militärführers Chiang Kai-shek bedroht wird (→8. 7./S. 100).

*Die in München
erscheinende
»Jugend« ver-
mittelt mit einer
romantischen
Zeichnung Früh-
lingsgefühle*

In Berlin wird die Dachorganisation aller filmschaffenden Künstler des Reiches gegründet, die u. a. die Interessen der in der Filmindustrie Beschäftigten gegenüber den Filmkonzernen vertreten will.

17. Mai, Christi Himmelfahrt

Das 25jährige Bestehen des Allgemeinen Deutschen Automobilclubs (ADAC) wird in Eisenach gefeiert. → S. 89

Die Vorwettkämpfe zu den Olympischen Spielen in Amsterdam – im Hockey und Fußball – werden eröffnet. → S. 95

18. Mai, Freitag

Der tschechische Außenminister Eduard Beneš trifft zur Besprechung von Fragen der internationalen Beziehungen in Berlin ein. Wegen der schweren Erkrankung von Reichsaußenminister Gustav Stresemann (→ 5. 5./S. 83) konferiert Beneš mit Staatssekretär Carl von Schubert.

In Moskau wird der Schachty-Prozeß eröffnet. Den sowjetischen und deutschen Angeklagten wird Sabotage vorgeworfen (→ 16. 3./S. 44; 6. 7./S. 116).

Die schweizerische Bundesregierung weist einen Antrag, die Verfassung der Eidgenossenschaft so auszulegen, daß auch Frauen das Stimmrecht zustehe, als haltlos zurück (→ 7. 5./S. 85).

In Berlin wird der Grundstein für den Erweiterungsbau der Reichskanzlei im Beisein von Reichspräsident Paul von Hindenburg gelegt. → S. 89

In Berlin wird der Film »Anna Karenina« nach dem Roman von Leo N. Tolstoi mit Greta Garbo in deutscher Erstaufführung gezeigt. Entgegen der US-amerikanischen Fassung enthält die deutsche Version kein Happy-End. In der Kritik wird die Garbo überschwenglich gelobt als »herrlich, berauschend, betörend«.

Der deutsche Meister im Schwergewichtsboxen, Max Schmeling, reist in die USA, um dort an Profiwettkämpfen teilzunehmen (→ 4. 4./S. 74; 23. 11./S. 192).

19. Mai, Sonnabend

In der Antwortnote an US-Außenminister Frank Billings Kellogg erklärt die britische Regierung ihre Bereitschaft, an der Bewegung zum Abschluß eines Kriegsächtungsvertrags mitzuwirken, erhebt jedoch Vorbehalte in Hinsicht auf bereits geschlossene Verträge, insbesondere das Völkerbundsstatut und den Locarnopakt (→ 27. 4./S. 62; 27. 8./S. 132).

20. Mai, Sonntag

Bei den Reichstagswahlen erleiden die bürgerlichen und die Rechtsparteien z. T. erhebliche Verluste, SPD und KPD können ihren Stimmenanteil steigern. → S. 80

Bei den Landtagswahlen in Preußen, Württemberg, Bayern, Oldenburg und Anhalt erzielen die Linksparteien im allgemeinen Gewinne. → S. 82

In Hamburg kommt es bei der Firma Stoltzenberg zu einem Giftgasskandal. An den Einwirkungen von hochgiftigem

Phosgen, das im Weltkrieg als Kampfmittel verwendet worden ist, sterben neun Menschen. 150 Personen müssen in Krankenhäuser eingeliefert werden. → S. 89

In einer Volksabstimmung sprechen sich die Schweizer dafür aus, das Recht zur Einbürgerung zu erweitern. → S. 85

Die türkische Nationalversammlung in Ankara beschließt die Einführung arabischer Ziffern (→ 8. 4./S. 62).

Im Rahmen der Ausstellung »Die technische Stadt« in Dresden werden als Attraktion Kugelhäuser gezeigt. → S. 89

Die Japanerin Kinue Hitomi stellt mit 5,98 m in Osaka einen Weitsprung-Weltrekord auf (→ 12. 5./S. 95).

21. Mai, Montag

Der ehemalige griechische Ministerpräsident Eleftherios Weniselos, der sich 1924 aus der aktiven Politik zurückgezogen hat, erklärt in der Nacht zum 21. Mai in Athen, er sehe sich angesichts der innenpolitischen Situation in Griechenland gezwungen, wieder in die Politik zurückzukehren und die Leitung der liberalen Partei zu übernehmen (→ 4. 7./S. 117).

In London wird bekannt, daß Mahatma Gandhi, der sich seit einiger Zeit ins Privatleben zurückgezogen hat, wieder aktiv politisch tätig zu werden beabsichtigt. Gandhi will sich für die Versöhnung zwischen Hindus und Moslems in Indien einsetzen (→ 29. 12./S. 199).

22. Mai, Dienstag

Der Reichsverband der Automobilindustrie fordert die Bevölkerung auf, deutsche Fabrikate zu kaufen. 19,8% der Personenkraftwagen im Deutschen Reich liefern ausländische Unternehmen.

23. Mai, Mittwoch

Der SPD-Funktionär Paul Levi fordert seine Partei dazu auf, im Reichstag in der Opposition zu verbleiben (→ 20. 5./S. 80).

Bei einem Anschlag auf das italienische Konsulat in der argentinischen Hauptstadt Buenos Aires sterben 22 Menschen, 41 werden verletzt.

US-Präsident Calvin Coolidge legt sein Veto gegen das Landwirtschaftsgesetz ein (→ 4. 5./S. 87).

Das Opel-Raketenauto erreicht auf der Berliner Rennstrecke Avus mit Fritz von Opel am Steuer eine Geschwindigkeit von 230 km/h (→ 11. 4./S. 66).

In Wilhelmshaven läuft der 6000-Tonnen-Kreuzer »Köln« – der dritte dieses Namens – in Anwesenheit des Kölner Oberbürgermeisters Konrad Adenauer vom Stapel.

In der Nähe des Flughafens Köln stürzt ein Flugzeug ab und brennt völlig aus. Alle drei Insassen kommen ums Leben.

24. Mai, Donnerstag

Die amtierende Reichsregierung unter

Reichskanzler Wilhelm Marx erklärt, sie werde zunächst im Amt bleiben und erst am Tag vor dem Zusammentritt des Reichstags demissionieren. Die Bürgerblock-Koalition verfügt nach den Reichstagswahlen vom → 20. Mai (S. 80) nicht mehr über eine Parlamentsmehrheit.

In Colmar werden vier elsässische Autonomisten wegen Bestrebungen zum Sturz der Regierung zu je einem Jahr Haft verurteilt. → S. 83

Die Geschäftsleitung der I. G. Farben berichtet auf der Generalversammlung in Frankfurt am Main von technischen und wirtschaftlichen Erfolgen. → S. 87

25. Mai, Freitag

In Litauen wird eine autoritäre Verfassung verabschiedet, die dem diktatorisch regierenden Staatspräsidenten Antanas Smetona die Macht sichert. → S. 85

Das Luftschiff »Italia« mit dem italienischen General Umberto Nobile an Bord stürzt bei einer Nordpolfahrt ab. → S. 88

Der erste Probeflug mit einem raketenangetriebenen Gleitflugzeug wird in Wien gestartet. → S. 88

Die Junkerswerke in Dessau feiern den Bau des 1000. Flugzeugs.

Die Fußball-Weltorganisation FIFA beschließt auf einer Tagung in Amsterdam, künftig regelmäßig Fußball-Weltmeisterschaften auszutragen. An ihnen sollen Berufsspieler und Amateure teilnehmen können. → S. 95

26. Mai, Sonnabend

In Ankara wird der türkisch-afghanische Freundschaftsvertrag unterzeichnet. Die beiden Staaten sichern sich gegenseitige Unterstützung im Falle eines Verteidigungskrieges zu.

Die japanische Regierung erklärt ihre Bereitschaft, sich an einem internationalen Pakt zur Ächtung des Krieges zu beteiligen (→ 27. 4./S. 62; 27. 8./ S. 132).

27. Mai, Pfingstsonntag

Die »Vossische Zeitung« veröffentlicht in ihrer Pfingstnummer eine Umfrage: »Die moderne Frau im Urteil des Mannes«. Die Mehrheit spricht sich für eine Berufstätigkeit der Frau aus.

28. Mai, Pfingstmontag

Joseph Goebbels, Mitglied der NSDAP-Fraktion im Reichstag, erklärt in einem Artikel in der Zeitschrift »Angriff«, er sehe sich durch seine Rolle als Abgeordneter nicht an die parlamentarischen Spielregeln gebunden.

In Berlin geht das Reichstreffen des Roten Frontkämpferbundes, eines der KPD nahestehenden Verbandes, mit 50 000 auswärtigen Teilnehmern zu Ende (seit 26. 5.). Es kam im Verlauf des Pfingsttreffens vereinzelt zu Zusammenstößen mit der Polizei.

Der russisch-sowjetische Schriftsteller Maxim Gorki, der sich jahrelang im Aus-

land aufgehalten hat, wird bei seiner Rückkehr in Moskau von seinen Landsleuten begeistert empfangen. → S. 94

Die deutsche Fußball-Nationalmannschaft schlägt die schweizerische Auswahl in Amsterdam 4:0. → S. 95

29. Mai, Dienstag

Im Rahmen der »Pressa«-Ausstellung in Köln wird ein erstes telefonisches Funkgespräch mit Niederländisch-Indien geführt (→ 12. 5./S. 90).

30. Mai, Mittwoch

Im Palazzo Chigi in Rom unterzeichnen der italienische Ministerpräsident und Duce Benito Mussolini und der türkische Botschafter in Rom, Suad Bei, einen Neutralitäts-, Vergleichs- und Schiedsvertrag. Sie verpflichten sich, keinem politischen und wirtschaftlichen Bündnis beizutreten, das gegen den jeweils anderen Vertragspartner gerichtet ist.

Das Automobil-Langstreckenrennen in Indianapolis (USA) gewinnt Louis Meyer (USA) auf Miller mit einer Durchschnittsgeschwindigkeit von 160,1 km/h.

31. Mai, Donnerstag

In Großbritannien wird die neue südafrikanische Flagge, die den Union Jack nur als kleines Emblem neben anderen enthält, am Union Day erstmals auf öffentlichen Gebäuden gehißt. → S. 84

Reichspräsident Paul von Hindenburg empfängt den Reichstagspräsidenten, Paul Löbe, um erste Gespräche über eine mögliche Regierungsbildung nach den Reichstagswahlen vom → 20. Mai (S. 80) zu führen.

Gestorben:

18. Wien: Moritz von Auffenberg von Komarów (* 22. 5. 1852, Troppau), österreichisch-ungarischer General.

19. Frankfurt am Main: Max Scheler (* 22. 8. 1874, München), deutscher Philosoph.

21. Lipik/Kroatien: Martin Kukučín (* 17. 5. 1860, Jasenová), slowakischer Schriftsteller.

Geboren:

4. Hemmersbach bei Horrem: Wolfgang Graf Berghe von Trips († 10. 9. 1961, Monza), deutscher Autorennfahrer.

4. Kafr Al Musaihila: Muhammed Husni Mubarak, ägyptischer Politiker.

Das Wetter im Monat Mai

Station	Mittlere Lufttemperatur (°C)	Niederschlag (mm)	Sonnenscheindauer (Std.)
Aachen	10,6 (12,8)	53 (67)	— (205)
Berlin	11,0 (13,7)	62 (46)	— (239)
Bremen	10,9 (12,8)	95 (56)	— (231)
München	9,8 (12,5)	94 (103)	— (217)
Wien	11,8 (14,6)	92 (71)	— (—)
Zürich	10,6 (12,5)	120 (107)	180 (207)
( ) Langjähriger Mittelwert für diesen Monat – Wert nicht ermittelt			

Einen Überblick über
die neue Frühjahrs-
und Sommermode gibt
das Mai-Heft der New
Yorker Ausgabe der
Modezeitschrift
»Vogue«

SPD gewinnt Reichstagswahl

20. Mai. Eindeutiger Gewinner der Wahlen zum deutschen Reichstag sind die Sozialdemokraten, die das beste Ergebnis seit 1919 erzielen und ihren Stimmenanteil im Vergleich zur letzten Abstimmung im Dezember 1924 um rd. 3% steigern können. Die SPD, die seit Gründung der Weimarer Republik stets unangefochten die stärkste Fraktion im Reichstag gestellt hat, verfügt nun über fast ein Drittel der Mandate. Die Kommunisten (KPD) verzeichnen einen Zuwachs um fast 2%.

Die Stimmengewinne des linken Spektrums gehen auf Kosten der Parteien der bürgerlichen Mitte, vor allem jedoch der rechtsgerichteten Deutschnationalen Volkspartei (DNVP). Die DNVP büßt etwa 6%

der Stimmen im Vergleich zur letzten Reichstagswahl ein, bleibt aber zweitstärkste Kraft. Die rechtsliberale Deutsche Volkspartei (DVP) und das Zentrum, die Partei des katholischen Kleinbürgertums, verzeichnen einen Rückgang ihrer Wählerschaft um rd. 2%, die Bayerische Volkspartei muß einen Rückgang der Stimmen um etwa 1% hinnehmen. Diese drei Mittelparteien hatten zusammen mit der DNVP die letzte Reichsregierung gebildet (→ 15. 2./S. 28). Aber auch die linksliberale Deutsche Demokratische Partei (DDP), die bislang in der Opposition stand, ist vom Erosionsprozeß der Mitte nicht ausgeschlossen. Ihr Stimmenanteil geht ebenfalls um rd. 1,4% zurück.

Von den Verlusten der Mittelparteien profitieren jedoch nicht nur SPD und KPD, sondern auch eine Reihe von interessengebundenen, rechtsgerichteten Parteien mit agrarischem oder mittelständlerischem Programm. Die Nationalsozialisten (NSDAP) dagegen verlieren zwei Mandate; sie erhalten nur 2,6% der Stimmen. Dennoch steht zu befürchten, daß die Wahl der rechten Interessenparteien für viele nur eine Durchgangsstation ist auf dem Weg zur Unterstützung der NSDAP.

Da ein Ausschluß der SPD von der Regierung nicht länger möglich scheint und eine Wiederauflage der Weimarer Koalition (SPD, DDP, Zentrum) nicht über die Mehrheit verfügt, bietet sich eine Große Koalition an (→ 28. 6./S. 102).

Pflichtbewußte Wähler: Kurgäste aus dem Deutschen Reich fahren aus dem böhmischen Kurort Marienbad (Tschechoslowakei) in den bayerischen Grenzort Mähring, um dort ihre Stimme zu den Reichstagswahlen abzugeben

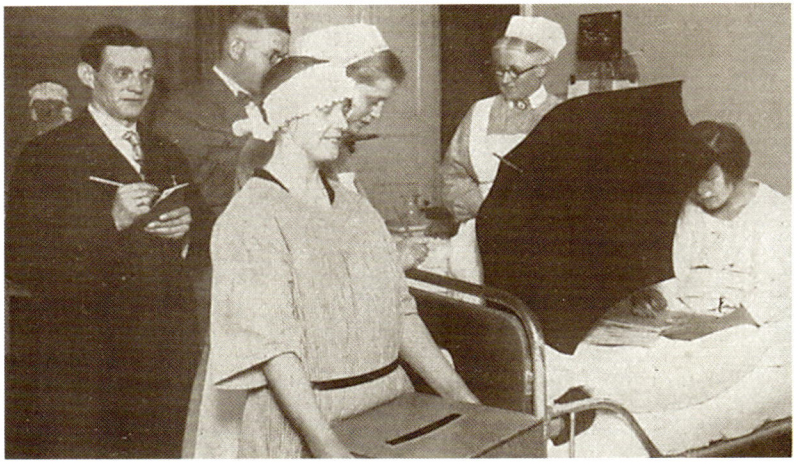

Der Regenschirm als improvisierte Wahlzelle: Stimmabgabe einer Patientin in einem Krankenhaus in Berlin-Lankwitz zu den Reichstags- und preußischen Landtagswahlen; die Möglichkeit zur Briefwahl gibt es nicht

4. Reichstagswahl am 20. Mai 1928

Wahlbeteiligung 75,6% (−2,8%)

erhaltene Stimmen

Anzahl der Abgeordnetensitze

± der Abgeordnetensitze gegenüber letzter Wahl

Gesamtzahl der Sitze: 491

14,2% 73 −30 Dt.-Nationale Volkspartei	8,7% 45 −6 Deutsche Volkspartei	1,6% 8 +8 Deutsche Bauernpartei	1,9% 10 +10 Landvolk-partei
12,1% 62 −7 Zentrum	4,9% 25 −7 Dt.-Demokr. Partei	29,8% 153 +22 SPD	10,6% 54 +9 KPD
2,6% 12 −3 NSDAP	3,1% 16 −3 Bayrische Volkspartei	4,5% 23 +6 Wirtschaftspartei	6,0% 10 +10 Sonstige

Die scharf rechtsgerichtete Deutschnationale Volkspartei (DNVP) diffamiert die Verständigung des Deutschen Reichs mit Frankreich im Locarno-Vertrag

LOCARNO?

Wählt deutschnational!

Die linksliberale Deutsche Demokratische Partei (DDP) erkennt mit diesem Plakat die mit dem Versailler Vertrag gezogenen Grenzen des Deutschen Reichs an

Säubert das Reich! wählt Deutsche Demokraten! LISTE 6

Die SPD wendet sich hier an die Arbeiter, die 1924 nationalsozialistisch gewählt haben; die NSDAP wird mit der Großindustrie, aber auch den Freimaurern in Verbindung gebracht

Innerer und äußerer Friede, Wohlstand und Zufriedenheit – mit diesen Attributen wendet sich die Bayerische Volkspartei (BVP), die Schwesterpartei des katholischen Zentrums, gemeinhin an ihre potentiellen Wähler

Das Zentrum präsentiert sich verbal als Partei der Mitte, denunziert aber häufig nur die Linken; die Unterzeile appelliert an Tugenden des (katholischen) Kleinbürgertums, der Klientel des Zentrums

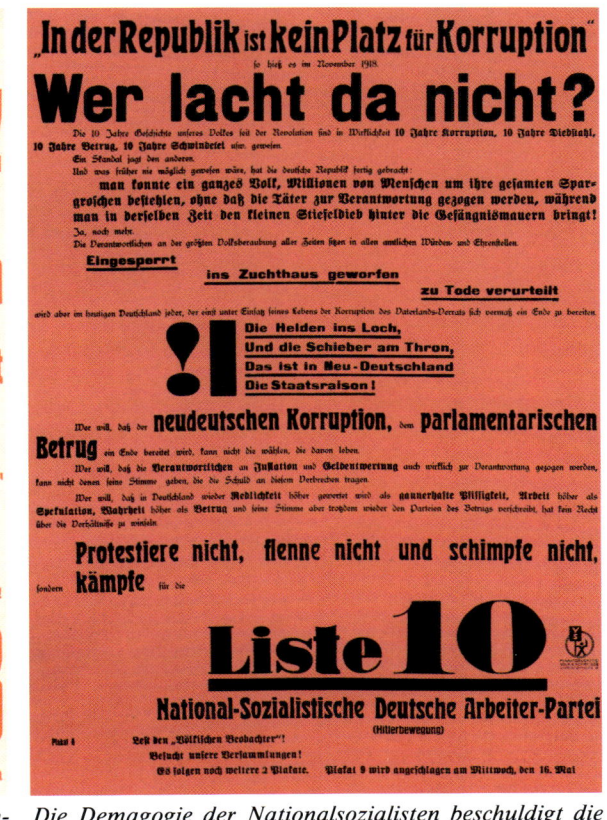

Mit diesem Wahlplakat will die DDP Jungwähler, die in Schulen, Universitäten und im Elternhaus meist nicht im demokratischen Geist erzogen sind, für die Weimarer Ideale gewinnen

Die Demagogie der Nationalsozialisten beschuldigt die Republik der »Volksberaubung« durch die Inflation von 1923 und der Korruption; die NSDAP wendet sich in ihrem Wahlkampf an die Zu-kurz-Gekommenen

Die DVP verteidigt Stresemann gegen Angriffe von rechts; der NSDAP wird Verrat der Deutschen in Südtirol durchs Bündnis mit Faschisten, der DNVP eine gespaltene Zunge beim Dawes-Plan vorgeworfen

Stimmen zum Ausgang der Reichstagswahl

Carl von Ossietzky, der Herausgeber der linksgerichteten pazifistischen Zeitschrift »Weltbühne«, prophezeit den Sozialdemokraten für den Fall, daß sie eine Große Koalition eingehen sollten, eine Spaltung der traditionsreichen Partei innerhalb von zwei Jahren:

»Die Sozialdemokratie, die mit der Tatsache des Mitregierens auch nicht den Klassenstaat weghexen kann, wird zum ersten Mal seit langem wieder die Gegensätze im Innern spüren. Die Zeit der Opposition hat sie einschlummern lassen. Die mitregierende und mitverantwortende Sozialdemokratie wird bald die Beute schärfster Auseinandersetzungen werden, die sich aus der wirtschaftlichen Not unserer Arbeiterschaft ergeben und nicht mit den Sprüchelchen aus dem republikanischen Wahlkatechismus zu beenden sind. Ich prophezeie nicht gern, und tue es hier nur, um den ganzen Ernst einer Entscheidung deutlich zu machen: geht die Sozialdemokratie in die Große Koalition, wird sie in mindestens zwei Jahren gespalten sein ...

Gerade der rapide Absturz der bisher vor wie hinter den Kulissen dominierenden Partei [DNVP] legt der Sozialdemokratie eine lastende Verpflichtung auf. Denn die Riesenscharen zugewanderter Wähler fragen den Teufel ... nach den Erwägungen sozialistischer Theoretiker und Taktiker, wie weit die Sozialdemokratie sich in der Mitverantwortung für den immerhin existenten Klassenstaat engagieren dürfe – sie sind ganz einfach enttäuscht von den Kunststücken der Rechten und wollen es nun mit der anderen Seite versuchen. Ein geringerer Erfolg hätte nur Anerkennung für tüchtige Opposition bedeutet. Doch dieses Votum heißt: Ihr sollt regieren ...

Es muß festgehalten werden: nicht nur die Deutschnationalen sind geschlagen, sondern auch die Mittelparteien ... Die Sozialdemokratie handelt also taktisch durchaus richtig, wenn sie den Mittelparteien nicht gleich liebeglühend um den Hals fällt ...

Wenn die Sozialdemokratie wirkliche antikapitalistische Politik versuchen sollte, wird sich zeigen, wie wenig Verbindung noch zwischen ihr und den republikanischen Sonntagsrednern der Mittelparteien besteht.«

Gregor Strasser, Reichsorganisationsleiter der NSDAP, sieht im Wahlerfolg von SPD und KPD einen »Sieg des Marxismus«, dessen Überwindung die wichtigste Aufgabe seiner Partei sei:

»Eine eingehende Betrachtung des Wahlergebnisses ergibt nämlich zwei Tatsachen:
1. daß die Zahl der international-sozialistischen (marxistischen) Stimmen durch den ›Erfolg‹ des Nationalsozialismus nicht nur

Gregor Strasser ist Mitglied der Reichstagsfraktion der NSDAP

nicht abgenommen, sondern in beiden Tonstärken (der revisionistischen und der revolutionären!) zugenommen hat. Und zwar so gewaltig, daß der Marxismus der eigentliche Sieger des 20. Mai ist;
2. daß unsere nationalsozialistischen Wähler sich überwiegend aus heimbürgerlichen, zum Teil bäuerlichen Schichten rekrutieren, erstere aus Antisemitismus, letztere aus Nationalismus, während der proletarische Prozentsatz, den unser Sozialismus zu uns geführt hatte, den weitaus kleineren Teil ausmacht ... Wenn man nun aber mit Adolf Hitler die Überwindung des Marxismus für die wichtigste, ja – nehmt alles nur in allem – für die einzige Aufgabe des Nationalsozialismus hält, von deren Lösung ihre geschichtliche Existenzberechtigung abhängt, dann müssen wir bekennen, daß der 20. Mai für uns ... der Ausgangspunkt sein muß, Art und Inhalt unserer bisherigen Arbeit nach dieser Richtung hin zu untersuchen und

zweckentsprechend zu verbessern ... Denn es handelt sich nicht ... um eine Besiegung des Marxismus, sondern um eine Überwindung! ... Diese ... erfordert den Sieg einer besseren Überzeugung ...«

Die Berliner »Vossische Zeitung«, die der linksliberalen DDP nahesteht, setzt sich in ihrem Leitartikel mit den Stimmverlusten der Parteien der Mitte auseinander:

»Die Wähler haben sich überall im Reich gegen die bisherige Rechtsregierung entschieden. Im Eifer des Gefechts haben sie über das Ziel hinausgeschossen. Sie sind unter dem Ruf ›Nie wieder deutschnational‹ nach links marschiert und haben dabei die Mitte übersprungen. Was die Wähler wollen, ist unzweideutig hervorgetreten. An Stelle einer Regierung, die unter deutschnationalem Einfluß halb republikanisch und halb monarchistisch, halb verständigungsbereit und halb nationalistisch war, soll eine Regierung der klaren Linie treten, eine Regierung der Großen Koalition. Dieses Ziel muß verwirklicht werden, obwohl es die Wähler, die es gut zu machen gedachten, schlecht getroffen haben. Sie haben den linken Flügel übermäßig gestärkt und dabei übersehen, daß es für eine dauerhafte Regierung große Schwierigkeiten bietet, wenn die ausgleichende Mitte allzu schwach ist ...

Man soll die Deutschnationalen nicht unterschätzen. Sie sind schwer geschlagen. Aber sie bereiten ihre Revanche vor ... Durch den Kampfruf ›Gegen den Marxismus‹ soll der Klassenkampfgedanke auf der Linken verschärft und die Mitte zerrieben werden ... Den Mittelparteien wird da gesagt, sie müßten entweder schon heute einsehen, oder erst aus traurigen Erfahrungen lernen, daß der ›Marxismus der Feind des Staates und des Volkes‹ sei. Die Mitte, soweit sie den Deutschnationalen Konzessionen gemacht hat, ist in ihre Niederlage verwickelt worden. Die Demokratische Partei [DDP], die das verfehlte Experiment der Rechtsregierung auf das schärfste bekämpfte, hat unter der Diskreditierung der Politik der Mitte durch Zentrum und Deutsche Volkspartei ... mit gelitten ...«

Der sozialdemokratische preußische Ministerpräsident Otto Braun

Landtagswahlen bestätigen Trend

20. Mai. Die parallel zu den Reichstagswahlen abgehaltenen Landtagswahlen bestätigen weitgehend den Trend. In Preußen gewinnt die Koalition aus SPD, DDP und Zentrum, die bisher eine Minderheitsregierung unter Ministerpräsident Otto Braun (SPD) gebildet hatte, eine knappe parlamentarische Mehrheit. In Württemberg erreicht dieses Bündnis anstelle der bisherigen Mitte-Rechts-Koalition die Mehrheit. In Bayern dagegen kann sich die Mitte-Rechts-Regierung behaupten, in Oldenburg bleibt das bürgerlich-bäuerliche Beamtenkabinett im Amt.

Kein Verbot der Rot-Frontkämpfer

2. Mai. Ein Antrag von Innenminister Walter von Keudell (DNVP), den Roten Frontkämpferbund, eine der KPD nahestehende Kampforganisation, unter Berufung auf das Gesetz zum Schutz der Republik als staatsfeindlich zu verbieten, wird vom Strafsenat des Reichsgerichts in Berlin abgewiesen. Keudell hatte sich am 16. April, da er nicht selbst ein Verbot aussprechen konnte, an die Landesregierungen mit einer entsprechenden Bitte gewandt. Diese verweigerten sich jedoch alle – außer Bayern – diesem Ansinnen und riefen statt dessen das Reichsgericht an. Der im Wahlkampf (→ 20. 5./S. 80) gestartete Vorstoß Keudells verringert die Chancen der DNVP.

Haftstrafen für vier Autonomisten

24. Mai. In Colmar wird nach mehrwöchigen Verhandlungen das Urteil im Prozeß gegen 15 elsässische Autonomisten gefällt. Von den Angeklagten werden elf freigesprochen, vier von ihnen erhalten Haftstrafen von jeweils einem Jahr.

Das Gericht hatte darüber zu entscheiden, ob die Angeklagten an Bestrebungen beteiligt waren, die Einwohner des Elsaß mit Waffen auszustatten, um die elsässische Regierung zu stürzen und ein eigenes autonomes Staatsgebilde zu gründen. Die Geschworenen stellen fest, daß es zwar diese Bestrebungen gegeben habe und daß vier der Angeklagten – zwei von ihnen Angehörige des französischen Parlaments – an ihnen beteiligt waren. Dem Entschluß seien aber keine Handlungen gefolgt. Frankreich mußte Elsaß-Lothringen – gegen den Willen der Mehrheit der dort lebenden Menschen – 1871 an das Deutsche Reich abtreten. 1911 erhielt das Gebiet eine Teilautonomie, im Oktober 1918 war es kurzfristig völlig autonom. Nach Ende des Weltkriegs wurde Elsaß-Lothringen wieder Frankreich angegliedert.

Exkaiser Wilhelm über Demokratie

Der ehemalige deutsche Kaiser Wilhelm II., der in Doorn (Niederlande) im Exil lebt, äußert sich in einem Interview über die Demokratie:

»Demokratie ist vergleichbar einem Krug, in den man alle möglichen Arten von Wein gießen kann und gießt ... Die berauschende Eigenschaft des ›Zeugs‹ erklärt die Begeisterung der Trinker. Trinkt man davon zuviel, so folgt todsicher der Katzenjammer ... Die einzige wirkliche Freiheit in einer Demokratie ist die Freiheit der Habenichtse ...«

◁ *Wilhelm II. mit Gattin Hermine*

Mildes Urteil im Stettiner Femeprozeß

5. Mai. Das Gericht in Stettin fällt in einem Femeprozeß das Urteil: Der Hauptangeklagte Edmund Heines wird wegen Totschlags zu 15 Jahren Zuchthaus verurteilt, Karl Ottow erhält wegen Totschlags vier Jahre, Ewald Fräbel wegen Beihilfe drei Jahre Zuchthaus. Vier weitere Angeklagte werden freigesprochen.

Die Angeklagten gehörten der Organisation Roßbach an, einer rechtsradikalen paramilitärischen Vereinigung, die u. a. am Kapp-Putsch beteiligt war. Sie hatten im Juli 1920 einen »Verräter« erschlagen. Das Urteil wird in der Mitte-Links-Presse als zu milde kritisiert. Die Haftstrafen werden jedoch 1929 in der Berufung noch weiter herabgesetzt.

Während des Prozesses kommen die Beziehungen zwischen der Organisation Roßbach und der Schwarzen Reichswehr, die 1919 mit Duldung der Reichswehr, aber entgegen den Bestimmungen des Versailler Friedensvertrags zur Ausbildung von Wehrwilligen und zur Bewachung von illegalen Waffenlagern gegründet worden war, nur gelegentlich zur Sprache.

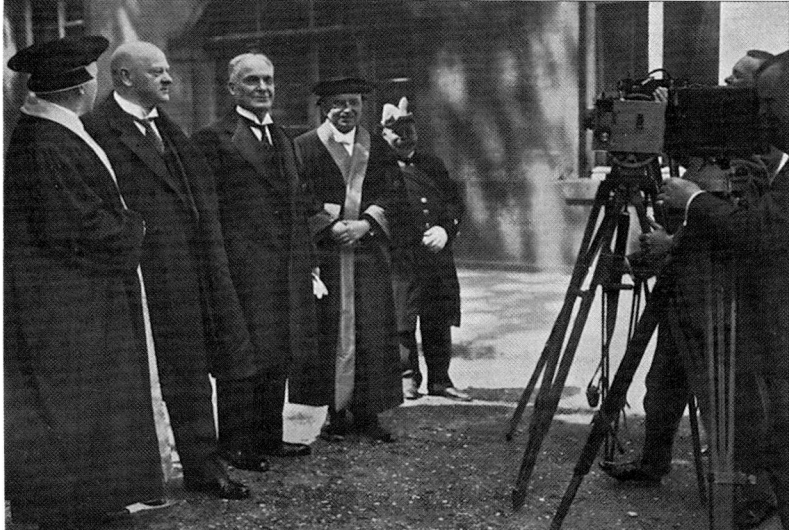

Gustav Stresemann wird mit dem Ehrendoktortitel der Universität Heidelberg ausgezeichnet

5. Mai. *Reichsaußenminister Gustav Stresemann wird von der Universität Heidelberg der Doktor der Staatswissenschaften ehrenhalber verliehen unter Hinweis auf seinen Einsatz für »die geistige Annäherung und friedliche Verständigung der Völker«. Zugleich erhält der US-amerikanische Botschafter in Berlin, Jacob Gould Schurman, den Ehrendoktor der philosophischen Fakultät. Schurman war selbst Student in Heidelberg, er hat seit seiner Rückkehr ins Deutsche Reich als Diplomat Geldsammlungen zum Erhalt der Universität durchgeführt. Die Verleihung der Doktortitel an zwei Politiker wird als – überfälliges – Bekenntnis einer deutschen Universität zum Staat gewertet. Strese-*

mann beschäftigt sich in seiner Dankesrede mit der Dialektik der Begriffe »national« und »international«. Er folgt einem Gedankengang des Philosophen Immanuel Kant, als er darauf verweist, daß das Völkerrecht nur auf einem freien Föderalismus der Völker aufgebaut werden könne. Wenige Tage nach seinem Auftreten in Heidelberg erkrankt Stresemann schwer. Wegen einer Magen-, Darm- und Nierenerkrankung kann er in den weiteren Wahlkampf (→ 20. 5./S. 80) nur vom Krankenbett aus eingreifen (Abb. l.: Stresemann mit seiner Frau und den Söhnen Wolfgang und Joachim; Abb. r.: Die beiden Ehrendoktoren Stresemann [2. v. l.] und Schurman [3. v. l.] vor der Kamera).

Chinesisch-japanische Kämpfe in Tsinan

Einheitsliste in Italien eingeführt

3. Mai. In Tsinan, der Hauptstadt der nordostchinesischen Provinz Schantung, kommt es zu bewaffneten Zusammenstößen zwischen japanischem und chinesischem Militär. Eine zunehmende Feindschaft zwischen der Republik China und Japan ist die Folge dieses sog. Tsinan-Zwischenfalls.

Erstmals greift Japan militärisch in den chinesischen Bürgerkrieg ein, nachdem sich dieser auf die nördlichen Gebiete Chinas ausgedehnt hat, die Japan als seine Interessensphäre betrachtet. Als Chiang Kaisheks nationalrevolutionäre Armee im April 1928 eine neue Offensive mit dem Ziel eröffnete, Schantung und Peking zu erobern, schickte Japan Truppen nach Schantung. Chiangs Truppen führen seit 1926 den Nordfeldzug, um ganz China, das unter der Herrschaft regionaler Kriegsherren steht, unter einer Kuomintang-Regierung zu einigen. Eigenmächtiges Handeln der Generäle auf beiden Seiten führt zu den Kämpfen in Tsinan. Am 7. Mai stellt der japanische General Fukuda Hikosuke den Chinesen ein unerfüllbares Ultimatum. Die in Tsinan stationierte chinesische Einheit wird trotz des garantierten freien Abzugs von den Japanern angegriffen und nahezu aufgerieben (→ 8. 6./S. 100).

Die von Chiang Kai-shek geführten Kuomintang-Truppen marschieren in die nordostchinesische Stadt Tsinan ein; Chiang verurteilt das folgende japanische Eingreifen als völkerrechtswidrig und ruft deshalb den Völkerbund an

Kairo akzeptiert Londons Ultimatum

1. Mai. Die ägyptische Regierung akzeptiert ein Ultimatum Großbritanniens und nimmt den Entwurf zu einem neuen Versammlungsgesetz zurück. London hatte zur Bekräftigung der Forderung vier Kriegsschiffe nach Ägypten entsandt.

Das Gesetz hob die Beschränkungen der Versammlungs- und Demonstrationsfreiheit auf; London fürchtete antibritische Kundgebungen. Ägypten ist seit 1922 zwar formal von der ehemaligen Kolonialmacht unabhängig, die Briten behalten sich jedoch ein Entscheidungsrecht in außen- und verteidigungspolitischen Fragen vor. Seit der Einführung der Monarchie 1923 mit dem probritischen König Fuad I. bemüht sich Ägypten um eine Erweiterung seines Handlungsspielraums. Fuad zieht daraus am 19. Juli die Konsequenzen und löst für drei Jahre das Parlament auf.

12. Mai. Nach der Abgeordnetenkammer billigt auch der italienische Senat mit 161 gegen 45 Stimmen ein Gesetz, mit dem die freie Wahl des Parlaments abgeschafft wird.

Nach dem neuen Gesetz wird die Zahl der Abgeordneten auf 400 festgesetzt. Sie gehören einer einzigen Kammer an. Dem Wähler bleibt bei den Parlamentswahlen lediglich die Möglichkeit, einer ihm vorgelegten Einheitsliste zuzustimmen oder sie abzulehnen. Die Liste wird vom Großrat der Faschisten zusammengestellt; ihm sind zuvor Vorschläge von den korporativen Kammern unterbreitet worden. Diese korporativen Kammern sind nach einem Gesetz von 1926, das die Tarifautonomie beseitigt hat, an die Stelle der Gewerkschaften und der Arbeitgeberverbände getreten. Ihnen gehören Vertreter der Arbeiter und der Unternehmer an; sie werden von den Faschisten beherrscht.

Die nun verabschiedete Wahlreform stellt einen weiteren Schritt zur Abschaffung der liberalen Verfassung dar. Ein von der faschistischen Partei unabhängiger Staatsapparat existiert nicht mehr. Seit 1927 operiert wegen scharfer Verfolgungsmaßnahmen die Opposition vom Ausland aus (→ 19. 9./S. 155).

Neue Flagge demonstriert Südafrikas Unabhängigkeitsstreben

31. Mai. *In Südafrika, aber auch in London wird am Union Day, dem südafrikanischen Unabhängigkeitstag, erstmals neben der britischen Flagge, dem Union Jack, auch die neue südafrikanische Flagge gehißt. In ihr erscheint der Union Jack als kleines Emblem neben anderen in der Flaggenmitte (Abb. r.). Damit dokumentiert Süd-* *afrika das Streben nach Unabhängigkeit, das 1926 zu größeren Befugnissen, in eigenen Angelegenheiten zu entscheiden, geführt hat. Zugleich bemüht sich die südafrikanische Regierung um die Sicherung der Vormacht der Weißen (Abb. l.: Die südafrikanische Flagge und der Union Jack auf dem Südafrika-Haus in London).*

Sie haben vor dem Weltkrieg militant für das Frauenwahlrecht gekämpft: Suffragetten bei einer Wiederbegegnung 1928

Kampf der Schweizerinnen und Britinnen

7. Mai. Das britische Unterhaus in London verabschiedet die Vorlage der konservativen Regierung zur Einführung eines erweiterten Frauenwahlrechts.

Die Britinnen hatten 1917 das aktive, 1918 auch das passive Wahlrecht erhalten, allerdings mit einer Altersbegrenzung ab 30 Jahren. Künftig dürfen sie – wie die Männer – mit Vollendung des 21. Lebensjahrs an die Wahlurnen treten. Die oppositionelle Labour-Partei hatte sich seit langem für eine solche Regelung eingesetzt, bei den Konservati-

Einführung des Frauenwahlrechts

Das politische Frauenstimmrecht gehörte zu den wichtigsten Zielen der Frauenbewegung. In Österreich und im Deutschen Reich wurde es 1918 zusammen mit der Einführung des allgemeinen, gleichen und geheimen Wahlrechts erreicht.

1906	Finnland
1907	Norwegen
1915	Dänemark
1917	Sowjetrußland
1918	Deutsches Reich
1918	Österreich
1920	USA
1921	Schweden

ven hatte sich erst 1927 ein Sinneswandel vollzogen.

Auch in der Schweiz wird die Einführung des Frauenwahlrechts diskutiert. Eine Initiative von Juristen, den Artikel 74 der Verfassung, in dem das Wahlrecht für »Schweizer Bürger« festgelegt ist, so zu verstehen, daß automatisch – wie bei anderen Artikeln auch – die Frauen mitgemeint seien, eine explizite Einführung des Stimmrechts für Frauen daher überflüssig sei, weist die Bundesregierung am 18. Mai als unbegründet und haltlos zurück.

Die Schweizer zur Ausländerfrage

20. Mai. In einer Volksabstimmung billigen die Schweizer Bürger (männlich) die Abänderung von Artikel 44 der Bundesverfassung mit einer Zweidrittelmehrheit. Künftig wird ein Kind, das in der Schweiz geboren wird, dessen Eltern zum Zeitpunkt der Geburt in der Schweiz leben, dessen Vater Ausländer und dessen Mutter schweizerischen Ursprungs ist, automatisch Schweizer. Es erhält Gemeinderecht am Wohnort der Mutter. Jährlich werden etwa 1800 Personen betroffen sein.

Damit vollzieht sich nach Ansicht von Juristen in der Eidgenossenschaft eine Abkehr vom »ius sanguinis« (Recht des Blutes) zugunsten des »ius soli« (Recht des Wohnorts).

Macht von Smetona gesichert

25. Mai. Der litauische Ministerpräsident Antanas Smetona, der im Dezember 1926 mit Unterstützung der Armee durch einen Staatsstreich an die Macht gekommen ist und im April 1927 das Parlament aufgelöst hat, erläßt eine neue autoritäre Staatsverfassung.

Sie sichert ihm faktisch seine diktatorische Stellung; die Bestimmungen über Parlamentswahlen bleiben wirkungslos. Zwar wird die neue Verfassung von Smetona als provisorisch bezeichnet, die angekündigte Volksabstimmung zur Bestätigung findet jedoch nicht statt.

Die Republik Litauen ist 1918 ausgerufen worden. 1919 erkannte die sowjetische Regierung – nachdem ein Annexionsversuch gescheitert war – den neugegründeten Staat an.

Antanas Smetona, Ministerpräsident von Litauen, festigt seine Position

Warschau: Attentat auf Sowjetdiplomat

4. Mai. In Warschau wird ein Attentat auf ein Mitglied der sowjetischen Handelsvertretung, Alexei Lisarew, verübt, das allerdings mißglückt. Die Tat löst Spannungen zwischen Moskau und Warschau aus.

Die sowjetische Regierung spricht in einer Reihe von Noten ihren Protest dagegen aus, daß die polnische Regierung unter Ministerpräsident Jósef Klemens Piłsudski ihrer Ansicht nach die antisowjetischen Aktivitäten von exilierten Weißrussen in Warschau duldet oder jedenfalls nicht mit der notwendigen Härte bekämpft.

Am 7. Juni 1927 war der sowjetische Gesandte in Warschau, Peter L. Wojkow, auf dem Warschauer Bahnhof von einem weißrussischen Emigranten, der seine Tat mit politischen Motiven begründete, erschossen worden. Polen hatte nach heftigen Angriffen aus Moskau daraufhin die Observation dieser Kreise verschärft und am 1. August 1927 eine offizielle Warnung an die Emigranten ausgesprochen, daß sie bei fortgesetzter politischer Betätigung die Ausweisung zu gewärtigen hätten. Auch des neuerlichen Attentats ist ein Weißrusse verdächtig, der mit dem Mord an Wojkow in Verbindung gebracht wird. Der Attentäter begründet seine Handlung damit, daß sein Vater, ein zaristischer Beamter, von der Sowjetregierung getötet worden sei.

Zusammenstöße bei Maifeier in Polen

1. Mai. Bei den Demonstrationen von Arbeitern am 1. Mai, dem Tag der Arbeit, kommt es in Warschau zu blutigen Zusammenstößen zwischen den Zügen von Anhängern verschiedener Parteien und der Polizei. Acht Menschen kommen bei den Zwischenfällen ums Leben, etwa 400 werden verletzt. Hunderte werden verhaftet oder in Polizeigewahrsam genommen.

Nach offizieller polnischer Darstellung mußte die Polizei nach Angriffen von kommunistischen Demonstranten auf Sozialisten eingreifen. Augenzeugenberichten zufolge nutzten die Sicherheitskräfte die Gelegenheit jedoch auch zu Übergriffen auf jüdische Arbeiter im Judenviertel der Hauptstadt.

Wirtschaft 1928:

»Scheinblüte« oder echte Konjunktur im Deutschen Reich?

Die wirtschaftliche Situation im Deutschen Reich ist bis zur Jahresmitte 1928 durch eine seit 1924 – unterbrochen durch eine Zwischenkrise 1925/26 – anhaltende Hochkonjunktur bestimmt. Das Produktionsvolumen ist seit 1925 sprunghaft angestiegen, in allen Bereichen der Schwerindustrie – bei der Kohleförderung, der Stahl- und Eisenproduktion sowie der Kalierzeugung – sind die Vorkriegszahlen weit übertroffen. Der nach dieser Phase der positiven Wirtschaftsentwicklung im Sommer 1928 einsetzende allmähliche Abschwung zeigt sich daran, daß die Gütererzeugung im Jahresdurchschnitt in einigen Produktionsbereichen wieder unter der von 1927 liegt.

Unter den Wirtschaftswissenschaftlern wird die Frage diskutiert, ob es sich bei der Hochkonjunktur um eine »Scheinblüte« handele. Für diese These spricht, daß die deutsche Wirtschaft auf Auslandskredite angewiesen ist. Mit Abschluß des Dawes-Plans 1924, der die Reparationszahlungen des Deutschen Reichs an die Siegermächte des Weltkriegs mit der Gewährung von Krediten, vor allem aus den USA, verknüpfte, ist die Summe der jährlichen Verbindlichkeiten gegenüber dem Ausland von 2,5 Milliarden Reichsmark (RM; 1924) auf rd. 15 Milliarden RM gestiegen.

Außerdem ist die Arbeitslosigkeit mit 1,368 Millionen im Jahresdurchschnitt weiterhin hoch (→ S. 30); es ist offensichtlich nicht gelungen, die wachsende Anzahl von Beschäftigungswilligen (12,3 Millionen Ende 1925; 20,2 Millionen Mitte 1928) in den Arbeitsmarkt zu integrieren.

Weitere Problempunkte:

▷ Die Außenhandelsbilanz des Deutschen Reichs ist seit Gründung der Weimarer Republik notorisch – mit einer Ausnahme im Jahr 1926 – negativ. 1928 beträgt der Einfuhrüberschuß – trotz Anstieg des Exports um 12,6% – 2,451 Milliarden RM

▷ Die Konkurse haben im Vergleich zu 1927 um 34,6% zugenommen, die Vergleiche haben sich nahezu verdreifacht.

▷ Die Krise in der Landwirtschaft (→ 28. 1./S. 15; 27. 2./S. 28) führt dazu, daß der Anteil dieser sozialen Gruppe am Volkseinkommen kontinuierlich zurückgeht (von 9,5% 1925 auf 7,7% im Jahr 1928).

Der Konzentrationsprozeß hält unvermindert an. Im Gegensatz zu der Anti-Trust-Gesetzgebung in anderen Staaten, die Preisabsprachen als Gefährdung des freien Wettbewerbs unter Strafe stellt, werden im Deutschen Reich Kartelle staatlicherseits gefördert. Eine vertragliche Absprache unter Unternehmen ist rechtsverbindlich, ein Verstoß kann gerichtlich geahndet werden. Auch die 1923 eingeleitete Kartellgesetzgebung richtet sich lediglich gegen Mißbräuche.

Neben den Kartellen sind die Konzerne, bei denen die einzelnen beteiligten Unternehmen zwar ihren Namen behalten, faktisch jedoch ihre Selbständigkeit verlieren, eine übliche Wirtschaftsform. Die größten Konzerne im Deutschen Reich sind die 1925 gegründete Interessengemeinschaft Farbenindustrie (→ 24. 5./S. 87) und die Vereinigte Stahlwerke AG, die bei der Gründung 1926 40% des deutschen Rohstahls produzierte und 20% der Steinkohle förderte. Die Machtzusammenballung zeigt sich daran, daß Großkonzerne in allen wichtigen Sparten einen extrem hohen Anteil an der Gesamtproduktion haben: Im Kalibergbau 98,35%, im Bergbau und damit verbundenen Industrien 97,3%, in der Farbenindustrie 96,3%, in der Braunkohlegewinnung 94,5%, in der Steinkohlegewinnung 90,1%, in der elektrotechnischen Industrie 86,9% und in der Metallurgie 85,0%.

Die Tarifauseinandersetzungen des Jahres 1928 (→ 26. 2./S. 29; 15. 3./S. 44; S. 30) gehen mit einer Diskussion über das Mittel der Zwangsschlichtung einher. Nach der Weimarer Verfassung kann ein Schiedsspruch des Schlichters, der von den Tarifpartnern nicht akzeptiert wird, vom jeweiligen Reichsarbeitsminister für verbindlich erklärt werden, sofern eine Fortführung des Arbeitskampfes die wirtschaftliche Ordnung gefährdet. Das Mittel der Zwangsschlichtung ist zunächst von Arbeitgeber- und Arbeitnehmerseite als Eingriff in die Tarifautonomie abgelehnt worden, bei den Gewerkschaften hat sich jedoch inzwischen die Auffassung verbreitet, das staatliche Schlichtungswesen habe auch eine gewisse Schutzfunktion für die Arbeitnehmer. Die Arbeitgeberverbände fordern dagegen eine Beschränkung der Zwangsschlichtung auf sog. lebenswichtige Betriebe und setzen sich im Ruhreisenstreit (→ 1. 11./S. 185) über die Verbindlichkeitserklärung des Schiedsspruchs hinweg.

Anhaltender Aufschwung seit 1924					
Gütererzeugung in Mio. t					
Steinkohlenförderung	119	132	145	153	150
Braunkohlenförderung	124	139	139	150	165
Roheisen	7,8	10,0	9,6	13,0	11,8
Rohstahl	9,7	12,0	12,2	16,1	14,3
Kali (Reinkali)	3,4	5,0	4,1	4,7	5,2
	1924	1925	1926	1927	1928
Geld und Finanzwesen					
Gold- und Deckungsdevisen[1]	636	1474	2011	2130	2499
Sparkasseneinlagen[2]	595	1694	3182	4839	6990
Konkurse	8034	14805	15829	7870	10595
Vergleichsverfahren	7111	6052	7454	1083	3147

1) Jahresdurchschnitt in Mio. RM 2) Stand Ende Dezember in Mio. RM

Werk der I.G. Farben in Ludwigshafen; nach lockeren Zusammenschlüssen der deutschen Chemieindustrie kam es 1916 zur Gründung der Interessengemeinschaft der deutschen Teerfarbenfabriken und 1925 zur Gründung der I.G. Farben

Mit einem Griff entleert der Kipper einen Waggon in die Roheisenbehälter in einem Stahlwerk, das zum Industriegiganten Vereinigte Stahlwerke gehört

Die Steinkohlenförderung, die Eisen- und Stahlindustrie konzentrieren sich im Deutschen Reich im Ruhrgebiet; hier: Arbeiter beim Löschen von Koks

Arbeiterinnen im Generatoren- und Turbinenwerk in den Berliner Siemens-Schuckert-Werken; durch Rationalisierung sind Arbeitsplätze bedroht

Expansion der I.G. Farben

24. Mai. Auf der Generalversammlung der Interessengemeinschaft Farbenindustrie AG (I.G. Farben) in Frankfurt am Main berichten der Aufsichtsratsvorsitzende Carl Duisberg und der Generaldirektor Carl Bosch von wirtschaftlichen und technischen Erfolgen des weltweit größten Chemiekonzerns, der 1925 durch Zusammenschluß von BASF, Hoechst, Bayer, Agfa und anderen Unternehmen entstanden ist.

Die Produktion von Kunstseide (Viskose) und die Benzinerzeugung mittels Kohleverflüssigung habe sich im ablaufenden Geschäftsjahr im Vergleich zum Vorjahr verdoppelt. Bosch berichtet, daß sich die Benzinerzeugung durch Kohlehydrierung, obwohl der Ausbau der Leuna-Anlage in Merseburg nahezu abgeschlossen sei, noch immer in der Entwicklungsphase befinde. In Zusammenarbeit mit der Standard Oil werde in einer Versuchsanlage in den USA – gemäß einem im Herbst 1927 geschlossenen Vertrag – die Anwendung des Hydrierungsverfahrens in der Erdölindustrie erprobt. An einem rentablen Verfahren zur Erzeugung synthetischen Gummis werde weiter gearbeitet.

Der Umsatz der I.G. Farben beträgt jährlich rd. 1,4 Milliarden Reichsmark, über die Hälfte entfällt auf den Export. Die Anzahl der Beschäftigten steigt von der Fusion bis 1928 von 83 719 auf 114 185.

Tankstelle der Leuna; synthetisches Benzin wird durch Kohlehydrierung in den Leunawerken in Merseburg, die zur I.G. Farben gehören, hergestellt

Hilfen für US-Landwirtschaft

4. Mai. Das US-Repräsentantenhaus billigt mit 204 gegen 121 Stimmen bei 350 Enthaltungen die Farmer Bill, der zuvor bereits der Senat die Zustimmung erteilt hat.

Das Gesetz enthält eine Reihe von Unterstützungsmaßnahmen für die notleidende US-amerikanische Landwirtschaft, u.a. soll ein Ausgleichsfonds für Farmer mit Getreideüberschüssen eingerichtet werden. Die Inkraftsetzung der Farmer Bill wird jedoch, ebenso wie bei einem ähnlichen Gesetz des Jahres 1927, durch das Veto von US-Präsident Calvin Coolidge verhindert.

Im Verlaufe des Booms während des Weltkriegs hatte die US-Landwirtschaft ihre Produktion erheblich ausgeweitet. Nach Kriegsende bekam sie jedoch die Konkurrenz des argentinischen, kanadischen und australischen Weizens zu spüren und litt außerdem unter dem Rückgang des Baumwollabsatzes infolge der Entwicklung von Kunstseide. Lediglich kapitalkräftige landwirtschaftliche Großbetriebe konnten sich durch Rationalisierungen und den Einsatz von Traktoren behaupten.

Von der Krise waren daher insbesondere kleine Getreidebauern, die aufgrund großer Entfernungen zu den Großstädten nicht auf Gartenbau oder Milchwirtschaft umsteigen konnten, betroffen. Zollerhöhungen erwiesen sich als untauglich zur Beseitigung der Not.

Der Nordpolflieger Nobile verschollen

25. Mai. Nachdem es der Polarexpedition unter der Leitung des italienischen Generals und Luftschiffkonstrukteurs Umberto Nobile am 24. Mai gelungen ist, mit dem Luftschiff »Italia« den Nordpol zu überfliegen, bricht der Funkkontakt am folgenden Tag plötzlich ab.

Am Morgen des 23. Mai startete die »Italia« von ihrem Ausgangspunkt Ny Alesund auf Spitzbergen zur großen Fahrt über den Nordpol. An Bord befanden sich 16 Personen. General Nobile, der bereits 1926 in der Begleitung des norwegischen Polarforschers Roald Amundsen den Nordpol mit dem Luftschiff »Norge« überflogen hat, will mit dieser zweiten Expedition bisher noch völlig unbekannte Gebiete der Arktis erforschen.

Zunächst verläuft der Flug wie geplant, und am 24. Mai um 0.20 Uhr ist der große Augenblick gekommen: Das Luftschiff überfliegt den Nordpol. Nobile wirft die italienische Flagge und ein von Papst Pius XI. geweihtes Holzkreuz ab. Seit dem 25. Mai gilt die »Italia« als verschollen. Angesichts der extremen Belastungen, denen das Luftschiff im arktischen Wetter ausgesetzt ist, muß mit einem Unglück gerechnet werden (→ 23. 6./S. 104).

Das italienische Luftschiff »Italia« mit General Umberto Nobile an Bord kurz nach dem Start in Richtung Nordpol von Ny Alesund auf Spitzbergen

Probeflug mit dem Raketenflugzeug

25. Mai. In Wien wird der erste Probeflug mit einem Raketenflugzeug gestartet. Das von Aurelius Bisail, Mitglied einer Wiener Segelflugvereinigung, konstruierte Modell ist ein Hochdecker in Leichtmetallausführung. 24 Raketen, die zentrisch unter dem genau ausbalancierten Flugzeug angebracht sind, sorgen beim Start für die nötige Triebkraft.

Beim ersten Versuch erreicht das Raketenflugzeug eine Geschwindigkeit von 150 km/h, allerdings gibt es eine leichte Havarie. Der zweite Versuch verläuft erfolgreich: Über die ersten 100 m der Flugstrecke fliegt der Segelapparat, angetrieben von den Raketen, im Geradeausflug; daran schließt sich ein Gleitflug an.

Die Möglichkeit zur Verwendung von Raketenflugzeugen wird dennoch als gering eingeschätzt. Eine Lösung der Gleichgewichtsprobleme scheint nicht möglich.

Der »Rheingold-Expreß« — bequem von Holland in die Schweiz

15. Mai. Ein neuer Luxuszug der Reichsbahn, der »Rheingold-Expreß« verkehrt erstmals fahrplanmäßig auf der Strecke Amsterdam–Basel. Er legt den Weg – über Utrecht, Duisburg, Düsseldorf, Köln, Koblenz, Mainz, Karlsruhe und Freiburg – mit einer Reisegeschwindigkeit von 70 km/h in 13 Stunden zurück. Die Zollabfertigung und die Paßkontrolle werden von Beamten, die selbst ein Stück mit dem Zug mitfahren, durchgeführt, so daß lange Wartezeiten an den Grenzübergängen vermieden werden können.

Der »Rheingold-Expreß« beeindruckt nicht nur durch sein rasches Reisetempo, sondern vor allem durch die Ausstattung. So sind z. B. die Abteilwände mit Edelhölzern ausgekleidet. Ein besonderer Service besteht darin, daß den Zugreisenden die Speisen ins Abteil gebracht werden. In der zweiten Klasse enthalten die Waggons Saalräume, in denen jeweils vier bzw. zwei bequeme Fauteuils um einen Tisch angeordnet sind. In der ersten Klasse gibt es nur jeweils Tische mit zwei Fauteuils, der Reisende kann zwischen Saalräumen und kleineren Abteilen wählen.

Zwischen jeweils zwei Waggons ist eine kleine Küche untergebracht. Des weiteren bietet der »Rheingold-Expreß« in den Toiletten warmes Wasser zum Händewaschen. Auch äußerlich ist der »Rheingold-Expreß« ansprechend gestaltet: Die Wagen sind unten violett, oben cremefarben gestrichen, und von der obersten Leiste hebt sich der Schriftzug »Reichsbahn Mitropa« in Goldbuchstaben ab.

Blick in den Salonwagen der ersten Klasse des neuen, von der Reichsbahn in Dienst gestellten Luxuszuges »Rheingold-Expreß«: Die Sitze sind groß und bequem, die Anordnung der Fauteuils bietet viel Beinfreiheit; die Wände sind holzgetäfelt, die Muster harmonisch aufeinander abgestimmt; die Reichsbahn wendet sich mit dem »Rheingold-Expreß« an Reisende, die die Bequemlichkeit einer Zugreise wohl zu schätzen wissen

Giftgaskatastrophe in Hamburger Firma

20. Mai. Auf dem Gelände der chemischen Fabrik des Unternehmens Stoltzenberg im Hamburger Stadtteil Veddel im Freihafengebiet explodiert ein mit hochgiftigem Gas gefüllter Kessel. Neun Personen sterben an der Einwirkung des Giftgases, 150 Vergiftete müssen in Krankenhäuser eingeliefert werden. Da die Giftwolke auf die Hamburger Innenstadt zutreibt, werden ganze Stadtviertel vorsorglich evakuiert.

Bei dem Giftgas handelt es sich um Phosgen, ein farbloses Gas mit muffigem Geruch, das u. a. zur Herstellung von Arzneimitteln und Kunststoffen verwendet wird. Im Krieg wurde es als Kampfgas eingesetzt.

Der Unfall in Hamburg geht mit einem politischen Skandal einher. Das auf dem Stoltzenberg-Gelände gelagerte Phosgen stammt nämlich, wie die Reichsregierung in ihrem amtlichen Untersuchungsbericht feststellt, aus Demobilisierungsbeständen der alten Reichswehr. Das Deutsche Reich war nach Kriegsende zur Vernichtung sämtlichen Giftgases verpflichtet, und die Herstellung dieser Kampfstoffe ist untersagt. Die Reichsregierung bestreitet jedoch, daß es sich bei dem Stoltzenberg-Gas um »für Kriegszwecke bestimmte giftige, erstickende oder ähnliche Erzeugnisse« handelt.

Am 25. Mai wird mit der Vernichtung der Phosgenbestände auf dem Firmengelände – zwei Kessel mit je 10 000 kg und 3000 Stahlflaschen mit rd. 50 000 kg – begonnen.

Chemiearbeiter inspizieren mit Gasmasken das Firmengelände der Stoltzenberg Werke in Hamburg, auf dem ein Kessel mit hochgiftigem Gas explodiert ist

Dresdner Kugelhaus zieht Besucher an

20. Mai. Dresden zeigt anläßlich des 100jährigen Bestehens der in der Stadt beheimateten Sächsischen Technischen Hochschule die Ausstellung »Die Technische Stadt«.

Die Hauptattraktion der Ausstellung bildet ein kugelförmiges Haus, dessen ausgefallene Formen die Wohnungsbaudiskussion bereichern sollen. Der Münchner Architekt Peter Birkenholz schlägt vor, ganze Stadtviertel nur mit Kugelhäusern erbauen zu lassen.

Die Idee setzt sich jedoch nicht durch; der städtische Wohnungsbau des Deutschen Reiches konzentriert sich auf Reihenhäuser und vereinzelt auf Hochhäuser.

Grundsteinlegung für den Erweiterungsbau der Reichskanzlei durch Reichspräsident Paul von Hindenburg (2. v. r.); r. Reichskanzler Wilhelm Marx (Zentrum)

ADAC-Jubiläum in Eisenach gefeiert

17. Mai. In Eisenach wird mit einem Festakt das 25jährige Bestehen des Allgemeinen Deutschen Automobilclubs (ADAC) gefeiert. 5100 Automobilisten aus allen Teilen des Deutschen Reiches kommen dazu in die Wartburgstadt.

Der ADAC ist 1903 in Stuttgart als Deutsche Motorradfahrer-Vereinigung gegründet worden, seit 1905 befindet sich der Sitz dieser Interessenvertretung der Kraftfahrer in München. 1928 zählt der Verband 80 250 Mitglieder, die in 802 Ortsgruppen zusammengeschlossen sind. 145 Mitglieder, die seit Anbeginn dem ADAC angehören, werden mit Ehrennadeln ausgezeichnet.

Grundsteinlegung für Reichskanzlei

18. Mai. Genau 50 Jahre nach Gründung der Reichskanzlei durch Otto Fürst von Bismarck wird in Berlin der Grundstein für einen Erweiterungsbau in der Wilhelmstraße gelegt. Eine Reihe von Aktenstücken, Abbildungen, Namenslisten, Urkunden und Münzen wird in einer Kassette versiegelt, die als Grundstein des Gebäudes dient. Die Architekten des Anbaus zur Reichskanzlei sind Jobst Siedler und Robert Kisch, deren Entwurf von der Jury bei einem Wettbewerb preisgekrönt worden ist. An der Grundsteinlegung nimmt u. a. Reichspräsident Paul von Hindenburg teil.

Blick auf das Ausstellungsgelände der Schau »Die Technische Stadt«, der siebten »Jahresschau deutscher Arbeit«; das Kugelhaus (l.), das Architekt Peter Birkenholz als zukunftsweisend ansieht, zieht viele Fachbesucher und Neugierige an

Internationale Presseausstellung in Köln

12. Mai. In Köln wird die internationale Presseausstellung »Pressa« eröffnet. An der Mammutschau beteiligen sich fast alle europäischen Staaten, China, Japan und zahlreiche lateinamerikanische Länder. Insgesamt 43 Nationen haben Sonderpavillons auf dem 500 000 m² großen Messegelände im Deutzer Rheinpark direkt am Ufer des

Rheins aufgestellt. Im Verlauf der Ausstellung, die am 14. Oktober zu Ende geht, finden in Köln 300 nationale und internationale Kongresse statt. Die Messeleitung zählt rd. fünf Millionen Besucher. Die Ausstellung wird im In- und Ausland als Mittel der Völkerverständigung gewürdigt (→ 2. 8./S. 136).

Mit der Eröffnung der »Pressa« ist die Erweiterung der Ausstellungsbauten auf dem Messegelände abgeschlossen. Die Messehallen sind mit rotem Klinker verkleidet, umgestaltet und vergrößert worden. Ein 85 m hoher schlanker Turm erhebt sich als Wahrzeichen der »Pressa« über einen riesigen Gebäudekomplex mit Sitzungssälen, die bis zu 1200 Personen Platz bieten.

Der Kölner Oberbürgermeister Konrad Adenauer verfolgt seit langem den Plan, der Rhein-Metropole als Messestadt Profil zu verleihen. 1922 bewilligten die Kölner Stadtverordneten 152 Millionen Reichsmark für neue Messebauten. Dieser Betrag ist durch die großzügige Aufnahme von Auslandskrediten im Rahmen des Dawes-Plans weiter aufgestockt worden. »Man will hier für gewaltige Veranstaltungen mannigfacher Art eine bleibende Stätte begründen, und wer weiß, wie weit der Ehrgeiz Kölns und seines vor Plänen und Willenskraft überschäumenden Oberhaupts reichen wird, wenn erst das Rheinland einmal ganz befreit ist...«, heißt es in der »Vossischen Zeitung« zum Beginn der »Pressa«.

Adenauer, wegen seiner Beziehungen zum faschistischen Italien auch als »Pressolini« apostrophiert (→ 26. 2./S. 28), ist wegen seiner Ausgabenpolitik im Zusammenhang mit dem Bau von Sportanlagen und namentlich mit seinem Messeprojekt von hochrangigen Politikern, u.a. von Reichsaußenminister Gustav Stresemann, in der Vergangenheit jedoch auch heftig attackiert worden.

Die »Pressa« gibt einen Überblick über die geistige, technische, organisatorische, soziale und kulturgeschichtliche Dimension der Presse. Die Organisation der Zeitungsherstellung und des Transports von Druckerzeugnissen, die Informationsübertragung per Funk sind ebenso dargestellt wie Möglichkeiten graphischer Buchgestaltung.

Das für die »Pressa« neuerbaute Kongreßgebäude am Kölner Rheinufer

Eröffnung der »Pressa«-Ausstellung mit dem preußischen Ministerpräsidenten Otto Braun (3. v. l.) und Kölns Oberbürgermeister Konrad Adenauer (daneben)

Rekordwahnsinn – Sensationsfieber

Im Jahr 1928 scheint die Welt von einem regelrechten Rekordfieber erfaßt zu sein. Wahnwitzige Unternehmungen, die häufig genug Menschenleben fordern, stehen hoch in der Gunst eines sensationshungrigen Publikums, wenn sich auch kritische Stimmen mehren, die auf die Sinnlosigkeit dieser tollkühnen Rekordlust hinweisen. Um für Tage oder Wochen Champion zu sein, sind viele bereit, ihr Leben zu riskieren.

Besonders in Nordamerika ist dieses Phänomen zu beobachten. Das Spiel mit dem Leben in reinster Form führt der Kanadier Jean Lussier vor. In einem Gummiball läßt er sich die Niagarafälle hinuntertreiben. Lussier hat mehr Glück als viele seiner ruhmsüchtigen »Kollegen«, denn er kommt mit einem blauen Auge davon.

An der Küste Floridas erfreuen sich wilde Autorennen auf den glatten Sandflächen der Strände immer größerer Beliebtheit (→ 19. 2./S. 34). Ein deutscher Reporter kommentiert mit Befremden: »Wie Lawinen braust ekstatisches Beifallsgeheul einer tollgewordenen Menge durch die Luft.« Häufig kommt es bei diesen wahnwitzigen Rasereien zu schweren, wenn nicht gar tödlichen Unfällen. Für alle derartigen Veranstaltungen – auch waghalsige Motorboot- und Motorradrennen ziehen große Zuschauermengen an – gilt die Devise: Je größer das Risiko, desto höher der Unterhaltungswert.

Mit einem Rekord anderer Art erregt der Franzose Adolphe Kegresse Aufsehen: Mit Kettenfahrzeugen durchquert er die winterlichen Alpen. Im Februar bezwingt die Kegresse-Expedition auf der Strecke von Sankt Moritz bis Grenoble zahlreiche metertief verschneite Pässe und dringt auf dem Großen Sankt Bernhard bis in die Höhe von 2473 m vor, wobei die Autos 60%ige Steigungen zu überwinden haben.

Auch der schwedische Offizier H. N. Pallin hat seinen Rekord in winterlichen Gefilden aufgestellt: Auf Skiern legt er vom 7. Januar bis zum 22. März eine über 2000 km lange Strecke von Tromsø in Nordnorwegen bis Oslo zurück.

Der 85 m hohe Turm ist das Wahrzeichen der Kölner Presseausstellung

Die Rekordsucht und Sensationslust bietet den Fotografen reichlich Material; hier wird ein Mann beim Zusammenstoß zweier Motorboote bei einem Rennen in den USA im hohen Bogen über Bord geschleudert

Ein Abenteuer mit glücklichem Ausgang: Der Kanadier Jean Lussier (2. v. r.) nach seiner spektakulären Abfahrt in einem Gummiball durch die Niagarafälle; er war nach dem kühnen Unternehmen zwar nicht wirklich ernstlich verletzt, aber fast bewußtlos

Geoffrey Winthrop Young (r.), ein bekannter britischer Bergsteiger, der im Krieg ein Bein verloren hat und seit 1927 mit einer Beinprothese wieder in den Alpen klettert, auf dem Weißhorn

Kapitän Franz Romer, ein 29jähriger Offizier der deutschen Handelsmarine, startet in Lissabon zu einer Atlantiküberquerung mit dem Faltboot; Raphael Castro vom Marineklub wünscht ihm gute Reise

Die Siegerin eines Amazonen-Langstreckenrennens von Paris nach Cannes im Garten des Kasinos von Cannes; sie benötigte für die 945 km lange Strecke 13 Tage; nur 5 min nach ihr erreicht die zweite das Ziel

Der Franzose Adolphe Kegresse stattet bei der Überquerung der Alpen mit Kettenfahrzeugen dem Hospiz des Großen Sankt Bernhard an der schweizerisch-italienischen Grenze einen Besuch ab; für Publizität ist gesorgt

Während Umberto Nobile mit dem Zeppelin Richtung Nordpol fliegt, läuft ein Offizier der schwedischen Armee auf Skiern von Oslo nach Tromsø; bisweilen bietet eine Eisscholle eine sehr viel bequemere Möglichkeit zur Fortbewegung

Mode 1928:

Tagsüber Jumperkleider, abends »Pfauenschweif«-Modelle

Zwar bringt die Mode 1928 keine überraschenden Veränderungen der nun seit fünf Jahren gültigen geraden Silhouette, jedoch werden das Detail und die geschickte Kombination der Garderobe und ihrer Accessoires immer wichtiger. Zugleich wird die Schnittführung aller Kleider-Typen weicher, die generelle Linie gewinnt an Weiblichkeit und Geschmeidigkeit.

Für den Tag hat sich nun endgültig das Jumperkleid durchgesetzt. Diese sportliche und zugleich elegante Kombination aus blusenartigem Oberteil und gerade geschnittenem Rock besticht durch auffällige Schlichtheit. Raffinierte Naht- und Blendenverzierungen, die charakteristischen geometrischen Muster und die Accessoires (Stoffblumen, Perlenkette, Filzglocke, Handschuhe und -tasche) geben dem Jumperkleidchen aus Wolle oder Crêpe-Seiden erst den modischen Schick. Wenn Jumper und Rock Ton in Ton getragen werden, dominieren Gelbtöne wie »bananenfarben« oder auch »sonnenbrandfar-

Jumper-Kombination mit geflochtenem Hut

Ein Crêpe-Georgette-Kleid mit Plisseerock

Ein Georgette-Kleid in der neuen Linie

Seidenkleid mit ungleich langem Rock

Abendkleid mit Rückendekolleté

ben«. Breite Gürtel aus Lackleder oder bunt bedruckte Schals sorgen für Farbkontraste.

Während bei der Tagesmode die Röcke so kurz wie nie getragen werden, bringt der Sommer 1928 für die Gesellschafts- und Abendkleider in dieser Hinsicht eine Trendwende: Hier fällt der vorn kniekurze Saum im Rücken mindestens auf Wadenlänge ab.

Besonders bei den Nachmittags- und Gesellschaftskleidern ist die neue Entwicklung zur Bewegtheit, Beschwingtheit des Rockes zu erkennen. Einen überaus graziösen und lebendigen Eindruck machen die zarten, häufig gemusterten Seidenkleider. Sie werden diagonal zum Fadenlauf geschnitten, was einen unruhig-bewegten Fall erzeugt. Schärpen, Schleifen, Faltenkaskaden der Röcke und überraschend weite Ärmelöffnungen kennzeichnen diesen neuen Stil.

Kurzes Kleid und langes Kleid werden auf originelle Weise in der Abendtoilette vereint. Graziös fällt der unregelmäßig geschnittene Rocksaum schräg nach hinten ab, um im »Pfauenschweif« zu enden. Diese Linie wird durch das taillentiefe Rückendekolleté wieder aufgenommen. So weit ausgeschnitten wie möglich, heißt die Parole für die duftigen Gewänder mit den kapriziös flatternden Röcken.

Sportliche Mäntel haben 1928 meistens noch den geraden Garçonneschnitt, sind aber durch Verzierungen aus Biesenpartien und schmale, geometrisch angeordnete Stoffbahnen im Stil raffinierter geworden. Neu sind die weiten Mäntel aus auffällig gemusterten englischen Stoffen mit großen Taschen.

Wie auch schon in den Vorjahren wird die Hutmode völlig durch die kleine Filzglocke bestimmt. Seitlich über der fast völlig bedeckten Stirn ansteigend, legt sich der schmale Rand der Filzglocke wellenförmig um das Gesicht. Bei den Damenfrisuren ist der Bubikopf – glatt oder leicht gelockt – nach wie vor die Nummer eins.

Mantel mit tief angesetzter Taille und schmaler Silhouette, ein Entwurf des Modehauses Révillon Frères (Paris)

Vorn kurz, hinten ausschweifend lang; ein extremes Modell der sogenannten »Pfauenschweif«-Mode für den Abend

Ferien-Tage im Seebad

Nebenstehend:
...ber Badetrikot mit japani-...r Muster, getragen von Frau Evi ...acz. Modell: Julius Blatt, Wien.

Rechts oben:
...ilmschauspielerin Hilde Ruth ...zu einem grünen Schwimm-... eine gleichfarbige Gummi-... mit Hahnenkopfverzierung. ...ell: Sporthaus Lazar, Wien.

Links unten:
...Kleid aus weißem Trikot mit ...Bordüre am unteren Jumper-...dazu beigefarbener Hut. Ein ...parter Schirm mit gesticktem ...iesreihervogel vervollständigt ...elegante Toilette. Modelle: ...Blatt (Kleid): Rumpler, Oser & Co. (Schirm), Wien.

Originelles Golfkostüm in der jetzt bevorzugten Farbenzusammenstellung Schwarz-Rot. Dazu weiße Hemdbluse und kleine rote Kappe.

Nebenstehend: Die österreichische Meisterschwimmerin Idi Kohn zeigt ein blau-weiß gehaltenes Schwimmkostüm in amerikanischem Stil. Modell: Sporthaus Lazar, Wien.

Photos: Kitty Hoffmann. — Spezialaufnahmen durch unsere Wiener Mode-Korrespondentin Claire Patek.

»Ausgezogen und doch angezogen«

Für die Bademode der Sommersaison 1928 gilt die Devise »ausgezogen und doch angezogen«. Schicke Badeanzüge, Badejumper, Strandanzüge und Strandpyjamas in aktuellen Farben gehören zum breiten Angebot der diesjährigen Bademode, die elegant und sportlich zugleich sein will. Der Badeanzug gilt als ein Sportkleid wie jedes andere. Man sieht in ihm weder das allein zweckmäßige, noch weniger das pikante Kostüm, sondern ein Modekleid für das Wasser, weshalb großer Wert auf die modische Ausarbeitung gelegt wird. En vogue sind wollene, mit farbigen Streifenbordüren und Emblemen versehene Trikots, die eng am Körper anliegen, aber leicht in der Sonne trocknen. Ein neues Sonnenfiltertrikot hält die Strahlen nicht mehr ab, erlaubt also ein Sonnenbad zur Bräunung im Trikot.

Wie der Straßenjumper zeigt auch der Badejumper schmückende Figuren und Linien durch eingesetzte Blenden und Nähte. Jedoch ist er länger über dem kurzen Höschen und oben tiefer ausgeschnitten, damit Luft und Sonne an den Körper kommen. Neben dem Jumperkostüm erfreut sich der herrenmäßige Hosenanzug mit weißer Bluse und Gürtel besonders bei den schlanken Sportsfrauen großer Beliebtheit. Wie der Jumper hat die Bluse stets eine Verzierung in Form eines Ornaments, eines Glückszeichens, des Sternbilds oder des Monogramms. Jumperkostüm und Hosenanzug haben hübsche Farbkontraste in zwei und drei Schattierungen, mit denen Bademütze und -schuhe harmonieren.

Eleganter ist der Strandanzug, bestehend aus einem kurzen Jäckchen in Rot, Orange, Blau, einem Schal und einem kurzen Höschen oder Wickelröckchen. Durch Anziehen oder Weglassen eines Teils läßt sich dieser Anzug variieren. Häufig wird er mit dem Badeanzug kombiniert, was das unangenehme Umziehen vor dem Schwimmen erspart.

◁ *Vielseitige neue Strand- und Sportmode stellt die »Leipziger Illustrierte« ihren Leserinnen vor*

Moskau feiert Gorkis Rückkehr

28. Mai. Der russisch-sowjetische Schriftsteller Maxim Gorki (eigentl. Alexei M. Peschkow) kehrt nach jahrelangem Aufenthalt im westlichen Ausland in die UdSSR zurück und wird auf dem Moskauer Bahnhof feierlich begrüßt.

Gorki hat seine Heimat 1921 verlassen und zunächst im Deutschen Reich und anschließend in Süditalien gelebt. Als Gründe für seinen Weggang werden ein erneuter Ausbruch seiner Tuberkulose-Erkrankung und politische Differenzen mit der KPdSU genannt. Gorki nahm früh, nach der Revolution von 1905, Kontakt mit den Bolschewisten auf und beteiligte sich nach der Oktoberrevolution von 1917 u. a. an der Gründung der ersten Arbeiter- und Bauernuniversität und des Hauses der Künste in Leningrad. Er war jedoch nicht mit allen Maßnahmen der KPdSU einverstanden.

Im Ausland hat sich Gorki nicht als Emigrant bezeichnet, er hat Artikel für die sowjetische Zeitschrift

Der 60jährige russisch-sowjetische Schriftsteller Maxim Gorki, der sich wegen einer Erkrankung im Ausland aufhielt, mit Schwiegertochter und Enkel

»Krasnaja now« (Rotes Neuland) geschrieben, und seine Werke sind weiterhin in sowjetischen Verlagen erschienen.

An seinem 60. Geburtstag (→ 28. 3./S. 51) hat er eine Einladung in die Sowjetunion erhalten. Er unternimmt zahlreiche Reisen und wird

überall begeistert empfangen. Mit seinen realistischen Schilderungen der sozialen Mißstände in Rußland und der revolutionären Bewegungen, u. a. in »Nachtasyl« (1902) und »Die Mutter« (1907), hat Gorki zur Entwicklung des sozialistischen Realismus beigetragen.

Drama wirbt um Völkerannäherung

3. Mai. An der Comédie des Champs-Elysées in Paris findet die Uraufführung des Schauspiels »Siegfried« des französischen Autors Jean Giraudoux statt.

Giraudoux geht es um die deutsch-französische Annäherung. Der französische Literat Jacques Forestier hat durch eine Kriegsverletzung das Gedächtnis verloren und macht als Siegfried in der Weimarer Republik politisch Karriere. Der Konflikt zwischen beiden Nationalitäten personifiziert sich in zwei Frauenfiguren, der Krankenschwester Eva, die Siegfried zum mustergültigen Deutschen erzieht, und der ehemaligen Freundin Forestiers, Geneviève, die ihn nach Frankreich zurückholt.

Kurt Tucholsky schließt seine positive Rezension des Stücks, in der er allerdings einige Unstimmigkeiten in der Zeichnung der Deutschen bemängelt, mit der Hoffnung: »Das Stück von Jean Giraudoux ruft, und wir nehmen den Ruf auf: es werde, trotz allem, Licht!«

Revue parodiert Neue Sachlichkeit

15. Mai. Die Kabarettrevue »Es liegt in der Luft« von Marcellus Schiffer (Text) und Mischa Spoliansky (Musik) wird in der Komödie am Berliner Kurfürstendamm uraufgeführt.

Der Titelsong kennzeichnet in satirischer Weise die vorherrschende kulturelle Strömung der Zeit: »Es liegt in der Luft eine Sachlichkeit, es liegt in der Luft eine Stachlichkeit ... Fort mit Schnörkel, Stuck und Schaden! Glatt baut man die Hausfassaden. Nächstens baut man Häuser bloß ganz und gar fassadenlos. Krempel sind wir überdrüssig! Fort die Möbel aus der Wohnung! Fort mit was nicht hingehört! Ich behaupte ohne Schonung: Jeder Mensch, der da ist, stört!«

Die Revue spielt in einem Warenhaus, und das von Margo Lion und Marlene Dietrich vorgetragene Duett über einen Einkaufsbummel zweier Frauen (»Wenn die beste Freundin«) entwickelt sich zum Schlager der Saison. Der Esprit der Inszenierung findet beim Publikum viel Beifall.

Marlene Dietrich (r.) und Margo Lion singen das Couplet »Wenn die beste Freundin« in der neuen Schiffer-Revue

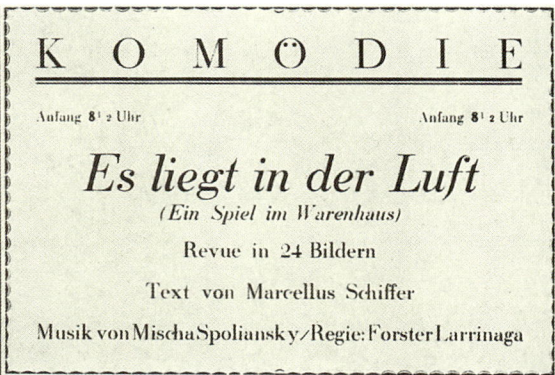

KOMÖDIE

Anfang 8½ Uhr   Anfang 8½ Uhr

Es liegt in der Luft

(Ein Spiel im Warenhaus)

Revue in 24 Bildern

Text von Marcellus Schiffer

Musik von Mischa Spoliansky/Regie: Forster Larrinaga

Programmheft für »Es liegt in der Luft«; der Titelsong parodiert die Bewegung der Neuen Sachlichkeit

Star der Revue »Es liegt in der Luft«: Margo Lion

Robert Forster Larrinaga, Regisseur der Uraufführung

Die ersten olympischen Entscheidungen

17. Mai. In Amsterdam beginnen die Vorspiele der IX. Olympischen Sommerspiele, die Hauptspiele werden erst am → 28. Juli (S. 124) eröffnet. Das niederländische Organisationskomitee hat das Hockey- und das Fußballturnier auf den Zeitraum vom 17. Mai bis 10. Juni vorgezogen, weil die Hitze im Juli und August für Rasenspiele als nicht vertretbar gilt. In eindeutiger Überlegenheit gewinnt die Mannschaft aus der britischen Kolonie Indien das Hockeyturnier. Die indischen Spieler schießen im Verlauf des gesamten Wettbewerbs 29 Tore und wehren alle Torschüsse der gegnerischen Mannschaften erfolgreich ab. Die Silbermedaille geht an die Niederlande, und das Deutsche Reich, das erstmals seit dem Weltkrieg wieder an Olympischen Spielen teilnehmen darf, holt Bronze.

Im Fußball zeigen die Mannschaften aus Uruguay und Argentinien ihre Überlegenheit. Im Wiederholungsendspiel – nach einem 1:1 im ersten Endspiel – schlägt die verbissen kämpfende uruguayische Elf die Argentinier 2:1. Den dritten Platz sichert sich die Elf aus Italien. Einen Mißklang bringt das Vorentscheidungsspiel zwischen der uruguayischen und der deutschen Mannschaft am 3. Juni, das Uruguay 4:1 gewinnt. Auf die versteckten Fouls der Südamerikaner reagiert die deutsche Elf mit Unfairneß. Zwei deutsche Spieler werden daraufhin vom Platz gestellt.

Szene aus der Begegnung zwischen der niederländischen und der deutschen Mannschaft beim olympischen Hockeyturnier; die Niederländer gewinnen 2:1

Die deutsche Elf besiegt beim olympischen Fußballturnier in Amsterdam die Auswahl der Schweiz 4:0; hier wehrt der deutsche Torwart Heiner Stuhlfauth (Nürnberg) mit Unterstützung der Verteidiger Ludwig Leinberger (Fürth) und Albert Beier (Hamburg; vorn) einen Angriff der Eidgenossen ab

Weltrekorde in der Leichtathletik

12. Mai. Zwei sensationelle Weltrekorde in der Leichtathletik werden im Mai aufgestellt:
Der kalifornische Mittelstreckenläufer Emerson Spencer erreicht bei einem Sportfest in Palo Alto am 12. Mai über 400 m eine Zeit von 47,0 sec. Er übertrifft damit den bisherigen Rekord seines Landsmanns Ted Meredith aus dem Jahre 1927 um vier Zehntelsekunden.
Die Japanerin Kinue Hitomi springt bei Wettkämpfen in Osaka am 20. Mai 5,98 m weit. Damit übertrifft sie den Rekord der Deutschen Gertrud Gladitsch aus dem Jahre 1927 um 36 cm. Die erst 20jährige, vielseitige Athletin startet auch als Läuferin bei Mittelstreckenwettbewerben.

Papst gegen Frauensport

2. Mai. Der »Osservatore Romano«, die amtliche Zeitung des Vatikans, veröffentlicht ein Schreiben, das Papst Pius XI. an die Stadtverwaltung von Rom wegen der dort geplanten Sportwettkämpfe von Frauen gerichtet hat.
Das Oberhaupt der katholischen Christenheit erklärt, daß es die Austragung von Frauensport in der Heiligen Stadt mißbillige. Die zarte Achtung vor der Empfindsamkeit der jungen Frauen müsse nach 20 Jahrhunderten Christentums stärker sein als im heidnischen Rom. Papst Pius XI. verweist darauf, daß selbst im antiken Griechenland die Olympischen Spiele ohne Beteiligung von Frauen stattgefunden hätten. Gegen die Geschicklichkeit und Kraft weiblicher Körper sei nur so lange nichts einzuwenden, wie diese als »edle Instrumente der Seele« behandelt würden. Pius schließt sein Schreiben mit den Worten: »Wenn die Hand von Frauen erhoben werden muß, so hoffen wir, daß es immer nur zum Beten und zur Ausübung von Mildtätigkeit sein wird.«
Die Ansicht des Papstes gilt in einer Zeit, wo erstmals die Frauen zu den Leichtathletikwettbewerben bei den Olympischen Spielen in Amsterdam zugelassen werden (→ 28. 7./S. 124; 12. 8./S. 144), weithin als überholt; Kommentatoren vertreten die Ansicht, daß der Papst sich gegen die militärische Ausbildung von Frauen in den faschistischen Jugendverbänden ausspricht (→ 30. 3./S. 55).

(→ 28. 7./S. 124; 12. 8./S. 144)
(→ 30. 3./S. 55)

»Technisch und taktisch famos«

28. Mai. Die Deutsche Fußballnationalmannschaft erzielt im Rahmen des Turniers in Amsterdam einen 4:0-Sieg gegen die Schweiz und scheidet nach einer 1:4-Niederlage gegen Uruguay am 3. Juni aus dem Wettbewerb aus. Der Sportjournalist Willy Meisl kommentiert den Erfolg gegen die Schweiz:

»Deutschlands Fußballer haben einen gewaltigen Erfolg erkämpft. Unsere brave Nationalmannschaft ließ sich von der unnötig aufgeblasenen ›nationalen Verantwortung‹ nicht niederdrücken, sie spielte das Spiel als Spiel, und diese Freiheit, vereint mit dem wirklich hochklassigen Können, dem Mannschaftsgeist und dem stahlharten Siegeswillen jedes einzelnen unserer Elf schufen eine überragende Leistung, ermöglichten es, ... die Schweiz 4:0 zu schlagen.
Dieses so hohe Ergebnis ist vollauf verdient. Es ist die Frucht deutscher Vorbereitungsarbeit und eines vorbildlich harmonischen Mannschaftsspieles. Die Schweiz stand eine Klasse unter unserem Können ... Gegen diese deutsche Elf, die eine geschlossene Gesamtheit, eine ... von einem Siegeswillen getragene Einheit war, hätten auch weit bessere Mannschaften nichts zu bestellen gehabt. Alle ... Teile führten ein ebenso systemvolles wie energisches, technisch und taktisch famoses Spiel vor.«

Weltmeisterschaft »offen für alle«

25. Mai. Der Weltfußballverband FIFA (Fédération Internationale de Football Association) beschließt auf einem Kongreß am Rande der Olympischen Spiele in Amsterdam mit einem Stimmenverhältnis von 21:5, künftig Weltmeisterschaften im Fußball auszutragen. Sie sollen in einem regelmäßigen Turnus abgehalten werden und »offen für alle« sein, d.h. an ihnen können Mannschaften von Berufsspielern und Amateuren teilnehmen.
Die Amateurbestimmungen des Olympischen Komitees haben dazu geführt, daß führende Fußballnationen – darunter England und Österreich – in Amsterdam nicht vertreten sind (→ 17. 5./S. 95).

(→ 17. 5./S. 95)

Juni 1928

Mo	Di	Mi	Do	Fr	Sa	So
				1	2	3
4	5	6	7	8	9	10
11	12	13	14	15	16	17
18	19	20	21	22	23	24
25	26	27	28	29	30	

1. Juni, Freitag

General Tschang Tso-lin beginnt mit der Räumung Pekings vor den anstürmenden Kuomintang-Truppen (→ 8.6./S.100).

Die italienische Regierung ordnet die stufenweise Einführung des Religionsunterrichts in italienischer Sprache in Südtirol an. Bisher war für dieses Fach noch die deutsche Sprache geduldet worden, während in allen anderen Fächern von der 5. Klasse an italienisch gesprochen wird.

Die Zusammenlegung von 887 Arbeitsnachweisstellen zu 363 Arbeitsämtern soll die Voraussetzung für eine bessere Vermittlung Arbeitsloser schaffen.

In München wird die Kunstausstellung im Glaspalast eröffnet (bis 30. 9).

2. Juni, Sonnabend

Der nationalsozialistische Politiker Julius Streicher wird in München seines Dienstes als Lehrer enthoben. Streicher war, als er im Zusammenhang mit dem Hitler-Putsch 1923 dem Unterricht fernblieb, suspendiert worden. Die nun vollzogene Amtsenthebung erfolgt unter Zubilligung einer Pension.

Die italienischen Piloten Arturo Ferrarin und Majar del Prete stellen, vom römischen Flugfeld Monte Celio am 31. Mai gestartet, mit 58:30 h einen Dauerflug-Weltrekord auf.

In Hamburg wird das volkstümliche Stück »1000 Jahre Hamburg« von Paul Möhring uraufgeführt.

3. Juni, Sonntag

Der rechtsgerichtete paramilitärische Verband Stahlhelm hält in Hamburg seinen Frontsoldatentag ab. Von dem Bundesführer der Organisation, Franz Seldte, wird in der Innenstadt eine Parade abgenommen (→ 23. 9./S. 152).

Erstmals seit 15 Jahren findet im Deutschen Reich – in Berlin – wieder ein Bergmannstag statt. Reichspräsident Paul von Hindenburg schickt ein Grußtelegramm.

Im Rahmen des Olympischen Fußballturniers in Amsterdam verliert die deutsche Nationalmannschaft ein Länderspiel gegen Uruguay 1:4 (→ 17. 5./S. 95).

Sieger der Radrundfahrt Giro d'Italia ist – wie im Vorjahr – der italienische Radsportler Alfredo Binda. → S. 111

4. Juni, Montag

Zypriotische Politiker fordern am 50. Jahrestag des Übergangs der Mittelmeerinsel an Großbritannien die Londoner Regierung auf, Zypern an Griechenland zurückzugeben.

In Genf wird die 50. Tagung des Völkerbundsrats eröffnet (bis 9. 6.). Auf der Tagesordnung stehen u. a. Beschwerden der deutschen Minderheit im polnischen Oberschlesien über Einschränkungen ihrer Rechte (→ 15. 12./S. 198).

Der Berliner Droschkenkutscher Gustav Hartmann erreicht nach zweimonatiger Fahrt mit der Pferdekutsche das Ziel seiner Reise, Paris. → S. 106

5. Juni, Dienstag

Die Reichsregierung weist den Antrag der Reichsbahn auf Erhöhung der Beförderungstarife zunächst einstimmig zurück (→ 7. 10./S. 173).

Der Landtag von Hessen beschließt, das ehemals, bis zur Novemberrevolution 1918, regierende Fürstenhaus mit neun Millionen Reichsmark für das dem Staat übereignete Gebiet zu entschädigen.

In Washington wird ein Freundschafts-, Handels- und Konsularvertrag zwischen den Vereinigten Staaten und Norwegen unterzeichnet, der die Meistbegünstigung zusichert. Am 7. Juni folgt die Unterzeichnung eines US-amerikanisch-finnischen Schiedsvertrags.

In Mailand wird das Urteil vom Sondergerichtshof des Staates gegen führende Funktionäre der Kommunistischen Partei gefällt. Gegen 16 Angeklagte werden Zuchthausstrafen zwischen 16 und 27 Jahren verhängt, zwei weitere Angeklagte erhalten Gefängnisstrafen unter zehn Jahren. Antonio Gramsci, der Mitbegründer und Vorsitzende der KPI, wird zu 20 Jahren Zuchthaus verurteilt.

Den Australiern Charles Ulm und Kingsford Smith sowie den US-Amerikanern Harry Lyons und James Warner gelingt erstmals die Überfliegung des Stillen Ozeans. Sie landen 35:30 h nach dem Start in Honolulu (Hawaii) wohlbehalten mit ihrem dreimotorischen Fokker-Flugzeug auf den Fidschi-Inseln.

In Berlin wird die Filmkomödie »Flitterwochen« mit Adele Sandrock und Trude Hesterberg uraufgeführt.

6. Juni, Mittwoch

Der sozialdemokratische Parteiausschuß faßt – gegen den Widerstand der SPD-Linken – den Beschluß, sich nach dem Wahlerfolg vom → 20. Mai (S. 80) an der Reichsregierung in führender Position zu beteiligen und die Regierungsbildung in die Hand zu nehmen (→ 28. 6./S. 102).

Die Lufthansa eröffnet die Fluglinie Berlin – Danzig – Königsberg – Tallin – Leningrad. Die Flugzeit beträgt 14 h.

Im Dresdner Opernhaus wird die Oper »Die ägyptische Helena« von Richard Strauss (Libretto: Hugo von Hofmannsthal) uraufgeführt. → S. 110

7. Juni, Donnerstag

General Tschang Tso-lin, der Führer der chinesischen Nordarmee, stirbt an den Verletzungen infolge eines Anschlags, der am 4. Juni von japanischer Seite auf ihn verübt worden ist (→ 8.6./S.100).

Parker Gilbert, als Reparationsagent für die Überwachung der Reparationszahlungen des Deutschen Reichs an die Siegermächte des Weltkriegs zuständig, legt einen positiven Zwischenbericht vor. Das Deutsche Reich ist seinen Verpflichtungen nachgekommen (→ 31. 8./S. 136).

8. Juni, Freitag

Die nationalrevolutionären, von Chiang Kai-shek geführten Kuomintang-Truppen erobern Peking. → S. 100

Nach Ablehnung eines kommunistischen Antrags kommt es bei der Eröffnung des neugewählten preußischen Landtags (→ 20. 5./S. 82) in Berlin zu einer Prügelei unter den Abgeordneten.

Eugen Boltz (Zentrum) wird neuer Ministerpräsident von Württemberg. Er löst den Deutschnationalen Wilhelm Bazille in diesem Amt ab, dieser gehört dem neuen Kabinett jedoch als Kultusminister weiterhin an (→ 20. 5./S. 82).

In Wilhelmsburg bei Hamburg wird ein neuer Kali-Hafen eingeweiht.

9. Juni, Sonnabend

Reichspräsident Paul von Hindenburg empfängt die Spitzenvertreter der Parteien zu Gesprächen über die Regierungsbildung (→ 28. 6./S. 102).

In Berlin hat das Stück »Artisten« von Gloryl Watters und Arthur Hopkins seine deutsche Premiere. → S. 111

Die Operette »Die singende Venus« des deutschen Komponisten Eduard Künneke wird in Breslau uraufgeführt.

Die deutsche Schwimmerin Lotte Mühe stellt mit 1:26,3 min in Magdeburg einen Weltrekord über 100 m Brust auf.

10. Juni, Sonntag

Bei einem Eisenbahnunglück in Nürnberg sterben 24 Menschen, 20 werden verletzt (→ 15. 7./S. 123).

Ludwig Haymann schlägt Franz Diener durch Aufgabe in der siebten Runde in Dortmund und wird damit Deutscher Meister im Schwergewichtsboxen. Max Schmeling (→ 4. 4./S. 74) hat wegen einer USA-Reise auf die Verteidigung des Titels verzichtet (→ 23. 11./S. 192).

Mit dem »Frankfurter Wechsel« läuft die Mannschaft von Eintracht Frankfurt in Halle mit 41,0 sec einen deutschen Rekord über 4 × 100 m. → S. 111

11. Juni, Montag

Hermann Müller erhält von der Reichstagsfraktion seiner Partei, der SPD, den Auftrag, ein Angebot des Reichspräsidenten Paul von Hindenburg zur Regierungsbildung anzunehmen (→ 28. 6./S. 102).

12. Juni, Dienstag

Reichskanzler Wilhelm Marx (Zentrum) tritt mit seiner Regierung, die bei den Reichstagswahlen am → 20. Mai (S. 80) eine Niederlage erlitten hat, zurück.

Reichspräsident Paul von Hindenburg beauftragt Hermann Müller (SPD) mit der Regierungsbildung (→ 28. 6./S. 102).

Der Reichsverband deutscher Buch- und Zeitschriftenhändler verabschiedet auf der Generalversammlung in Köln eine Resolution für die Aufhebung des Gesetzes zur Bewahrung der Jugend vor Schund und Schmutz. Es ist im Dezember 1926 verabschiedet worden und enthält Zensurbestimmungen für jugendgefährdende Schriften.

13. Juni, Mittwoch

Der am → 20. Mai (S. 80) neugewählte Reichstag kommt in Berlin zur ersten Sitzung zusammen.

Der Verein Deutscher Stahlindustrieller stellt einen Forderungskatalog an die Reichsregierung auf, der u. a. eine Senkung der Sozialversicherungsbeiträge und eine Ausschaltung staatlicher Organe bei Tarifverhandlungen enthält.

14. Juni, Donnerstag

Der sozialdemokratische Politiker Paul Löbe wird in Berlin erneut zum Reichstagspräsidenten gewählt.

Neuer Regierungschef des Landes Anhalt wird Heinrich Deist. Der Regierung gehören SPD- und DDP-Politiker an.

Der Preußische Landtag lehnt ein von der kommunistischen Fraktion eingebrachtes Mißtrauensvotum gegen die Koalitionsregierung aus SPD, DDP und Zentrum unter Ministerpräsident Otto Braun mit 222 gegen 168 Stimmen ab.

Der Parteikonvent der Republikaner nominiert in Kansas City (USA) mit 837 von 1089 Stimmen Handelsminister Herbert Hoover zu ihrem Kandidaten für die Präsidentschaftswahlen am → 6. November (S. 186; → 11. 8./S. 137).

Das britische Unterhaus in London lehnt das von der anglikanischen Kirche ausgearbeitete neue Gebetbuch, das Annäherungen an den katholischen Ritus mit sich bringt, erneut ab. → S. 107

15. Juni, Freitag

Reichsaußenminister Gustav Stresemann fährt wegen seiner Erkrankung zu einem Kuraufenthalt nach Bühlerhöhe im Schwarzwald (→ 5. 5./S. 83).

Der Sejm nimmt den Staatshaushalt mit 219 gegen 53 Stimmen an. Ministerpräsident Josef Klemens Piłsudski kann sich, obwohl seine Partei nicht über die Majorität der Mandate verfügt, auf wechselnde Mehrheiten im polnischen Parlament stützen (→ 27. 6./S. 101).

Regisseur Erwin Piscator muß aufgrund finanzieller Schwierigkeiten die Konzession für seine Bühne am Nollendorfplatz zurückgeben. → S. 107

16. Juni, Sonnabend

Der britische Kreuzer »Canterbury« trifft zu einem Besuch Litauens im Memeler Hafen ein.

Die Berliner »Illustirte Zeitung« berichtet über die große Koalition, die unter Reichskanzler Hermann Müller ihre Arbeit aufnimmt

24. Juni 1928
Nummer **26**
37. Jahrgang

Berliner

Illuſtrirte Zeitung

Verlag Ullstein Berlin SW 68

Preis
des Heftes
20 Pfennig

Der neue Reichskanzler Hermann Müller-Franken.
Phot. Transocean.

Der schwedische König Gustav V. wird 70 Jahre alt. Die Bevölkerung hat für ihn ein Geldgeschenk von 4,7 Millionen Kronen (5,27 Millionen Reichsmark) gesammelt, das dieser einem Krebsfonds zur Verfügung stellt (→ S. 107).

In Hannover wird das erste Deutsche Arbeiter-Sängerbundfest eröffnet (bis 18. 6.). 40 000 Chorsänger, eine Vielzahl von Gesangssolisten und drei Orchester nehmen an 57 Veranstaltungen aktiv teil.

17. Juni, Sonntag

In Duisburg tagt der Deutsche Ostbund. Er lehnt die Konstruktion des Freistaats Preußen und die gesamte Grenzziehung im Osten des Deutschen Reiches entschieden und kategorisch ab.

Das 24-Stunden-Rennen von Le Mans (seit 16. 6.) gewinnen die Automobilsportler Woolf Barnato (Großbritannien) und Bernard Rubin (Australien) auf Bentley mit einer Durchschnittsgeschwindigkeit von 111,219 km/h.

18. Juni, Montag

In Wien werden Verhandlungen zwischen dem Deutschen Reich und Österreich über den Abschluß eines Handelsvertrags aufgenommen.

Der norwegische Polarforscher Roald Amundsen kommt bei einem Rettungsflug für den abgestürzten Umberto Nobile ums Leben (→ 23. 6./S. 104).

Amelia Earhart überfliegt als erste Frau den Atlantik. → S. 105

Die Piloten Hermann Köhl, Ehrenfried Günther Freiherr von Hünefeld und James C. Fitzmaurice, die am → 13. April (S. 60) erstmals den Atlantik in Ost-West-Richtung überquert haben, werden bei ihrer Rückkehr mit dem Dampfer »Columbus« in Bremerhaven von einer begeisterten Menge empfangen.

19. Juni, Dienstag

Der Redakteur Bruno Wolf wird in Wien im Gerichtssaal von seinem Kollegen und Widersacher Oskar Pöffel mit drei Revolverschüssen getötet. → S. 101

20. Juni, Mittwoch

Im Parlament des Königreichs der Serben, Kroaten und Slowenen (heute Jugoslawien) werden drei Abgeordnete durch Schüsse getötet, zwei weitere schwer verletzt. → S. 101

Die Hindenburgschleuse bei Hannover wird im Rahmen der Eröffnung eines 30 km langen Teilstücks des Mittellandkanals – von Hannover nach Peine – feierlich eingeweiht.

In Oslo wird die Jahrestagung des internationalen PEN-Clubs eröffnet. Im Mittelpunkt des Schriftstellerkongresses steht die Diskussion über das Sprachproblem kultureller Minderheiten.

21. Juni, Donnerstag

Die thüringische Landesregierung erklärt auf eine Anfrage der SPD-Fraktion im Landtag, daß sie an der Todesstrafe festhalte. In Eisenach war kürzlich ein 1924 wegen Mordes zum Tode Verurteilter freigesprochen und rehabilitiert worden.

Der bayerische Landtag tritt in München zur ersten Sitzung nach den Landtagswahlen am → 20. Mai (S. 82) zusammen. Die Deutschnationalen, die mit vier Abgeordneten keine Fraktion mehr bilden, schließen sich in einer losen Arbeitsgemeinschaft dem Bayerischen Bauernbund an.

Die erste Abendrealschule eröffnet in Berlin den Unterrichtsbetrieb.

22. Juni, Freitag

Reichspräsident Paul von Hindenburg beauftragt den SPD-Politiker Hermann Müller, weitere Verhandlungen über die Regierungsbildung zu führen (→ 28. 6./S. 102).

Die Ozeanflieger Hermann Köhl, James C. Fitzmaurice und Ehrenfried Günther Freiherr von Hünefeld werden von der Reichsregierung feierlich empfangen (→ 13. 4./S. 60).

23. Juni, Sonnabend

Der US-amerikanische Botschafter in Berlin, Jacob Gould Schurman, überreicht der Reichsregierung einen revidierten Entwurf für den Kriegsächtungsvertrag. Die US-Regierung legt den Vertragsentwurf zugleich 13 weiteren Staaten vor (→ 27. 8./S. 132).

Der am 25. Mai mit seinem Luftschiff über dem Nordpol abgestürzte italienische General Umberto Nobile wird von dem schwedischen Flieger Einar Lundborg an Bord genommen. → S. 104

In der Nähe von Hannover wird eine erste Testfahrt mit einem Raketenwagen der Opelwerke auf Schienen durchgeführt. Der unbemannte Waggon erreicht auf der 2000 m langen Teststrecke eine Durchschnittsgeschwindigkeit von 180 km/h und eine Höchstgeschwindigkeit von 254 km/h (→ 11. 4./S. 66).

Bei einer Explosionskatastrophe in der belgischen Stadt Brügge kommen acht Menschen ums Leben, 30 werden z. T. erheblich verletzt.

24. Juni, Sonntag

Am sechsten Todestag des deutschen Politikers und Industriellen Walther Rathenau, der einem Attentat zum Opfer fiel, wird in Berlin die Walther-Rathenau-Gesellschaft gegründet.

Der totgeglaubte deutsche Asienforscher Wilhelm Filchner kehrt von einer zweieinhalbjährigen Expeditionsreise nach Tibet, China und Nordindien ins Deutsche Reich zurück. → S. 105

25. Juni, Montag

Der 26. internationale Friedenskongreß der pazifistischen Internationale wird in Warschau eröffnet (bis 29. 6.). Die Friedensnobelpreisträger von 1927, Ludwig Quidde (Deutsches Reich) und Ferdinand Buisson (Frankreich), sind auf der Tagung anwesend.

Vor dem Parlamentsgebäude in Paris demonstrieren anläßlich der Stabilisierungsdebatte des Senats mehrere hundert Frauenrechtlerinnen für die Einführung des Frauenwahlrechts. Der Senat hatte kürzlich selbst einen Antrag, über das Stimmrecht für Frauen lediglich zu debattieren, abgelehnt (→ 7. 5./S. 85).

Der französische Franc wird um 80% abgewertet. → S. 101

26. Juni, Dienstag

Der österreichische Justizminister Franz Dinghofer (großdeutsch) tritt nach Auseinandersetzungen über die Auslieferung des ungarischen Revolutionärs Béla Kun an Ungarn zurück. → S. 101

Der sozialdemokratisch orientierte Arbeiter-Turn- und Sportbund beschließt auf der Bundestagung in Leipzig mit 168 gegen 66 Stimmen, künftig keine Beziehungen mehr zur KPD und ihr nahestehende Organisationen zu unterhalten.

27. Juni, Mittwoch

Der scheidende britische Botschafter in Berlin, Sir Ronald Lindsay, wird von Reichspräsident Paul von Hindenburg in Berlin zu einer Abschiedsaudienz empfangen. Sein Nachfolger wird Sir Horace Rumbold, der bisher britischer Botschafter in Madrid war.

Kasimierz Bartel löst Marschall Josef Klemens Piłsudski als polnischer Ministerpräsident ab. Piłsudski bleibt jedoch Kriegsminister und bestimmt von dieser Position aus faktisch weiterhin die Politik des Landes. → S. 101

Neuer Ministerpräsident von Ägypten wird Muhammad Mahmud Pascha. Er folgt Mustafa Nahhas Pascha nach, der am 25. Juni wegen eines Bestechungsskandals zurückgetreten ist.

In Genf wird die dritte Tagung des Sicherheitskomitees des Völkerbundes eröffnet (bis 4. 7.). Auf der Tagesordnung steht u. a. die Erarbeitung von Musterverträgen für die friedliche Regelung von Streitfragen sowie für Schieds- und Vergleichsverfahren.

In Budapest wird Baron Ludwig Hatvany wegen Angriffen auf das herrschende politische System in Ungarn in letzter Instanz zu eineinhalb Jahren Gefängnis und 150 000 Pengö (109 000 Reichsmark) Geldstrafe verurteilt. Gegenüber den Urteilen vorheriger Instanzen bedeutet dies eine erhebliche Strafminderung.

28. Juni, Donnerstag

Die neue Reichsregierung, eine große Koalition unter dem Sozialdemokraten Hermann Müller als Reichskanzler, wird vereidigt. Gustav Stresemann (DVP) bleibt Außenminister. → S. 102

Die griechische Regierung unter Ministerpräsident Alexander Zaimis erklärt nach heftigen Angriffen des Vorsitzenden der Liberalen Partei, Eleftherios Weniselos, ihren Rücktritt. Sie bleibt bis zum → 4. Juli (S. 117) geschäftsführend im Amt.

Der Parteikonvent der Demokraten in Houston/Texas (USA) nominiert Gouverneur Alfred E. Smith zu ihrem Kandidaten für die Präsidentschaftswahlen am → 6. November (S. 186; → 11. 8./S. 137).

Die Genfer Opiumkonvention von 1925, die Bestimmungen zur Bekämpfung des Mißbrauchs und des Schmuggels von Opium und anderen Rauschgiften enthält, tritt nach der Ratifikation durch Kanada in Kraft.

29. Juni, Freitag

In La Sarraz (Schweiz) geht eine Tagung international anerkannter Architekten zu Ende, in deren Verlauf die Gründung der Architektenvereinigung CIAM vollzogen wird. → S. 111

30. Juni, Sonnabend

Die kommunistische Fraktion im Reichstag legt einen Gesetzentwurf zum Schutz von Mutter und Kind vor, der die Abschaffung des Abtreibungsparagraphen 218 im Strafgesetzbuch enthält.

Die Tagung der Saardeutschen, die in Heidelberg eröffnet wird (bis 1. 7.), steht unter dem Motto »Vaterland, Saardeutschland ruft dich!«. Das Saargebiet steht seit 1920 unter treuhänderischer Verwaltung des Völkerbunds.

Im Haag wird der zwölfte Kongreß des Weltverbands der Völkerbundgesellschaften eröffnet. Hauptgegenstand der Beratungen ist das Problem nationaler Minderheiten (bis 7. 7.).

Gestorben:

2. Göteborg: Otto Nordenskjöld (* 6. 12. 1869, Hässleby/Jönköping), schwedischer Geologe und Polarforscher.

14. London: Emmeline Pankhurst (* 14. 7. 1858, Manchester), britische Frauenrechtlerin. → S. 107

18. Flugzeugabsturz: Roald Amundsen (* 16. 7. 1872, Borge), norwegischer Polarforscher (→ 23. 6./S. 104).

Geboren:

14. Rosario: Ernesto »Che« Guevara Serna († 9. 10. 1967, Higueras), südamerikanischer marxistischer Revolutionär.

15. Wien: Irenäus Eibl-Eibesfeldt, österreichischer Verhaltensforscher.

23. Hamburg: Klaus von Dohnanyi, deutscher Politiker.

Das Wetter im Monat Juni

Station	Mittlere Lufttemperatur (°C)	Niederschlag (mm)	Sonnenscheindauer (Std.)
Aachen	14,2 (15,9)	112 (77)	– (200)
Berlin	14,3 (16,5)	55 (62)	– (244)
Bremen	14,1 (16,0)	40 (59)	– (218)
München	15,5 (15,8)	128 (121)	– (201)
Wien	16,7 (17,6)	62 (68)	– (–)
Zürich	16,3 (15,5)	81 (138)	248 (220)

( ) Langjähriger Mittelwert für diesen Monat
– Wert nicht ermittelt

Über die umjubelte Ankunft der Ozeanflieger Hermann Köhl, James Fitzmaurice und Ehrenfried von Hünefeld in Berlin berichtet die »Woche« vom 30. Juni

Die Woche

Nummer 26   Berlin, 30. Juni 1928   30. Jahrgang

RÜCKKEHR DER BREMEN-FLIEGER NACH DEUTSCHLAND
Die Ozeanflieger verlassen unter begeisterten Hochrufen der Menge den Tempelhofer Flughafen

Das Bombenattentat japanischer Soldaten auf einen Eisenbahnwaggon in der Nähe von Mukden gilt Tschang Tso-lin

Chiang Kai-sheks Truppen erobern Peking

8. Juni. Am Ende des seit Juli 1926 andauernden Nordfeldzugs marschiert General Chiang Kai-shek mit der nationalrevolutionären Parteiarmee der Kuomintang in die alte chinesische Hauptstadt Peking ein.

In Peking erstattet Chiang Kai-shek, der seit Februar Vorsitzender des Zentralen Exekutivkomitees der Kuomintang-Regierung in Nanking und Oberbefehlshaber der Armee ist, Bericht über die Wiedervereinigung der chinesischen Gebiete südlich der Großen Mauer. Die Einnahme von Peking ist für das Ziel der Kuomintang-Regierung, ganz China zu einigen, von hoher Bedeutung. Ob sich die Erfolge des Nordfeldzugs als dauerhaft erweisen werden, ist fraglich. Viele der regionalen Militärherrscher haben sich nur aus taktischen Gründen auf die Seite der Kuomintang gestellt, deren eigene Machtbasis schmal ist.

Mit Argwohn verfolgt Japan den Vormarsch der nationalrevolutionären Truppen Chiang Kai-sheks in die nordöstlichen Provinzen Chinas. Besonders die Mandschurei, die z. T. japanisch besetzt ist, betrachtet Japan als seine Interessensphäre auf dem chinesischen Subkontinent.

Bereits am →3. Mai (S. 84) kam es in Tsinan, der Hauptstadt der Provinz Schantung, zu Kämpfen zwischen japanischen und nationalchinesischen Truppen. Der Tsinan-Zwischenfall und das am 4. Juni verübte Attentat auf Tschang Tso-lin, den faktischen Machthaber in der Mandschurei, stehen am Anfang einer von zunehmender Feindschaft geprägten Entwicklung der japanisch-chinesischen Beziehungen. Offiziere der japanischen Armee in China ermordeten Tschang Tso-lin (am 7. 6. erlag er seinen Verletzungen), um politische Verwirrung zu stiften und damit die japanische Regierung zu direktem und massivem Eingreifen zu veranlassen. Da es weder zum Chaos noch zum Eingreifen Japans kommt, bleibt die künftige Entwicklung der mandschurischen Provinzen nördlich der Großen Mauer zunächst noch offen.

Die Truppen von Militärführer Tschang Tso-lin verlassen vor dem Einmarsch der nationalrevolutionären Kuomintang-Armee fluchtartig die Stadt Peking

Kuomintang will geeintes China

Für die Geschichte der Republik China ist das Jahr 1928 von entscheidender Bedeutung. Nach Abschluß des knapp zwei Jahre dauernden Nordfeldzugs im Juni versucht die Kuomintang, die innere Konsolidierung der Republik einzuleiten.

Ziel der von Sun Yat-sen gegründeten nationalrevolutionären Kuomintang (Nationale Volkspartei Chinas) ist es, den Machtanspruch ihrer Zentralregierung in ganz China durchzusetzen und den politisch-militärischen Partikularismus – bisher herrschen in China regionale Militärbefehlshaber – zu überwinden, um dann weitreichende nationale Reformen durchführen zu können.

Sun Yat-sen

Zwar erzielt die Kuomintang einige Erfolge: Im August wird eine Verfassung für die neue Zentralregierung (Staatsrat) verabschiedet, an der die bedeutendsten Militärführer Chinas beteiligt sind und deren Präsident der Kuomintang-Politiker und General Chiang Kai-shek wird (→6. 10./S. 174).

Chiang Kai-shek

Als jedoch Chiang Kai-shek im Rahmen der militärischen Integration eine drastische Reduzierung des gesamten chinesischen Truppenbestands vorschlägt, erhält er nur die verbale Zustimmung der mächtigen Militärführer, die nicht freiwillig auf ihre Privatarmeen und die damit verbundene politische Macht verzichten wollen.

Das Scheitern der militärischen Integration würde bedeuten, daß sich die von der Kuomintang angestrebte Stärkung der Zentralgewalt nicht durchsetzen ließe.

Kroaten in Belgrader Parlament ermordet

20. Juni. Während heftiger Tumulte im Belgrader Parlament gibt der altradikale Abgeordnete Puniša Račić mehrere Revolverschüsse gegen die Fraktion der Kroatischen Bauernpartei ab. Drei kroatische Abgeordnete werden getötet, Parteiführer Stjepan Radić und ein weiterer Abgeordneter erleiden schwere Verletzungen. Die Kroaten lehnen nun jede Mitarbeit im Parlament ab.

In äußerst feindseliger Atmosphäre verliefen bereits die dem Attentat vorausgegangenen Debatten über die Ratifizierung der mit Italien abgeschlossenen Verträge (Nettuno-Konventionen und Erneuerung des Adria-Pakts), die von den Kroaten abgelehnt werden (→ 13. 8./S. 137). Mit der Ermordung der Kroaten erreichen die für das Königreich der Serben, Kroaten und Slowenen (später Jugoslawien) kennzeichnenden Spannungen zwischen großserbischem Zentralismus und kroatischem Nationalismus ihren Höhepunkt, zumal Kroatenführer Stjepan Radić am → 8. August (S. 137) an den Folgen seiner Verletzungen stirbt.

Tödlicher Schuß im Gerichtssaal

19. Juni. Mit drei Revolverschüssen tötet in Wien der Redakteur Oskar Pöffel seinen Kollegen Bruno Wolf bei einer Gerichtsverhandlung.

Pöffel hatte einen Prozeß wegen Ehrenbeleidigung gegen Wolf angestrengt. Der Hintergrund: Beide Journalisten waren beim »Neuen Wiener Journal« angestellt. Wolf hatte gegen Pöffel heftige Vorwürfe erhoben: Er habe – um an skandalträchtige Akten zu gelangen – Erpressungen und andere unlautere Methoden angewandt. Diese Vorwürfe führten zur fristlosen Entlassung Pöffels. Dieser wiederum war, um einer ehrengerichtlichen Untersuchung zu entgehen, aus der Organisation der Wiener Presse ausgetreten und hatte seinerseits Beleidigungsklage gegen Wolf erhoben. Offensichtlich vom Erfolg des Verfahrens nicht überzeugt, zog Pöffel kurz nach Beginn der Verhandlung seine Waffe. Der »Revolverjournalist« wird noch im Gerichtssaal verhaftet, Spekulationen gehen dahin, daß auch persönliche Rivalitäten in den Streit hineingespielt haben.

Wien: Streit um Béla Kuns Auslieferung

26. Juni. Der österreichische Justizminister Franz Dinghofer tritt zurück. Zu seinem Nachfolger wird am 6. Juli Franz Slama ernannt.

Der Hintergrund für den Rücktritt des großdeutschen Politikers liegt in der Person des Ungarn Béla Kun, der am 21. März 1919 in Budapest die Räterepublik ausgerufen hatte. Der Kommunist Kun scheiterte mit seiner Politik, bedrängt durch Angriffe der Rumänen und Tschechen, da die Waffenhilfe der Roten Armee Sowjetrußlands ausblieb. Am 1. August 1919 wurde die Räteregierung gestürzt. Kun floh zunächst nach Österreich, 1920 wurde er aus Wien ausgewiesen und ging nach Sowjetrußland.

Der ungarische Revolutionär ist am 26. April 1928 in Wien verhaftet worden. Ihm wird vorgeworfen, ein geheimes politisches Büro in der österreichischen Hauptstadt errichtet zu haben. Die ungarische Regierung stellte, als sie den Aufenthaltsort Kuns erfuhr, einen Auslieferungsantrag.

Dinghofers Entscheidung, dieses

Béla Kun, Volkskommissar der ungarischen Räterepublik, wird verhaftet

Ansinnen abzulehnen, stieß auf heftige Kritik innerhalb der eigenen Partei. Der Justizminister hatte argumentiert, es sei nicht nachweisbar, daß Kun die ihm vorgeworfenen Straftaten während der Räterepublik in Ungarn aus anderen als politischen Gründen begangen habe.

Kun wird im Juli 1928 in die Sowjetunion abgeschoben.

Rücktritt Piłsudskis von Präsidentenamt

27. Juni. Aus gesundheitlichen Gründen – so die offizielle Version – legt der polnische Ministerpräsident Marschall Jósef Klemens Piłsudski sein Amt nieder, worauf das gesamte Kabinett demissioniert. Nach seinem Rücktritt bestimmt der seit 1926 regierende Piłsudski als »graue Eminenz im Hintergrund« die Politik weiter, denn an die Spitze der neuen Regierung tritt sein Vertrauter Kazimierz Bartel.

Nachdem Marschall Piłsudski im Mai 1926 durch einen Staatsstreich des Militärs an die Macht gekommen war, stand er als Kriegsminister und seit Oktober 1926 als Ministerpräsident an der Spitze eines autoritären Regimes. Seine Partei ging aus den Wahlen vom → 4. März (S. 45) gestärkt hervor. Jedoch verfügen die Oppositionsparteien, die sich gegen Piłsudskis Bestreben, die Befugnisse des Parlaments einzuschränken, zur Wehr setzen, über die Mehrheit der Parlamentssitze. Piłsudski begründet seinen Rücktritt u. a. mit der zu geringen Macht der Regierung gegenüber dem Parlament.

Franc-Abwertung saniert die Wirtschaft

25. Juni. Beide Kammern des französischen Parlaments billigen mit großer Mehrheit die von Ministerpräsident Raymond Poincaré vorgelegten Stabilisierungsgesetze, mit denen u. a. eine Abwertung des französischen Franc um 80% vollzogen wird.

Die französische Währung war 1926 in eine schwere Krise mit einem galoppierenden Kursverfall geraten – eine Spätfolge der kriegsbedingten finanziellen Belastungen. Die USA waren – anders als im Fall des Deutschen Reichs (→ 31. 8./S. 136) – nicht zur Gewährung von Krediten bereit, da sie die von Paris postulierte Beziehung zwischen interalliierten Kriegsschulden und Reparationen nicht akzeptierte. Im Juni 1926, als die Staatskasse Frankreichs buchstäblich leer war und das britische Pfund einen Rekordkurs von 240 Francs erreicht hatte, lehnte es die Banque de France ab, weitere Mittel ohne legale Deckung zu geben. In dieser Situation wurde im Juli 1926 eine Regierung der nationalen Einheit unter Poincaré gebildet. Ihm, der in der Finanzwelt Vertrauen besitzt, gelang es, durch Schaffung neuer Einnahmequellen, Einsparungen bei öffentlichen Ausgaben und Erhöhung des Diskontsatzes relativ rasch eine Stabilisierung des Franc zu erreichen. Mit der nun vollzogenen Abwertung kommt dieser Konsolidierungsprozeß zum Abschluß.

Armenspeisung in Paris; auch Frankreich leidet unter den Kriegsfolgen

Große Koalition mit Reichskanzler Müller

28. Juni. Fünfeinhalb Wochen nach den Reichstagswahlen (→ 20. 5./S. 80) ist die Regierungsbildung im Deutschen Reich perfekt: Hermann Müller (SPD) kann als Reichskanzler sein Kabinett der großen Koalition vorstellen, dem neben den Sozialdemokraten die linksliberale Deutsche Demokratische Partei (DDP), die rechtsliberale Deutsche Volkspartei (DVP), das katholische Zentrum und die Bayerische Volkspartei (BVP) angehören. Die fünf Regierungsparteien verfügen über 301 der 491 Reichstagsmandate.

Der Kabinettsbildung sind schwierige Koalitionsverhandlungen vorausgegangen. Hermann Müller, der Fraktions- und Parteivorsitzende der SPD, war von seiner Partei am 11. Juni ermächtigt worden, Gespräche über die Bildung einer großen Koalition zu führen. Er mußte seinen Auftrag am 22. Juni jedoch zunächst an Reichspräsident Paul von Hindenburg zurückgeben. Neben programmatischen Fragen war für das Scheitern der Koalitionsverhandlungen mit DVP, DDP und Zentrum die DVP-Forderung verantwortlich, nicht nur im Reich, sondern auch in Preußen eine große Koalition zu bilden. Der preußische Ministerpräsident Otto Braun (SPD), der einer Regierung der Weimarer Koalition (SPD, DDP, Zentrum) vorsteht, wies dies zurück.

Müller bemühte sich daraufhin um eine Reichsregierung der Weimarer Koalition, an der der DVP-Vorsitzende Gustav Stresemann als Außenminister beteiligt werden sollte, um die Tolerierung einer solchen Minderheitsregierung durch die DVP zu erreichen. Stresemann

Das neue Präsidium des Reichstags (v. l.): Siegfried von Kardorff (DVP), Präsident Paul Löbe (SPD), Thomas Esser (Zentrum) und Walther Graef (DNVP)

lehnte diesen Vorschlag am → 23. Juni (S. 102) ab. Schließlich kommt es doch – ohne den geforderten Wechsel in Preußen – zu einer großen Koalition.

Wichtige innenpolitische Fragen, bei denen Differenzen bestehen, werden in den Koalitionsvereinbarungen offengelassen, insbesondere der Bau des Panzerschiffs A. Während die DVP deutlich macht, daß eine Nichtgenehmigung der ersten Rate für das geplante Kriegsschiff im Herbst die Regierung zum Scheitern bringen wird, lehnt die Mehrheit der SPD-Fraktion den Bau ab. Auf einen Antrag der KPD-Fraktion, das für das Panzerschiff geplante Geld für Schülerspeisungen zur Verfügung zu stellen (→ 16. 10./S. 172), erklärt Müller am 5. Juli, daß sich die Reichsregierung – unter dem Vorbehalt der Überprüfung der finanziellen Machbarkeit – an den Beschluß des Reichsrats zum Panzerschiffbau (→ 30. 3./S. 42) gebunden fühle. Der Konflikt in der SPD ist damit vorprogrammiert (→ 16. 11./S. 184).

»Ich halte die sogenannte Große Koalition für die beste praktische Möglichkeit, um einigermaßen stabile Regierungsverhältnisse in Deutschland zu schaffen. Dem Versuch, sie auf der Basis eines von den Fraktionen im voraus gebilligten Programms zu bilden, habe ich von vornherein mit Skepsis gegenübergestanden, weil es psychologisch kaum möglich ist, ein auf Jahre berechnetes Programm ... im voraus von allen beteiligten Fraktionen sich billigen zu lassen. Nachdem dieser Versuch ... von Ihnen als gescheitert angesehen wird, beabsichtigen Sie, die ... Weimarer Koalition zu bilden, und haben an mich die Frage gerichtet, ob ich bereit sein würde, mich dieser Koalition als Fachminister zur Verfügung zu stellen. Ich muß diese Frage verneinen ... Ich glaube nach wie vor, daß ein Zusammenwirken von Sozialdemokraten bis Volkspartei notwendig und möglich ist. Dieses ... wird am besten zum Erfolge führen, wenn Persönlichkeiten aus den Fraktionen der Großen Koalition sich über das Programm klarwerden, mit dem sie vor den Reichstag treten, und ... mit diesem Programm stehen und fallen.«

Das neue Kabinett (v. l. stehend): Dietrich, Hilferding, Curtius, Severing, von Guérard, Schätzel, sitzend: Koch, Müller, Groener, Wissell; Stresemann fehlt

Weibliche Reichtagsabgeordnete; nach den Reichstagswahlen 1920 belief sich ihr Anteil auf 9,6%; er ist seitdem nie wieder erreicht worden

Bildungswesen 1928:

Gleiche Bildungschancen für alle sind nicht verwirklicht

Trotz der mit Gründung der Weimarer Republik verfolgten Bemühungen um eine Demokratisierung des Schulwesens schreibt die Dreigliedrigkeit des Schulsystems die gesellschaftliche Schichtung fort. Das Gymnasium wird weiterhin in der Regel von Schülern besucht, deren Eltern den höheren Gesellschaftsschichten angehören; nur etwa 4% der Schüler höherer Schulen kommen aus Arbeiterfamilien. Der Unterricht erfolgt zumeist nach Geschlechtern getrennt. Weit weniger Mädchen als Jungen besuchen höhere Lehranstalten.

An eine vierklassige gemeinsame Grundschule, die 1920 eingeführt wurde, um die Aufteilung nach gesellschaftlichen Schichten zumindest in den ersten Schuljahren aufzuheben, schließt sich die Volksschule, die Mittelschule oder die höhere Schule verschiedener Ausprägungen an.

Auf der Volksschule, die bis zum achten, in manchen Ländern des Reichs sogar nur bis zum siebten Schuljahr besucht werden muß, verbleiben etwa 85% aller Schüler. Von ihnen erreichen nur etwa 60%, in einigen Großstädten weniger als die Hälfte, den Abschluß. Die Mittelschulen sind in der Regel ein Jahr länger zu besuchen.

Während sich in den Volksschulen die Anzahl der Jungen und Mädchen in etwa die Waage hält, stellen die Jungen bei den höheren Schulen – Gymnasien, Realgymnasien, Oberrealschulen und Realschulen – etwa zwei Drittel der Gesamtschülerzahl, und von den 21051 Schülern, die nach der schulstatistischen Erhebung im Schuljahr 1926/27 das Reisezeugnis erworben haben, ist nur ein Anteil von knapp 9,1% Mädchen.

An den Hochschulen setzt sich die Benachteiligung fort. Der Anteil der weiblichen Studierenden an den Universitäten beläuft sich im Sommersemester 1928 auf 14,5%. Besonders stark sind Studentinnen in den philologisch-historischen Fakultäten vertreten (29,6%), besonders schwach bei der evangelischen (6,3%) und der katholischen Theologie (0,1%, das sind in absoluten Zahlen zwei Studentinnen), ferner in der Land- und Forstwirtschaft

(0,57%, d.h. – in absoluten Zahlen – acht weibliche Studierende).

Neben den staatlichen Schulen, die in der Regel Bekenntnisschulen sind – nach dem Scheitern des Schulreformgesetzes am → 15. Februar (S. 28) ist die weitere Konfessionalisierung des Unterrichtswesens kein Thema mehr –, gibt es eine Reihe von Versuchsschulen, die reformpädagogischen Ansätzen verpflichtet sind und sich um die Entfaltung nicht nur der intellektuellen, sondern auch der schöpferischen und praktischen Fähigkeiten bemühen, etwa die Lebensgemeinschaftsschulen, die Odenwaldschulen, die in Landerziehungsheimen Epochalunterricht durchführen, die Waldorfschulen, die sich an der Anthroposophie Rudolf Steiners orientieren, aber auch sozialistische Schulen, die z.B. Arbeitern in Abendkursen ermöglichen, das Abitur nachzuholen.

In den reformpädagogischen Rahmen ist auch die Volkshochschulbewegung einzuordnen, die sich im Juni 1928 durch die Gründung des Reichsverbandes der deutschen Volkshochschulen organisatorisch festigt. Nach zehn Jahren des Experimentierens hat »die sogenannte intensive Volksbildungsarbeit, die sich gegen den großen Vortragsbetrieb und gegen die Betonung des bloß Nützlichen in der Erwachsenen-Fortbildung wandte, ... gesiegt«, schreibt die »Vossische Zeitung« anläßlich der Gründung dieser Dachorganisation der Erwachsenenbildung.

Eine moderne Turnhalle, die zugleich für Theater- und Filmvorführungen geeignet ist, in einer Volksschule in Celle

Werkstudenten auf dem Lande; Auszug einer Kolonne aus dem Ferienlager zum Einsatz in der Landwirtschaft

Die Schule soll eine »Stätte des gemeinschaftlichen Lebens« sein

In der 1928 erschienenen Schrift »Das Berliner Schulwesen« wird das Konzept der Lebensgemeinschaftsschule, das sich um eine Verbindung von Hand- und Kopfarbeit bemüht und soziales Lernen in den Vordergrund stellt, erläutert. Auch diese reformpädagogische Einrichtung ist den amtlichen Richtlinien für staatliche Schulen unterworfen, sie verfolgt ihre Erziehungsaufgaben darüber hinaus jedoch nach den folgenden Grundsätzen:

»1. Der Gesamtunterricht wird eingestellt auf die schöpferische Arbeit der Hand und des Geistes. Mit dem Grundsatz materieller Bildung wird rücksichtslos gebrochen, Kenntnisse und Fertigkeiten sind natürliche Ergebnisse schaffender Arbeit, nicht Selbstzweck ...

2. Verbindliche Stoffpläne werden nicht aufgestellt. Der ordnende Grundsatz aller Schularbeit ist die Entfesselung schöpferischer Kräfte im Kinde.

3. An Stelle der Lehrpläne tritt der Arbeitsplan der Lebens- und Arbeitsgemeinschaften. Die allgemeinen Bildungsziele, die die amtlichen Richtlinien festlegen, werden auf der Unterstufe nach vier Jahren, auf der oberen Stufe nach sechs und acht Jahren erfüllt.

4. Stundenpläne fallen fort. Für den Fortgang der Arbeit ist das wechselnde Bedürfnis der Gemeinschaft und der natürliche Ablauf der Arbeit selbst, d.h. der aller wissenschaftlichen, künstlerischen und technischen Arbeit innewohnende gesetzmäßige Zwang zur Vollendung entscheidend.

5. Die für die Volksschule vorgeschriebene Stundenzahl wird auf allen Stufen innegehalten und auf die Arbeits- und Lebensgemeinschaften verteilt. Lebensgemein-

schaften sind die Stätten des gemeinschaftlichen Lebens und der gemeinschaftlichen Arbeit, Stätten der Allgemeinbildung. In den Arbeitsgemeinschaften weitet und vertieft sich die Allgemeinbildung zur Fachbildung, den besonderen Begabungen und Neigungen der Schüler entsprechend. Arbeitsgemeinschaften können außer für die in der öffentlichen Volksschule lehrplanmäßig vorgeschriebenen Gebiete des Wissens, der Kunst, der Handarbeit und der Leibesübungen auch für fremde Sprachen eingerichtet werden. Eine Übersicht über die an jeder Schule bestehenden Lebens- und Arbeitsgemeinschaften ist zu Beginn jedes Schulhalbjahres von jeder Schule einzureichen.«

Drama am Nordpol: Nobile gerettet, Amundsen vermißt

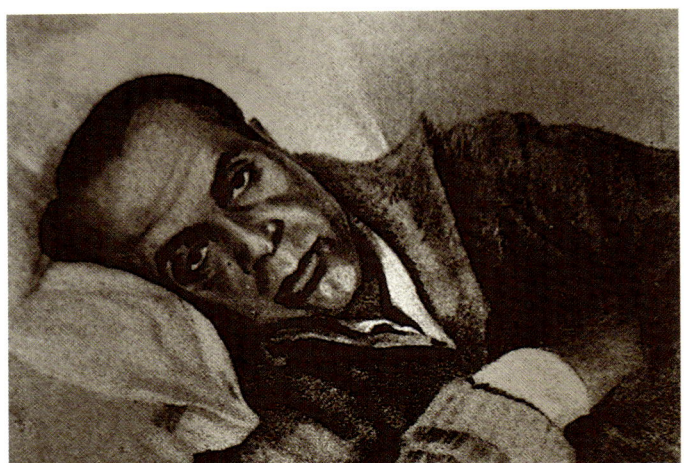  

Der 43jährige General und Luftschiffkonstrukteur Umberto Nobile, Kommandeur der »Italia«, nach der Rettung durch den Flieger Einar Lundborg, gezeichnet von Verwundung und Erschöpfung

△ *Der norwegische Polarforscher Roald Amundsen (M.) ist mit seinen beiden Begleitern auf einem Rettungsflug für Nobile verschollen*
◁ *Leutnant Einar Lundborg, schwedischer Pilot, rettet Nobile*

23. Juni. Als erster Überlebender der gescheiterten Polarexpedition wird der italienische Luftschiffkonstrukteur General Umberto Nobile durch den schwedischen Flieger Einar Lundborg gerettet. Seit dem Absturz des Luftschiffs »Italia« am → 25. Mai (S. 88) warten die Luftschiffbrüchigen inmitten der arktischen Eiswüste verzweifelt auf Rettung. Der Erfolg Lundborgs wird von der wachsenden Sorge über den Verbleib des Polarforschers Roald Amundsen überschattet, der am 18. Juni zu einem Rettungsflug startete und seitdem vermißt wird.

Nachdem das Luftschiff »Italia« am 24. Mai den Nordpol erreicht hatte, nahm es Kurs Süd und geriet in arktische Nebelzonen. Die zunehmende Vereisung der Luftschiffhülle führte zu einer derartigen Gewichtszunahme, daß die »Italia« rasch an Höhe und Fahrt verlor. Obwohl Nobile die drei Maybach-Motoren zu je 350 PS auf Hochtouren laufen ließ, konnte er den Absturz auf das Packeis nicht mehr verhindern.

Beim Absturz und der nachfolgenden Explosion der Wasserstoffüllung des Luftschiffs (18 500 m³) kamen sieben der insgesamt 16 Besatzungsmitglieder ums Leben. Für die übrigen, die z. T. – wie Nobile – verletzt wurden, begann nun der Kampf ums Überleben. Aus den Trümmern wurden Nahrungsmittel und das Funkgerät geborgen. Drei Expeditionsteilnehmer, darunter der schwedische Ozeanograph Finn Malmgren, brachen zu einem Fußmarsch in Richtung Spitzbergen auf. Während Malmgren unterwegs er-

Das »rote Zelt« der Luftschiffbrüchigen auf dem arktischen Eis, fotografiert von Rettungsflieger Einar Lundborg

schöpft aufgab und verschollen bleibt, nahm ein Rettungsschiff die beiden anderen später auf.

Nachdem am 3. Juni erstmals SOS-Funksprüche der Luftschiffbrüchigen aufgefangen wurden, konnte am 9. Juni der Funkkontakt zwischen dem »roten Zelt« (die Nobile-Gruppe hat ihr Zelt rot bemalt, um es für Flieger sichtbar zu machen) und dem italienischen Versorgungsschiff »Città di Milano« hergestellt werden. Nun erhielten die inzwischen angelaufenen Hilfsaktionen endlich die genaue Positionsangabe der Nobile-Gruppe. Als erster der Rettungsflieger wagt der schwedische Pilot Lundborg die riskante Landung bei den Luftschiffbrüchigen und nimmt Nobile auf.

Inzwischen bahnt sich eine Tragödie an. Das Schicksal des norwegischen Polarforschers Roald Amundsen, der am 18. Juni zu einem Rettungsflug startete, gilt als äußerst ungewiß. Da keine Nachricht von ihm vorliegt, muß das Schlimmste vermutet werden. Spätere Suchaktionen verlaufen erfolglos, Amundsen bleibt verschollen.

Erst knapp drei Wochen nach der Rettung Nobiles werden am 12. Juli die übrigen fünf Luftschiffbrüchigen von dem sowjetischen Eisbrecher »Krassin« geborgen, der sich unter der Leitung des sowjetischen Polarforschers Rudolf L. Samoilowitsch an der spektakulären Rettungsaktion in der Arktis beteiligt.

Für Kommandant Nobile beginnt nun ein unrühmliches Nachspiel der »Italia«-Tragödie, die insgesamt 17 Todesopfer unter der Besatzung und den Rettungsmannschaften gefordert hat. Dem Leiter der Expedition wird mit der Begründung, er habe die voraussehbaren Gefahren mißachtet, die Schuld an der Katastrophe zugeschoben. Gleichzeitig trifft ihn der Vorwurf des Egoismus und der Feigheit, weil er sich als erster ausfliegen ließ. Zwar weist Nobile darauf hin, daß der Flieger Lundborg darauf bestanden habe, ihn – da er verletzt war – zuerst auszufliegen. In der öffentlichen Meinung ist er jedoch bereits als Sündenbock abgestempelt. Als er 1929 auch offiziell für den Absturz der »Italia« verantwortlich gemacht wird, nimmt Nobile seinen Abschied beim Militär und emigriert in die Sowjetunion.

»Italia«-Tragödie — Absturz und Rettung

Wochenlang hält die gescheiterte Nordpol-Expedition des italienischen Luftschiffkonstrukteurs General Umberto Nobile die Welt in Atem. Über den Absturz des Luftschiffs »Italia« am 25. Mai und die dramatische Rettungsaktion liegen ergreifende Berichte der überlebenden Expeditionsteilnehmer vor, die im folgenden auszugsweise zitiert werden.

General Nobile erlebt den Absturz: »Ich hatte kaum Zeit, bis zu den Steuern ... zu gelangen, als ich [Finn] Malmgren die Balance verlieren und mit entsetztem Gesicht auf mich zustürzen sah, während ich instinktiv nach dem Steuer griff, in der Hoffnung, die ›Italia‹ noch auf ein Schneefeld zu lenken, um den Aufschlag zu dämpfen. Aber zu spät! Wenige Meter unter uns war schon das Packeis! Immer näher kamen wir dem Eis ... Da erfolgte schon der Aufprall! Mit greulichem Getöse schlug die Gondel aufs Eis. Ich schlug mit dem Kopf irgendwo auf und merkte noch, daß ich verletzt war ... Mir fuhr der Gedanke durch den Kopf: ›Jetzt hat alles ein Ende!‹ ... Wir hatten den 25. Mai, 10 Uhr 30. Alles war unendlich rasch vor sich gegangen, in ungefähr 2 bis 3 Minuten.«

Chronik der Polar-Expedition

15. 4.: Start des Luftschiffs »Italia« in Mailand

6. 5.: Ankunft am Ausgangspunkt Ny Alesund auf Spitzbergen

23. 5.: Start zur Nordpolfahrt

24. 5.: Um 0.20 Uhr überfliegt das Luftschiff den Nordpol

25. 5.: Infolge einer starken Vereisung stürzt die »Italia« ab

3. 6.: Erste SOS-Funksprüche der Luftschiffbrüchigen können aufgefangen werden

9. 6.: Genaue Positionsbestimmung der Nobile-Gruppe durch Funkkontakt

18. 6.: Der Polarforscher Roald Amundsen startet zum Rettungsflug und ist seitdem verschollen

23. 6.: Nobile wird durch den Flieger Lundborg gerettet

12. 7.: Der sowjetische Eisbrecher »Krassin« nimmt weitere Überlebende auf

Der Tscheche Franz Behounek, einer der drei Wissenschaftler der Expedition, beschreibt die trostlose Lage der Luftschiffbrüchigen nach dem Absturz:

»Ja, es ist richtig, wir waren am Leben, aber was nun? In der Gondel waren keine Lebensmittel; um uns Einöde gleich einem ungeheuren Friedhof ... Jeder Schritt war hier mit Schwierigkeiten und Gefahren verbunden. Und wohin sollten wir uns wenden, zumal ja zwei Kameraden nicht marschfähig waren?«

Zwar können aus den Trümmern Lebensmittel, ein Zelt und ein Funkgerät geborgen werden, aber die Aussichten auf eine Rettung sind zunächst mehr als ungewiß.

Am 23. Juni landet der beherzte Flieger Einar Lundborg bei den Luftschiffbrüchigen, und Nobile läßt sich als erster ausfliegen, was ihm später als Feigheit ausgelegt wird. Folgendes Gespräch will der General mit Lundborg geführt haben, eine Version, die von den anderen Expeditionsteilnehmern bestätigt wird:

»Lundborg sagte: ›Herr General, ich bin gekommen, um Sie alle zu holen. Das Feld ist ausgezeichnet. Ich werde Sie alle in dieser Nacht transportieren. Sie müssen als erster mitkommen.‹ – ›Das ist unmöglich‹, erwiderte ich. Und auf [den verletzten Natale] Cecioni hinweisend: ›Transportieren Sie ihn zuerst. So habe ich es angeordnet.‹ Lundborg erwiderte sehr bestimmt: ›Nein, ich habe den Befehl, Sie zuerst fortzuschaffen ...‹«

Als Nobile sich entschließt mitzufliegen, ahnt er nicht, daß die anderen noch bis zum 12. Juli auf ihre Rettung durch den Eisbrecher »Krassin« werden warten müssen, die der sowjetische Polarforscher Rudolf L. Samoilowitsch miterlebt:

»Eine hohe Gestalt kam über das Eisfeld auf die ›Krassin‹ zu. Ein Mann ... stapfte ... auf uns zu. Ein paar Dutzend Schritte von uns entfernt blieb er stehen und rief uns zu: ›Viglieri‹ [Leutnant Alfredo Viglieri]. Einige Schritte hinter ihm gingen zwei andere Männer ... Ein Fallreep wurde heruntergelassen. Ich stieg schnell auf das Eis ... Tief erregt, umarmte und küßte ich die Leute, die ich nie gesehen hatte ... Es wäre schwierig gewesen zu entscheiden, wer von uns in diesem Augenblick glücklicher war – die Geretteten oder die Retter.«

Amelia Earhart, die als erste Frau den Atlantik mit dem Flugzeug überquert hat, blickt für die Fotografen aus der Luke ihres Fliegers »Friendship«

Frau überfliegt den Atlantik

18. Juni. Als erste Frau der Welt überfliegt Amelia Earhart den Atlantik. Das Flugzeug »Friendship« war am Vortag um 10.41 Uhr in Trespassy/Neufundland gestartet und landet glatt nach 26stündigem Flug in Burry Estuary an der Küste von Südwales. Außer Amelia Earhart befinden sich an Bord der »Friendship« der Pilot Wilmer Stultz, der Mechaniker Lou Gordon und Lincoln Ellsworthy als Passagier.

Hauptsächlich auf Drängen von Amelia Earhart, die den Ehrgeiz hatte, als erste Frau der Welt den Atlantik zu überfliegen, wurde der Flug unternommen. Die Fliegerin, die in den USA wegen ihrer auffallenden Ähnlichkeit mit dem ersten Atlantikflieger Charles Lindbergh den Beinamen »Girl Lindy« hat, äußerte sich schon vor dem Abflug sehr siegesgewiß. Pilot Stultz hatte hingegen erklärt, daß sich die »Friendship« auf schwerer See, falls sie aufs Wasser niedergehen müßte, nicht eine Minute halten könnte. Die Maschine ist ein mit Schwimmern versehenes und mit einem Funkgerät ausgestattetes Fokker-Flugzeug.

Asienforscher kehrt zurück

24. Juni. Nach zweieinhalb Jahren einer abenteuerreichen Forschungsreise durch China, Tibet und Nordindien trifft der Asienforscher Wilhelm Filchner, der zeitweilig als verschollen galt, in München ein.

Der verdiente Geograph hat die ungeheuren Strapazen der Reise äußerlich gut überstanden, wenn er auch während der Überquerung der Himalajakette schwer unter der Kälte zu leiden hatte und wegen der Frostschäden an den Füßen noch immer kein Schuhwerk tragen kann. Das Gerücht von der Ermordung Filchners beruhte auf einer Verwechslung mit französischen Missionaren, die von Tibetern getötet wurden.

Zufrieden zeigt sich Filchner mit dem wissenschaftlichen Ergebnis seiner Expedition (Messungen, kartographische Aufnahmen).

Hochrufe auf Forscher Wilhelm Filchner bei der Ankunft mit dem Zug

Grenzenlose Begeisterung für den »eisernen Gustav« in der französischen Metropole Paris

4. Juni. *Paris feiert den Berliner Droschkenkutscher Gustav Hartmann, in Berlin als »eiserner Justav« bekannt, der das Ziel seiner spektakulären Protestfahrt Berlin–Paris erreicht hat. Um auf den Niedergang seines Berufsstandes aufmerksam zu machen – mehr und mehr werden die Pferdedroschken von den Benzindroschken (Taxis) verdrängt – hat »Justav« seine letzte Fahrt zu einer eigenwilligen Demonstrationstour umfunktioniert.*

Seit dem 4. April ist der älteste Fuhrmann Wannsees mit seiner Kutsche unterwegs, die beiderseits Schilder mit der Aufschrift »Berlin-Wannsee–Paris/Pa- *ris–Berlin« trägt. Unterwegs wurde »Justav« in den Städten Magdeburg, Hannover, Köln und Trier begeistert empfangen.*

Unvergleichlicher Höhepunkt ist jedoch der triumphale Einzug des »Eisernen« in Paris (Abb.). Der Kauz mit dem wallenden Rotbart muß Empfänge durchstehen und wird von Pariser Kollegen zum »Ehrenkutscher« ernannt. Nach seiner Rückkehr am 12. September gründet die Droschkeninnung die »Hartmann-Stiftung« für notleidende Fuhrleute. »Justavs« Tour wird nachgeahmt und später verfilmt (u. a. 1958 mit Heinz Rühmann).

US-Amerikanerin ist Miß Universum

Wie im vergangenen Jahr ist beim Internationalen Schönheitswettbewerb von Galveston/Texas eine US-Amerikanerin, Miß Chicago, zur Miß Universum gewählt worden. Bei der europäischen Konkurrenz, die erst zum zweiten Mal an dem Wettbewerb teilnimmt, herrscht eine gewisse Enttäuschung, obwohl immerhin drei der ersten acht Plätze von Europäerinnen belegt werden, wie folgende Rangfolge zeigt:

1. Miß Chicago
2. Miß Frankreich
3. Miß Italien
4. Miß Colorado
5. Miß Tulsa/Oklahoma
6. Miß Luxemburg
7. Miß San Antonio/Texas
8. Miß Kanada

Die Jury hatte die schwierige Wahl unter 41 Bewerberinnen.

Teilnehmerinnen des internationalen Schönheitswettbewerbs in Galveston/Texas; Miß Chicago (5. v. l.) wird zur Miß Uni

Finanzieller Ruin der Piscator-Bühne

15. Juni. Der Regisseur und Theaterleiter Erwin Piscator gibt die Konzession für das Theater am Nollendorfplatz zurück, da es trotz spektakulärer Erfolge ins Defizit geraten ist.

Die finanziellen Schwierigkeiten der Piscator-Bühne haben vielfältige Ursachen. Die einzelnen Produktionen sind sehr aufwendig und daher kostspielig – so werden die Stücke von einem Team erarbeitet, und das Bühnenbild erfordert den Einsatz zahlreicher technischer Apparaturen. Die Übernahme des Lessingtheaters (→1.3./S.51), hat sich als Fehlschlag erwiesen. Das Publikum hat sich auf beide Bühnen verteilt, die Kosten haben sich jedoch verdoppelt. Die in den letzten Monaten aufgeführten Stücke erwiesen sich als weniger zugkräftig als die früheren, es handelte sich z. T. um Lückenbüßer für aufgeschobene Premieren und für den abgesetzten »Schwejk« (→23.1./S. 22), dessen Hauptdarsteller ab April andere Verpflichtungen hatten. Piscator macht politisches Theater, Theater für das Proletariat; es ist ihm jedoch nur in Ansätzen gelungen, die Arbeiter auch in sein Haus zu ziehen. Das bürgerliche Publikum schätzte zwar seine Theaterexperimente, kam aber vielfach auch nur aus Neugier, die nach den ersten Aufführungen gestillt war.

Gebetbuch wieder abgelehnt

14. Juni. Das britische Unterhaus in London lehnt das von der anglikanischen Kirche ausgearbeitete neue Gebetbuch erneut ab.

Das Prayerbook, das eine Reihe von neuen Sakramentsformeln, deren Verwendung den Priestern allerdings freigestellt ist, enthält, gilt als eine Annäherung des anglikanischen an den katholischen Ritus. Es war bereits am 15. Dezember 1927 im Unterhaus gescheitert und findet auch nun – trotz abgeschwächter Formulierungen – keine Mehrheit.

Die anglikanische Kirche befindet sich in einer prekären Lage: Entweder sie setzt sich über den Beschluß des Unterhauses hinweg, was die bisher verhinderte Trennung von Staat und Kirche auch in Großbritannien zur Folge hätte, oder sie macht einen weiteren Rückzieher. Bei der Gebetsreform verlaufen die Fronten quer durch die Parteien.

Schwedenkönig aktiver Sportler

Trotz vorgerückten Alters – der Monarch wird am 16. Juni 70 Jahre alt – nimmt Schwedens König Gustav V. noch immer aktiv an den Riviera-Tennisturnieren teil (Abb.). Nicht zuletzt seinen regelmäßigen sportlichen Aktivitäten hat der König seinen hervorragenden Gesundheitszustand zu verdanken. Seit 1907 regiert Gustav V. in Schweden, und es hat durchaus den Anschein, daß er dies auch noch einige weitere Jahre tun wird. In seiner Regierungszeit hat er sich für die Durchsetzung der parlamentarischen Demokratie in Schweden eingesetzt. So unterstützte der König 1918 die Einführung des allgemeinen Wahlrechts für die erste Kammer.

Kämpferin für Frauenwahlrecht

14. Juni. Die britische Frauenrechtlerin Emmeline Pankhurst stirbt 69jährig in London.

Emmeline Pankhurst, die am 14. Juli 1858 in Manchester geboren wurde, hat durch ihr rednerisches Talent und durch ihre aufsehenerregenden Aktionen die Frauenbewegung zu Beginn dieses Jahrhunderts maßgeblich beeinflußt und die Öffentlichkeit auf die Unterdrückung der Frauen aufmerksam gemacht. 1903 gründete sie zusammen mit ihrer Tochter Christabel die Women's Social and Political Union, eine Organisation zur Durchsetzung des Frauenwahlrechts, die Tau-

Pankhurst

sende von Frauen aus allen Schichten unterstützten. Die Suffragetten führten Massenkundgebungen und -demonstrationen durch, störten Sitzungen des Parlaments und griffen, nachdem das britische Parlament mehrfach das Gesetz zum Frauenstimmrecht abgelehnt hatte, auch zur Gewalt. Pankhurst wurde mehrfach verhaftet und trat im Gefängnis in den Hungerstreik.

1918 erhielten die Britinnen ein eingeschränktes und 1928 das volle Wahlrecht (→7. 5./S. 85).

...n 1928 gewählt; auf den zweiten Platz kommt Miß France (5. v. r.); der Wettbewerb wird von den USA dominiert

Film 1928:

Seichte Unterhaltung und hoher künstlerischer Anspruch

»Die Film-Krisis« – so lautet der gängige Titel für die Übersichten über die deutsche Filmproduktion. Die Kritiker beklagen die serienmäßige, standardisierte Herstellung, die klischeehaften, wirklichkeitsfernen Handlungsabläufe und das Fehlen eines gehobenen Unterhaltungsfilms. Das Publikum wendet sich zunehmend ausländischen Produktionen zu.

Mit 224 Filmen kommen im Vergleich zum Vorjahr (242) wieder weniger deutsche lange Spielfilme in die Kinos, während die Zahl der vorgeführten ausländischen langen Spielfilme mit 293 gegenüber 283 im Vorjahr leicht ansteigt.

Die Kritik am deutschen Film bezieht sich auf die Massenproduktion, sie spricht ihm nicht durchweg künstlerische Qualität ab. Mit »Schinderhannes – der Rebell vom Rhein« dreht der Regisseur Kurt Bernhardt einen der wenigen historischen Filme, die anstelle der vorherrschenden verklärenden Preußenbilder eine progressive Tendenz aufweisen. Der auf dem gleichnamigen, 1927 uraufgeführten Drama von Carl Zuckmayer basierende Film schildert die Geschichte des volkstümlichen Räuberhauptmanns Schinderhannes, dessen individualistische und anarchistische Rebellion gegen die Großbauern und die Franzosen zum Scheitern verurteilt ist. Außerdem dreht Bernhardt mit »Das letzte Fort« einen vom US-amerikanischen Kino beeinflußten Actionfilm.

Dämonisch-phantastische Züge trägt der Film »Alraune« des Regisseurs Henrik Galeen, in dem Brigitte Helm in der Titelrolle als Verführerin glänzt. Alraune, die mit Hilfe künstlicher Befruchtung gezeugte Tochter einer Prostituierten und eines Mörders, ruiniert alle Männer, die sich in sie verlieben, und richtet sich selbst zugrunde. Expressionistische Stilelemente und eine gelungene Milieuschilderung kennzeichnen den in Berlin gedrehten Film »Du sollst nicht ehebrechen/Thérèse Raquin« des Belgiers Jacques Feyder. Der Film nach dem gleichnamigen Roman von Emile Zola handelt von Ehebruch, Mord und Schuldkomplexen.

Den internationalen Filmmarkt beherrschen die Produktionen aus den Vereinigten Staaten. Charlie Chaplin bringt mit »The Circus« einen seiner gelungensten Stummfilme heraus. Chaplin spielt einen Vagabunden, der auf der Flucht vor der Polizei in einen Zirkus gerät und dort in komische Auftritte sowie eine unglückliche Liebesgeschichte verwickelt wird.

King Vidor leistet mit »The Crowd« (Ein Mensch in der Masse) eine Absage an den »American way of life«, an die moderne Industriegesellschaft, in der nur der Erfolg zählt. Umwerfende Komik zeichnet Clyde Bruckmans Film »The Battle of the Century« (Die Schlacht des Jahrhunderts) mit dem berühmten Komikerduo Stan Laurel und Oliver Hardy aus. Aus dem Versuch, einen Boxer auf einer Bananenschale ausrutschen zu lassen, um eine beträchtliche Versicherungssumme zu kassieren, entwickelt sich eine gigantische Tortenschlacht.

Der erste Zeichentrickfilm von Walt Disney mit der Micky Maus, »Steamboat Willie«, findet dagegen kaum Beachtung.

Innovationen für die Filmästhetik gehen neben den künstlerischen US-amerikanischen Produktionen vor allem von den Filmen der sowjetischen Regisseure Sergei M. Eisenstein (→ 14. 3./S. 50) und Wsewolod I. Pudowkin (→ 11. 10./S. 176) aus. In Frankreich drehen die Spanier Luis Buñuel und Salvador Dali mit »Un chien andalou« (Ein andalusischer Hund) den ersten surrealistischen Film (→ 1. 10./S. 176). Jean Epstein verfilmt in »La chute de la maison Usher« (Der Untergang des Hauses Usher) die gleichnamige Erzählung von Edgar Allan Poe. Der Film benutzt Zeitlupenaufnahmen als dramaturgisches Mittel.

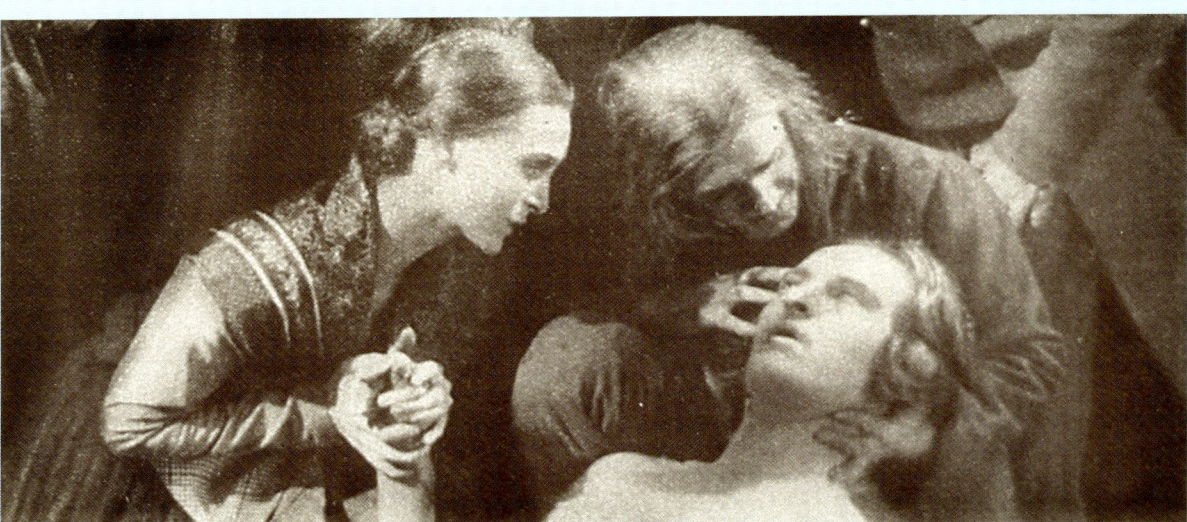

Schinderhannes, gespielt von Hans Stüwe, nach der Auspeitschung; Szene aus dem Film von Kurt Bernhardt

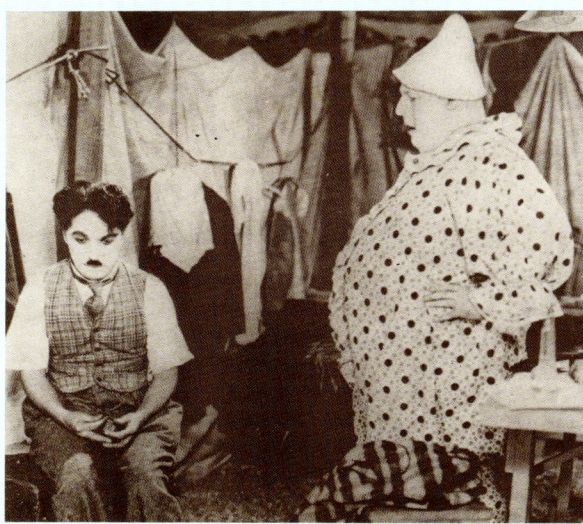

Szene aus dem US-amerikanischen Spielfilm »The Circus« mit Charlie Chaplin als Vagabund (l.) und Henry Bergman als alter Clown; Chaplin spielt nicht nur die Hauptrolle, sondern ist auch Regisseur, Produzent und Drehbuchautor

Prozeßszene aus dem britischen Film »Dawn« um die als Spionin zum Tode verurteilte Krankenschwester Edith Cavell; der Streifen kommt nach deutschem Einspruch nur mit Kürzungen in die Filmtheater (→ 27. 2./S. 33)

Brigitte Helm als durch künstliche Befruchtung gezeugte »Alraune« in dem Film von H. Galeen

Szene aus dem Film »Der lebende Leichnam«, den Wsewolod I. Pudowkin nach einer Vorlage von Leo Tolstoi dreht

»Steamboat Willie«, erster Walt-Disney-Film mit der Micky Maus

»Vormittagsspuk« – Bildfolge aus dem surrealistischen, mit experimentellen Mitteln arbeitenden Film von Ex-Dadaist Hans Richter (Drehbuch: W. Graeff); der Maler Richter beschäftigt sich seit Anfang der 20er Jahre mit der Filmerei

Emil Jannings als zaristischer Offizier, der sich nach der Oktoberrevolution in Hollywood als Schauspieler verdingen muß, in dem Stummfilm »Sein letzter Befehl« von Josef von Sternberg

Eleanor Broadman und James Murray in dem Film »Ein Mensch in der Masse« von King Vidor, der scharfe Kritik an der US-amerikanischen Gesellschaft, in der nur Erfolg zählt, übt

Oper über Helena erzielt Triumphe

6. Juni. In Dresden wird die Oper »Die ägyptische Helena« unter der Leitung von Fritz Busch uraufgeführt, das neue Gemeinschaftswerk des deutschen Komponisten Richard Strauss und des österreichischen Schriftstellers Hugo von Hofmannsthal.

Hofmannsthal geht in seinem Libretto der Frage nach, wie es dazu kommen konnte, daß Helena und Menelas nach dem zehnjährigen

Kostüm der Aithra im zweiten Akt

Wüstenfürst Altair, Kostümentwurf

V. l. Maria Rajdl als Aithra, Elisabeth Rethberg als Helena und Curt Taucher als Menelas in der Dresdner Oper

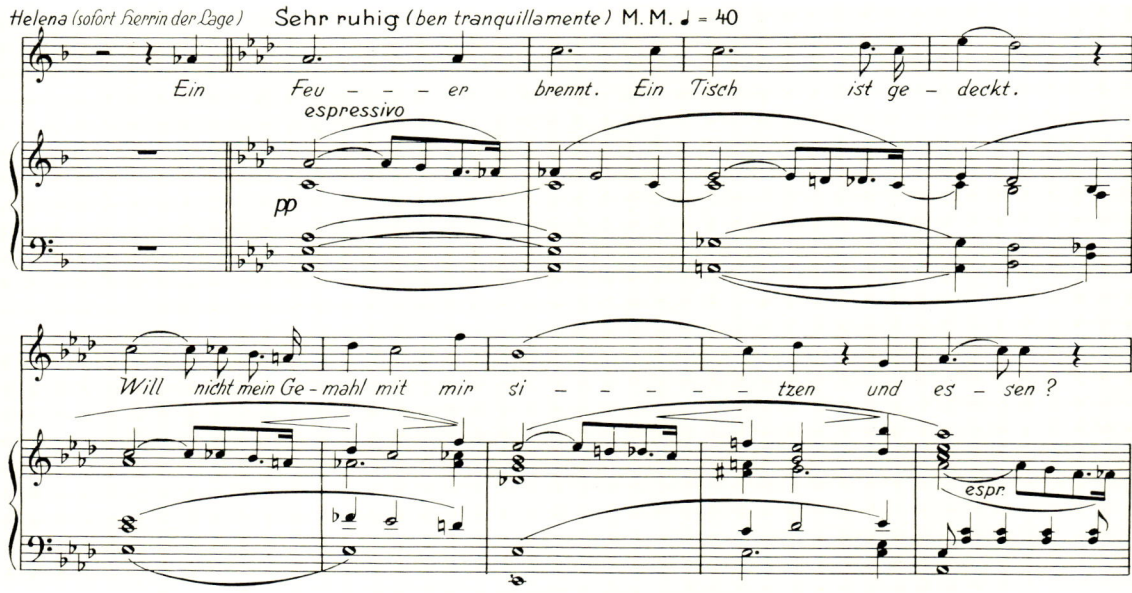

Die ersten Worte der Helena in der Oper »Die ägyptische Helena«; Text: Hofmannsthal, Musik: Richard Strauss

Trojanischen Krieg und Helenas Zusammenleben mit Paris wieder eine harmonische Ehe führen können. Er greift das Motiv der Phantom-Helena aus dem Drama »Helena« des griechischen Dichters Euripides auf: Paris hat nur eine Phantom-Helena entführt, während die wirkliche Helena nach Ägypten verschlagen wird.

Hofmannsthal wandelt dieses Motiv jedoch in entscheidender Weise ab. Menelas, der zwischen Haß,

Rache und Liebe zu seiner Frau schwankt, will Helena ermorden, wird aber durch die Künste der ägyptischen Prinzessin und Zauberin Aithra daran gehindert. Mittels eines Tranks flößt Aithra Menelas die Überzeugung ein, Paris habe nur ein Phantom entführt, während die wirkliche Helena all die Jahre auf der Burg ihres Vaters gelebt habe und auf ihn warte. Als Helena erneut von anderen Männern umschwärmt wird und Mene-

las ihren Anbeter Da-Ud getötet hat, entschließt sich Helena, ihrem Mann die Wahrheit zu sagen. Von ihrer Schönheit und dem Anblick ihrer gemeinsamen Tochter Hermione bezwungen, befreit sich Menelas von seiner Gefühlsverwirrung und versöhnt sich mit Helena. Die Musik von Strauss mit ihrem melodischen Reichtum bemüht sich um einen beschwingten, dabei klanglich betörenden Stil.

Die Oper wird von Publikum und

Kritik gleichermaßen gefeiert. »Die Weltbühne« lobt die »Zauberoper«, die »ein Leuchten und Glitzern« hinterläßt; sie würdigt Strauss' »Gabe des Illustrierens« und »seine milde Reife als neues Merkmal seiner Tonsprache«. Die »Vossische Zeitung« hebt die Hofmannsthalsche Dichtkunst hervor, »die Schilderung der seelischen Not des Menelas«, und preist die Musikalität von Strauss, dem »kaum jemals ... Schöneres gelungen ist.«

Beifallssturm für Reinhardt-Premiere

9. Juni. Unter der Regie von Max Reinhardt findet am Deutschen Theater in Berlin die deutsche Erstaufführung des Theaterstücks »Artisten« der US-amerikanischen Autoren Gloryl Watters und Arthur Hopkins statt.

Hans Moser

Die Handlung des Stücks ist eher belanglos, es geht um Eifersucht und Wiederversöhnung eines Clowns (gespielt von Hans Moser) und einer Tänzerin. Reinhardt ist jedoch von dem Milieu fasziniert, der Darstellung des Theaters auf dem Theater, der Verschränkung von Illusionierung und Desillusionierung. Seine furiose Inszenierung löst Begeisterung aus. Der »Börsen-Courier« spricht von einem »Schaufest der Üppigkeit, eine[r] Glanzpremiere der Szenerie, ... des humoristischen, sentimentalen, orgiastischen Theaters«.

Alfredo Binda bei Giro wieder vorn

3. Juni. Der italienische Radsportler Alfredo Binda gewinnt zum dritten Mal – nach 1925 und 1927 – den Giro d'Italia. Er legt die traditionsreiche Radrundfahrt, die in zwölf Etappen über eine Strecke von 2938 km führt, in 114:15:19 h zurück.
Gegenüber dem Zweiten, dem Italiener Guiseppe Pancera, fährt er einen Vorsprung von 2:54 min heraus. Dritter wird ebenfalls ein Italiener, Bartolomeo Aymo.
Wegen starker Hitze und der Steigungen in den Abruzzen und den Alpen stellt der Giro besonders hohe Anforderungen an die Konstitution und das fahrerische Geschick der Radsportler. Der 1909 erstmals ausgetragene Wettbewerb ist bislang – trotz internationaler Beteiligung – stets von italienischen Radsportlern gewonnen worden.
Der 27jährige Binda, der 1921 seine Karriere als Radprofi gestartet hat, kann bereits auf eine lange Liste von Erfolgen zurückblicken. 1927 gewann er z. B. auf dem Nürburgring in der Eifel die erste Straßenweltmeisterschaft der Radprofis.

Architekten gründen Verein

29. Juni. Während einer Tagung auf dem Schloß La Sarraz im Schweizer Kanton Waadt (seit 25. 6.) gründen dem funktionalistischen Bauen verschriebene Architekten aus verschiedenen Ländern eine internationale Architektenvereinigung, den Congrès Internationaux d'Architecture Moderne (CIAM).
Die Architekten verfolgen mit dem Zusammenschluß das Ziel, sich gegenseitig in ihren Arbeiten zu unterstützen und Widerstände gegen das Neue Bauen zu überwinden. Sie verabschieden eine Erklärung, in der sie es als die Aufgabe der Architektur bezeichnen, sich den sozialen und gesellschaftlichen Veränderungen anzupassen. Sie lehnen es deshalb ab, auf Baustile vergangener Epochen und Gesellschaftssysteme zurückzugreifen, vielmehr fordern sie eine »jeweils neue Erfassung einer

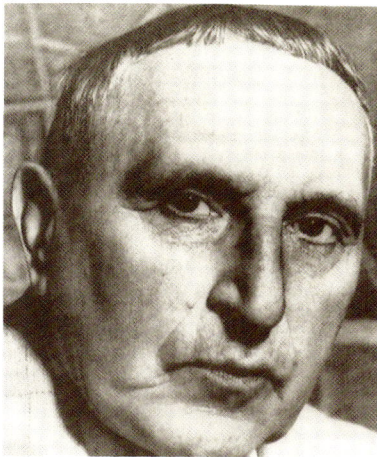
E. May, CIAM-Gründungsmitglied

Bauaufgabe«. Auf der Gründungstagung halten u. a. Le Corbusier (Charles-Edouard Jeanneret-Gris) und Ernst May Vorträge.

Der CIAM verlangt Funktionalität

Die Architekten, die sich im Congrès Internationaux d'Architecture Moderne zusammenschließen, bekennen sich in ihrer gemeinsamen Erklärung zu einer funktionalistischen Bauweise. Bezüglich des Städtebaus treffen sie folgende Aussagen:

»1. Stadtbau ist die Organisation sämtlicher Funktionen des kollektiven Lebens in der Stadt und auf dem Land. Stadtbau kann niemals durch ästhetische Überlegungen bestimmt werden, sondern ausschließlich durch funktionelle ...
2. An erster Stelle steht im Stadtbau das Ordnen der Funktionen:
a) Das Wohnen; b) das Arbeiten; c) die Erholung (Sport, Vergnügen). Mittel zur Erfüllung dieser Funktionen sind: a) Bodenaufteilung; b) Verkehrsregelung; c) Gesetzgebung.«

Der neue Wechsel (r. Houben, Körnig) auch beim Weltrekordlauf (40,8 sec) der deutschen Staffel in Berlin (2. 9.)

Deutscher Rekord mit Frankfurter Wechsel

10. Juni. Die Sprinterstaffel der Frankfurter Eintracht läuft in Halle mit 41,0 sec einen deutschen Rekord über 4 × 100 m. Sie stellt damit zugleich den Weltrekord der Olympiasieger-Staffel der Vereinigten Staaten von 1924 in Paris ein.
Die Läufer Ernst Geerling, Friedrich Wichmann, Adolf Metzner und Hans Salz, von denen nur Wichmann als Dritter der deutschen Mei-

sterschaft über 100 m von 1927 international bekannt ist, sind von ihrem Trainer Otto Böer ganz gezielt zu dieser Höchstleistung hingeführt worden.
Der 41jährige Böer, selbst einst ein guter Sprinter und Hürdenläufer, hat beim Stabwechsel 1925/26 eine Neuerung entwickelt: Der Startläufer gibt den Stab von innen nach außen, der zweite Mann von außen

nach innen und der dritte wieder von innen nach außen. Böer erklärt nach dem Rekord in Halle, dies sei von nun an der »Frankfurter Wechsel«. Bisher war es üblich, daß die Läufer während des Laufs den Stab von einer Hand in die andere wechselten, so daß die Stabübergabe immer gleich erfolgte.
Die neue Art des Wechsels hat erheblichen Anteil an dem Rekord.

Juli 1928

Mo	Di	Mi	Do	Fr	Sa	So
						1
2	3	4	5	6	7	8
9	10	11	12	13	14	15
16	17	18	19	20	21	22
23	24	25	26	27	28	29
30	31					

1. Juli, Sonntag

Joseph Goebbels, Gauleiter der NSDAP in Berlin-Brandenburg, ernennt Reinhold Muchow zum Organisationsleiter der Partei im Gau Groß-Berlin. Muchow entwickelt einen neuen Organisationsplan, der von der Zelle über die Straßenzelle und Sektion zum Gau reicht.

In Madrid geht der am 29. Juni eröffnete erste öffentliche Kongreß der Sozialistischen Partei seit der Errichtung der Rechtsdiktatur unter Miguel Primo de Rivera und Orbaneja zu Ende. Die Delegierten sprechen sich dafür aus, daß der Sozialist Francisco Largo Caballero im Staatsrat verbleibt. Er hat die Position trotz heftigen Widerstandes in der eigenen Partei übernommen.

Die Diskussion auf dem Deutschen Seeschiffahrtstag in Hamburg dreht sich um die Beteiligung der Seefahrt an den Transozeanflügen. →S. 119

Im Berliner Lustspielhaus findet die Uraufführung der Revue »Reise durch Berlin in 40 Stunden« statt. In der Szenenfolge von Paul Nikolaus und Willi Schäffers geht es um eine Wette, in 40 Stunden alle Sehenswürdigkeiten von Berlin zu besichtigen und außerdem ein amouröses Abenteuer zu erleben.

2. Juli, Montag

Polnische Sozialisten weisen die Angriffe zurück, die Kriegsminister Jósef Klemens Piłsudski, der im Juni von seinem Amt als Ministerpräsident zurückgetreten ist, gegen das Parlament erhoben hat. In den Augen der Sozialisten stellen Pilsudskis Äußerungen eine Bedrohung der Verfassung dar (→27. 6./S. 101).

In Brüssel gründen religiös und parteipolitisch neutrale Gewerkschaften mehrerer europäischer Länder einen internationalen Bund mit Sitz in Utrecht. In den Vorstand werden auch deutsche Gewerkschafter gewählt.

3. Juli, Dienstag

Reichskanzler Hermann Müller (SPD) nennt in seiner Regierungserklärung folgende Ziele: Fortsetzung der Politik der friedlichen Verständigung mit den anderen Staaten, Bemühungen um eine vorzeitige Räumung des Rheinlands und eine Lösung der Reparationsfrage, Förderung der Wirtschaft, Strafrechtsreform (→28. 6./S. 102).

Die britische Zeitung »Manchester Guardian« kritisiert, daß die Positionen im Sekretariat des Völkerbundes zunehmend mit Berufsdiplomaten besetzt werden. Berufsdiplomaten verstehen sich – so die Befürchtung – nicht in erster Linie als Beamte des Völkerbundes, sondern als Vertreter ihrer Länder.

Dem Schotten John Logie Baird gelingt in London die erste Fernsehübertragung in Farbe (→8. 2./S. 31).

4. Juli, Mittwoch

Die langwierige griechische Regierungskrise findet mit der Vorstellung eines neuen Kabinetts unter Ministerpräsident Eleftherios Weniselos (Liberale Partei) ein Ende. →S. 117

Die Regierung des Königreichs der Serben, Kroaten und Slowenen (heute Jugoslawien) tritt zurück. Die parteipolitische Krise hat sich seit dem Attentat im Parlament verschärft (→20. 6./S. 101).

Das französische Parlament nimmt ein neues Wohnungsbaugesetz an. Es stellt elf Milliarden Francs (rund 1,8 Milliarden Reichsmark) für den Bau von 200 000 Kleinwohnungen innerhalb der nächsten fünf Jahre zur Verfügung.

Britische Unternehmer- und Gewerkschaftsvertreter verabschieden ein Konzept zur Sozialpartnerschaft. →S. 119

Der belgische Bankier Alfred Löwenstein kommt während eines Flugs über dem Ärmelkanal auf mysteriöse Weise ums Leben. →S. 119

Ein orkanartiger Sturm richtet in Berlin und Oberschlesien schwere Verwüstungen an. →S. 123

Es wird bekannt, daß der Dirigent Otto Klemperer die Geschäftsführung der Oper am Platz der Republik (Krolloper) in Berlin aufgibt; er bleibt jedoch Musikdirektor des Hauses. →S. 126

5. Juli, Donnerstag

In Kopenhagen geht der zweite Internationale Kongreß für Sexualreform zu Ende (seit 1. 7.). Der Kongreß, zu dessen Präsidenten der deutsche Sexualforscher Magnus Hirschfeld gehört, setzt sich für eine Reform des Sexualstrafrechts ein. Die Sexualreformer wenden sich insbesondere gegen die strafrechtliche Verfolgung der Homosexualität.

6. Juli, Freitag

Franz Slama (Großdeutsch) löst seinen Parteikollegen Franz Dinghofer im Amt des österreichischen Justizministers ab (→26. 6./S. 101).

Elf Angeklagte im Moskauer Schachty-Prozeß um Sabotage und konterrevolutionäre Verschwörung werden zum Tod verurteilt. →S. 116

Frankreich und Portugal unterzeichnen in Paris einen Schiedsvertrag, mit dem sich beide Länder verpflichten, alle Streitfragen einer Schlichtungskommission oder dem Internationalen Gerichtshof in Den Haag zu unterbreiten.

Im National Liberal Club in London beginnt der Kongreß der Demokratischen Parteien Europas (bis 8. 7.). Die Teilnehmer beklagen den schleppenden Gang der Genfer Abrüstungsverhandlungen und diskutieren über verschiedene Formen des Wahlrechts.

Der chilenische Marinetransportdampfer »Angamos« läuft in unmittelbarer Nähe der chilenischen Küste auf ein Riff auf und sinkt sofort. Dem Unglück fallen 295 Menschen zum Opfer. Das Schiff war durch Sturmschäden bereits manövrierunfähig.

7. Juli, Sonnabend

Im Rechtsstreit zwischen der Hansestadt Lübeck und dem Land Mecklenburg um die Hoheits- und Fischereirechte im südöstlichen Teil der Lübecker Bucht entscheidet der Staatsgerichtshof zugunsten Lübecks.

In Griechenland wird das Wahlrecht geändert. An die Stelle des bislang geltenden Verhältniswahlrechts tritt das Mehrheitswahlrecht. Die Änderung geht auf den Wunsch des neuen Ministerpräsidenten Eleftherios Weniselos zurück (→4. 7./S. 117).

Der Ruhrbergbau verzeichnet eine Entspannung der Wirtschaftslage. Die arbeitstägliche Kohleförderung steigt auf 360 330 t, die Zahl der täglichen Feierschichten sinkt auf 6126.

In der Preußischen Akademie der Wissenschaften in Berlin wird die russische Historikerwoche eröffnet, auf der sowjetische Forscher Vorträge über ihre Spezialgebiete halten. Veranstalter ist die Deutsche Gesellschaft zum Studium Osteuropas.

Bei den All England Tennismeisterschaften in Wimbledon (seit 25. 6.) bestätigen die französischen Sportler ihre führende Position. →S. 125

8. Juli, Sonntag

Der Westfälische Rundfunk sendet erstmals in einer Konferenzschaltung Sportreportagen aus verschiedenen Städten (Köln, Hamburg, Aachen).

Hans Risticz und Hans Zimmermann verbessern den Weltrekord im Dauerfliegen auf 66,5 h.

9. Juli, Montag

Der Staatsgerichtshof erklärt die preußische Flaggennotverordnung von 1927 für unvereinbar mit der preußischen Verfassung. Der Landtag hatte anläßlich des Verfassungstags angeordnet, daß in allen Gemeinden alle öffentlichen Gebäude stets mit der – in rechten Kreisen unbeliebten – Reichsflagge zu beflaggen seien. Das Gericht geht davon aus, daß eine Sonderverfügung für den Verfassungstag ausgereicht hätte.

In Friedrichshafen am Bodensee wird das neue Luftschiff auf den Namen »Graf Zeppelin« getauft. →S. 122

10. Juli, Dienstag

Von den elf Todesurteilen, die im Moskauer Schachty-Prozeß um Sabotage und konterrevolutionäre Verschwörung gefällt worden sind, werden fünf vollstreckt. Die anderen sechs Verurteilten werden zu jeweils zehn Jahren Gefängnis begnadigt (→6. 7./S. 116).

11. Juli, Mittwoch

Der österreichische Nationalrat nimmt den Bericht von Bundeskanzler Ignaz Seipel über seine Bemühungen zur Beilegung der Spannungen mit Italien, die durch Südtirol-Kundgebungen in Österreich hervorgerufen worden sind, zustimmend zur Kenntnis. Seipel hat der italienischen Regierung erklärt, daß Österreich die Probleme Südtirols als innere Angelegenheit Italiens betrachtet.

Die sowjetischen Oppositionspolitiker Nikolai I. Bucharin und Lew B. Kamenew erkunden in einer geheimen Unterredung die Möglichkeit zur Stärkung der Opposition. →S. 116

Die spanische Polizei hat eine Verschwörung aufgedeckt, die ein Attentat auf König Alfons XIII. plante.

Friedrich Hollaenders Revue »Es kommt jeder dran« wird im Deutschen Künstlerhaus in Berlin uraufgeführt.

12. Juli, Donnerstag

Der Reichstag in Berlin beschließt mit 210 gegen 188 Stimmen, die Lohnsteuer bis zu drei Reichsmark monatlich bei einem jährlichen Einkommen bis zu 15 000 RM zu senken.

In Anwesenheit des italienischen Königs Viktor Emanuel III. wird in Bozen/Südtirol ein Siegerdenkmal eingeweiht. Deutschsprachige Südtiroler protestieren auf einer Gegenkundgebung auf dem Berg Isel gegen das italienische Denkmal.

Der sowjetische Eisbrecher »Krassin« rettet die restliche Mannschaft des Luftschiffes »Italia«, das über dem Nordpol abgestürzt ist (→23. 6./S. 104).

13. Juli, Freitag

Der deutsche Reichstag nimmt in dritter Lesung ein Amnestiegesetz für politische Straftaten an. Auch der Reichsrat erteilt seine Zustimmung. →S. 118

In Baden-Baden wird das Musikfest der Deutschen Kammermusik eröffnet (bis 15. 7.). Auf dem Programm steht u. a. eine Experimentalvorführung zum Thema Film und Musik. →S. 126

14. Juli, Sonnabend

Anläßlich des Nationalfeiertags (Sturm auf die Bastille 1789) erläßt die französische Regierung eine Amnestie für politische Straftaten. Der Straferlaß gilt nicht für Kommunisten und ruft deshalb heftige Kritik hervor.

Ein Explosionsunglück in der Pulverfabrik von Hasloch fordert drei Todesopfer. Es ist bereits die fünfte Explosion, die sich seit 1903 in der Fabrik ereignet hat.

Aus London wird berichtet, daß islamische Fundamentalisten in Afghanistan daran Anstoß genommen haben, daß die Königin und ihre Hofdamen auf öffentlichen Veranstaltungen unverschleiert erschienen sind (→22. 2./S. 33).

*Das Titelblatt der »Zeitbilder«,
Beilage der in Berlin
erscheinenden »Vossischen
Zeitung«, mit einer Aufnahme
vom Sängerfest in Wien*

Nummer
31
29. Juli 1928

Zeitbilder

Beilage zur
Vossischen
Zeitung

Die Fahnenschwinger.
Eine malerische Gruppe aus dem Festzug des Wiener Sängerfestes.

Graudenz.

In Düsseldorf beginnen die Deutschen Leichtathletikmeisterschaften der Männer (bis 16. 7.). Julius Müller aus Cannstatt stellt mit 3,82 m einen deutschen Rekord im Stabhochsprung auf. →S. 124

15. Juli, Sonntag

Ein schweres Zugunglück auf dem Münchner Hauptbahnhof fordert zehn Todesopfer. →S. 123

Rudolf Caracciola und Christian Werner gewinnen auf Mercedes Benz den Großen Preis von Deutschland auf dem Nürburgring. →S. 125

Am zweiten Tag der Deutschen Leichtathletikmeisterschaften der Frauen in Berlin stellt Grete Heublein mit 11,96 m einen Weltrekord im Kugelstoßen auf (→14. 7./S. 124).

Am letzten Tag der Deutschen Schwimmeisterschaften in Berlin (seit 13. 7.) schwimmt Lotte Mühe über 200-m-Brust mit 3:11,2 min Weltrekord. →S. 125

Sieger der Tour de France (seit 17. 6.) wird der Luxemburger Radsportler Nicolas Frantz in einer Zeit von 192:48:58 h. Er hat fünf von 22 Etappen gewonnen.

16. Juli, Montag

Während eines Besuchs des belgischen Kronprinzen Leopold und seiner Frau, Kronprinzessin Astrid, in Brügge finden Kundgebungen der Flamen zugunsten einer Amnestie für alle von belgischen Kriegsgerichten verurteilten altflämischen Aktivisten statt.

17. Juli, Dienstag

Alvaro Obregón, der Wahlsieger der mexikanischen Präsidentschaftswahlen vom 1. Juli, wird in St. Angel von einem religiösen Fanatiker ermordet. →S. 117

In Moskau wird der VI. Kongreß der Kommunistischen Internationale eröffnet (→1. 9./S. 155).

18. Juli, Mittwoch

Der Kommunist Max Hölz, der wegen seiner Beteiligung an Revolten in Mitteldeutschland und wegen eines Totschlags, der ihm jedoch nicht nachgewiesen werden konnte, zu lebenslänglicher Haft verurteilt worden ist, kommt aufgrund des Amnestiegesetzes aus dem Zuchthaus Sonnenburg frei (→13. 7./S. 118).

Die Eisenbahnverbindung von Pau (Frankreich) nach Zaragoza (Spanien) wird eingeweiht. Es handelt sich um die erste direkte Verbindung von Spanien nach Frankreich durch die Pyrenäen.

19. Juli, Donnerstag

Der ägyptische König Fuad I. löst das Parlament für die Dauer von drei Jahren auf. Den Hintergrund für den Staatsstreich bildet die Mehrheit der Wafd-Partei in der Kammer, die sich gegen die immer noch bestehenden Hoheitsrechte Großbritanniens in Ägypten, das seit 1922 formal unabhängige Monarchie ist, und gegen den probritischen König wendet (→1. 5./S. 84).

Ein französisches Fischerboot entdeckt die Leiche des auf mysteriöse Weise beim Flug über den Ärmelkanal aus dem Flugzeug gestürzten belgischen Bankiers Alfred Löwenstein (→4. 7./S. 119).

In Wien beginnt das 10. Deutsche Sängerbundfest (bis 22. 7.). Zahlreiche Kundgebungen fordern den Anschluß Österreichs an das Deutsche Reich. →S. 118

Die diesjährigen Bayreuther Festspiele, die bis zum 19. August dauern, werden mit einer Aufführung der Oper »Tristan« von Richard Wagner eröffnet.

20. Juli, Freitag

Die Nankingregierung in China erklärt in einem Zirkulartelegramm alle ungleichen Verträge mit dem Ausland für nichtig. Diese Verträge, die zur Zeit der Intervention des Westens in China im 19. Jahrhundert abgeschlossen worden sind, enthalten Sonderrechte für die in China lebenden Ausländer. Die Regierung strebt neue Verträge auf der Basis der Gleichheit und der Achtung der territorialen Souveränität an (→8. 6./S. 100).

In London beginnt eine Weltkonferenz für Geisteswissenschaftler (bis 1. 8.), die sich mit der von Rudolf Steiner begründeten Anthroposophie befaßt.

Die »Vossische Zeitung« berichtet, daß »Hitch hiking«, Reisen per Anhalter, in den USA immer beliebter wird. →S. 122

21. Juli, Sonnabend

In Lissabon bricht eine Militärrevolte gegen das diktatorische Regime von Präsident António Oscar Fragoso Carmona aus. Der Aufstand wird innerhalb weniger Tage niedergeschlagen.

22. Juli, Sonntag

Auf der Kölner Jahnwiese wird ein Denkmal für »Turnvater« Friedrich Ludwig Jahn eingeweiht (→25. 7./S. 124).

23. Juli, Montag

Der britische Ministerpräsident Stanley Baldwin lehnt die Einführung eines Schutzzolls für Eisen und Stahl ab, die von konservativen Parlamentsabgeordneten gefordert worden ist.

Das rumänische Parlament beschließt, mit Hilfe einer Auslandsanleihe die Währung zu stabilisieren.

Ein sowjetisches Regierungsdekret gibt die neuen Feiertage bekannt. →S. 116

24. Juli, Dienstag

Die Deutschnationale Volkspartei (DNVP) schließt den Reichstagsabgeordneten Walther Lambach wegen parteischädigenden Verhaltens aus der Partei aus. Lambach hat öffentlich gefordert, die DNVP, die sich zu monarchischen Grundsätzen bekennt, solle angesichts des Schwindens monarchischer Einstellungen ihr Programm überdenken.

Das britische Unterhaus in London lehnt einen von der Labour-Partei eingebrachten Mißtrauensantrag gegen die Regierung wegen Versagens in der Bekämpfung der Arbeitslosigkeit ab. Die Regierung hatte versucht, die Auswanderung von Arbeitslosen in die Dominions zu fördern, aber Kanada und Australien hatten ablehnend geantwortet.

Die Regierung von Litauen beschwert sich in einer Note an den Völkerbund über die für August geplanten Manöver der polnischen Armee im Wilnagebiet an der Demarkationslinie.

Bei einem Raffineriebrand in Wood River in Illinois stehen 1,5 Millionen Faß Petroleum in Flammen.

25. Juli, Mittwoch

Frankreich, Spanien, Großbritannien und Italien unterzeichnen in Paris ein neues Statut über die unter internationaler Verwaltung stehende Tanger-Zone in Nordafrika. →S. 117

Die USA schließen mit der Nankingregierung einen Vertrag ab, der China ab 1. Januar 1929 die Zollautonomie gewährt. Damit wird der Prozeß der Anerkennung der Nankingregierung als Zentralgewalt in China eingeleitet (→8. 6./S. 100).

In Krakau werden Handschriften des französischen Kaisers Napoleon I. entdeckt, darunter Skizzen für den Feldzug nach Italien.

In Köln beginnt das 14. Deutsche Turnfest, an dem bis zum 30. Juli mehr als 200 000 Sportler – unter ihnen viele Auslandsdeutsche – teilnehmen. →S. 124

26. Juli, Donnerstag

Die 18jährige Lili Cappellini, die Tochter des österreichischen Schriftstellers Arthur Schnitzler und Frau eines italienischen Offiziers in der faschistischen Miliz, nimmt sich in Venedig das Leben.

Boxschwergewichtsweltmeister Gene Tunney (USA) besiegt Tom Heeney (Neuseeland) in einem Titelkampf in New York durch technischen K. o. in der elften Runde.

27. Juli, Freitag

Im Königreich der Serben, Kroaten und Slowenen (heute Jugoslawien) findet die Bildung des neuen Kabinetts unter Ministerpräsident Anton Korosec (Slowakische Volkspartei) die Billigung von König Alexander II. Das alte Kabinett ist nach dem Revolverattentat im Parlament am 4. Juli zurückgetreten. Die innenpolitische Krise hält an (→20. 6./S. 101).

Das Zentralkomitee der Kommunistischen Partei der Sowjetunion ruft dazu auf, gegen das Anwachsen religiöser Strömungen aufzutreten (→23. 7./S. 116).

28. Juli, Sonnabend

Großbritannien und Frankreich einigen sich auf eine Kompromißformel für die Flottenabrüstung. Sie sieht u. a. vor, daß Schiffe, die mit Kanonen von mehr als sechs Zoll Kaliber bestückt sind, und Unterseeboote von mehr als 600 t einer Einschränkung unterliegen sollen. Ein Vertrag kommt jedoch nicht zustande.

Etwa 200 Abgeordnete und Senatoren des aufgelösten ägyptischen Parlaments treffen trotz eines Verbots in einem Privathaus in Kairo zu einer Sitzung zusammen. Sie erklären das Auflösungsdekret für verfassungswidrig und fordern das Kabinett zum Rücktritt auf.

Das deutsche und das österreichische Verkehrsrecht werden in entscheidenden Punkten einander angeglichen.

Im Amsterdamer Olympiastadion werden die IX. Olympischen Sommerspiele eröffnet (bis 12. 8.). Erstmals seit 1912 nehmen wieder deutsche Sportler an den Wettkämpfen teil. →S. 124

29. Juli, Sonntag

Der Hamburger SV wird mit einem 5:2-Sieg über Hertha BSC Berlin im Altonaer Stadion bei Hamburg Deutscher Fußballmeister. →S. 125

Den Großen Preis von Spanien gewinnt der französische Automobilrennfahrer Louis Chiron auf Bugatti mit einer Durchschnittsgeschwindigkeit von 127,735 km/h.

30. Juli, Montag

Während eines Ferienaufenthalts in Karlsbad trifft der deutsche Außenminister Gustav Stresemann zu einer längeren Unterredung mit dem tschechoslowakischen Präsidenten Tomáš Garrigue Masaryk zusammen.

Im Berliner Ufa-Theater am Kurfürstendamm findet die Uraufführung des Films »Tanzstudent« mit Willy Fritsch statt (Regie: Johannes Guter).

31. Juli, Dienstag

Ein schweres Zugunglück in Dinkelscherben bei Augsburg fordert 16 Todesopfer (→15. 7./S. 123).

Die Stadt Zürich hat am Haus Spiegelgasse 14, in dem der sowjetrussische Revolutionär Wladimir I. Lenin während seines Züricher Exils wohnte, eine Gedenktafel zur Erinnerung an Lenins Aufenthalt anbringen lassen.

Gestorben:

17. Cavour: Giovanni Giolitti (*27. 10. 1842, Mondovi), italienischer liberaler Politiker.

Geboren:

20. Prag: Pavel Kohout, tschechoslowakischer Dramatiker und Regisseur.

26. New York: Stanley Kubrick, US-amerikanischer Filmregisseur.

Das Wetter im Monat Juli

Station	Mittlere Lufttemperatur (°C)	Niederschlag (mm)	Sonnenscheindauer (Std.)
Aachen	18,7 (17,5)	75 (75)	– (190)
Berlin	18,6 (18,3)	31 (70)	– (242)
Bremen	17,7 (17,4)	32 (92)	– (207)
München	20,0 (17,5)	26 (137)	– (226)
Wien	21,9 (19,5)	26 (84)	– (–)
Zürich	21,1 (17,2)	25 (139)	343 (238)
( ) Langjähriger Mittelwert für diesen Monat – Wert nicht ermittelt			

Die Rekordsucht in der Fliegerei findet einen neuen Höhepunkt im Dauerflugweltrekord von Hans Ristics und Hans Zimmermann, dem die Zeitschrift »Daheim« ein Titelbild widmet

Daheim

64. Jahrg. Nr. 43

21. Juli 1928

Deutschland erobert den Dauerweltrekord der Luft.

Die Piloten Ristics und Zimmermann stellten mit 65 Stunden 26 Minuten auf einer Junkersmaschine den neuen Dauerweltrekord auf. Das untere Bild zeigt ihr Flugzeug über den Tafeln, auf denen ihnen die Zeit- und Kilometerzahlen auf dem Dessauer Flugplatz angezeigt wurden. Oben: Ristics (links) und Zimmermann nach dem Siegflug im Kreise ihrer Familien. (Bilder W. Ruge und Deutsche Presse-Photo.)

Nachdruck verboten.

Harte Urteile im Moskauer Sabotage-Prozeß

Geheimes Treffen der Opposition

6. Juli. Im Moskauer Schachty-Prozeß gegen 53 Ingenieure, Techniker und Verwaltungsbeamte aus der Kohlenindustrie der Schachtyregion im Donezbecken, die der Sabotage und konterrevolutionären Verschwörung angeklagt sind, werden die Urteile gefällt.

Elf Angeklagte werden zum Tod verurteilt, 37 erhalten Gefängnisstrafen, zwei der sowjetischen Beschuldigten werden freigesprochen. Unter den Angeklagten sind auch drei Deutsche: Zwei von ihnen werden freigesprochen, der dritte erhält ein Jahr Gefängnis mit Bewährung (→16. 3./S. 44).

Die Anklage lautete u. a. auf Veruntreuung von Geldern und Zerstörung von Maschinen. Die Sabotageakte sollen – so das Gericht – im Auftrag der ehemaligen Grubenbesitzer und ausländischer Kapitalisten, die Bestechungsgelder gezahlt hätten, vorgenommen worden sein. Die Urteile basieren auf den Geständnissen der Beschuldigten.

Zur Zeit finden in der Sowjetunion mehrere Prozesse statt, die Sabotageakte in der Industrie untersuchen. Die Ingenieure und Techniker stammen überwiegend aus bürgerlichen Kreisen und hatten ihre Positionen bereits im Zarenreich inne.

Der Schachty-Prozeß und seine ungewöhnlich harten Urteile werden im Zusammenhang mit Maßnahmen gegen die Opposition gesehen, die sich gegen den neuen wirtschaftspolitischen Kurs der KPdSU – forcierte Industrialisierung, radikale Kollektivierung und Enteignung in der Landwirtschaft – wendet (→1. 10./S. 174).

Der Gerichtsvorsitzende verliest die Urteile im Prozeß um Sabotage in der Schachty-Region; zur Verhandlung ist die internationale Presse zugelassen

Einige der 53 angeklagten Techniker, Ingenieure und Verwaltungsbeamte; hinter dem Stuhl (M.) ein Angestellter der AEG, der freigesprochen wird

11. Juli. Nikolai I. Bucharin, bislang enger Mitarbeiter des sowjetischen Parteichefs Josef W. Stalin, trifft heimlich mit Lew B. Kamenew zusammen, einem der Wortführer der Linksopposition, der im November 1927 aus der Kommunistischen Partei ausgeschlossen worden ist.

Bucharins Abwendung von Stalin hängt damit zusammen, daß er den Ende 1927 propagierten neuen wirtschaftspolitischen Kurs und Stalins Methoden ablehnt. Der neue Wirtschaftsplan legt das Schwergewicht auf eine rasche Industrialisierung und die Kollektivierung der sowjetischen Landwirtschaft.

Der neue Kurs ist in der Führungsspitze umstritten, da es bereits zu Widerständen bei den Bauern gekommen ist, und Bucharin tritt für eine gemäßigte Haltung gegenüber den Landwirten ein. Er ist deshalb von Stalin bereits als Anhänger der Rechtsopposition bezeichnet worden, und Stalin beginnt, die Anhänger Bucharins aus einflußreichen Positionen zu verdrängen.

Aus diesen Gründen sucht Bucharin den Kontakt mit der früher mit seiner Unterstützung ausgeschalteten Linksopposition. In der Unterredung mit Kamenew vertritt Bucharin die Auffassung, daß Stalins Politik zu einem Polizeistaat führe und die Revolution gefährde. Stalin selbst bezeichnet er als einen machthungrigen Intriganten.

Bucharins Ziel, eine breite Opposition gegen Stalin zustande zu bringen, ist jedoch zum Scheitern verurteilt. Stalin kann seine Machtposition ausbauen (→17. 1./S. 16).

Feiertage erinnern an die Kämpfe der Arbeiterbewegung

23. Juli. Ein Regierungsdekret legt die ab 1929 in der Sowjetunion geltenden gesetzlichen Feiertage fest. Die Feiertage in dem kommunistisch regierten Land orientieren sich an den Gedenktagen der Geschichte der Arbeiterbewegung.

Auf den 1. Januar, den Neujahrstag, folgt als nächster gesetzlicher Feiertag der 22. Januar, der an den »Blutsonntag« von Sankt Petersburg (heute Leningrad) im Jahr 1905 erinnert. An diesem Tag wurden etwa 500 Teilnehmer einer friedlichen Arbeiterdemonstration von Sicherheitskräften erschossen. Der 12. März gedenkt der Februarrevolution in Rußland, dem Sturz des Zaren Nikolaus II. und der Bildung einer provisorischen Revolutionsregierung. Die Datenverschiebung erklärt sich daraus, daß 1917 in Rußland noch der Julianische Kalender galt, der gegenüber dem Gregorianischen eine Zeitdifferenz von 13 Tagen aufweist. Der nächste Feiertag, der 18. März, erinnert an die Bildung der Pariser Kommune 1871, in der die Arbeiterklasse erstmals kurzfristig die Macht übernahm, die jedoch blutig zerschlagen wurde.

Der 1. und der 2. Mai würdigen den 1. Mai als lang umkämpften Feiertag der Arbeiterbewegung.

Die nächsten Feiertage, der 7. und 8. November, erinnern an den Sieg der Bolschewisten in der Oktoberrevolution von 1917 (die Zeitverschiebung ergibt sich wieder durch den Julianischen Kalender).

Die christlichen Feiertage – Ostern, Pfingsten und Weihnachten – finden in dem Dekret keine Erwähnung. Religiosität ist jedoch in der Sowjetunion immer noch weit verbreitet, und an den hohen christlichen Feiertagen sind die Kirchen in allen Teilen des Landes von Anhängern der russisch-orthodoxen Konfession überfüllt.

Am 27. Juli startet die KPdSU eine Kampagne gegen das Anwachsen religiöser Strömungen, denen die materialistische Weltanschauung entgegengesetzt werden soll.

General Alvaro Obregón (3. v. l.) beim Festbankett zu Ehren seiner Wahl zum Präsidenten in St. Angel, wenige Minuten vor der Ermordung

Streng bewacht: José de Léon Toral; der 27jährige bekennt sich zu dem Attentat auf Obregón

Neues Kabinett in Griechenland

4. Juli. Der neue griechische Ministerpräsident Eleftherios Weniselos beendet mit der Vorstellung seines innerhalb weniger Tage gebildeten Kabinetts die griechische Regierungskrise. Das konservative Kabinett unter dem seit 1926 amtierenden Ministerpräsidenten Alexander Zaimis war am 28. Juni zurückgetreten, die Auseinandersetzungen um eine Regierungsumbildung hatten jedoch bereits im Mai begonnen.

Weniselos

Weniselos, der während seiner ersten Amtszeit als Ministerpräsident 1910 bis 1915 mit zahlreichen Reformen die Grundlagen des modernen griechischen Staates geschaffen hatte, kündigte Anfang 1928 nach vierjähriger politischer Abstinenz seine Rückkehr in die aktive Politik an. Ende Mai übernahm er wieder den Vorsitz der Liberalen Partei, und gleichzeitig forderte die Opposition den Rücktritt der Regierung. Zaimis reichte daraufhin sein Demissionsgesuch ein, und Weniselos wurde mit der Bildung eines neuen Kabinetts beauftragt.

Die Opposition verfolgte mit ihrem Vorgehen zwei Ziele: Sie will zum einen den wachsenden Einfluß der Royalisten eindämmen, die für eine Wiederherstellung der 1924 abgeschafften Monarchie kämpfen, und sie wendet sich ferner gegen die faschistenfreundliche Politik des Außenministers Andreas Michalakopulos. Die Bildung einer neuen Koalitionsregierung unter Einschluß der Monarchisten scheiterte jedoch.

Der griechische König Georg II., erst am 27. September 1922 eingesetzt, mußte im Dezember 1923 das Land verlassen und am 25. März 1924 nach einer Verfassungsreform zugunsten der Republik abtreten.

Ende Juni führte Weniselos eine neue Kabinettskrise herbei, und diesmal gelingt ihm die Regierungsübernahme. Sein neues Kabinett besteht zum überwiegenden Teil aus Anhängern seiner Partei.

Am 7. Juli wird die Kammer aufgelöst, und bei den Parlamentswahlen am 19. August erringen die Weniselisten einen klaren Sieg.

Fanatiker ermordet Präsident Obregón

17. Juli. General Alvaro Obregón, der am 1. Juli die Präsidentschaftswahlen in Mexiko überzeugend gewonnen hat, wird während eines Banketts in St. Angel in der Nähe von Mexiko-Stadt von einem religiösen Fanatiker erschossen.

Der Attentäter, José de Léon Toral, hatte sich Obregón unter dem Vorwand genähert, ihm Karikaturen zeigen zu wollen, dann aber plötzlich fünf Revolverschüsse auf den Politiker abgegeben. Der Täter, der sofort überwältigt wird, gibt als Motiv für den Mord die Kirchenpolitik der Regierung an, die Obregón mitgetragen hat und nach seinem Amtsantritt als Präsident im Dezember weiterführen wollte. Seit der Verstaatlichung der kirchlichen Güter im Jahr 1926, der Einschränkungen des Religionsunterrichts an den Schulen und der Ausweisung ausländischer Priester bestehen starke Spannungen zwischen der Kirche und der Regierung. Anhänger des Klerus haben wiederholt Unruhen angezettelt.

Die Ermordung Obregóns löst im Land tiefe Bestürzung aus. Der Präsident zählte zu den Politikern, die nach den Revolutionsjahren von 1910 bis 1917 zu einer Stabilisierung des Landes beigetragen haben. 1920 wurde er Präsident von Mexiko, und als 1924 sein politischer Freund, Plutarco Elías Calles, das höchste Staatsamt antrat, übernahm er das Innenministerium.

Er setzte sich insbesondere für eine radikale Landreform zugunsten der Indianer ein. Die Landreform bildet wie die Trennung von Kirche und Staat und die Verstaatlichung der Bodenschätze einen Bestandteil der Revolutionsverfassung von 1917.

Das Gesetz zur Verstaatlichung des Erdöls, das auch mehrere US-amerikanische Ölgesellschaften betraf, hat zu Konflikten mit den USA geführt und wurde weitgehend zurückgenommen. Den US-Gesellschaften, die vor 1917 Land erworben hatten, wurde nicht die Konzession entzogen (→ 27. 3./S. 45).

Das Tangerstatut ist unterzeichnet

25. Juli. Frankreich, Spanien, Großbritannien und Italien unterzeichnen in Paris ein neues Tangerstatut, das die Vereinbarungen von 1923 über die Verwaltung der internationalen Zone an der Straße von Gibraltar abändert.

Den Oberbefehl über die internationale Gendarmerie erhält ein spanischer Offizier, den ein französischer Offizier unterstützt. Neu geschaffen wird das Amt eines Polizeiinspektors, das ein Spanier ausübt. Italien erhält einen zusätzlichen Sitz im Gesetzgebenden Gemeinderat von Tanger, und ein italienischer Richter wird an den Internationalen Gerichtshof berufen.

Vor dem Viermächteabkommen kommt es am 3. März zu einer französischspanischen Tangervereinbarung; Aristide Briand (l.) unterzeichnet den Vertrag

Sieben Stunden dauert der Zug der Teilnehmer des Sängerfests durch die Wiener Ringstraße; hier vor dem Parlament

Sängerbund fordert Anschluß Österreichs

19. Juli. Während des 10. Deutschen Sängerbundfestes (bis 22. 7.) in Wien kommt es zu zahlreichen Kundgebungen für einen Anschluß Österreichs an das Deutsche Reich. Bereits auf der Auftaktveranstaltung für die etwa 150 000 Teilnehmer am 19. Juli verleihen die deutschen Sänger ihrem Wunsch Ausdruck, daß alle Deutschen wieder ein einziges Volk ohne Grenzen bilden. In seiner Begrüßungsansprache verkündet der Bürgermeister von Wien, Karl Seitz, im Namen der Anwesenden: »Wir bekunden hier einen einheitlichen Willen: Wir wollen ein Volk und ein Staat sein.«

Der Anschlußgedanke, der beim Publikum auf Beifall stößt, kommt den Zielsetzungen des Deutschen Sängerbundes entgegen. Der Vorsitzende, Friedrich List, erklärt, daß der Sängerbund seit seiner Gründung bestrebt ist, »eine allgemeine deutsche Volksverbundenheit, ohne Rücksicht auf politische Grenzen zu schaffen, das Gefühl der Zusammengehörigkeit der deutschen Stämme zu erhalten«.

Zahlreiche österreichische Politiker besuchen die zumeist ausverkauften Veranstaltungen des Sängerfestes; von deutscher Seite sind u. a. Reichstagspräsident Paul Löbe (SPD), der auch dem Deutsch-Österreichischen Volksbund vorsteht, und Innenminister Carl Severing (SPD) in Wien eingetroffen.

In seiner Rede auf dem Abschlußbankett am 22. Juli verbindet Löbe den Anschlußgedanken mit dem Selbstbestimmungsrecht der Völker und bekundet: »Weil wir ein Volk und eine Nation sein wollen, werden wir auch ein Staat sein.«

Die Forderung nach einem Anschluß an das Deutsche Reich kam in Österreich nach dem Zerfall der Habsburgermonarchie 1918 auf, da das kleine Österreich als wirtschaftlich nicht überlebensfähig galt. Bei denjenigen Befürwortern des Anschlusses im Deutschen Reich, die dem rechten Spektrum zuzuordnen sind, spielt die Vorstellung eine Rolle, die Niederlage im Weltkrieg zu kompensieren.

Die Anschlußkundgebungen und insbesondere die Äußerungen des Politikers Löbe stoßen in Teilen der deutschen Presse auf Kritik. Löbes Bekundungen werden als unklug und taktlos angesehen, da sie das Mißtrauen der Nachbarstaaten gegenüber dem Deutschen Reich wecken, den Befürchtungen Nahrung geben, die deutsche Politik ziele auf Expansion, und damit die Verhandlungen über die Rheinlandräumung stören können.

Auch in der französischen und tschechoslowakischen Presse erfolgt eine negative Reaktion auf die Wiener Vorgänge. Die Zeitungen erklären, daß die europäischen Staaten die Bildung eines deutschen Blocks in Mitteleuropa nicht zulassen werden, und daß die Anschlußforderung im Widerspruch zur Politik der Versöhnung steht.

Anschlußkundgebung im österreichischen Burgenland anläßlich eines Besuchs des deutschen sozialdemokratischen Reichstagspräsidenten Paul Löbe

Politische Täter werden amnestiert

13. Juli. Der Reichstag in Berlin verabschiedet ein Amnestiegesetz für politische Straftaten. Das Gesetz sieht vor, allen Verurteilten, die aus politischen Motiven gehandelt haben, Straferlaß zu gewähren und laufende Verfahren einzustellen.

Max Hölz aus der Haft entlassen

Aufgrund des Amnestiegesetzes wird Max Hölz, einer der prominentesten politischen Täter, aus dem Zuchthaus entlassen. Der Kommunist Hölz hatte 1920 nach dem Kapp-Putsch und 1921 während des mitteldeutschen Aufstands eine revolutionäre Bewegung geleitet. Die Anklage lautete auf Hochverrat und Tötung eines Gutsbesitzers, sie stützte sich im zweiten Punkt auf zweifelhafte Zeugenaussagen. Seit seiner Verurteilung zu einer lebenslänglichen Zuchthausstrafe haben sich zahlreiche Prominente für den inhaftierten Hölz eingesetzt.

Die Amnestie bezieht sich nicht auf Verurteilungen wegen Landesverrat, Verrat militärischer Geheimnisse und Mord. Bei Tötungsdelikten aus politischen Motiven wird die Strafe abgemildert; lebenslängliche Zuchthausstrafen werden in Gefängnis von siebeneinhalb Jahren umgewandelt.

Das Amnestiegesetz der neuen Regierung soll zu einer Verbesserung des politischen Klimas beitragen.

Hölz im Kreis seiner Freunde nach der Entlassung aus dem Zuchthaus

Mysteriöser Sturz aus dem Flugzeug

4. Juli. Der belgische Bankier Alfred Löwenstein stürzt während eines Fluges über den Ärmelkanal auf mysteriöse Weise aus seiner Privatmaschine.

Auf dem Flug von Croydon (Großbritannien) nach Brüssel sucht der 53jährige Löwenstein die Toilette auf, kehrt jedoch nicht mehr zurück. Seine Begleiter entdecken, daß die der Toilette gegenüberliegende Eingangstür des Flugzeugs offen steht.

Der Unglücksfall löst zahlreiche Spekulationen aus. Zum einen wird vermutet, daß Löwenstein aus Versehen die falsche Tür geöffnet hat, zum anderen wird in Erwägung gezogen, daß der Bankier Selbstmord begangen hat. Löwenstein soll in letzter Zeit unter Depressionen gelitten und sich in einer finanziellen Krise befunden haben. Der Kurs der Löwenstein-Aktien ist gesunken, und der Bankier konnte Zahlungsverpflichtungen nur mit Mühe nachkommen.

Sein kometenhafter Aufstieg begann während des Weltkriegs; als Finanzsachverständiger und Verbindungsoffizier für die belgisch-britischen Wirtschaftsaktionen machte er durch seine Leistungen auf sich aufmerksam und schuf sich Verbindungen zur Londoner Geschäftswelt.

Nach dem Krieg gründete er in London eine Dachgesellschaft für seine vielfältigen Interessen, die International Holding and Investment Company. Er investierte in der Kunstseidenindustrie und erwarb zahlreiche Aktien belgischer und ausländischer Gesellschaften. Er betätigte sich außerdem in der nord- und südamerikanischen Elektroindustrie und schuf sich dort durch Firmengründungen und Aktienkäufe eine einflußreiche Stellung. In letzter Zeit tätigte er auch Investitionen im Deutschen Reich.

Seine gewagten Spekulationen, seine komplizierten Transaktionen und sein Geltungsdrang, der ihn dazu bewog, seine neuesten Abschlüsse stets öffentlich zu verkünden, haben es jedoch mit sich gebracht, daß er bei vielen Bankiers und Finanziers nur wenig Vertrauen genoß. Auch die belgische Regierung hat es abgelehnt, eine von ihm angebotene Stabilisierungsanleihe aufzunehmen.

Der belgische Bankier Alfred Löwenstein, stets ein Gentleman

Schemazeichnung der »London News« zur Rekonstruktion des Unfalls; Löwenstein ist aus der Tür vorn r. gestürzt

Anerkennung der Gewerkschaften

4. Juli. Britische Unternehmer und Gewerkschaftsvertreter einigen sich auf einer Konferenz, die von Sir Alfred Mond, dem Vorsitzenden des Verbandes der britischen chemischen Industrie, geleitet wird, auf ein Konzept der Sozialpartnerschaft. Die Konferenz erkennt den Gewerkschaftskongreß als Verhandlungspartner für die Unternehmer bei wirtschaftlichen und

Alfred Mond

sozialen Fragen an. Sie wendet sich dagegen, Arbeiter wegen ihrer Mitgliedschaft oder Tätigkeit in einer Gewerkschaft zu entlassen.

Die Tagungsteilnehmer sprechen sich dafür aus, daß Unternehmer und Gewerkschaften einen nationalen Industrierat bilden, der bei Arbeitskonflikten vermitteln soll. Streiks und Aussperrungen dürfen nicht beschlossen werden, bevor der Vermittlungsausschuß einen Bericht vorgelegt hat.

Konkurrenz bei den Transozeanflügen

1. Juli. Der in Hamburg tagende Deutsche Seeschiffahrtstag, die Jahresversammlung der Reedereien und nautischen Vereine, befaßt sich mit der Beteiligung der Seeschiffahrt an den Transozeanflügen.

Die erfolgreichen Versuchsflüge über den Ozean, an denen auch die Schiffahrt finanziell beteiligt war, haben die Bedeutung des Flugzeugs im künftigen Atlantikverkehr aufgezeigt. Die Seeschiffahrt wendet sich gegen ein Monopol der Lufthansa bei den Ozeanflügen, sie verweist darauf, daß die Erfahrungen der Seefahrt für den Ozeanflug herangezogen werden sollten.

Die Reeder setzen sich dafür ein, den Transozeanflugverkehr privatwirtschaftlich zu organisieren, und treten gegen behördliche Einschränkungen der Luftfahrt auf.

Zur Klärung der noch strittigen und von Rivalitäten gekennzeichneten Zusammenarbeit mit der Lufthansa setzt der Schiffahrtstag eine Sonderkommission ein.

Urlaub und Freizeit 1928:

Luxusreisen, Kinderkolonien u

Regelmäßige Urlaubsreisen sind immer noch ein Privileg für die kleine Schicht der Reichen, jedoch nehmen Angebote zu, die es auch den weniger Begüterten ermöglichen, sich im Sommer zu erholen.

Die Deutsche Reichsbahn bietet Fahrten mit Feriensonderzügen an, die gegenüber dem normalen Tarif um ein Drittel ermäßigt sind. Eine Fahrkarte von Berlin nach Garmisch-Partenkirchen kostet z. B. 52,90 Reichsmark (RM), eine Karte nach Swinemünde 14,90 RM. Allerdings können die Sonderzüge nur einen begrenzten Kreis der Interessierten aufnehmen.

Für Kinder, deren Eltern keinen Erholungsaufenthalt bezahlen können, gibt es durch Spenden finanzierte Ferienkolonien an der See und auf dem Land.

Sozialisten organisieren nach dem Erfolg ihrer ersten Kinderrepublik im Jahr 1927 in Seekamp bei Kiel wieder Zeltlager für Arbeiterkinder. 1928 verteilen sich 5000 elf- bis 14jährige Kinder auf sieben Kinderrepubliken, die neben Freizeitgestaltung auch Einübung in Demokratie und Selbstverwaltung bieten. Die Kosten für einen vierwöchigen Aufenthalt belaufen sich auf 35 RM.

Plakat von Léo Marfurt im Art-Deco-Stil für eine Fährverbindung

Wachsender Beliebtheit erfreuen sich Gesellschaftsreisen in kleineren Gruppen (10 bis 35 Teilnehmer), bei denen sich die Reisenden nicht um Hotels und Zugverbindungen zu kümmern brauchen, von sachkundigen Reiseleitern Führungen zu den Sehenswürdigkeiten erhalten, aber auch genügend Zeit zur freien Verfügung haben. Das Ull-

»Der neue Sonnenkult« – so überschreibt die französische »Illustration« eine Reportage mit diesem Foto vom Cap d'Antibes an der Côte d'Azur

Strandfreuden: Die Reichsbahn richtet Feriensonderzüge an die Urlaubsorte der deutschen Nordseeküste ein; die Lufthansa bietet ihren Bäderdienst an

erbilligte Urlaubssonderzüge

Plakatwerbung von Augusto Giacometti für eine Ferienkolonie

Werbung für das 1922 in Zürich angelegte Strandbad Mythenquai

Als Attraktion werden den Passagieren des französischen Luxusdampfers »Ile de France« Flüge mit dem schiffseigenen Flugzeug angeboten

stein-Reisebüro bietet z. B. eine elftägige Fahrt für Pauschalreisende in die Schweiz für 356 RM an.

Die Urlaubsangebote der gehobenen Preisklassen werben mit Komfort und Luxus. So führt beispielsweise ein Dampfer, der eine Nordatlantikfahrt unternimmt, ein Flugzeug mit, das während der Reise zu zahlreichen Rundflügen startet.

Zum neuen Treffpunkt der Prominenz im Sommer avancieren die Badeorte Antibes, Juan-les-Pins, St. Maxime und St. Tropez an der Côte d'Azur, die bislang vor allem Reiseziel der Schickeria in den Wintermonaten war.

In einem schicken Matrosenanzug statt in Badekleidung ist das Schwimmenlernen für die Kleinen doppelt schwer

Aufblasbare Gummifiguren in Tiergestalt sorgen dafür, daß die Kinder im Ostseewasser nicht untergehen

Miß Frankreich, Zweite im Wettbewerb um den Titel Miß Universum (→ S. 106), am Swimmingpool

Die Bäder von Eden-Roc und das Schwimmbecken am Cap d'Antibes, Treffpunkt der Prominenz

Promenade im eleganten Strandpyjama in Juan-les-Pins, dem Mode-Badeort an der Côte d'Azur

Gräfin Helene von Brandenstein-Zeppelin, die Tochter von Ferdinand Graf von Zeppelin, bei der Taufe des Luftschiffes

Feierliche Taufe eines neuen Zeppelins

9. Juli. Die Luftschiffbau Zeppelin GmbH in Friedrichshafen tauft ihr neues Luftschiff LZ 127 auf den Namen »Graf Zeppelin«. Es soll im Oktober (→ 11. 10./S. 170) zum Transozeanflug starten.

Der Name erinnert an den Konstrukteur des ersten lenkbaren Starrluftschiffs und Gründers der Firma, Ferdinand Graf von Zeppelin, der 1917 starb.

Hugo Eckener, der das Werk seit Zeppelins Tod führt, umreißt in seiner Begrüßungsansprache die Be-stimmung des neuen Luftschiffes: »Es soll in weltumspannendem Fluge die Ozeane überfliegen und eine neue verbindende Brücke zwischen den Nationen der Welt schlagen helfen.«

Der neue Zeppelin, der 105 000 m³ Gas faßt, ist mit einer Nationalspende finanziert worden.

Nachdem es bereits so schien, als ob die Flugzeuge die Zeppeline verdrängen würden, läßt sich seit dem letzten Jahr ein neues Interesse an den Luftschiffen feststellen. Nicht nur im Deutschen Reich, sondern auch in Großbritannien und den USA werden Luftschiffe gebaut.

1900 gelang Ferdinand Zeppelin erstmals der Aufstieg eines starren Luftschiffes, das jedoch noch recht manövrierunfähig war. Ungeachtet aller Widerstände und mehrerer Unglücksfälle hielt Zeppelin an seiner Idee fest, verbesserte die Konstruktionen und wurde mit weiteren Zeppelinen, die in seinem Werk erbaut wurden, zum Pionier der Luftschiffahrt (→ 11. 10./S. 170).

(→ 11. 10./S. 170)

»Hitch hiking« wird immer beliebter

20. Juli. Der New Yorker Korrespondent der »Vossischen Zeitung« berichtet, daß in den USA eine neue Form des Reisens immer mehr Anhänger findet: »Hitch hiking«, das Fahren per Anhalter.

Vor allem Jugendliche und Studenten, die wenig Geld haben, bevorzugen diese Art des Fortkommens, und sie haben offensichtlich keine Schwierigkeiten, Autofahrer zu finden, die sie mitnehmen.

Studenten kehren zu Beginn der Semesterferien per Anhalter vom College nach Hause zurück und fahren auf die gleiche Weise wieder an ihren Studienort.

Jugendliche Rucksacktouristen legen in den Ferien Tausende von Kilometern per Anhalter zurück, bewältigen Distanzen, für die die Züge mehr als 20 Stunden brauchen, in kurzer Zeit, und ermöglichen sich eine billige, oft wochenlange Urlaubsreise. Hitch hiking wird jedoch auch auf kurzen Strecken und innerhalb der Städte praktiziert.

Die z. T. gutsituierten Eltern der Tramper finden nichts dabei, daß ihre Kinder auf diese Weise das Land durchstreifen. Mädchen und jungen Frauen wird allerdings empfohlen, mindestens zu zweit auf eine Reise per Anhalter zu gehen.

Hitch hiking erinnert an die Praxis der Tramps, auf Eisenbahnzüge aufzuspringen, gilt aber als weitaus respektabler und ist in den USA gesellschaftlich anerkannt.

Reinigung der Luft durch Elektrofilter

Eine Braunkohlebrikettfabrik mit ausgeschaltetem Elektrofilter

Neue, in Fabriken des Deutschen Reichs installierte Elektrofilteranlagen tragen dazu bei, die Umweltverschmutzung einzudämmen.

In Braunkohlebrikettfabriken sind elektrische Filter weitaus besser als mechanische Reinigungsanlagen dazu geeignet, die kohlenstaubhaltige, gesundheitsgefährdende Luft aufzufangen, die beim notwendigen Trocknen der wasserhaltigen Braunkohle und beim Zerkleinern der geförderten Kohle entsteht.

Die kohlestaubhaltige Luft wird aus der Trockentrommel in den Elektrofilter geleitet bzw. mit Hilfe von Ventilatoren in die Filteranlage hineingedrückt. Der Kohlenstaub bleibt durch die elektrische Anzie-hung an den Wänden der Filteranlage hängen, und die Luft wird bis zu 98% vom schädlichen Kohlenstaub befreit.

Der im Elektrofilter angesammelte Kohlenstaub wird durch Staubschnecken zur Brikettpresse oder zum Staubsilo geleitet.

Elektrofilter erweisen sich auch in der chemischen sowie in der Eisen- und Metallhüttenindustrie als durchaus vorteilhaft, denn sie sind auch bei hohen Temperaturen einsetzbar, um bei der Fertigung freiwerdende Gase zu reinigen.

Elektrofilter arbeiten zudem wirtschaftlicher als die bisherigen Verfahren und benötigen zur Aufstellung weniger Platz.

Die Fabrik mit eingeschaltetem Filter: Keine dunklen Rauchschwaden

Transozeanflugboot vor dem Probeflug

Das neue, in Berlin von den Rohrbach-Werken konstruierte Transozean-flugboot Romar, das größte Wasserflugzeug der Welt, steht kurz vor seinem Probeflug. Die dreimotorige Maschine bietet Raum für zwölf Passagiere und hat einen Aktionsradius von 4000 km (Abb.: 97 Mann nehmen an der Belastungsprobe für die Tragflächen des Flugboots in der Werft teil).

Modernes Ambulanzfahrzeug in Berlin

In Berlin kommt ein neues Ambulanz-Fahrzeug (Abb.) zum Einsatz. Es handelt sich um einen dreirädrigen Rettungswagen, der in seinem vorderen, geschlossenen Teil eine Rettungstrage enthält. Der Wagen ist gut gefedert, so daß Erschütterungen beim Transport von Kranken und Verletzten vermieden werden. Der Fahrer führt einen Erste-Hilfe-Koffer mit sich.

Unwetter richtet schwere Verwüstungen an

4. Juli. Heftige Sturmböen richten vor allem in Berlin und Oberschlesien schwere Schäden an.

Der Sturm, der mit einer Geschwindigkeit von 75 bis 80 km/h durch Berlin rast, trägt eine Reihe von Hausdächern ab und entwurzelt zahlreiche Bäume, vor allem im Tiergarten und im Grunewald. Einige umknickende Bäume stürzen auf elektrische Leitungen und legen einen Teil des Kabelnetzes lahm.

13 Menschen werden durch die Sturmkatastrophe z.T. schwer verletzt. Die größten Sachschäden richtet der Orkan auf dem Flughafen Tempelhof an. Die Böen bringen eine Flugzeughalle zum Einsturz und zerstören drei Flugzeuge. Die Feuerwehrleute in der deutschen Reichshauptstadt sind stundenlang pausenlos im Einsatz.

In Oberschlesien fordert das Unwetter zehn Todesopfer, 32 Menschen werden z.T. schwer verletzt. Die Sachbeschädigungen betreffen vor allem Industrieanlagen.

Bereits am 3. Juli hat ein Unwetter an der Mosel und der Saar schwere Zerstörungen angerichtet. Ein minutenlanger Hagelschauer hat in Verbindung mit einem orkanartigen Sturm Dächer und Glasscheiben zerstört, Bäume entlaubt, Korn- und Gemüsefelder verwüstet, in zahlreichen Weinbergen die gesamte Ernte vernichtet und Rebstöcke stark beschädigt.

Ein Bild der Verwüstung: Das Flugfeld in Berlin-Tempelhof nach dem Sturm

Am 15. Juli kommt es im Deutschen Reich erneut zu einer Unwetterkatastrophe, von der diesmal besonders Oberbayern betroffen ist; ein Postbus wird in der Nähe von Oberammergau fast vollständig von Schlammassen verschüttet

Schwere Mißstände bei der Reichsbahn

15. Juli. Zwei schwere Zugunglücke in Bayern, die zehn bzw. 15 Todesopfer fordern, lösen eine Diskussion über die Sicherheit der Reichsbahn aus. Am 15. Juli fährt in München ein Zug auf einen stehenden auf, am 31. Juli ereignet sich ein Auffahrunfall in Dinkelsscherben bei Augsburg. In beiden Fällen ist eine falsche Weichenstellung für das Unglück verantwortlich.

Untersuchungen ergeben, daß das Reichsbahnpersonal infolge langer Schichten überlastet ist und bei Schienen und Wagen ungeeignetes Material verwendet wird.

Zerstörter Eisenbahnwaggon nach dem schweren Zugunglück in München, bei dem 10 Menschen sterben

Blick in das Amsterdamer Olympiastadion bei der Eröffnung; die Mannschaften haben sich vor der Tribüne aufgestellt

Olympische Sommerspiele sind eröffnet

28. Juli. Prinz Heinrich, der Mann der niederländischen Königin Wilhelmina, eröffnet im ausverkauften Olympiastadion in Amsterdam die IX. Olympischen Sommerspiele.

An den traditionsreichen Wettkämpfen nehmen 3014 Teilnehmer, unter ihnen 290 Frauen, aus 46 Nationen teil. Auf dem Programm stehen 161 Wettbewerbe.

Die Spiele von Amsterdam sind die ersten Sommerspiele nach dem Weltkrieg, bei denen wieder Sportler aus dem Deutschen Reich an den Start gehen. Die Teilnahme der 245 deutschen Aktiven wird in ihrer Heimat mit einer großen nationalen Begeisterung verfolgt.

Der Frauensport hat mit den IX. Sommerspielen einen weiteren Durchbruch erzielt: Entgegen dem Willen des Initiators der modernen Olympischen Spiele, Baron Pierre de Coubertin, läßt das Reglement erstmals auch Leichtathletik-Wettkämpfe für Frauen zu. An Ausscheidungen im Schwimmen, Fechten, Schießen und im – 1928 nicht mehr ausgetragenen – Tennis konnten sie schon vorher teilnehmen.

Amsterdam hat sich sorgfältig auf die Sommerspiele vorbereitet. Die Stadt hat ein neues Stadion mit einer 400-m-Laufbahn und einer 500-m-Radrennbahn erbaut, das 40 000 Zuschauern Platz bietet. Die Kosten wurden größtenteils durch Spenden und eine Olympialotterie aufgebracht (→ 17. 5./S. 95; 12. 8./S. 144).

An den IX. Olympischen Spielen in Amsterdam (Abb. offizielles Plakat) nehmen erstmals seit 1912 wieder deutsche Sportler teil; die für 1916 in Berlin geplanten Spiele mußte das Internationale Olympische Komitee (IOC) wegen des Weltkriegs absagen; von den VII. Olympischen Spielen in Antwerpen 1920 und von den VIII. Olympischen Spielen in Paris 1924 blieben deutsche Athleten in der Folge des Krieges ausgeschlossen; die jetzige Teilnahme der Deutschen ist – nach dem Beitritt des Deutschen Reiches zum Völkerbund 1926 – ein weiteres Zeichen für die Wiedereingliederung in die internationale Gemeinschaft; die Begeisterung über die Erfolge deutscher Athleten in Amsterdam ist nicht immer frei von Chauvinismus, Nationalstolz regt sich wieder im Deutschen Reich

Turnfest für die nationale Einheit

25. Juli. In Köln beginnt das 14. Deutsche Turnfest (bis 30. Juli), an dem mehr als 200 000 Sportler teilnehmen, darunter auch zahlreiche Auslandsdeutsche.

Reichspräsident Paul von Hindenburg schickt den Turnerinnen und Turnern ein Begrüßungstelegramm, in dem er den Wunsch ausdrückt, das Turnfest möge das Gefühl der Zusammengehörigkeit aller Deutschen vertiefen. Die Zielsetzung des Turnfestes, einen Beitrag zur Einigung des deutschen Volkes zu leisten, kommt auch in dem Festspiel »Feuer am Rhein« von Eduard Reinacher zum Ausdruck, das auf der Begrüßungsfeier im Rahmen der »Pressa« (→ 12. 5./S. 90) aufgeführt wird. Ein Sprechchor von 300 Turnern und Turnerinnen wirkt mit.

Auf dem Turnfest finden Wettkämpfe in der Leichtathletik, im Geräteturnen, im Schwimmen, Hand- und Fußball, im Tennis und im Fechten statt. Die Sportler zeigen teilweise hervorragende Leistungen.

Bereits am 22. Juli ist auf der Jahnwiese ein Denkmal für »Turnvater« Friedrich Ludwig Jahn eingeweiht worden, dessen Geburtstag sich am 11. August zum 150. Mal jährt. Jahn rief zu Beginn des 19. Jahrhunderts die deutsche Turnbewegung ins Leben und verband den Sport mit nationalem Gedankengut.

Drei Weltrekorde der Leichtathleten

14. Juli. Die Deutschen Leichtathletik-Meisterschaften beginnen in Düsseldorf (Männer; bis 16. 7.) und in Berlin (Frauen; bis 15. 7.).

Trotz großer Hitze zeigen die Sportler und Sportlerinnen gute Leistungen und stellen drei Weltrekorde und vier deutsche Rekorde auf.

Julius Müller aus Cannstatt überspringt im Stabhochsprung die 3,82-m-Latte und verbessert den alten deutschen Rekord um 2 cm.

Die 4 × 100 m der Frauen gewinnt der TSV 1860 München in der Weltrekordzeit von 49,7 sec (alter Rekord: 49,8).

Grete Heublein aus Barmen stellt im Kugelstoßen mit 11,96 m einen Weltrekord auf. Ruth Lange aus Berlin kommt auf den zweiten Platz und bleibt mit 11,54 m noch 1 cm über dem alten Weltrekord.

Caracciola siegt auf Nürburgring

15. Juli. *Den Großen Preis von Deutschland auf dem Nürburgring gewinnen die deutschen Automobilrennfahrer Rudolf Caracciola/Christian Werner auf einem abwechselnd gefahrenen Mercedes-Benz. Sie legen die 508,8 km lange Strecke in einer Durchschnittsgeschwindigkeit von 103,690 km/h zurück. Den zweiten Platz belegt der Vorjahressieger, der Deutsche Otto Merz, ebenfalls auf Mercedes-Benz. Das Rennen wird von einem tödlichen Unfall überschattet. Der Prager Junck wird vermutlich wegen zu hoher Geschwindigkeit aus einer Kurve getragen und gegen eine Felswand geschleudert (Abb.: der siegreiche Mercedes-Benz Nr. 6 überquert die Ziellinie).*

Frankreich bleibt beim Tennis vorn

7. Juli. Am letzten Spieltag der All England Tennismeisterschaften in Wimbledon gewinnt der Franzose René Lacoste das Herreneinzel. Er besiegt seinen Landsmann Henri Cochet 6:1, 4:6, 6:4, 6:2.

Das Dameneinzel entscheidet Helen Wills (USA) für sich; sie schlägt im Finale die Spanierin Lily de Alvarez 6:2, 6:3. Das Damendoppel gewinnen die Britinnen Peggy Saunders/ Caterine Watson, das Herrendoppel die Franzosen Jacques Brugnon/ Henri Cochet.

HSV ist Fußballmeister 1928

29. Juli. Der Hamburger SV wird vor 50 000 Zuschauern im Altonaer Stadion bei Hamburg durch einen 5:2-Sieg über Hertha BSC Berlin Deutscher Fußballmeister 1928. Der Hamburger SV gewinnt den Titel zum zweiten Mal (erstmals 1923). Hertha BSC verliert zum dritten Mal in Folge das Endspiel.

Der Norddeutsche Meister, der einen Überraschungserfolg erzielt, spielt von Beginn des Spiels an überlegen. Die Berliner Mannschaft zeigt Schwächen im Sturm, aber auch in der Verteidigung.

Bereits in der fünften Spielminute schießt Otto »Tull« Harder das erste Tor für die Hamburger. Wenig später bauen Franz Horn und Hans Rave den Vorsprung auf 3:0 aus. Erst in der 30. Spielminute schießt Willi Kirsei das erste Tor für die Berliner Mannschaft.

Kurz nach Beginn der zweiten Halbzeit fallen zwei weitere Tore für die Gastgeber; Torschütze ist Walter Kolzen. Gegen Ende des Spiels verbessert sich die Taktik des Berliner Meisters. Hans Grenzel schießt das zweite Tor für Hertha.

Höchstleistungen der Schwimmer

15. Juli. Der letzte Tag der Deutschen Schwimmeisterschaften, die seit dem 13. Juli im Berliner Grunewaldstadion ausgetragen werden, steht im Zeichen von Rekordleistungen. Die Hildesheimerin Lotte Mühe schwimmt über 200 m Brust mit 3:11,2 min einen Weltrekord (→ 15. 4/S. 74).

Zwei deutsche Rekorde stellt der Dortmunder Schwimmer Walter Handschuhmacher mit 11:25,8 min über 800 m Freistil und 21:39,7 min über 1500 m Freistil auf.

Der Franzose René Lacoste, 1927 nur Zweiter, gewinnt das Herreneinzel

Szene aus dem Endspiel zwischen dem Hamburger SV und Hertha BSC in Altona: der Hamburger Torwart Friedrich Blunk fängt einen Flankenball ab

Lotte Mühe (Hildesheim) stellt einen Weltrekord über 200 m Brust auf

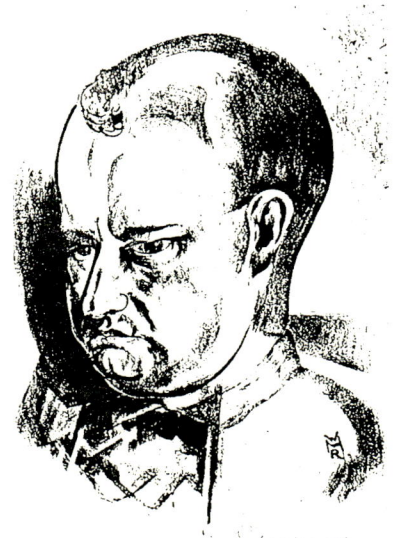

Der französische Komponist Darius Milhaud (Zeichnung von C. Vocke)

Paul Hindemith, der Mentor des Musikfests in Baden-Baden

Experimente auf Musikfest

13. Juli. Das zweite Baden-Badener Musikfest, das sich die Förderung der modernen Musik zum Ziel gesetzt hat, wird eröffnet (bis 15. 7.). Auf dem Programm des Festivals stehen Kurzopern, Kammer-Kantaten, Orgelkompositionen und eine Experimentalvorführung zum Thema »Film und Musik«.

Das Interesse vieler Komponisten, Orginalmusik für Filme zu schreiben, entspricht dem Trend zur Gebrauchsmusik. Paul Hindemith, einer der Leiter des Musikfestes, hat für Hans Richters Kurzfilm »Vormittagsspuk« eine Filmmusik komponiert, die synchron zum Film von einem mechanischem Klavier abgespielt wird (→ S. 108).

Unter den in Baden-Baden uraufgeführten Kurzopern ragt »Saul« von dem Komponisten Hermann Reutter heraus; der Text stammt von Alexander Lernet-Holenia.

Eine Wiederbelebung der Kantatenform unternimmt der französische Komponist Darius Milhaud mit »Die Rückkehr des verlorenen Sohnes« (Text: André Gide). In der Phantasie und Fuge über den Choral »Aus tiefster Not« unternimmt der Komponist Fidelio Finke den Versuch, neue Kompositionstechniken auf die Orgel zu übertragen.

Neue Leitung für Krolloper

Ernst Legal übernimmt die Geschäftsleitung der Oper am Platz der Republik (Krolloper) in Berlin

4. Juli. Die Krolloper am Platz der Republik in Berlin teilt mit, daß der Dirigent Otto Klemperer von der Geschäftsführung zurücktritt, dem Hause aber weiterhin als Musikdirektor zur Verfügung steht.

Neuer Leiter der Krolloper wird Ernst Legal vom Staatstheater Kassel. Der Rücktritt von Klemperer, der sein Amt erst am 1. November 1927 angetreten hat, hängt mit der schwierigen Finanzlage des Opernhauses zusammen.

Klemperer hat eine Reihe bemerkenswerter Aufführungen zeitgenössischer Werke herausgebracht, wie »Oedipus rex« von Igor Strawinski (→ S. 52) und »Cardillac« von Paul Hindemith. Er legt großen Wert auf Ensemblearbeit.

Phantasie und Nüchternheit

Zwei entgegengesetzte Stilrichtungen bestimmen die europäische Malerei in der zweiten Hälfte der 20er Jahre, die Neue Sachlichkeit und der Surrealismus.

Innerhalb der Neuen Sachlichkeit stehen sich gesellschaftskritische, satirische Bilder wie das Triptychon »Großstadt« (1927/28) von Otto Dix und fotografisch genaue, von einer nüchtern-unvoreingenommenen Haltung geprägte Werke gegenüber.

Die Maler bevorzugen Stilleben und Porträts. Otto Griebel stellt 1928 sein »Selbstbildnis in ›Angermanns Hafen‹« aus, ein Selbstporträt in einem Café, und Hans Mertens malt »Stilleben mit Hausgeräten«, ein Beispiel für die Hinwendung zum Alltäglichen.

Die Großstadtansichten weisen schon fast idyllische Züge auf oder zeigen menschenleere Architektur. Während die Neue Sachlichkeit im deutschsprachigen Raum beheimatet ist, aber auch in die italienische Kunstszene ausstrahlt, prägt der Surrealismus, der sich nicht nur in der bildenden Kunst, sondern auch in der Literatur und teils sogar im jungen Medium Film (→ 1. 10./S. 176) durchsetzt, die französischen und in Frankreich lebenden ausländischen Künstler.

Den Surrealisten geht es um die Darstellung des Überwirklichen und Unbewußten, sie wollen herkömmliche Denk- und Seherfahrungen erschüttern. Ihre Bilder verfremden die Realität durch irreale Kombinationen; so zeigt »Die Liebenden« des Belgiers René Magritte ein Paar mit verhüllten Köpfen. Die Bildsymbolik läßt sich als Hinweis auf die Entfremdung des modernen Menschen deuten.

Eine ins Abstrakte aufgelöste Formensprache findet sich in den poetisch-phantastischen Bildern des Spaniers Joan Miró, der 1928 das Gemälde »Danseuse Espagole« (Spanische Tänzerin) vollendet.

»Die Liebenden« (Gemälde von René Magritte, 1928; Privatbesitz); Magritte, der in Paris lebt, steht in Kontakt mit den Surrealisten um André Breton

»Danseuse Espagnole« (Collage auf Sandpapier von Joan Miró, 1928)

Oskar Schlemmers Figuren im Raum

Oskar Schlemmer nimmt unter den zeitgenössischen Malern eine Sonderstellung ein. Er läßt sich keiner der vorherrschenden Richtungen eindeutig zuordnen. Das Werk des Künstlers weist neoklassische, kubistische und konstruktivistische, der Neuen Sachlichkeit verpflichtete Elemente auf. »Sachlichkeit« definiert Schlemmer – ungewöhnlich – als »Sehnsucht nach Gestaltung«.

Im Mittelpunkt seiner Malerei steht die Darstellung von menschlichen Figuren, die er mit Hilfe geometrischer Grundformen entwirft und deren Beziehung zum Raum er erkundet. Diese Figuren haben Ähnlichkeit mit Gliederpuppen und sind stark typisiert. Charakteristisch sind eiförmige Köpfe, vasenförmige Leiber und keulenförmige Arme und Beine. Der dargestellte Mensch wird zum Zentrum einer geometrischen Ordnung, die eine universale Harmonie symbolisieren soll. Schlemmers Werk enthält in diesem Zusammenhang einen metaphysischen Einschlag. Die genannten zentralen Gestaltungsmerkmale finden sich auch in dem 1928 vollendeten Gemälde »4 Figuren und Kubus« wieder.

Schlemmers neue Formen der figurativen Darstellung stehen in Beziehung zu seiner Beschäftigung mit dem Tanz und der Bühne. Sein Verständnis von Tanz als einer elementaren Begegnung von Mensch und Raum, in der bestimmte Gesetzmäßigkeiten herrschen, hat der Künstler im »Triadischen Ballett« (1922) exemplarisch zum Ausdruck gebracht. Bereits hier tauchen Figurinen mit geometrischen oder puppenhaften Kostümen auf.

Schlemmers Experimente mit der Bühnenarbeit begannen am Bauhaus, an das er 1920 berufen wurde. Er leitete zunächst die Werkstatt für Wandmalerei und übernahm dann die Abteilung für Theater, die 1928 allerdings aufgelöst wird. Außerdem arbeitet er für die Krolloper in Berlin, die für ihre modernen experimentellen Inszenierungen bekannt ist.

◁ »Unterricht III« (Schlemmer, 1928; Staatsgalerie Stuttgart)

August 1928

Mo	Di	Mi	Do	Fr	Sa	So
		1	2	3	4	5
6	7	8	9	10	11	12
13	14	15	16	17	18	19
20	21	22	23	24	25	26
27	28	29	30	31		

1. August, Mittwoch

Die bäuerlich-demokratischen Oppositionsparteien im Königreich der Serben, Kroaten und Slowenen (heute Jugoslawien) bekräftigen auf einer Konferenz in Agram (Zagreb) ihren Entschluß, den Parlamentssitzungen fernzubleiben.

Der Tenor Richard Tauber tritt als Orchesterleiter auf und dirigiert im Lessingtheater in Berlin die Operette »Zarewitsch« von Franz Lehár.

2. August, Donnerstag

Anläßlich des Besuchs des französischen Kultusministers Édouard Herriot in Köln sprechen sich Herriot und der Kölner Oberbürgermeister Konrad Adenauer für die deutsch-französische Verständigung aus. →S. 136

3. August, Freitag

Maßgebliche indische Politiker fordern im Nehru-Bericht eine neue Verfassung, die der britischen Kolonie den Dominion-Status gewähren soll. →S. 137

Die neugegründete Near East Development Company, die Konzessionen für das Mosul-Öl bearbeitet, übernimmt 23,75% der Aktien der Türkischen Petroleum Kompanie, der die Ausbeutung der Konzessionen übertragen worden ist.

Das Internationale Olympische Komitee, das seit dem 25. Juli in Amsterdam tagt, streicht Fußball aus dem Olympiaprogramm für 1932. →S. 147

4. August, Sonnabend

Die Freie Stadt Danzig und Polen unterzeichnen drei Abkommen über seit Jahren strittige Fragen. Polen überläßt das Munitionsbecken in der Westerplatte dem Hafenausschuß zur wirtschaftlichen Nutzung, polnische Kriegsschiffe dürfen den Danziger Hafen benutzen.

Ein Vulkanausbruch auf der Insel Paleowek (Niederländisch-Indien), der von einem Erdbeben begleitet wird, fordert mehr als 100 Menschenleben und zerstört sechs Dörfer.

5. August, Sonntag

In Brüssel wird der Kongreß der Sozialistischen Arbeiter Internationale (SAI) eröffnet (bis 12. 8.). Die Delegierten setzen sich für die Abrüstung und das Selbstbestimmungsrecht der Völker ein, in ihrem Schlußmanifest wenden sie sich gegen »die Diktatur des Kapitals und der politischen Despotie«.

Kommunisten führen trotz eines Verbots in Paris eine Antikriegsdemonstration durch, in deren Verlauf die Polizei zahl-

reiche Teilnehmer verhaftet. Bereits am Vorabend, an dem die Kommunistische Partei eine Protestversammlung gegen das Verbot abhielt, hat die Polizei mehr als 1000 Verhaftungen vorgenommen.

6. August, Montag

Außenminister Gustav Stresemann erleidet einen leichten Schlaganfall. Sein schon seit Jahren schlechter Gesundheitszustand (Schilddrüsenüberfunktion, häufige Nierenentzündungen, Arterienverkalkung) überschattet seine politische Tätigkeit (→5. 5./S. 83).

Der französische Lehrerverband verabschiedet eine Resolution, die es als die Hauptaufgabe der Lehrer bezeichnet, die Jugend zum Pazifismus zu erziehen.

Das italienische Unterseeboot »F 14« sinkt nach einem Zusammenstoß mit einem Torpedobootzerstörer während eines Manövers in der Nähe der Insel Brioni. Die gesamte Besatzung der »F 14« fällt dem Unfall zum Opfer, da sich in dem U-Boot Chlorgas entwickelt.

Die französische Zeitschrift »Rumeur« meldet, daß im Schloß Fontainebleau 50 kostbare, zum größten Teil aus dem 17. Jahrhundert stammende Gobelins fehlen. Es wird vermutet, daß diese Antiquaren in die Hände gespielt wurden.

7. August, Dienstag

Der französische Außenminister Aristide Briand lädt die Signatarstaaten des Briand-Kellogg-Pakts für den →27. August (S. 132) zur Unterzeichnung des Kriegsächtungspaktes nach Paris ein.

Reichspräsident Paul von Hindenburg trifft in Kiel ein, um den Beginn der Marinemanöver zu beobachten. Im Verlauf der Übungen wird erstmals das mit einer modernen Fernsteuerung ausgerüstete Schiff »Zähringen« eingesetzt.

An dem vor zwei Jahren begonnenen deutsch-französischen Schüleraustausch haben in diesem Jahr bereits mehr als 250 Mädchen und Jungen teilgenommen.

8. August, Mittwoch

Die japanische Regierung erklärt, daß sie die von der Nankingregierung vorgenommene einseitige Aufhebung der chinesisch-japanischen Verträge von 1896 nicht akzeptiert. China antwortet am 16. August, es sei bereit, die Kündigung zurückzuziehen, und schlägt vor, neue Verträge auf gleichberechtigter Basis auszuhandeln (→3. 5./S. 84; 8. 6./S. 100).

In Konstantinopel (Istanbul) wird ein Denkmal für Staatspräsident Mustafa Kemal Pascha (später Atatürk) eingeweiht (→8. 4./S. 62).

9. August, Donnerstag

Julius Andrassy, der ehemalige Außenminister von Österreich-Ungarn, tritt in Budapest für eine Personalunion zwischen Ungarn und Österreich ein.

Der britische Ministerpräsident Stanley Baldwin appelliert an 10 000 Unterneh-

mer, den Arbeitslosen aus dem Bergbau und der Stahlindustrie Stellen in ihren Betrieben zu verschaffen.

In Nanking wird ein chinesisch-britischer Vertrag unterzeichnet, mit dem die Belastungen, die durch die Zwischenfälle von Mai 1927 hervorgerufen worden sind, beigelegt und gleichberechtigte Wirtschaftsbeziehungen angebahnt werden.

Der italienische Ministerpräsident und Duce Benito Mussolini empfängt General Umberto Nobile (→18. 6./S. 104).

Auf der »Pressa« in Köln (→12. 5./S. 90) findet der erste internationale zeitungswissenschaftliche Kongreß statt.

10. August, Freitag

Das Reichskabinett beschließt, die Mittel für den Bau des umstrittenen Panzerkreuzers A freizugeben. Die SPD-Minister stimmen ebenfalls dafür, obwohl die Sozialdemokraten den Wahlkampf mit Parolen gegen den Panzerkreuzer geführt haben (→30. 3./S. 42; 20. 5./S. 80; 16. 10./S. 172; 16. 11./S. 184).

Der neue britische Botschafter in Berlin, Sir Horace Rumbold, überreicht Reichspräsident Paul von Hindenburg sein Beglaubigungsschreiben.

Zwischen dem Deutschen Reich und Spanien sowie Portugal wird der direkte Fernsprechverkehr eröffnet. Ein dreiminütiges Gespräch von Berlin nach Madrid kostet 14,10 Reichsmark.

11. August, Sonnabend

In Berlin und anderen Städten des Deutschen Reiches finden Feiern anläßlich des Jahrestages der Unterzeichnung der Weimarer Verfassung statt. →S. 173

Die Republikanische Partei der USA bestätigt die Nominierung von Handelsminister Herbert Clark Hoover zu ihrem Kandidaten für die Präsidentschaftswahl im November. →S. 137

12. August, Sonntag

Die 16. deutsche Ostmesse in Königsberg faßt erstmals aus Rationalisierungsgründen die Frühjahrs- und Herbstausstellung zu einer einzigen Messe zusammen.

Eine feierliche Siegerehrung beendet die IX. Olympischen Sommerspiele, die seit dem 28. Juli in Amsterdam stattfinden. Die deutschen Sportler liegen in der Nationenwertung auf Platz zwei. →S. 144

Die seit dem 5. August in Hamburg ausgetragenen deutschen Tennismeisterschaften enden mit Erfolgen der australischen Tennisspieler. →S. 147

Mit einem Aufmarsch der Teilnehmer auf dem Roten Platz wird die erste Spartakiade, ein internationales Arbeitersportfest, in Moskau eröffnet. →S. 143

13. August, Montag

Das Parlament des Königreichs der Serben, Kroaten und Slowenen (heute Jugoslawien) stimmt der Ratifizierung der

1925 mit Italien geschlossenen Nettuno-Verträge zu, die den Schiffahrts- und Eisenbahnverkehr im ehemaligen Freistaat Fiume regeln. →S. 137

Großbritannien und Frankreich fordern in einer gemeinsamen Demarche von der bulgarischen Regierung, wirksamere Maßnahmen zur Bekämpfung der revolutionären Bewegung in Mazedonien zu ergreifen. Großbritannien und Frankreich sind an stabilen Verhältnissen auf dem Balkan interessiert, weil Bulgarien bei ihnen eine Anleihe aufnehmen will.

Die britische Luftwaffe beginnt zweitägige Manöver über London. Der simulierte Luftangriff zeigt, daß eine Großstadt sich nicht gegen einen massiven Luftangriff verteidigen kann.

Der Schriftsteller Thomas Mann weist die Angriffe der rechtsgerichteten »Süddeutschen Monatshefte« zurück. Sie richten sich vordergründig gegen seine Bearbeitung der »Betrachtungen eines Unpolitischen«. Hintergrund der Kampagne ist vielmehr die Weigerung Manns, an der Zeitschrift mitzuarbeiten.

In Berlin wird die Tobis (Tonbildsyndikat AG) gegründet, die eine entscheidende Rolle bei der Einführung des Tonfilms spielt (→12. 9./S. 165).

14. August, Dienstag

Den in London ausgetragenen ersten Dreiländerkampf zwischen deutschen, britischen und französischen Leichtathletinnen gewinnen die Sportlerinnen aus Großbritannien. →S. 143

15. August, Mittwoch

In Hamburg läuft der Passagierdampfer »Europa« vom Stapel, eines der schiffsbautechnisch modernsten deutschen Schiffe. Am 16. August tauft Reichspräsident Paul von Hindenburg in Bremen das Schwesterschiff, die »Bremen«. →S. 140

Der Schwede Erik Lundqvist stellt in Stockholm mit 71,01 m einen Weltrekord im Speerwurf auf.

16. August, Donnerstag

Die Kommunistische Partei Deutschlands beschließt, ein Volksbegehren gegen den Bau des umstrittenen Panzerkreuzers A einzuleiten (→16. 10./S. 172).

In Washington unterzeichnen die USA Schiedsverträge (Verträge zur friedlichen Beilegung von Konflikten) mit Österreich, Polen und der Tschechoslowakei.

17. August, Freitag

Das Deutsche Reich und die chinesische Nankingregierung unterzeichnen einen Vertrag, der beide Regierungen dazu verpflichtet, dem Vertragspartner in Zollfragen Meistbegünstigung einzuräumen.

In Ommen (Niederlande) wird der Weltkongreß der Jugend für den Frieden eröffnet (bis 26. 8.). Die Delegierten aus 31 Nationen fordern eine vollständige Abrüstung und bezeichnen den Imperialismus als größte Gefahr für den Weltfrieden.

Der »Simplicissimus« aus München karikiert die Unterzeichnung des Friedenspaktes in Paris, der im Widerspruch zur weltweit vorangetriebenen Aufrüstung steht

18. August, Sonnabend

Die Reichstagsfraktion und der Parteiausschuß der Sozialdemokraten bedauern die Zustimmung der SPD-Minister zum Bau des Panzerkreuzers A, die innerhalb der Partei auf heftige Kritik gestoßen ist, lehnen aber den von der sächsischen Parteiorganisation geforderten Austritt der SPD aus der Regierung ab (→16. 11./S. 184).

In Berlin beginnt ein dreitägiger Kongreß des Weltverbandes für religiös-liberales Judentum. In den Reden wird die völkerversöhnende Rolle des jüdischen Liberalismus gewürdigt.

Der belgische Radrennfahrer Georges Ronsse gewinnt in Budapest die Straßenweltmeisterschaft der Profis.

19. August, Sonntag

Bei den Kammerwahlen in Griechenland gewinnen die Anhänger von Eleftherios Weniselos, der erst am →4. Juli (S. 117) ein neues Kabinett gebildet hat, 140 der 250 Parlamentsmandate.

In Warschau löst die Polizei eine Sitzung des Jugendverbandes der verbotenen Kommunistischen Partei auf und verhaftet zehn Personen.

Der deutsche Radrennfahrer Walter Sawall wird mit 1:26:46,6 h in Budapest Steher-Weltmeister. →S. 143

20. August, Montag

Zwischen dem Deutschen Reich und Frankreich wird der Postüberweisungsverkehr aufgenommen.

Sieger des Großen Preises von Aachen wird der schwedische Reiter Ernst Hallberg auf Loko. →S. 147

21. August, Dienstag

Die saarländische Stadt St. Ingbert steht vor dem Bankrott, weil die Sparkasse Millionenkredite an nicht zahlungsfähige Betriebe vergeben hat.

Das französische Budget für 1929 wird öffentlich bekanntgegeben. Ministerpräsident und Finanzminister Raymond Poincaré hebt hervor, daß die angespannte Finanzlage Frankreichs bis zum Ende der Legislaturperiode ausgeglichen sein wird (→25. 6./S. 101).

Im Berliner Admiralspalast hat die neue Revue »Schön und schick« von Hermann Haller und Marcellus Schiffer (Text) Premiere. Die Szenenfolge, in der es sich um das Thema Auto dreht, enthält auch eine Tonfilmeinlage.

22. August, Mittwoch

In Thüringen tritt die Landesregierung zurück, nachdem die Mitglieder der Deutschen Demokratischen Partei bereits demissioniert sind. Die Demokraten haben sich auf ihrem letzten Parteikongreß gegen den zunehmenden Rechtskurs der Regierung ausgesprochen. Der von Sozialdemokraten und Kommunisten eingebrachte Antrag, den Landtag aufzulösen, wird am 23. August abgelehnt.

Die Demokratische Partei der USA bestätigt die Nominierung von Alfred E. Smith, Gouverneur von New York, zum Präsidentschaftskandidaten für die Wahl im November (→11. 8./S. 137).

Die neugegründete Unabhängige Sozialistische Partei von Lettland veranstaltet im Rigaer Zirkus eine Protestkundgebung gegen die Schließung des linken Gewerkschaftsbüros. Während der anschließenden Demonstration kommt es zu Zusammenstößen der Teilnehmer mit der berittenen Polizei.

23. August, Donnerstag

In Berlin beginnt die XXV. Konferenz der Interparlamentarischen Union (bis 28. 8.). Die Politiker befassen sich mit dem Schutz und den Rechten von Minderheiten und beklagen den schleppenden Gang der Genfer Abrüstungsverhandlungen.

Italien und Finnland schließen in Helsingfors einen Freundschafts- und Schiedsvertrag.

24. August, Freitag

Ein Zug der New Yorker U-Bahn entgleist in der Nähe des Bahnhofs Times Square. Vier Wagen prallen gegen die Tunnelwände und Pfeiler. Das Unglück fordert 17 Todesopfer und über 100 Verletzte, es löst unter den Fahrgästen eine Panik aus. Unfallursache ist eine falsche Weichenstellung.

In Prag beginnt der Kongreß des Weltbundes für Internationale Freundschaftsarbeit der Kirchen (bis 30. 8.). Die Delegierten aus 31 Nationen fordern alle Mitglieder des Völkerbunds auf, ihre Armeen abzurüsten und ein internationales Schiedsgericht anzuerkennen.

25. August, Sonnabend

Das Reichsgericht stellt das Verfahren gegen den Schriftsteller Johannes R. Becher, dem wegen seines revolutionären Antikriegsromans »Levisite« Hochverrat vorgeworfen worden ist, aufgrund des im Juli verabschiedeten Amnestiegesetzes ein (→8. 1./S. 14; 13. 7./S. 118).

26. August, Sonntag

Die Leipziger Herbstmesse wird eröffnet, auf der 8000 Aussteller bis zum 1. September ihre Produkte zeigen. Im Mittelpunkt des Interesses stehen Plexiglas, PVC und Wäscheschleudern.

Im sogenannten »Jahr der Kugelstoßer« stellt Emil Hirschfeld mit 16,04 m in Bochum nochmals einen Weltrekord im Kugelstoßen auf. →S. 143

Martha Norelius (USA) schwimmt in Wien die 400 m Freistil in 5:39,2 min und stellt damit einen Weltrekord auf. Sie ist nunmehr Weltrekordhalterin über 200, 400, 800 und 1500 m Freistil.

27. August, Montag

15 Nationen unterzeichnen in Paris den Briand-Kellogg-Pakt, einen Vertrag, der den Angriffskrieg ächtet. →S. 132

Der deutsche Außenminister Gustav Stresemann bemüht sich in einer Unterredung mit dem französischen Ministerpräsidenten Raymond Poincaré ohne greifbare Erfolge darum, das Junktim zwischen der Rheinlandräumung und der Regelung der Reparationszahlung aufzuheben (→31. 8./S. 136).

Ein Urteil des Reichsbahngerichts erlaubt der Reichsbahn die Erhöhung der Tarife (→7. 10./S. 173).

28. August, Dienstag

In Genf scheitern Verhandlungen über eine umfassende internationale Kontrolle der Rüstungsindustrie.

Der frühere italienische Pressechef Cesare Rossi, der seit der Ermordung des sozialistischen Politikers Giacomo Matteotti im Jahr 1924 im Exil lebt, wird aus der Schweiz nach Italien entführt und dort verhaftet. Ein Sondergericht wirft ihm vor, die politischen Verhältnisse Italiens im Ausland falsch geschildert zu haben; Rossi hat den faschistischen italienischen Ministerpräsidenten und Duce Benito Mussolini der Mitschuld an der Ermordung Matteottis bezichtigt.

Die Schweiz und der Iran unterzeichnen ein vorläufiges Abkommen, das die Meistbegünstigung im gegenseitigen Handel vorsieht.

Die Stadt Frankfurt am Main verleiht den Goethepreis für 1928 an den elsässischen Urwaldarzt, Theologen, Organisten und Schriftsteller Albert Schweitzer. →S. 141

Im Berliner Titania-Palast wird der Film »Ein besserer Herr« uraufgeführt, den Gustav Ucicky nach dem gleichnamigen Schauspiel von Walter Hasenclever gedreht hat.

29. August, Mittwoch

Die Berufungsinstanz der Deutschnationalen Volkspartei hebt den Parteiausschluß von Walther Lambach auf und erkennt statt dessen auf Verweis. Lambach hatte in einem Aufsatz angeregt, die monarchische Grundeinstellung der Partei zu überdenken, und war deshalb im Juli aus der Partei ausgeschlossen worden.

Das Deutsche Reich und die Schweiz unterzeichnen ein Schiedsprotokoll, laut dem Konflikte zwischen beiden Ländern vor den Ständigen Internationalen Gerichtshof gebracht werden sollen, wenn keine Einigung über ein Schiedsgericht zustande kommt.

Der US-amerikanische Außenminister Frank Billings Kellogg verzichtet darauf, auf seiner Rückreise von Paris in die USA Großbritannien zu besuchen. Die US-amerikanisch-britischen Beziehungen sind seit dem Flottenkompromiß zwischen Großbritannien und Frankreich, dessen Inhalt noch nicht genau bekannt ist, angespannt. Die britisch-französische Flottenvereinbarung wird nie vertraglich abgesichert.

30. August, Donnerstag

Hugo Stinnes jun. wird wegen des Verdachts verhaftet, betrügerische Geschäfte mit Kriegsanleihen unternommen zu haben. Er wird am 21. September gegen eine Kaution freigelassen.

Die am 26. Juli eröffneten Salzburger Festspiele gehen zu Ende. Im Mittelpunkt der traditionsreichen Musikfestspiele standen Mozart-Opern. →S. 141

Im Gloria-Palast in Berlin findet die Uraufführung von Joe Mays Film »Heimkehr« statt, einer Dreiecksgeschichte um Heimkehrer aus der Kriegsgefangenschaft. →S. 141

Am Potsdamer Platz in Berlin wird eine neue Vergnügungsstätte, das Haus Vaterland, eröffnet; es bietet Raum für 8000 Gäste. Elf Kapellen können gleichzeitig zum Tanz aufspielen.

31. August, Freitag

Mit dem Beginn des sog. Dawes-Normaljahrs steigen die jährlichen deutschen Reparationsverpflichtungen auf 2,5 Milliarden Goldmark. →S. 136

Im Theater am Schiffbauerdamm in Berlin findet unter der Regie von Erich Engel die erfolgreiche Uraufführung der »Dreigroschenoper« von Bertolt Brecht und Kurt Weill statt. →S. 142

Die umgebauten Kammerspiele am Potsdamer Platz in Berlin werden mit dem am 12. Mai uraufgeführten Henny-Porten-Film »Zuflucht« eröffnet.

Gestorben:

8. Zagreb: Stjepan Radić (*11. 7. 1871, Trebarjevo Desno bei Rijeka), kroatischer Politiker. →S. 137

12. Ostrau: Leoš Janáček (*3. 7. 1854, Hukvaldy bei Příbor), tschechischer Komponist.

14. Davos: Klabund (eigentl. Alfred Henschke; *4. 11. 1890, Crossen/Oder), deutscher Lyriker, Dramatiker und Erzähler. →S. 141

30. München: Franz von Stuck (*23. 2. 1863, Tettenweis), deutscher Maler.

30. München: Wilhelm Wien (*13. 1. 1864, Gaffken/Landkreis Samland), deutscher Physiker, Physiknobelpreisträger 1911.

Geboren:

6. Pittsburgh: Andy Warhol (†22. 2. 1987, New York), US-amerikanischer Pop-art-Künstler.

22. Mödraht (Kerpen): Karlheinz Stockhausen, deutscher Komponist.

Das Wetter im Monat August

Station	Mittlere Lufttemperatur (°C)	Niederschlag (mm)	Sonnenscheindauer (Std.)
Aachen	16,7 (17,2)	104 (82)	– (188)
Berlin	16,1 (17,2)	46 (68)	– (212)
Bremen	16,4 (17,1)	82 (79)	– (182)
München	17,1 (16,6)	179 (96)	– (211)
Wien	19,6 (18,6)	66 (68)	– (–)
Zürich	18,4 (16,6)	143 (132)	218 (219)

( ) Langjähriger Mittelwert für diesen Monat
– Wert nicht ermittelt

*Ausführliche
Berichterstattung über
die Olympischen
Sommerspiele in
Amsterdam leistet die
»Illustrierte Presse«
aus München, hier über
den Goldmedaillen-
gewinner im
Springreiten, Carl
Friedrich von Langen*

27. August 1928
5. Jahrgang / Nr. 35

Münchner Illustrierte Presse

Erscheint wöchentlich
Preis: 20 Pfennig

Knorr & Hirth, G.m.b.H., München

Olympia-Sieger

Freiherr v. Langen, der mit seinem Pferd „Draufgänger" in der Vielseitigkeitsprüfung eine goldene Medaille für Deutschland gewann

(Siehe Artikel Seite 1135)

15 Nationen ächten den Krieg

27. August. In einer feierlichen Zeremonie unterzeichnen 15 Nationen im Uhrensaal des französischen Außenministeriums in Paris den Briand-Kellogg-Pakt, ein Abkommen zur Ächtung des Krieges.

Der Friedensvertrag geht auf die Initiativen des französischen Außenministers Aristide Briand und seines US-amerikanischen Amtskollegen Frank Billings Kellogg zurück. Briand hatte im Juni 1927 den USA vorgeschlagen, einen zweiseitigen Pakt abzuschließen, der den Krieg zwischen den beiden Staaten ausschließt. Briand ging es darum, die USA in das französische Sicherheitssystem einzubeziehen. In seiner Antwortnote vom Dezember 1927 hatte Kellogg, der einen bilateralen Vertrag für wenig effektiv hielt, die Idee ausgeweitet und angeregt, daß alle Großmächte sich dazu verpflichten

zeichnung als erster deutscher Außenminister nach dem Weltkrieg in Paris empfangen wird.

Im endgültigen Vertragstext bekennen sich die Signatarmächte zu dem Ziel, »die jetzt zwischen ihren Völkern bestehenden friedlichen und freundschaftlichen Beziehungen dauernd aufrechtzuerhalten«. Sie erklären in Artikel I, »daß sie den Krieg als Mittel für die Lösung internationaler Streitfälle verurteilen und auf ihn als Werkzeug nationaler Politik in ihren gegenseitigen Beziehungen verzichten«. Die Unterzeichnerstaaten vereinbaren in Artikel II, »daß die Regelung und Entscheidung aller Streitigkeiten und Konflikte, die zwischen ihnen entstehen könnten, welcher Art und welchen Ursprungs sie auch sein mögen, niemals anders als durch friedliche Mittel angestrebt werden soll.«

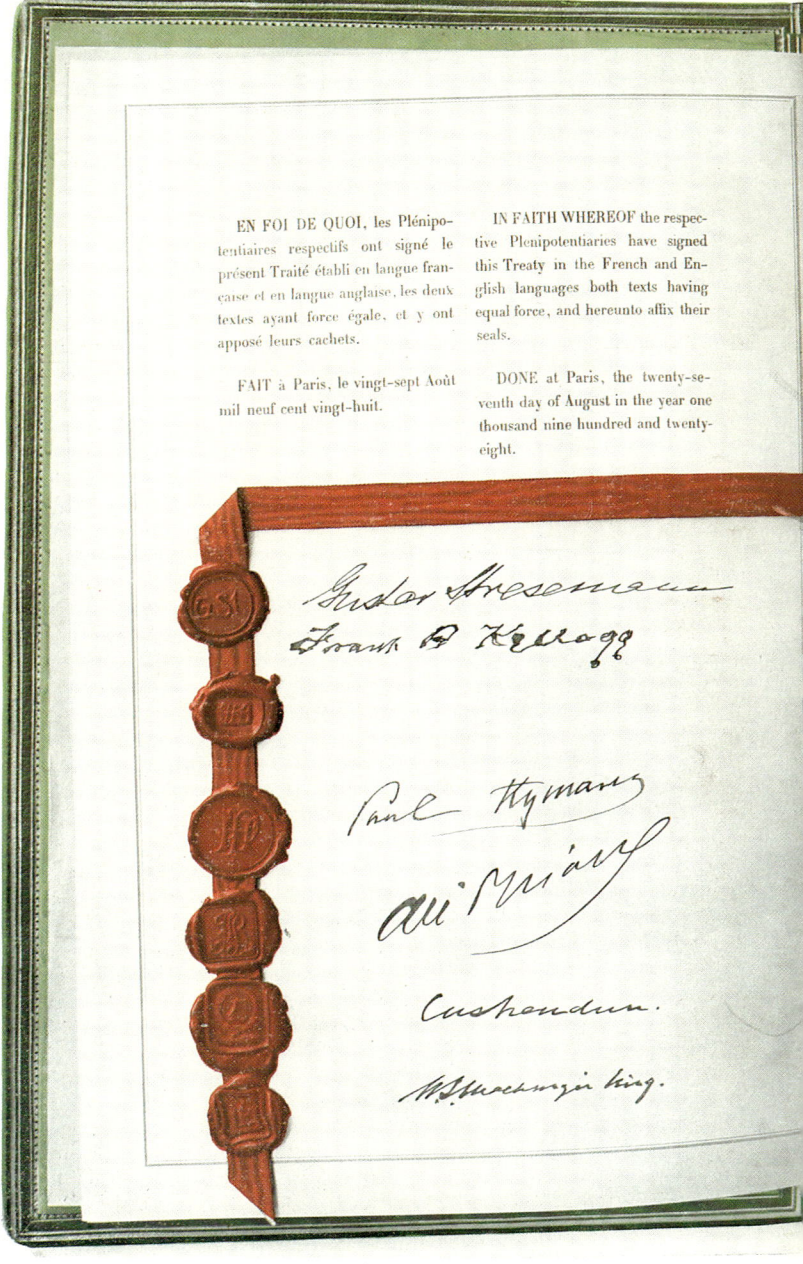

Unterzeichner: Stresemann (Deutsches Reich), Kellogg (USA), Hymans (Belgien)

Gustav Stresemanns Ankunft in Paris

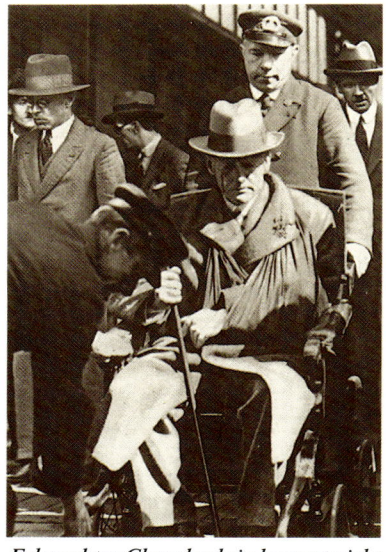

Erkrankter Chamberlain kommt nicht

sollten, auf den Krieg als Mittel der Politik zu verzichten.

Im April 1928 ist der Vertragsentwurf den Regierungen von Großbritannien, Italien, Japan und dem Deutschen Reich (→ 27. 4./S. 62) zugegangen, etwas später sind noch Belgien, Kanada, Australien, Neuseeland, die Südafrikanische Union, Irland, Indien, Polen und die Tschechoslowakei zur Unterzeichnung eingeladen worden. Ende Juli 1928 sind die letzten zustimmenden Antworten der aufgeforderten Regierungen eingetroffen. Am Zustandekommen des Paktes hat auch Reichsaußenminister Gustav Stresemann mitgewirkt, der bei der Unter-

In den folgenden Monaten treten zahlreiche weitere Staaten dem Briand-Kellogg-Pakt bei (schließlich 63), u.a. die Sowjetunion, die nicht nach Paris eingeladen worden ist.

Zum ersten Mal wird mit diesem Pakt der Krieg für völkerrechtswidrig erklärt. Bislang galt es juristisch und moralisch als legitim, zu den Waffen zu greifen.

Die Vorstellung, als Mittel zur Friedenssicherung dem Krieg die Legalität abzusprechen, ist zuerst von Pazifisten entwickelt worden. Der Kriegsächtungspakt stellt den Versuch dar, aus den Erfahrungen des Weltkriegs und der Nachkriegsentwicklung zu lernen und einen künf-

tigen Krieg zu vermeiden. Der so verheißungsvoll klingende und der Friedenssehnsucht der Völker entsprechende Pakt ist jedoch mit einigen Nachteilen behaftet, die Zweifel an seiner Wirksamkeit aufkommen lassen:

Er ächtet nur den Angriffskrieg. Wie aus den Notenwechseln zwischen den Unterzeichnerstaaten hervorgeht, bleibt das Recht auf Selbstverteidigung von dem Pakt unangetastet, und im Falle eines Vertragsbruchs erlöschen für den angegriffenen Staat alle sich aus dem Pakt ergebenden Verpflichtungen. Ausgenommen von dem Kriegsächtungspakt ist ebenfalls die Teilnahme an

Sanktionen des Völkerbunds, und Großbritannien behält sich ferner die Handlungsfreiheit am strategisch wichtigen Sueskanal vor.

Des weiteren sieht der Pakt keine Sanktionen für den Fall vor, daß ein Unterzeichnerstaat einen Krieg beginnt. Er macht auch keine Aussagen darüber, wie eine friedliche Regelung von internationalen Konflikten bewerkstelligt werden kann. Der Vertrag verpflichtet die Staaten dazu, auf einen Angriffskrieg zu verzichten, er enthält jedoch keine weiteren Vereinbarungen, die zu einer Verbesserung der Beziehungen zwischen den Völkern und zur Konfliktvermeidung beitragen können.

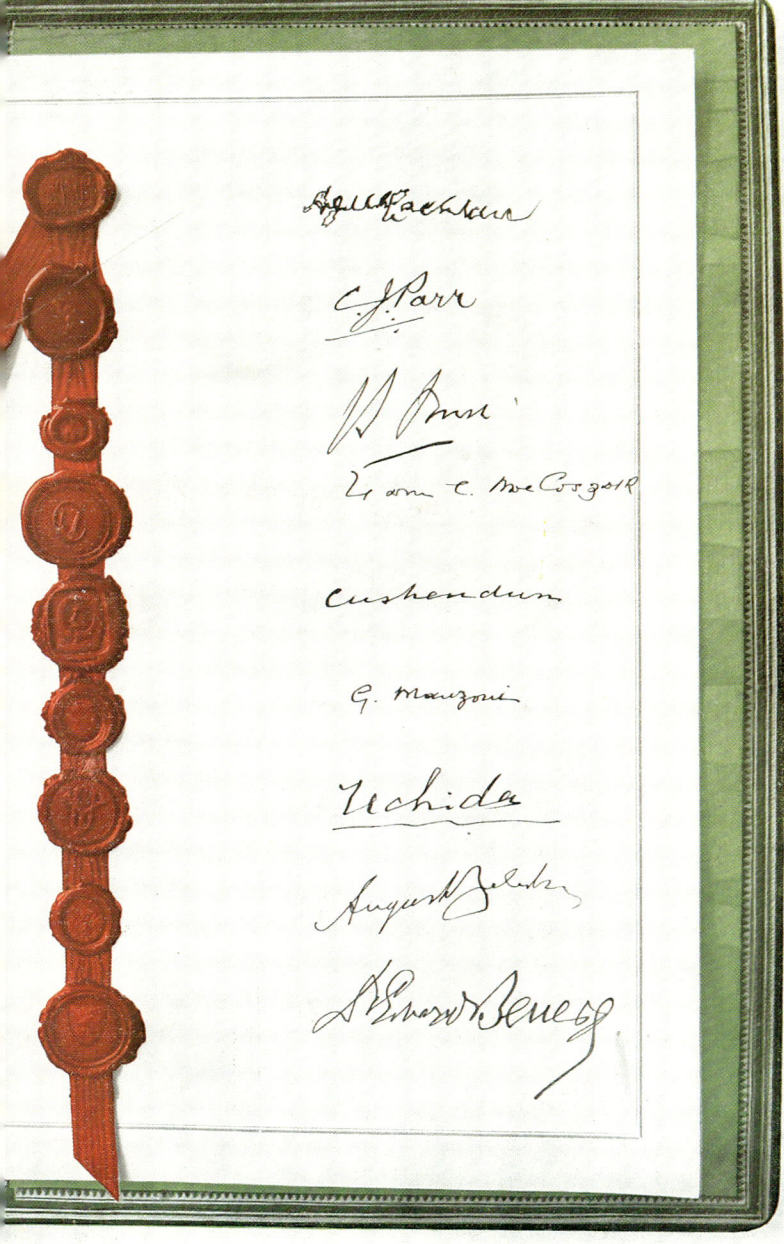

iand (Frankreich), Cushendun (Großbritannien), Mackenzie King (Kanada) u. a.

Der deutsche Außenminister Gustav Stresemann (M., sitzend) unterzeichnet im Pariser Außenministerium den Kriegsächtungspakt, hinter ihm Aristide Briand

Gewalt als Werkzeug der Politik verurteilt

Vor der Unterzeichnung des Briand-Kellogg-Pakts im Außenministerium am Quai d'Orsay hält der französische Außenminister Aristide Briand im Namen aller die einzige Festrede der Zeremonie, in der er das Vertragswerk würdigt:

»Kann der zivilisierten Welt eine bessere Lehre geboten werden, als dieses Schauspiel einer Zusammenkunft, in der zur Unterzeichnung eines Paktes gegen den Krieg Deutschland aus freien Stücken und ohne Zögern zwischen sämtlichen anderen Signataren, seinen früheren Gegnern, Platz nimmt? ... Ich glaube nicht ... über die Ansicht eines von Ihnen hinauszugehen, wenn ich erkläre, daß das Ereignis dieses Tages ein neues Datum in der Geschichte der Menschheit darstellt. Zum ersten Male tut auf einem allgemeinen, sämtlichen Nationen der Welt zugänglichen Gebiet ein Friedenskongreß etwas anderes als politisch die unmittelbaren Bedingungen eines Sonderfriedens zu regeln ... Zum ersten Mal schafft auf einem allgemeinen und absoluten Gebiet ein wirklich der Errichtung des Friedens gewidmeter Vertrag, der ein neues Recht inauguriert und von allen politischen Erwägungen befreit ist, Prämissen anstatt Konklusionen. Es handelt sich hier nicht um eine Liquidation des Krieges. Der Pakt von Paris, geboren aus dem Frieden und durchdrungen von einer freien juristischen Auffassung, kann und muß ein wirklicher Vertrag der Eintracht sein. . . . .

Welches ist also letzten Endes die neue Auffassung, die das wesentliche Charakteristikum des Paktes gegen den Krieg darstellt? Zum ersten Mal wird vor der Welt in einem feierlichen Akt, der die Ehre der großen Nationen, die alle eine schwere Vergangenheit politischer Kämpfe hinter sich haben, verpflichtet, der Krieg ohne Vorbehalt als Werkzeug nationaler Politik verurteilt, d.h. in seiner spezifischen und fürchterlichsten Form: der egoistische, der gewollte Krieg. Ein solcher Krieg, der früher als ein Ausfluß göttlichen Rechts galt und in der internationalen Ethik als ein Vorrecht der Souveränität fortlebte, wird endlich von Rechts wegen dessen entkleidet, was seine größte Gefahr darstellte: seiner Legitimität. Von nun an als rechtswidrig gebrandmarkt, unterliegt er dem vertraglichen Regime einer wahren Rechtseinrichtung, die den Rechtsbrecher der sicheren Verleugnung, der wahrscheinlichen Feindschaft aller seiner Mitkontrahenten aussetzen wird. Die Einrichtung des Krieges als solche wird so unmittelbar in ihrem eigenen Wesen angegriffen. Es handelt sich nicht mehr lediglich um eine Defensivorganisation gegen diese Geißel, sondern um die Bekämpfung des Übels an seiner Wurzel. Somit wird die Berechtigung der Inanspruchnahme des Krieges als Mittel willkürlicher und egoistischer Aktion aufhören, mit ihrer latenten Drohung auf dem ... Leben der Völker zu lasten. Befreit von einer solchen Knechtschaft werden die Völker, die dem neuen Vertrag beigetreten sind, sich nach und nach daran gewöhnen, den Begriff ›nationales Prestige‹, ›nationales Interesse‹ nicht mehr mit dem der Gewalt zu verbinden. Und diese eine psychologische Tatsache wird nicht der geringste Gewinn in der notwendigen Entwicklung zu einer wirklichen Stabilisierung des Friedens darstellen. Der Pakt ist nicht realistisch? Fehlt ihm die Erzwingbarkeit? Aber ist es wirklich realistisch gedacht, aus dem Gebiet der Tatsachen die moralischen Kräfte, darunter diejenigen der öffentlichen Meinung, auszuschließen? In der Tat, der Staat, der sich über die Mißbilligung aller seiner Mitkontrahenten hinwegsetzen wollte, würde sich der positiven Gefahr aussetzen, nach und nach und freiwillig eine Art allgemeiner Solidarität entstehen zu sehen, deren fürchterliche Wirkung er bald verspüren würde ...

Im nächsten Augenblick wird der Telegraf der Welt das Erwachen einer großen Hoffnung mitteilen. Es wird für uns eine heilige Pflicht sein, nunmehr alles zu tun, ... damit diese Hoffnung nicht enttäuscht wird. Den Frieden zu proklamieren, ist gut, ist viel. Aber man wird ihn organisieren müssen. An die Stelle der Gewaltordnungen wird man Rechtsordnungen setzen müssen ... Ich schlage vor, ... allen Toten des großen Krieges [den Pakt] ... zu weihen, [den] wir ... besiegeln werden.«

Pakt gegen den Krieg unterzeichnet – aber Staaten bis an die Zähne bewaffnet

Anfang August, wenige Tage vor der Unterzeichnung des Briand-Kellogg-Pakts, eines Vertrages zur Ächtung von Angriffskriegen (→ 27. 8./S. 132), erklärt der Präsident der USA, Calvin Coolidge, daß er von dem Kriegsächtungspakt keine Einschränkung für das Rüstungsprogramm der USA erwarte. Die Streitkräfte dienen seiner Auffassung nach ausschließlich der Verteidigung des Landes und der Abschreckung potentieller Gegner und werden deshalb von den Bestimmungen des Briand-Kellogg-Paktes nicht berührt.

Coolidges Auffassung muß als symptomatisch für die Meinung von Politikern und Militärs in aller Welt angesehen werden. Fast alle Staaten sind stärker gerüstet als vor Ausbruch des Weltkriegs und betreiben die Modernisierung, Um- und Aufrüstung ihrer Streitkräfte. Von der nach dem Weltkrieg geäußerten Bekundung, die den besiegten Staaten auferlegten Rüstungsbegrenzungen sollten eine allgemeine Abrüstung einleiten, ist nicht mehr die Rede.

Die seit Jahren in Genf stattfindenden Abrüstungsverhandlungen kommen über Absichtserklärungen nicht hinaus. Der Abschluß eines Abkommens ist nicht in Sicht, weder in der Frage der Kontrolle der Rüstungsindustrie, geschweige denn bezüglich der Abrüstung.

Im Dezember 1927 brachte die Sowjetunion auf der Tagung der Vorbereitenden Abrüstungskommission den Vorschlag ein, innerhalb einer bestimmten Zeitspanne total abzurüsten, im ersten Jahr bereits um 50%. Mehrere Teilnehmerstaaten haben Vorbehalte gegen den Plan, der im März 1928 in der Kommission erneut diskutiert wurde.

Sie äußern Mißtrauen gegenüber den sowjetischen Motiven. Der Vorschlag wird von den anderen Staaten lediglich zur Kenntnis genommen, die Diskussion des Teilabrüstungsplans wird auf die nächste Sitzung verschoben.

Die Stagnation bei den Abrüstungskonferenzen und die vielfach betriebene Aufrüstung läßt bei den Mitgliedern der Interparlamentarischen Union die Vermutung aufkommen, daß der Wille zur Abrüstung tatsächlich nicht bestehe.

Gasschutzübung in der Sowjetunion

Britische Luftmanöver in London: Fliegerabwehrgeschütze sind in Aktion

Manöver der Reichswehr: Der Panzerangriff wird mit Attrappen geprobt

Größere Heere mit verbesserten Waffen

Fast alle Großmächte sind stärker gerüstet als vor dem Weltkrieg, sie haben mehr Mannschaften unter Waffen als 1914, sie verfügen über Waffen, die ein Vielfaches der Zerstörungskraft der im Weltkrieg verwendeten aufweisen, und sie geben mehr Geld für ihre Armeen aus.

1913 betrug die Stärke der Heere Frankreichs, Großbritanniens, Italiens, Japans und der USA 1 888 000 Mann, 1927 ist sie auf 2 262 000 Mann angewachsen. Senkungen in der Heeresstärke und den Verteidigungsausgaben weisen nur die Sowjetunion und – erzwungen durch entsprechende Bestimmungen in den Friedensverträgen – die Verliererstaaten des Weltkriegs auf.

Der Versailler Vertrag schränkt die Stärke des deutschen Heeres auf 100 000 Mann ein, hebt die allgemeine Wehrpflicht auf und untersagt dem Deutschen Reich den Besitz von Panzern und schweren Geschützen (→ 14. 1./S. 14).

Die Bestimmungen des Versailler Vertrags sollten einerseits verhindern, daß das Deutsche Reich wieder eine militärische Großmacht wird, und andererseits ermöglichen, in allen Staaten Abrüstungsschritte einzuleiten. Jedoch finden die Vorschläge der Friedensbewegungen, die Wehrpflicht abzuschaffen und die Rüstungsetats zu senken, kaum noch Gehör.

In den Debatten über die Verteidigungsausgaben wird stets darauf hingewiesen, die anderen Staaten gäben noch mehr Geld für Rüstungsgüter aus. Im Denken und Handeln der Militärs und der meisten Politiker steht die Sicherung der eigenen Position im Vordergrund. Außerdem übt in vielen Ländern der Generalstab einen starken politischen Einfluß aus und kann seine Forderungen durchsetzen.

Der deutsche Generalstab ist bestrebt, die Einschränkungen des Versailler Vertrags durch die Ausbildung eines unzulässig großen Kaders von Unteroffizieren und Reservisten zu umgehen. Geheime Aufrüstungsanstrengungen, insbe-

Heeresstärken der Großmächte

Deutsches Reich	99 191 Mann
USA	303 869 Mann
Sowjetunion	775 000 Mann
Frankreich	633 171 Mann
Großbritannien	512 801 Mann
Italien	550 470 Mann
Polen	284 000 Mann

sondere die 1926 bekanntgewordene Zusammenarbeit mit der Sowjetunion auf den Gebieten der Offiziersausbildung sowie der Produktion schwerer Waffen und Flugzeuge, haben im Deutschen Reich einen Skandal ausgelöst.

Die Rüstungsanstrengungen konzentrieren sich in allen Gattungen auf eine Modernisierung der Waffen. Das Gewicht der Panzer nimmt zu, sie werden geländegängiger und beweglicher, ihre Kanonen erhalten ein höheres Kaliber. Das Deutsche Reich verwendet bei Manövern Panzerattrappen.

Britische Seemanöver: Kriegsschiff »Nelson« vor der afrikanischen Küste

Start einer »Blackburn Dart« vom britischen Flugzeugträger »Furious«

Abrüstung gilt nur für Großkampfschiffe

Im Gegensatz zur Land- und Luftrüstung ist im Flottenbau bereits eine Abrüstung erreicht. Im Washingtoner Flottenabkommen von 1922 handelten die USA, Großbritannien, Japan, Frankreich und Italien eine Begrenzung der Großkampfschiffe und Flugzeugträger auf der Grundlage des Verhältnisses von 5:5:3:1,67:1,67 aus. Das Abkommen schränkt die Gesamttonnage der Großkampfschiffe auf 525 000 BRT (15 Großkampfschiffe) für die USA und Großbritannien, auf 315 000 für Japan und auf 175 000 für Frankreich und Italien ein. Die Vereinbarungen führten zur Verschrottung von alten und im Bau befindlichen Schiffen. Sie sehen darüber hinaus außerdem einen zehnjährigen Baustopp für Großkampfschiffe vor.

Das Flottenabkommen wird seit 1922 eingehalten und hat zu einer Entspannung in den Beziehungen der Seemächte geführt. Es gilt den Befürwortern der Abrüstung als ein Modell für künftige Rüstungsbegrenzungsvereinbarungen. Der Pakt bezieht sich jedoch nicht auf leichtere Kriegsschiffe, Unterseeboote, Kreuzer und Zerstörer. 1927 schlug der US-amerikanische Präsident Calvin Coolidge vor, Abrüstungsvereinbarungen auch für leichtere Kriegsschiffe zu treffen. In diesem Bereich kam jedoch keine Einigung zustande. Frankreich und Italien lehnten den Vorschlag von vornherein ab, und die USA, Großbritannien und Japan konnten sich nicht auf den Modus der Abrüstung

verständigen. Die Verhandlungen scheiterten vor allem, weil Großbritannien die Kategorie der absoluten Erfordernisse, die sich auf den Schutz der Handelsschiffe bezog, ins Spiel brachte und aus ihr eine notwendige Erhöhung der Gesamttonnage ableitete.

Da sich die – eingehaltenen – Abrüstungsvereinbarungen nur auf bestimmte Schlachtschiffe beziehen, hat sich der Flottenbestand der fünf am Washingtoner Abkommen beteiligten Mächte insgesamt gesehen

Flottenstärken wichtiger Nationen

Deutsches Reich	155 500 Tonnen
USA	1 252 500 Tonnen
Sowjetunion	127 600 Tonnen
Frankreich	504 000 Tonnen
Großbritannien	1 162 200 Tonnen
Italien	298 700 Tonnen
Polen	4 184 Tonnen

seit 1922 trotz Rüstungsbegrenzung erhöht. Das Deutsche Reich darf nach dem Versailler Friedensvertrag sechs Schlachtschiffe von 10 000 t Wasserverdrängung, sechs Kreuzer bis zu 6000 t, zwölf Zerstörer und zwölf Torpedoboote besitzen. Mit dem Bau des umstrittenen Panzerkreuzers A beginnt das Deutsche Reich 1928 die Modernisierung seiner Flotte (→ 30. 3./S. 42; 16. 10./S. 172; 16. 11./S. 184).

Die Seerüstung der meisten Länder konzentriert sich auf die Entwicklung moderner Flugzeugträger und ferngelenkter Schiffe.

Flugzeuge — neu entwickelte Kriegswaffen

Flugzeuge wurden erstmals im Weltkrieg als Kriegswaffe eingesetzt und gelten seit den Fortschritten in der Flugzeugkonstruktion als eine der gefährlichsten Angriffswaffen der Zukunft.

Zu Beginn des Weltkriegs verfügte kein Staat über eine nennenswerte Anzahl von kriegsgeeigneten Flugzeugen. Im Verlauf des Krieges wurde die Entwicklung von Kampfflugzeugen aufgenommen. Zwischen 1925 und 1927 stieg die Anzahl der kriegsgeeigneten Flugzeuge von Frankreich, Großbritannien, Italien, Japan und den USA dann weiter von 2655 auf 4340.

Im Weltkrieg dienten die Flugzeuge zunächst zur Feindaufklärung, jedoch bereits im zweiten Kriegsjahr warfen deutsche Zeppeline erstmals Bomben über London ab, ab 1916 setzten die deutschen Militärs Bombenflugzeuge ein.

Die Luftwaffe gilt als eine extrem offensive Waffengattung, und sie bedroht in einem bisher nicht gekannten Ausmaß die Zivilbevölkerung. Da die Vorstellungen über künftige Kriege davon ausgehen, daß konzentrierte Bombenangriffe auf Großstädte geflogen werden, existieren bereits konkrete Planungen, für die Bevölkerung unterirdische Schutzräume anzulegen. Auch mit Vernebelung wird experimentiert (→ 18. 9./S. 159).

Aufgrund des Offensivcharakters der Flugzeuge untersagt der Versailler Friedensvertrag dem Deutschen Reich die Aufstellung einer Luftwaffe. Die Gefährlichkeit des neuen

Kampfmittels hat auch dazu geführt, daß vielfach die Forderung erhoben wird, alle nationalen Luftstreitkräfte total abzurüsten.

Flugzeuge bedrohen die Menschheit nicht nur, weil sie Bomben abwerfen können, sondern auch, weil die Militärs sie als das geeignetste Beförderungsmittel für chemische Kampfstoffe ansehen. Die strategischen Planungen in allen Ländern gehen davon aus, daß in einem künftigen Krieg Giftgase, die erstmals im Weltkrieg eingesetzt wurden, zur Anwendung kommen.

Obwohl ein 1925 unterzeichneter Vertrag chemische und biologische Kampfmittel ächtet, wird weiterhin an der Entwicklung neuer und wirksamerer Giftgase gearbeitet. Giftgase haben bereits im Weltkrieg eine hohe Anzahl von Opfern gefordert. Die Fachleute sind sich einig, daß ein Gasangriff auf eine Großstadt Millionen von Toten zur Folge hätte und daß es nahezu unmöglich ist, die Zivilbevölkerung vor einem Gasangriff zu schützen. Eine chemische Fliegerbombe, die eine halbe Tonne Lewisit enthält, könnte zehn Stadtteile von New York unbewohnbar machen. Lewisit wurde 1919 entwickelt; es soll schon in kleinen Mengen tödlich wirken, wenn es eingeatmet wird oder auf die Haut gelangt. Der Stoff gilt als weitaus gefährlicher als die im Weltkrieg verwendeten Gase.

Die Bedrohlichkeit der Luftwaffe hängt auch damit zusammen, daß die Flugabwehr noch in den Anfängen steckt.

Reparationen belasten die Wirtschaft

31. August. Für die Reparationsleistungen des Deutschen Reiches beginnt das sog. Dawes-Normaljahr, d. h. das erste Jahr, in dem die jährlichen Zahlungen nach dem Dawesplan von 1924 auf 2,5 Milliarden Goldmark ansteigen.

Die Reparationen, die Zahlungsverpflichtungen, die der Versailler Friedensvertrag dem Deutschen Reich auferlegt und die in Form von Sach- und Geldlieferungen an die Siegermächte zu entrichten sind, stellen eine große wirtschaftliche und innenpolitische Belastung dar.

Außenminister Gustav Stresemann hat sich deshalb während seines Aufenthalts in Paris anläßlich der Unterzeichnung des Briand-Kellogg-Pakts (→ 27. 8./S. 132) in einer Unterredung mit dem französischen Ministerpräsidenten Raymond Poincaré um eine Annäherung der beiderseitigen Standpunkte bemüht. Stresemann geht es insbesondere darum, das Junktim zwischen Rheinlandbesetzung und Reparationszahlungen aufzulösen – die französische Regierung betrachtet die Rheinlandbesetzung als Pfand für die Reparationen. Stresemann hat darauf hingewiesen, daß für das Deutsche Reich ohnehin die Notwendigkeit bestehe, seinen Zahlungsverpflichtungen nachzukommen, da andernfalls die Auslandskredite gesperrt oder gekündigt würden. Ohne die

Reparationsleistungen pro Monat
(in Millionen Reichsmark)

	1925/26	1926/27	1927/28
Sachlieferungen	55	48	60,4
Bartransfer	6	13	38,4
Exportabgabe	20	24	29,2

Auslandskredite ist jedoch das deutsche Wirtschaftsleben vom Zusammenbruch bedroht. Stresemann hält deshalb die Rheinlandbesetzung angesichts dieses wirtschaftlichen Druckmittels für ein überflüssiges Pfand, zumal sie auch in reaktionären deutschen Kreisen mit Unmut gesehen wird.

Außerdem hat Stresemann zu bedenken gegeben, daß die deutsche Wirtschaft immer noch vor der Aufgabe stehe, die durch den Weltkrieg und die Inflationsjahre hervorgerufenen Rückschläge aufzuholen. Poincaré hält jedoch zunächst daran fest, die Räumung der sog. dritten Zone des besetzten Rheinlands mit einer endgültigen Regelung der Reparationen zu verbinden.

Für eine Neuregelung der Reparationsvereinbarungen setzt sich auch der US-amerikanische Jurist und Finanzpolitiker Parker Gilbert ein, der für die Durchführung des Dawesplans zuständig ist. Er hält es für geboten, das endgültige Ausmaß der Reparationszahlungen festzulegen, da die Auslandsverschuldung des Deutschen Reiches steigt. Im Dawesplan ist eine Gesamtsumme der von deutscher Seite zu erbringenden Leistungen nicht genannt.

Das Deutsche Reich kann seinen Reparationszahlungen nur nachkommen, weil es sich im Ausland, vor allem in den USA, hoch verschuldet hat. Die Auslandskredite haben es zwar ermöglicht, die Wirtschaft anzukurbeln und die Betriebe zu modernisieren, aber der Aufschwung steht nach Einschätzung von Wirtschaftsexperten auf keiner soliden Basis (→ S. 86; 22. 12./S. 198).

Finanzprogramm des Dawesplans

Der von dem US-amerikanischen Finanzpolitiker Charles Gates Dawes ausgearbeitete Plan stellte 1924 die Reparationszahlungen des Deutschen Reiches auf eine neue Grundlage, da die Deutschen die geforderten Leistungen zuvor nicht aufbringen konnten.

Der Dawesplan ermäßigte die Zahlungen, gewährte für 1924 einen Aufschub und legte fest, daß die jährlichen Reparationen bis 1928/29 von einer Milliarde auf 2,5 Milliarden Goldmark ansteigen. Um die Reichsmark zu stützen und die Wirtschaft zu beleben, also um die Voraussetzungen für die Zahlungsfähigkeit zu schaffen, bewilligte der Plan einen Kredit von 800 Millionen Goldmark.

Der Dawesplan enthält eine Reihe von Sicherungen. Er entzog die Reichsbahn, deren Gewinne für die Reparationen bestimmt waren, und die Reichsbank dem Deutschen Reich.

Weimarer Republik feiert ihre Verfassung

11. August. *Im Berliner Reichstag findet die offizielle Feier der Reichsregierung zum Verfassungstag statt. Im Gegensatz zum Vorjahr bekennt sich der diesjährige Redner, der ehemalige Justizminister Gustav Radbruch, eindeutig zu den Farben der Republik, zur schwarz-rot-goldenen Fahne. Den Höhepunkt der Berliner Feiern, an denen Tausende von Menschen teilnehmen, bildet der abendliche Fackelzug zum Platz der Republik. Auch in zahlreichen anderen deutschen Städten wird der Unterzeichnung der Weimarer Verfassung am 11. August 1919 gedacht (Abb.: Der Verfassungstag im Reichstag, in der Loge l. Reichswehrminister Wilhelm Groener, 2. v. l. Reichspräsident Paul von Hindenburg, r. daneben Reichsinnenminister Carl Severing).*

Herriot und Adenauer für Verständigung

2. August. *Der französische Kultusminister Édouard Herriot weilt zur Besichtigung der »Pressa«-Ausstellung (→ 12. 5./S. 90) in Köln – einer Stadt, aus der erst 1926 die letzten französischen Besatzungstruppen abgezogen sind. In seiner Begrüßungsansprache vertritt der Kölner Oberbürgermeister, Konrad Adenauer, die Überzeugung, »daß der Gedanke des Friedens und der Verständigung siegen muß, wenn nicht Europa untergehen soll«. Auch Herriot betont in seiner Entgegnung, daß Frankreich »zu jeder ehrlichen Verständigung für den Frieden« bereit sei und weist auf die Verbindungen zwischen der deutschen und der französischen Kultur hin (Abb.: Herriot [2. v. r. vorn] und Adenauer [r. vorn] auf der »Pressa«).*

 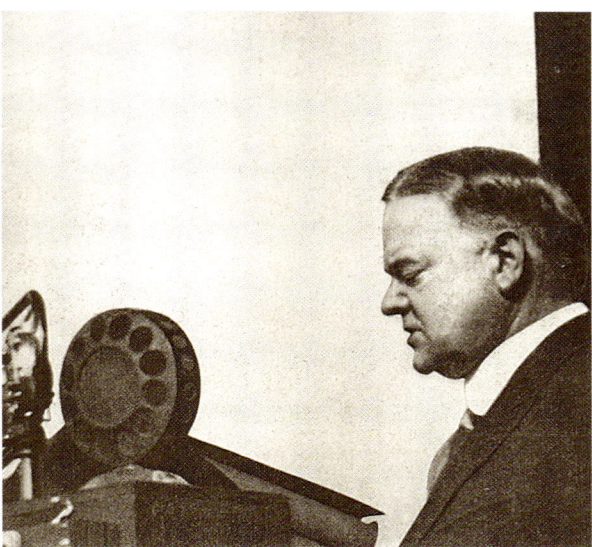

»Al« Smith im Wahlkampf: »Die Mißachtung des Prohibitionsgesetzes unterminiert jede Ehrfurcht vor dem Gesetz«

Hoovers Parole: »Alle Amerikaner haben gleiches Recht auf Aufstieg, ohne Rücksicht auf Bekenntnis oder Farbe«

Wahlkampf beherrscht politisches Klima

11. August. In den USA beginnt die heiße Phase des Präsidentschaftswahlkampfs. Am 11. August nominieren die Republikaner den bereits im Juli gewählten Handelsminister Herbert Clark Hoover zu ihrem Kandidaten, am 22. August stellen die Demokraten den Gouverneur von New York, Alfred E. Smith, als ihren Präsidentschaftsanwärter vor. Smith gilt als der Kandidat des städtischen Amerika, während Hoover den Bonus einer erfolgreichen Regierungstätigkeit für sich verbuchen kann. In der Wirtschaftspolitik zeigt Smith ein stärkeres soziales Engagement, Hoover dagegen lehnt jede Einmischung der Regierung in die Privatwirtschaft ab. Einig sind sich beide Kandidaten darin, daß die Landwirtschaft eine wirksame Unterstützung erhalten müsse.

Bezüglich der Prohibition tritt Hoover für eine strikte Beibehaltung des Alkoholverbots ein, während Smith die Regelung den einzelnen Bundesstaaten überlassen will. In der Außenpolitik kritisiert die Demokratische Partei die von Präsident Calvin Coolidge betriebene Politik der Einmischung in die Angelegenheiten der lateinamerikanischen Staaten (→ 6. 11./S. 186).

Kroaten trauern um Stjepan Radić

8. August. Stjepan Radić, der Vorsitzende der Kroatischen Bauernpartei, erliegt in Agram (Zagreb) den Verletzungen, die er bei dem Attentat im Belgrader Parlament erlitten hat (→ 20. 6./S. 101).

An seiner Beisetzung am 12. August nehmen 150 000 Kroaten teil. Radić gründete 1904 die Kroatische Bauernpartei, die für eine Föderalisierung der Habsburgermonarchie eintrat. Nach der Gründung des Königreiches der Serben, Kroaten und Slowenen (1918, heute Jugoslawien) wandte er sich gegen den Zentralismus, der den Serben eine dominierende Stellung einräumt, und forderte wiederholt die Autonomie für Kroatien. Er war deshalb mehrfach inhaftiert. Nach dem Wahlsieg seiner Partei Ende 1925 kam es zu einer kurzfristigen Annäherung, und Radić wurde zum Unterrichtsminister ernannt (1925/26). Sein Tod verschärft die Spannungen.

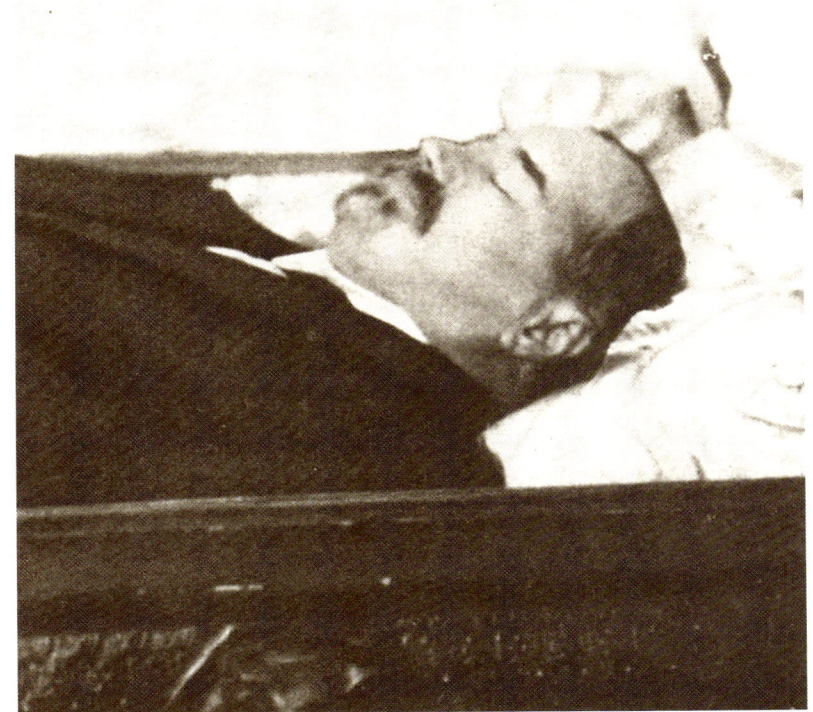

Die Leiche von Stjepan Radić, aufgebahrt im Hauptquartier der Kroatischen Bauernpartei, deren Vorsitzender er auch nach dem Tod bleiben soll

Indien fordert Dominion-Status

3. August. Ein von Motilal Nehru geleiteter Ausschuß legt einen Verfassungsentwurf vor, der für die britische Kolonie Indien den Dominion-Status fordert.

Die Briten haben 1919 ein neues Indien-Gesetz erlassen, das den Indern in bestimmten Gremien die Beteiligung an der politischen Verwaltung zugesteht. Diese Verfassung soll nach zehn Jahren überprüft werden. Da in die bereits 1927 gebildete Prüfungskommission kein Inder berufen wurde, finden in vielen Orten Indiens Protestkundgebungen statt, und die indischen Politiker boykottieren 1928 die Kommission. Statt dessen berufen sie eine überparteiliche Konferenz ein, die sich auf gemeinsame Grundforderungen für eine Verfassung zu einigen sucht. Das Ergebnis, der Nehru-Bericht, findet jedoch keine ungeteilte Zustimmung. Die Moslems sehen die Rechte der Minderheiten zu wenig gewahrt, und der radikale Flügel des Indischen Nationalkongresses fordert die volle Unabhängigkeit. Ein Kompromißvorschlag von Mahatma Gandhi sieht vor, sich mit dem Dominion-Status zu begnügen, wenn er bis Ende 1929 gewährt wird (→ 3. 2./S. 32; 29. 12./S. 199).

Nettuno-Verträge nun ratifiziert

13. August. Das Parlament des Königreichs der Serben, Kroaten und Slowenen (heute Jugoslawien) beschließt, die 1925 mit Italien abgeschlossenen Nettuno-Verträge nunmehr zu ratifizieren.

Die Nettuno-Verträge regeln den Schiffahrts- und Eisenbahnverkehr in der Hafenstadt Fiume (Rijeka). Sie stellen eine Ergänzung zum 1924 geschlossenen Adria-Pakt dar, der Fiume Italien zusprach, wofür das Königreich der Serben, Kroaten und Slowenen einen Teil des bisherigen Freistaatgebiets mit dem Hafen Baros erhielt. Fiume war nach dem Weltkrieg zwischen den beiden Staaten umstritten und wurde 1920 zunächst Freistaat. Die Abkommen von 1924 und 1925 sollten einem Ausgleich mit Italien dienen, das eine Vormachtstellung an der Adria anstrebt. Die Verzögerung der Ratifizierung hing mit Vorbehalten gegen die italienische Politik zusammen.

Werbung 1928:

Mit Kitsch und Kunst wird um neue Käuferschichten gekämpft

In den sog. Goldenen 20er Jahren, der Zeit der wirtschaftlichen Erholung nach Nachkriegselend und Inflationskrise, erfährt auch die Werbung einen gewaltigen Aufschwung. Die Reklame preist Artikel des täglichen Bedarfs sowie Luxusgüter an, volle Schaufenster und nächtliche Leuchtschriften locken zum Konsum. Werbung wird von den Unternehmen gezielt eingesetzt, um im harten Wettbewerb um die Käufer zu bestehen.

Neben den kitschigen Reklamen traditioneller Machart und den zumeist nur aus Text bestehenden Inseraten in den Zeitungen gibt es Werbeanzeigen, die mit den modernen Attraktionen Sport, Technik, Lässigkeit, Jugendlichkeit arbeiten und mit dem angebotenen Produkt ein entsprechendes Image verbinden.

Die Werbung für das seit 20 Jahren produzierte Waschmittelprodukt Persil erscheint sogar am Himmel: Ein Flugzeug zeichnet mit Hilfe eines künstlichen Kondensstreifens den Markennamen in 4000 m Höhe nach. Im Jahr der Olympischen Spiele geht die Reklame natürlich nicht am Thema Sport vorbei und benutzt die Darstellung von Wettkampfsituationen, um auf ihre Produkte aufmerksam zu machen.

Die Werbung für modische Kleidung setzt bei den Frauen auf die Sehnsucht nach Schönheit und Eleganz und bei den Männern auf das Streben nach Erfolg.

Kennzeichnend für die 20er Jahre ist es, daß auch bekannte Maler für die Werbebranche arbeiten und der Reklame einen künstlerischen Anstrich verleihen.

Erklärung der Werbung für das Waschmittel Persil mit »Himmelsschreiber«

Großstadtnacht im Schein der Lichtreklame; üppige Leuchtwerbung an den Geschäften am Potsdamer Platz in der Reichshauptstadt Berlin

»And afterwards . . . the dressing-room . . . the exhilarating shock of the shower . . . the quick change . . . ›Two Worthingtons, please!‹« – Die Anzeige für ein englisches Schwachbier in Collagetechnik wirbt mit Sportlichkeit und Jugendlichkeit

Dabeisein bei allen wichtigen gesellschaftlichen Ereignissen – vom Jazzkonzert über die neueste Theaterpremiere bis zum Pferderennen –, verspricht diese Anzeige für »Worthingtons«, die mit typisch britischen, aber auch internationalen Symbolen arbeitet

Die Fotomontage des gleichen Unternehmens wendet sich an den »modernen« Menschen der 20er Jahre, der sich für Sport, Jazz, Technik und Geschwindigkeit begeistert und bei dem die Lebensfreude im Vordergrund steht

»Col Van Heusen« (Plakat von Charles Loupot, 1928; Jacques Mallet Fine Arts, New York); dieses Werbeplakat im Art-Deco-Stil für einen Kragen (Unterzeile: »Der mittelstarke Kragen«) belegt den Trend, daß namhafte Künstler vielfach ihre Arbeit in den Dienst der Reklame stellen; die Tätigkeit in der Werbung ersetzt für viele das Mäzenatentum und wird als Gelegenheitsarbeit zum Broterwerb verstanden; andere Maler und Graphiker sehen in der Reklame als »Kunst für die Massen« ein politisches Potential, das sie für die von ihnen angestrebten Ziele nutzen wollen

Werbung: Kunst für die Massen

Namhafte Künstler entdecken in den 20er Jahren die Werbung als neues Betätigungsfeld, als wichtigen Faktor des kulturellen Lebens. Ihre Hinwendung zur Reklame ergibt sich aus dem vorherrschenden Stil der Neuen Sachlichkeit, der das Nützliche und Funktionelle in den Vordergrund stellt, sich alltäglicher Gebrauchsgegenstände annimmt und eine demokratische Kunst, die jedermann zugänglich ist, anstrebt.

Werbung wird zur Kunstform einer neuen Generation, die sich für Technik und Fortschritt, für Funktionalismus und Amerikanismus begeistert. Aber auch andere, ornamentale Stile, wie z. B. Art Deco, werden vielfach in der Reklame eingesetzt.

Die Künstler gehen von der Erkenntnis aus, daß Plakate, Inserate und Werbeprospekte einem großen Teil der Bevölkerung die einzige ästhetische Anregung bieten. Sie streben danach, die Qualität der Werbung zu verbessern. Dieser Anspruch überlagert auch bei linksgerichteten Künstlern die vielfach kaum reflektierte Tatsache, daß die Werbung der Verkaufssteigerung dient und sich daher bruchlos in das kapitalistische System einfügt. Die Arbeit für die Werbung ist zudem für viele Künstler eine Möglichkeit, das nötige Geld für den Lebensunterhalt zu verdienen.

Viele Graphiker, Maler und Typographen, die Buchumschläge, Briefköpfe und Werbeparolen entwerfen und gestalten, arbeiten mit Fotomontagen, Collagen und einer asymmetrischen, sehr ungewöhnliche Typen verwendenden Schrift. Der Typograph Jan Tschichold fordert beispielsweise, daß die Schrift den gleichen Kompositionsprinzipien unterliege wie ein konstruktivistisches Bild.

Im Dessauer Bauhaus (→ 1. 4./S. 69) befaßt sich eine Abteilung vordringlich mit Werbung und Ausstellungsdesign. Hier werden u. a. für die Verwaltung der Stadt Dessau und für die Tapetenfirma Rasch Entwürfe angefertigt. Der Dada-Künstler Kurt Schwitters betreibt in Hannover eine Werbeagentur, die Aufträge von der Stadt und von privaten Firmen erhält.

Zwei Ozeanriesen laufen vom Stapel

15. August. In Hamburg läuft die »Europa« vom Stapel, am Tag darauf hält Reichspräsident Paul von Hindenburg die Taufrede für die »Bremen«. Die beiden Ozeanriesen, die der Norddeutsche Lloyd in Auftrag gegeben hat, sind die modernsten Dampfschiffe in der Geschichte der deutschen Flotte. Die »Europa« wird auf der Werft Blohm & Voss gebaut, die »Bremen« entsteht bei der AG Weser in Bremen.

Die beiden Passagierschiffe – die »Europa« ist 49 746 BRT, die »Bremen« sogar 51 656 BRT groß – stellen schiffbautechnisch alles Bisherige in den Schatten. Mit einem neuartigen Wulstbug, der den Reibungswiderstand mindert, der Stromlinienform und einer Höchstleistung von 135 000 Wellen-PS gelten sie als Anwärter auf das Blaue Band, mit dem das schnellste Schiff der Welt ausgezeichnet wird.

Beide Schiffe können jeweils rd. 2100 Fahrgäste, für die Kabinen in drei Preisklassen zur Verfügung stehen, und Schiffspersonal von 900 Mann unterbringen. Sie sind für die Nordatlantikfahrt bestimmt und werden für die Überfahrt nach New York knapp sechs Tage benötigen.

Die größten Schiffe (Auswahl)

Name	BRT	Herkunftsland	Jahr
»Lusitania«	31 550	GB	1907
»Mauretania«	31 938	GB	1907
»Olympic«	45 000	GB	1911
»Titanic«	46 328	GB	1912
»Imperator«	52 177	D	1913
»Vaterland«	54 282	D	1914
»Bismarck«	56 551	D	1914

Die rapide Steigerung der Schiffstonnagen hat in den letzten Jahren vor dem Weltkrieg begonnen. Die Größensteigerung wurde durch das neue Material Stahl, das seit Ende des 19. Jahrhunderts verwendet wird, und durch den Turbinenantrieb, der seit Beginn des 20. Jahrhunderts genutzt wird, ermöglicht. Parallel mit der Größe nahm auch der Luxus in der Ausstattung zu. Die Einrichtung der Kabinen und vor allem der Säle übertraf an Glanz manche Paläste auf dem Festland. Nun wird auch für eine komfortable Unterbringung der Besatzung gesorgt.

Stapellauf der »Europa«; die deutsche Handelsmarine steht nach Fertigstellung der »Bremen« und der »Europa« mit einer Gesamttonnage von 3 738 000 BRT hinter Großbritannien, den USA und Japan auf Rang vier der Schiffahrtsnationen

Mozart-Opern in der Mozartstadt

30. August. Die am 26. Juli eröffneten Salzburger Festspiele gehen zu Ende. Im Mittelpunkt der Aufführungen standen Werke des in Salzburg geborenen Komponisten Wolfgang Amadeus Mozart.
Franz Schalk, Direktor der Wiener Staatsoper und Mitbegründer der Festspiele, dirigierte »Die Zauberflöte«. Die Inszenierung von Lothar Wallerstein und das Bühnenbild von Oskar Strnad belebten die Oper »mit dekorativem, ornamentalem, anmutigem Einfall« (»Vossische Zeitung«). In der Rolle der Pamina brillierte Maria Rajdl. Als zweite Mozart-Oper kam »Cosi fan tutte« zur Aufführung. Dem Dirigenten Bruno Walter, Generalmusikdirektor der Städtischen Oper in Berlin, und dem Regisseur Ernst Lert gelang eine glänzende Ensembleleistung. »Das Geschick der Oper entschied an diesem Abend nicht der einzelne – ein Mozartensemble spielte und sang, eng versponnen in die Fäden szenischer und musikalischer Führung«, rühmte die »Vossische Zeitung«.
In den konzertanten Vorstellungen spielten die Wiener Philharmoniker unter Bruno Walter u.a. Sinfonien von Franz Schubert.

Bruno Walter

Keine Urlaubsruhe für George B. Shaw

Der irische Schriftsteller George Bernard Shaw verbringt seine Ferien an der Côte d'Azur in Antibes, einem kleinen Ort, der noch nicht vom Tourismus überlaufen ist.
Shaw sucht an der französischen Mittelmeerküste Ruhe und Erholung und beauftragt seinen Hotelier, Reporter von ihm fernzuhalten. Er droht für den gegenteiligen Fall die sofortige Abreise an. Da Shaw auch in Frankreich berühmt ist, insbesondere durch sein Drama »Die heilige Johanna« über die französische Nationalheldin, setzen sich die Journalisten jedoch auf seine Spur, und es gelingt einem Fotografen ein Schnappschuß von Shaw bei seinem täglichen Bad im Meer (Abb.). Der Dichter fügt sich murrend.

Ehrung für Albert Schweitzer

28. August. Die Stadt Frankfurt am Main ehrt den elsässischen Urwaldarzt, Theologen, Schriftsteller und Organisten Albert Schweitzer mit der Verleihung des Goethepreises. Schweitzer gründete 1913 ein Urwaldhospital bei Lambarene in der französischen Kolonie Gabun und baute es 1924, nach seiner kriegsbedingten Internierung, neu wieder auf. Sein Engagement für die schwarze Bevölkerung gründet zum einen in seiner christlichen Weltanschauung, zum anderen versteht er sein Wirken als Wiedergutmachung für das Unrecht, das der Kolonialismus den Schwarzen angetan hat. Die Mittel für sein Urwaldspital, das Kranke aus einem Umkreis von 200 bis 300 km aufsuchen, bringt Schweitzer durch Vortrags- und Orgelkonzertreisen sowie durch seine schriftstellerische Tätigkeit auf.
In seiner Rede bei der Entgegennahme des Preises führt Schweitzer aus, daß ihn Johann Wolfgang von Goethe auch deshalb anziehe, weil »er sich keine geistige Beschäftigung denken konnte ohne nebenhergehendes praktisches Tun«.

Leinwandkonflikte um eine Heimkehr

30. August. Im Berliner Gloria-Palast wird der Film »Heimkehr« von Joe May uraufgeführt; das Drehbuch geht auf den Roman »Karl und Anna« von Leonhard Frank zurück. Die Geschichte um die Kriegsgefangenen Karl und Richard sowie Richards Frau Anna endet damit, daß sich die neue Liebe zwischen dem früher zurückgekehrten Karl und Anna als stärker erweist als die alte Bindung. Eine Sequenz, in der nur Karls wandernde Füße zu sehen sind, zeigt seine Heimkehr.

Gottfried Benn hält die Totenrede für den Dichter Klabund

14. August. Der erst 37jährige Schriftsteller Klabund (eigentl. Alfred Henschke) stirbt in einem Sanatorium in Davos an Tuberkulose. Klabund schrieb spielerisch leichte und expressive Verse und Kurzromane, berühmt wurde er durch seine Nachdichtungen fernöstlicher Lyrik. Die erotischen und pazifistischen Passagen seiner Werke trugen ihm zahlreiche Angriffe ein. Auf der Beisetzung von Klabund in seinem Geburtsort Crossen/Oder hält sein Freund, der Schriftsteller und Arzt Gottfried Benn, die Totenrede:

»Die schönsten Jahre waren wohl die, als er, bald nach dem Krieg, in Berlin in einer kleinen Straße des Südwestens wohnte, in einem kleinen Zimmer, ... er schlief auf einem Sofa und, wenn man vormittags ihn besuchte, lag er auf diesem Sofa ganz bedeckt von Manuskripten, Zeitungen, Briefen und Journalen und arbeitete rastlos und fieberhaft, wie er sein ganzes Leben lang tat ...
Der schmächtige Mann, und auf seinen Schultern trug er eine Last, die schwer zu tragen war. Ich meine

Gottfried Benn   *Klabund*

nicht die Krankheit, ich meine die Berufung. Gegen eine Welt der Nützlichkeit und des Opportunismus, gegen eine Welt der gesicherten Existenzen, der Ämter und der Würden und der festen Stellungen, trug er nichts als seinen Glauben und sein Herz. Diese schmächtige Gestalt – und die Unendlichkeit der Welt. Das Aufgestiegene und das Versunkene, Dinge, die wir erleben, und Dinge, die wir ahnend erschließen, zusammenzufassen, zusammenzuströmen zu einem Wort, zu einer Wahrheit jenseits jeder Empirie. Durch die Geschichte aller Zeiten und aller Völker gehen diese Figuren, auf deren oft kranken Schultern eine geheime Sendung liegt ...
Er, dessen Asche in dieser Urne ruht, hatte das Fragwürdige und Vage des Gesandten. Keine Sicherheit, keine Beweisbarkeit der Existenz ...
Und wenn ich an seine Urne etwas zu schreiben hätte, wäre es ein Satz aus einem der großen Romane von Joseph Conrad ... Ein Wort, das die Verwirrungen des Menschenherzens und der Menschheitsgeschichte raunend erhellt: ›dem Traum folgen und nochmals dem Traum folgen und so ewig – usque ad finem‹.«

Roma Bahn als Polly Peachum

Harald Paulsen als Mackie Messer am Galgen (Szene aus der Uraufführung)

Erich Ponto als Bettler Peachum

Dreigroschenoper: »Räuber sind Bürger – sind Bürger Räuber«

31. August. Die Uraufführung der »Dreigroschenoper« von Bertolt Brecht und Kurt Weill im Theater am Schiffbauerdamm in Berlin leitet einen der größten Theatererfolge der 20er Jahre ein.

Brechts witzig-freche, satirische Bearbeitung der »Beggar's Opera« von John Gay aus dem Jahr 1728, die bereits die damals vorherrschende höfische Oper parodierte, dazu die mitreißende Musik von Weill, die Elemente des Bänkelsangs, des Jazz und der Unterhaltungsmusik aufgreift sowie Opernmelodien und Kirchenchoräle persifliert, die

Bertolt Brecht

Leistungen des Regisseurs Erich Engel, sowie des Bühnenbildners Caspar Neher und der Darsteller machen die »Dreigroschenoper« »zum stürmisch beklatschten Ereignis« (»BZ am Mittag«).

Die eingestreuten Balladen, der »Kanonen-Song«, das »Lied der Seeräuber-Jenny« und die »Moritat von Mackie Messer«, entscheiden nicht nur »den Triumph des Abends« (»Vossische Zeitung«), sondern entwickeln sich zu regelrechten Schlagern.

Brecht bringt die Kehrseite der Großstadt auf die Bühne, zeigt die Welt der Räuber, Bettler und Huren, deren Verhalten dazu dient, bürgerlich-kapitalistische Vorstellungen zu entlarven. Es geht ihm um die Gleichung »Räuber sind Bürger – sind Bürger Räuber«.

Die »Dreigroschenoper« bezieht sich trotz ihrer Ansiedlung im viktorianischen Großbritannien eindeutig auf die Gegenwart. Mit ihr gewinnt die Zeitoper erstmals einen kritisch-satirischen Einschlag, übt Kritik an den herrschenden gesellschaftlichen Bedingungen und greift zugleich nicht nur zeitgenössische Themen auf. Musikalische Voraussetzung für die Annäherung der Oper an die Gegenwart bildet »eine für Schauspieler leicht singbare Musik« (Weill).

Brecht entwickelt mit dem Stück ein neues Darstellungsprinzip, das den Zuschauer nicht suggestiv beeinflussen, sondern zum Nachdenken anregen will.

Der angestrebte kritische Impetus kommt jedoch aufgrund des Unterhaltungscharakters der Satire nur teilweise über die Bühne. Der Kritiker Alfred Kerr fragt sich deshalb, ob Brecht nicht der »Beggar's Opera«, die »voll von politischer Anspielung« ist, »diesen Zahn ausgebrochen« hat.

Viel gelobt wird jedoch die Schaffung einer neuen Form des musikalischen Theaters. »Was Brecht als Bearbeiter, was Weill als Komponist ... geleistet haben, das ist zugleich die Überwindung der Revue zu einer neuen Gattung und die Verschmelzung von Elementen des Varietés ... zu einem lebendigen theatralischen Ausdruck«, rühmt der Kritiker Herbert Ihering.

Wesentlich zum Erfolg der Oper tragen die Schauspieler bei, die z. T. vom Kabarett und der Revue kommen. Der Peachum-Darsteller Erich Ponto spielt sich in die »erste Reihe der Berliner Schauspieler« (»BZ am Mittag«), und Lotte Lenya wird als Seeräuber-Jenny zur Entdeckung des Abends.

Plakatentwurf zur Uraufführung der »Dreigroschenoper« von Caspar Neher, der auch das Bühnenbild gestaltet

Mackie Messer in Haft; v. l. Rosa Valetti, Harald Paulsen, Roma Bahn in einer Szene der »Dreigroschenoper«

Britinnen siegen im Dreiländerkampf

14. August. Leichtathletinnen aus dem Deutschen Reich, Großbritannien und Frankreich tragen in London einen Dreiländerkampf aus.

Die deutschen Sportlerinnen, die erstmals an einem Länderkampf teilnehmen, erreichen mit 41 Punkten den zweiten Platz. Mit 50 Punkten gewinnen die britischen Leichtathletinnen den Wettbewerb, der aus acht Disziplinen besteht.

Die Frauen kämpfen immer noch um die Gleichberechtigung in der Leichtathletik. Da die International Amateur Athletic Association es ablehnte, sich für den Frauensport einzusetzen, haben die Frauen 1921 einen internationalen Frauen-Leichtathletik-Verband gegründet, der eigene Wettbewerbe organisiert und Frauen-Weltrekorde registriert.

Steher-Weltmeister Sawall umjubelt

19. August. Der Berliner Radrennfahrer Walter Sawall gewinnt im ausverkauften Stadion in Budapest mit 1:26:46,6 h die Weltmeisterschaft der Steher. Auf den zweiten Platz kommt der französische Radsportler Jean Bréau, Dritter wird der Belgier Viktor Linhart, der viermal, nämlich 1921, 1924, 1926, 1927, selbst den Weltmeistertitel errungen hat.

Walter Sawall

Der neue Meister Sawall, der den 39jährigen Steherkönig Linhart entthront, gehört zu den beliebtesten deutschen Sportlern. Er gewinnt das Rennen in Budapest mit Ernest Pasquier, seinem Schrittmacher.

Bei den Steherrennen fahren die Radsportler hinter spezialgefertigten Motorrädern her, auf denen die Schrittmacher »stehen«. Sie geben das Tempo für den Radrennfahrer an. Dessen Aufgabe ist es, durch Zeichen verständlich zu machen, bis zu welcher Geschwindigkeit er mithalten und dicht hinter der Auffahrrolle des Motorrads bleiben kann.

Sechster Weltrekord im »Kugelstoßer-Jahr«

26. August. Emil Hirschfeld stellt in Bochum mit 16,04 m einen Weltrekord im Kugelstoßen auf. Es ist der sechste Weltrekord dieses Jahres, das damit als »Kugelstoßer-Jahr« in die Sportgeschichte eingeht.

Die Weltrekordserie hat sich zu einem Wettkampf zwischen dem Deutschen Hirschfeld und dem US-Amerikaner John Kuck entwickelt. Im April brach Kuck in Fresno mit 15,55 m den 19 Jahre bestehenden Weltrekord von 15,54 m, den der US-Amerikaner Ralph Rose 1909 in San Francisco aufgestellt hatte. Am 5. Mai verbesserte Kuck in Los Angeles seine Leistung auf 15,59 m, einen Tag später erzielte Hirschfeld in Breslau mit 15,79 m Weltrekord. Bei den Olympischen Spielen in Amsterdam (→ 12. 8./S. 144) siegte Kuck mit der neuen Weltrekordmarke von 15,87 m, während der deutsche Meister nur Bronze holte. Am 18. August erzielte in Berlin auch Hirschfeld 15,87 m.

Emil Hirschfeld (Allenstein) übertrifft beim Kugelstoßwettbewerb auf einem Sportfest in Bochum erstmals die 16-m-Marke und steht damit wieder als weltbester Sportler in dieser Disziplin fest; bei den Olympischen Spielen in Amsterdam wurde er nur Dritter des Wettbewerbs

In Bochum verbesserte Hirschfeld vor 10 000 Zuschauern den Weltrekord gleich zweimal: Zuerst auf 16,00 m, dann auf 16,04 m.

Spartakiade – erstes internationales Arbeitersportfest in Moskau

12. August. *In Moskau beginnt die erste Spartakiade (bis 24. 8.), ein großes internationales Arbeitersportfest, an dem Sportler aus 15 Ländern teilnehmen. Die überwiegende Mehrheit der Sportler kommt jedoch aus der Sowjetunion; aus dem Deutschen Reich ist eine Mannschaft von 200 Aktiven angereist.*

Die Spartakiade wird mit einem einrucksvollen Aufmarsch aller Teilnehmer auf dem Roten Platz eröffnet. Ziel der Spartakiade, die eine bleibende Einrichtung werden soll, ist es, den Sport in der Sowjetunion zu fördern. Die sowjetischen Sportler zeigen durchweg gute Leistungen, und die meisten Sieger in den Leichtathletikwettbewerben stellen UdSSR-Rekorde auf. Erfolgreichster Teilnehmer ist der Este Eric Rähn, der die 110 m Hürden, die 400 m Hürden, den Weitsprung und den Dreisprung gewinnt (Abb.: Eröffnungszeremonie auf dem Roten Platz in Moskau; die Inschrift lautet in deutscher Übersetzung: »Spartakiade 1928, Körperkultur für Arbeiter«).

Olympia ganz im Zeichen der Frauen

12. August. Mit einer Siegerehrung gehen die IX. Olympischen Sommerspiele in Amsterdam zu Ende. In der Nationenwertung stehen die USA mit 22mal Gold, 18mal Silber und 16mal Bronze an erster Stelle, obwohl sie in ihrer Domäne, den Laufwettbewerben, nur drei der zwölf vergebenen Goldmedaillen erringen konnten. Den 100-m- und den 200-m-Lauf entschied der Kanadier Percy Williams für sich, der allen Favoriten davonlief und zum Star der Spiele avancierte.

Völlig überraschend gewann der Kolonialfranzose Mohammed El Quafi den Marathonlauf. Er war nach etwa 13 km so weit abgeschlagen, daß die Kampfrichter vermuteten, er habe sich verlaufen.

Der mehrfache Goldmedaillengewinner der Spiele von 1920 und 1924, der 31jährige Finne Paavo Nurmi, holte in Amsterdam nur einmal Gold; er gewann den 10 000-m-Lauf in der neuen olympischen Rekordzeit von 30:18,8 min.

Die Frauen, die erstmals bei Olympischen Spielen Leichtathletik-Wettbewerbe austragen konnten, zeigten hervorragende Leistungen. Die Siegerinnen stellten jeweils Weltrekorde auf: Halina Konopacka (Polen) mit 39,62 m im Diskuswurf, Elizabeth Robinson (USA) mit 12,2 sec im 100-m-Lauf, Ethel Catherwood (Kanada) mit 1,59 m im Hochsprung, die kanadischen Läuferinnen mit 48,4 sec in der 4 × 100-m-Staffel und die Deutsche Lina Radke-Batschauer mit 2:16,8 min über 800 m. Die anderen Teilnehmerinnen waren nach der 800-m-Strecke so erschöpft, daß dieser Wettbewerb aus dem Frauenprogramm gestrichen wurde.

Im Schwimmen zog der Japaner Yoshiyuki Tsuruta die Aufmerksamkeit auf sich. Über 200 m Brust schlug er den deutschen Weltrekordinhaber Erich »Ete« Rademacher mit 2:48,8 min, einer neuen olympischen Rekordzeit. Über 100 m Kraul holte Johnny Weissmuller (USA) in einer Zeit von 58,6 sec Gold. (→ 17. 5./S. 95; 28. 7./S. 124; deutsches Abschneiden → S. 146; Übersicht über die Ergebnisse in sämtlichen Wettbewerben im Anhang).

Berichterstattung über die Olympischen Spiele in der »Leipziger Illustrirten«; oben l. Hilde Schrader ▷

Nr. 4353

VON DER OLYMPIADE IN AMSTERDA

Nach dem glänzenden Sieg: Hilde Schrader, Magdeburg, die im 200-m-Brustschwimmen für Damen den ersten Platz vor Fräulein Baron, Holland, und Fräulein Mühe, Hildesheim, belegen konnte.

Rechts oben: Von der 4 × 100-m-Staffel für Herren, in dem die amerikanische Mannschaft vor der deutschen siegte: Lammers startet als erster deutscher Läufer. (Im Bilde der dritte von rechts, auf der vierten Bahn.)
Im Oval: Sieger im 1500-m-Freistilschwimmen: Arne Borg, Schweden (rechts), nach seinem Sieg über den Australier Charlton (links).

Der 3000-m-Hindernislauf, ein Sieg der drei Finnen Loukola (1.), Nurmi (2., auf dem Bilde im Vordergrund) und Andersson (3.). Die Läufer müssen einen 2 m breiten, ²/₄ m tiefen Wassergraben überspringen.
Nebenstehend: Marathonlauf: Der Sieger El Quafi, ein für Frankreich startender Algerier, zerreißt als Überraschungssieger das Zielband.

Links: Deutscher Sieg im Wasserballspiel: Rademacher wehrt im deutschen Tor während des Entscheidungsspiels gegen Ungarn (5:2) glänzend ab. — Im Kreis: Der Nürnberger Leucht nach seinem Sieg im Ringen (Bantamgewicht).

Lord David Burghley aus Großbritannien (M., in Führung) gewinnt die 400 m Hürden in 53,4 sec und stellt damit den olympischen Rekord ein; Zweiter wird Frank Cuhel (53,6 sec), Dritter F. Morgan Taylor (beide USA) in 53,6 sec

Halina Konopacka (Polen), Goldmedaillengewinnerin im Diskuswerfen

Sabin William Carr aus den USA gewinnt den Stabhochsprung mit 4,20 m

Das finnische Laufwunder Paavo Nurmi (r.) setzt zum Endspurt im 10 000-m-Endlauf an; er gewinnt in einer Zeit von 30:18,8 min die einzige Goldmedaille und verweist seinen Landsmann und großen Rivalen Ville Ritola (l.) knapp auf Platz zwei; Dritter wird der Schwede Edvin Wide (31:00,8 min)

Entscheidung im 200-m-Lauf in Amsterdam: Der Kanadier Percy Williams, der auch über 100 m Gold gewinnt und unerwartet zum Star der Spiele avanciert, durchreißt das Zielband; Zweiter wird Walter Rangeley (Großbritannien), Dritter der deutsche Sprinter Helmuth Körnig in der gleichen Zeit wie der Zweitplazierte

Endlauf über 800 m: Der US-Amerikaner Lloyd Hahn, der schließlich selbst keine Medaille gewinnt, führt das Feld an; Douglas Lowe (Großbritannien), hier auf Platz zwei in Warteposition, wird mit 1:51,8 min Erster vor Erik Byléhn (Schweden) und dem Deutschen Hermann Engelhard

Helene Mayer, Siegerin im Florettfechten, nimmt von Königin Wilhelmina die Goldmedaille in Empfang; r. Hilde Schrader, ganz r. C. F. Freiherr von Langen

Die deutschen Sportler gewinnen in Amsterdam zehnmal Gold

Die deutschen Sportler, die erstmals seit dem Weltkrieg wieder an Olympischen Sommerspielen teilnehmen dürfen, schneiden überraschend gut ab. Sie gewinnen zehn Goldmedaillen, siebenmal Silber und 13mal Bronze und belegen damit Platz zwei in der Nationenwertung.

Die einzige Goldmedaille in der Leichtathletik holt Lina Radke-Batschauer im 800-m-Lauf in Weltrekordzeit (→ 12.8./S. 144). Zwei weitere Frauen sichern sich die höchste sportliche Auszeichnung: Hilde Schrader gewinnt über 200 m Brust und die erst 17jährie Helene Mayer siegt im Florettfechten.

Erfolgreichster deutscher Teilnehmer ist der Reiter Carl Friedrich Freiherr von Langen, der sowohl in der Dressur-Einzelwertung als auch im Mannschaftswettbewerb die Goldmedaille erringt.

In einem spannenden Endspiel besiegt die deutsche Mannschaft die ungarische im Wasserball. Erst in der zweiten Verlängerung geht das deutsche Team in Führung und erzielt in drei Minuten drei Tore.

Die größten Erfolge verzeichnen die deutschen Sportler in der Schwerathletik. Sie holen dreimal Gold, zweimal Silber und zweimal Bronze. Die zehnte Goldmedaille errudert sich der Zweier ohne Steuermann.

Im modernen Fünfkampf wird der Bronzemedaillengewinner Helmuth Kahl durch eine falsche Zeitmessung beim Querfeldeinlaufen an einer besseren Plazierung gehindert. Der eingelegte Protest wird zwar als berechtigt anerkannt, aber die Zeit wird nicht korrigiert.

◁ ◁ *Die deutschen Goldmedaillenhoffnungen in der Leichtathletik werden von einer Frau erfüllt: Die 24jährige Lina Radke-Batschauer läuft über 800 m in Weltrekordzeit (2:16,8 min) vor der Japanerin Kinue Hitomi (2:17,6 min) als Erste ins Ziel*

◁ *Die erst 17jährige Helene Mayer gewinnt Gold im Florettfechten; Zweite wird Muriel B. Greeman (GBR)*

△ *Mannschaftsführer beim Auslosen der Bahnverteilung; das Losglück kann über Sieg oder Niederlage entscheiden: Einige Läufer lieben die Außenbahnen, weil sie dort nicht von beiden Seiten bedrängt werden, andere starten bei Wettbewerben mit Kurvenvorgabe ungern als Vorderste, sie brauchen den Ansporn durch scheinbar Führende*

◁ *Nachdem Kanonenschläge das Ende der IX. Olympischen Spiele verkündet haben, holen Matrosen der niederländischen Kriegsmarine die olympische Fahne mit den fünf Ringen im Stadion von Amsterdam mit feierlichem Zeremoniell ein*

▽ *Nicht nur als aktiver Sportler, auch als Wettkampfrichter kann man Berühmtheit erlangen, wie der Starter Franz Miller, der die Zuschauer in Amsterdam begeistert und mit seiner spektakulären Startkunst für faire Sprintwettbewerbe sorgt*

Tennissiege für Australier

12. August. Am Schlußtag der Tennismeisterschaften von Deutschland, die seit dem 5. August in Hamburg ausgetragen werden, gewinnen Australier drei Finalspiele.

Die deutschen Tennismeisterschaften sind international ausgeschrieben worden und werden zum ersten Mal von der Fédération internationale de Lawn Tennis anerkannt. 18 Nationen beteiligen sich an den Meisterschaftsspielen, allerdings fehlen die großen Tennis-Stars aus Frankreich und den USA.

Die deutschen Tennisspieler sind im Herreneinzel und im gemischten Doppel erfolgreich. Das Herreneinzel gewinnt der Berliner Daniel Prenn gegen Titelverteidiger Hans Moldenhauer 6:1, 6:4, 6:3.

Im gemischten Doppel besiegt das deutsch-australische Paar Cilly Aussem/R. R. Boyd die Australier Daphne Akhurst/E. F. Moon 7:5, 6:4. Nach anfänglicher Führung der Australier bringen die Schmetterbälle Boyds, der Cilly Aussem gut unterstützt, den Sieg.

Im Dameneinzel stehen sich im Finalspiel die Kölnerin Cilly Aussem, die im Vorjahr die Deutsche Meisterschaft gewann, und die Australierin D. Akhurst gegenüber. Die Kölnerin gewinnt den ersten Satz 6:2, aber die Australierin entscheidet die beiden nächsten Sätze 6:0, 6:4 für sich und holt sich den Titel.

Im Herrendoppel besiegen die Australier R. O. Cummings/E. F. Moon die Deutschen Moldenhauer/Prenn klar 8:6, 6:0, 6:4. Auch im Damendoppel holen sich die Australier Akhurst/Esna Boyd den Titel.

Cilly Aussem (l.) mit der Australierin Daphne Akhurst in Hamburg

Fußball und Tennis werden gestrichen

3. August. Die 26. Session des Internationalen Olympischen Komitees (IOC), die während der Sommerspiele in Amsterdam stattfindet, geht mit dem Beschluß zu Ende, Fußball aus dem Olympiaprogramm für 1932 zu streichen.

Im Fußball vollzieht sich zur Zeit die Wende vom Amateur- zum Profisport. In Großbritannien sind die besten Spieler bereits Profis, und in einigen anderen Ländern steht die Einführung des Berufsfußballs bevor. Die Fußballspieler wollen an den Einnahmen, die ihre Vereine erzielen, beteiligt werden, und im Spitzenfußball gibt es kaum noch reine Amateure (→ 25. 5./S. 95).

Ferner beschließt das IOC, Tennis, das schon bei den diesjährigen Spielen nicht mehr ausgetragen wird, weiterhin auszuschließen. Auch der Tennissport ist weitgehend professionalisiert, und das IOC weigert sich, Profis zu den Olympischen Spielen zuzulassen.

Schwede reitet in Aachen zum Sieg

20. August. Den Großen Preis von Aachen gewinnt der schwedische Reiter Ernst Hallberg auf Loko mit acht Fehlerpunkten. Hallberg holte bei den Olympischen Spielen mit der Mannschaft im Jagdspringen Bronze. An der Aachener Springkonkurrenz nehmen neun Nationen teil. Zweiter wird der Schweizer Eddi Muralt auf Notas mit neun

C. F. von Langen

Fehlerpunkten. Als bester Deutscher kommt Carl Friedrich Freiherr von Langen, der Olympiasieger in der Dressur, auf Falkner auf den dritten Platz (→S. 146).

Der Parcours stellt an Reiter und Pferde hohe Anforderungen, und am Wassergraben ereignen sich zahlreiche Stürze.

September 1928

Mo	Di	Mi	Do	Fr	Sa	So
					1	2
3	4	5	6	7	8	9
10	11	12	13	14	15	16
17	18	19	20	21	22	23
24	25	26	27	28	29	30

1. September, Sonnabend

Der bisherige albanische Staats- und Ministerpräsident Achmed Bey Zogu läßt sich zum König von Albanien proklamieren. Neuer Ministerpräsident wird Kosta Kotta. → S. 155

Der VI. Kongreß der Kommunistischen Internationale, der vom 17. Juli bis zum 1. September in Moskau tagt, erklärt die Sozialdemokratie zum Hauptgegner in der internationalen politischen Auseinandersetzung. → S. 155

Eine Volksabstimmung im australischen Bundesstaat Neusüdwales lehnt mit großer Mehrheit – 818 312 gegen 329 941 Stimmen – die Einführung des Alkoholverbots ab.

Im Berliner Großen Schauspielhaus wird Ralph Benatzkys Bearbeitung der Operette »Casanova« von Johann Strauß uraufgeführt.

2. September, Sonntag

Auf dem Brandenburger Gautag verkündet der rechtsgerichtete Soldatenbund Stahlhelm eine »Haßtirade« auf die Republik (→ 23. 9./S. 152).

3. September, Montag

Auf seinem 13. Kongreß, der vom 3. bis 7. September in Hamburg stattfindet, setzt sich der Allgemeine Deutsche Gewerkschaftsbund für das Konzept der Wirtschaftsdemokratie ein. → S. 153

4. September, Dienstag

Die Regierung von Bulgarien tritt zurück, da innerhalb des Kabinetts Spannungen bezüglich des Vorgehens gegenüber der Inneren Makedonischen Revolutionären Organisation, die für Makedonien die Autonomie fordert, aufgetreten sind. In dem Konflikt mischen auch Frankreich, Großbritannien und Italien um die unterschiedliche Minister unterstützen. Am 13. September rekonstituiert sich das Kabinett in alter Zusammensetzung.

In München findet die Grundsteinlegung für den Bibliotheks- und Studienbau des Deutschen Museums statt.

5. September, Mittwoch

In Magdeburg wird der 67. Deutsche Katholikentag eröffnet (bis 9. 9.); die Delegierten fordern die Katholiken zur Mitarbeit am Staat auf. → S. 153

Im Ufa-Theater am Berliner Kurfürstendamm findet die Uraufführung des Stummfilms »Prinzessin Olala« nach der gleichnamigen Operette von Jean Gilbert statt. Unter der Regie von Robert Land spielen u.a. Carmen Boni und Marlene Dietrich.

Im Berliner Marmorhaus hat der Stummfilm »Abwege« von Georg Wilhelm Pabst mit Brigitte Helm Premiere.

6. September, Donnerstag

Der Reichsstädtebund, der Zusammenschluß der deutschen Klein- und Mittelstädte, protestiert auf seiner zweitägigen Tagung in Heidelberg (6./7. 9.) gegen die Gefährdung der kleineren und mittleren Städte, die aus Eingemeindungsbestrebungen der Großstädte und der Schaffung von Großkreisen folgt.

Der in Swansea tagende Kongreß der britischen Gewerkschaften spricht sich mit überwältigender Mehrheit dafür aus, die Verhandlungen mit der Mond-Gruppe fortzusetzen, bei denen sich Unternehmer und Gewerkschaften bereits für ein sozialpartnerschaftliches Konzept ausgesprochen haben (→ 4. 7./S. 119). Das Abstimmungsergebnis bedeutet eine unerwartet hohe Niederlage des radikalen Gewerkschaftsflügels.

Die sowjetische Regierung überreicht der französischen Botschaft in Moskau ihre Beitrittserklärung zum Briand-Kellogg-Pakt. Die Sowjetunion war zur Erstunterzeichnung des Kriegsächtungspaktes am → 27. August (S. 132) nicht eingeladen worden.

Im Berliner Capitol wird der Stummfilm »Marquis d'Eon. Der Spion der Pompadour« mit Fritz Kortner in der Rolle eines wahnsinnigen Zaren uraufgeführt (Regie: Karl Grune).

7. September, Freitag

Reichskanzler Hermann Müller hält auf der IX. Völkerbundversammlung, die vom 3. bis 26. September in Genf stattfindet, eine vielbeachtete Rede zum Problem der Abrüstung. → S. 154

In Berlin wird die 6. Internationale Büroausstellung eröffnet (bis 16. 9.), auf der eine Fernschreibmaschine großes Aufsehen erregt.

8. September, Sonnabend

Reichspräsident Paul von Hindenburg besucht Gut Neudeck in Ostpreußen, das ihm deutsche Wirtschaftskreise geschenkt haben. Hindenburg hat es seinem Sohn Oskar überschrieben.

Die tschechoslowakische Regierung legt eine Gesetzesnovelle vor, die den zweiten Feiertag an Weihnachten, Ostern und Pfingsten, der 1925 zum Arbeitstag erklärt wurde, wieder einführen soll.

9. September, Sonntag

Der deutsche Bankiertag, der vom 9. bis 11. September in Köln stattfindet, beklagt den Kapitalmangel der deutschen Wirtschaft.

Die fünfte Deutsche Funkausstellung schließt ihre Pforten. Hauptattraktion der am 31. August auf dem Messegelände am Funkturm in Berlin begonnenen Ausstellung war die erste öffentliche Vorführung von Fernsehbildern. → S. 165

Zum Gedenken an den 100. Geburtstag

des russischen Dichters Leo N. Tolstoi (*9. 9. 1828) zeigt das Berliner Theater sein Drama »Der lebende Leichnam«. → S. 164

Der französische Automobilrennfahrer Louis Chiron gewinnt in Monza auf Bugatti den Großen Preis von Italien (zugleich Großer Preis von Europa). Das Rennen ist von einem schweren Unfall überschattet. → S. 165

10. September, Montag

Die Völkerbundversammlung in Genf wählt während ihrer IX. Versammlung (3.–26. 9.) Spanien, den Iran und Venezuela als neue nicht-ständige Mitglieder in den Völkerbundrat (→ 16. 9./S. 154).

Im Ufa-Pavillon am Berliner Nollendorfplatz findet die Uraufführung des Stummfilms »Alt-Heidelberg« von Ernst Lubitsch statt.

11. September, Dienstag

In Salzburg wird der Deutsche Juristentag eröffnet (bis 15. 9.). Die Juristen sprechen sich für Reformen aus, kritisieren, daß zu viele Gesetze erlassen werden und beklagen ein – vermeintliches – Abstumpfen des Rechtsgefühls.

Schwefelhaltige Gase, die aus einer Braunkohle-Schwefelanlage in Bruckdorf entweichen, verunreinigen die Luft so stark, daß zahlreiche Kinder in Halle-Süd erkranken.

Die Oper »Judith« des schweizerischen Komponisten Arthur Honegger wird vom Hessischen Landestheater in Darmstadt in reichsdeutscher Erstaufführung gezeigt (→ S. 53).

12. September, Mittwoch

In Spanien werden mehr als 3000 Oppositionelle aus liberalen, republikanischen und kommunistischen Kreisen, unter ihnen frühere Abgeordnete und Senatoren, verhaftet. Ihnen wird vorgeworfen, die Diktatur von Miguel Primo de Rivera y Orbaneja, die am 13. September fünf Jahre besteht, stürzen zu wollen.

In den Terra-Lichtspielen am Berliner Nollendorfplatz findet die Uraufführung des ersten deutschen Tonfilms der Tri-Ergon Musik AG, der Kurzfilm »Ein Tag Film«, statt. → S. 165

13. September, Donnerstag

Vier Mitglieder der rechtsradikalen Organisation Wiking, die ein weiteres Mitglied schwer mißhandelt und verletzt haben, weil sie glaubten, es wolle sie der Polizei verraten, werden zu jeweils zwei Monaten Gefängnis verurteilt.

In Wien wird die »Rote Fahne«, die Zeitung der Kommunisten, beschlagnahmt, weil sie dazu aufruft, den für den → 7. Oktober (S. 173) geplanten Aufmarsch der Heimwehren durch Gegendemonstrationen und Zugblockaden zu verhindern.

Der Verein für Sozialpolitik debattiert auf seiner Generalversammlung, die vom 13. bis 15. September in Zürich stattfindet, über die Wandlungen des Kapitalismus.

Wirbelstürme und Unwetter richteten in mehreren Bundesstaaten der USA und auf den Inseln vor Mittelamerika schwere Verwüstungen an. → S. 160

14. September, Freitag

Auf ihrem Parteitag in Wien befassen sich die österreichischen Sozialdemokraten vor allem mit Fragen des Mieterschutzes.

In Belgien werden neue Heeresgesetze über die Dienstzeit und den Sprachgebrauch in der Armee verabschiedet. In der Sprachenregelung kommt die Regierung den Flamen entgegen, da die Soldaten künftig in ihrer Muttersprache ausgebildet werden müssen.

Laurent Eynac übernimmt das neu geschaffene französische Luftfahrtministerium, das aufgrund der Serie von Flugzeugabstürzen in letzter Zeit eingerichtet worden ist.

Eduard, Prinz von Wales, besichtigt während seines Jagdaufenthaltes in Afrika die Cheopspyramide bei Gise in Ägypten. → S. 161

15. September, Sonnabend

Zwischen Italien und dem Deutschen Reich entfällt der Visumzwang, zur Einreise genügt künftig ein gültiger Paß. Deutsche brauchen bei Reisen innerhalb Europas noch für Belgien, Frankreich, Spanien, Polen, Litauen, Estland, Ungarn, Rumänien, die Sowjetunion, Griechenland und Bulgarien ein Visum.

Ein künstlicher Mensch, der sprechen und sich bewegen kann, »eröffnet« in London eine Modellausstellung für Maschinenbau. → S. 159

Ein Großfeuer in Bourges, das in einem Warenhaus ausbricht und auf andere Kaufhäuser übergreift, richtet einen Schaden von 50 Millionen Francs (rund 8,2 Millionen Reichsmark) an.

Am Lehniner Platz in Berlin wird das Lichtspielhaus Universum eröffnet, das Erich Mendelsohn erbaut hat. → S. 164

Im Berliner Theater in der Königgrätzer Straße findet die Uraufführung des Schauspiels »Der rote General« von Hermann Ungar statt.

16. September, Sonntag

Großbritannien, Frankreich, die USA, Belgien, Japan und das Deutsche Reich vereinbaren am Rande der Völkerbundversammlung in Genf, über eine vorzeitige Räumung des Rheinlands und die abschließende Regelung der Reparationen zu verhandeln. → S. 154

In Nürnberg gewinnt die deutsche Elf das Fußball-Länderspiel gegen die dänische Mannschaft 2:1.

17. September, Montag

Das Reichsinnenministerium läßt das von den Kommunisten geforderte Volksbegehren zu, das den Bau von Panzerschiffen und -kreuzern verbieten soll (→ 16. 10./S. 172; 16. 11./S. 184).

Die Rüstungsfrage beschäftigt nach Unterzeichnung des Briand-Kellog-Paktes auch die »Illustrated London News«

THE ILLUSTRATED LONDON NEWS

REGISTERED AS A NEWSPAPER FOR TRANSMISSION IN THE UNITED KINGDOM AND TO CANADA AND NEWFOUNDLAND BY MAGAZINE POST

SATURDAY, SEPTEMBER 15, 1928.

The Copyright of all the Editorial Matter, both Engravings and Letterpress, is Strictly Reserved in Great Britain, the Colonies, Europe, and the United States of America.

"1914–1918": A SYMBOLIC PHOTOGRAPH THAT FORMS AN ARGUMENT FOR THE PEACE PACT.

This remarkable study in photographic symbolism, the significance of which is obvious, may be said to emphasise the need for such an international covenant as the Peace Pact recently signed by the leading Powers in Paris. The photograph, which is entitled "1914-1918," is the work of A. Van Neuman, and is in the new International Exhibition of the London Salon of Photography at 5a, Pall Mall East. As usual, this exhibition is one of exceptional interest, and shows how photography has now taken its place among the fine arts.

Die Schweizer Polizei hat im Tessin eine italienische Spionageorganisation aufgedeckt, die in der Schweiz lebende Italiener und Schweizer Bürger überwacht und italienischen Behörden regelmäßig Bericht erstattet hat. Auch aus Frankreich ist bekannt, daß dort im Exil lebende Italiener von der italienischen faschistischen Regierung beobachtet werden.

18. September, Dienstag

Mit einem Großvernebelungsversuch auf dem Flughafen Böblingen bei Stuttgart wird die Möglichkeit getestet, Gebäude durch künstlichen Nebel vor Fliegerangriffen zu schützen. →S. 159

Der spanische Flieger Juan de la Cierva überfliegt mit einem von ihm selbst konstruierten Drehflügelflugzeug den Ärmelkanal. →S. 159

Im Ufa-Palast am Berliner Zoo findet die deutsche Erstaufführung des Stummfilms »Sein letzter Befehl« von Regisseur Josef von Sternberg statt. Emil Jannings spielt einen ehemaligen russischen Großfürsten, der in einem Hollywood-Film eine Statistenrolle als russischer General bekommt.

19. September, Mittwoch

Es wird bekannt, daß der Chef der Marine, Admiral Hans Zenker, Ende des Monats aus dem Amt scheidet. Sein Nachfolger wird Vizeadmiral Erich Raeder. Der Wechsel ist eine Folge des Phoebus-Skandals (→14. 1./S. 14).

Der Beamtentag der Deutschen Demokratischen Partei in Regensburg fordert die Reichstagsfraktion auf, sich dafür einzusetzen, daß die Bestimmung aufgehoben wird, laut der die weibliche Beamte, die heiraten, entlassen werden (→S. 30).

Eine Statutenänderung weist dem Großen Rat der faschistischen Partei Italiens weitgehende Regierungsbefugnisse zu, wodurch die Macht der Partei weiter gefestigt wird. →S. 155

Mit der Uraufführung von »Steamboat Willie«, einem Zeichentrickfilm von Walt Disney, erobert die Micky Maus das Filmpublikum (→S. 108).

20. September, Donnerstag

Der Fürstbischof von Brixen in Südtirol fordert die Gläubigen dazu auf, ihre Kinder zum pfarramtlichen Religionsunterricht, der in deutscher Sprache erteilt wird, zu schicken. Die Kirche reagiert damit auf die Anordnung der Schulbehörde, an allen Volksschulen auch Religion in italienischer Sprache zu unterrichten.

An der seit Wochen in Griechenland grassierenden und langsam abflauenden Dengue-Fieber-Epidemie sind 1040 Personen gestorben.

21. September, Freitag

Hugo Stinnes jr. wird gegen eine Kaution von einer Million Reichsmark aus der Haft entlassen. Gegen ihn besteht der Verdacht, betrügerische Geschäfte mit Kriegsanleihen gemacht zu haben.

Bei den Ergänzungswahlen für die Erste Kammer in Dänemark erzielen die Sozialdemokraten zwar Stimmengewinne und erhalten 27 Sitze (vorher 25), aber die Koalition von Konservativen und Bauernpartei kann mit 40 Sitzen (vorher 43) ihre Mehrheit behaupten.

22. September, Sonnabend

In Königsberg wird der Kongreß für Innere Mission eröffnet (bis 25. 9.). Die Teilnehmer debattieren über Erziehungsfragen, Sozialhygiene und Ehereform.

Es wird bekannt, daß im Berliner Zoo ein Elefantenbaby zur Welt gekommen ist. Es geschieht sehr selten, daß indische Elefanten im Zoo Nachwuchs bekommen.

23. September, Sonntag

Der rechtsgerichtete Soldatenbund Stahlhelm beschließt auf einer Tagung in Magdeburg, ein Volksbegehren einzuleiten, das die Macht des Reichspräsidenten erweitern soll. →S. 152

Eine Kundgebung auf der Hasenheide in Berlin, zu der Stahlhelm, Vaterländische Verbände und die rechtsgerichtete Deutschnationale Volkspartei aufgerufen haben, protestiert gegen die auf Verständigung abzielende Außenpolitik der Reichsregierung. →S. 152

Italien und Griechenland unterzeichnen in Rom einen Freundschaftsvertrag. Beide Staaten sichern sich bei Konflikten mit Dritten Neutralität und diplomatische Hilfe zu.

Der Völkerbund und die Stadt Genf beschließen, den neuen Völkerbundpalast nicht, wie ursprünglich geplant, am Genfer See, sondern oberhalb, im botanischen Park Ariana, zu errichten.

Im Theater Novedades in Madrid bricht ein Großfeuer aus, dem zahlreiche Zuschauer zum Opfer fallen. →S. 161

Die deutsche Elf besiegt in Oslo das norwegische Fußballteam 2:0.

24. September, Montag

Die Gewerkschaften in der nordwestdeutschen Eisenindustrie fordern eine Lohnerhöhung von 15 Pfennig pro Stunde. Die Arbeitgeber bieten die unveränderte Verlängerung des am 30. Oktober auslaufenden Tarifvertrags um ein Jahr an (→1. 11./S. 185).

Die katholische Kirche Polens hat die seit 1614 gültige Eheschließungsformel geändert: Die Braut braucht ihrem künftigen Mann nicht mehr, wie bisher, ehelichen Gehorsam zu geloben.

25. September, Dienstag

In München beginnt die Tagung des Internationalen Bundes der Christlichen Gewerkschaften (bis 28. 9.). Es ist der erste Tagung des Bundes, die im Deutschen Reich stattfindet. Die deutsche christliche Gewerkschaft hat 720 000 Mitglieder.

Die Folies-Bergère in Paris bringen eine neue Revue heraus, »La Grande Folie«. Es gehört zur Tradition des Theaters, daß

jede neue Inszenierung den Begriff »Folie« im Titel trägt.

Im Alhambra-Lichtspiel in Berlin wird der Stummfilm »Der erste Kuß« mit Anny Ondra uraufgeführt (Regie: Karl Lamac).

26. September, Mittwoch

Das Zentralkomitee der KPD enthebt den Parteivorsitzenden Ernst Thälmann bis auf weiteres seiner Funktionen. Ihm wird vorgeworfen, die Veruntreuung eines Funktionärs nicht der zuständigen Parteistelle bekanntgegeben zu haben (→5. 10./S. 172).

Nach dem Wahlerfolg der Konservativen bei den Reichstagswahlen in Schweden, die am 16. September auf dem Land und am 21. in Stockholm stattgefunden haben, tritt die Koalitionsregierung unter Ministerpräsident Karl Gustav Ekmann (Freisinnige Partei) zurück. Die Konservativen haben 73 Sitze gewonnen (vorher 65), die Sozialdemokraten haben 15 Sitze verloren und verfügen nur noch über 90 Sitze im Reichstag.

In Yarmouth wird der Parteitag der britischen Konservativen eröffnet (bis 28. 9.). Das zentrale Thema bildet die Frage der Schutzzölle; im Gegensatz zur Mehrheit der Teilnehmer spricht sich Premierminister Stanley Baldwin gegen die Einführung von Schutzzöllen aus.

Das mexikanische Parlament wählt Emilio Portes Gil, Gouverneur von Tamaulipas, zum neuen Präsidenten. Die Wahl ist erforderlich, weil der am 1. Juli gewählte General Alvaro Obregón am →17. Juli (S. 117) ermordet worden ist. Portes Gil löst den amtierenden Präsidenten Plutarco Elías Calles am 1. Dezember ab.

Im Wiener Carl-Theater findet die Uraufführung der Revolutions-Tragödie »Lenin« von Ernst Fischer statt.

27. September, Donnerstag

Während des Streiks der Dockarbeiter in Australien kommt es zu Zwischenfällen, bei denen die Streikenden Streikbrecher angreifen.

Nach dem Erfolg der ersten Sexual- und Eheberatungsstelle in Neukölln haben die Berliner Krankenkassen zwei weitere Beratungsstellen für Frauen eingerichtet.

28. September, Freitag

Preußen hebt das seit 1924 bestehende Redeverbot für den Führer der NSDAP, Adolf Hitler, auf. →S. 152

Privatbanken, die zweitgrößte Bank Kopenhagens, stellt ihre Zahlungen ein.

Der Thronfolger und Bruder des japanischen Kaisers Hirohito, Prinz Chichihu, heiratet nach altjapanischem Hochzeitsritus Satsuko Matsudaira, die Tochter eines Diplomaten.

29. September, Sonnabend

In London und Paris wird die Antwort der US-amerikanischen Regierung auf den britisch-französischen Flottenkompromiß, eine Vereinbarung zur Rüstungs-

begrenzung, überreicht. Die USA lehnen die Vereinbarungen ab, weil sie sich nicht auf alle Schiffstypen beziehen.

In Müncheberg wird das von der Kaiser-Wilhelm-Gesellschaft errichtete Institut für Züchtungsforschung eröffnet.

Das »Hamburger Fremdenblatt« feiert sein 100jähriges Bestehen. Seit dem erstmaligen Erscheinen der »Fremdenliste« am 22. Juli 1828 hat sich das Blatt zur verbreitetsten Tageszeitung in Nordwestdeutschland entwickelt.

30. September, Sonntag

Die NSDAP führt eine Massenkundgebung im Berliner Sportpalast durch. Vor Beginn der Parteiveranstaltung kommt es zu Zusammenstößen zwischen Nationalsozialisten und Kommunisten (→28. 9./S. 152).

Bei den Neuwahlen für die Stadtvertretung von Geesthacht an der Elbe kommt es zu blutigen Zusammenstößen zwischen Mitgliedern des sozialdemokratischen Reichsbanners und des Rotfrontkämpferbundes (KPD).

Anläßlich der Enthüllung eines Kriegerdenkmals für die Gefallenen Savoyens in Chambéry hält der französische Ministerpräsident Raymond Poincaré eine Rede, in der er u.a. den Standpunkt bekräftigt, daß Elsaß-Lothringen immer französisch gewesen sei.

Hjalmar Schacht wird für weitere vier Jahre zum Reichsbankpräsidenten gewählt. →S. 153

In Stockholm besiegt die schwedische Elf die deutsche Fußballnationalmannschaft 2:0.

Gestorben:

8. Berlin: Ulrich von Brockdorff-Rantzau (*29. 5. 1869, Schleswig), deutscher Diplomat und Politiker, Botschafter des Deutschen Reiches in der Sowjetunion. →S. 153

13. Motta di Livenza: Italo Svevo (eigentl. Ettore Schmitz; *19. 12. 1861, Triest), italienischer Schriftsteller.

30. Innsbruck: Ludwig Pastor Freiherr von Camperfelden (*31. 1. 1854, Aachen), deutsch-österreichischer Historiker.

Geboren:

5. Frankfurt am Main: Albert Mangelsdorff, deutscher Jazzmusiker.

29. Kiel: Gerhard Stoltenberg, deutscher Politiker.

Das Wetter im Monat September

Station	Mittlere Lufttemperatur (°C)	Niederschlag (mm)	Sonnenscheindauer (Std.)
Aachen	13,3 (14,5)	23 (68)	– (160)
Berlin	12,7 (13,8)	1 (46)	– (194)
Bremen	13,2 (14,0)	9 (60)	– (164)
München	12,6 (13,4)	29 (84)	– (176)
Wien	15,0 (15,0)	76 (56)	– (–)
Zürich	13,6 (13,5)	85 (101)	144 (166)

( ) Langjähriger Mittelwert für diesen Monat
– Wert nicht ermittelt

*Ein schwerer Unfall beim Grand-
Prix-Rennen in Monza mit
mehreren Toten und Verletzten
überschattet den Motorsport:
Titelseite der in Paris
erscheinenden »L'Illustration«*

Avec ce numéro, LA PETITE ILLUSTRATION contenant
la première partie (3e série) du JOURNAL INTIME de Pierre Loti.

86e ANNÉE

N° 4463

L'ILLUSTRATION

15
SEPTEMBRE
1928

Louis BASCHET, Secrétaire général.　　　RENÉ BASCHET, Directeur.　　　GASTON SORBETS, Rédacteur en chef.

Le rassemblement pour le départ du grand prix d'Europe : au centre, la voiture (n° 18) de Materassi.

La voiture retombée dans le fossé qui séparait la piste des tribunes,
après avoir fauché plus de 50 spectateurs.

Deux des victimes encore étendues sur l'emplacement
où elles ont été tuées devant les tribunes.

LA COURSE TRAGIQUE DE MONZA

Voir l'article et les autres photographies page 278.

Der Stahlhelm führt in regelmäßigen Abständen Großveranstaltungen durch; Gedenkfeier für die deutschen Gefallenen im Weltkrieg am 1. Juli in Oppeln

Stahlhelm will Weimarer Verfassung ändern

Redeverbot für Hitler aufgehoben

23. September. Auf einer Tagung in Magdeburg beschließt der Bundesvorstand des rechtsgerichteten Stahlhelms, ein Volksbegehren zur Änderung der Verfassung einzuleiten. Ziel ist es, die Position des Reichspräsidenten zu stärken und die Rechte der Reichstagsabgeordneten einzuschränken.

Der Stahlhelm, der 1918 gegründete Bund der Frontsoldaten, wirft dem parlamentarischen System vor, »durch unehrliche Kompromisse die wahren Ursachen unseres Niedergangs« zu verschleiern und eine »starke … Staatsführung unmöglich« zu machen. Die Ablehnung der Republik, der parlamentarischen Verfassung und einer Politik, die den Bedingungen des Versailler Friedensvertrages nachkommt, hat der Stahlhelm bereits Anfang September in der »Haßbotschaft« von Fürstenwalde vehement zum Ausdruck gebracht. »Wir hassen diesen Staatsaufbau«, heißt es in dem Manifest, »weil er uns die Aussicht versperrt, unser geknechtetes Vaterland zu befreien und das deutsche Volk von der erlogenen Kriegsschuld zu reinigen, den notwendigen deutschen Lebensraum im Osten zu gewinnen.«

Ebenfalls am 23. September organisiert der Stahlhelm zusammen mit der Deutschnationalen Volkspartei (DNVP) und Vaterländischen Verbänden auf der Hasenheide in Berlin eine Demonstration gegen die Verständigungspolitik und die Anerkennung der im Weltkrieg entstandenen Westgrenze.

Der Stahlhelm, der sich zum bedeutendsten deutschen Wehrverband entwickelt hat, geht mit der Ankündigung des Volksbegehrens und den Protesten gegen die Regierung zum offenen Angriff auf die Weimarer Republik über. Sein Verhalten wird im Zusammenhang mit dem Versuch von Alfred Hugenberg, dem Führer des rechten Flügels der DNVP (→ 20. 10./S. 172), gesehen, die reaktionären, antirepublikanischen Kräfte zusammenzuschließen. Hugenberg hat sich mit seinem Zeitungs- und Filmkonzern ein Machtmittel geschaffen, um seine Ziele zu verwirklichen.

28. September. In Preußen wird das Redeverbot für Adolf Hitler, den Vorsitzenden der Nationalsozialisten, aufgehoben.

Nach Hitlers vorzeitiger Entlassung aus der Festungshaft Ende 1924, zu der er wegen seines mißglückten Putsches gegen die Reichsregierung (9. 11. 1923) verurteilt worden war, bestand in den meisten Ländern des Deutschen Reiches Redeverbot für den NSDAP-Führer. Bereits seit 1927 darf Hitler in Sachsen und Bayern wieder seine antirepublikanischen und antisemitischen Parolen verbreiten, deren Tragweite nur wenige erkennen (→ 16. 11./S. 185).

Hitler spricht noch nicht selbst auf der ersten Massenversammlung der NSDAP nach der Aufhebung des Berliner NSDAP-Verbots (→ 31. 3./S. 44), die am 30. September im Berliner Sportpalast stattfindet. Etwa 10 000 Personen nehmen an der Kundgebung gegen den Dawesplan teil, auf der die Minister als Lügner und »Büttel des international-jüdisch geführten Kapitalismus« bezeichnet werden.

Vor dem Sportpalast kommt es zu Tätlichkeiten zwischen Nationalsozialisten und Kommunisten, die gegen die NSDAP-Veranstaltung protestieren wollen.

Zielscheibe der Kritik: Die Verständigungspolitik Gustav Stresemanns

Vorsitzender des »Wehrverbandes« Stahlhelm ist Franz Seldte

Mehr Demokratie in der Wirtschaft

3. September. In Hamburg wird der 13. Kongreß des Allgemeinen Deutschen Gewerkschaftsbundes (ADGB) eröffnet (bis 7. 9.). Im Mittelpunkt steht die Forderung nach Wirtschaftsdemokratie.

Mit der Entschließung zur Demokratisierung der Wirtschaft nimmt der ADGB ein reformistisches Konzept an, das davon ausgeht, der Monopolkapitalismus lasse sich allmählich durch Reformen in ein sozialistisches System umwandeln.

Das Wirtschaftskonzept des ADGB

»Ausgehend von der Erkenntnis, daß das Wohl der Arbeiterklasse ... entscheidend abhängig ist von der Umwandlung des Wirtschaftssystems, erhebt der 13. Kongreß ... die Forderung nach der Demokratisierung der Wirtschaft ... Die Gewerkschaften erblicken ... im Sozialismus gegenüber der kapitalistischen Wirtschaft die höhere Form der volkswirtschaftlichen Organisation. Die Demokratisierung der Wirtschaft führt zum Sozialismus ... Die Demokratisierung der Wirtschaft bedeutet die schrittweise Beseitigung der Herrschaft, die sich auf dem Kapitalbesitz aufbaut, und die Umwandlung der leitenden Organe der Wirtschaft aus Organen der kapitalistischen Interessen in solche der Allgemeinheit.«

Als Beleg für seine These führt der ADGB die Umstrukturierungen in der Wirtschaft und den wachsenden Einfluß der öffentlichen Hand an. Um die Demokratisierung der Wirtschaft zu erreichen, muß die Gewerkschaft sowohl gegenüber der Regierung als auch gegenüber den Unternehmern eine Reihe von Forderungen durchsetzen. Hierzu gehören die Erweiterung des Mitbestimmungsrechts der Arbeitnehmer, die Kontrolle der Monopole und Kartelle sowie die Zusammenfassung von Industrien zu Selbstverwaltungskörpern. Eine wichtige Rolle in dem Demokratisierungsprozeß kommt darüber hinaus den gewerkschaftseigenen Betrieben zu.

Ein weiterer Tagesordnungspunkt befaßt sich mit dem Versicherungswesen. Hier fordert der Gewerkschaftsbund eine Vereinheitlichung der Sozialversicherungen.

Brockdorff-Rantzau ist tot

8. September. Der deutsche Diplomat und Politiker Ulrich Graf von Brockdorff-Rantzau stirbt im Alter von 59 Jahren in Berlin.

Der Angehörige eines alten Adelshauses trat zunächst in die Garde ein, wechselte aber 1894 von der Offizierslaufbahn in den diplomatischen Dienst. Seine erste Stellung als Gesandtschaftsattaché führte ihn nach Brüssel.

B.-Rantzau

1912 erhielt er seinen ersten selbständigen Posten und kam als Gesandter nach Kopenhagen, wo er sich um einen Ausgleich mit Dänemark bemühte.

Im Dezember 1918 wurde Brockdorff-Rantzau, der die Kriegslage stets realistisch beurteilt hatte, zum Leiter des Auswärtigen Amtes (Außenminister) ernannt. Als Leiter der deutschen Delegation bei den Versailler Friedensvertragsverhandlungen versuchte er, die Bedingungen für das Deutsche Reich zu mildern, und wandte sich gegen die These von der Alleinschuld der Deutschen. Er stimmte gegen die Unterzeichnung des Versailler Vertrags und trat, da das Parlament den Vertrag annahm, im Juni 1919 von seinem Amt als Außenminister zurück.

Nach der Aufnahme der diplomatischen Beziehungen zwischen dem Deutschen Reich und der Sowjetunion wurde Brockdorff-Rantzau 1922 deutscher Botschafter in Moskau. Er befürwortete eine Annäherung zwischen den beiden Staaten und wirkte auf den Abschluß des deutsch-sowjetischen Freundschafts- und Neutralitätsabkommens von 1926 hin.

Schacht an Spitze der Reichsbank

30. September. Der Generalrat der Reichsbank wählt Hjalmar Schacht einstimmig für weitere vier Jahre zum Reichsbankpräsidenten.

Schacht hat sich in seiner vergangenen Amtszeit, in der es zunächst um die Sanierung und Stabilisierung der deutschen Währung ging, das Vertrauen in- und ausländischer Finanzkreise erworben. Er gilt als eifriger Verfechter der Privatwirtschaft, und sein politischer Standort hat sich in jüngster Zeit weiter nach rechts verschoben. Schacht, der zunächst der linksliberalen DDP nahestand, tritt nun dafür ein, daß das Deutsche Reich wieder Kolonialpolitik betreiben darf, und lehnt die Verständigungspolitik ab. In den kommenden Monaten besteht seine vordringlichste Aufgabe darin, an den Verhandlungen über eine endgültige Regelung des Reparationsproblems (→ 22. 12./S. 198) mitzuwirken.

Die Katholiken wollen das öffentliche Leben stärker beeinflussen

5. September. *Auf dem 67. Deutschen Katholikentag (bis 9. 9.) in Magdeburg sprechen sich die Katholiken für die Mitarbeit der Gläubigen im Staat aus.*

Angesichts der »schweren sittlichen Zersetzungserscheinungen, ... soziologischer Spannungen und radikaler Bewegungen« erscheint es den Delegierten als erforderlich, »die Idee des Staates und der Nation als sittliche Gemeinschaft« herauszustellen und im Sinne der katholischen Ethik Einfluß auf das öffentliche Leben zu nehmen. Meinungsverschiedenheiten mit den staatlichen Organen in Einzelfragen gelten als zweitrangig. Die Tagung ruft die Katholiken zu sozialer, politischer und religiöser Aktivität auf, um die Gegensätze zwischen den Menschen zu überwinden (Abb.: Blick in den Ehrenhof an der Stadthalle von Magdeburg während der von Nuntius Eugenio Pacelli am 9. September zelebrierten Pontifikalmesse).

Léon Jouhaux (r.), Generalsekretär der französischen Gewerkschaft CGT, fordert die Völkerbundversammlung auf, bei der Arbeiterschaft Interesse für die Institution zu wecken (Foto: Erich Salomon)

Paul-Boncour (Frankreich) und Graf Bernstorff (Deutsches Reich) im Gespräch über Abrüstung (Foto: Erich Salomon)

Reparationsproblem wieder aufgerollt

16. September. Am Rande der IX. Völkerbundversammlung in Genf einigen sich Großbritannien, Frankreich, die USA, Belgien, Japan und das Deutsche Reich darauf, Verhandlungen über eine vorzeitige Räumung des Rheinlands und eine endgültige Regelung der Reparation aufzunehmen.

Die Lösung des Reparationsproblems soll eine Kommission von Sachverständigen aus den sechs Ländern vorbereiten. Im Rheinland, das 1920 besetzt und 1926 in der ersten der drei Besatzungszonen geräumt worden ist, soll eine Kontrollkommission arbeiten, über deren Funktion und Amtsdauer noch verhandelt werden muß.

Insbesondere die Bestimmung über die Kontrollkommission bringt die rechtsgerichtete Presse des Deutschen Reiches gegen das Abkommen auf. Sie sieht darin eine Be-

schränkung der deutschen Souveränität und verkennt völlig, daß das Deutsche Reich mit der Genfer Vereinbarung seinem Ziel näher gekommen ist, die Bestimmungen des Versailler Friedensvertrags über Rheinlandbesetzung und Reparationsverpflichtungen zu lockern. Auch aus der rechten französischen Presse kommt Kritik; sie hält die Genfer Einigung für einen verfrühten Verzicht auf das Pfand, das die Rheinlandbesetzung für die Reparationszahlungen darstellt (→ 31. 8./S. 136; 22. 12./S. 198).

Ein weiteres wichtiges Thema der Völkerbundversammlung, die vom 3. bis 26. September in Genf tagt, bildet die Abrüstung. Allerdings kommen die Beratungen nicht über Absichtserklärungen hinaus, und von einer baldigen Einberufung einer internationalen Abrüstungskonferenz ist nicht mehr die Rede.

Bei den Wahlen für die nicht-ständigen Mitglieder im Völkerbundrat erhalten Spanien, der Iran und Venezuela die meisten Stimmen. Spanien nimmt erstmals wieder an einer Völkerbundversammlung teil, seitdem es 1926 dem Völkerbund den Rücken gekehrt hatte, weil es keinen ständigen Sitz im Rat bekam wie das neu aufgenommene Deutsche Reich. Das Land erhält daher außerdem das Privileg, nach Ablauf der dreijährigen Amtszeit erneut in den Rat gewählt zu werden.

Müller fordert eine allgemeine Abrüstung

H. Müller

7. September. Auf der IX. Völkerbundversammlung hält der deutsche Reichskanzler Hermann Müller (SPD) eine vielbeachtete Rede, in der er sich insbesondere für eine allgemeine Abrüstung einsetzt:

»Die Entwaffnung Deutschlands darf nicht länger bestehen als der einseitige Akt der den Siegern des Weltkriegs in die Hand gegebenen Gewalt. Es muß endlich zur Erfüllung des vertraglichen Versprechens kommen, daß der Entwaffnung Deutschlands die allgemeine Abrüstung folgen soll ... In der ersten Etappe kann und muß erreicht werden, daß eine fühlbare Herabsetzung des gegenwärtigen Rüstungsstandes eintritt, daß diese Herabsetzung sich auf alle Faktoren der Rüstung zu Lande, zur See und in der Luft bezieht und daß die volle Publizität aller Rüstungselemente gewährleistet wird ...

Der Mann aus dem Volke denkt einfach und denkt deshalb richtig. Er liest, daß die Regierungen sich feierlich auf die Erhaltung des Friedens verpflichten, und er sieht andererseits, daß die Regierungen gleichwohl an ihren alten Machtpositionen festhalten und neue zu gewinnen suchen ...

So ist es nicht verwunderlich, wenn der Mann aus dem Volke schließlich dazu kommt, ein doppeltes Gesicht der internationalen Politik zu konstatieren.«

Die Grundsätze des Völkerbunds

Der Völkerbund stellt eine internationale Organiation dar, die Konflikte zwischen den einzelnen Staaten beilegen und die Beziehungen zwischen den Völkern verbessern soll.

Seine Gründung geht auf eine Anregung des US-amerikanischen Präsidenten Thomas Woodrow Wilson zurück – allerdings traten die USA nicht bei –, und seine Satzung bildet einen Bestandteil des Versailler Friedensvertrags. Der Völkerbund soll die Integrität und Unabhängigkeit der Mitgliedstaaten schützen, bei Streitfragen gilt der Schiedsspruch des Internationalen Gerichtshofs in Den Haag. Gegen Mitglieder, die einen Krieg verursachen, können Sanktionen verhängt werden. Außerdem sind die Mitglieder verpflichtet, einen Abrüstungsplan auszuarbeiten.

Die Entscheidungsorgane sind die Vollversammlung, in der jedes Mitglied über eine Stimme verfügt, und der Völkerbundrat. Dem Rat gehören ständige und nicht-ständige Mitglieder an, letztere werden für drei Jahre gewählt. Ständige Sitze haben Großbritannien, Frankreich, Italien, Japan und das Deutsche Reich.

Komintern gegen Sozialdemokratie

1. September. In Moskau geht der seit dem 17. Juli tagende VI. Kongreß der Kommunistischen Internationale zu Ende, der die Sozialdemokratie zum vorrangig zu bekämpfenden Gegner erklärt.

Die Kommunisten werfen der Sozialdemokratie vor, immer stärker mit den Unternehmern und dem kapitalistischen Staat zu paktieren und sich nach rechts zu entwickeln. Sie bezeichnen das Verhalten der Sozialisten als Sozialfaschismus. Insbesondere wenden sie sich gegen die linken sozialdemokratischen Funktionäre, da diese die tatsächlichen Ziele verschleierten. Mit der neuen Linie des verschärften Kampfes gegenüber dem Reformismus wird die Strategie der Einheitsfront aufgegeben, die in letzter Zeit, z. B. in China, Rückschläge erlitten hat. Eine Zusammenarbeit soll nur noch auf der untersten Ebene stattfinden. Die neue Strategie wird am rigorosesten von den deutschen Kommunisten verfolgt und führt zu einem tiefen Bruch zwischen SPD und KPD. Die Wendung gegen die Sozialdemokratie zieht das Vorgehen gegen die rechte oder versöhnlerische Fraktion innerhalb der Kommunistischen Parteien, die für ein Zusammengehen mit der Sozialdemokratie eintritt, nach sich.

Der Vorsitzende der Komintern, Nikolai I. Bucharin, begründet die neue

Delegierte des Weltkongresses der Kommunistischen Internationale als Zuschauer einer Militärübung in der sowjetischen Hauptstadt Moskau

Linie mit der Gefahr eines baldigen Kriegsausbruchs und der Haltung der Sozialdemokratie, die Kriegsvorbereitungen in den imperialistischen Staaten mitzutragen.

Der Komintern-Kongreß, an dem Delegierte von 57 Parteien und neun Organisationen teilnehmen, sieht es als zentrale Aufgabe an, die Massen für den Kampf gegen den Krieg zu mobilisieren. In ihrer Analyse der Wirtschaftslage der kapitalistischen Länder kommt die Komintern zu dem Schluß, daß die Phase der Stabilisierung zu Ende gehe und mit neuen Krisen zu rechnen sei.

Junge Republik wird Monarchie

1. September. Der bisherige albanische Staats- und Ministerpräsident Achmed Bey Zogu läßt sich zum König von Albanien proklamieren.

Dem autoritär regierenden Zogu, der sich gegenüber seinen innenpolitischen Gegnern durchsetzte und nach kurzzeitigem Aufenthalt im Exil 1925 Staatspräsident wurde, geht es um die Ausweitung seiner Macht. Er hat deshalb die beiden Kammern aufgelöst und im August Wahlen für eine gesetzgebende Versammlung durchgeführt.

Achmed Zogu

Diese Versammlung, in der Zogus Anhänger die Mehrheit haben, ruft ihn zum König aus und beschließt eine neue Verfassung, die dem König erhebliche Befugnisse zubilligt. Er bestimmt über die Regierungsbildung, kann eigenmächtig Verträge abschließen und verfügt über ein Vetorecht in der Gesetzgebung.

Zogu versucht, die Verwaltung zu zentralisieren und die Wirtschaft des unterentwickelten, seit 1920 unabhängigen Landes zu modernisieren; die Mittel dafür und für seine Hofhaltung gewinnt er aus der Vergabe von Erdölkonzessionen.

Duce Mussolini in Italien gestärkt

19. September. *Der Große Rat der faschistischen Partei Italiens, das oberste Parteigremium, erhält weitgehende Regierungsbefugnisse, d. h. der parlamentarische Anstrich, den sich die Diktatur von Ministerpräsident und Duce Benito Mussolini bisher gegeben hat, wird zurückgenommen und die Macht der Partei sozusagen legalisiert. Der Große Rat erhält das Recht, eine Einheitsliste für Wahlen aufzustellen (→ 12. 5./S. 84), und er muß bei der Ernennung von Ministern, dem Erlaß von Gesetzen, dem Abschluß von internationalen Verträgen und anderen Verfassungsfragen gehört werden (Abb.: Der italienische Ministerpräsident und Duce Benito Mussolini im Parlament in Rom; M. l.).*

Straßen und Verkehr 1928:

Flugzeuge machen die Welt kleiner

Das modernste, schnellste und teuerste Verkehrsmittel, das Flugzeug, setzt sich immer mehr durch. Die täglichen Starts und Landungen sind auf dem Berliner Flughafen Tempelhof gegenüber dem Vorjahr um mehr als 50% gestiegen. Erstmals werden – mit der Ausnahme von Warschau und Rom – alle europäischen Hauptstädte von Berlin aus angeflogen; die Lufthansa richtet eine zweite Nachtfluglinie ein und fliegt die Strecke nach Paris probeweise auch sonntags, dem bisherigen Flugruhetag.

Entsprechend den gewachsenen Anforderungen wird der Flughafen Tempelhof ausgebaut. Er erhält eine Betonbahn rund um den Start- und Landeplatz, auf der die Flugzeuge zum Start und in die Hallen rollen können. Um die Sicherheit beim Nachtflug zu gewährleisten, bekommen alle höheren Gebäude im Umkreis des Flughafens eine besondere Beleuchtung. Für die Passagiere wird eine Wartehalle gebaut.

Auch im Internationalen Langstreckenflug sind große Fortschritte zu verzeichnen. Die Aufnahme des Flugverkehrs von Kairo nach Kapstadt wird durch die Anlage von Benzindepots, Landmarken, Landungsplätzen und Leuchtfeuern vorbereitet, ebenso eine Linie von Kairo über Bagdad und Kalkutta nach Singapur und Melbourne.

Hohe Zuwachsraten verzeichnet die Automobilindustrie: Waren im Vorjahr 267 774 Pkw im Deutschen Reich zugelassen, so sind es 1928 bereits 351 380. Der Straßenzustand ist der Zunahme des Autoverkehrs nicht angemessen; während in Paris, London und Wien geteerte Asphaltstraßen schon selbstverständlich sind, herrscht in Berlin noch der Stampfasphalt vor, auf dem die Autos bei Nässe rutschen und lange Bremswege haben.

Im Eisenbahnbau verdrängen die Waggons aus Stahl und Eisen, die bei Unfällen infolge ihrer Widerstandsfähigkeit mehr Sicherheit bieten, allmählich die gebräuchlichen Holzwagen.

Das kürzlich fertiggestellte Dornier-Superwal-Flugboot der Deutschen Lufthansa, ausgestattet mit vier Motoren und Propellern, im Hafen von Travemünde; das Flugboot soll im Überseedienst eingesetzt werden; Flugboote erscheinen für den Transport über die Ozeane besonders geeignet, weil sie eine größere Reichweite haben

Eine einsame Pferdedroschke im Großstadtverkehr von New York; in den Vereinigten Staaten entstehen in den Städten zu den Verkehrsspitzenzeiten bereits Staus

Turm mit Doppelfunktion in London: Er dient der Verkehrsbeobachtung, in ihm werden aber auch Arrestanten bis zur Ankunft des Polizeiwagens eingesperrt

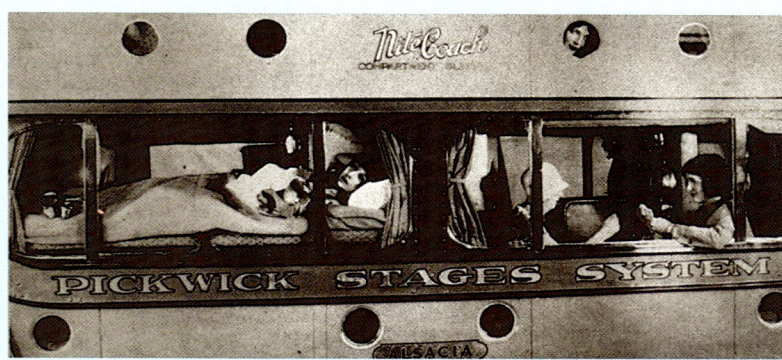

»Nite Coach«; US-amerikanischer Überlandbus mit Schlafplätzen für 16 Personen, separaten Umkleidekabinen, Einbauküche und Beobachtungsplattform: mit wenigen Handgriffen können die Betten in Sitze verwandelt werden

In den US-amerikanischen Großstädten gibt es bereits vereinzelt Parkprobleme; hier ein Parkplatz in New York, fotografiert vom Dach eines Wolkenkratzers; die doppelreihig geparkten Autos trennen die Richtungsspuren

Eingangshalle des Flughafens von Croydon bei London mit Anzeigeturm für Ankunft und Abflug (Zeichnung)

Flugzeug der Flugverkehrsgesellschaft Farman-Deutsche Lufthansa beim Anflug auf Paris

Die Ampeln in Los Angeles sind zusätzlich zur Leuchtanlage mit ausklappbaren Schildern, »Stop« and »Go«, ausgestattet; weitere Hinweisschilder dienen der geographischen Orientierung und verbieten das Linksabbiegen

Disziplinierte Verkehrsteilnehmer in Los Angeles, den eigenwilligen europäischen Autofahrern ins Stammbuch geschrieben: Die Autos halten bei »Stop«, die Fußgänger, bei denen »Go« angezeigt ist, überqueren die Straße

Brite Alexander Fleming entdeckt Heilmittel Penizillin

Der britische Bakteriologe Alexander Fleming bemerkt, daß ein Schimmelpilz eine von ihm angelegte Bakterienkultur zerstört hat. Diese Beobachtung und die nachfolgenden Forschungen führen zur Entdeckung des Penizillins.

Fleming arbeitet in der Forschungsabteilung des St. Mary's Hospital in London, die Untersuchungen zur Bekämpfung von Bakterien anstellt. Fleming experimentiert mit Staphylokokken, Bakterien, die Infektionen und eitrige Abszesse verursachen. Eine seiner Nährlösungen ist zufällig von Schimmel befallen worden. Derartige Verunreinigungen kommen gelegentlich vor, und in der Regel wird dann die Nährlösung weggeschüttet. Fleming entdeckt jedoch, daß in unmittelbarer Nähe des grünlichen Schimmelpilzes die Staphylokokken zerstört worden sind und kommt in weiteren Untersuchungen zu dem Ergebnis, daß der Schimmelpilz eine antibakterielle Substanz bildet.

Flemings erste Veröffentlichungen seiner bahnbrechenden Entdeckung finden kaum Beachtung, stoßen auf Gleichgültigkeit und Unglauben. Kaum jemand erkennt, daß Flemings Forschungen zur Entwicklung eines Heilmittels führen wird, das zahlreiche Infektionen und Krankheiten, die bislang tödlich verlaufen, wirksam bekämpfen kann. Allerdings müssen auch noch Jahre vergehen, bis Penizillin hergestellt werden kann.

Zunächst steht Fleming vor der Aufgabe, den Schimmelpilz, der die Bakterien vernichtet, zu identifizieren – immerhin gibt es Tausende von Schimmelsorten, für die sich bislang kaum ein Forscher interessiert hat. Es stellt sich heraus, daß es sich um Penicillium notatum handelt, woraufhin Fleming 1929 die bakterientötende Substanz Penizillin nennt.

Penizillin gehört zu einer Klasse antibakterieller Substanzen, die von lebenden Organismen gebildet werden und bereits 1889 Antibiotika genannt wurden. Diese Bezeichnung war lange Zeit ungebräuchlich und kommt erst mit der Anwendung von Penizillin wieder auf.

Gleichzeitig geht es um die Frage, welche Bakterien Penizillin bekämpfen kann. Penizillin erweist sich als wirksam gegenüber einer Reihe von Infektionen und Entzündungen, gegenüber Wundstarr-

krampf, Sepsis und Kindbettfieber. Ferner gilt es zu klären, in welcher Konzentration Penizillin noch wirksam ist und in welchen Dosen es verabreicht werden muß. Erforscht werden muß, ob Penizillin Nebenwirkungen hat, ob es neben den Bakterien auch gesunde Zellen angreift. Die ersten Ergebnisse sind so positiv, daß Penizillin als Idealmedikament gilt; seine häufige Begleiterscheinung, eine allergische Reaktion, wird erst später erkannt.

Die ersten Versuche über die Wirksamkeit von Penizillin werden – wie bei allen neuen Medikamenten – an Ratten und Mäusen vorgenommen. Die ersten Behandlungen von Menschen scheitern z. T., weil sie zu spät erfolgen und vor allem, weil nicht genügend Penizillin, das der Körper schnell abbaut, vorhanden ist.

In den ersten Jahren ist Flemings erste Schimmelpilzlösung die Grundlage aller Forschungen und Neugewinnungen. Vor der Aufnahme der Großproduktion steht die Suche nach einem Schimmelpilz mit der

größtmöglichen Wirkung und nach Neuzüchtungen. Als besonders ergiebig erweisen sich dafür schließlich Melonen-Schimmelpilze und Maiseinweichwasser.

Herstellung und Anwendung von Penizillin in nennenswertem Umfang setzt erst zu Beginn des Zweiten Weltkriegs ein; zu diesem Zeitpunkt hat sich die Forschung von Großbritannien in die Vereinigten Staaten verlagert.

Alexander Fleming wurde am 6. August 1881 in Lochfield Darvel geboren; nach Abschluß seines Medizinstudiums (1906) begann er am St. Mary's Hospital in London nach antibakteriellen Substanzen zu forschen; 1919 wurde er Professor am Royal College of Surgeons; seine Entdeckung begründet die Therapie mit Antibiotika

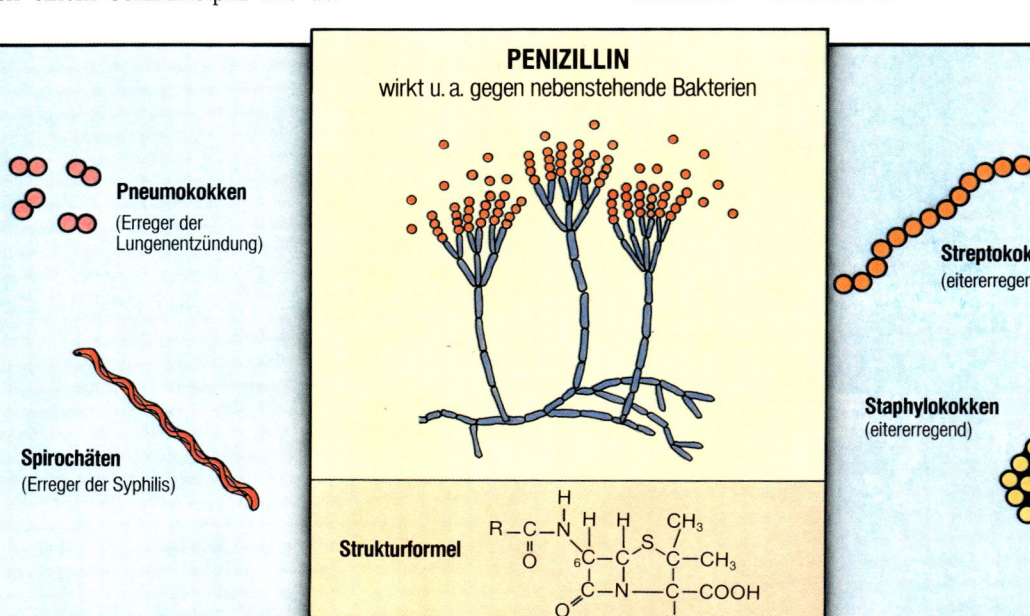

PENIZILLIN
wirkt u. a. gegen nebenstehende Bakterien

Pneumokokken
(Erreger der Lungenentzündung)

Spirochäten
(Erreger der Syphilis)

Streptokokken
(eitererregend)

Staphylokokken
(eitererregend)

Strukturformel

Antibiotika vernichten krankheitserregende Mikroorganismen

Antibiotika bekämpfen krankheitserregende Mikroorganismen, die Verursacher von Infektionen. Sie greifen die in den Körper eingedrungenen Bakterien direkt an, wirken durch antibakterielle Mechanismen wachstumshemmend oder zerstörend. Einige Antibiotika können nur gegen einen Erregerstamm eingesetzt werden, andere sind gegenüber einer Reihe von Bakterien wirksam.

Penizillin kann fast 90 verschiedene Arten von Bakterien vernichten und 16 weitere in geringem Umfang angrei-

fen. Es bekämpft eine Reihe von Infektionen und Krankheiten, die vorher in der Regel tödlich verliefen.

Penizillin wird im allgemeinen intravenös oder intramuskulär injiziert, kann aber auch bei Wunden und Verbrennungen in Form von Cremes und Salben örtlich angewandt werden. Das Heilmittel ist nicht toxisch, ruft aber häufig Allergien hervor. Bei langfristiger Behandlung mit Antibiotika entwickelt sich in manchen Fällen eine Resistenz der Bakterien.

Tragschrauber-Flug über den Ärmelkanal

18. September. Der spanische Flugzeugkonstrukteur Juan de la Cierva überfliegt als erster mit einem Drehflügelflugzeug den Ärmelkanal. Cierva beschäftigt sich seit Jahren mit der Flugtechnik. Nachdem ein von ihm konstruiertes Flugzeug 1919 beim Landeanflug infolge zu geringer Geschwindigkeit abgestürzt war, suchte er nach einem Konstruktionsprinzip, das es Flugzeugen ermöglicht, langsam zu fliegen ohne abzusacken. Als Lösung kam er auf das Tragschrauberprinzip, das Elemente des Flugzeug- und des Hubschrauberbaus miteinander verbindet. Die Entwicklung von Hubschraubern steckte zu Beginn der 20er Jahre noch in den Anfängen, die Hubschrauber konnten nur dicht über dem Boden schweben und erreichten nur geringe Geschwindigkeiten. Ciervas Konstruktionen haben die Hubschraubertechnik weiterentwickelt.
Beim Hubschrauber treibt das Triebwerk die Rotoren direkt an, bei

Juan de la Cierva nach der Überquerung des Ärmelkanals mit dem Traghubschrauber bei der Ankunft in Le Bourget (Paris)

Ciervas Erfindung erfolgt der Antrieb wie bei Starrflugzeugen, und die Tragschraube wird nur vom Fahrtwind in Eigendrehung gebracht. Wie Hubschrauber können Tragschrauber senkrecht starten und landen.

1919 baute Cierva den ersten Tragschrauber, den er selbst Autogiro nannte. 1922 verbesserte er seine Erfindung mit Schlaggelenken, d.h. die Rotorblätter werden nicht mehr starr, sondern mit Gelenkverbindungen am Rotorkopf befestigt. Sie

können sich daher frei auf- und abbewegen. 1927 baute Cierva Schwenkgelenke in die Tragschrauber oder Drehflügelflugzeuge ein. 1923 flog erstmals ein Pilot, Gomez Spencer, einen Tragschrauber, 1927 lernte Cierva selbst fliegen.

Zivilschutz durch künstlichen Nebel

18. September. Auf dem Flughafen Böblingen bei Stuttgart wird getestet, ob sich Dörfer und Industrieanlagen durch Großvernebelung vor Fliegerangriffen schützen lassen. Testobjekt ist ein auf dem Flughafengelände stehender großer Gutshof, um den zehn Nebelverstäuber mit je 100 l Inhalt aufgestellt werden. Innerhalb weniger Sekunden wird der Gutshof mit dampfartigen Wolken vernebelt, die sich über eine Fläche von 500 m² ausbreiten und bis zu einer Höhe von 100 m aufsteigen. Das Testgebiet ist vom Erdboden aus nicht mehr zu erkennen, und auch von den aufgestiegenen Beobachtungsflugzeugen aus ist nunmehr eine undurchdringbar dichte Nebelwand zu sehen.
Vernebelung kann demnach im Kriegsfall Gebäude der Sicht feindlicher Flieger entziehen und Zivilpersonen schützen. Allerdings ist der Schutz eingeschränkt, da die Lage von Städten und Industrieanlagen bekannt ist. Außerdem sind die Chemikalien, die den Nebel produzieren, nicht ungefährlich; sie lösen bei längerem Einatmen Hustenreiz und Atemnot aus.

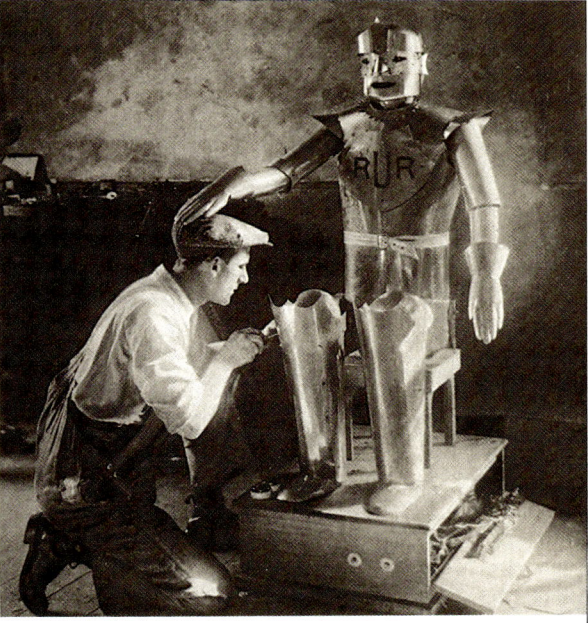

Künstlicher Mensch eröffnet Londoner Maschinenbauausstellung

15. September. *Die Modellausstellung für Maschinenbau in der Londoner Royal Horticultural Hall wartet mit einer ungewöhnlichen Attraktion auf: Ein künstlicher Mensch, ein Roboter, eröffnet die Ausstellung (Abb. 1: Der Roboter bei seiner Eröffnungsansprache).*
Der Roboter hält eine kurze Rede, er kann aufstehen, sich verbeugen, mit den Armen gestikulieren und mit den Augen leuchten. Aus seinem Mund sprühen Funken. Die Funktionsweise des mechanischen Menschen beruht auf

elektrischen Impulsen, seine Sprache geht von einem im Innern eingebauten Radioapparat aus.
Die Suche nach dem künstlichen Menschen beschäftigt die Menschheit schon seit Jahrhunderten; 1920 wurden die Automaten, die in ihrer äußeren Form den Menschen nachgebildet sind und die einfache manuelle Funktionen ausführen können, erstmals Roboter genannt (Abb. r.: Montage des Roboters; Titelabbildung der deutschen Zeitschrift »Die Woche« vom 22. September).

Richterinnen am Obersten Gerichtshof in Texas   *Frauen rauchen gelegentlich auch Zigarren*   *Weiblicher Kapitän*   *Schweißerin bei der Arbeit*

Viele Frauen bieten den Männern Paroli

In den 20er Jahren haben die Frauen in ihrem Kampf um Gleichberechtigung eine Reihe von Fortschritten erzielt. Sie besitzen mittlerweile in mehreren Ländern das Wahlrecht (im Deutschen Reich seit 1919; →7. 5./S. 85), die Universitäten stehen ihnen offen, sie sind in Berufe vorgedrungen, die bislang als männliche Domäne galten, ihnen wird mehr Selbständigkeit und Unabhängigkeit zugestanden.

Da die Frauen aus dem Bürgertum intensiv die neuen Bildungsmöglichkeiten nutzen, ist die Zahl der Studentinnen stark angestiegen. Ihr Anteil beträgt im neusprachlichen Studium 40%, bei den Biologiestudenten sind 33% Frauen. Für eine Karriere an der Hochschule gibt es allerdings wenig Aussichten für das weibliche Geschlecht: Eine Professur haben im Deutschen Reich nur 44 Frauen inne.

Zu einer Domäne der Frauen hat sich die Bürotätigkeit entwickelt, in den verschiedenen Sparten hat sich der Anteil der Frauen im Vergleich zur Vorkriegszeit verdoppelt bis verdreifacht.

Wenn auch einige Frauen völlig ungewöhnliche Berufe wie den der Schweißerin, Polizistin oder Kapitänin ergreifen, so überwiegt doch die Beschäftigung der Frauen im Dienstleistungsbereich, d.h. in Tätigkeitsbereichen, die sich nicht all-

San Juan, die Hauptstadt des mittelamerikanischen Puerto Rico, bietet nach dem Sturm ein Bild der Verwüstung   *Abtransport der Leichen der Opfer der Naturkatastrophe im Lake District im US-Bundesstaat Florida*

Meterhohe Wellen nach dem Tornado im Hafen von Brooklyn, New York   *In Palm Beach/Florida zerstört der Wirbelsturm die gesamte Vorderfront eines Hotels; das US-amerikanische Urlaubsgebiet ist besonders betroffen*

Wirbelsturm wütet über Mittelamerika

13. September. Wirbelstürme richten in den US-amerikanischen Staaten Illinois, Dakota, Nebraska, Wisconsin und Florida sowie auf den mittelamerikanischen Inseln Puerto Rico, Guadeloupe, Martinique, den Bahamas und den Jungferninseln schwere Verwüstungen an.

Der Tornado, der tagelang anhält, wird von Wolkenbrüchen und Überschwemmungen begleitet.

Das Unwetter fordert etwa 2500 Todesopfer und Hunderte von Verletzten; es richtet Sachschäden in Höhe von 100 Millionen US-Dollar (rund 418 Millionen Reichsmark) an. Allein auf Puerto Rico wird mehr als die Hälfte der Bevölkerung obdachlos, die Industrieanlagen sind zum größten Teil zerstört. Der Tornado vernichtet die gesamte Kaffee-, Zucker- und Zitronenernte.

Die US-amerikanische Regierung schickt Schiffe mit Lebensmitteln, Decken, Zelten und Werkzeug in das Krisengebiet im Atlantik, das Rote Kreuz entsendet Helfer. Impfungen sollen die Bevölkerung vor der Seuchengefahr schützen; außerdem wird ein großer Teil der Leichen aus hygienischen Gründen im Meer bestattet.

Chinesische Filmoperateurinnen auf Kamerajagd in Kanton

Die Juristin Hagemeyer

Weibliche Feuerwehrleute in Baltimore (USA) bei der Ausbildung

zuweit von der traditionellen Frauenrolle entfernen.

Daß von einer Gleichberechtigung im Berufsleben nicht gesprochen werden kann, verdeutlicht ein Vergleich des Entgelts von Männern und Frauen. Weibliche Angestellte und Beamte verdienen im Durchschnitt bei der gleichen Arbeit 25% weniger als ihre männlichen Kollegen. In der Industrie kann der Lohnunterschied sogar bis zu 50% betragen, wobei eine besondere Diskriminierung durch die Einstufung von Frauen in Leichtlohngruppen erfolgt. Nur in den akademischen Berufen erhalten Frauen und Männer meist das gleiche Gehalt.

In den Augen der Frauen lassen die Berufsbedingungen und -möglichkeiten noch vieles zu wünschen übrig, den Männern dagegen ist der berufliche Ehrgeiz der Frauen vielfach unheimlich. Sie fürchten zum einen den Verlust ihrer noch behaupteten Überlegenheit und zum anderen die Konkurrenz der Frauen in immer mehr Bereichen.

Häufig werden Frauen – zumindest wenn sie verheiratet sind – wieder aus dem Berufsleben gedrängt und auf ihre Rolle im Haushalt verwiesen. Der Artikel 109 der Reichsverfassung der Weimarer Republik gesteht den Frauen grundsätzlich dieselben staatsbürgerlichen Rechte und Pflichten zu wie den Männern. Der Zusatz »grundsätzlich« macht jedoch zahlreiche Sonderregelungen für Frauen möglich.

Die Cheopspyramide wird zum Golfplatz

14. September. *Eduard, Prinz von Wales, der – auf dem Weg nach Ostafrika – zur Zeit mit seinem jüngeren Bruder, Prinz Henry, als Gast des ägyptischen Königs Fuad I. in Kairo weilt, besichtigt die Pyramiden bei Gise. Der 34jährige britische Thronfolger klettert auf die Cheopspyramide, die höchste Pyramide der Gruppe, und läßt sich zur größten Überraschung der Zuschauer einen Golfschläger und -bälle nachtragen. Auf der Plattform der Pyramide, dem Wahrzeichen des alten Pharaonenreiches, führen er und seine Begleiter einen Golfschlag aus (Abb.). Danach stoppt Eduard die Zeit, die benötigt wird, um von der Cheopspyramide zur Spitze der nächsten Pyramide zu gelangen – es sind genau acht Minuten.*

Brandkatastrophe an Madrider Bühne

23. September. In der Nachmittagsvorstellung im Theater Novedades, einem der größten Theater Madrids, bricht ein Feuer aus, das zu einer Katastrophe führt.

Ein Kurzschluß oder ein elektrischer Funke setzt auf der Bühne einen Lampion in Brand, der eine Kulisse entzündet. Die Löschversuche auf der Bühne mißlingen, und das Feuer greift, da der eiserne Vorhang nicht heruntergelassen wird, auf den Zuschauerraum über. Unter dem Publikum bricht eine Panik aus, die noch verstärkt wird, als im Theater das Licht ausfällt. Die Flüchtenden drängen sich auf den Treppen und versperren zum Teil die Ausgänge.

Das 1850 aus Holz erbaute Theater brennt völlig nieder; von den etwa 1000 Zuschauern kommen 80 durch die Katastrophe ums Leben, mehr als 200 werden verletzt. Die meisten Opfer werden infolge der Panik zu Tode getrampelt; die Zuschauer auf den oberen Rängen sterben an Rauchvergiftung.

Die Regierung führt eine Sammlung für die Familien der Opfer durch – das Novedades war ein volkstümliches Theater und seine Besucher kamen auch aus ärmeren Schichten.

Aufräumungsarbeiten im völlig zerstörten Zuschauerraum in Madrid

Die Brandkatastrophe löst zudem eine Diskussion über die mangelnden Sicherheitsvorkehrungen in spanischen Theatern aus: In der Berichterstattung in deutschen Zeitungen wird darauf hingewiesen, daß deutsche Theater Feuerlöscher haben, regelmäßig Kontrollen durchgeführt werden und Feuerwehrleute bei den Vorstellungen anwesend sind, daß jedoch die meisten Unfälle durch Panik entstehen. Mit den Hinweisen auf diese Sicherungen wird das Theaterpublikum beruhigt.

Szene aus der Berliner Erstaufführung von »Kalkutta, 4. Mai« von Lion Feuchtwanger mit Walter Franck (l.), Sibylle Binder (M.) und Rudolf Forster (r.)

Szene aus der Uraufführung der Komödie »Grand Hotel Nevada« von František Langer in Kiel; »kranke« Millionäre bei der »heilsamen« Arbeit

Szene aus »Flucht« von John Galsworthy (v. l.: Ernst Deutsch, Margarete Schlegel, Leontine Sagan); am 11. Februar in Berlin erstaufgeführt

V. l.: Herma Clement, Emmy Sonnemann, Herbert Gartner, Rolf Hansen in der Uraufführung des Schauspiels »Der Kreisel« von Felix Sternheim in Weimar

Hertha Schwarz und Georg Lengbach in »Der Präsident« (Der Kongreß), Komödie um einen Aufsteiger von Georg Kaiser

V. l.: Otto Graf, Emmy Sonnemann, Rose Weber; Szenenbild aus der Uraufführung des Schauspiels »Theater« von H. Lilienfein im Nationaltheater Weimar

Theater 1928:

Die Bühne wird zum Tribunal, zum Forum für Veränderung

Im Verlauf des Jahres 1928 erobert eine neue Theatergattung die deutschen Bühnen: Das Zeitstück. Es setzt sich mit aktuellen Problemen und Mißständen auseinander, greift die Justiz, den Militarismus, das Erziehungswesen und die Kirche an, stellt bestehende gesellschaftliche und soziale Strukturen in Frage. Das Zeitstück will eine öffentliche Debatte in Gang setzen, es appelliert an Gefühl und Verantwortungsbewußtsein der Zuschauer.

Entscheidende Anregungen für das Schreiben und die Inszenierung derartiger Stücke sind von der Theaterarbeit des Regisseurs Erwin Piscator ausgegangen, der mit seinem dokumentarischen Theater auf eine politische Wirkung abzielt, in seinen Aufführungen klassischer und moderner Stücke aktuelle Bezüge herausstreicht und zum kritischen Nachdenken über gesellschaftliche Zusammenhänge anregen will (→ 23. 1./S. 22).

Mit dem Zeitstück setzt eine Erneuerung des Theaterlebens ein. Das Theater gewinnt einen kritischen Impuls, mit dem es sich gegenüber den neuen Medien Film und Rundfunk, die mehr auf Unterhaltung bedacht sind, behaupten kann.

Der Anspruch des Zeitstücks, die Bühne zum Tribunal zu machen, kommt vor allem in dem Stück »Revolte im Erziehungshaus« zum Tragen, das seinen Autor Peter Martin Lampel über Nacht berühmt macht. Es bringt bis dahin weitgehend unbekannte Mißstände in Erziehungsheimen auf die Bühne, löst eine heftige öffentliche Diskussion aus und führt zu einer Reform der Fürsorgeerziehung im Deutschen Reich.

Das Schauspiel fußt auf eigenen Erfahrungen des Autors, der einige Wochen als Hospitant in einem Erziehungsheim gearbeitet hat. Lampel zeigt die unerbittliche Härte der Erzieher, ihr Unverständnis gegenüber den Problemen der Jugendlichen, ihre Unkenntnis des Zusammenhangs zwischen Straffälligkeit und Mangel an Zuwendung, Herkunft aus zerrütteten Familien, beruflicher Perspektivlosigkeit. Der Autor prangert nicht einzelne Mißstände an, sondern ein Erziehungssystem, das insgesamt auf Unterdrückung beruht.

Das Stück wird am 2. Dezember in einer Matineevorstellung am Thalia-Theater in Berlin von der Gruppe Junger Schauspieler uraufgeführt, einem neu gebildeten Schauspielerkollektiv, das in der Mehrheit aus Schauspielern besteht, die früher bei Piscator gearbeitet haben und nach dem Zusammenbruch der Piscator-Bühne (→ 15. 6./S. 107) arbeitslos geworden sind. Die Jungen Schauspieler und Lampel erzielen einen ungewöhnlichen Erfolg; der bekannte und gefürchtete Kritiker Herbert Ihering lobt beispielsweise die »Geschlossenheit ..., Überzeugungskraft und Ehrlichkeit« des Stückes, dessen »Wirkung aufrührender und tiefer war als die der ›glanzvollsten‹ Theaterabende.«

Das Bemühen um Authentizität kennzeichnet auch »U-Boot S 4«, das erste Stück des Autors Günther Weisenborn, das am 16. Oktober an der Volksbühne in Berlin Premiere hat. Weisenborns Drama bringt ein aktuelles Ereignis auf die Bühne: Im Dezember 1927 wurde das US-amerikanische U-Boot »S 4« von einem Küstenwachschiff gerammt und sank, die Rettungsaktion

»Der Skarabäus«, ein Lustspiel von Zdenko von Kraft, Uraufführung im Stadttheater Frankfurt an der Oder am 22. September (v. l. H. Peine, K. Glaß, M. Cabisius)

Europäische Erstaufführung von »So sind wir« (Life is real) von Elmer Price am Prinzregenttheater in München

V. l.: Agnes Pelmack, Paul Albin, Irene Hölzel, Helmut Peiner, Otto Kempert in »Der Roman nachher« von Wilhelm Lichtenberg, uraufgeführt in Frankfurt a. d. Oder

Im Expreßzug auf der Fahrt von der Front in die Heimat: Szene aus der Uraufführung des antimilitaristischen Stücks »Toboggan« von Gerhard Menzel in Dresden mit Erich Ponto (M. stehend) als rebellierendem Hauptmann

Der Untergang des US-amerikanischen U-Boots »S 4« im Dezember 1927 liefert den Stoff für Günther Weisenborns gleichnamiges Antikriegsstück, uraufgeführt an der Berliner Volksbühne mit Heinrich George (2. v. l.)

mißlang, und die Mannschaft konnte nur tot geborgen werden (→17. 3./S. 48).
Weisenborn geht es in seinem Werk nicht um die Schilderung einer Katastrophe, sondern um die Aufdeckung ihrer Ursachen und um einen Protest gegen die Aufrüstung. Das Theaterstück wird somit in die Kampagne gegen den Bau des umstrittenen Panzerkreuzers A (→30. 3./S. 42; 16. 10./S. 172) einbezogen. In der Aufführung unterstreichen eingeblendete Filmsequenzen, die das Aufrüstungsprogramm in aller Welt zeigen, die antimilitaristische Tendenz, das Engagement gegen eine »Phalanx von Amt, Geld und Geschäft« (Weisenborn). In der Inszenierung brilliert Heinrich George in der Rolle des im U-Boot eingeschlossenen Matrosen Pep, und der 24jährige Viktor De Kowa macht als Leutnant Morris erstmals auf sich aufmerksam.
Eine Auseinandersetzung mit dem Weltkrieg leistet Gerhard Menzels

Erstlingswerk, das Antikriegsstück »Toboggan«, das am 14. Februar im Staatstheater Dresden uraufgeführt wird. Das Schauspiel schildert die Auflehnung des schwer verwundeten Hauptmanns Toboggan gegen den Tod, gegen ein aufgezwungenes, sinnloses Sterben. Die im Stück angelegte Rebellion gegen die Militärinstanzen, gegen den Kriegsmechanismus kommt allerdings nicht voll zum Tragen, da eine unglückliche Liebesbeziehung zu sehr in den Vordergrund gestellt ist. Jedoch gilt »Toboggan« als wichtiger Beitrag in der zeitgenössischen Debatte, in der die Schrecken des Krieges in Vergessenheit zu geraten drohen und ein neues Heldenpathos sich ausbreitet. In der Rolle des Hauptmanns besticht Erich Ponto, der aufgrund seiner Leistung nach Berlin berufen wird und in der »Dreigroschenoper« (→31. 8./S. 142) von Bertolt Brecht und Kurt Weill auftritt.
Ein weiteres wesentliches Thema des Zeitstücks, die Kritik an der

Klassenjustiz, greift das Drama »Die Verbrecher« des Österreichers Ferdinand Bruckner (eigentl. Theodor Tagger) auf, mit dessen Uraufführung der Regisseur Heinz Hilpert am 23. Oktober im Deutschen Theater Berlin einen seiner größten Erfolge erzielt.
Auf einer Simultanbühne zeigt das Drama im ersten Teil die Sorgen, Nöte und Verstrickungen der Bewohner eines Mietshauses, die aus unterschiedlichsten Motiven – wirtschaftlichen, und emotionalen – Verbrechen begehen. Im zweiten Teil folgen die Gerichtsverhandlungen, die mit Fehlurteilen enden. Die Richter reagieren voreingenommen. Sie sind unfähig, die Beweggründe der Angeklagten zu verstehen und operieren mit Moral, wenn finanzielle Motive eine Rolle spielen. Vor dem Hintergrund einer aktuellen Diskussion um Justizirrtümer klagt das Stück mit »schärfstem Stich und Hieb, mit Bloßstellung der Unzulänglichkeit des Verfah-

rens und derer, die es betreiben« (»Berliner Tageblatt«) die Justiz an und stellt die Gesetzesnormen insgesamt in Frage. Unter den Schauspielern der Aufführung ragen Lucie Höflich und Hans Albers heraus, neben denen sich der jüngst an das Deutsche Theater nach Berlin verpflichtete Gustaf Gründgens behaupten kann.
Die Zeitstücke erzielen ihre aufrüttelnde Wirkung, indem sie am Beispiel individueller Schicksale, an Hand von Figuren, die unterdrückt werden oder unter unzulänglichen Lebensbedingungen leben müssen, Mißstände darstellen. In vielen Stücken gibt es einen Protagonisten, der thesenhaft das Programm des Autors verkündet. Manche Kritiker fragen sich deshalb, ob sich Kunst mit Tendenz vereinbaren läßt, und kommen wie Bernhard Diebold zu dem nur teilweise gerechtfertigten Urteil: »Die Kunst ist klein. Das Pathos der Anklage ist riesengroß.«

Neues Lichtspiel am Kurfürstendamm

15. September. Das Universum, ein neues Lichtspielhaus der Ufa-Filmgesellschaft, das der Architekt Erich Mendelsohn am Lehniner Platz in Berlin errichtet hat, wird mit der Uraufführung des Films »Looping the Loop« (Die Todesschleife) eingeweiht.

Mendelsohns eiförmiges Kino besticht durch seine klare, sachliche Form, die im Äußeren die Konstruktion des Innern andeutet. Zum Kurfürstendamm hin ist das Gebäude aus rotem Klinker leicht abgerundet und weist lange, fast quadratische Fensterbänder auf. (Mendelsohn verwendet häufig runde Formen.) Quer dazu ragt ein schmaler Baukörper für die Entlüftung empor, der auch Raum für Reklame bietet. Über dem Bühnenhaus befindet sich ein ähnlicher Aufbau.

Eine hängende Decke mit neun Mittelbalken schließt den Zuschauersaal ab, der Raum für 1800 Menschen bietet. Die Wände sind mit dunklem Mahagoni getäfelt, im Kontrast dazu sind die Sitze rot gepolstert. Ein großes Foyer ermöglicht einen problemlosen Zuschauerwechsel.

Das Universum ist Teil eines von Mendelsohn entworfenen Baukomplexes. Neben dem Kino entsteht das Kabarett der Komiker, dahinter ein Wohnblock.

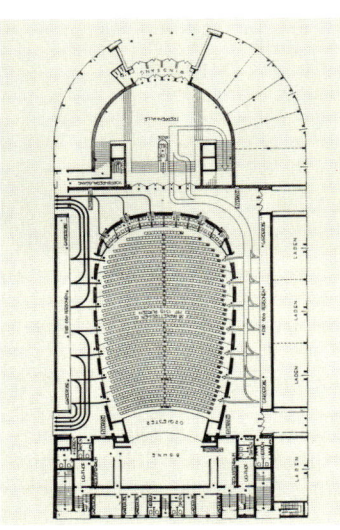

△ *Charakteristisch für Erich Mendelsohns Universum-Lichtspielhaus am Lehniner Platz ist das schmale Band von fast quadratischen Fenstern, das sich um die gesamte, leicht abgerundete Vorderfront des Gebäudes herumzieht*

◁ *Grundriß des Erdgeschosses: Der eiförmige Zuschauerraum garantiert gute Sicht und einwandfreie Akustik auf allen Plätzen; die Hauptbeleuchtung geht von langen, zur Bühne hinlaufenden Lichtbändern in der Decke aus*

▽ *»Geld – Geld – Geld«, Ankündigung für die deutsche Erstaufführung eines US-amerikanischen Spielfilms am Universum-Lichtspieltheater im Jahr 1928*

Gedenkfeiern für Dichter Leo Tolstoi

9. September. Das Berliner Theater feiert den 100. Geburtstag des russischen Dichters Leo N. Tolstoi mit Max Reinhardts Inszenierung des Dramas »Der lebende Leichnam«. Vor der Aufführung errinnert der Schriftsteller Fritz von Unruh an den Wahrheitssucher Tolstoi, der sich ein ganzes Leben lang darum bemühte, seinem Gewissen zu folgen.

Auch in der Sowjetunion, in Moskau und in Jasnaja Poljana, dem Geburts- und langjährigen Aufenthaltsort Tolstois, finden Gedenkfeiern für den Dichter statt. Die Redner würdigen die Gestaltungskraft Tolstois und seine Verbundenheit mit dem Volk. Die Schule

Als Student

für Bauernkinder, die Tolstoi auf seinem Gut Jasnaja Poljana errichtet hat, besteht immer noch und wird von seiner jüngsten Tochter Alexandra geleitet.

Im besten Alter

Tolstois schriftstellerischen Ruhm begründen der historisch-geschichtsphilosophische Roman »Krieg und Frieden« (1868/69) sowie der Eheroman

Als Greis

»Anna Karenina« (1878). In seinen Werken verbindet sich Gesellschaftskritik mit psychologischer Charakterisierung der Figuren.

Tolstoi lehnte jegliche Autorität von Staat und Kirche ab; er wandte sich gegen eine Gesellschaftsordnung, die einzig den Interessen des Adels dient. Er vertrat rigorose moralische Postulate, die sich am Gebot der Nächstenliebe und der Gewaltlosigkeit orientierten. In hohem Alter verließ er seine Familie, um ganz seinen Ideen zu leben, starb aber bereits auf der Fahrt, am 20. November 1910, auf der Bahnstation Astapowo.

Die erste öffentliche Fernseh-Vorführung

9. September. In Berlin geht die fünfte Deutsche Funkausstellung zu Ende (seit 31. 8.). Ihre Hauptattraktion war die erste öffentliche Vorführung von Fernsehbildern. Die Ausstellungsbesucher konnten gleich zwei Systeme begutachten: Telehor des gebürtigen Ungarn Dénes von Mihály am Reichspoststand und Telefunken von August Karolus am Telefunken-Firmenstand.

Mihály zeigte 30zeilige Fernsehbilder von Diapositiven, die Bildgröße beträgt nur 4 × 4 cm bei 900 Bildpunkten. Eine vorgezogene Blende schirmt das Fernsehbild von der im Raum herrschenden Helligkeit ab. Im System von Karolus beträgt die Bildgröße bereits 8 × 10 cm und kann mittels eines Spiegelrads auf 75 × 75 cm projiziert werden. Das System zeigt Filmbilder mit 96 Zeilen-Raster.

Obwohl auf den Fernsehbildern mehr oder weniger nur Umrisse und Schemen zu sehen sind, haben die Forscher doch die grundlegenden Probleme des Fernsehens – Bildzerlegung, Übertragung, Bildzusammensetzung – geklärt und entwicklungsfähige Modelle geliefert. Die Übertragung läuft im allgemeinen über Telefonleitungen. Mihály arbeitet eng mit der Deutschen Reichspost zusammen, um die erste Fernsehsendung vorzubereiten.

Auch in anderen Ländern wird intensiv an der Entwicklung des Fern-

Neugierige drängen sich um den Reichspoststand auf der Berliner Funkausstellung, um das Wunder des Fernsehens von Dénes von Mihály zu bestaunen

sehens geforscht. Der schottische Physiker John Logie Baird (→ 8. 2./S. 31) experimentiert bereits mit Farbfernsehen; sein Farbbild entsteht mit Hilfe einer rot, blau und gelb gefilterten Lochreihe der Nipkowscheibe, der Scheibe zur punktförmigen Zerlegung eines Bildes. Sie wurde 1883 von Paul Nipkow erfunden und bildet eine der Grundlagen für die Entwicklung der Fernsehtechnik.

In den Vereinigten Staaten hat die General Electric Company einen Sender eingerichtet, der seit Mai dreimal in der Woche Versuchssendungen ausstrahlt.

Die Herstellung von Fernsehgeräten und -sendungen ist jedoch noch sehr aufwendig und kostspielig, Fernsehen gilt deshalb vielen als eine technische Spielerei. Die Neuerungen beim Rundfunk und Film stoßen auf ein stärkeres Interesse, da sie sich unmittelbar auf das Leben der Medienkonsumenten auswirken.

Tonfilm beherrscht Kino-Diskussion

12. September. Der erste deutsche Tonfilm der Tri-Ergon Musik AG, der kurze Sketch »Ein Tag Film« von Max Mack, wird im Vorprogramm der Terra-Lichtspiele am Berliner Nollendorfplatz uraufgeführt.

Die ersten Tonfilme – »The Jazz Singer« (USA, 1927), »Ein Tag Film« und »Rundfunk Deutschland« von Walter Ruttmann, am 31. August bei der Eröffnung der Funkausstellung uraufgeführt – lösen eine heftige Diskussion aus. Wenn auch eine Reihe von Mängeln wie metallisch klingende Stimmen und Unschärfen beklagt werden, so erbringen die Filme doch den Beweis, daß der Tonfilm technisch machbar ist.

Anders steht es um die Frage seiner künstlerischen Qualität. Viele Schauspieler lehnen den Tonfilm als unkünstlerisch ab: Der Tonfilm ist »Unsinn«, bedeutet den »Tod der Filmkunst« (Asta Nielsen); Sprache würde die »Eigenart des Films verderben« (Charlie Chaplin). Manche Kritiker geben den Wochenschauen mit Ton die größeren Chancen als dem Spielfilm mit Sprache.

Die sich anbahnende Einführung des Tonfilms erfordert in der gesamten Branche große und teure Umstellungen. Neue technische Apparate werden gebraucht, und es stellt sich die Frage, ob die Stummfilmstars über eine geeignete Sprechstimme verfügen.

Ein ungewöhnlicher Staffellauf

2. September. *Attraktion des Großflugtags in Berlin ist eine ungewöhnliche Stafette, die verschiedene Fortbewegungsarten miteinander kombiniert: Je sechs Rhönradfahrer, Läufer und Flugzeugführer der Deutschen Verkehrsfliegerschule nehmen teil (Abb.: Stabübergabe vom Rhönradfahrer an den Flugzeugführer).*

Unfall bei Autorennen: 23 Tote

9. September. *In Monza gewinnt der französische Automobilrennfahrer Louis Chiron den Großen Preis von Italien. Ein Unfall überschattet das Rennen: Der Wagen von Emilio Materassi rast ins Publikum, tötet 23 Zuschauer und verletzt 22 schwer. Auch Materassi überlebt den Unfall nicht (Abb.: Unglücksauto).*

Ein Tri-Ergon-Filmstreifen mit »Tonwellenband« (l.); Ton und Bild befinden sich auf dem gleichen Träger

165

Oktober 1928

Mo	Di	Mi	Do	Fr	Sa	So
1	2	3	4	5	6	7
8	9	10	11	12	13	14
15	16	17	18	19	20	21
22	23	24	25	26	27	28
29	30	31				

1. Oktober, Montag

Arvid Lindman, der Vorsitzende der schwedischen Konservativen, die bei den Wahlen im September erhebliche Stimmengewinne verzeichnet haben, stellt seine neue, rein konservative Regierung vor. In seiner Regierungserklärung setzt er sich für die Förderung der Wirtschaft, die Bekämpfung der Arbeitslosigkeit und die Verständigung zwischen Unternehmern und Arbeitern ein.

In der Sowjetunion tritt der erste Fünfjahresplan in Kraft, der das Wirtschaftswachstum fördern soll. →S. 174

Während des Kongresses des Allgemeinen Angestelltenbundes in Hamburg (1.–4. 10.) äußert sich Albert Thomas, der Direktor des Internationalen Arbeitsamtes, über die Stellung der Angestellten. Diese Schicht hat in der Industrie der Nachkriegszeit eine immer größere Bedeutung gewonnen.

42 000 Arbeiter auf den deutschen Werften an Nord- und Ostsee treten in einen Streik, um ihren Forderungen nach Einführung der 45-Stunden-Woche und Lohnerhöhung auf maximal 1,20 Reichsmark pro Stunde Nachdruck zu verleihen. Da eine schiedsgerichtliche Lösung des Tarifkonflikts scheitert, dauert der Streik bis Anfang 1929.

Die Frankfurter Herbstmesse wird eröffnet (bis 5. 10.). Die Abschlüsse übertreffen die – allerdings gegenüber den Vorjahren reduzierten – Erwartungen der Aussteller.

Der Philosoph Martin Heidegger tritt die Nachfolge von Edmund Husserl am Lehrstuhl in Freiburg im Breisgau an.

In Paris hat der surrealistische Stummfilm »Ein andalusischer Hund« der Spanier Luis Buñuel und Salvador Dali Premiere. →S. 176

2. Oktober, Dienstag

Nach den antirepublikanischen Proklamationen des rechtsgerichteten Frontkämpferbundes Stahlhelm (→23. 9./S. 152) erklärt die liberale Deutsche Volkspartei (DVP), daß ihre Reichstagsabgeordneten nicht länger dem Stahlhelm angehören können.

3. Oktober, Mittwoch

Die Einschreibung für das Volksbegehren gegen den Bau von Panzerkreuzern beginnt. Der Versuch, ein Volksbegehren durchzuführen, scheitert, da sich statt der erforderlichen 10% der Stimmberechtigten nur 2,94% in die Listen eintragen (→16. 10./S. 172).

Der österreichische sozialdemokratische Abgeordnete Karl Renner fordert im Nationalrat, daß die Parteien über eine Entwaffnung der Wehrverbände verhandeln sollen. Anlaß für den Antrag sind die Auseinandersetzungen um den für den →7. Oktober (S. 173) geplanten Aufmarsch der Heimwehren.

4. Oktober, Donnerstag

Der Auswärtige Ausschuß des Reichstags spricht der Arbeit der deutschen Delegation bei der Genfer Völkerbundversammlung (→16. 9./S. 154) seine Anerkennung aus, bedauert es aber, daß in den Fragen Rheinlandräumung und Abrüstung noch keine endgültigen Regelungen getroffen worden sind.

Der Deutsche Protestantentag in Eisenach legt Einspruch gegen den Abschluß eines Konkordats mit Rom ein, da er jeden völkerrechtlichen Vertrag zwischen Staat und Kirche ablehnt. Der Protestantentag reagiert auf Meldungen, in den seit Jahren erfolglos verlaufenden Konkordatsverhandlungen Preußens seien Fortschritte erzielt worden.

Ein Dekret des italienischen Königs Viktor Emanuel III. führt in Südtirol, das seit dem Ende des Weltkriegs zu Italien gehört, die italienischen Gesetzbücher ein.

Die Operette »Friederike« des österreichisch-ungarischen Komponisten Franz Lehár wird im Berliner Metropol-Theater uraufgeführt. Käthe Dorsch verkörpert Friederike Brion, Richard Tauber spielt Johann Wolfgang von Goethe.

Im Berliner Capitol-Filmtheater hat »Die Heilige und ihr Narr« Premiere, ein sentimental-romantisierender Stummfilm von Wilhelm Dieterle nach dem gleichnamigen Erfolgsroman der deutschen Schriftstellerin Agnes Günther.

5. Oktober, Freitag

Ernst Thälmann, dessen Funktion als Vorsitzender der KPD seit dem 26. September geruht hat, bleibt in seinem Amt. Ihm wurde vorgeworfen, eine Unterschlagung von Parteigeldern vertuscht zu haben. →S. 172

Auf der Generalversammlung der Deutschen Friedensgesellschaft in Nürnberg (bis 7. 10.) nehmen die Delegierten nach einer kontroversen Diskussion den Antrag des Vorsitzenden Ludwig Quidde an, sich in die Listen für das Volksbegehren gegen den Bau von Panzerschiffen einzutragen (→16. 10./S. 172).

Auf ihrem Parteitag in Birmingham (1.–5. 10.) beschließt die britische Labour-Partei ein Wahlprogramm, in dem sie u. a. die Nationalisierung der Kohleindustrie, der Transportunternehmen, der Lebensversicherungen und des Landbesitzes, die Kontrolle über die Bank von England, einen Minimallohn und die Erhöhung der Erbschaftssteuer fordert, um so für sozialen Ausgleich zu sorgen.

6. Oktober, Sonnabend

Ein kommunistischer Redner bemächtigt sich des Mikrofons des Berliner Rundfunks und ruft dazu auf, das Volksbegehren gegen den Panzerschiffbau zu unterstützen (→16. 10./S. 172).

7. Oktober, Sonntag

Der umstrittene Aufmarsch der rechtsradikalen Heimwehren und die zunächst verbotene Gegendemonstration des sozialdemokratischen Republikanischen Schutzbundes in Wiener Neustadt verlaufen ohne Zwischenfälle. →S. 173

In Abessinien (heute Äthiopien) wird der Regent und Thronfolger Täfäri Mäkwännen (Haile Selassie) zum König gekrönt. →S. 174

Bei den Parlamentswahlen in Lettland verzeichnen die vier Bauernparteien Stimmengewinne und kommen auf 29 statt bisher 26 Sitze; die Europäischen Sozialisten büßen Stimmen ein und erhalten nur 28 Sitze (bisher 37). Die Partei der deutschen Minderheit gewinnt mit sechs Sitzen ein Mandat hinzu.

Die Reichsbahn schafft die vierte Klasse ab und setzt neue – heraufgesetzte – Tarife fest. →S. 173

In London geht eine Weltbrennstoff-Konferenz zu Ende, auf der Vertreter von 40 Nationen 14 Tage lang über die Energievorräte der Erde diskutiert haben. Die Delegierten gehen davon aus, daß eine Petroleumknappheit weder für dieses noch für das nächste Jahrhundert zu erwarten ist.

Der finnische Langstreckenläufer Paavo Nurmi stellt in Berlin mit 19 210 m einen Stundenlauf-Weltrekord auf und verbessert während des Laufs zwei weitere Weltrekorde. →S. 177

8. Oktober, Montag

In der Tschechoslowakei ist die Freiheitsglocke wiedergefunden worden. Sie ist eine Nachbildung der amerikanischen Freiheitsglocke und wurde im Weltkrieg den unterdrückten slawischen Völkern von den USA geschenkt. In den Wirren der Nachkriegszeit kam die Glocke nach Karpatorußland.

Siemens, AEG und Telefunken gründen die deutsche Klangfilm-Gesellschaft, die zur Entwicklung des deutschen Tonfilms beitragen soll (→12. 9./S. 165).

9. Oktober, Dienstag

Der Schriftsteller Hermann Kasack äußert sich in der Zeitschrift »Die Weltbühne« zur Faszination durch den Sport,

Chiang Kai-shek, Oberbefehlshaber der Nanking-Armee und Vorsitzender des Zentralen Exekutivkomitees der Kuomintang-Regierung, wird Präsident der chinesischen Nationalregierung. →S. 174

Die italienische Regierung lehnt den zwischen Frankreich und Großbritannien geschlossenen Flottenkompromiß zur Abrüstung ab. Frankreich und Großbritannien haben ihr Abkommen allen Staaten vorgelegt, die wie sie das Washingtoner Flottenabkommen von 1922 unterzeichnet haben.

Das Verbot für Reichswehrangehörige, eine Käthe-Kollwitz-Ausstellung in Frankfurt am Main zu besuchen, wird zurückgezogen.

der für viele ein neues Lebensgefühl symbolisiert. →S. 177

Der französische Chansonnier Maurice Chevalier verläßt Paris, um in Hollywood einen Film zu drehen. →S. 177

In Paris findet die Uraufführung des satirischen Dramas »Monsieur Topaze« (»Das große ABC«) von Marcel Pagnol statt. Das Stück wendet sich gegen die Korruption der Nachkriegszeit und bringt dem französischen Autor den Durchbruch zum internationalen Ruhm.

10. Oktober, Mittwoch

Auf ihrem Parteitag in Yarmouth (10.–13. 10.) beschließen die britischen Liberalen ein Wahlprogramm, in dem sie die Aufhebung der Sicherheitszölle und eine Industriereform fordern.

11. Oktober, Donnerstag

Der polnische Ministerpräsident Kazimierz Bartel stellt bezüglich der geplanten Änderung der Staatsverfassung fest, daß er dem Parlament das Recht der Regierungsbildung und -beeinflussung nicht zubillige (→27. 6./S. 101).

Hugo Eckener, der Leiter der Zeppelin-Werke, startet in Friedrichshafen mit dem Luftschiff »Graf Zeppelin« zu einem Transatlantikflug nach Lakehurst/USA, wo er am 15. Oktober nach einem Zwischenfall, bei dem eine Sturmboe den Zeppelin beschädigt, landet. →S. 170

In der Sowjetunion findet die Uraufführung des Stummfilms »Sturm über Asien« des sowjetischen Regisseurs Wsewolod I. Pudowkin statt. →S. 176

12. Oktober, Freitag

Der am 15. Juni von Wahlmännern gewählte argentinische Präsident Hipolito Irigoyen tritt sein Amt an und bildet eine neue Regierung, die aus seinen Anhängern, den Irigoyisten, besteht.

In der Bostoner Kinderklinik wird erstmals eine eiserne Lunge verwendet.

In den Berliner Kammerspielen findet die Uraufführung des Lustspiels »Ehen werden im Himmel geschlossen« von Walter Hasenclever statt. Da in einer Szene im Himmel Gott in Knickerbockern und die heilige Magdalena im modernen Abendkleid auftreten, entwickelt sich die Komödie zum Skandalstück der Saison.

13. Oktober, Sonnabend

Der russisch-sowjetische Schriftsteller Maxim Gorki, der am →28. Mai (S. 94) in die Sowjetunion gefahren ist, hat seine Rückreise nach Sorrent/Italien angetreten. Gorki ist lungenkrank und will vor Einbruch des Winters wieder in ein milderes Klima zurückkehren.

In Dresden findet die deutsche Erstaufführung der tragischen Oper »Sly oder Die Legende vom wiedererweckten Schläfer« des deutsch-italienischen Komponisten Ermanno Wolf-Ferrari statt. Die Oper wurde am 27. Dezember 1927 in Mailand uraufgeführt.

Hugo Eckener, der Konstrukteur des neuen Zeppelin »LZ 127«, auf dem Titel der »Illustrirten Zeitung« aus Berlin

14. Oktober 1928
Nummer 42
37. Jahrgang

Preis
des Heftes
20 Pfennig

Berliner
Illuſtrirte Zeitung

Verlag Ullstein Berlin SW 68

Dr. Hugo Eckener im Zeppelin-Luftſchiff.

Phot. „Luftſchiffbau Zeppelin"
Friedrichshafen a. B.

Sonderzeichnungen von Theo Matejko und Aufnahmen von der großen Zeppelinfahrt auf den Seiten 1763, 1764 und 1765.

14. Oktober, Sonntag

Eine Rede des ungarischen Ministerpräsidenten István Bethlen von Bethlen, in der er die Abtrennung des Burgenlandes von Ungarn als nicht endgültig bezeichnet, führt zu einer Belastung der ungarisch-österreichischen Beziehungen, da Österreich das Burgenland als deutsch ansieht.

Reichspräsident Paul von Hindenburg empfängt die deutschen Olympiasieger im Präsidentenpalais in Berlin.

In einer feierlichen Zeremonie wird die Büste von »Turnvater« Friedrich Ludwig Jahn in der Walhalla bei Regensburg enthüllt.

Die Schweiz unterliegt Italien in einem Fußball-Länderspiel in Zürich 2:3.

15. Oktober, Montag

Zwischen dem Deutschen Reich und Spanien entfällt der Visumzwang; für Reisen genügt ein gültiger Paß.

In der polnischen Industriestadt Lódź beginnt ein Generalstreik, mit dem die Arbeiter eine Lohnerhöhung von 20% durchsetzen wollen, während die Arbeitgeber nur 5% bieten. Die Schlichtungsverhandlungen scheitern am 18. Oktober. Der Streik wird wegen der schlechten Finanzlage der Gewerkschaften am 20. Oktober abgebrochen.

16. Oktober, Dienstag

Im Deutschen Reich scheitert das Volksbegehren gegen den Bau des Panzerschiffs A. →S. 172

In der Volksbühne am Berliner Bülowplatz findet die Uraufführung des Dramas »U-Boot S 4« von Günther Weisenborn statt. Das Zeitstück, das sich auf den Untergang eines US-amerikanischen U-Boots im Dezember 1927 und den Tod der Mannschaft bezieht, protestiert gegen die Aufrüstung (→S. 162).

17. Oktober, Mittwoch

Zur Einweihung eines Erweiterungsbaus der Kavallerieschule in Hannover sendet Reichspräsident Paul von Hindenburg eine Grußbotschaft, in der er die Hoffnung ausspricht, die Schule möge »die Pflanzstätte aller militärischen Tugenden sein und in ihr der Geist eines Seydlitz und Zieten, eines Blüchers und Schlieffen walten«.

Nach dreijähriger Restaurierung und zwischenzeitlicher Schließung wird der Mainzer Dom neu geweiht.

18. Oktober, Donnerstag

In Italien findet die erste Hinrichtung seit Kriegsende statt. Der Kommunist Michele della Maggiore, der zwei Faschisten ermordet hat, wird einen Tag nach Verkündung des Todesurteils in Ponte Buggianese erschossen. →S. 174

In einem Artikel im »Daily Express« verspottet der irische Schriftsteller George Bernard Shaw die Langweiligkeit der Reden beim Völkerbund in Genf, hält den Völkerbund jedoch für eine Schulungsstätte für eine neue international denkende Diplomatie.

19. Oktober, Freitag

In Berlin wird der Bund proletarisch-revolutionärer Schriftsteller (BPRS) gegründet, der die Arbeiterschriftsteller und die proletarische Literatur fördern will. →S. 176

In Paris findet die Uraufführung des sinfonischen Satzes »Le Rugby« von dem französisch-schweizerischen Komponisten Arthur Honegger, einem Wegbereiter der Moderne, statt.

20. Oktober, Sonnabend

Alfred Hugenberg, ein Vertreter des extrem rechten Flügels der Deutschnationalen Volkspartei (DNVP), wird zum Vorsitzenden seiner Partei gewählt. →S. 172

21. Oktober, Sonntag

Auf einem Parteitag in Sisak fordern die bäuerlich-demokratischen Oppositionsparteien des Königreichs der Serben, Kroaten und Slowenen (heute Jugoslawien) einen föderativen Staat, der allen südslawischen Völkern gleiche Rechte zubilligt.

22. Oktober, Montag

Die Evangelische Kirche Preußens fordert für den Fall, daß Preußen ein Konkordat mit Rom abschließt, eine vergleichbare vertragsmäßige Sicherung.

Nachdem völkische Studenten wiederholt Zwischenfälle provoziert haben und gegen Juden und Liberale aufgetreten sind, wird die technische Hochschule in Budapest geschlossen (→14. 3./S. 55).

Das Berliner Theater am Palmenhaus wird mit der Uraufführung der Komödie »Bibi, Jugend 1928« von Heinrich Mann eröffnet. Die Hauptrollen spielen Trude Hesterberg und Kurt Bois.

23. Oktober, Dienstag

Die Reichsregierung stellt für die geplante Reichsreform folgende Grundsätze auf: Stärkung der Reichsgewalt, Bildung leistungsfähiger Länder, Aufhebung des Dualismus zwischen dem Reich und Preußen. →S. 172

Im Deutschen Theater in Berlin findet die Uraufführung des zeit- und gesellschaftskritischen Dramas »Die Verbrecher« von Ferdinand Bruckner (eigentl. Theodor Tagger) statt. Das Stück klagt die Klassenjustiz der Weimarer Republik an (→S. 162).

Die Sektion für Dichtung an der Preußischen Akademie der Künste wählt Walter von Molo zu ihrem Vorsitzenden (→15. 11./S. 193).

24. Oktober, Mittwoch

Die belgische Regierung teilt dem US-amerikanischen Reparationsagenten Parker Gilbert mit, daß sie auf die im Dawesplan vorgesehenen Zahlungen des Deutschen Reiches infolge der eigenen Zahlungsverpflichtungen nicht verzichten kann. Gilbert spricht ebenfalls mit den Regierungen in London, Paris und Rom über eine Neuregelung der im Dawesplan festgelegten Reparationszahlungen (→22. 12./S. 198).

25. Oktober, Donnerstag

Die chinesische Nankingregierung und Japan unterzeichnen ein Präliminarabkommen, mit dem die Zwischenfälle von 1927 und vom →3. Mai 1928 (S. 84) beigelegt werden und Japan sich verpflichtet, seine Truppen aus Schantung abzuziehen.

Der Luxuszug Simplon-Express und ein Schnellzug stoßen in der Nähe von Slatina in Rumänien zusammen. Das Unglück, das durch eine falsche Weichenstellung verursacht wird, fordert 31 Todesopfer.

26. Oktober, Freitag

Die Reichsregierung stimmt der Durchführung des ersten Rüstungsprogramms der Reichswehr mit einem Etat von 350 Millionen Reichsmark zu.

Die Deutsche Nationalsozialistische Arbeiterpartei der Tschechoslowakei fordert auf einem Kongreß in Teplitz-Schönau kulturelle Autonomie.

Der Schiedsspruch im Tarifkonflikt in der nordwestdeutschen Eisenindustrie legt eine Lohnerhöhung von sechs Pfennig je Stunde und eine Akkordzulage von zwei Pfennig fest. Die Gewerkschaften, die 15 Pfennig mehr Lohn gefordert haben, nehmen den Schiedsspruch an, die Arbeitgeber lehnen ihn ab (→1. 11./S. 185).

27. Oktober, Sonnabend

Das Hultschiner Ländchen, das nach dem Weltkrieg an die Tschechoslowakei kam (vorher Deutsches Reich), wird neu aufgeteilt. Einige Gemeinden an den Bezirk Troppau, andere Gemeinden, die bislang dem Bezirk Wagstatt angehörten, werden Hultschin zugeteilt.

28. Oktober, Sonntag

Auf einer Tagung des Zentrums und der Bayerischen Volkspartei in Augsburg wendet sich der bayerische Ministerpräsident Heinrich Held gegen die Reichsreformpläne der Reichsregierung (→23. 10./S. 172), die in seinen Augen auf die Einführung des Zentralismus abzielen.

Aus den Nationalratswahlen in der Schweiz geht die Freisinnig-Demokratische Partei trotz Stimmenverlusten als stärkste Fraktion hervor. →S. 173

Die Internationale Luftfahrt-Ausstellung in Berlin, auf der 20 Nationen seit dem 7. Oktober ihre Flugzeuge gezeigt haben, geht zu Ende. Während der Ausstellung, der ersten, die nach dem Weltkrieg im Deutschen Reich veranstaltet wurde, fand die Attraktion »Berlin im Licht« statt, bei der mehr als 100 Gebäude abends angestrahlt wurden.

In Berlin wird am Grab von Daniel Chodowiecki, dem deutschen Kupferstecher und Maler polnischer Herkunft, ein Gedenkstein enthüllt, der erste seit seinem Tod im Jahr 1801.

29. Oktober, Montag

Das Luftschiff »Graf Zeppelin« startet in Lakehurst/USA zu seinem Rückflug nach Friedrichshafen. Während des Flugs wird ein blinder Passagier entdeckt, der 19jährige Botenjunge Clarence Terhune (→11. 10./S. 170).

Österreich besiegt die Schweiz in einem Fußball-Länderspiel in Wien 2:0.

30. Oktober, Dienstag

Die Botschafter des Deutschen Reichs in London, Paris, Brüssel und Rom unternehmen eine Demarche, um, wie am →16. September (S. 154) verabredet, eine Sachverständigenkommission zur Neuregelung der Reparationsfrage einzusetzen (→22. 12./S. 198).

Zwei Artikel des französischen Budgets für 1929 lösen eine Kabinettskrise aus. Die Artikel fordern die Rückgabe der beschlagnahmten Kirchengüter und die Wiederzulassung religiöser Orden. Kultusminister Édouard Herriot fordert entgegen Außenminister Aristide Briand die Streichung der Artikel (→11. 11./S. 187).

Im John Golden Theatre in New York wird das Schauspiel »Strange Interlude« (»Seltsames Zwischenspiel«) von Eugene O'Neill uraufgeführt.

31. Oktober, Mittwoch

Der Reichstagsausschuß für Strafrechtsreform erzielt in der Debatte über den Antrag, Gewohnheitsverbrecher zu sterilisieren, keine Einigung. Die Forderung, die Todesstrafe abzuschaffen, wird bei Stimmengleichheit abgelehnt.

In Berlin-Zehlendorf geht die am 1. September eröffnete Ausstellung »Bauen und Wohnen« zu Ende.

Gestorben:

23. Paris: Alphonse Aulard (* 19. 7. 1849, Montbron/Clarente), französischer Revolutionshistoriker.

26. Wien: Ferdinand Schmutzer (* 21. 5. 1870, Wien), österreichischer Maler und Radierer.

Geboren:

8. Wien: Helmut Qualtinger (†29. 9. 1986, Wien), österreichischer Schriftsteller, Kabarettist und Schauspieler.

24. Bochnia bei Krakau: Gabriel Laub, polnischer Schriftsteller.

Das Wetter im Monat Oktober

Station	Mittlere Lufttemperatur (°C)	Niederschlag (mm)	Sonnenscheindauer (Std.)
Aachen	10,0 (10,0)	87 (64)	– (123)
Berlin	9,0 (8,8)	44 (58)	– (123)
Bremen	9,8 (9,4)	77 (47)	– (104)
München	8,0 (7,9)	55 (62)	– (130)
Wien	10,1 (9,6)	16 (57)	– (–)
Zürich	9,0 (8,4)	61 (80)	119 (108)
( ) Langjähriger Mittelwert für diesen Monat – Wert nicht ermittelt			

Zu einem Besuch im Zoo verlockt das Titelblatt der Sondernummer der »Jugend« aus München

Zeppelin überquert Atlantik

11. Oktober. Das Luftschiff LZ 127 »Graf Zeppelin« startet in Friedrichshafen zu seinem ersten Transatlantikflug nach Lakehurst/USA. Hugo Eckener, der Leiter der Zeppelin-Werke, will mit dem Flug die Eignung der Luftschiffe für den Transozeanflug demonstrieren und beweisen, daß Zeppeline Passagiere sicher, schnell und bequem in die USA bringen können. Eckener hat 1924 erstmals mit einem Luftschiff, der LZ 126, den Atlantik ohne Zwischenlandung überquert.

Daten des »Graf Zeppelin«

Länge	237 m
Gasinhalt	105 000 m³
Durchmesser	30,5 m
Höchstgeschwindigkeit	110 km/h
Triebwerk	5 Maybach VL2 12-Zylinder-Motoren je 540 h.p.
Leistung	
Besatzung	44
Passagiere	20

Infolge der schlechten Wetterlage über dem Nordatlantik entscheidet sich Eckener für die südliche Flugroute. Nach zwei Tagen ruhigen Flugs gerät »Graf Zeppelin« in die Ausläufer des Tiefdruckgebiets. Ein heftiger Gewittersturm beschädigt die Stoffbespannung der unteren Stabilisierungsfläche und schränkt die Manövrierfähigkeit des Luftschiffs ein. Das Durchfliegen einer Sturmboe führt zu weiteren Schäden. Noch während des Flugs führen Besatzungsmitglieder die notwendigen Reparaturen durch.

Spätabends am 15. Oktober, nach einem Flug von 112 Stunden, erreicht der Zeppelin den Zielhafen Lakehurst. Etwa 20 000 bis 30 000 Menschen bereiten dem Luftschiff, von dem während der Havarie keine Nachrichten mehr kamen, einen begeisterten Empfang.

Am nächsten Tag werden Eckener und die Zeppelin-Besatzung in New York gefeiert. Bereits am Tag vorher, beim Flug über New York, »erstickt(e)« die Stadt »in einem Freudentaumel«, wie einer der zehn mitfliegenden Journalisten berichtete. Der Verkehr stand still, die Dächer der Wolkenkratzer waren schwarz von Menschen, Autos hupten, Fabriksirenen heulten. Ähnliche Begeisterung löst die glückliche Landung im Deutschen Reich aus – gilt der mit Hilfe einer Nationalspende erbaute Zeppelin (→ 9. 7./S. 122) doch als eine Art Nationalgut.

Am 17. Oktober wird Eckener von US-Präsident Calvin Coolidge empfangen. In den folgenden Tagen konferiert der Luftschiffpilot mit Bankiers über die Aufnahme eines regelmäßigen Transozeanverkehrs mit Luftschiffen.

Auch auf dem Rückflug muß das Luftschiff mit widrigen Wetterbedingungen – Sturm und Nebel – kämpfen. Die Atlantiküberquerung zeigt zum einen die starke Abhängigkeit der Zeppeline vom Wetter, beweist aber auch, daß die Luftschiffe für den Transozeanflug generell geeignet sind (→ 5. 11./S. 189).

Vor dem Start nach New York fährt das Luftschiff »Graf Zeppelin« zur Probe über die Niederlande nach Großbritannien und besucht danach Berlin (Foto)

Die Gondel des neuen, 237 m langen Luftschiffs »Graf Zeppelin« mit der Führerkanzel und den Einrichtungen für die Passagiere (Salon, Kabinen, Küche); Hugo Eckener, der Konstrukteur des Zeppelins, arbeitete ab 1905 mit Ferdinand Graf von Zeppelin zusammen und führte das Werk nach dessen Tod 1917 weiter

Die Innenausstattung des bei der Friedrichshafener Zeppelin-Werft gebauten Luftschiffs »Graf Zeppelin« ist ausgesprochen komfortabel: Im Bild der große Aufenthaltsraum für die 20 Passagiere, denen alle Bequemlichkeiten geboten werden; die Mahlzeiten werden in einer elektrischen Küche zubereitet

Zum letzten Mal Land in Sicht, damit Abschied vom alten europäischen Kontinent: Das Luftschiff »Graf Zeppelin« überfliegt während des Flugs über den »Großen Teich« die zu Portugal gehörende, im Atlantischen Ozean liegende Insel Madeira; das Luftbild ist von einem mitreisenden Journalisten für die deutsche Illustrierte »Die Woche« aufgenommen worden; es zeigt Ausläufer der etwa 900 km vom europäischen Festland entfernten Insel

Der große Augenblick: Das Luftschiff »Graf Zeppelin« kreist nach mehr als 100 Stunden Flug über den Wolkenkratzern von New York; der Pilot und Konstrukteur, Hugo Eckener, hat erstmals Passagiere auf dem Luftweg von Europa in die Vereinigten Staaten gebracht; bei den bisherigen Transozeanflügen – ob mit dem Luftschiff oder mit dem Flugzeug – waren jeweils nur der Pilot oder einige Mann Besatzung an Bord; ein neues Zeitalter kündigt sich für die Luftfahrt an

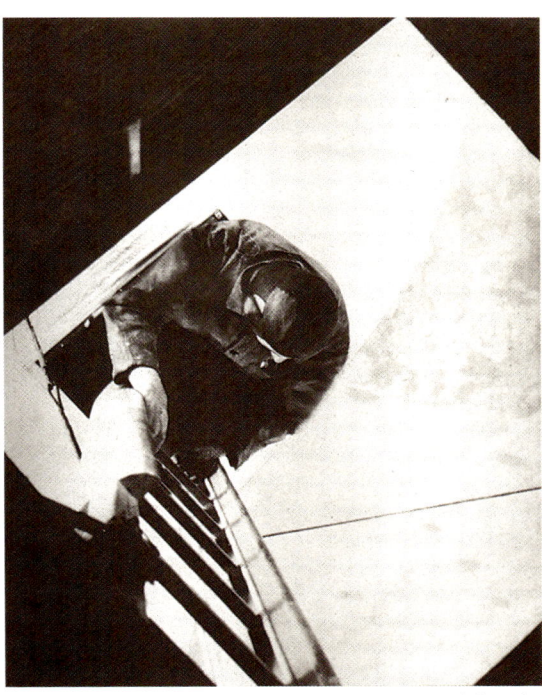

Inspektionsgang des Maschineningenieurs Bäuerle durch den Rumpf des Luftschiffes LZ 127; während des Atlantikflugs müssen einige Reparaturen am »Graf Zeppelin« durchgeführt werden

Abstieg in eine der seitlichen Motorengondeln; der Fahrtwind ist während des Flugs so stark, daß sich der Maschinist mit beiden Händen festklammern muß; der Zeppelin erreicht eine Geschwindigkeit von 110 km/h

Hugo Eckener, Pilot des »Graf Zeppelin«, zu Besuch in der Passagiergondel; Eckener hat bereits 1924 einen Zeppelin – LZ 126 (spätere Bezeichnung »Los Angeles«) – als Reparationsleistung in die USA gebracht

KPD-Volksbegehren zum Panzerschiff

16. Oktober. *Das von der KPD und den ihnen nahestehenden Organisationen Roter Frontkämpferbund und Kommunistischer Jugendverband initiierte Volksbegehren gegen den Bau des Panzerschiffes A (→ 30. 3./S. 42; 28. 6./S. 102; 16. 11./S. 184) scheitert. Nur 2,94% der Stimmberechtigten tragen sich in der vorgeschriebenen Frist vom 3. bis 16. Oktober in die Listen ein. 10% sind erforderlich, um einen Volksentscheid einzuleiten. Zu dem negativen Ausgang des Volksbegehrens hat die Entschließung des SPD-Parteiausschusses vom 11. September, daß es die Pflicht aller Mitglieder sei, der Aktion entgegenzutreten, wesentlich beigetragen. Aber selbst unter KPD-Anhängern stößt das Volksbegehren auf wenig Resonanz: Nur 40% derjenigen Wähler, die der Partei bei den Reichstagswahlen am → 20. Mai (S. 80) ihre Stimmen gegeben haben, stimmen ihm zu (Abb.: Plakat zum Volksbegehren).*

Hugenberg Vorsitzender

20. Oktober. Der Zeitungsmagnat Alfred Hugenberg wird zum Vorsitzenden der Deutschnationalen Volkspartei (DNVP) gewählt.

Hugenberg löst Cuno Westarp ab, dessen Politik nach den Verlusten bei den Wahlen am → 20. Mai (S. 80) in Mißkredit geraten ist. Westarp

Alfred Hugenbergs Wahl zum Vorsitzenden der DNVP kennzeichnet einen weiteren Rechtsruck der Partei

vertrat einen gemäßigten Kurs und bewog die DNVP dazu, zeitweilig in der Regierung mitzuarbeiten.

Mit Hugenberg dagegen setzt sich der extreme Flügel der DNVP durch, der die Republik ablehnt und eine Opposition um jeden Preis betreibt. Hugenbergs Wahl markiert das Scheitern der Bemühungen, die Deutschnationalen in die Republik zu integrieren.

Hugenberg tritt für die Wiederherstellung der Monarchie und den Austritt aus dem Völkerbund ein, er lehnt den Versailler Friedensvertrag und den Dawesplan strikt ab. Der neue Parteivorsitzende gilt als der Schwerindustrie nahestehend. Sein Ziel besteht darin, die rechten Parteien und Gruppierungen zusammenzuschließen; er plädiert für die »Volksgemeinschaft« anstelle der parlamentarischen Demokratie.

Mit seinem Medienimperium, zu dem zahlreiche Tageszeitungen, ein Artikeldienst für die Provinzpresse und die Universum-Film-AG (Ufa) gehören, verfügt Hugenberg über einen nicht zu unterschätzenden Apparat zur Beeinflussung der öffentlichen Meinung.

Ernst Thälmann, KPD-Vorsitzender

Thälmann bleibt an der KPD-Spitze

5. Oktober. Ernst Thälmann übt wieder die Funktion des KPD-Vorsitzenden aus, die seit dem 26. September geruht hat.

Der Vorwurf, die Unterschlagung von Parteigeldern gedeckt zu haben, sollte zu seiner Entmachtung führen, jedoch spricht sich das Exekutivkomitee der Kommunistischen Internationale für ihn aus.

Reformpläne zur Reichsstärkung

23. Oktober. Während der Tagung des Ausschusses für Verfassungs- und Verwaltungsreform gibt Reichskanzler Hermann Müller (SPD) die Grundsätze bekannt, an denen sich die geplante Reichsreform orientiert: Existenz einer starken Reichsgewalt, Bildung leistungsfähiger Länder durch eine territoriale Neugliederung, Aufhebung des Dualismus zwischen Reich und Preußen.

Zur Klärung der Probleme bei der schon länger diskutierten Reichsreform (→18. 1./S. 14) werden zwei Ausschüsse eingesetzt.

Der Dualismus zwischen Reich und Preußen, dem größten Land, hat sich als ein Mangel der Weimarer Verfassung herausgestellt. Im Kaiserreich besaß Preußen infolge der Personal- und Realunion von preußischen und Reichsämtern eine hegemoniale Stellung. Die Weimarer Verfassung hat die Hegemonialrechte Preußens aufgehoben, de facto hat das Land aufgrund seines Gebietsumfangs, seiner Bevölkerungsdichte sowie seines wirtschaftlichen und kulturellen Übergewichts seine Vormachtstellung jedoch behalten.

Provokation durch rechte Heimwehren

7. Oktober. In Wiener Neustadt, einem Ort etwa 50 km vor Wien, findet am Vormittag ein Aufmarsch der rechtsradikalen Heimwehren und am Nachmittag eine Gegendemonstration des sozialdemokratischen Republikanischen Schutzbundes Österreichs statt.

Entgegen vielen Befürchtungen verläuft der Tag ohne Zwischenfälle. Zusammenstöße zwischen den bewaffneten Verbänden sind bereits häufiger vorgekommen. Die Heimwehren, deren Anhänger aus monarchistisch-konservativen und nationalistischen Kreisen stammen, sind durch ihre antiparlamentarischen und antimarxistischen Positionen geeint. Anlaß des Aufmarsches ist eine Neudiskussion des Mieterschutzes, für den sich die Sozialdemokraten einsetzen. Sie empfinden den Aufmarsch als eine Provokation – findet er doch in einer Hochburg der Arbeiterbewegung statt – und befürchten einen bevorstehenden Rechtsputsch.

Dem Ersuchen, den Heimwehraufmarsch zu verbieten, hat Bundeskanzler Ignaz Seipel nicht nachgegeben, wohingegen die Gegendemonstration zunächst verboten wurde.

△ *Ein massives Polizeiaufgebot und sogar Truppen der österreichischen Bundeswehr mit Maschinengewehren sollen einen Zusammenstoß zwischen den rechtsgerichteten Heimwehren und dem sozialdemokratischen Republikanischen Schutzbund in Wiener Neustadt verhindern*

◁ *Die Spitzen der österreichischen Heimwehrbewegung, v. l. Gesamtvorsitzender Steidle, steiermärkischer Landesführer Freiherr von Prankh; Bundeskanzler Ignaz Seipel sieht in den Verbänden ein Mittel zur Zurückdrängung der Arbeiterbewegung*

Stimmengewinne für Konservative

28. Oktober. Bei den Nationalratswahlen in der Schweiz verzeichnen die Konservativen und die Sozialdemokraten z. T. erhebliche Stimmengewinne.

Mit 58 von 198 Sitzen bildet die Freisinnig-Demokratische Partei jedoch weiterhin die stärkste Fraktion, obwohl sie gegenüber den Wahlen von 1925 zwei Mandate einbüßt.

Die Konservative Volkspartei gewinnt vier Mandate hinzu und erreicht mit 46 Sitzen ihr bestes Wahlergebnis auf Bundesebene überhaupt. Bei den Sozialdemokraten, die zu ihren bisherigen 49 Mandaten eines hinzugewonnen haben, setzt sich der seit der Einführung des Proporzwahlrechts im Jahr 1919 festzustellende Aufwärtstrend bei Nationalratswahlen fort.

Auf die Bauern-, Gewerbe- und Bürgerpartei entfallen 31 Mandate, alle anderen Parteien erreichen nicht mehr als sechs Sitze (Liberale) im Nationalrat.

Der Nationalrat bildet zusammen mit dem Ständerat, in den die 20 Kantone und 6 Halbkantone ihre Vertreter entsenden, die Bundesversammlung, das legislative Organ der Schweizer Eidgenossenschaft.

Reichsbahn schafft vierte Klasse ab und erhöht Fahrpreise

7. Oktober. Die Reichsbahn führt ein neues Klassensystem ein, in dem die bisherige vierte Klasse entfällt, und setzt neue Tarife fest.

In den meisten Zügen existiert nunmehr ein Dreiklassensystem: Es gibt eine zweite oder Polsterklasse und eine dritte oder Holzklasse, die ihren Namen aufgrund ihrer sparsamen, ja geradezu spartanischen Möblierung erhalten hat.

Die vierte Klasse, die im 19. Jahrhundert aufgrund der zunehmenden Differenzierung der Gesellschaftsschichten eingerichtet worden ist – sie ist noch unkomfortabler als die dritte Klasse –, wird abgeschafft. Die erste oder Luxusklasse besteht weiterhin in allen Zügen, die ins Ausland fahren – wie z. B. im neuen, großzügig ausgestalteten »Rheingold-Expreß« (→15. 5./S. 88) –, in den meisten Schnellzug-Verbindungen zwischen den Städten und bei Schlafwagen.

Der Preis pro Kilometer beträgt in der Holzklasse 2,7 Pfennig, in der Polsterklasse 5,6 Pfennig und in der Luxusklasse 11,2 Pfennig. Im Vergleich zur alten vierten Klasse ist die Fahrkarte für die dritte Klasse um etwa 12% teurer. Neben den Fahrpreisen erhöhen sich auch die Zuschläge. Die Reichsbahn verdoppelt sie für die Schnellzüge und führt sie für die Eilzüge neu ein, die Kosten staffeln sich nach Klasse und Entfernung. Da die meisten früheren beschleunigten Personenzüge der Deutschen Reichsbahn in Eilzüge umgewandelt worden sind, erhöhen sich die Fahrpreise in diesen Zügen um bis zu 100%.

Karikatur im »Simplicissimus« zum neuen Klassensystem: »Wir brauchen keine Polsterklasse . . .«

Der »Simplicissimus« zu den Preiserhöhungen: Fahrgäste mit erhobenen Händen, Bahnbeamte in Räuberpose

Planung soll die Wirtschaft stärken

1. Oktober. In der Sowjetunion beginnt die Laufzeit des ersten Fünfjahresplans, der das Wirtschaftswachstum in Industrie und Landwirtschaft forcieren soll. Es geht der Sowjetregierung darum, den Anschluß an die kapitalistischen Länder zu finden. Die Schwerpunkte des Fünfjahresplans liegen im Aufbau der Schwerindustrie und in der Technisierung der Landwirtschaft. Der Plan sieht vor, daß die Industrieproduktion Zuwachsraten von 21,4% (im ersten Jahr) bis 23,8% (im letzten Jahr) aufweist. Wichtige Bestandteile sind der Bau eines Wasserkraftwerks über den Dnjepr und die Errichtung von Fabriken zur Nutzung elektrischer Energie. Ein Siebtel der Investitionen ist für die Stahl- und Eisenindustrie bestimmt. Die Gewinnung von Eisen, Kohle und Erdöl soll mindestens verdoppelt werden.

In der Landwirtschaft wird angestrebt, die Getreideproduktion um 35% zu erhöhen. Moderne Maschinen, vor allem Traktoren, sollen die veralteten Anbaumethoden verdrängen. Der Fünfjahresplan hat eine verstärkte Kollektivierung und den Kampf gegen die Kulaken, die Großbauern, zur Folge; er bedeutet das Ende der Neuen Ökonomischen Politik, die noch privatwirtschaftliche Komponenten enthielt.

»Wir erbauen den Sozialismus«; Plakat von Jurij I. Pimenow – Volkskünstler der UdSSR, Mitglied der sowjetischen Akademie der Künste – von 1928

Chiang Kai-shek an der Spitze Chinas

6. Oktober. Chiang Kai-shek, bislang Vorsitzender des Zentralen Exekutivkomitees der Kuomintang-Regierung und Oberkommandierender ihrer Armee, wird Präsident der neuen chinesischen Zentralregierung.

Chiang Kai-shek

Mit der Eroberung Pekings am →8. Juni (S. 100) und der Beendigung des Nordfeldzuges hat die Kuomintang, die Nationale Volkspartei Chinas, ihr Regime stabilisiert. Sie versucht nun, die innere Konsolidierung Chinas, das zuvor von verschiedenen Militärführern beherrscht wurde, einzuleiten. Die Kuomintang-Regierung stützt sich auf Armee, Bürokratie, Grundbesitzer und Bankiers, Fabrikanten und Kaufleute in den Städten, die mit dem Ziel der Kuomintang, der Einigung Chinas, übereinstimmen. Die sozialen Komponenten des Kuomintang-Programms, vor allem die Bodenreform, finden keine Beachtung mehr, und die Ausweisung sowjetischer Berater demonstriert den Bruch mit Moskau. Die chinesischen Kommunisten haben sich in die Berge zurückgezogen.

Feierliche Königskrönung in Abessinien

7. Oktober. Der Regent und Thronfolger von Abessinien (heute Äthiopien), Täfäri Mäkwännen (später Haile Selassie), wird zum König gekrönt und schaltet damit die konservative Kaiserin Woisero Zäuditu aus. Er kam 1906 an den Hof seines Großonkels, Kaiser Menilek II., und wurde 1916 zum Regenten ernannt. Er setzte sich u. a. für die Aufnahme Abessiniens in den Völkerbund ein.

König Täfäri Mäkwännen reitet mit Gefolge nach der Krönung zum Palast

Täfäri Mäkwännen, Königin Menen

Erste Hinrichtung seit Kriegsende

18. Oktober. Einen Tag nach Verkündung des Todesurteils wird der Kommunist Michele della Maggiore in seinem Geburtsort Ponte Buggianese erschossen. Es ist die erste Hinrichtung in Italien seit dem Ende des Weltkriegs.

Della Maggiore hat zwei Faschisten getötet und wurde von einem Ausnahmegericht in Lucca verurteilt. Die italienische faschistische Regierung bestand auf der sofortigen Vollstreckung des Urteils, das sie für abschreckend hält. Ein Begnadigungsgesuch ist anscheinend nicht weitergeleitet worden. Die regierungstreue Zeitung »Popolo d'Italia« kommentiert: »Jede Revolution ist schnell in ihren Entschlüssen, und eine gehörige und selbstbewußte Revolution verteidigt sich und gestattet kein Zaudern.«

Gesundheit 1928:

Hygiene, Vorbeugung, Beratungsstellen und höhere Kosten

In der Gesundheitsfürsorge kommt der Vorbeugung, der Krankheitsverhütung ein immer höherer Stellenwert zu. Seit vorbeugende Maßnahmen von der Sozialversicherung getragen werden, ist es auch für die Angehörigen der unteren Schichten möglich, nicht nur im Krankheitsfall etwas zur Verbesserung ihrer Gesundheit zu tun.

Da es sich allmählich eingebürgert hat, daß ganze Familien krankenversichert sind, kommen die Leistungen auch Kindern und nicht berufstätigen Müttern zugute. Kinder aus Großstädten können zur Erholung aufs Land fahren, und einige Versicherungen bieten auch schon Kuraufenthalte für kinderreiche Mütter an.

In Berlin, vor allem in den ärmeren Vierteln, haben die Krankenkassen Beratungsstellen und Ambulanzen eingerichtet, die regen Zulauf haben. Die Beratungsstellen befassen sich nicht nur mit den rein medizinischen Problemen der Patienten, sie beziehen auch das soziale Umfeld ein und arbeiten eng mit der Sozialfürsorge zusammen.

Die Beratungsstellen nehmen sich insbesondere Frauen an. In der Gynäkologie liegt in der Normalmedizin vieles im argen. Beispielsweise behandeln in zahlreichen Krankenhäusern Chirurgen und nicht Gynäkologen Frauenkrankheiten. Die Beratungsstellen bieten regelmäßige Untersuchungen während einer Schwangerschaft und klären über Familienplanung, Geburtenkontrolle und die Anwendung von Verhütungsmitteln auf.

Geburtenkontrolle und ungewollte Schwangerschaften stellen für viele Frauen ein gravierendes Problem dar. Die Reichsregierung und die bürgerlichen Parteien wenden sich gegen eine weitere Verbreitung von Verhütungsmitteln. Da der Schwangerschaftsabbruch verboten ist, wenden sich viele Frauen an Kurpfuscher und leiden oft ihr Leben lang an den gesundheitlichen Folgen einer unsachgemäß durchgeführten Abtreibung.

Die Beratungsstellen, die medizinische und soziale Aspekte verbinden und sich um Präventivmedizin bemühen, bilden allerdings eine Ausnahme, eine Art Avantgarde in der medizinischen Versorgung. Vor allem von seiten der Ärzteschaft besteht Widerstand gegen die Beratungsstellen und Ambulanzen der Krankenkassen.

Offizielle Unterstützung erhalten Eheberatungsstellen, die Heiratswilligen Gesundheitszeugnisse ausstellen bzw. untersuchen, ob aus medizinischen Gründen – Erbkrankheiten, ansteckende Erkrankungen wie Geschlechtskrankheiten – Bedenken gegen eine Heirat existieren. Es bestehen allerdings

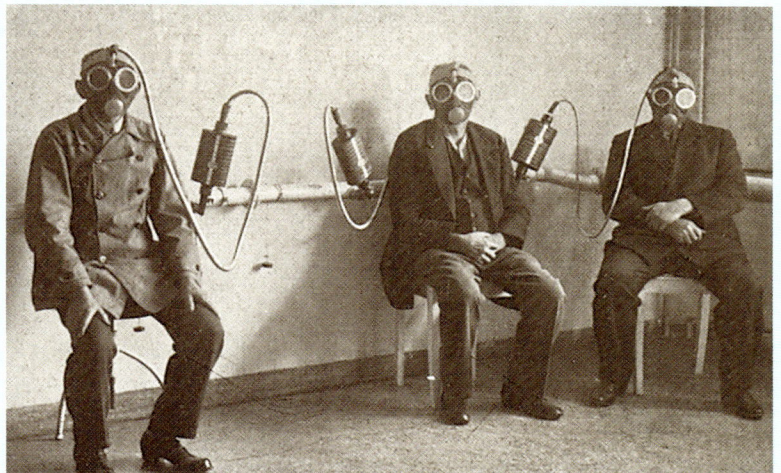

Asthmatiker mit Heilapparaten, die einer Gasmaske ähneln und bei Anfällen Erleichterung verschaffen, bei der Behandlung in der Berliner Charité

auch Zweifel am Nutzen derartiger Atteste, da sie nur Aussagen über das augenblickliche Befinden treffen und psychologische Gesichtspunkte außer acht lassen.

Vorbeugende Maßnahmen kommen verstärkt auch bei Infektionskrankheiten wie der Tuberkulose zur Anwendung. Es gibt bereits vorsorgliche Röntgenuntersuchungen, und in Frankreich laufen Versuche, bei denen Kleinstkinder gegen Tuberkulose geimpft werden. Die ersten Ergebnisse zeigen, daß

die Tuberkulosesterblichkeit im ersten Lebensjahr bei den geimpften Kindern erheblich gesunken ist und daß nach dem zweiten Lebensjahr keine tödlich verlaufenden Tuberkuloseerkrankungen mehr vorkommen. Allerdings sind die Schutzimpfungen in der Fachwelt noch umstritten, da nicht endgültig geklärt ist, ob der Impfstoff wirklich ungefährlich ist.

Die Versorgung der Bevölkerung mit Krankenhausbetten hat sich seit der Vorkriegszeit verbessert. 1913 gab es 177 468 Betten in öffentlichen Krankenhäusern und 109 360 in Privatkliniken, 1928 stehen 327 491 Betten in öffentlichen und 46 769 in privaten Krankenhäusern zur Verfügung; 1913 kamen auf 1000 Einwohner 4,3 Betten, 1928 sind es 5,9.

Die Ausweitung der Leistungen und des Personenkreises der Krankenversicherten hat auch zu einer Steigerung der Kosten des öffentlichen Gesundheitswesens geführt. Die Beiträge und Umlagen der Sozialversicherung sind von 1900 Millionen Reichsmark im Jahr 1924 auf 4050 Millionen 1928 angewachsen, die öffentlichen Zuschüsse im gleichen Zeitraum von 120 Millionen auf 420 Millionen Reichsmark.

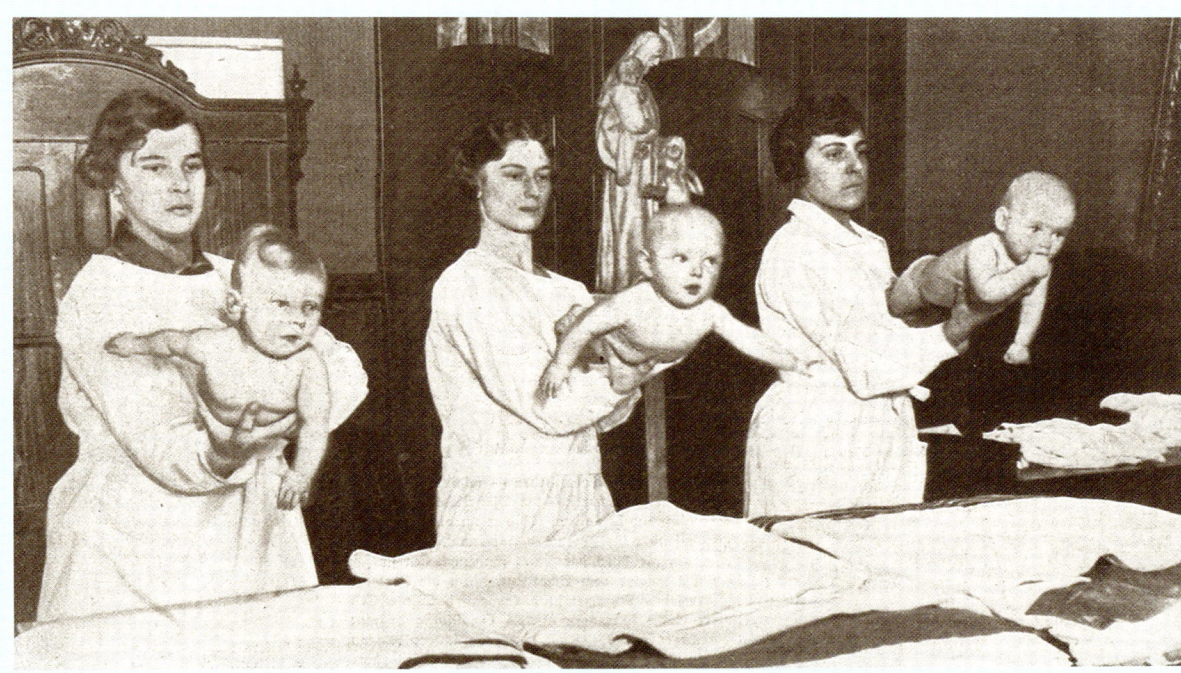

Turnstunde im Säuglingsheim des »Berliner Krippenvereins«; es werden auch Kurse in Säuglingspflege angeboten

Revolutionsfilm »Sturm über Asien«

11. Oktober. *In der Sowjetunion wird der Stummfilm »Sturm über Asien« (Potomok Tschingis-Chana) des sowjetischen Regisseurs Wsewolod I. Pudowkin uraufgeführt.*
Der Film schildert die politische Entwicklung des jungen Mongolen Bair. Der unerfahrene Partisan wird von britischen Interventionstruppen gefangengenommen und als Marionettenkönig eingesetzt, da ihn ein Dokument als Nachkomme des Mongolenherrschers Dschingis-Khan ausweist. Bair spielt zunächst mit, flieht jedoch, als er die Absichten der Briten erkennt. Er bekennt sich zu seinem Volk und wird zum Anführer im Kampf um die Freiheit. Der Film endet mit einem eindrucksvollen Sturmritt der Mongolen über die Steppe, der die Kraft der Revolution symbolisieren soll. Pudowkin, bekannt durch »Die Mutter« (1926) und »Das Ende von Sankt Petersburg« (1927) zeigt anhand eines individuellen Schicksals den Kontrast zweier Welten und einen nationalen Kampf, der zugleich ein sozialer ist (Abb.: Walerij In-kischnikow als Bair).

Surrealistischer Film irritiert Publikum

1. Oktober. In Paris findet die Uraufführung des surrealistischen Stummfilms »Ein andalusischer Hund« statt; die Spanier Luis Buñuel und Salvador Dali, die das Drehbuch geschrieben und Regie geführt haben, spielen selbst mit.
Der Film hat keine Handlung, die Bilderfolgen weisen keinen rationalen Zusammenhang auf, sind allenfalls von der Logik des Traums und des Unbewußten bestimmt. Ein Vorspanntext hebt die Intentionen der Künstler hervor: »Die Motivierung der Inbilder war ausschließlich irrational . . . nichts in dem Film bedeutet irgend etwas.« Dennoch gibt es Deutungen, die von der Unter-drückung der Erotik durch die bürgerliche Erziehung und durch religiöse Vorurteile sprechen.
Entscheidender ist jedoch die Absicht der Surrealisten, die Zuschauer zu schockieren, ihr Vertrauen in hergebrachte Ordnungen und Sehweisen zu erschüttern. Tatsächlich ist das Publikum irritiert.

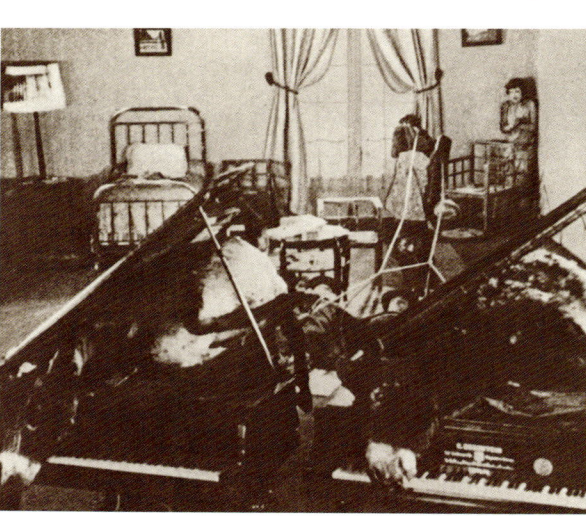

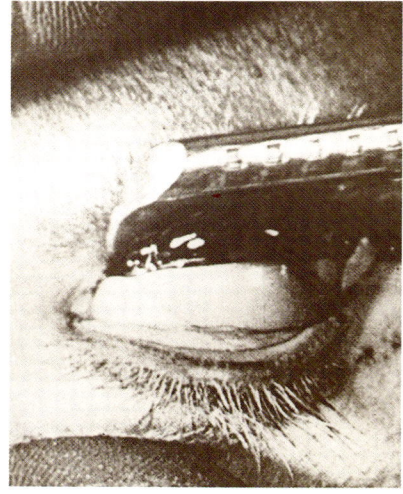

◁ ◁ *Der surrealistische, auf eine fortlaufende Handlung verzichtende Film »Ein andalusischer Hund« wird vielfach als eine Provokation empfunden (Filmszene)*
◁ *Besonders schockierend ist die Sequenz, bei der ein Auge mit dem Rasiermesser durchschnitten wird*

Revolutionärer Schriftstellerbund

19. Oktober. In Berlin findet die Gründung des Bundes proletarisch-revolutionärer Schriftsteller Deutschlands (BPRS) statt, der ersten sozialistischen Schriftstellerorganisation im Deutschen Reich.
Der BPRS setzt sich zum Ziel, die proletarisch-revolutionäre Literatur weiterzuentwickeln und auf eine theoretische Grundlage zu stellen. Er versteht unter einem proletarisch-revolutionären Autor einen Schriftsteller, der die Welt vom Standpunkt des Proletariats aus betrachtet und beschreibt; das Revolutionäre bestehe im Inhalt und nicht in der Form. Der BPRS sieht in der Literatur eine »Waffe der Agitation und Propaganda im Klassenkampf«. Dem Verband gehören Schriftsteller, Redakteure und Arbeiterkorrespondenten an, sie kommen aus der KPD oder sind parteilose Linke. Der BPRS gibt eine Zeitschrift, die »Linkskurve«, heraus, in der Rezensionen erscheinen und theoretische Diskussionen geführt werden. Infolge seiner Ablehnung der herrschenden Kultur grenzt sich der BPRS scharf von linksbürgerlichen deutschen Autoren ab.

Hörspiele brauchen eigene Dramaturgie

Ernst Hardt, Schriftsteller und Generalintendant des Westdeutschen Rundfunks, stellt in der Oktober-Nummer der Zeitschrift »Die Szene« erste grundsätzliche Überlegungen zur Ästhetik und Dramaturgie der neuen literarischen Gattung Hörspiel an.
Da der Rundfunk ein relativ junges Medium ist, stecken auch die Entwicklung von eigens für den Hörfunk konzipierten Stücken und ihre Umsetzung durch die Regie noch in den Anfängen.
Hardt weist darauf hin, daß das Wort den Mittelpunkt der Hörfunkregie bilden muß. Der Regisseur steht vor der Aufgabe, den inhaltlichen Sinn der dichterischen Aussage, ihren Gefühlswert und ihren ästhetischen Klang adäquat zu übermitteln und die Phantasie der Zuhörer allein durch das Wort anzuregen. Er muß, insbesondere bei der Sendung von Schauspielen, das auf der Bühne Sichtbare in Hörbares übersetzen (→8. 4./S. 68).

Maurice Chevalier geht nach Hollywood

9. Oktober. *Der französische Chansonnier Maurice Chevalier verabschiedet sich mit einer Soirée von seinem Pariser Publikum. Der Künstler, der mit seinen Auftritten in den Pariser Musikhallen internationales Ansehen gewonnen hat, steht an einem Wendepunkt seiner Karriere: Er hat ein Angebot aus Hollywood angenommen und wird mit dem deutschen Regisseur Ernst Lubitsch »The Love Parade« (Liebesparade) drehen (Abb.: Chevalier mit charakteristischem Strohhut im 1929 vollendeten Film).*

Drei Rekorde in 60 Minuten

7. Oktober. Paavo Nurmi, der für seinen gleichmäßigen Laufstil bekannte Wunderläufer aus Finnland, stellt in einem Stundenlauf beim Sportfest des Berliner Sportclubs

Paavo Nurmi (M.) kurz nach dem Start zu seinem Weltrekordlauf

Charlottenburg vor 15 000 Zuschauern drei Weltrekorde auf.
Der 31jährige Nurmi, einer der erfolgreichsten Langstreckenläufer der Welt, legt in einer Stunde 19 210 m zurück und übertrifft damit den Stundenlauf-Weltrekord des Franzosen Jean Bouin, der im Juli 1913 19 021 m bewältigte. Nurmis Weltrekordserie in diesem Lauf beginnt bei der 15 000-m-Marke; er benötigt für diese Strecke 46:49,5 min (alter Weltrekord: 47:18,6 min). Mit 50:15 min verbessert er anschließend den Weltrekord über zehn englische Meilen (16 093 m; alter Rekord: 50:40,6 min).
Der Stundenlauf zählt zu den anspruchsvollsten Langstreckenläufen. Den ersten registrierten Weltrekord stellte 1862 der US-Amerikaner William Jackson mit 17 746 m auf. In den folgenden zwei Jahren verbesserte der Indianer Louis Bennett den Rekord viermal. Sein letzter Rekord – 18 589 m – wurde erst 34 Jahre später von dem Briten Frederick Bacon – 18 748 m – überboten.

Der Sport verkörpert neues Lebensgefühl

9. Oktober. In der »Weltbühne« befaßt sich der Schriftsteller Hermann Kasack mit dem »Sport als Lebensgefühl«. Die 20er Jahre zeichnen sich durch ein wachsendes Interesse am Sport aus: Immer mehr Menschen betätigen sich sportlich, auch die Intellektuellen sind vom Sport fasziniert. Der Sport und das Fair play werden zum Kennzeichen einer freieren Gesellschaft, einer sachlichen und nicht gefühlsbetonten Anschauung vom Alltag:

»Das lebendige Verhältnis, das der Mensch, der jüngere Mensch der Nachkriegszeit, zur Vitalität des Körpers gewonnen hat, drückt sich beispielsweise in der Wand-

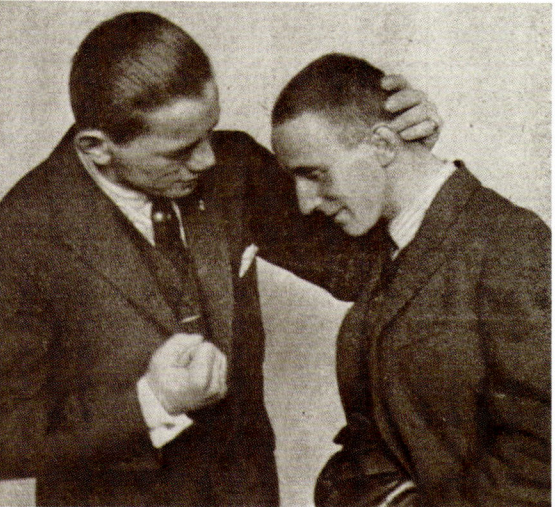

Der deutsche Boxer Paul Samson-Körner droht dem Schriftsteller Bertolt Brecht spaßhaft mit der Faust

lung aus, die sich in moralischer und erotischer Hinsicht innerhalb der bürgerlichen Mentalität vollzogen hat und vollzieht. Drückt sich in der Mode, der Kleidung aus. Kommt in dem Fragenkomplex von Justiz und Gerechtigkeit darin zur Geltung, daß der Kampf gegen die Todesstrafe, gegen die Paragraphen 175 und 218 [die homosexuelle Handlungen auch unter erwachsenen Männern sowie den Schwangerschaftsabbruch unter Strafe stellen (→ S. 175)] aus einem neuen vitalen Gefühl der Existenz resultiert, das sich mit den Worten umschreiben läßt: ›Dein Körper gehört dir.‹ Der Einzelne setzt sich heute weniger mit der Idee als vielmehr mit der Wirklichkeit auseinander; was den parallelen Ausdruck darin findet, daß der Welt des Geistes heute eine Welt des Körpers gleichberechtigt gegenübersteht. Im Sport findet die Erneuerung der Vitalität ihren allgemeinsten Ausdruck.
Dieser Erneuerungsprozeß des

Lebensgefühls, das sich eben intensiver als Gemeinschaftsgefühl zu ›leben‹ ausdrückt, ist eine Reaktion auf überlebtes und klischiertes Bildungstum, eine Reaktion auf Verfall und Vergreisung des kulturellen und gesellschaftlichen Systems. Man hat dem Lebensempfinden ... die wenig geglückte Bezeichnung ›Amerikanismus‹ gegeben. ...
Amerikanismus bedeutet heute etwa die Versachlichung der Vitalität. Dem entspricht die Entwicklung des Sports. Sport ist natürlich keine Mode; der ihm innewohnende Faktor wirklicher Gemeinschaftsbildung ist zu groß. Sportereignisse sind die einzigen in ihrer Regelmäßigkeit wiederkehrenden Ereignisse, bei denen sich Tausende, Hunderttausende von verschiedenartigsten Menschen gemeinschaftlich finden: in gleicher Teilnahme, Begeisterung, im gleichen Vergessen des Alltags, in einem Kollektivrausch von ungeahnter Qualität ... Einem Wirklichkeitsrausch, in dem das einzelne Ich völlig versinkt, in dem, was heute noch mehr bedeutet, auch die politische Partei versinkt. Kein Theater, kein Kino, kein Vereinsfest vermag in nur annähernder Weise ... die Bedürfnisse nach Gemeinschaftsgefühl so auszulösen wie das große Sportereignis. Das hängt zweifellos damit zusammen, daß im Sport ... etwas von dem Nerv der Zeit selber zu spüren ist; und zugleich etwas von dem eigenen ungelebten Leben. Die Chance, die Möglichkeit des Lebens wird sichtbar, etwas Freiheitliches von Leben, das sonst entbehrt wird, teilt sich mit ...
Der Mythos des Heroischen findet in ihm [dem Sportsmann] seine gegenwärtige Ausdrucksform.«

Architektur 1928:

Eine demokratische Baukunst

Die wichtigste Aufgabe der europäischen Architekten liegt nach wie vor im Wohnungsbau, in der Behebung des Wohnungsmangels in den Städten, der durch die Industrialisierung und die Landflucht im 19. Jahrhundert sowie durch den Baustopp während der Kriegsjahre 1914 bis 1918 entstanden ist.

In Anbetracht des Umfangs der Bauvorhaben und der Notwendigkeit, kostengünstig zu bauen, damit die Mieten auch für Arbeiter und Angestellte erschwinglich sind, stehen die Siedlungsbauten und die industrielle Serienproduktion, die durch die neuen technischen Errungenschaften wie Stahlbeton, Skelett- und Montagebauweise ermöglicht werden, im Vordergrund. Die Ausrichtung auf das Zweckmäßige erfolgt jedoch nicht nur aus ökonomischen Gesichtspunkten, sondern entspricht den Zielen der vorherrschenden Richtung der Neuen Sachlichkeit. Ihr geht es um Funktionalität, bei der die äußere Form der Funktion des Bauwerks entsprechen soll, sowie um die Entwicklung einer modernen, demokratischen Gesellschaft, in der die Bauwerke nicht individualistischen Neigungen, sondern sozialen Erfordernissen folgen. Die Kunst soll allen Menschen zugute kommen. Eine bessere Architektur soll letztlich dazu beitragen, eine bessere Gesellschaft zu schaffen.

Ein Beispiel für den modernen Siedlungsbau stellt die Siedlung Dammerstock in Karlsruhe dar, bei der Walter Gropius, der Gründer des Bauhauses, der wegweisenden Hochschule für Gestaltung (→ 1. 4./S. 69), die Bauleitung innehat und für die er selbst einige Häuserzeilen entworfen hat. Alle Häuserblocks der Siedlung laufen in nordsüdlicher Richtung, damit das Sonnenlicht beide Fassaden erreicht; eine gewisse Auflockerung der Siedlungsanlage ergibt sich durch die unterschiedliche Höhe der Häuser, die zwei- bis fünfstöckig sind.

Einem anderen Konzept folgen die großen Wohnsiedlungen in Wien: Sie gruppieren sich um weiträumige Innenhöfe mit Gartenanlagen. Die berühmteste, der kurz vor der Vollendung stehende Karl-Marx-Hof des Architekten Karl Ehn, enthält 1382 Wohnungen sowie Infrastruktureinrichtungen wie Kindergärten, Gemeinschaftswäschereien, eine Bibliothek, eine Ambulanz, Geschäfte und Büros. Die Verbindung von Grünflächen und Wohneinheiten kennzeichnet auch die Arbeit der Architekten Clarence Stein und Henry Wright, die in Radburn, New York, die erste Gartenstadt der USA errichten.

Zwar hat sich der Funktionalismus als dominierende Stilrichtung durchgesetzt, jedoch folgen längst nicht alle Architekten seinen Prinzipien. 1928 erhält der traditionalistisch ausgerichtete Architekt Heinrich Tessenow die Bauleitung für die Berliner Siedlung Am Fischtal in Zehlendorf, deren Häuser eine konservative Formensprache wie das Steildach aufweisen. Sie liegt gegenüber der Großsiedlung Onkel Toms Hütte, die seit 1926 unter maßgeblicher Beteiligung von Bruno Taut gebaut wird und die mit ihren Flachdächern und den großen Fenstern dem Stil der Neuen Sachlichkeit entspricht.

Auch bei den Einzelbauwerken kommen verschiedene Einflüsse zum Tragen. Das 1928 eingeweihte neue Goetheanum in Dornach bei Basel, die anthroposophische Schule für Geisteswissenschaft, weist in seiner Gedrungenheit sowie den geneigten und gekrümmten Flächen Elemente des Expressionismus auf. Es entstand nach Plänen von Rudolf Steiner, dem Begründer der Anthroposophie. Das alte Goetheanum, ein Holzbau, war 1925 abgebrannt. Bereits 1926 wurde mit dem Beton-Neubau begonnen.

Im Stuttgarter Hauptbahnhof, den Paul Bonatz und Friedrich Eugen Scholer 1914 bis 1928 errichtet haben, gehen klassizistische und funktionalistische Züge eine enge Verbindung ein.

Den Ideen des Funktionalismus folgt das 1928 vollendete Warenhaus Schokken in Chemnitz (heute Karl-Marx-Stadt) des Architekten Erich Mendelsohn, der auch das Universum-Lichtspielhaus in Berlin gebaut hat (→ 15. 9./S. 164). Das Warenhaus besteht aus Stahl, Beton und Glas, seine klare, leicht geschwungene Fassade wird durch Fensterreihen gegliedert.

Die Großmarkthalle in Frankfurt am Main, das größte Betonhaus der Welt; der Beton hat sich gegenüber dem Klinker sonst kaum durchgesetzt

Der von Karl Ehn, einem Schüler Otto Wagners, entworfene Karl-Marx-Hof in Wien; expressionistisch-kubistische Bauweise auf 1 km Länge

Der Stuttgarter Hauptbahnhof, ein Klinkerbau mit hohem Eingangsbogen und Pfeilergliederung an der Vorderfront, entworfen von Bonatz und Scholer

◁ *Das neue Goetheanum, ein massiver Betonbau in Dornach bei Basel, wird nach dreijähriger Bauzeit 1928 vollendet; es ist der geistige Mittelpunkt der Anthroposophen, die sich auf Rudolf Steiner berufen; rechte Winkel sind bei der Konstruktion von Gebäuden ihrer Lehre zufolge zu vermeiden; das alte Gebäude, ein Holzbau, war in der Silvesternacht 1925 den Flammen zum Opfer gefallen; die zum Goetheanum gehörende Heizanlage ist mit einem Schornstein, der an die Form einer Flamme erinnert, ausgestattet; sie ähnelt noch stärker als der Hauptbau expressionistischen Bauwerken*

▽ *Entwurf von Terrassenhäusern am Seineufer von Paris (Gouache, Henry Sauvage, 1928; Sammlung Charpentier, Paris); die Häuser, die den Bewohnern in allen Stockwerken viel Licht und Sonne bieten, sind nie gebaut worden; der stufenartige Aufbau greift auf älteste Bauformen zurück und zitiert die ägyptischen Pyramiden; viele Architekten der späten 20er Jahre sehen in ihrer Kunst eine Möglichkeit, auf gesellschaftliche Veränderungen hinzuwirken, was sich häufig in unkonventionellen und kompromißlosen Entwürfen manifestiert*

November 1928

Mo	Di	Mi	Do	Fr	Sa	So
			1	2	3	4
5	6	7	8	9	10	11
12	13	14	15	16	17	18
19	20	21	22	23	24	25
26	27	28	29	30		

1. November, Donnerstag

Von der Aussperrung in der nordwestdeutschen Eisenindustrie, die trotz der Verbindlichkeitserklärung eines Schiedsspruchs erfolgt, sind 230 000 Arbeiter betroffen. →S. 185

In Wien geht der sozialdemokratische Parteitag (seit 29. 10.) zu Ende. Der von Karl Renner angeführte gemäßigte Flügel kann sich mit seiner Forderung nach Regierungsbeteiligung gegen die Mehrheit der Delegierten nicht durchsetzen.

Die türkische Nationalversammlung beschließt die Einführung des lateinischen Alphabets. Ab 1. Dezember 1928 müssen alle Zeitungen und Zeitschriften des Landes in lateinischer Schrift erscheinen (→8. 4./S. 62).

Ungarn schlägt die Schweiz in einem Fußball-Länderspiel in Budapest 3:1.

2. November, Freitag

Der NSDAP-Vorsitzende Adolf Hitler erklärt in einem Schreiben an Parteifunktionäre, daß die Partei über 19 Zeitungen verfüge. Zwölf weitere Blätter sympathisieren mit den Nationalsozialisten.

Der rumänische Ministerpräsident Vintilă Brătianu tritt nach Bestechungsvorwürfen mit seinem Kabinett zurück (→10. 11./S. 187).

400 Delegierte aus Palästina, Transjordanien, Syrien und der Republik Libanon, die in Jerusalem zu einer Konferenz zusammengekommen sind, fordern von Großbritannien die Rücknahme der Balfour-Deklaration, die den Juden eine Heimstatt in Palästina verspricht.

Nach fünfjähriger Ruhe bricht der Vulkan Ätna auf der italienischen Mittelmeerinsel Sizilien wieder aus. Zahlreiche Ortschaften werden von den glühenden Lavamassen verschüttet. →S. 189

3. November, Sonnabend

Die zweite Parteikonferenz der KPD, die bis zum 4. November tagt, billigt den Beschluß der Kommunistischen Internationale (→1.9./S. 155), wonach die Sozialdemokratie als Hauptfeind in der politischen Auseinandersetzung zu sehen ist. Führende Parteimitglieder, die dem rechten Flügel angehören, werden aus der KPD ausgeschlossen.

Reichsaußenminister Gustav Stresemann kehrt von einem Kur- und Erholungsurlaub nach Berlin zurück und nimmt die Amtsgeschäfte wieder auf (→5. 5./S. 83).

Die Bayerischen Motorenwerke (BMW) übernehmen für einen Kaufpreis von zehn Millionen Reichsmark die angeschlagene Automobilfirma Dixi-Werke in Eisenach. BMW, bisher Hersteller von Motorrädern, steigt danach in die Produktion eigener Automobile ein.

4. November, Sonntag

Mit großer Mehrheit wird der liberale Politiker General José Moncada zum neuen Präsidenten von Nicaragua gewählt. Er tritt sein Amt erst 1929 an. Die Wahlen finden unter US-amerikanischer Kontrolle statt. 20 US-Marineflugzeuge überfliegen am Wahltag das gesamte Staatsgebiet (→15. 3./S. 45).

Der neue Sportpalast in Frankfurt am Main wird mit einer Werbeveranstaltung offiziell seiner Bestimmung übergeben.

5. November, Montag

Der Hamburger Senat verpachtet in einem Abkommen, das in Berlin unterzeichnet wird, Gelände im Hamburger Binnenhafen als zollfreie Zone an den tschechoslowakischen Staat. Die Tschechoslowakei wickelt einen Großteil ihres Außenhandels über die Elbe ab.

Die Berliner Bevölkerung bereitet dem Luftschiffpiloten Hugo Eckener bei seiner Ankunft in der Reichshauptstadt einen begeisterten Empfang. →S. 189

Das »Stuttgarter Tagblatt« zieht in ein Turmhochhaus mit 16 Stockwerken um, das 61 m hoch ist.

6. November, Dienstag

Der Kandidat der Republikanischen Partei, Herbert C. Hoover, wird mit großer Mehrheit zum 31. Präsidenten der USA gewählt. →S. 186

Die seit dem Rücktritt von Ministerpräsident Richard Leutheußer (DVP) am 22. August schwelende Koalitionskrise in Thüringen wird beigelegt. Der Landtag wählt mit 28:27 Stimmen Paulssen (DDP) zum neuen Ministerpräsidenten einer von DDP, DVP, Wirtschaftspartei und Landbund erarbeiteten Landeskabinettsliste.

Wegen des Absatzrückgangs, der durch die Aussperrung in der Eisenindustrie verursacht ist (→1. 11./S. 185; 3. 12./S. 200), stellen die Bergwerke der Friedrich Krupp AG in den Gruben auf einschichtige Förderung um.

Lettische Kriegsschiffe treffen zu einem Besuch im Lübecker Hafen ein.

7. November, Mittwoch

Die polnisch-litauische Konferenz in Königsberg (seit 3. 11.) geht ohne Ergebnis zu Ende. Die Bemühungen, die wegen Grenzstreitigkeiten gespannten beiderseitigen Beziehungen zu normalisieren, sind vorerst gescheitert.

In München wird das größte deutsche Studentenhaus eröffnet.

8. November, Donnerstag

In Zusammenhang mit der Aussperrung in der nordwestdeutschen Eisenindustrie fordert die SPD-Reichstagsfraktion eine Änderung des Arbeitslosengesetzes, um die Not der ausgesperrten unorganisierten Arbeiter zu lindern. Die Initiative wird, ebensowenig wie die der Zentrumsfraktion am 9. November, realisiert (→1. 11./S. 185; 3. 12./S. 200).

Der britische Schatzkanzler Winston Churchill leugnet in einer außenpolitischen Aussprache vor dem Unterhaus in London eine Verknüpfung zwischen der Lösung des Reparationsproblems und der Räumung des besetzten Rheinlands (→22. 12./S. 198).

Zwei elsässische Autonomisten, denen im Kolmarer Prozeß am →24. Mai (S. 83) die bürgerlichen Ehrenrechte abgesprochen worden sind, verlieren durch einen Mehrheitsbeschluß der Deputiertenkammer, der ersten Kammer des französischen Parlaments, auch ihre Abgeordnetenmandate.

Hauptpunkt des Sanierungsplans für die hochverschuldeten Vereinigten Neckarsulmer Fahrzeugwerke AG (NSU), der öffentlich bekannt wird, ist die Übernahme der Aktienmehrheit durch ein Konsortium, dem die Dresdner Bank und die italienischen Fiat-Werke angehören.

In Berlin öffnet die Internationale Automobil- und Motorradausstellung ihre Pforten (bis 8. 11.). →S. 188

In der Pariser Oper wird der Film »Verdun« von Léon Poirier über den Weltkrieg in Beisein hoher französischer Offiziere uraufgeführt. →S. 193

9. November, Freitag

Der zehnte Jahrestag der Ausrufung der Republik wird im Deutschen Reich gefeiert. Reichsinnenminister Carl Severing (SPD) wendet sich aus diesem Anlaß mit einer Rundfunkansprache an die Bevölkerung. Seine Rede wird als »Politisierung des Rundfunks« von der Rechten, die in der Abschaffung der Monarchie keinen Grund zum Feiern sieht, attackiert. →S. 186

10. November, Sonnabend

In Berlin wird ein deutsch-rumänisches Abkommen zur Beilegung finanzieller Streitigkeiten unterzeichnet. Das Deutsche Reich verpflichtet sich zu Entschädigungszahlungen in einer Gesamthöhe von 75,5 Millionen Reichsmark, im Gegenzug gibt Rumänien das nach Kriegsende beschlagnahmte deutsche Eigentum frei.

Neuer rumänischer Ministerpräsident wird der Vorsitzende der Bauernpartei, Iuliu Maniu, der sich der Beteiligung an der Regierung des bisherigen Ministerpräsidenten Vintilă Brătianu stets verweigert hat. →S. 187

In Polen wird das zehnjährige Bestehen des Staates gefeiert.

Der seit Dezember 1926 regierende japanische Kaiser Hirohito wird in einer Zeremonie in der Kaiserstadt Kyoto zusammen mit seiner Frau, Kaiserin Nagako, inthronisiert. →S. 187

Die »Vossische Zeitung« in Berlin beginnt mit dem Vorabdruck des Antikriegsromans »Im Westen nichts Neues« von Erich Maria Remarque. →S. 193

11. November, Sonntag

Das Ende des Weltkriegs jährt sich zum zehnten Mal. Im In- und Ausland finden zahlreiche Gedenkveranstaltungen statt (→9. 11./S. 186).

Der französische Ministerpräsident Raymond Poincaré, der nach einem koalitionsinternen Streit über zwei Kirchengesetze am 6. November zurückgetreten war, präsentiert sein neues Kabinett, dem die Radikalsozialisten nicht mehr angehören. →S. 187

»Geschworene Feindschaft gegen jeglichen Pazifismus und ausdrückliche Bejahung des Krieges als der einzigen Möglichkeit zur Lösung der deutschen Frage, Verwerfung des ›undeutschen‹ Parlamentarismus« – dazu bekennt sich die rechtsgerichtete Wehrorganisation Werwolf auf einer Reichstagung in Leipzig.

12. November, Montag

Das Arbeitsgericht Duisburg stimmt der Auffassung der Arbeitgeber im Ruhreisenstreit zu und erklärt den Schiedsspruch vom 26. Oktober für rechtswidrig (→1. 11./S. 185; 3. 12./S. 200).

Bei einem großen Aufmarsch der rechtsgerichteten paramilitärischen Heimwehr in Innsbruck kommt es zu Zusammenstößen mit sozialdemokratischen Arbeitern. Mehrere Personen werden bei Tätlichkeiten verletzt.

Beim Untergang des britischen Dampfers »Vestris« vor der Küste von Virginia kommen 115 Menschen ums Leben. Es werden schwere Vorwürfe gegen den Kapitän und die Reederei erhoben. →S. 188

Anläßlich des zehnjährigen Amtsjubiläums Otto Brauns wird in Berlin eine Büste des preußischen Ministerpräsidenten enthüllt, die der Bildhauer Georg Kolbe geschaffen hat.

13. November, Dienstag

Reichspräsident Paul von Hindenburg teilt Reichskanzler Hermann Müller mit, daß für den Fall des Baustopps für das Panzerschiff A mit dem Rücktritt von Reichswehrminister Wilhelm Groener zu rechnen sei (→16. 11./S. 184).

Der Regisseur Max Reinhardt eröffnet in Wien eine Schauspiel- und Regie-Schule (Reinhardt-Seminar).

Im Beisein des österreichischen Bundespräsidenten Michael Hainisch wird der Grundstein des neuen Stadionbaus in Wien gelegt, der die Inschrift trägt: »Der Jugend widmet dieses Stadion die Gemeinde Wien zur Erinnerung an den zehnten Jahrestag der Republik« (12. November).

14. November, Mittwoch

Die Reichsregierung beschließt die Aufstockung ihres Aktienanteils an der Emelka-Filmgesellschaft, um eine Monopolstellung des Ufa-Konzerns zu verhindern. →S. 192

Die Lage der ausgesperrten Arbeiter an der Ruhr als Aufmacher des letzten Novemberheftes der »Arbeiter-Illustrierten Zeitung«

Reichsaußenminister Gustav Stresemann (DVP) weist in einer Pressekonferenz in Berlin eindringlich darauf hin, daß die wirtschaftliche Prosperität des Deutschen Reiches nur aufgrund großzügiger Auslandskredite möglich geworden sei. →S. 185

Einem Wirbelsturm fallen in der argentinischen Stadt Villa Maria 41 Menschen zum Opfer. 150 Personen werden verletzt, zahlreiche Gebäude zerstört.

15. November, Donnerstag
Der italienische Senat in Rom genehmigt das Gesetz über die Erhebung des Großen Faschistenrats zum verfassungsmäßigen Organ (→19. 9./S. 155).

Walter von Molo, der neue Vorsitzende der Sektion Dichtkunst bei der Preußischen Akademie der Künste, warnt davor, der Literatur gleichgültig gegenüberzustehen. →S. 193

16. November, Freitag
Der Antrag der sozialdemokratischen Reichstagsfraktion auf Baustopp für das Panzerschiff A wird mit der Parlamentsmehrheit der bürgerlichen Parteien abgelehnt. Die sozialdemokratischen Minister und Reichskanzler Hermann Müller (SPD) stimmen für den Antrag und beschwören damit eine Kabinettskrise herauf. →S. 184

Erstmals nach Aufhebung des Redeverbots in Preußen am →28. September (S. 152) spricht der NSDAP-Vorsitzende Adolf Hitler in Berlin. Seine Rede vor 16 000 Zuschauern im Berliner Sportpalast wird von seinen Anhängern vielfach mit großer Enttäuschung aufgenommen. →S. 185

17. November, Sonnabend
Der Staatsgerichtshof in Leipzig spricht im Streit zwischen Preußen und den süddeutschen Staaten in der Frage der Biersteuer ein Urteil zugunsten der preußischen Staatsregierung. →S. 188

Der Reichstag in Berlin stellt der preußischen Staatsregierung Mittel zur Verfügung, damit diese Wohlfahrtsunterstützung an die von der Aussperrung betroffenen Stahlarbeiter im Ruhrgebiet zahlen kann (→1. 11./S. 185; 3. 12./S. 200).

Als Folge der Aussperrung in der nordwestdeutschen Eisenindustrie meldet der Einzelhandel Einbußen von 255 000 Reichsmark im Geldumlauf.

Die Opelwerke weisen in einer Presseerklärung Gerüchte, daß ein Verkauf des Unternehmens an den US-amerikanischen Automobilkonzern General Motors unmittelbar bevorstehe, zurück.

18. November, Sonntag
Der neue Vorsitzende der rechtsgerichteten Deutschnationalen Volkspartei (DNVP), Alfred Hugenberg (→20. 10./S. 172), fordert seine Partei in einer Ansprache in Liegnitz zu einem engen Zusammengehen mit dem rechtsextremen paramilitärischen Verband Stahlhelm auf (→23. 9./S. 152).

19. November, Montag
Reichsaußenminister Gustav Stresemann bekennt sich in einer Rede vor dem Reichstag zur Politik der Aussöhnung mit den westlichen Nachbarn.

Der Todestag des frühromantischen österreichischen Komponisten Franz Schubert jährt sich zum 100. Mal. In Wien finden zahlreiche Gedenkveranstaltungen statt.

20. November, Dienstag
Der Reichstag lehnt einen Mißtrauensantrag der Nationalsozialisten gegen Reichsaußenminister Gustav Stresemann mit etwa zwei Drittel der Abgeordnetenstimmen ab.

(Erzherzog) Otto wird 16 Jahre alt und damit nach dem Hausgesetz der Habsburger großjährig. Der Geburtstag wird in monarchistischen Kreisen Ungarns festlich begangen. →S. 189

Der seit dem →10. November (S. 187) amtierende rumänische Ministerpräsident Iuliu Maniu hebt den Belagerungszustand und die Pressezensurbestimmungen auf.

Der Sender Königs Wusterhausen bei Berlin strahlt im Probebetrieb bis zum 20. Dezember die ersten Bildfunk-Sendungen aus und läutet damit die Ära des Fernsehens in Deutschland ein.

21. November, Buß- und Bettag
In einem Fußball-Freundschaftsspiel unterliegt die Berliner Städtemannschaft einer Wiener Städteauswahl vor heimischem Publikum 1:4.

22. November, Donnerstag
Der italienische Ministerpräsident und Duce Benito Mussolini kündigt in einem Leitartikel der faschistischen Zeitung »Popolo d'Italia« die Aufhebung des Mieterschutzes bis 1930 an. Der Zuzug der Landbevölkerung in die Stadt müsse vermindert werden.

Im Petersdom in Rom wird ein Denkmal für die Opfer des Weltkriegs, geschaffen von dem italienischen Bildhauer Pietro Canonica, enthüllt.

»Bolero«, ein Ballett von Maurice Ravel, wird am Théâtre National de l'Opéra in Paris uraufgeführt. →S. 193

23. November, Freitag
Der Zentralvorstand der Deutschen Volkspartei (DVP) bestätigt Reichsaußenminister Gustav Stresemann einstimmig als ihren Vorsitzenden. Stresemann rechtfertigt in einer Rede vor dem Zentralvorstand das Zusammengehen mit der SPD in der Reichsregierung als »Vernunftehe«. →S. 185

Der Polizeipräsident von Berlin, Karl Zörgiebel, verbietet eine geplante Demonstration der NSDAP anläßlich der Beerdigung des Parteimitglieds Hans Kütemeier, der im Landwehrkanal ertrunken ist. Laut Polizeibericht liegt ein Unglücksfall vor, die Nationalsozialisten beschuldigen dagegen politische Gegner des Mordes. Der Umzug findet trotz des Verbotes statt.

Ein ärztliches Bulletin stellt eine ernstliche Erkrankung des britischen Königs Georg V. fest (→4. 12./S. 201).

Der Staat Lettland feiert den zehnten Jahrestag der Erlangung der nationalen Unabhängigkeit.

Die sowjetische amtliche Zeitung »Prawda« fordert zu einer verstärkten Mitgliederwerbung der KPdSU unter der Fabrikarbeiterschaft auf. Nur 42% der Mitglieder der Kommunistischen Partei sind Arbeiter.

Der deutsche Schwergewichtsboxer Max Schmeling schlägt in den USA im Madison Square Garden in New York den US-Amerikaner Joe Monte durch K. o. in der achten Runde. →S. 192

24. November, Sonnabend
Im Ruhreisenstreit stimmt die Berufsinstanz der Auffassung der Gewerkschaften zu (→1. 11./S. 185; 3. 12./S. 200).

In einer Rede vor dem Zentralkomitee der KPdSU spricht sich Parteichef Josef W. Stalin für eine forcierte Industrialisierung der Sowjetunion aus.

Im Neuen Theater in Frankfurt am Main wird das Stück »Die Lederknöpfe« des expressionistischen Dramatikers Georg Kaiser – am Vorabend seines 50. Geburtstages – uraufgeführt.

25. November, Sonntag
In Salzburg wird die katholische Universität vom österreichischen Bundeskanzler Ignaz Seipel, der selbst von 1909 bis 1917 dort tätig war, wiedereröffnet.

Der Allgemeine Deutsche Automobilclub (ADAC) ernennt auf seiner Haupttagung in Leipzig Carl Benz zum Ehrenmitglied. Nach einer zweistündigen Debatte verständigt sich die Konferenz auf die Beibehaltung des Wimpels in den Farben des Kaiserreichs, schwarz-weiß-rot.

26. November, Montag
In London scheitern die Verhandlungen über die Freigabe des Rundfunks für Wahlpropaganda, da sich die Parteien nicht über die Auslegung des Begriffs »Gleichheit der Agitationsmöglichkeiten« verständigen können.

Von einer Sturmkatastrophe an der Nordseeküste ist die nordfriesische Insel Sylt am schwersten betroffen. →S. 189

27. November, Dienstag
Das Reichskabinett verständigt sich darauf, Reichsinnenminister Carl Severing (SPD) mit der Sonderschlichtung im Ruhreisenstreit zu beauftragen (→1. 11./S. 185; 3. 12./S. 200).

Herbert Hoover, dessen erste Auslandsreise nach der Wahl zum US-Präsidenten (→6. 11./S. 186) nach Lateinamerika führt, trifft in Honduras ein. Hoover tritt sein Präsidentenamt allerdings erst Anfang 1929 an.

Auf der Jahrestagung des Verwaltungsrats der Deutschen Reichsbahngesellschaft wird eine erste Bilanz der Abschaffung der vierten Klasse (→7. 10./S. 173) gezogen: Der erhoffte Umstieg auf die Polsterklasse ist vor allem im Nahverkehr erfolgt.

Im Théâtre National de l'Opéra in Paris wird das Ballett »Le baiser de la fée« von Igor Strawinski uraufgeführt.

28. November, Mittwoch
Der Schweriner Landtag lehnt mit 26 zu 24 Stimmen einen Antrag der Deutschnationalen auf Auflösung ab.

29. November, Donnerstag
Der Reichsrat, die Vertretung der Länder, nimmt den Handels- und Schiffahrtsvertrag mit der Südafrikanischen Union an. Es ist dies der erste Vertrag, den das Deutsche Reich mit einem britischen Dominion schließt.

30. November, Freitag
Herbert von Dirksen wird als Nachfolger des verstorbenen Ulrich Carl Christian Graf von Brockdorff-Rantzau (→8. 9./S. 153) Botschafter des Deutschen Reichs in Moskau.

Polen und Ungarn schließen in Warschau ein Schiedsgerichtsabkommen zur Beilegung bilateraler Streitigkeiten.

Persien schließt mit Ägypten einen Freundschaftsvertrag.

Nach den Wahlen zum australischen Repräsentantenhaus verfügt die Regierung von Ministerpräsident Stanley Melbourne Bruce nur noch über eine Mehrheit von neun Mandaten (bisher: 29).

Gestorben:
3. Berlin: Klara Ratzka (*4. 9. 1872, Hamm), deutsche Schriftstellerin.

5. Festenburg: Ottokar Kernstock (*25. 7. 1848, Maribor), österreichischer Schriftsteller.

21. Berlin: Hermann Sudermann (*30. 9. 1857, Matziken), deutscher Schriftsteller.

25. Vorderleiten: Henry von Heiseler (*23. 12. 1875, Petersburg, später Leningrad), deutscher Schriftsteller.

26. Marktredwitz: Reinhard Scheer (*30. 9. 1863, Obernkirchen), deutscher Admiral.

Das Wetter im Monat November

Station	Mittlere Lufttemperatur (°C)	Niederschlag (mm)	Sonnenscheindauer (Std.)
Aachen	7,3 (6,0)	104 (67)	– (62)
Berlin	7,1 (3,9)	91 (46)	– (50)
Bremen	7,5 (5,3)	106 (60)	– (50)
München	5,0 (3,0)	79 (53)	– (54)
Wien	7,6 (4,5)	46 (53)	– (–)
Zürich	6,0 (3,3)	121 (72)	50 (51)
( ) Langjähriger Mittelwert für diesen Monat – Wert nicht ermittelt			

Die französische Kunst-zeitschrift »Arts et métiers graphiques« aus Paris mit einem graphisch gestalteten Titelblatt

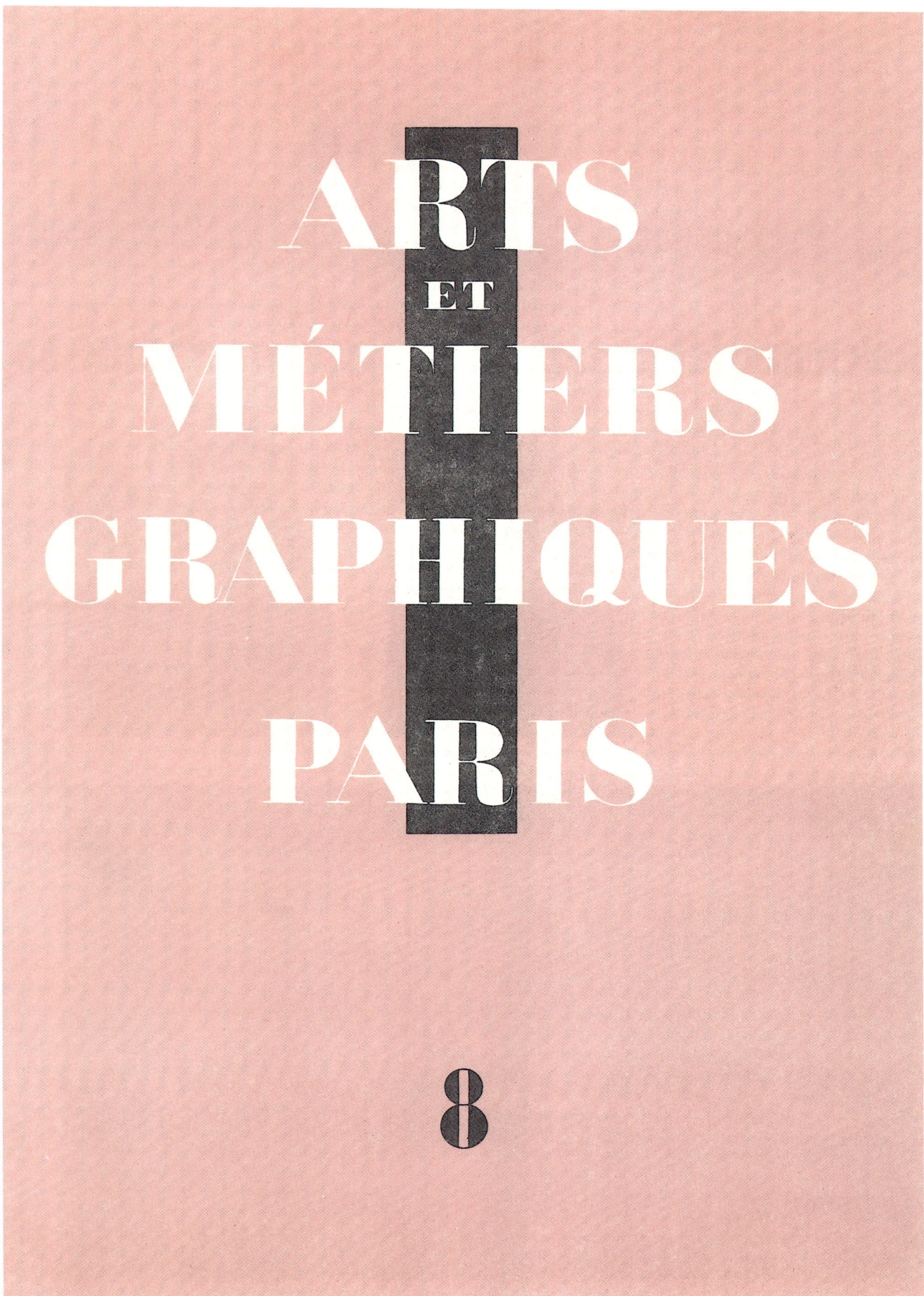

Entwurf des in Bau befindlichen Panzerschiffs A, das nach der Ablehnung des sozialdemokratischen Antrags auf Baustopp im Reichstag nun realisiert werden kann

Reichstag lehnt SPD-Antrag zu Panzerschiff-Baustopp ab

16. November. Der Reichstag in Berlin lehnt den Antrag der SPD-Fraktion, den Bau des Panzerschiffs A zu stoppen, ab. Vorausgegangen ist eine heftige Debatte in der SPD. Reichskanzler Hermann Müller (SPD) und die drei SPD-Minister Carl Severing (Innen), Rudolf Hilferding (Finanzen) und Rudolf Wissell (Arbeit) stimmten am 10. August dem Bau des Panzerschiffs zu, nachdem Hilferding am 20. Juli das Vorhaben für finanzpolitisch unbedenklich erklärt hatte. Sie verwiesen dabei auf ihre Verpflichtung, sich an die Entscheidung von Reichstag und Reichsrat zu halten (→ 30. 3./S. 42; 28. 6./S. 102).

Die Entscheidung der SPD-Kabi-

SPD-Fraktionsvorsitzender O. Wels

Reichswehrminister Wilhelm Groener

nettsmitglieder stieß innerhalb der Partei auf einhellige Kritik. Der Parteivorstand sprach am 15. August sein Bedauern über den Regierungsbeschluß aus. – Die DVP hatte deutlich gemacht, daß sie zur Aufkündigung ihrer Regierungsbeteiligung für den Fall der Ablehnung des Panzerschiffbaus entschlossen sei. Im Interesse des Fortbestands der großen Koalition verständigten sich die SPD-Gremien daher am 18. August, ihren Widerstand gegen das Panzerschiff aufzugeben: Eine weitere Regierungsbeteiligung der SPD liege »im Gesamtinteresse der Arbeiterschaft«. Die Partei leistete folgerichtig Widerstand gegen das KPD-Volksbegehren (→ 16. 10./S. 172).

Am 1. September 1928 wurden die Bauaufträge für das Panzerschiff vergeben, die allerdings mit 32,3 Millionen Reichsmark (RM) weit über die vom Reichstag bewilligte Rate (9,3 Millionen RM) hinausgingen. Die parteiinterne Gegnerschaft in der SPD verstummte jedoch nicht. Sie veranlaßte die SPD-Fraktion, am 31. Oktober einen Antrag in den Reichstag einzubringen, wonach der Panzerkreuzerbau einzustellen und das Geld für Kinderspeisungen auszugeben sei. Für diesen Antrag stimmen am 16. November, nachdem der SPD-Fraktionsvorsitzende Otto Wels ihn am 15. November in einer Reichstagsrede eindringlich verteidigt hatte, mit der KPD- und SPD-Fraktion auch die SPD-Minister und SPD-Reichskanzler Hermann Müller, die den Bau mit dem Kabinettsbeschluß vom 10. August selbst initiiert hatten. Der Antrag auf Baustopp für das Panzerschiff A wird dennoch abgelehnt, da auch die oppositionellen Mitte- und Rechtsparteien dagegen stimmen.

Reichskanzler Hermann Müller (M.) stellt vor dem Reichstag dar, weshalb er das Panzerschiff A nunmehr ablehnt

Groeners Argumente für die Reichswehr

November. Der Reichswehrminister, Wilhelm Groener, äußert sich in privaten Notizen zur militärstrategischen Lage der Reichswehr. Deren Abschaffung lehnt er ab.

Nach Auffassung Groeners ist die Reichswehr zu einem Angriffskrieg aufgrund der Beschränkungen des Versailler Friedensvertrags nicht in der Lage, wohl aber dazu, Angriffe von außen abzuwehren. Als möglicher Angreifer kommt nach Ansicht Groeners vor allem Polen in Frage: »Der Hunger Polens auf deutsches Gebiet in Ostpreußen oder Oberschlesien und die Aktivität seiner Politik ist kein Geheimnis ... Die Anzeichen sprechen dafür, daß sich die Polen bevölkerungspolitisch und wirtschaftlich das Sprungbrett zum Handstreich schaffen.«

Auf der anderen Seite ist in Polen die Angst vor Übergriffen aus dem Deutschen Reich groß, zumal die Reichsregierung die durch den Ausgang des Weltkriegs geschaffenen Grenzen im Osten nicht anerkennt.

Die DVP bestätigt ihren Vorsitzenden

23. November. Reichsaußenminister Gustav Stresemann wird auf der Tagung des Zentralvorstands der rechtsliberalen Deutschen Volkspartei (DVP) einstimmig als Parteivorsitzender bestätigt.

Stresemann schloß sich 1903 der Nationalliberalen Partei an und vertrat sie 1907 bis 1912 und 1914 bis 1918 als Abgeordneter im Reichstag. 1917 übernahm er den Fraktionsvorsitz. 1918, nach Kriegsende, gründete Stresemann die Deutsche Volkspartei in der Nachfolge der Nationalliberalen Partei und in Abgrenzung zur linksliberalen Deutschen Demokratischen Partei (DDP). Seitdem ist Stresemann DVP-Vorsitzender. Seine Partei steht der Schwer- und Exportindustrie sowie den Banken nahe, strebt die Revision des Versailler Vertrags mit friedlichen Mitteln an und steht der parlamentarischen Regierungsform nicht eindeutig positiv gegenüber. Stresemanns Stellung in der Partei ist unangefochten.

Stresemann warnt vor Leben auf Pump

14. November. Reichsaußenminister Gustav Stresemann bezeichnet in einer Pressekonferenz das Deutsche Reich als militärisch und – infolge der Auslandskredite – auch finanziell entwaffnet; er warnt davor, die wirtschaftliche Lage als zu positiv darzustellen:

»Ich möchte Sie bitten, bei Ihren Beurteilungen der wirtschaftlichen Lage Deutschlands und auch der anderen hiermit zusammenhängenden Fragen den Gedanken zugrunde zu legen, daß wir in Deutschland in den letzten Jahren von gepumptem Gelde gelebt haben. Wenn einmal eine Krise bei uns kommt und die Amerikaner ihre kurzfristigen Kredite abrufen, dann ist der Bankrott da. Was wir an Steuern erheben, geht bis an die Grenze dessen, was ein Staat überhaupt tun kann. Ich weiß nicht, woher neue Steuern geholt werden können. Die Statistiken zeigen, ... wieviel fremdes Geld wir überhaupt aufgenommen haben, um uns aufrechtzuerhalten ...«

Die Rede Hitlers im Sportpalast wird mit Lautsprechern übertragen

Hitlers erste Rede im Sportpalast

16. November. Adolf Hitler, Vorsitzender der NSDAP seit 1921, hält seine erste Rede im Berliner Sportpalast, der mit 16 000 Zuschauern voll besetzt ist.

Hitler verbreitet seine wohlbekannten vernichtenden Urteile über diejenigen, die angeblich den militärischen Zusammenbruch des Deutschen Reiches im Weltkrieg verursacht und sich mit der parlamentarischen Regierungsform arrangiert hätten. Er prophezeit den Wiederaufstieg Deutschlands durch »Wehrhaftigkeit, Ehrbegriffe, Rassenstolz und wirtschaftliche Autokratie«.

Der erste öffentliche Auftritt des NSDAP-Führers in der Reichshauptstadt wird in der Presse zurückhaltend kommentiert. Die »Frankfurter Zeitung« stellt fest, daß die Stimmung rasch abgeflaut sei: »Eine allgemeine Enttäuschung konnte fast Mitleid erregen«. Die »Vossische Zeitung« konstatiert, daß es Hitler angesichts der positiven Wirtschaftsentwicklung im Deutschen Reich schwer habe, seine Untergangsprognosen zu stützen. Seine Haßtiraden, die 1923 – in Zeiten der höchsten Not – in weiten Kreisen auf Widerhall gestoßen sind, verhallten nun ohne Resonanz. Die naheliegende Konsequenz (die die Zeitung allerdings nicht zieht): Sollte es wirtschaftlich wieder bergab gehen, dann ist auch Hitlers Stunde wieder gekommen (→31. 3./S. 44; 28. 9./S. 152).

230 000 Stahlarbeiter sind ausgesperrt

1. November. Der Arbeitgeberverband Nordwest, die Spitzenorganisation der nordwestdeutschen Eisenindustrie, sperrt 230 000 Arbeiter

Panzerschiff-Plakat, überklebt mit Ankündigung der Gewerkschaften

Ein ödes Bild auch am Werktag: Die großen Industriewerke im Ruhrgebiet bleiben wegen der Aussperrung von 230 000 Metallarbeitern geschlossen

aus, obwohl Reichsarbeitsminister Rudolf Wissell (SPD) am 31. Oktober den Schiedsspruch des Schlichters Wilhelm Joetten für verbindlich erklärt hat.

Die Gewerkschaften hatten am 24. September den Lohntarifvertrag gekündigt. Ihrer Forderung nach allgemeiner Lohnerhöhung von 15 Pfennig stellten die Unternehmer das Angebot entgegen, für schlechtbezahlte Zeitlöhner geringe Anhebungen vorzunehmen, den Tarifvertrag sonst jedoch ein weiteres Jahr gelten zu lassen. Nach ergebnislosen Verhandlungen lautete der Schiedsspruch: Die Ecklöhne sollten unverändert bleiben, für Zeitlöhner sollten 6 Pfennig, für Akkordarbeiter 2 Pfennig als feste Stundenzulage gezahlt werden (→3. 12./S. 200).

Überlegener Sieg für Republikaner Hoover

31. US-Präsident

Herbert Hoover, geboren am 10. August 1874 in West Branch (Iowa), von Beruf Bergbauingenieur, war zunächst karitativ tätig. Er leitete 1915 bis 1919 das US-Hilfswerk für Belgien und 1917 bis 1919 das US-Kriegsernährungsamt. Er organisierte nach Ende des Weltkriegs ein Hilfsprogramm für Europa mit nach ihm benannten Armenspeisungen. Seit 1921 gehört er als Handelsminister der US-Regierung an.

Hoover mit überwältigender Mehrheit gewählt

Hoover : Smith 467 : 64

WTB. New York, 7. November. (Drahtbericht.) Nach den letzten Meldungen ist anzunehmen, daß Hoover über 467 Wählmänner-Stimmen auf sich vereinigen wird. Die einzigen Staaten, die anscheinend Smith verbleiben werden, sind: Alabama, Arkansas, Georgia, Louisiana, Massachusetts, Mississippi und Süd-Carolina mit insgesamt 64 Wahlmänner-Stimmen. Die Demokraten haben mindestens zwei Sitze im Senat und zehn im Repräsentantenhaus verloren.

Die Staaten Missouri und Maryland sind noch zweifelhaft. Wenn diese auch zugunsten [...]

Headline der »Düsseldorfer Nachrichten«, Abendausgabe, zur Wahl Hoovers

6. November. Aus den Präsidentschaftswahlen in den USA geht der Kandidat der Republikaner, Herbert C. Hoover, als strahlender Sieger hervor. Er erhält 21,4 Millionen Wähler- und damit 444 Wahlmännerstimmen, sein Gegenkandidat von den Demokraten, der Gouverneur des Bundesstaats New York, Alfred E. Smith, kann nur 15 Millionen Wähler- und 87 Wahlmännerstimmen auf sich vereinigen.

Hoover, der die Nachfolge seines Parteikollegen Calvin Coolidge antritt, hat von den Erfolgen der Wirtschaftspolitik, die mit ihm – durch seinen Posten als Handelsminister – verknüpft sind, profitieren können. Während des Wahlkampfs (→ 11. 8./S. 137) sind nur geringfügige programmatische Gegensätze zwischen den Kandidaten deutlich geworden. Hoover und Smith setzten sich beide für eine liberale, Staatseingriffe vermeidende Wirtschaftspolitik ein. Smith' Position gilt jedoch als gewerkschaftsfreundlicher. Differenzen bestanden in der Frage der Prohibition. Während Smith sich für eine Aufhebung des Alkoholverbots einsetzte, gab sich Hoover bedingungslos »trocken«.

Angesichts der geringen inhaltlichen Unterschiede waren die Persönlichkeiten der Kandidaten von entscheidender Bedeutung. Beide konnten auf geschäftliche Erfolge verweisen; doch während Smith sich zu seiner Herkunft aus den New Yorker Slums bekannte und daher als Emporkömmling galt, stellte sich Hoover als Verkörperung der Ideologie des »echten« Amerika, wonach jeder es zu etwas bringen könnte, dar. Smith' Handicaps lagen außerdem in seiner irischen Herkunft und seinem katholischen Glauben. Als Vertreter der großstädtischen Bevölkerung war er heftigen Anfeindungen in den ländlichen Regionen, die an überkommenen Wertvorstellungen festhielten, ausgesetzt.

Dementsprechend gelingt den Republikanern bei den Wahlen 1928 erstmals ein Einbruch in die Domäne der Demokraten, die ländlichen Südstaaten, während die Demokraten alle Großstädte für sich erobern.

Bei den gleichzeitig abgehaltenen Kongreßwahlen, bei denen ein Drittel der Sitze neu besetzt werden, bestätigt sich der Erfolg der Republikaner. Sie gewinnen im Senat sieben, im Repräsentantenhaus 30 Sitze hinzu.

Hoover wird am 12. Januar 1929 vom Wahlmännergremium gewählt. Nach dem US-Wahlsystem haben die einzelnen Bundesstaaten je nach Größe eine unterschiedliche Anzahl von Wahlmännerstimmen. Die Wahlmänner sind daran gebunden, geschlossen für den Kandidaten, der in ihrem Bundesstaat die Mehrheit erhalten hat, zu stimmen.

Feiern zum zehnten Jahrestag des Kriegsendes und der Ausrufung der Weimarer Republik

9. November. *Im Deutschen Reich finden zahlreiche Gedenkveranstaltungen zum zehnten Jahrestag der Ausrufung der Republik am 9. November und der Unterzeichnung der Kapitulationsurkunde zur Beendigung des Weltkriegs am 11. November statt. Die Ansprache von Reichsinnenminister Carl Severing (SPD), die am 9. November vom Berliner Rundfunk ausgestrahlt wird, erntet in der Rechtspresse als »Politisierung des Rundfunks« scharfe Kritik. Severing führt u. a. aus: »Der 9. November 1918 war in seinem letzten Grunde der Tag der Selbsthilfe eines gequälten Volkes, das zu seiner Führung kein Vertrauen mehr besaß und sich anschickte, sein Schicksal selbst zu schmieden. Wer den 9. November festlich begeht, macht nicht dem Mord Musik, sondern der gerechten Notwehr eines Volks, das vier Jahre lang gegenüber einer Welt von Feinden in beispielloser Tapferkeit und Disziplin zusammengestanden hatte. Wer den 9. November feiert, preist nicht das Werk einiger Verschwörer, sondern den Sturmtag des neuen Deutschland, an dem das Volk die Probe auf seine politische Reife und die Fähigkeit der Selbstverwaltung bestand. Die Republik war der Friede« (Abb. l.: Gedächtnisfeier auf dem deutschen Gefallenenfriedhof in Paris, M.: Schweigeminute vor der Pariser Oper, r.: Kranzniederlegung durch den britischen König Georg V. in London).*

Regierungswechsel wegen Korruption

10. November. Der Oppositionspolitiker Iuliu Maniu, seit 1926 Vorsitzender der Bauernpartei, übernimmt das Amt des Ministerpräsidenten von Rumänien.

Sein Vorgänger, der Liberale Vintilă Brătianu, war am 2. November zurückgetreten. Er verfügte nicht über die Autorität seines Bruders Ion, dem er erst im November 1927 nach dessen Tod nachgefolgt war. Außerdem war er durch Korruptionsaffären ins Zwielicht geraten. Brătianu hatte ferner mit einem hohen Haushaltsdefizit zu kämpfen; das Ausland verweigerte die Kredite, die für die Stabilisierung der Währung erforderlich waren.

Brătianu sah sich wachsendem Druck von seiten der Bevölkerung ausgesetzt. Maniu gelang es bei einem Kongreß seiner Partei in Alba Iulia am 6. Mai 1928, nicht nur 700 Delegierte, sondern auch 200 000 Bauern zu versammeln, die gegen die zentralistische Politik der Regierung Brătianu protestierten. Maniu präsentiert sich als Vertreter des Kampfs gegen Bestechungs- und Vetternwirtschaft und für eine Dezentralisierung.

Bei den Wahlen vom 12. Dezember 1928 erhält seine Bauernpartei (im Wahlbündnis mit der Partei der Deutschen) 348 der 387 Parlamentssitze. Sie profitiert dabei von dem Wahlgesetz von 1925, das derjenigen Partei, die mindestens 40% der Stimmen erhalten hat, eine überwältigende Mehrheit der Mandate als »Prämie« sichert.

Poincaré bleibt Ministerpräsident

11. November. Der alte und neue Ministerpräsident von Frankreich heißt Raymond Poincaré. Fünf Tage nach seinem Rücktritt kann er ein neues Kabinett präsentieren.

Die Radikalsozialisten waren aus der Regierungskoalition (→ 29. 4./S. 63) wegen eines Gesetzentwurfs ausgeschieden, der die Rückgabe beschlagnahmten Eigentums an die Kirche und die Möglichkeit zur Übergabe des Eigentums an Kongregationen zur Missionarsausbildung vorsah. Dem neuen Kabinett gehören die Radikalsozialisten nicht mehr an; Poincaré steht nun einer Mitte-Rechts-Regierung vor.

Hirohito, der im Dezember 1926 die Nachfolge seines verstorbenen Vaters angetreten hat, im Krönungsgewand

Die japanische Kaiserin Nagako im traditionell bei der Thronbesteigung getragenen Staatsgewand

Hirohito zum japanischen Kaiser gekrönt

10. November. In der traditionellen Krönungsstadt Kyoto besteigen Hirohito und seine Frau Nagako im Shishiden-Palast den Kaiserthron.

Die Inthronisationsriten, die sich über mehrere Stunden hinziehen, finden im Beisein von japanischen Würdenträgern und Angehörigen des Diplomatischen Korps statt. Ministerpräsident Gi-ichi Baron Tana-ka bringt vor dem Thron an der Spitze eines Gratulationsmarsches ein dreifaches »Banzai«, den seit 2500 Jahren bei diesem Anlaß gebräuchlichen Hochruf, aus.

Kaiser Hirohito bekräftigt in einer Rede seine Bereitschaft, »die Freundschaft zwischen allen Nationen zu sichern, um den Weltfrieden zu erhalten.«

Die Krönungsfeierlichkeiten haben am 7. November mit dem Auszug Hirohitos und Nagakos aus Tokio ihren Anfang genommen. Bei ihrem Eintreffen in Kyoto am 8. November säumten 300 000 Menschen die Straßen. Die Festlichkeiten dauern bis Ende November an.

Hirohito ist nach dem Tod seines Vaters Joschihito am 25. Dezember 1926 Kaiser (Tenno) von Japan geworden. Er hatte seit 1921 als Kronprinz für seinen erkrankten Vater die Regentschaft inne.

Der 1901 geborene Hirohito erlebte den Aufstieg seines Landes zur wirtschaftlichen und politischen Großmacht im Fernen Osten. Japan hatte durch die Eroberung Koreas (1910) und durch die Teilnahme am Weltkrieg an der Seite der Alliierten, die ihm die deutschen Besitzungen im Südpazifik einbrachte, seinen Machtbereich ausgeweitet und verfolgt eine Expansionspolitik in China (→ 3. 5./S. 84; 8. 6./S. 100).

Die japanische Wirtschaft erfuhr im Weltkrieg einen gewaltigen Auftrieb. Der ostasiatische Staat ist zum Zeitpunkt der Thronbesteigung Hirohitos bereits den Industrienationen zuzurechnen.

Religiöses und politisches Oberhaupt

Hirohito ist als 124. Tenno (»himmlischer Kaiser«) zugleich religiöses und politisches Oberhaupt der Japaner.

Nach dem Schintoismus, der japanischen Religion, die sich durch Naturkult und Ahnenverehrung auszeichnet, haben der Gott Isanagi und die Göttin Isanami Japan geschaffen und an drei Götter die Herrschaft übergeben. Aus dem Widerstreit dieser drei Gottheiten ging die Sonnengöttin Amaterasu als Siegerin hervor. Ihr Enkel Ninigi, den sie als Herrscher über Japan einsetzte, gilt nach der japanischen Mythologie als göttlicher Ahnherr der kaiserlichen Dynastie, der Hirohito entstammt.

Politisch ist die Rolle des Kaisers – trotz Ansätzen zu einem parlamentarischen System nach dem Weltkrieg (→ 20. 2./S. 32) – nicht auf bloß repräsentative Funktionen beschränkt. Gesetze werden durch seine Unterzeichnung rechtskräftig, er ist Oberbefehlshaber des Heeres und ernennt die Minister, die einzeln ihm gegenüber verantwortlich sind.

In Parlament und Regierung haben Angehörige der alten Adelsoligarchien weiterhin entscheidenden Einfluß.

Schwere Vorwürfe nach Schiffskatastrophe

Eines der letzten Rettungsboote, das kurz vor dem Untergang des britischen Dampfers »Vestris«, buchstäblich in letzter Minute, zu Wasser gelassen wird

12. November. Bei einem Schiffsunglück 100 Seemeilen (185 km) östlich von Norfolk (Virginia) kommen 115 Menschen ums Leben.

Nach einem schweren Sturm war der 11 000 Bruttoregistertonnen schwere Dampfer »Vestris«, der für die Liverpooler Lampolt-Holt-Linie fuhr, am 11. November mit 338 Personen an Bord leckgeschlagen.

Durch das Eindringen von Wasser in die Kohlenbunker kam das Schiff in eine Schräglage, die sich verstärkte, da die Fracht nicht fest verstaut war. Viel zu spät und nur auf Drängen der Passagiere entschloß sich der Kapitän in der Nacht zum 12. November, per Funk SOS-Hilferufe auszusenden. Zu diesem Zeitpunkt überspülte das Wasser bereits das Promenadendeck. Zugleich wurden die Rettungsboote herabgelassen, wobei sich zwei weitere Unfälle ereigneten: Das erste Boot wurde noch beim Herablassen von einem herabfallenden Eisenträger zerschmettert, das zweite Boot schlug an der Eisenwand der »Vestris« leck.

16 Schiffe, die sich in der Nähe der Unglücksstelle befinden, liefen nach Empfang der SOS-Rufe aus. Der US-amerikanische »American Scipper«, der für den Norddeutschen Lloyd fahrende Dampfer »Berlin« und der französische Tanker »Myriam« sowie weitere Schiffe können insgesamt 223 Menschen an Bord nehmen.

Nach dem Unglück werden schwere Vorwürfe gegen die Schiffsoffiziere, die verspätet reagiert haben, aber auch gegen die Reederei erhoben: Keines der 16 an Bord befindlichen Rettungsboote war dazu in der Lage, die 60 Personen, für die es ausgelegt war, tatsächlich aufzunehmen, viele waren zudem ungenügend mit Rudern und Signalen ausgerüstet; einige der Rettungsboote waren sogar gänzlich seeuntüchtig.

Gerichtsentscheid zu Biersteuerfrage

17. November. Vor dem Staatsgerichtshof in Leipzig erficht das Land Preußen im Streit um die Biersteuer einen Sieg über das Reich. Das Gesetz vom 9. April 1927, mit dem der Anteil der süddeutschen Staaten Bayern, Württemberg und Baden an den Biersteuereinnahmen zuungunsten Preußens neu festgelegt worden ist, erklärt das Gericht für ungültig, da die verfassungsändernde Mehrheit dafür nicht erreicht wurde. Bereits 1919 waren Bayern, Württemberg und Baden der Biersteuergemeinschaft beigetreten. Der damals ausgehandelte Verteilungsschlüssel sah 13,55% der Einnahmen für Bayern, 1,6% für Baden und 3,45% für Württemberg, außerdem jedoch Höchstgrenzen in absoluten Geldbeträgen vor. Sie wurden während der Inflationszeit 1923 und noch einmal 1925 heraufgesetzt. Die neuerliche Erhöhung des Steueranteils für die süddeutschen Staaten im April 1927 erfolgte, um die Bayerische Volkspartei zum Eintritt in die Reichsregierung zu bewegen.

Terrassenrestaurants im Winter beheizt

Eine Neuerung, die ursprünglich aus der französischen Hauptstadt Paris kommt, haben einige Berliner Restaurants am Kurfürstendamm übernommen: Um den lufthungrigen Gästen auch bei kühler Witterung den Aufenthalt im Freien zu ermöglichen, haben sie kleine, zylindrische, leicht zu beheizende Koksöfen aufgestellt. Fünf Jahre nach dem Inflationsjahr 1923, in dem weithin Hunger und Kohlenknappheit herrschten, kann sich mancher in der Reichshauptstadt diesen Luxus offensichtlich wieder leisten. Die Heizkosten werden in den Restaurants auf die Preise umgelegt (Abb.: Gäste im Vorgarten eines Lokals am Kurfürstendamm in Berlin).

Anzeige der Rüsselsheimer Opelwerke für die Automobilausstellung Berlin

Neuer Mercedes in Berlin vorgestellt

8. November. In Berlin wird die Internationale Automobil- und Motorradausstellung eröffnet, auf der bis zum 18. November 525 deutsche und 75 ausländische Unternehmen ihre Modelle und neues Zubehör präsentieren.

Star der Ausstellung ist der neue Mercedes Benz, Modell 460, genannt »Nürburg«, ein leistungsstarker Achtzylinder-Tourenwagen mit 18/80 PS und 4,6 Liter Hubraum, der vom Chefkonstrukteur der Daimler-Benz-AG, Ferdinand Porsche, entwickelt worden ist. Das Modell mit einem flachen Lamellenkühler und gepreßten Stahlblechspeichenrädern, das sich wegen des niedrigen Schwerpunkts durch eine hervorragende Straßenlage auszeichnet, ähnelt äußerlich den beiden Sechszylindern von Mercedes, »Mannheim« (verstärkt auf 14/70 PS 3,5 Liter) und »Stuttgart« (verstärkt auf 10/50 PS 2,6 Liter), bietet jedoch weit mehr Komfort.

Weitere Attraktionen sind der neue Audi-Achtzylinder R »Imperator«, ein Repräsentationswagen der Luxusklasse mit 100 PS und 120 km/h Spitze, und der »Trumpf As« der Firma Hansa Lloyd.

Die NAG präsentiert in Berlin ihren Sechszylinder, Typ 207, mit einer sog. automatischen Fliehkraftkupplung, »Centrifugia«, die es dem Fahrer ermöglicht, ohne Betätigung des Kupplungspedals anzufahren und zu schalten.

Mehrere Dörfer von der Lava begraben

2. November. Fünf Jahre nach dem letzten Ausbruch wird der Ätna auf Sizilien, der mit 3440 m höchste Vulkan Europas, wieder aktiv. Die ausströmenden Lavamassen begraben mehrere Ortschaften unter sich. Menschenleben sind nicht zu beklagen, da die bedrohten Ortschaften wegen der langsamen Fließgeschwindigkeit des Lavastroms rechtzeitig evakuiert werden können.

Nach einer ersten Eruption am 2. November, die nach 24 Stunden zum Stillstand kommt, wiegt sich die Bevölkerung, die in den Dörfern am Hang des Ätna lebt und auf dem fruchtbaren Lavaboden Landwirtschaft und Weinanbau betreibt, zunächst in Sicherheit. Doch bereits am 5. November öffnet sich ein weiterer Ausbruchtrichter am Monte Naca. Die Lavawelle, die eine Höhe von 30 m und eine Breite von knapp 2 km erreicht, begräbt mehrere kleine Ortschaften und auch das Städtchen Mascali, dessen 8000 Bewohner den Ort verlassen haben, unter sich. Die Abbildungsfolge, aufgenommen von der Topical Film Company, zeigt, wie ein Wohnhaus in Mascali unter der Wucht der Gesteinsmassen zusammenbricht. Aus der Lava ragen schließlich nur der Kirchturm und die Spitzen einiger Gebäude hervor.

Der Hauptstrom der Lava fließt nach Osten weiter. Die Hauptverkehrslinien Siziliens, die Eisenbahnlinie Messina–Catania und die Küstenstraße am Ostufer, werden unterbrochen. Die Bewohner der umliegenden Ortschaften reisen an, um das Naturschauspiel zu beobachten. Aus dem Krater von etwa 100 m Durchmesser, der einem Feuersee gleicht, fließt stetig glühende Lava aus, Detonationen und Explosionen sind nur bei kleinen Nebenkratern zu beobachten.

Der Ätna-Ausbruch von 1928 ist der schwerste seit 1669.

◁ *Die Zerstörungskraft der Lava, zu beobachten an einem Gebäude in dem Städtchen Mascali*

Der zerstörte Bahndamm der Sylter Inselbahn, die den Ort Hörnum an der Südspitze mit dem Hauptort der nordfriesischen Insel, Westerland, verbindet

Sylt am stärksten betroffen

26. November. Orkanartige Stürme, begleitet von heftigen Regenfällen, fegen über Mittel- und Südeuropa hinweg und richten schwere Verwüstungen an. Mehrere Schiffe auf der Nordsee havarieren.

Von der Sturmflut an der Nordseeküste ist die nordfriesische Insel Sylt am schwersten betroffen. Der Hindenburgdamm, der die Insel mit dem Festland verbindet, wird an zwei Stellen stark beschädigt. Noch schwerer wiegt, daß der Damm der Inselbahn, der den Ort Hörnum im Süden mit der Hauptstadt Westerland verbindet, Schäden davonträgt.

Teile Westerlands stehen stundenlang unter Wasser. Einige Gebiete der Insel, darunter die Ortschaften Archsum und Morsum, sind zeitweise durch Flutmassen von der Umgebung abgeschnitten.

Weitere Schäden werden von der ostfriesischen Insel Norderney und von Helgoland gemeldet. In den Niederlanden stehen Dordrecht und Rotterdam teilweise unter Wasser.

In Spanien, Portugal, Italien und Griechenland setzt das Unwetter erst am 27. November mit voller Heftigkeit ein. Allein in spanischen Gewässern ertrinken 20 Personen.

Fest bei Habsburgs: Otto ist großjährig

20. November. Der ehemalige Erzherzog Otto, der älteste Sohn des letzten Kaisers von Österreich und Königs von Ungarn, Karl I., wird 16 Jahre alt und erlangt damit nach den Hausgesetzen der Habsburger die Großjährigkeit.

Karl wurde 1916 zum Kaiser von Österreich ausgerufen und als Karl IV. zum König von Ungarn gekrönt. Nach dem Ende der Donaumonarchie verzichtete er am 11. November 1918 auf den Thron und ging 1919 ins Exil. Versuche, den ungarischen Königsthron zurückzuerobern, scheiterten. Karl starb 1922. Der Geburtstag Ottos wird in monarchistischen Kreisen in Budapest mit Banketten gefeiert.

Berlin feiert den Luftschiffpiloten

5. November. Hugo Eckener, der am → 11. Oktober (S. 170) mit dem Luftschiff LZ 127 »Graf Zeppelin« von Friedrichshafen zu einem Flug in die USA gestartet ist, wird bei seiner Ankunft in Berlin begeistert begrüßt.

Das Luftschiff fährt einige Schleifen über Berlin und landet in Staaken. Reichskanzler Hermann Müller, der für den Piloten ein Festessen veranstaltet, hebt in einer Ansprache den friedlichen Charakter des Unternehmens hervor. Aufsehen erregt die Äußerung Eckeners, daß sein Luftschiff LZ 127 für den regelmäßigen Verkehr über den Atlantik nicht geeignet und der Bau größerer und stärkerer Zeppeline für den Transozeanflug in Betracht zu ziehen sei.

Unterhaltung 1928:
Abends zum Tanz und in die Revue

Großer Beliebtheit beim Publikum erfreut sich neben Kino, Tanz- und Sportveranstaltungen nach wie vor die Revue. Sie hat sich von der reinen Ausstattungsshow zu einer spritzigen und oft satirischen Nummernfolge gewandelt, wozu vor allem Friedrich Hollaender und Marcellus Schiffer beigetragen haben. Charakteristisch für die zeitkritische Revue sind die schmissigen Couplets, die vom Kabarett übernommen worden sind, die ironisierende Behandlung zeitgenössischer, auch politischer, Themen und eingeflochtene Anspielungen auf aktuelle Ereignisse.

Die zeitkritischen Revuen mit ihrer Vielfalt der Elemente – Tanz, Varieté, Song, Kabarett – tragen wesentlich zu einer Neubelebung des Theaterlebens bei.

Die Revuen kreisen zumeist um ein zentrales Thema. »Es liegt in der Luft« von Marcellus Schiffer und Mischa Spoliansky spielt in einem Warenhaus (→ 15. 5./S. 94), »Es kommt jeder dran« von Friedrich Hollaender auf einem Rummelplatz, »Schön und schick« von Hermann Haller befaßt sich mit dem Auto. Im Gegensatz zu diesen Berliner Revuen verzichten die Pariser Revuen auf ein Leitthema; in den Darbietungen der Folies Bergère, des Moulin Rouge und des Casino de Paris wechseln sich in lockerer Folge Tänze, akrobatische Nummern, Couplets und Sketche ab. Die französischen Revuen sind generell frei von zeitkritischen Impulsen.

Die Songs aus den Revuen entwickeln sich oft zu regelrechten Schlagern wie »Ich bin die Marie von der Haller-Revue« aus »Schön und schick« und »Wenn die Freundin mit der Freundin« aus »Es liegt in der Luft«. Beliebt bei Schlagern sind ferner Nonsens-Texte und exotische Themen. Zur Verbreitung der Schlager tragen die Schallplatten bei, die dank verbesserter Tonqualität vermehrt gekauft werden.

Im Gegensatz zu London und Paris ist in Berlin die Tanzbegeisterung noch weit verbreitet. Der neue Stil vermeidet abrupte Bewegungen, ist unaufdringlicher. Zu den beliebtesten Tänzen zählen Tango, Quickstep, Slowfox und Boston.

Die exotische Tänzerin Ell'Düra

Valeska Gert im Tanz »Kanaille«

Revuetänzerin Josephine Baker

Im Papageien-Kabinett, Szene aus der Wiener Revue »Alles aus Liebe« von Karl Farkas und Ernst Marischka

»Feuer im Herzen« – diesen poetischen Titel hat die Revue in der Pariser Vergnügungsstätte »Moulin Rouge«

△ Die Vorführung einer »Schlangenbewegung« durch eine Girl-Truppe bildet die jüngste Attraktion der Musikhallen in Moskau. Die Nummer erinnert an die Schlange aus dem Paradies, von der Eva sich dazu verführen ließ, den verbotenen Apfel vom Baum der Erkenntnis zu essen. Die Schlange ruft wegen dieser Verbindung mit dem biblischen Sündenfall Abscheu hervor, aber die Anmut der schlängelnden Bewegung wird bewundert. Die Nummer, die von den Tänzerinnen viel Disziplin verlangt, um mit den Armen eine gleichmäßige schlängelnde Bewegung zu erreichen, zählt zu den klassischen Darbietungen der Revuen. Sie begeistert nunmehr auch das Publikum in der kommunistischen Sowjetunion, die – überraschend – Elemente der westlichen Unterhaltungskultur übernommen hat.

Jedoch bestehen noch große Unterschiede zwischen den Revuen in Moskau und in den westlichen Großstädten. Teile des westlichen Amüsierbetriebs gelten in der Sowjetunion weiterhin als dekadent; der Jazz, der von den Vereinigten Staaten nach Europa gekommen ist, und die satirischen Songs der Revuen und Zeitopern, die Elemente der Unterhaltungsmusik aufnehmen, sind in der Sowjetunion immer noch weitgehend unbekannt.

»21. Januar im Reiche der Reklame« heißt 1928 der traditionsreiche Faschingsball des Verbandes Deutscher Reklame-fachleute und des Bundes Deutscher Gebrauchsgraphiker, der alljährlich einer der unbestrittenen Höhepunkte im gesellschaftlichen Leben der Reichshauptstadt Berlin ist (Werbeplakat, Otto Arpke, 1928; Jacques Mallet Fine Arts, New York)

191

Schulung für Detektive in der Zentrale der Pariser Kriminalpolizei; es geht um die Beschreibung Verdächtiger

Mordfall mit dem Mikroskop aufgeklärt

Ermittlungen der Kriminalpolizei stützen sich zunehmend auf wissenschaftliche und technische Untersuchungsmethoden, die bisherigen kriminalistischen Verfahrensweisen weitaus überlegen sind. Vorreiter dieser Entwicklung ist die Sûreté in Paris, die hochmoderne Chemie- und Fotolabors unterhält.

Herkömmliche Methoden der Kriminalistik – Informanten aus der Unterwelt, Spurensicherung und -auswertung, Beobachtung und Verhör von Verdächtigen – reichen häufig zur Aufklärung eines Falls nicht aus. Immer wieder liefert erst die Anwendung modernster Technik den entscheidenden Beweis gegen verdächtige Personen.

Dies illustriert die spektakuläre Aufklärung eines Mordfalls durch die Pariser Polizei: Der Bankbote Deprez verschwand, und der zuletzt von ihm aufgesuchte Kunde, ein gewisser Nourric, geriet in dringenden Mordverdacht, beteuerte jedoch seine Unschuld. Bei der mikroskopischen Untersuchung von Nourrics Lastkarre wurden Blutspuren und Haare des Geldboten gefunden. Zudem führte ein unter dem Mikroskop entdeckter Webfehler im Taschentuch, mit dem Deprez gefesselt wurde, ebenfalls zu Nourric, der ein weiteres derartiges Tuch besaß.

Von ebenso großer Bedeutung für die Kriminalistik sind die neuen erkennungsdienstlichen Methoden. Das von dem Leiter des Identifikationsbüros der Pariser Polizei, Alphonse Bertillon, seit 1882 entwickelte anthropometrische System findet weltweite Anwendung. Mit den Körpermaßen und unveränderlichen Kennzeichen (z. B. Augenfarbe) wird eine standardisierte Personenbeschreibung erstellt, die zusammen mit Porträtfotos eine Identifizierung ermöglicht. Daneben werden zunehmend Fingerabdrücke als Identifizierungsmerkmal herangezogen (die Sûreté verfügt bereits über eine Kartei mit über acht Millionen Fingerabdrücken).

Alle modernen Apparate zur Nachforschung stehen der Pariser Kriminalpolizei, wie dieser Blick in ihr zentrales chemisches Labor beweist, bei ihrem Bemühen um die Bekämpfung und Aufklärung von Verbrechen zur Verfügung

Schmelings Debüt in der Neuen Welt

23. November. Das Debüt des deutschen Boxprofis Max Schmeling in den USA verläuft erfolgreich: Der Schwergewichtsboxer schlägt im Madison Square Garden in New York den US-Amerikaner Joe Monte in der achten Runde k. o.

Schmeling hatte auf eine Titelverteidigung als Deutscher Meister im Schwergewicht (→ 4. 4./S. 74) verzichtet, um in der Neuen Welt sein Glück zu versuchen. Dank des Einsatzes von Trainer Max Machon und Manager Joe Jacobs gelang es dem in den USA weithin unbekannten Boxer, einen ersten Nebenkampf im Madison Square Garden in New York durchzusetzen. Schmeling kassiert für seinen Sieg ein bescheidenes Preisgeld von 1000 US-Dollar (4180 Reichsmark).

Während die ersten vier Runden gleichauf gehen, kann Schmeling seinen Gegner in der fünften Runde zu Boden schlagen. Dennoch geht die sechste Runde an den US-Amerikaner, und die siebte bleibt offen. Durch einen wuchtigen Schlag mit der Rechten gegen die Kinnspitze zwingt Schmeling Monte in der achten Runde erneut zu Boden. Dieser kommt beim Auszählen zwar gerade noch rechtzeitig auf die Beine, ist jedoch völlig benommen. Der Ringrichter bricht den Kampf ab und erklärt Schmeling zum Sieger.

Nach seinem Erfolg kann Schmeling darauf hoffen, künftig in den USA in Hauptkämpfen zu boxen.

Emelka-Transaktion gegen Ufa-Monopol

14. November. Die Reichsregierung stockt ihren Aktienanteil an der Emelka-Filmgesellschaft von bisher 10% auf 36% auf.

Reichsfinanzminister Rudolf Hilferding (SPD) erläutert, daß der Schritt aus politischen Gründen erfolgt sei, um eine Monopolstellung der Ufa zu verhindern. Der Ufa-Filmkonzern wird von dem neuen Vorsitzenden der rechtsgerichteten Deutschnationalen Volkspartei, Alfred Hugenberg, geleitet (→ 20. 10./S. 172). Die Reichsregierung sieht eine Gefahr darin, weil das neue Medium nach der Einführung des Tonfilms noch stärker propagandistisch genutzt werden könnte, etwa für die Übertragung politischer Reden.

»Deutsche Soldaten in Pariser Oper«

3. November. In der Pariser Oper wird der Film »Verdun« von Léon Poirier im Beisein des französischen Staatspräsidenten Gaston Doumergue und Vertretern der französischen Generalität uraufgeführt.

Kurt Tucholsky, der mit dem Pseudonym Peter Panter unter dem Titel »Deutsche Soldaten in der Pariser Oper« eine Kritik veröffentlicht, hebt lobend hervor, daß der Film über die Schlacht bei Verdun im Weltkrieg nicht deutschfeindlich sei: »In keinem Falle wird der deutsche Soldat anders als mit höchstem Respekt dargestellt – hier gibt es keine Schießbudenfiguren, keine Kinderfresser und Uhrenräuber . . .«

Ravels »Bolero« in Paris uraufgeführt

22. November. Am Théâtre National de l'Opéra wird das Ballett »Bolero« von Maurice Ravel uraufgeführt. Die Choreographie stammt von Ida Rubinstein, der das Werk gewidmet ist. Das 17minütige Stück, dessen Wirkung aus der rituellen Wiederholung eines einfachen Themas bei gleichzeitigem Orchestercrescendo besteht, reißt das Publikum zu Begeisterungsstürmen hin. »Keine wirkliche Form, keine Entwicklung, keine oder fast keine Modulation; . . . nichts als Rhythmus und Orchester«, kommentiert der Komponist bescheiden sein Werk.

Gleichgültigkeit gegenüber Dichtung

15. November. Walter von Molo, Präsident der Sektion Dichtkunst bei der Preußischen Akademie der Künste, weist in einer Erklärung auf die Gefahren hin, die durch die weiterhin zu beobachtende Vernachlässigung der Literatur entstehen können: »Wir [machen] darauf aufmerksam, daß bei weiterer Ausbreitung der Gleichgültigkeit die schöpferischen Geister immer seltener werden müssen, und daß es vielleicht zu spät sein wird, wenn man einst nach ihnen wieder verlangt. Der Verzicht breiter Massen auf die Dichtkunst beraubt Gegenwart und Zukunft . . . der mächtigsten Versöhnerin der in sich und untereinander getrennten Völker.«

»Im Westen nichts Neues« klagt Krieg an

10. November. In der »Vossischen Zeitung« beginnt der Vorabdruck des Antikriegsromans »Im Westen nichts Neues« von Erich Maria Remarque (eigentl. Erich Paul Remark). Der Roman, der im Januar 1929 in Ullsteins Propyläen-Verlag herauskommt und 1930 von dem US-amerikanischen Regisseur Lewis Milestone verfilmt wird, entwickelt sich zu einem der größten Publikumserfolge und zum meistgelesenen Werk der ersten Jahrhunderthälfte. Die erste Auflage ist bereits vor dem Erscheinungstermin vergriffen, die Weltauflage des Romans wird auf acht Millionen Exemplare geschätzt.

»Im Westen nichts Neues« löst einen regelrechten Boom von Kriegsbüchern aus und ruft heftige literarische und politische Diskussionen hervor. Der Erfolg des Romans kommt völlig überraschend; der S. Fischer Verlag und wahrscheinlich noch andere Verlage haben das Buch mit der Begründung abgelehnt, vom Krieg wolle niemand mehr etwas wissen, und auch bei Ullstein bestanden zunächst Widerstände gegen eine Veröffentlichung.

Die Leser jedoch fühlen sich von dem Inhalt, dem lange verdrängten oder bislang in chauvinistischer Weise dargestellten Thema Krieg und von der Behandlung des Stoffes angesprochen. Remarque schildert den Krieg aus der Perspektive des einfachen Soldaten, des von der Schulbank weg eingezogenen Paul Bäumer; er will zeigen, wie der Krieg wirklich war. In kurzen aneinandergereihten Szenen, die dem Roman den Charakter eines Lesefilms geben, führt Remarque die Schikanen der Militärausbildung, das Grauen des Trommelfeuers und der Gasangriffe, die Ängste und Leiden der Soldaten vor. Der Krieg, den Bäumer und seine Kameraden nicht gewollt haben und den sie nicht verstehen, erscheint als ein Verhängnis, in dem die Soldaten um ihr Überleben kämpfen. Ihr Feind ist weniger der Gegner auf der anderen Seite des Schützengrabens als vielmehr der Krieg selbst. Der Titel des Romans wird zu einer Anklage gegen die mörderische Militärmaschinerie, denn Bäumer fällt an einem Tag, an dem

Der in Osnabrück geborene Schriftsteller Erich M. Remarque

der Heeresbericht »Im Westen nichts Neues« vermeldet.

Remarque berichtet über eine Generation, »die vom Kriege zerstört wurde – auch wenn sie seinen Granaten entkam«, wie es in der Vorrede heißt. Er zeichnet die jugendlichen Kriegsteilnehmer als Vertreter der »lost generation«, die durch den Krieg entwurzelt wurde und den Glauben an alle überlieferten Werte verloren hat. Die Erfahrung von Gewalt und Tod und die Sinnlosigkeit des Sterbens überschatten alle anderen Erlebnisse und zerstören jegliche Zukunftsperspektive.

Remarque schildert die Auswirkungen des Krieges, er liefert keine Analyse der Kriegsursachen. Es geht ihm nicht um die Darlegung eines politischen Standpunkts, aber sein Buch wird vor allem politisch rezipiert.

Seine Entlarvung der Sinnlosigkeit des Krieges, das Fehlen der bei rechtsgerichteten Autoren üblichen Heroisierung und Mystifizierung des Krieges löst bei Konservativen und Nationalisten vehemente Kritik aus. Sie betrachten den Roman als undeutsch, als defaitistisch; für den völkischen Autor Hans Zöberlein ist das Buch »eine jauchzende Entschuldigung der Deserteure, Überläufer, Meuterer und Drückeberger und somit ein zweiter Dolchstoß an der Front, an den Gefallenen aber eine Leichenschändung«.

Die liberale und linksliberale Presse dagegen lobt die Wahrheit des Buches, in dem endlich »der unbekannte Soldat« zu Wort kommt. Die Kritiker hoffen, daß die Schilderung des Grauens und die emotionale Erschütterung, die das Buch hervorruft, zu einer Verdammung des Krieges, zu einer pazifistischen Haltung führen. Marxisten werfen dem Autor allerdings das Verschweigen der »Ursachen des Krieges, die in den politisch-ökonomischen Voraussetzungen der bürgerlichen und kapitalistischen Gesellschaftsordnung liegen« (»Rote Fahne«) vor.

Szene aus der Verfilmung des Remarque-Romans »Im Westen nichts Neues« durch den US-amerikanischen Regisseur Lewis Milestone von 1930

Dezember 1928

1. Dezember, Sonnabend

Die Bayerische Volkspartei, die Schwesterpartei des Zentrums, feiert ihr zehnjähriges Bestehen. Auf einem Parteitag in München (bis 2. 12.) sprechen sich die Delegierten für die Wahrung des föderativen Systems und gegen einen Einheitsstaat aus (→ 18. 1./S. 14; 23. 10./S. 172).

Das sogenannte Eisenbahnland Baden beantragt beim Staatsgerichtshof in Leipzig eine einstweilige Verfügung gegen die einseitige Besetzung der vakanten Posten in der Reichsbahngesellschaft durch die Reichsregierung (→ 14. 12./S. 200).

Der zehnte Jahrestag der Gründung des Königreichs der Serben, Kroaten und Slowenen (heute Jugoslawien) ist in Agram (heute Zagreb) von Zusammenstößen zwischen serbischen und kroatischen Studenten begleitet. → S. 199

Neuer Präsident von Mexiko wird Emilio Portes Gil (→ 17. 7./S. 117).

Ein Wiener Schöffengericht spricht den Architekten Adolf Loos von der Anklage der Verführung zur Unzucht und versuchter Schändung frei, verurteilt ihn jedoch zu einer Arreststrafe von vier Monaten auf Bewährung, weil er die ihm als Zeichenmodelle anvertrauten Kinder »zu unzüchtigen Stellungen verleitet« habe.

Die Oper »Die schwarze Orchidee« von Eugen d'Albert wird an der Leipziger Oper uraufgeführt.

2. Dezember, Sonntag

Eine »Arbeitsfriedenskonferenz« in Stockholm setzt eine Delegation ein, die Vorschläge für eine Stärkung des Zusammengehörigkeitsgefühls zwischen den schwedischen Arbeitgebern und Arbeitnehmern ausarbeiten soll.

Wegen eines Bummelstreiks der Postbeamten lagern 700 000 Postsendungen auf dem Wiener Hauptpostamt. Der Streik wird nach der Gewährung einer Prämienerhöhung für Postangestellte am 7. Dezember abgebrochen.

In Berlin wird das Schauspiel »Revolte im Erziehungshaus« von Peter Martin Lampel uraufgeführt (→ /S. 162).

3. Dezember, Montag

Der NSDAP-Vorsitzende Adolf Hitler veröffentlicht einen »Parteibefehl«, der Parteimitgliedern die Betätigung in nichtnationalsozialistischen Wehrverbänden wie z. B. dem Stahlhelm verbietet.

Aus Afghanistan werden schwere Unruhen gemeldet, die von islamisch-fundamentalistischen Kreisen ausgehen und sich gegen die Europäisierungsanstrengungen von König Aman Ullah richten (→ 22. 2./S. 33).

Nach wochenlangen Verhandlungen wird in Lettland eine neue Regierung – eine Koalition der bürgerlichen Parteien – gebildet. Ministerpräsident wird als Nachfolger des am 21. November zurückgetretenen Peter Jurasevski Hugo Celmins.

Dem mit der Sonderschlichtung im Ruhreisenstreit (→ 1. 11./S. 185) beauftragten Reichsinnenminister Carl Severing (SPD) gelingt es, die Arbeitgeber der nordwestdeutschen Schwerindustrie zur Aufgabe der Aussperrung zu bewegen. → S. 200

Die Opelwerke in Rüsselsheim werden mit einem Kapital von 60 Millionen Reichsmark in eine Aktiengesellschaft umgewandelt.

Einem Erdbeben im südlichen Landesteil von Chile fallen 180 Menschen zum Opfer, über 500 werden verletzt.

Der Bergfilm »Der Kampf ums Matterhorn« des Regisseurs Arnold Fanck mit Luis Trenker wird im Berliner Ufa-Palast am Zoo uraufgeführt.

4. Dezember, Dienstag

Wegen einer schweren Erkrankung des britischen Königs Georg V. wird in London eine Kronkommission eingesetzt, die seine öffentlichen Aufgaben erfüllen soll. → S. 201

Reichsernährungsminister Hermann Robert Dietrich (DDP) spricht sich in einer Reichstagsdebatte über die Agrarkrise gegen das Subventionssystem in der Landwirtschaft aus.

In Hamburg beginnt der Prozeß von über 100 durch die Giftgaskatastrophe vom → 20. Mai (S. 89) geschädigten Personen gegen die Stadt. Die Geschädigten werfen den Behörden vor, ihre Aufsichtspflicht verletzt zu haben. Die Stadt Hamburg vertritt dagegen den Standpunkt, es habe sich bei der Explosion um ein »Elementarereignis« gehandelt.

Die französische Zeitungsverlegerin Marthe Hanau wird in Paris verhaftet. Ihr werden betrügerische Börsengeschäfte vorgeworfen. → S. 202

5. Dezember, Mittwoch

Preußen und Hamburg gründen eine Hafengemeinschaft, ohne daß in der Frage des Gebietsaustausches Fortschritte erzielt worden sind. → S. 202

Im dritten Wahlgang wählt der Nationalrat, das österreichische Parlament, den christlichsozialen Politiker Wilhelm Miklas zum neuen Bundespräsidenten. Er folgt Michael Hainisch nach. → S. 199

Die Berliner Ärztekammer spricht sich für ein Gesetz aus, das die »Sterilisierung fortpflanzungsunwürdiger Menschen« regeln soll.

Der Dirigent Wilhelm Furtwängler lehnt ein Angebot der Wiener Staatsoper ab und bleibt in Berlin.

6. Dezember, Donnerstag

120 schleswig-holsteinische Amts- und Gemeindevorsteher verurteilen auf einer Zusammenkunft in Itzehoe aufs schärfste die Übergriffe von Landwirten, die zur Zahlung ihrer Steuern nicht bereit oder in der Lage sind, auf Steuerbeamte (→ 28. 1./S. 15).

7. Dezember, Freitag

In Reval wird ein deutsch-estländischer Handelsvertrag unterzeichnet.

»Der Lügner und die Nonne«, ein Schauspiel von Curt Goetz, gelangt an den Hamburger Kammerspielen zur Uraufführung.

8. Dezember, Sonnabend

Regierungstruppen gehen mit Gewalt gegen streikende Arbeiter in den Bananenplantagen von Kolumbien vor. 15 Streikende werden von Regierungssoldaten erschossen.

9. Dezember, Sonntag

Der Prälat Ludwig Kaas wird als Nachfolger von Wilhelm Marx zum neuen Vorsitzenden des Zentrums gewählt. Die Partei vollzieht damit einen Rechtsschwenk. → S. 201

Am Vorabend der Eröffnung der Sitzung des Völkerbundsrats in Lugano finden die ersten Gespräche über die Neuregelung der Reparationszahlungen statt (→ 22. 12./S. 198).

Zwei Volksentscheide in der Freien Stadt Danzig über die vollständige Parlamentarisierung des Regierungssystems (von den Linksparteien initiiert) und über die Verkleinerung von Senat und Parlament (von den bürgerlichen und Rechtsparteien getragen) erreichen nicht die erforderliche Stimmenzahl.

10. Dezember, Montag

Der Völkerbundsrat, der ausnahmsweise in Lugano tagt, beschäftigt sich mit rumänisch-ungarischen Konflikten und mit der Frage der deutschen Minderheit in Oberschlesien (→ 15. 12./S. 198).

Ein Grenzkonflikt führt zum Abbruch der diplomatischen Beziehungen zwischen Bolivien und Paraguay. Bolivien macht daraufhin mobil, es kommt mehrfach zu militärischen Auseinandersetzungen an der Grenze.

Die am 26. August zusammengetretene verfassunggebende Versammlung verabschiedet endgültig die neue Verfassung von Albanien, mit der König Achmed Bey Zogu diktatorische Vollmachten erhält (→ 1. 9./S. 155).

In einer Ersatzwahl für das Stadtparlament von Antwerpen wird der flämische Separatistenführer August Broms gewählt, der zur Zeit noch in einem Gefängnis in Loewen einsitzt. Mit einer baldigen Amnestie ist zu rechnen.

In Stockholm werden die Nobelpreise verliehen. Einziger deutscher Preisträger ist der Chemiker Adolf Windaus. Da der Friedensnobelpreis 1928 nicht verliehen wird, finden keine Feierlichkeiten in Oslo statt. → S. 204

Wegen Gotteslästerung werden der Maler George Grosz und der Verleger Wieland Herzfelde in Berlin zu Geldstrafen von jeweils 2000 Reichsmark verurteilt. Der Spruch bezieht sich u. a. auf die Zeichnung »Christus mit der Gasmaske« → S. 204

Die Oper »Der singende Teufel« des Komponisten Franz Schreker wird in der Berliner Staatsoper Unter den Linden uraufgeführt.

11. Dezember, Dienstag

Das fahrplanmäßige Verkehrsflugzeug Berlin–Köln stürzt bei Letzlingen in der Altmark ab. Alle drei Besatzungsmitglieder kommen ums Leben, der einzige Passagier, der Kaufmann Georg Hermann erleidet schwere Brandwunden.

Der Schweizer Rechtsanwalt Charles Guinaud wird in Neuenburg wegen Unterschlagung verhaftet. → S. 202

12. Dezember, Mittwoch

Aus den Parlamentswahlen in Rumänien geht die vom neuen Ministerpräsidenten Iuliu Maniu vorgelegte Regierungsliste als überlegene Siegerin hervor (→ 10. 11./S. 187).

Zwischen Reichsinnenminister Carl Severing, dem preußischen Ministerpräsidenten Otto Braun und dem preußischen Innenminister Albert Grzesinski (alle SPD) finden Besprechungen über ein mögliches Verbot von KPD und NSDAP und ihren Unterorganisationen statt.

Reichskanzler Hermann Müller (SPD) erklärt in einer politischen Rede vor dem Verein der Berliner Presse, daß die Bedingungen für einen »Anschluß« Österreichs durch den Versailler Friedensvertrag gegeben seien. Das ganze deutsche Volk sei einig in diesem Ziel.

Im Gloria-Palast wird das Filmlustspiel »Das Liebesleben der schönen Helena« uraufgeführt. Unter der Regie von Alexander Corda spielen Maria Corda, Lewis Stone und Ricardo Cortez.

13. Dezember, Donnerstag

Berlins Polizeipräsident Karl Zörgiebel erläßt ein unbefristetes Demonstrationsverbot. → S. 200

Alfred Gürtler wird vom österreichischen Nationalrat in Wien zu seinem Präsidenten gewählt. Er folgt Wilhelm Miklas, der Bundespräsident geworden ist, nach (→ 5. 12./S. 199).

Die schweizerische Bundesversammlung wählt den freisinnigen Politiker Robert Haab zum Bundespräsidenten für 1929.

Reichsinnenminister Carl Severing und Reichspostminister Georg Schätzel ermächtigen die Rundfunkgesellschaft Deutsche Welle, Gespräche über aktuelle Tagesfragen auszustrahlen. Um eine »Politisierung des Rundfunks« zu vermeiden, sei bei den Sendungen auf strenge Überparteilichkeit zu achten.

Die Vorbereitungen für das Weihnachtsfest beziehen auch das Großreinemachen in den Puppenstuben mit ein, wie die Leipziger »Illustrirte Zeitung« zeigt

ILLUSTRIRTE ZEITUNG

GROSSREINEMACHEN

FARBIGE ZEICHNUNG VON LOTTE OLDENBURG-WITTIG

»Ein Amerikaner in Paris«, eine sinfonische Dichtung von George Gershwin, wird unter Leitung des Komponisten in der New Yorker Carnegie Hall uraufgeführt. →S. 205

Der Regisseur Max Reinhardt startet mit seiner Truppe erneut zu einer USA-Tournee, die bis zum 20. März 1929 dauern wird (→S. 36).

14. Dezember, Freitag

Die Reichsregierung setzt sich über ein schwebendes Gerichtsverfahren, das von den sogenannten Eisenbahnländern angestrengt worden ist, hinweg und besetzt die vakanten Posten der Reichsbahngesellschaft einseitig mit Männern ihres Vertrauens. →S. 200

Der Reichsrat, die Vertretung der Länder, ersucht die Reichsregierung, für den Luftschiffbau eine Beihilfe von zwei Millionen Reichsmark noch im laufenden Rechnungsjahr zur Verfügung zu stllen (→11. 10./S. 170).

Norwegen gedenkt mit einem Trauertag des verschollenen Polarforschers Roald Amundsen (→23. 6./S. 104).

15. Dezember, Sonnabend

Reichsaußenminister Gustav Stresemann beantwortet auf der Tagung des Völkerbundsrats in Lugano Vorwürfe des polnischen Außenministers August Zaleski. →S. 198

Die katholische Zentrumspartei fordert den preußischen Landtag dazu auf, die Konkordatsverhandlungen mit dem Vatikan zu einem Abschluß zu bringen.

Der ungarische Ministerpräsident István Graf Bethlen von Bethlen erklärt bei einem Besuch in Wien im Zusammenhang mit der Neuregelung der Reparationsfrage (→22. 12./S. 198), die ungarische Regierung habe nicht die Absicht, der »Koalition der Siegermächte [des Weltkriegs] eine Koalition der Besiegten« gegenüberzustellen.

In der Sowjetunion wird ein neues Landgesetz verabschiedet, daß die Zupachtung von Land durch die Kulaken (Großbauern) erheblich einschränkt – ein weiterer Schritt in der forcierten Kollektivierung der Landwirtschaft.

16. Dezember, Sonntag

Walter Simons, der Präsident des Staatsgerichtshofs, reicht sein Rücktrittsgesuch ein. Er begründet die Entscheidung mit dem Verhalten der Reichsregierung im Konflikt mit den »Eisenbahnländern« (→14. 12./S. 200).

Der sowjetische Parteichef Josef W. Stalin fordert Leo D. Trotzki, der am 17. Januar (S. 16) nach Alma Ata verbannt worden ist, ultimativ auf, sich jeglicher politischer Tätigkeit zu enthalten, da er andernfalls die Ausweisung aus der Sowjetunion zu gewärtigen habe. →S. 199

Die Oper »Schwanda, der Dudelsackpfeifer« des tschechoslowakischen Komponisten Jaromir Weinberger wird in Breslau in deutscher Erstaufführung gezeigt.

17. Dezember, Montag

Der US-amerikanischen Botschafter in Berlin, Jacob Gould Schurman, wird zum Ehrenbürger der Stadt Heidelberg ernannt. Schurman, der für die Universität Heidelberg umfangreiche Geldsammlungen durchgeführt hat, ist am →5. Mai (S. 83) bereits die Ehrendoktorwürde verliehen worden.

18. Dezember, Dienstag

Der christlichsoziale österreichische Bundeskanzler Ignaz Seipel erklärt, daß er in der Heimwehr – mit gewissen Einschränkungen – einen Bündnispartner der bürgerlichen Parteien sehe.

Bolivien akzeptiert, daß die panamerikanische Schiedsgerichtskonferenz im Grenzkonflikt mit Paraguay vermittelt. Der Streit kann bis zum Jahresende nicht beigelegt werden.

Das Deutsche Reich und Estland schließen einen Handelsvertrag.

19. Dezember, Mittwoch

Carl Petersen (DDP) wird vom Hamburger Senat erneut zum Regierenden Bürgermeister der Hansestadt (für 1929) gewählt. Zweiter Bürgermeister bleibt Rudolf Voß (SPD).

20. Dezember, Donnerstag

Die Ärzte des erkrankten britischen Königs Georg V. erklären in Hinblick auf die fünfwöchige Vertagung des Parlaments, daß sich der Gesundheitszustand des Monarchen konsolidiert habe (→4. 12./S. 201).

Der britische Gesandte in Peking, Sir Miles Lampson, überreicht dem chinesischen Präsidenten, General Chiang Kai-shek, sein Beglaubigungsschreiben, Großbritannien erkennt damit die Kuomintang-Regierung offiziell an (→6. 10./S. 174).

21. Dezember, Freitag

Reichsinnenminister Carl Severing, Sonderschlichter im Ruhreisenstreit, verkündet seinen Schiedsspruch, der u. a. Lohnerhöhungen von 1 bis 6 Pfennig bei Zeitlöhnern vorsieht (→3. 12./S. 200).

Das Zentralkomitee der Kommunistischen Partei der Sowjetunion faßt einen Beschluß über die »Buchversorgung des Massenlesers«. Das Buch soll zu einem wichtigen Instrument zur Mobilisierung der Bevölkerung werden.

In Moskau wird ein deutsch-sowjetisches Wirtschaftsprotokoll unterzeichnet. Die Verstimmungen wegen des Schachty-Prozesses (→6. 7./S. 116) sind damit offiziell ausgeräumt. →S. 202

In Berlin wird »Katharina Knie« von Carl Zuckmayer uraufgeführt. →S. 205

22. Dezember, Sonnabend

Das Deutsche Reich sowie seine Gläubigerländer Frankreich, Großbritannien, Italien, Belgien und Japan veröffentlichen ein gemeinsames Kommuniqué über die Einsetzung eines Sachverständi-

genausschusses zur Neuregelung der Reparationsfrage. →S. 198

Oskar Mantere (Fortschrittspartei) stellt als Ministerpräsident die neue finnische Regierung vor. Sein Vorgänger, Juho Sunila, war am 13. Dezember mit einem Mißtrauensvotum gestürzt worden.

Die britische Illustrierte »Illustrated London News« veröffentlicht erstmals ein Foto des Dalai Lama, des als Gottheit verehrten Oberhauptes der Gläubigen in der Mongolei. →S. 202

Den Kleistpreis erhält Anna Seghers für die Erzählung »Aufstand der Fischer von Santa Barbara«, ihre erste Buchveröffentlichung. →S. 205

Im Theater am Nollendorfplatz in Berlin wird die Operette »Jettchen Gebert« von Walter Kollo uraufgeführt.

23. Dezember, Sonntag

In der Weihnachtsausgabe der »Berliner Illustrirten« wird ein Aufsatz des Schriftstellers Thomas Mann veröffentlicht, der sich mit der Frage beschäftigt, ob Fotografie Kunst sei. →S. 205

24. Dezember, Montag

Der Doyen des Diplomatischen Korps in Washington, der britische Botschafter Esme Howard, übermittelt der US-amerikanischen Regierung den Wunsch des Deutschen Reiches und seiner fünf Gläubigermächte, daß sich die USA am Reparations-Sachverständigenausschuß beteiligen mögen (→22. 12./S. 198). Die US-Regierung sagt zu.

»Victor oder Die Kinder an der Macht« von Roger Vitrac wird in der Regie von Antonin Artaud in Paris uraufgeführt. Das Stück – es gilt als Vorläufer des absurden Theaters – verbindet Elemente der Boulevardkomödie mit surrealistischen Szenen.

25. Dezember, 1. Weihnachtstag

Die »Vossische Zeitung« veröffentlicht in ihrer Weihnachtsausgabe eine Umfrage über den »Mann von Heute«, an der u. a. die Frauenrechtlerinnen Eugenie Schwarzwald und Alice Salomon sowie die Schauspielerin Mady Christians teilnehmen.

26. Dezember, 2. Weihnachtstag

Der Polizeiagent von Agram (Zagreb), Alfred Grauner, wird im größten Kaffeehaus der Stadt niedergeschossen und schwer verletzt (→1. 12./S. 199).

Die Einzelhändler im Deutschen Reich melden ein gutes bis sehr gutes Weihnachtsgeschäft; der Umsatz liegt um 10 bis 20% über dem des Vorjahres. Die Reichsbahn erzielt ein Rekordergebnis, da viele Städter Weihnachten in den Bergen verbringen.

27. Dezember, Donnerstag

Nach einem Bericht der britischen Tageszeitung »Daily Telegraph« hat der US-amerikanische Reparationsagent in Berlin, Parker Gilbert, den Wirtschaftsexper-

ten Owen D. Young als US-amerikanischen Sachverständigen für die Reparationskonferenz vorgeschlagen (→22. 12./S. 198).

28. Dezember, Freitag

Eine vom Parteivorstand eingesetzte Kommission legt den Entwurf für ein Wehrprogramm der SPD vor. →S. 200

29. Dezember, Sonnabend

Führende indische Politiker treten zu einer Allparteienkonferenz zusammen, um über das weitere Vorgehen gegenüber der britischen Kolonialmacht, die eine neue Verfassung für Indien vorbereitet, zu beraten. Es kommt auf der Konferenz zu einem Bruch zwischen Hindus und Moslems. →S. 199

Der sowjetische stellvertretende Volkskommissar des Äußeren, Maxim M. Litwinow, fordert Polen und Litauen zwischen denen es Grenzstreitigkeiten gibt, zur sofortigen Inkraftsetzung des Briand-Kellogg-Kriegsächtungspakts auf (→27. 8./S. 132).

30. Dezember, Sonntag

Die aus der KPD ausgeschlossene Rechtsopposition um Heinrich Brandler August Thalheimer u. a. gründet eine eigene kommunistische Partei.

31. Dezember, Montag

Am letztmöglichen Termin wird in beiden Kammern des französischen Parlaments das Staatsbudget für 1929 verabschiedet. Es weist Einnahmen von 45,45 Milliarden Francs (7,46 Milliarden Reichsmark) und Ausgaben von 45,32 Milliarden Francs (7,44 Milliarden Reichsmark) auf.

Zu Silvester wird in Düsseldorf die Komödie »Parforce« von Alexander Lernet-Holenia uraufgeführt.

Gestorben:

1. New York: José Eustasio Rivera (*19. 1. 1888, Neiva), kolumbianischer Lyriker und Erzähler.

1. Hittfeld/Harmstorf: Leopold Graf von Kalckreuth (*15. 5. 1855, Düsseldorf), deutscher Maler.

12. Berlin: Ferdinand Gregori (*13. 4. 1870, Leipzig), deutscher Schauspieler und Theaterleiter.

Geboren:

15. Wien: Friedensreich Hundertwasser (eigentl. Friedrich Stowasser), österreichischer Maler.

Das Wetter im Monat Dezember

Station	Mittlere Lufttemperatur (°C)	Niederschlag (mm)	Sonnenscheindauer (Std.)
Aachen	2,0 (3,1)	80 (62)	– (49)
Berlin	−0,6 (0,7)	27 (41)	– (36)
Bremen	1,5 (2,2)	47 (54)	– (33)
München	−0,2 (−0,7)	64 (44)	– (41)
Wien	−0,1 (0,9)	76 (51)	– (–)
Zürich	0,6 (0,2)	80 (73)	34 (37)
( ) Langjähriger Mittelwert für diesen Monat – Wert nicht ermittelt			

Strahlende Kinderaugen betrachten den reichgeschmückten Weihnachtsbaum, für die Kleinen gibt es eine reichhaltige Auswahl an technischem Spielzeug

DIE WOCHE

Heft 52   Preis 50 Pf.
Berlin, 29. Dez. 1928

Tagung des Völkerbundsrats in Lugano, am halbrunden Tisch: 6. v. l. der deutsche Reichsaußenminister Gustav Stresemann, M. der französische Außenminister Aristide Briand, r. neben ihm Völkerbundsgeneralsekretär Eric Drummond, r. danebem der britische Außenminister Joseph Austen Chamberlain

Einigung auf Neuregelung der Reparationen

22. Dezember. Nachdem Vertreter des Deutschen Reichs und seiner fünf Gläubigermächte aus dem Weltkrieg – Frankreich, Großbritannien, Belgien, Italien und Japan – die entscheidenden Vorbesprechungen am Rande der Tagung des Völkerbundsrats in Lugano (10.–15. 12.) geführt haben, wird am 22. Dezember ein gemeinsames Kommuniqué über die Einsetzung eines Sachverständigenausschusses zur Neuregelung der Reparationsfrage veröffentlicht.

Dem Ausschuß sollen je zwei Vertreter der sechs Unterzeichnerstaaten sowie zwei Persönlichkeiten aus den USA angehören, die als jeweils von den Regierungen unabhängige Sachverständige anzusehen sind. Aufgabe des Ausschusses ist die Ausarbeitung eines neuen, endgültigen Plans über die Zahlungen des Deutschen Reiches an die alliierten Siegermächte, die ihrerseits gegenüber den USA Kriegsschulden zu begleichen haben. Dieser Plan, später als Young-Plan bezeichnet, soll den 1924 ausgehandelten Dawesplan ablösen, der nach einer Anfangszeit mit niedrigeren Jahreszahlungen dem Deutschen Reich jährlich einen Betrag von 2,5 Milliarden Goldmark abfordert, jedoch keine Gesamtsumme der zu leistenden Reparationen nennt.

Reichsaußenminister Gustav Stresemann sieht zwar in der Beibehaltung des Dawesplans (→ 31. 8./S. 136) einen wirtschaftlichen Vorteil, er erhofft sich jedoch von Zugeständnissen in der Reparationsfrage eine vorzeitige Räumung der besetzten Zonen des Rheinlands. Während die erste, die Kölner Zone bereits 1926 geräumt worden ist, sieht der Versailler Vertrag den Abzug fremder Soldaten aus der zweiten, der Koblenzer Zone für 1930 und der dritten, der Mainzer Zone erst für 1935 vor. Durch den Kriegsächtungspakt vom → 27. August (S. 132) sei – so die deutsche Argumentation – eine Sicherheitsgarantie, die durch die Besetzung erreicht wird, nicht mehr notwendig. Vor allem Frankreich und Belgien betrachten die Rheinlandbesetzung jedoch als Faustpfand (→ 16. 9./S. 154).

Einzelgespräch am Rande der Sitzung des Völkerbundsrats in Lugano zwischen G. Stresemann und A. Briand (r.)

15. Dezember. Am Schlußtag der Sitzung des Völkerbundsrats in Lugano (seit 10. 12.) kommt es zu einem scharfen Wortwechsel zwischen dem polnischen Außenminister August Zaleski und Reichsaußenminister Gustav Stresemann. Auf Vorhaltungen Zaleskis, das Deutsche Reich mißbrauche durch ständige Klagen über die Verletzung der Rechte für die deutsche Minderheit in Polen den Völkerbund, antwortet Stresemann, dabei mehrfach mit der Faust auf den Tisch schlagend:

»Mit dem größten Erstaunen bin ich der Rede des polnischen Außenministers gefolgt. Diese Rede – ich bedaure, es sagen zu müssen – war ganz allein von dem Geist des Hasses gegen die deutschen Minderheiten inspiriert; sie ist gegen diejenigen gerichtet, die von dem Recht Gebrauch machen, das ihnen durch den Völkerbund ... garantiert ist ... Es mag ja sein, daß es im Hinblick auf Verhandlungen ... nicht sehr wichtig ist, zu wissen, ob ich meine Kinder in meiner Sprache und in der Kultur meines Volkes erziehen kann ... Wie können Sie erklären, daß es ›unerhört‹ sei, wenn eine Minderheit in Oberschlesien von diesem Rechte [auf Anrufung des Völkerbundes] Gebrauch gemacht hat?«

Hindus und Moslems in Indien zerstritten

29. Dezember. In der britischen Kolonie Indien tritt eine Allparteienkonferenz zusammen, um über ein gemeinsames Vorgehen gegenüber der britischen Verfassungskommission zu beraten (→ 3. 2./S. 32).

Die Differenzen zwischen dem radikalen und dem gemäßigten Flügel der Kongreßpartei können im Vorfeld der Konferenz beigelegt werden. Ein unter dem Vorsitz von Motilal Nehru ausgearbeiteter Verfassungsbericht vom → 3. August (S. 137) enthält die Forderung, Indien den Dominionstatus zu verleihen. Dominions gelten nach einer im November 1926 auf der Reichskonferenz des Britischen Empire geprägten Formel als »autonome Gemeinschaften innerhalb des Britischen Empire, gleich im Status, in keiner Weise einander in inneren und äußeren Angelegenheiten untergeordnet, obwohl durch eine gemeinsame Bindung an die Krone vereinigt und als Mitglieder des Britischen Commonwealth of Nations frei assoziiert.«

Den radikalen indischen Politikern – darunter der Sohn Motilal Nehrus, Jawaharlal Nehru, und der bengalische Fraktionsführer im Kongreß, Subhas Chandra Bose, – erscheint der Dominionstatus als nicht ausreichend; sie fordern die volle staatliche Souveränität. Die Kompromißformel, auf die sich die verschiedenen Flügel des Kongresses vor der Allparteienkonferenz verständigen, lautet, von Großbritannien die Gewährung des Dominionstatus nicht als Fernziel, sondern bereits bis zum 31. Dezember 1929 zu fordern, um dann über die völlige Unabhängigkeit zu verhandeln.

Der zweite Streitpunkt, den der Nehru-Bericht enthält, die Frage der Stellung religiöser Minderheiten in einem künftigen unabhängigen Indien, führt dagegen auf der Allparteienkonferenz zum offenen Bruch. Mohammad Ali Dschinnah, der Vorsitzende der Moslem-Liga, hatte nach Veröffentlichung des Berichts ein 14-Punkte-Programm bekanntgegeben, mit dem die Stellung der Moslems im Gesamtstaat und in den Provinzen – sowohl im Parlament als auch in der Verwaltung – in Vergleich zu den Vorschlägen Motilal Nehrus stärker berücksichtigt werden sollten. Als er für dieses Programm keine Zustimmung erhält, verläßt er mit der Moslem-Liga die Konferenz. Die Taktik der britischen Kolonialverwaltung geht dahin, sich als Vertreterin religiöser und ethnischer Minderheiten zu präsentieren und damit ein einiges Vorgehen der indischen Seite in der Verfassungsfrage zu verhindern.

Dieses umkränzte Foto von Mahatma Gandhi, Vorkämpfer für die indische Unabhängigkeit, wird anläßlich seines Geburtstags durch Madras getragen

Wilhelm Miklas, bisher Nationalratspräsident, wird Bundespräsident

Hick-Hack um den Bundespräsidenten

5. Dezember. Der christlichsoziale Politiker Wilhelm Miklas wird vom Nationalrat zum neuen österreichischen Bundespräsidenten gewählt. Er löst seinen Parteikollegen Michael Hainisch ab, da Bemühungen um eine Verfassungsänderung, die Hainisch eine dritte Amtszeit zugestehen sollte, gescheitert sind.

Miklas wird erst im dritten Wahlgang und lediglich mit den Stimmen der Christlichsozialen gewählt. Deren Koalitionspartner in der Bundesregierung, die Großdeutschen und der Landbund, hatten sich mit einem »politischen« Kandidaten (den sie in dem Nationalratspräsidenten Miklas sahen) nicht einverstanden erklärt und ihrerseits den Wiener Polizeipräsidenten Johannes Schober aufgestellt, der für den brutalen Polizeieinsatz in Wien gegen demonstrierende Arbeiter im Juli 1927 verantwortlich ist. Als Dritter kandidierte für die Sozialdemokraten Karl Renner.

In den beiden ersten Wahlgängen kann keiner der Kandidaten die absolute Mehrheit auf sich vereinigten. Im dritten Wahlgang geben die Sozialdemokraten leere Stimmzettel ab und ermöglichen so die Wahl Miklas', der 94 Stimmen erhält (Schober: 26). Sie wollen damit verhindern, daß Bundeskanzler Ignaz Seipel (christlichsozial), auf den sich alle Regierungsparteien verständigen könnten, als neuer Kandidat aufgestellt und zum Bundespräsidenten gewählt wird.

Zusammenstöße am Nationalfeiertag

1. Dezember. Am zehnten Jahrestag der Gründung des Königreichs der Serben, Kroaten und Slowenen (heute Jugoslawien) kommt es in der Stadt Agram (heute Zagreb) zu schweren Zusammenstößen.

Zu Beginn der Jubiläumsfeierlichkeiten, während im Dom von Agram das Hochamt zelebriert wird, hissen Mitglieder des kroatischen nationalistischen Studentenverbandes drei kroatische Fahnen mit Trauerflor, um ihrer Trauer über die Behandlung Kroatiens innerhalb des Vielvölkerstaats Ausdruck zu verleihen. Die Fahnen werden von serbischen Studenten und der Polizei herabgeholt. Es kommt auf dem Domplatz zu einer Rauferei zwischen Kroaten und Serben, woraufhin Soldaten den Platz räumen (→ 8. 8./S. 137).

Ultimatum Stalins an Trotzki

16. Dezember. Leo D. Trotzki, der wegen seiner Opposition gegen Parteichef Josef W. Stalin am → 17. Januar (S. 16) nach Alma Ata verbannt worden ist, erhält ein Ultimatum Stalins, von »konterrevolutionärer Tätigkeit« Abstand zu nehmen.

Trotzki hatte von Alma Ata aus mit seinen Anhängern in einem lebhaften Briefverkehr gestanden. Im Oktober war jedoch eine Postblockade verhängt worden. »Von mir zu verlangen, daß ich auf meine politische Tätigkeit verzichte, heißt verlangen, daß ich dem Kampf abschwöre, den ich unermüdlich seit 32 Jahren, während meines ganzen bewußten Lebens im Interesse der internationalen Arbeiterklasse geführt habe . . .«, heißt es in der Antwortnote Trotzkis. Seine Ausweisung aus der Sowjetunion erfolgt Anfang 1929.

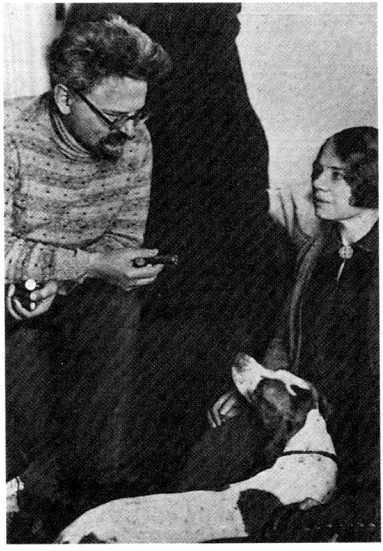

Leo D. Trotzki mit Frau und Hund in der Verbannung in Alma Ata

Severing bricht den Ruhreisenstreit ab

3. Dezember. Der deutsche Reichsinnenminister Carl Severing, der mit der Sonderschlichtung beauftragt ist, erreicht das Ende der Aussperrung von 230 000 Arbeitern der nordwestdeutschen Eisenindustrie (→ 1. 11./S. 185).

Der Tarifkonflikt hatte sich zu einem rechtlichen und politischen Streit ausgeweitet, der als »Ruhreisenstreit« in die Geschichte eingegangen ist. Die Arbeitgeber hatten gegen den Schiedsspruch von Wilhelm Joetten, den Reichsarbeitsminister Rudolf Wissell am 31. Oktober für verbindlich erklärt hatte, mit zwei Argumenten Klage eingelegt:
▷ Der Schiedsspruch sei unzulässigerweise durch einen Stichentscheid gefällt worden: Joetten hatte weder das Angebot der Arbeitnehmer noch das der Unternehmervertreter in der Schlichtungskammer übernommen
▷ Durch den Schiedsspruch werde unzulässigerweise ein Eingriff in einen bestehenden Tarifvertrag vorgenommen: Die Gewerkschaften hatten nur den Lohn-, nicht jedoch den Rahmentarif gekündigt; nach Ansicht der Unternehmerseite betreffen einige Anordnungen Joettens jedoch den Rahmentarif

Während das Arbeitsgericht Duisburg am 12. November der Auffassung des Arbeitgeberverbandes zustimmte und die Schlichtung für nichtig erklärte, erhielten die Gewerkschaften im Berufungsentscheid am 24. November recht. Die Arbeitnehmerorganisationen zögerten jedoch, einen Antrag auf einstweilige Verfügung zur Aufhebung der Aussperrung zu stellen, da nicht sicher ist, ob sie sich in letzter Instanz, beim Reichsarbeitsgericht, durchsetzen können; sie wären andernfalls den Unternehmern für Schäden haftbar.

Parallel zur gerichtlichen Auseinandersetzung liefen Vermittlungsbemühungen des Düsseldorfer Regierungspräsidiums, die am 17. November fast zu einer Einigung führten. Am gleichen Tag entschied der Reichstag, die preußische Staatsregierung zur großzügigen Wohlfahrtsunterstützung der von der Aussperrung Betroffenen aufzufordern und die Mittel zur Verfügung zu stellen. Insbesondere die 160 000 Ausgesperrten, die nicht organisiert sind, leiden schwer unter den Folgen der Aussperrung. Die Gewerkschaften stellten aufgrund der nun erfolgten finanziellen Stärkung am 19. November weitergehende Forderungen, und die Vermittlungsbemühungen scheiterten.

Auf Initiative der DVP-Minister in der Reichsregierung verständigte sich das Kabinett am 27. November darauf, Reichsinnenminister Carl Severing mit der Sonderschlichtung zu beauftragen. Severing erreicht die Aufhebung der Aussperrung zum 3. Dezember. Am 21. Dezember verkündet er seinen Schiedsspruch: Für Zeitlöhner ist eine gestaffelte Zulage von 6 Pfennig bei niedrigeren und bis zu 1 Pfennig bei höheren Löhnen vorgesehen. Eine allgemeine Zulage für Akkordarbeiter entfällt, es wird lediglich die Akkordsicherung von bisher 10 auf 15% angehoben. Die Schlichtung Severings kommt den Unternehmern entgegen.

Auch das Urteil des Reichsarbeitsgerichts am 22. Januar 1929 bestätigt die Position der Arbeitgeber: Der Schiedsspruch Joettens wird als Eingriff in einen bestehenden Tarifvertrag für nichtig erklärt; das Gericht stellt ferner die Unzulässigkeit eines Stichentscheids fest.

Ausgesperrte Arbeiter versammeln sich vor den Toren der Dortmunder »Union«

Demonstrationen in Berlin verboten

13. Dezember. Der Polizeipräsident von Berlin, Karl Zörgiebel, erläßt ein allgemeines Demonstrationsverbot, um Zusammenstößen zwischen Kommunisten und Rechtsextremisten vorzubeugen. Ähnliche Verbote gelten in Hamburg und Bayern. Zörgiebel stützt sich auf das Reichsvereinsgesetz, das ein Verbot zuläßt, soweit es zur »Verhütung unmittelbarer Gefahr für Leben und Gesundheit der Teilnehmer an einer Versammlung« erforderlich erscheint. Vorausgegangen sind Provokationen von Nationalsozialisten.

Reich gegen Eisenbahnländer

14. Dezember. Im Konflikt zwischen dem Reich und den »Eisenbahnländern« um die Besetzung vakanter Stellen im Verwaltungsrat der Reichsbahngesellschaft mißachtet die Reichsregierung ein schwebendes Verfahren vor dem Staatsgerichtshof und besetzt die vier freigewordenen Posten mit Männern ihres Vertrauens.

Die Eisenbahnländer Preußen, Bayern, Sachsen, Württemberg und Baden hatten 1920 die früher von ihnen betriebenen Staatseisenbahnen auf das Reich übertragen. Im Gegenzug erhielten sie im April 1924 das Recht auf Entsendung je eines Vertreters in den Verwaltungsrat der Reichsbahn. Als im August 1924 mit dem Dawesplan an die Stelle der Deutschen Reichsbahn die Deutsche Reichsbahngesellschaft trat, hielten die Eisenbahnländer an diesem Anspruch fest.

Das Problem wird nun erstmals akut, da vier Posten vakant sind. Durch eine einstweilige Verfügung versuchen die Eisenbahnländer, die einseitige Besetzung durch das Reich zu verhindern. Doch bevor das Urteil fällt, schafft die Reichsregierung vollendete Tatsachen.

Wehrprogramm der Sozialdemokraten

28. Dezember. Die vom SPD-Parteivorstand eingesetzte Kommission zur Prüfung des Wehrproblems legt den Entwurf für ein sozialdemokratisches Wehrprogramm vor. Es enthält die Forderung nach allgemeiner Abrüstung und nach Verbot der bakteriologischen und chemischen Kriegführung. Das Deutsche Reich habe aufgrund historischer Erfahrungen eine Rolle als Vorkämpfer der Abrüstung zu spielen. Zwar seien die Rüstungsbeschränkungen des Versailler Vertrags strikt einzuhalten, um keinen Vorwand für ein militärisches Eingreifen anderer Staaten zu liefern, das Recht zum Schutz vor Angriffen faschistischer oder imperialistischer Staaten wird jedoch von den Sozialdemokraten ausdrücklich anerkannt:

»Deutschland kann als Aufmarschgebiet mißbraucht und wider Willen in blutige Verwicklungen hineingerissen werden. Solange diese Gefahren bestehen und solange sie nicht durch sozialdemokratische Regierungen, wenigstens in den wichtigsten Ländern, zum Verschwinden gebracht werden können, ist die Deutsche Republik genötigt, zum Schutz ihres Volkes eine Wehrmacht aufrechtzuerhalten. Die Wehrmacht kann ihre Aufgabe nur erfüllen, wenn sie ... sich – im Gegensatz zu allen militaristischen Tendenzen, die auf die Beherrschung des Staates durch das Militär hinauslaufen – als dienendes Glied in die demokratische Republik einordnet. Um die Reichswehr in diesem Sinne umzugestalten, stellt die SPD ... folgende Forderungen:
1. Kontrolle des Reichstages über alle Verträge der Heeresverwaltung.
2. Keine Subvention an Privatfirmen, die mittelbar oder unmittelbar illegalen Rüstungen dient.
3. Verbot der Bestrafung von Veröffentlichungen über illegale Rüstungen.
4. Gesetzliche Bestimmungen zur Sicherung einer unparteiischen Rekrutierung.
5. Beseitigung des Bildungsprivilegs für das Offizierskorps und gesetzliche Festlegung eines Mindestkontingents für den aus dem Mannschaftsstande zu entnehmenden Offiziersersatz ...
8. Demokratisierung des Disziplinarrechts und des Militärstrafrechts ...
10. Verbot der Verwendung militärischer Kräfte bei Konflikten zwischen Arbeit und Kapital.«

Rechtsschwenk bei der Zentrumspartei

9. Dezember. Die dem katholischen Kleinbürgertum nahestehende Zentrumspartei wählt auf ihrem Reichsparteitag in Köln (seit 8. 12.) den Prälaten Ludwig Kaas als Nachfolger des ehemaligen Reichskanzlers Wilhelm Marx zu ihrem Vorsitzenden. Kaas gilt als Vertreter des rechten Flügels, er steht den Vorstellungen einer autoritären Führerdemokratie näher als dem Ideal eines pluralistischen, parlamentarischen Parteienstaats.

Der Prälat kann sich gegen die Exponenten des Arbeitnehmerflügels, Joseph Joos und Adam Stegerwald, mit einer klaren Mehrheit durchsetzen: Er erhält 318 Stimmen, auf Joos entfallen 92, auf Stegerwald 42. Stegerwald und Joos hatten sich zuvor vergebens bemüht, den Parteitag dazu zu bewegen, die Spitze des Zentrums mit drei Personen zu besetzen, die das ganze Spektrum der Partei widerspiegeln sollten.

Mit der Entscheidung für den Geistlichen Kaas vollzieht das Zentrum, das in den Anfangsjahren der Weimarer Republik in Koalitionen mit der SPD und der linksliberalen DDP einen eher progressiven Kurs vertrat, einen Rechtsschwenk. Die Partei reagiert damit auf die schweren Stimmenverluste bei den Reichstagswahlen am → 20. Mai (S. 80).

Das innenpolitische Klima im Deutschen Reich verschärft sich. Auch bei der rechtsextremen DNVP hatte sich ein Rechtsruck durch die Wahl eines neuen Vorsitzenden, Alfred Hugenberg, gezeigt. Er ist dem alldeutsch-nationalistischen Flügel zuzuordnen (→ 20. 10./S. 172).

Der Geistliche Ludwig Kaas kann sich gegen die Konkurrenten vom linken Flügel des Zentrums durchsetzen

Londoner Bürger warten vor dem Buckingham-Palast auf Nachricht über das Befinden des erkrankten Monarchen

Britischer König schwebt in Lebensgefahr

4. Dezember. In einer dramatischen Sitzung des geheimen Kronrats von Großbritannien wird die Einsetzung einer »Kronkommission« beschlossen, die die Regierungsfunktionen des schwerkranken Königs Georg V. übernehmen soll. Dieser Schritt wurde unumgänglich, denn die rund zwei Wochen andauernde Krankheit des Königs – es handelt sich um eine Lungen- und Rippenfellentzündung – hat ein besorgniserregendes Stadium erreicht.

Infolge der Krankheit ist der 63jährige Monarch derart geschwächt, daß er nicht einmal mehr in der Lage ist, eine Unterschrift zu leisten. Seine Aufgaben nimmt von nun an vorübergehend die Kronkommission wahr, für die u. a. folgende Mitglieder ernannt werden: Königin Mary, Eduard, der Prinz von Wales, Albert, Herzog von York; der Erzbischof von Canterbury und Ministerpräsident Stanley Baldwin.

Laufend veröffentlichen die Hofärzte Krankheitsberichte, um die beunruhigten Briten über das Befinden ihres seit Tagen in Lebensgefahr schwebenden Königs zu informieren. Hunderte versammeln sich täglich vor dem Buckingham-Palast, um ihrer tiefen Anteilnahme Ausdruck zu geben.

König Georg V. von Großbritannien

Zu der schweren Lungen- und Rippenfellentzündung kommt eine gefährliche Herzschwäche, die den Ausgang der Krankheit längere Zeit äußerst ungewiß erscheinen läßt. Erst nach einem operativen Eingriff tritt eine Wendung zum Besseren ein, wie dem Krankheitsbericht vom 12. Dezember zu entnehmen ist: »Die leichte Besserung im Befinden des Königs hält an. Eitrige Flüssigkeit, die sich an der Spitze der rechten Lunge angesammelt hatte, ist heute morgen durch Punktieren entfernt worden.« Bis zum 20. Dezember hat sich der Zustand König Georg V. stabilisiert.

Das erste offizielle Bulletin der königlichen Ärzte wird an der Umzäunung des Buckingham-Palastes zur Information der Bevölkerung angebracht

»Deutsche Lösung« für die Niederelbe

5. Dezember. Hamburg und Preußen schließen anläßlich eines Besuchs des preußischen Ministerpräsidenten Otto Braun in der Hansestadt ein Abkommen, mit dem eine Hafengemeinschaft beider Länder gegründet wird. Ferner werden Richtlinien für die Zusammenarbeit im Unterelbegebiet aufgestellt.

Die Hafengemeinschaft bezieht sich zunächst auf das Hafengebiet von Kattwyk, Hohe Schaar und Neuhof, sie soll auf Moorburg, Frankop, Altenwerder (hamburgisch), Finkenwerder und Dradenau (preußisch) erweitert werden.

Bislang hatte die Teilung des Hafengebiets zu bürokratischen Hemmnissen geführt. Der Hamburger Bürgermeister Carl Petersen (DDP) hebt hervor, daß weder eine hamburgische noch eine preußische, sondern eine »deutsche Lösung« gefunden sei. Die Frage des gegenseitigen Gebietsaustausches, die unter dem Stichwort »Großhamburg« behandelt wird, bleibt zunächst offen.

Marthe Hanau in Paris verhaftet

4. Dezember. Ein Finanzskandal erschüttert die französische Öffentlichkeit: Marthe Hanau, Besitzerin von »La Gazette du franc«, wird in Paris wegen illegaler Börsengeschäfte verhaftet.

Vor dem imposanten Gebäude in der Rue de Provence, wo Frau Hanau ihre Geschäfte abzuwickeln pflegte, hat sich eine erzürnte Menge der Geschädigten versammelt. Wer sich durch Angebote der skrupellosen Finanzmaklerin, die große Gewinne versprachen, verlocken ließ, erlebt nun ein böses Erwachen. Hinter der Fassade von »La Gazette du franc« gründete Marthe Hanau verschiedene Finanzgesellschaften, die den Anlegern hohe Dividenden in Aussicht stellten.

Die kleine und rundliche Frau geriet durch ihren Ex-Ehemann, Lazare Bloch, in Verdacht. Die Beteiligung Blochs an »La Gazette du franc« ließ Börsen- und Bankerkreise, in denen Bloch einen zweifelhaften Ruf genießt, aufmerken. Nach einer von

Marthe Hanau, wegen ihrer betrügerischen Geschäfte Tagesgespräch

den großen Pariser Banken durchgeführten Untersuchung entschloß sich die französische Regierung zur sofortigen Verhaftung Marthe Hanaus, um weiteren Schaden zu verhindern. Die Finanzmaklerin wird wegen Betrugs und unerlaubter Börsengeschäfte angeklagt.

Wirtschaftsvertrag Moskau – Berlin

21. Dezember. Die deutsch-sowjetischen Wirtschaftsverhandlungen in Moskau werden mit der Unterzeichnung eines Protokolls erfolgreich abgeschlossen.

Das Wirtschaftsprotokoll bestätigt im wesentlichen den Handelsvertrag zwischen dem Deutschen Reich und der Sowjetunion von 1925. Die sowjetische Regierung sieht einen Erfolg darin, daß die deutsche Seite das staatliche Außenhandelsmonopol anerkennt und einen Beitritt deutscher Banken zum Gläubigerkomitee, das Forderungen aus der Vorkriegszeit gegenüber der Sowjetunion aufstellt, nicht in Erwägung zieht. Ferner weist die amtliche sowjetische Zeitung »Iswestija« darauf hin, daß die positive Wirtschaftslage in der Sowjetunion sich daran zeige, daß die Aufnahme weiterer Kredite vom Deutschen Reich nicht notwendig sei.

Die deutsche Seite hebt hervor, daß mit dem Wirtschaftsprotokoll Erleichterungen für die deutschen Konzessionäre in der Sowjetunion und ein besserer Rechtsschutz für dort lebende Deutsche durchgesetzt werden konnten. Die Verhandlungen waren wegen des Schachty-Prozesses zeitweise unterbrochen worden (→ 6. 7./S. 116).

Erstmals im Westen Foto vom Dalai Lama

22. Dezember. Aufsehen erregt die britische Illustrierte »The Illustrated London News« mit der Veröffentlichung eines einzigartigen Fotos. Es handelt sich um eine Aufnahme des zweijährigen Dalai Lama, das aus dem Innern eines Klosters in der Äußeren Mongolei in den Westen geschmuggelt worden ist. Erstmals erhält die westliche Öffentlichkeit einen Einblick in die fremdartige Welt der lamaistischen Klöster.

Als Reinkarnation des Awalokiteschwara, eines gottähnlichen Heiligen, wird der Dalai Lama von den lamaistischen Mönchen wie eine Gottheit verehrt. Nach dem Glauben der Mönche wiederverkörpert sich der Awalokiteschwara 49 Tage nach dem Tod des früheren Dalai Lama in einem Knaben, der in dessen Sterbestunde geboren ist. Vor der Suche nach dem Kind, das an besonderen Merkmalen zu erkennen ist, wird entweder das Staatsorakel befragt, oder man folgt einer Prophezeiung, die der alte Dalai Lama vor seinem Tod gemacht hat.

Bis der Zweijährige mit der Regierung betraut wird, übt Kambo Lama, Oberhaupt im Kloster Userski-Dasan, die Herrschaft aus.

Eine Verkörperung des »großen unsterblichen weisen Lama« ist nach dem Glauben der Lamaisten dieses zweijährige Kind; der neue mongolische Dalai Lama ist – so diese Religion – in der Todesstunde des alten Dalai Lama geboren

Bestechungsskandal in der Schweiz

11. Dezember. Große Unruhe löst in der Schweiz die Verhaftung des angesehenen Rechtsanwalts und Verlagsbuchhändlers Charles Guinaud in Neuenburg aus. Guinaud wird beschuldigt, 200000 Schweizer Franken (161000 Reichsmark) unterschlagen und mit dem Geld hohe Beamte der Schweizer Bundesverwaltung bestochen zu haben, um ein Monopol für den Buchhandel auf den Bahnhöfen zu erhalten.

Bis zum Frühjahr 1928 war Guinaud Mitglied des Verwaltungsrats der Librairie Editions S.A., die in der Schweiz Bahnhofsbuchhandlungen betreibt. Er mußte wegen des Unterschlagungsvorwurfs aus dem Gremium ausscheiden.

Die Staatsanwaltschaft in Brüssel, wo die Buchhandlung eine Tochtergesellschaft unterhält, wirft dem Verlagsbuchhändler Guinaud weitere Unterschlagungen vor.

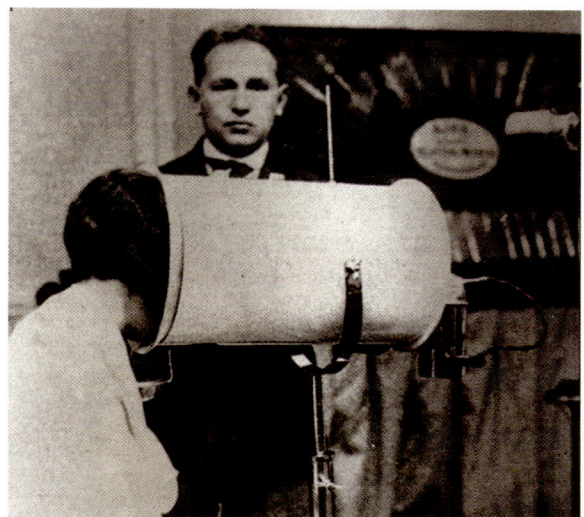

In einigen modern eingerichteten Friseursalons können Frauen sich auch mit einer Gesichtsdusche verschönern

Diese Bestrahlungslampen sollen für eine gesunde, sportlich-frische Gesichtshaut der Damen sorgen

Hochkonjunktur in den Friseursalons

Seit etwa zehn Jahren erlebt das Geschäft mit der Frauenschönheit einen anhaltenden Boom. Während vor dem Weltkrieg die Dienste der Friseure und Schönheitspfleger zu den Privilegien der Oberschicht gehörten, werden diese nun von der Mehrheit der Frauen in Anspruch genommen. In den Vereinigten Staaten sind es bereits 75% der Städterinnen, die regelmäßig zum Friseur gehen. Beobachter führen den neuen Schönheitskult auf die durch zunehmende Berufstätigkeit veränderte Stellung der Frau zurück. Der moderne Frauentyp – schlank und trainiert – verlangt ein neues Aussehen: Der Bubikopf wurde das Symbol der Emanzipation, das Zeichen der neuen Zeit.

Vorreiter dieser Entwicklung sind die USA, wo die Frauen schon zwei Millionen US-Dollar (4,36 Millionen Reichsmark) jährlich für Frisur und Kosmetik aufwenden. Seit 1918 hat sich in New York der Umsatz der Friseursalons und Schönheitsinstitute verdreifacht.

Für die Dauerwelle – neben dem glatten Bubikopf die beliebteste Damenfrisur – ist eine aufwendige Prozedur mit hochmodernen Geräten erforderlich. Stundenlang bleiben die Locken um Metallröhrchen gewickelt, die durch Kabel erwärmt werden, die von der Decke herabhängen. Manche Frau fällt unter den Strapazen der Dauerwellenmaschine in Ohnmacht. Weniger anstrengend für die Kundinnen der Friseure sind die elektrischen Haartrockner für Wellenfrisuren. Unter den helmförmigen Apparaten sorgt ein heißer Luftstrom für das rasche Trocknen der naß frisierten Haare.

Auch die Sitte des Haarfärbens ist innerhalb weniger Jahre besonders bei den Damen mittleren Alters in Mode gekommen. Die Friseur-Organisation von New York tätigte erhebliche Investitionen, um durch wissenschaftliche Versuche das Färben weniger schädlich und sicherer im Erfolg zu gestalten, was einen weiteren Aufschwung erwarten läßt.

An dem international florierenden Geschäft mit der Schönheit der Frauen ist auch die Kosmetikindustrie führend beteiligt.

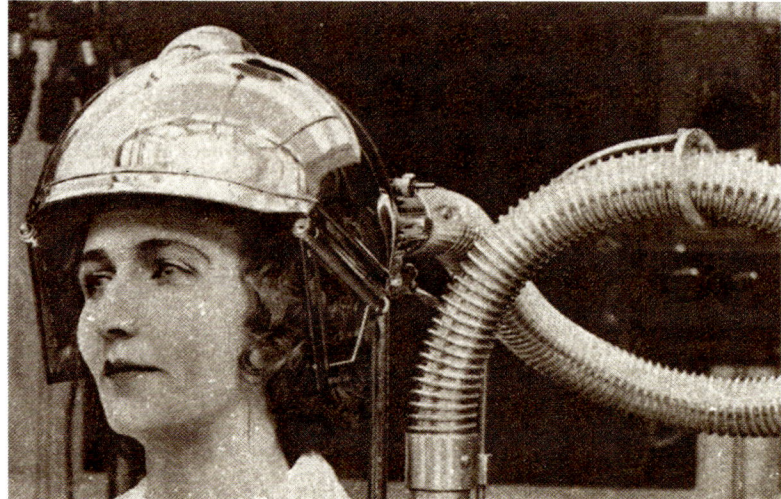

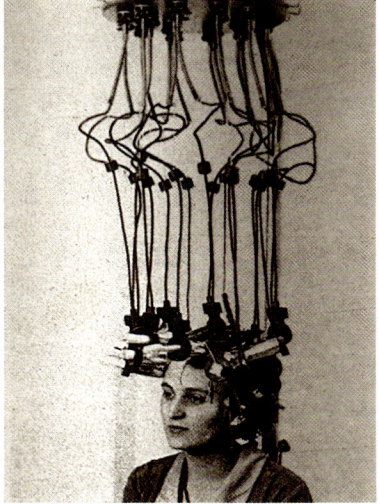

Mit dieser elastischen Trockenhaube, die an einen Feuerwehrhelm erinnert, werden die eingelegten Haare schonend und schnell getrocknet

Von der Decke herabhängende Kabel wärmen die Dauerwellenwickler

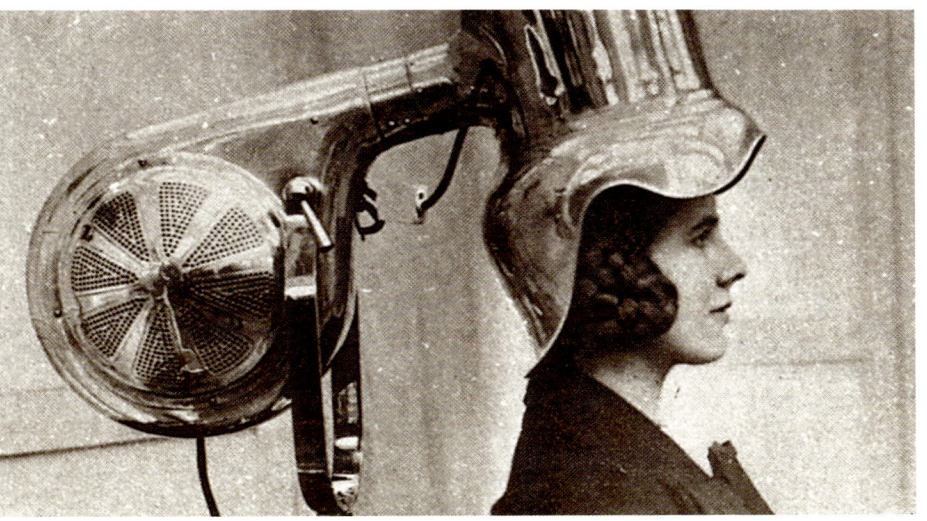

Elektrisch beheizter Sack zum Trocknen

Mit dieser Trockenhaube werden die Locken nach der Wäsche fixiert; eine Dauerwelle ist noch eine ebenso langwierige wie anstrengende und kostspielige Prozedur der Verschönerung

Sigrid Undset (M., sitzend) mit den Chemienobelpreisträgern Windaus (l.) und Wieland (r.) in Stockholm

Nordische Literatur begehrt und geehrt

10. Dezember. In Stockholm werden die Nobelpreise feierlich verliehen.
In Chemie erhält die Auszeichnung ein Deutscher, der Vitaminforscher Adolf Windaus. Der Nobelpreis für Physik geht an den Briten Owen Williams Richardson, den Begründer der Thermo-Ionik (erst 1929 verliehen), der Medizinpreis an Charles Jules Henri Nicolle (Frankreich), der einen Impfstoff gegen Flecktyphus entwickelt hat.

Besondere Beachtung findet die Verleihung des Literaturnobelpreises. Zum zweiten Mal wird eine auch im Deutschen Reich vielgelesene skandinavische Autorin geehrt: Die norwegische Schriftstellerin Sigrid Undset wird »vornehmlich für ihre mächtigen Schilderungen aus dem mittelalterlichen Leben des Nordens« ausgezeichnet. 1909 hatte die Schwedin Selma Lagerlöf den Preis erhalten.

Ferner verleiht das Preiskomitee zwei Ehrungen nachträglich für 1927: An den Deutschen Heinrich Otto Wieland in Chemie, an den französischen Philosophen Henri Bergson in Literatur. Ein Friedensnobelpreis wird 1928 nicht vergeben.

Adolf Otto Reinhold Windaus, geboren am 25. Dezember 1876 in Berlin, war 1913 bis 1915 Professor für Chemie in Innsbruck und wechselte anschließend nach Göttingen. Die Nobel-Auszeichnung erhält er für seine Untersuchungen zum Aufbau der Sterine (insbesondere des Cholesterins und Ergosterins). Windaus stellte den Zusammenhang der Sterine mit den Gallensäuren und bestimmten Vitaminen fest. Ferner gelang es ihm, die Struktur der Vitamine D_2 und D_3 und ihrer Provitamine aufzudecken. Die deutsche chemische Forschung gilt weltweit als führend.

Deutschsprachige Nobelpreisträger in Naturwissenschaften (20er Jahre)

1920	Walter Nernst (* 25. 6. 1864)	Chemie
1921	Albert Einstein (* 14. 3. 1879)	Physik
1922	Otto F. Meyerhof (* 12. 4. 1884)	Medizin
1923	Fritz Pregl (Österreich; * 3. 9. 1869)	Chemie
1925	James Franck (* 26. 8. 1882)	Physik
	Gustav Hertz (* 22. 7. 1887)	Physik
	Richard Zsigmondy (Österreich; * 1. 4. 1865)	Chemie
1927	Heinrich Wieland (* 4. 6. 1877)	Chemie
	Julius Ritter Wagner von Jauregg (Österreich; * 7. 3. 1857)	Medizin
1928	Adolf Windaus (* 25. 12. 1876)	Chemie
1929	Hans Karl A.S. von Euler-Chelpin (* 15. 2. 1873)	Chemie

Verurteilt wegen Gotteslästerung

10. Dezember. Das Schöffengericht in Berlin-Charlottenburg verurteilt den Maler und Graphiker George Grosz und seinen Verleger Wieland Herzfelde wegen Gotteslästerung bzw. wegen Verspottung »einer Einrichtung der Kirche« zu einer Geldstrafe von jeweils 2000 Reichsmark.

George Grosz

Die Anklage bezieht sich auf drei der Zeichnungen, die Grosz für Erwin Piscators Inszenierung von Jaroslav Hašeks »Die Abenteuer des braven Soldaten Schwejk« (→ 23. 1./S. 22) geschaffen hat. Die Zeichnungen, die sich wie die Inszenierung

W. Herzfelde

gegen den Krieg wenden, prangern die Rolle der Kirche an, die sich an der Kriegshetze beteiligt hat. Die berühmteste, »Christus mit der Gasmaske«, demonstriert, was eine Kirche, die sich von ihrer Lehre entfernt hat, aus Christus gemacht hat; sie trägt die Unterschrift »Maul halten und weiter dienen«. Eine weitere Zeichnung zeigt einen Geistlichen, der Granaten ausspuckt.

»Christus mit der Gasmaske«, Zeichnung des Malers George Grosz

Kleistpreis geht an Anna Seghers

22. Dezember. Anna Seghers (eigentl. Netty Radványi, geb. Reiling) erhält für ihre erste Buchveröffentlichung, »Aufstand der Fischer von Santa Barbara«, den Kleistpreis, die renommierteste Literaturauszeichnung der Weimarer Republik.

Anna Seghers schildert in ihrer Erzählung den Aufstand der Fischer eines kleinen Ortes am Atlantik gegen eine Reedereigesellschaft. Die Fischer fordern einen höheren Anteil an der Fangquote, sie kämpfen gegen Elend und Ausbeutung. Ihr Aufstand scheitert zwar an der Übermacht der Staatsgewalt, es bleiben ihnen aber die Erfahrung gemeinsamen Handelns und das Wissen um die Möglichkeit, sich zu wehren.

Die Erzählung ist im spröden Stil der Neuen Sachlichkeit geschrieben, nimmt jedoch Partei für die sozial Benachteiligten. Die junge Autorin mit einem ausgeprägten Sinn für soziale Gerechtigkeit ist 1928 in die KPD eingetreten; ihr politisches Bewußtsein wurde während ihres Stu-

Die junge deutsche Schriftstellerin Anna Seghers, 1900 in Mainz geboren

diums der Kunstgeschichte (1919 bis 1924) geweckt, das sie mit der Doktorarbeit »Jude und Judentum im Werk Rembrandts« abschloß. 1927 druckte die »Frankfurter Zeitung« ihre erste Erzählung, »Grubetsch«, ab. Ihr schriftstellerisches Pseudonym geht auf einen Graphiker der Rembrandtzeit zurück.

»Katharina Knie« gefällt Publikum

21. Dezember. Das Volksstück »Katharina Knie« von Carl Zuckmayer wird bei der Uraufführung im Berliner Lessing-Theater vom Publikum mit großem Beifall aufgenommen, von den meisten Theaterkritikern jedoch abgelehnt.

Das Schauspiel zeigt einen Zirkus, der unter den wirtschaftlichen Schwierigkeiten der Inflation leidet. Katharina, die Tochter des Direktors, verliebt sich in einen Bauern und verläßt das Unternehmen; sie kehrt jedoch nach dem Tod ihres Vaters wieder zu der Truppe zurück. Die Kritik sieht die beabsichtigte Verbindung von Zeit- und Volksstück als mißlungen an: Die »Milieugeschichte« und das »Zeitstück . . . in das Heimatstück«, urteilt Alfred Kerr, und Kurt Pinthus wendet sich gegen die rührseligen Elemente, durch die der »Stoff in dickem Schmalz erstarrt«. Gelobt werden nur die Schauspieler: Albert Bassermann als Direktor Knie und Elisabeth Lennartz als Katharina.

Europareise in Musik umgesetzt

13. Dezember. In der New Yorker Carnegie Hall dirigiert der 30jährige US-amerikanische Komponist George Gershwin die Uraufführung seiner sinfonischen Dichtung »Ein Amerikaner in Paris«.

Das Werk, das die Eindrücke einer Europareise des Künstlers verarbeitet, wird mit großem Beifall aufgenommen. Die Verbindung von Ele-

George Gershwin

menten des Jazz und des Ragtime mit der sinfonischen Musik, die »Ein Amerikaner in Paris« auszeichnet, gilt als Ausdruck des amerikanischen Lebensgefühls.

Ein weiteres bedeutendes Beispiel für den sinfonischen Jazz ist die »Rhapsody in Blue« (1924), mit der Gershwin den Durchbruch zur ernsten Musik fand.

Das Foto wird zur neuen Kunstform

23. Dezember. Der Schriftsteller Thomas Mann setzt sich in der »Berliner Illustrirten« nachdrücklich dafür ein, der Fotografie Kunstcharakter zuzusprechen.

Es bestehen immer noch Widerstände dagegen, die Fotografie als Kunstform anzuerkennen, da sie als technischer Vorgang betrachtet wird. Mann weist darauf hin, daß es guten Fotografen in ihren Porträts gelingt, psychische Momente einzufangen sowie Charakter- und Typenstudien zu liefern. Als Beispiele für künstlerische Fotografie führt er Bilder von Albert Renger-Patzsch an, der sich vor allem für Stilleben interessiert und durch originelle Motive auffällt.

Die bedeutendsten Fotografen der Weimarer Republik, deren Porträts Charakter- und Zeitstudien gleichkommen, sind August Sander, Hugo Erfurth und der durch seine überraschenden Momentaufnahmen bekannte Erich Salomon. Zahlreiche Maler befassen sich mit dem neuen Medium Fotografie und versuchen, seine Aussagekraft durch Experimente zu erweitern.

Wäsche auf der Leine, Foto aus der Vogelperspektive

Glaswaren, Aufnahme des Fotografen Kira (USA)

Motiv aus New York, fotografiert von A. Werber

Stefan George

H. G. Wells

John Galsworthy

Alfred Döblin

André Gide

Walter Bloem

Jules Romains

Ferenc Molnár

Arnold Zweig

Upton Sinclair

Sigrid Undset

Theodor Däubler

Literatur 1928:
Zeitkritik in der Literatur

In den literarischen Neuerscheinungen der Weimarer Republik kommt den realistischen, gesellschaftskritischen, sich auf Zeitereignisse beziehenden Romanen ein hoher Stellenwert zu. Die Autoren setzen sich kritisch mit ihrer Zeit auseinander und versuchen zum anderen, das Krisengefühl, das durch den Zusammenbruch alter Werte, durch Krieg und Revolution hervorgerufen worden ist, durch Hinwendung zum Authentischen zu überwinden.

Zu einem beherrschenden Thema entwickelt sich die Aufarbeitung der Kriegserfahrung, wobei sich seit 1927 gegenüber den bislang dominierenden heroisierenden, den Krieg bejahenden Darstellungen die kritischen Abrechnungen mit dem Krieg durchsetzen.

Aus der Perspektive eines Jugendlichen, der zu jung ist, um eingezogen zu werden, schildert Ernst Glaeser in seinem Erfolgsroman »Jahrgang 1902« den Begeisterungstaumel bei Kriegsausbruch und die allmähliche, sich breitmachende Ernüchterung. Der Roman ist als Generationenkonflikt angelegt: Die Auflehnung gegen die Normen und Restriktionen der Erwachsenen weitet sich zur Demontage der Väterwelt

aus, die den Krieg verursacht hat, und kulminiert in der zentralen Aussage des Romans: »La guerre, ce sont nos parents« (Der Krieg, das sind unsere Eltern).

Ludwig Renn (eigentl. Arnold Friedrich Vieth von Golßenau), der als Berufsoffizier am Krieg teilnahm, beschreibt in »Krieg« die Desillusionierung eines zunächst apolitischen Gefreiten. Renn beschränkt sich auf eine nüchterne, reportagehafte Aufzeichnung des alltäglichen Grauens im Schützengraben. Er gibt keine Erklärungen, sondern läßt nur die Fakten für sich sprechen.

Mit den Konflikten der Nachkriegszeit setzt sich der Kommunist Karl Grünberg, der aus der Arbeiterkorrespondenten-Bewegung kommt, in »Brennende Ruhr« auseinander, einem der ersten bedeutenden Werke der proletarischen Literatur der Weimarer Republik. Basierend auf Quellenstudien schildert Grünberg den Widerstand der Arbeiter gegen den Kapp-Putsch von 1920 und die Niederlage der Roten Ruhrarmee. Im Mittelpunkt des Romans steht ein Werkstudent, der zwischen die Fronten gerät und sich schließlich auf die Seite der Arbeiter

Der britische Schriftsteller John Galsworthy, Schöpfer der mehrbändigen »Forsyte Saga«, steht dem Bildhauer David Evans geduldig Modell

Einband zu »Le Surréalisme et la Peinture«, entworfen von Man Ray

Illustration zu »La Création«, gestaltet von François-Louis Schmied

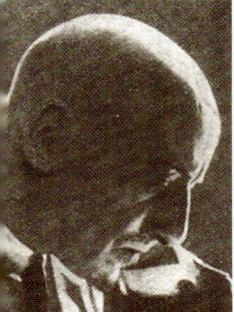
Gabriele D'Annunzio

Jakob Wassermann

Thomas Mann

Arthur Schnitzler

Maxim Gorki

Hermann Bahr

Frank Arnau

Gustav Meyrink

Erich Kästner

H. von Hofmannsthal

D. H. Lawrence

Virginia Woolf

stellt. Die Darstellung der herrschenden Klasse weist allerdings klischeehafte Züge auf.

Eine Auseinandersetzung mit der bürgerlichen Klassenjustiz leistet Jakob Wassermann mit seinem 1928 erscheinenden Roman »Der Fall Maurizius«, der sich auf die Erinnerungen des zu lebenslänglicher Haft verurteilten Carl Hau stützt. Auch Wassermann bettet die Handlung in einen Generationenkonflikt ein: Der junge, vom Glauben an die absolute Gerechtigkeit durchdrungene Etzel Andergast deckt einen Justizirrtum auf, für den sein Vater, ein obrigkeitstreuer Staatsanwalt, mitverantwortlich ist.

Eine feinfühlige Studie über das Leben einer Wiener Gouvernante liefert der österreichische Schriftsteller Arthur Schnitzler mit seinem Roman »Therese«. Demütigende Erfahrungen in abhängigen Stellungen und die unerfüllte Sehnsucht nach einer dauerhaften Liebesbeziehung ergeben das Bild einer kleinbürgerlichen Existenz, der jeder Anspruch auf Glück versagt bleibt.

Die Anprangerung des US-amerikanischen Imperialismus und der Ausbeutung der Indios in Mexiko kennzeichnet das Werk des nach Mexiko emigrierten deutschen Schriftstellers Bruno Traven (eigentl. Hermann Albert Otto Max Feige). In »Die weiße Rose« schildert er den

Konflikt zwischen einem indianischen Hacienda-Besitzer und einer US-amerikanischen Ölfirma, der mit der Ermordung des Indios endet. Gesellschaftskritik bestimmt auch den Roman »Boston« des US-amerikanischen Schriftstellers Upton Sinclair, der den Fall der 1927 hingerichteten Italo-Amerikaner Nicola Sacco und Bartolomeo Vanzetti aufgreift. Sinclair zeigt kritisch auf, wie die Angeklagten wegen ihrer an-

Der zum Hugenberg-Konzern gehörende Scherl-Buchverlag wirbt für eine trotz Ganzleineneinbands preiswerte Buchreihe, die 2-Mark-Romane

archistischen Überzeugung und ihrer ausländischen Abstammung vorverurteilt werden und weist auf gefälschte Beweise und die fehlerhafte Prozeßführung hin.

Der französische Schriftsteller André Malraux ergreift in seinem ersten Roman »Les conquérants« (Die Eroberer) Partei für die Revolutionäre in China. Eine Erzählung im surrealistischen Stil, der in Frankreich tonangebend ist, liefert André Breton mit »Nadja«, der Schilderung einer geheimnisvollen, mit intuitiven Kräften begabten Frau.

Erstarrte bürgerliche Konventionen greift der britische Schriftsteller D[avid] H[erbert] Lawrence in »Lady Chatterley« an; seine freizügige Darstellung der sexuellen Beziehungen zwischen Lady Chatterley, deren Mann aufgrund einer Kriegsverletzung impotent ist, und einem Wildhüter löst einen Skandal aus und zieht in Großbritannien und den Vereinigten Staaten ein Verbot ungekürzter Ausgaben des Werks nach sich.

Die Möglichkeiten eines selbstbestimmten Lebens und weiblicher Selbsterfüllung erkundet die britische Schriftstellerin Virginia Woolf in »Orlando«. Im Mittelpunkt des Romans, der einen Zeitraum von 400 Jahren umfaßt, steht eine Figur, die abwechselnd als Mann, Orlando, und als Frau, Orlanda, auftritt.

Die moderne Zeit hält Einzug ins Kinderzimmer, etwa mit einem Luftgewehr zum Zielen auf eine Scheibe (Zeichnung); pazifistische Organisationen warnen eindringlich davor, zu Weihnachten Kriegsspielzeug und Waffen zu verschenken

Technischer Fortschritt im Kinderzimmer

24. Dezember. Der technische Fortschritt hält Einzug auch ins Kinderzimmer, wie sich an der Auswahl der Geschenke, die unter dem Weihnachtsbaum liegen, zeigt.

Während die Spielzeugindustrie einen fliegenden Zeppelin im Kleinformat noch nicht rechtzeitig zum Fest konstruieren konnte (es gibt ihn nur an Stab oder Bindfaden zum Herumschwenken), bleiben die Flugzeugmodelle immerhin kurze Zeit in der Luft. Die Umstellung von der Dampfeisenbahn auf den elektrischen Schienenverkehr ist auch für die Kleinen bereits vollzogen: Ein besonderer Schwachstrom zur ungefährlichen Verwendung für Kinder treibt die Spielzeugbahnen an. Auch viele Automodelle sind mit Elektromotor ausgestattet.

Zum Jahreswechsel mahnende Stimmen

31. Dezember. Während weite Teile der Bevölkerung im Deutschen Reich bei relativem Wohlstand und – auf den ersten Blick – stabiler wirtschaftlicher und politischer Lage ausgelassen Silvester feiern – die Bälle und Diners zum Jahreswechsel in der Reichshauptstadt Berlin sind bereits mehrere Tage vor dem Fest sämtlich ausverkauft – melden sich erste mahnende Stimmen, die darauf verweisen, daß für 1929 mit einem Nachlassen der Konjunktur und mit stark ansteigenden Arbeitslosenzahlen zu rechnen ist. Vielfach wird daran erinnert, daß die positive Wirtschaftsentwicklung im Deutschen Reich wegen der Auslandskredite (der Anteil der ausländischen Kreditoren beläuft sich auf etwa 50%) nicht solide ist.

»Winter ohne Arbeit« lautet die Überschrift zu einem Artikel des renommierten Wirtschaftsjournalisten Richard Lewinsohn zum Jahreswechsel. Darin heißt es u.a.: ». . . nähern wir uns, darüber besteht kein Zweifel, wieder einer Baisseperiode. Die Konjunkturfahnen senken sich von Monat zu Monat, und wenn die aufgesammelte Kaufkraft der Weihnachtswochen vorüber ist, wird das Absinken der Konjunktur, das sich einstweilen in der Produktion bemerkbar macht, auch im Handel noch fühlbarer werden . . . Freilich haben . . . viele nicht bemerkt, daß das, was sie für eine reguläre Folge der Wiederaufbauarbeit hielten, zugleich ein Höhepunkt der Konjunktur war . . .

Über die winterliche Arbeitslosigkeit hinaus hat sich . . . die Konjunktur in den letzten Monaten noch empfindlich verschlechtert . . . Das Institut für Konjunkturforschung . . . rechnet bis zum Anfang nächsten Jahres schon aus saisonmäßigen Gründen mit 1,6 Millionen Arbeitslosen. Wenn dazu noch eine von der Saison unabhängige Verschlechterung der Konjunktur kommt, wird man im Laufe des Winters mit 1¾ Millionen Arbeitslosen rechnen müssen . . .«

Tatsächlich übersteigt bereits am 15. Januar 1929 die Zahl der unterstützten Arbeitslosen im Deutschen Reich die Zweimillionengrenze.

Trotz Warnungen von Wirtschafts- ▷ fachleuten herrscht Ausgelassenheit zum Jahreswechsel (Sektreklame)

Unbestrittene Metropole für die deutsche Automobilindustrie im Spielzeugformat ist die alte Stadt Nürnberg

Ob mit traditionellem oder modernem Spielzeug beschenkt – die Freude der Kleinen bei der Bescherung ist groß

Ins neue Jahr mit

Kupferberg Gold!

Ein Philister, wer Silvester verschläft, denn des alten Jahres letzte Nacht soll seine schönste sein! Im frohen Kreise schwinden glücklich die Stunden. Freudig und wohlgemut folgen die ersten des neuen Jahres. »Kupferberg Gold« schäumt in den Gläsern — »Kupferberg Gold« der gute, alte, deutsche Sekt. — Gibt es köstlicheres für den Gaumen, erquickenderes für die Herzen? »Kupferberg Gold« war der Liebling bedächtiger Feinschmecker des vorigen Jahrhunderts, »Kupferberg Gold« ist noch heute der Erkorene aller, die feine Weine schätzen und dabei fröhlich sein wollen.

Von der bescheidenen Weinstube bis zum prunkvollen Tanzpalast — überall finden Sie »Kupferberg Gold« — überall in gleicher, zuverlässiger Güte, denn er wird seit nahezu 80 Jahren in unveränderter Weise hergestellt.

Wollen Sie zu Hause feiern, so erhalten Sie in allen Weinhandlungen und einschlägigen Ladengeschäften »Kupferberg Gold« zum bekannten Original-Kellerei-Preise. Diesmal sollten auch Sie sich die Freude machen, mit diesem wirklich guten Sekt das neue Jahr einzuweihen!

»Kupferberg Gold« ist rein, edel und reif, daher in jeder Weise gut bekömmlich.

CHR. ADT KUPFERBERG & CO MAINZ · GEGR. 1850

Neue Postwertzeichen 1928 im Deutschen Reich

Wohltätigkeitsausgabe für die Deutsche Nothilfe, Wappen (v. l. Hamburg, Mecklenburg-Schwerin, Oldenburg, Braunschweig, Anhalt-Schwerin); Erstausgabe 15. November 1928

Flugpostausgabe für Flugpost mit dem Luftschiff LZ 127 »Graf Zeppelin«, zwei Werte; Erstausgabe 20. September 1928

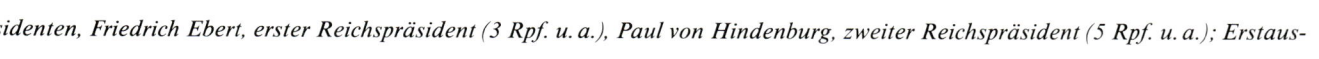

Freimarkenausgabe Reichspräsidenten, Friedrich Ebert, erster Reichspräsident (3 Rpf. u. a.), Paul von Hindenburg, zweiter Reichspräsident (5 Rpf. u. a.); Erstausgabe 1. September 1928

Anhang

Das Deutsche Reich, Österreich und die Schweiz 1928 in Zahlen

Die Statistiken für die drei deutschsprachigen Länder umfassen eine Auswahl von grundlegenden Daten. Es wurden vor allem Daten aufgenommen, die innerhalb der einzelnen Länder vergleichbar sind. Maßgebend für alle Angaben waren die amtlichen Statistiken. Die Zahlen beziehen sich auf die jeweiligen Staatsgrenzen von 1928. Nicht in allen gesellschaftlichen Bereichen finden jährliche Erhebungen statt, so daß mitunter die Daten aus früheren Jahren aufgenommen werden mußten. Das Erhebungsdatum ist jeweils angegeben (unter der Rubrik »Stand«). Die aktuellen Zahlen des Jahres 1928 werden – wo möglich – durch einen Vergleich zum Vorjahr relativiert. Wichtige Zusatzinformationen zum Verständnis einzelner Daten sind in den Fußnoten enthalten.

Deutsches Reich

Erhebungsgegenstand	Wert	Vergleich Vorjahr (%)	Stand
Fläche			
Fläche (km²)[1]	468 717,77	–	1927[2]
Bevölkerung			
Wohnbevölkerung	64 023 000	–	1927[2]
– männlich	30 196 823	–	16.6.1925[3]
– weiblich	32 213 796	–	16.6.1925[3]
Einwohner je km²	136,6	–	1927[2]
Ausländer	957 100	–	1927[2]
Privathaushalte	15 275 000	–	16.6.1925[3]
– Einpersonenhaushalte	1 026 000	–	16.6.1925[3]
– Mehrpersonenhaushalte	14 249 000	–	16.6.1925[3]
Lebendgeborene	1 182 815	+ 1,8	1928
Gestorbene	739 520	− 2,3	1928
Eheschließungen	587 175	+ 9,0	1928
Ehescheidungen	36 928	+ 1,3	1928
Familienstand der Bevölkerung			
– Ledige insgesamt	33 009 000	–	16.6.1925[3]
männlich	16 492 000	–	16.6.1925[3]
weiblich	16 517 000	–	16.6.1925[3]
– Verheiratete	25 437 000	–	16.6.1925[3]
– Verwitwete und Geschiedene	3 864 000	–	16.6.1925[3]
männlich	977 000	–	16.6.1925[3]
weiblich	2 887 000	–	16.6.1925[3]
Religionszugehörigkeit			
– Christen insgesamt	60 295 591	–	6.6.1925[3]
katholisch	20 193 334	–	6.6.1925[3]
evangelisch	40 014 677	–	6.6.1925[3]
– sonstige	87 580	–	6.6.1925[3]
– Juden	564 379	–	6.6.1925[3]
– andere, ohne Konfession	1 550 649	–	6.6.1925[3]
Altersgruppen			
unter 5 Jahren	5 871 517	–	16.6.1925[3]
5 bis unter 10 Jahren	3 986 512	–	16.6.1925[3]
10 bis unter 15 Jahren	6 213 829	–	16.6.1925[3]
15 bis unter 20 Jahren	6 543 101	–	16.6.1925[3]
20 bis unter 30 Jahren	11 457 815	–	16.6.1925[3]
30 bis unter 40 Jahren	8 863 091	–	16.6.1925[3]
40 bis unter 50 Jahren	7 754 071	–	16.6.1925[3]
50 bis unter 60 Jahren	5 961 114	–	16.6.1925[3]
60 bis unter 70 Jahren	3 782 002	–	16.6.1925[3]
70 bis unter 80 Jahren	1 641 934	–	16.6.1925[3]
80 und darüber	335 633	–	16.6.1925[3]
Die zehn größten Städte			
– Berlin	4 024 165	–	16.6.1925[3]
– Hamburg	1 079 126	–	16.6.1925[3]
– Köln	700 222	–	16.6.1925[3]

Erhebungsgegenstand	Wert	Vergleich Vorjahr (%)	Stand
– München	680 704	–	16.6.1925[3]
– Leipzig	679 159	–	16.6.1925[3]
– Dresden	619 157	–	16.6.1925[3]
– Breslau	557 139	–	16.6.1925[3]
– Essen	470 524	–	16.6.1925[3]
– Frankfurt am Main	467 520	–	16.6.1925[3]
– Düsseldorf	432 633	–	16.6.1925[3]
Erwerbstätigkeit			
Erwerbstätige	32 009 000	–	16.6.1925[3]
– männlich	20 531 000	–	16.6.1925[3]
– weiblich	11 478 000	–	16.6.1925[3]
– nach Wirtschaftsbereichen			
Land- und Forstwirtschaft, Tierhaltung und Fischerei	9 762 000	–	16.6.1925[3]
Produzierendes Gewerbe	13 239 000	–	16.6.1925[3]
Handel und Verkehr	5 274 000	–	16.6.1925[3]
Sonstige	3 734 000	–	16.6.1925[3]
– Arbeitslose	1 368 000	+ 3,1	1928
Betriebe			
– Landwirtschaftliche Betriebe	5 096 533	–	16.6.1925[3]
– Industrie und Handwerk	1 625 788	–	16.6.1925[3]
– Baugewerbe	226 949	–	16.6.1925[3]
– Handel und Verkehr	1 517 823	–	16.6.1925[3]
– Theater, Musik und Schaustellung	17 057	–	16.6.1925[3]
– Gesundheitswesen und Hygiene	83 761	–	16.6.1925[3]
Außenhandel			
– Einfuhr (Mio. Reichsmark/RM)	15 679	− 1,0	1928
– Ausfuhr (Mio. RM)	13 228	+ 12,6	1928
– Einfuhrüberschuß (Mio. RM)	2 451	–	1928
Verkehr			
– Eisenbahnnetz (km)	56 358,9	+ 0,4	31.12.1928
Beförderte Personen (in 1000)	2 070 800	+ 5,1	1928
Beförderte Güter (in 1000 t)	522 400	− 1,3	1928
– Bestand an Kraftfahrzeugen	1 081 487	+ 52,8	1928
davon Pkw	351 380	+ 31,2	1928
davon Lkw	121 765	+ 20,6	1928
– Binnenschiffe zum Gütertransport (Tragfähigkeit in t)	6 512 000	− 6,8	1.1.1928
Beförderte Güter (in 1000 t)	107 745	− 3,6	1928
– Handelsschiffe/Seeschiffahrt (BRT)	3 678 000	+ 9,4	1.1.1928
Beförderte Güter (in 1000 t)	47 100	+ 0,2	1928
– Luftverkehr			
Beförderte Personen	120 711	+ 12,2	1928
Beförderte Güter (kg)	2 163	− 16,4	1928
Bildung			
– Schüler an Volksschulen	6 698 785	–	1926/27
Mittelschulen	259 300	–	1926/27
Höheren Schulen	843 818	–	1926/27
– Studenten	111 582	+ 10,5	1928
Rundfunk			
– Hörfunkteilnehmer	2 235 000	–	31.3.1928
Gesundheitswesen			
– Ärzte	46 137	+ 5,5	1928
– Zahnärzte	24 477	+ 8,3	1928
– Krankenhäuser	4 646	+ 2,2	1928
Sozialleistungen			
– Mitglieder der gesetzlichen Krankenversicherung	21 995 000	+ 3,5	1928[4]
Rentenversicherung der Arbeiter	3 096 017	+ 4,2	1928[4]
Rentenversicherung d. Angestellten	149 646	+ 17,1	1928[4]
Knappschaftl. Rentenversicherung	362 852	+ 3,8	1928[4]
– Hauptunterstützungsempfänger in der Arbeitslosenversicherung	890 000	–	1928[4]
Finanzen und Steuern			
– Reichshaushalt: Ausgaben (Mio. RM)	7 155,0	–	1927/28
– Einnahmen (Mio. RM)	6 928,6	–	1927/28
– Schuldenlast (Mio. RM)	7 130,7	–	31.3.1928
Löhne und Gehälter			
– Wochenarbeitszeit in der verarbeitenden Industrie (Stunden)	46,0	–	1928

[1] Deutsches Reich ohne Saargebiet
[2] Letzte verfügbare Angabe
[3] Letzte verfügbare Angabe (Volkszählung)
[4] Jahresdurchschnitt

Statistische Zahlen 1928

Erhebungsgegenstand	Wert	Vergleich Vorjahr (%)	Stand
Löhne und Gehälter (Forts.)			
– Tariflicher Bruttostundenverdienst ungel. männlicher Arbeiter (Rpf)	75,2	–	1928[4]
weiblicher Arbeiter (Rpf)	49,6	–	1928[4]
– Tariflicher Bruttostundenverdienst gelernter männlicher Arbeiter (Rpf)	95,9	–	1928[4]
weiblicher Arbeiter (Rpf)	60,4	–	1928[4]
Preise			
– Einzelhandelspreise ausgewählter Lebensmittel in (RM)			
Butter, 1 kg	4,31	+ 2,1	1928
Weizenmehl, 1 kg	0,59	– 3,9	1928
Schweinefleisch, 1 kg	2,15	– 2,5	1928
Rindfleisch, 1 kg	2,30	– 1,2	1928
Eier, 10 Stück	1,44	+ 0,7	1928
Kartoffeln, 5 kg	0,63	– 14,1	1928
Zucker, 1 kg	0,63	– 12,8	1928
Vollmilch, 1 l	0,30	+ 2,4	1928
– Index der Lebenshaltungskosten für 5-Personen-Arbeiter-Haushalt (1913 = 100)	151,7	+ 2,8	1928

Erhebungsgegenstand	Bremen	Berlin	Breslau	Aachen	Stuttg.	München
Klimatische Verhältnisse						
– Mittl. Lufttemperatur Januar (°C)	2,6	1,3	0,6	4,2	4,2	1,2
Februar	4,0	2,4	1,4	5,1	5,0	2,0
März	3,8	3,1	1,9	5,5	5,7	2,7
April	8,2	8,1	8,5	8,8	10,2	8,2
Mai	10,9	11,0	11,2	10,6	12,1	9,8
Juni	14,1	14,3	14,8	14,2	17,4	15,5
Juli	17,7	18,6	19,4	18,7	21,9	20,0
August	16,4	16,1	16,7	16,7	19,0	17,1
September	13,2	12,7	13,5	13,3	15,1	12,6
Oktober	9,8	9,0	9,0	10,0	10,7	8,0
November	7,5	7,1	6,9	7,3	7,3	5,0
Dezember	1,5	–0,6	–1,1	2,0	1,6	–2,0
– Eistage (Temp. unter 0°)	11	17	21	6	6	18
– Niederschlagsmengen Januar (mm)	58	55	50	77	29	29
Februar	46	51	38	82	47	65
März	11	20	20	19	27	36
April	58	34	44	108	65	36
Mai	95	62	109	53	37	94
Juni	40	55	35	112	76	128
Juli	32	31	12	75	10	26
August	82	46	68	104	71	179
September	9	1	42	23	23	29
Oktober	77	44	17	87	55	55
November	106	91	37	104	67	79
Dezember	47	27	32	80	47	64
– Tage mit Schneedecke	14	14	41	14	14	42

[1] Letzte verfügbare Angabe
[2] Berechnete durchschnittliche Bevölkerung
[3] Nach dem Gebietsstand vom 1. 7. 1928
[4] Jahresdurchschnitt

Österreich

Erhebungsgegenstand	Wert	Vergleich Vorjahr (%)	Stand
Fläche			
Fläche (km²)	83 838	± 0	1928
Bevölkerung			
Wohnbevölkerung	6 643 000[2]	–	1928
– männlich	3 147 404	–	1923[1]
– weiblich	3 387 077	–	1923[1]
Einwohner je km²	79,2	–	1923[1]
Ausländer	423 487	–	1920[1]
Lebendgeborene	116 729	– 1,9	1928
Gestorbene	95 959	– 3,4	1928
Eheschließungen	49 305	+ 1,6	1928
Ehescheidungen	5 561	–	1928
Familienstand der Bevölkerung			
– Ledige insgesamt	3 587 774	–	1920[1]
männlich	1 783 063	–	1920[1]
weiblich	1 804 711	–	1920[1]
– Verheiratete	2 072 203	–	1920[1]
– Verwitwete und Geschiedene	471 471	–	1920[1]
davon männlich	124 848	–	1920[1]
davon weiblich	346 623	–	1920[1]
Religionszugehörigkeit			
– Christen insgesamt	6 451 400	–	1920
katholisch	6 225 843	–	1920
evangelisch	206 505	–	1920
sonstige	19 052	–	1920
– Juden	194 584	–	1920
– andere			
Altersgruppen			
unter 5 Jahren	556 292	–	1923[1]
5 bis unter 15 Jahren	1 077 837	–	1923[1]
15 bis unter 20 Jahren	633 698	–	1923[1]
20 bis unter 30 Jahren	1 150 756	–	1923[1]
30 bis unter 40 Jahren	953 190	–	1923[1]
40 bis unter 50 Jahren	850 234	–	1923[1]
50 bis unter 60 Jahren	649 361	–	1923[1]
60 bis unter 70 Jahren	432 957	–	1923[1]
70 und darüber	230 120	–	1923[1]
Die zehn größten Städte			
– Wien	1 865 780	–	1923[3]
– Graz	152 706	–	1923[3]
– Linz	102 081	–	1923[3]
– Innsbruck	56 401	–	1923[3]
– Salzburg	37 856	–	1923[3]
– Wiener Neustadt	36 956	–	1923[3]
– St. Pölten	31 576	–	1923[3]
– Klagenfurt	27 423	–	1923[3]
– Baden	22 217	–	1923[3]
– Steyr	22 111	–	1923[3]
Erwerbstätigkeit			
Erwerbstätige	3 342 996	–	1923[1]
– nach Wirtschaftsbereichen			
Land- und Forstwirtschaft, Tierhaltung und Fischerei	1 426 238	–	1923[1]
Industrie und Gewerbe	1 009 952	–	1923[1]
Handel und Verkehr	517 469	–	1923[1]
Öffentliche Dienste und freie Berufe	210 524	–	1923[1]
Sonstige	178 813	–	1923[1]
– Arbeitslose (Unterstützte)	155 352	– 9,9	1928
Betriebe			
– Landwirtschaftliche Betriebe	875	–	1926
– Bergbau und verarbeitendes Gewerbe	50 009	+ 5,2	1928
– Baugewerbe	17 189	– 1,9	1928
– Handel, Gastgewerbe, Reiseverkehr	13 521	+ 17,2	1928
Außenhandel			
– Einfuhr (Mio. Schilling/RM)	3 306,492 (1 947,524)	+ 3,8	1928

Erhebungsgegenstand	Wert	Vergleich Vorjahr (%)	Stand
– Ausfuhr (Mio. Schilling/RM)	2 241,123 (1 320,015)	+ 6,8	1928
– Einfuhrüberschuß (Mio. Schilling/RM)	1 065,369 (627,509)	+ 1,9	1928
Verkehr			
– Eisenbahnnetz (km)	7 138[4]	+ 0,3	1928
Beförderte Personen (in 1000)	110 838,600	+ 2,3	1928
Beförderte Güter (T)	29 118 515	+ 4,7	1928
– Straßennetz (km)	34 265	+ 0,2	1928
– Bestand an Kraftfahrzeugen	64 926	+ 25,3	1928
davon Pkw	16 760	+ 18,7	1928
davon Lkw	12 114	+ 26,6	1928
– Binnenschiffahrt			
Beförderte Güter (t)[3]	1 888 951	+ 2,9	1928
Bildung			
– Schüler an Volks- und Bürgerschulen	722 896	+ 1,8	31.10.1928
Realschulen und Realgymnasien	31 178	– 10,1	1927/28
Gymnasien	12 971	+ 1,5	1927/28
– Studenten	13 154	– 2,8	1927/28
Gesundheitswesen			
– Ärzte	7 753	–	2.5.1928
– Zahnärzte	289	–	2.5.1928
– Krankenhäuser	263	– 0,3	1928
Sozialleistungen			
– Mitglieder der Arbeiter-Krankenversicherung	1 069 491	+ 7,8	1928
Finanzen und Steuern			
– Gesamtausgaben des Staates (Mio. Schilling/Mio. RM)	1 976,52 (1 164,17)	+ 7,7	1928
– Gesamteinnahmen des Staates (Mio. Schilling/Mio. RM)	1 892,44 (1 114,65)	+ 8,1	1928
– Schuldenlast des Staates (Mio. Schilling/Mio. RM)	158,4 (93,30)	– 3,9	31.12.1928
Preise			
– Index der Einzelhandelspreise (1914 = 100)	143	+ 3,6	1928
– Einzelhandelspreise ausgewählter Lebensmittel (Schilling/RM)			
Butter, 1 kg	6,40[5] (3,77)	– 3,0	Mai 1928
Weizenmehl, 1 kg	0,74 (0,43)	+ 5,7	Mai 1928
Schweinefleisch, 1 kg	4,10 (2,41)	+ 2,5	Mai 1928
Rindfleisch, 1 kg	3,20 (5,43)	± 0	Mai 1928
Eier, 1 Stück	0,15 (0,09)	– 34,8	Mai 1928
Kartoffeln, 1 kg	0,20 (0,34)	+ 11,1	Mai 1928
Zucker, 1 kg	0,94 (0,55)	+ 4,4	Mai 1928
Vollmilch, 1 l	0,52 (0,88)	± 0	Mai 1928
– Bruttonationalprodukt (Mio. Schilling/Mio. RM)	11 678 (6 878,3)	+ 5,1	1928

Erhebungsgegenstand	Wien	Salzburg	Graz	Klagen-furt	Inns-bruck	Feld-kirch
Klimatische Verhältnisse						
– Mittl. Lufttemperatur Januar (°C)	0,9	1,7	–1,7	–3,3	–0,6	1,4
Februar	2,3	2,5	1,5	–0,5	1,8	2,2
März	2,8	5,4	2,8	2,7	6,1	5,1
April	10,1	9,5	9,8	9,3	10,0	8,3
Mai	11,8	10,7	12,0	11,4	11,2	10,4
Juni	16,7	15,8	16,9	17,4	16,6	16,3

[1] Geschätzte mittlere Wohnbevölkerung
[2] Letzte verfügbare Angabe
[3] Donauschiffahrt
[4] Einschließlich Kleinbahnen
[5] In Wien

Erhebungsgegenstand	Wien	Salzburg	Graz	Klagen-furt	Inns-bruck	Feld-kirch
Juli	21,9	20,7	20,7	21,4	21,0	20,7
August	19,6	18,2	19,4	19,6	18,1	17,8
September	15,0	13,9	14,3	13,9	13,8	13,8
Oktober	10,1	9,9	9,5	9,0	9,6	8,5
November	7,6	6,3	6,1	4,4	4,7	5,0
Dezember	–0,1	–1,6	–0,3	–3,0	–3,9	–1,7
– Niederschlagsmengen Januar (mm)	19	53	20	42	34	39
Februar	58	147	16	5	47	77
März	30	60	58	64	20	47
April	40	62	75	86	37	67
Mai	92	210	62	104	103	154
Juni	62	186	132	82	92	150
Juli	26	58	126	105	56	85
August	66	205	115	136	179	213
September	76	154	140	118	90	48
Oktober	16	75	45	59	47	102
November	46	89	42	88	82	112
Dezember	76	96	40	27	49	49

Schweiz

Erhebungsgegenstand	Wert	Vergleich Vorjahr (%)	Stand
Fläche			
Fläche (km²)	41 294,93	± 0,0	1928
Bevölkerung			
Wohnbevölkerung	4 018 500	+ 1,5	1928[1]
– männlich	1 817 123	–	1920[2]
– weiblich	2 009 197	–	1920[2]
Einwohner je km²	97,3	+ 1,5	1928[1]
Ausländer	402 385	–	1920[2]
Privathaushalte	886 874	–	1920[2]
Lebendgeborene	69 594	+ 0,1	1928
Gestorbene	48 063	– 2,3	1928
Eheschließungen	30 050	+ 5,1	1928
Ehescheidungen	2 543	+ 1,7	1928
Familienstand der Bevölkerung			
– Ledige insgesamt	2 281 170	–	1920[2]
männlich	1 127 467	–	1920[2]
weiblich	1 153 703	–	1920[2]
– Verheiratete	1 337 653	–	1920[2]
– Verwitwete und Geschiedene	261 497	–	1920[2]
männlich	74 844	–	1920[2]
weiblich	186 653	–	1920[2]
Religionszugehörigkeit			
– Christen insgesamt	3 815 908	–	1920[2]
katholisch	1 585 311	–	1920[2]
evangelisch	2 230 597	–	1920[2]
– Juden	20 979	–	1920[2]
– andere, ohne Konfession	43 433	–	1920[2]
Altersgruppen			
unter 5 Jahren	328 866	–	1920[2]
5 bis unter 10 Jahren	364 063	–	1920[2]
10 bis unter 15 Jahren	390 365	–	1920[2]
15 bis unter 20 Jahren	386 901	–	1920[2]
20 bis unter 30 Jahren	653 486	–	1920[2]
30 bis unter 40 Jahren	543 828	–	1920[2]
40 bis unter 50 Jahren	488 576	–	1920[2]
50 bis unter 60 Jahren	363 569	–	1920[2]
60 bis unter 70 Jahren	227 417	–	1920[2]
70 bis unter 80 Jahren	108 445	–	1920[2]
80 und darüber	24 804	–	1920[2]
Die zehn größten Städte			
– Zürich	222 900	+ 3,3	1928[1]
– Basel	144 550	+ 2,0	1928[1]
– Genf	128 125	+ 1,1	1928[1]
– Bern	109 850	+ 0,8	1928[1]
– Lausanne	78 050	+ 2,4	1928[1]

Statistische Zahlen 1928

Erhebungsgegenstand	Wert	Vergleich Vorjahr (%)	Stand
Die zehn größten Städte (Forts.)			
– St. Gallen	64 460	– 0,6	1928[1]
– Winterthur	53 925	+ 2,3	1928[1]
– Luzern	46 150	+ 1,0	1928[1]
– Biel	37 800	+ 2,7	1928[1]
– La Chaux-de-Fonds	36 300	+ 1,1	1928[1]
Erwerbstätigkeit			
Erwerbstätige	1 871 725	–	1920[2]
– männlich	1 236 281	–	1920[2]
– weiblich	635 444	–	1920[2]
– nach Wirtschaftsbereichen			
Land- und Forstwirtschaft Tierhaltung und Fischerei	482 758	–	1920[2]
Industrie, Handwerk, Baugewerbe	802 876	–	1920[2]
Dienstleistungen	586 091	–	1920[2]
– Ausländische Arbeitnehmer	216 224	–	1920[2]
– Arbeitslose	8 380	–	1928[3]
Außenhandel			
– Einfuhr (Mio. sFr./Mio. RM)	2 719,38 (2 192,09)	+ 6,1	1928
– Ausfuhr (Mio. sFr./Mio. RM)	2 133,036 (1 719,44)	+ 5,4	1928
– Einfuhrüberschuß (Mio. sFr./Mio. RM)	586,344 (472,65)	– 8,5	1928
Verkehr			
– Eisenbahnnetz (km)	5 868	– 0,03	1928
Beförderte Personen	396 047 000	+ 5,7	1928
Beförderte Güter (t)	25 802 000	+ 5,0	1928
– Bestand an Kraftfahrzeugen	62 217	+ 14,2	1928
davon Pkw	50 168	+ 18,4	1928
davon Lkw	12 040	+ 7,8	1928
– Luftverkehr			
Beförderte Personen	7 146	+ 27,2	1928
Bildung			
– Schüler an Primarschulen	473 865	–	1927/28
Sekundarschulen	48 579	– 1,4	1927/28
Gymnasien, Kantonschulen, Höheren Töchterschulen	9 949	– 8,6	1927/28
– Studenten	6 599	+ 1,1	1927/28
Rundfunk			
– Hörfunkteilnehmer	70 183	+ 18,8	1928
Gesundheitswesen			
– Ärzte	3 008	–	1923[2]
– Zahnärzte	745	–	1923[2]
– Krankenhäuser	107	–	1927
Sozialleistungen			
– Mitglieder der gesetzlichen Krankenversicherung	1 464 364	+ 12,6	1928
Finanzen und Steuern			
– Gesamtausgaben des Bundes (Mio. sFr./Mio. RM)	359,3 (289,63)	+ 7,9	1928
– Gesamteinnahmen des Bundes (Mio. sFr./Mio. RM)	383,1 (368,82)	+ 15,6	1928
– Schuldenlast des Bundes (Mio. sFr./Mio. RM)	49,5 (39,90)	+ 0,8	1928
Löhne und Gehälter			
– Mittlerer Stundenverdienst männlicher Arbeiter in sFr. (RM)	1,41 (1,14)	+ 1,4	1928

Erhebungsgegenstand	Wert	Vergleich Vorjahr (%)	Stand
Preise			
– Einzelhandelspreise ausgewählter Lebensmittel (sFr./RM)[4]			
– Butter, 1 kg	6,13 (4,94)	+ 2,3	Dez. 1928
Weizenmehl, 1 kg	0,69 (0,56)	– 6,8	Dez. 1928
Schweinefleisch, 1 kg	3,92 (3,16)	– 8,2	Dez. 1928
Rindfleisch, 1 kg	3,21 (2,59)	– 0,6	Dez. 1928
Eier, 1 Stück	0,21 (0,17)	+ 4,8	Dez. 1928
Kartoffeln, 1 kg	0,24 (0,19)	+ 9,1	Dez. 1928
Vollmilch, 1 l	0,36 (0,29)	± 0	Dez. 1928

Erhebungsgegenstand	Zürich	Basel	Bern	Genf	Davos	Lugano
Klimatische Verhältnisse						
– Mittl. Lufttemperatur Januar (°C)	2,6	3,5	1,3	2,7	–5,2	2,8
Februar	3,3	4,1	2,4	3,7	–4,1	5,5
März	5,0	5,8	4,8	6,8	–0,4	6,9
April	8,7	9,8	7,9	9,1	3,0	11,8
Mai	10,6	11,9	10,4	12,0	5,1	13,6
Juni	16,3	17,0	16,0	17,9	10,9	19,1
Juli	21,1	21,8	20,8	23,2	15,2	25,3
August	18,4	19,1	18,5	21,2	12,8	22,1
September	13,6	14,6	13,3	15,4	8,6	17,0
Oktober	9,0	10,0	8,2	9,7	4,2	11,5
November	6,0	7,0	5,2	6,8	–0,2	7,7
Dezember	0,6	1,8	–0,2	1,8	–7,0	2,6
– Niederschlagsmengen Januar (mm)	53	47	63	56	48	34
Februar	73	36	60	73	99	0
März	50	55	66	64	19	242
April	79	43	73	65	83	318
Mai	120	79	112	80	95	364
Juni	81	81	77	78	81	147
Juli	25	24	93	2	93	164
August	143	99	116	147	201	267
September	85	46	110	103	61	137
Oktober	61	73	107	212	145	550
November	121	90	101	76	137	114
Dezember	80	53	49	71	58	37
– Sonnenscheindauer Januar (Std.)	38	50	64	89	100	109
Februar	124	126	140	141	125	184
März	134	119	100	114	120	55
April	167	160	150	182	139	157
Mai	180	188	199	247	152	205
Juni	248	228	250	277	202	236
Juli	343	335	354	373	279	319
August	218	213	237	290	214	276
September	144	153	142	183	124	176
Oktober	119	128	110	140	133	165
November	50	59	65	71	58	88
Dezember	34	31	29	52	75	116

[1] Geschätzte mittlere Wohnbevölkerung
[2] Letzte verfügbare Angabe
[3] Jahresmittel
[4] In Basel

214

Die Regierungen Deutsches Reich, Österreich und Schweiz 1928

Neben den Staatsoberhäuptern des Deutschen Reichs, Österreichs und der Schweiz sind in der Zusammenstellung die einzelnen Kabinette des Jahres 1928 in chronologischer Reihenfolge enthalten. Hinter den Namen der wichtigsten Regierungsmitglieder stehen in Klammern die Parteizugehörigkeit und der Zeitraum ihrer Tätigkeit.

Deutsches Reich

Staatsform:
Republik
Reichspräsident:
Paul von Hindenburg (1925–1934)

4. Kabinett Marx (1927–12. 6. 1928):
Reichskanzler:
Wilhelm Marx (Zentrum; 1923/24, 1926–12. 6. 1928)
Vizekanzler und Justiz:
Oskar Hergt (deutschnational; 1927–12. 6. 28)
Auswärtiges:
Gustav Stresemann (DVP; 1923–1929)
Inneres:
Walter von Keudell (deutschnational; 1927–12. 6. 1928)
Finanzen:
Heinrich Köhler (Zentrum; 1927–12. 6. 1928)
Wirtschaft:
Julius Curtius (DVP; 1926–1929)
Arbeit:
Heinrich Brauns (Zentrum; 1920–12. 6. 1928)
Wehr:
Otto Geßler (parteilos; 1920–19. 1. 1928), Wilhelm Groener (parteilos; 19. 1. 1928–1932)
Post:
Georg Schätzel (Bayerische Volkspartei; 1927–1932)
Verkehr:
Wilhelm Koch (deutschnational; 1927–12. 6. 1928)
Ernährung:
Martin Schiele (deutschnational; 1927–12. 6. 1928)
Besetzte Gebiete:
Beauftragt Wilhelm Marx (Zentrum; 1927–12. 6. 1928)
Staatssekretär der Reichskanzlei:
Hermann Pünder (parteilos; 1926–1932)
Pressechef:
Walter Zechlin (parteilos; 1926–1932)

2. Kabinett Müller (28. 6. 1928–1930):
Reichskanzler:
Hermann Müller (SPD; 1920, 28. 6. 1928–1930)
Auswärtiges:
Gustav Stresemann (DVP; 1923–1929)
Inneres:
Karl Severing (SPD; 28. 6. 1928–1930)
Finanzen:
Rudolf Hilferding (SPD; 1923, 28. 6. 1928–1929)
Wirtschaft:
Julius Curtius (DVP; 1926–1929)
Arbeit:
Rudolf Wissell (SPD; 28. 6. 1928–1930)
Justiz:
Erich Koch-Weser (DDP; 28. 6. 1928–1929)
Wehr:
Wilhelm Groener (parteilos; 19. 1. 1928–1932)

Post:
Georg Schätzel (Bayerische Volkspartei; 1927–1932)
Verkehr:
Theodor von Guérard (Zentrum; 28. 6. 1928–1929, 1930/31)
Ernährung:
Hermann Dietrich (DDP; 28. 6. 1928–1930)
Besetzte Gebiete:
Theodor von Guérard (Zentrum; 28. 6. 1928–1929)
Staatssekretär der Reichskanzlei:
Hermann Pünder (parteilos; 1926–1932)
Pressechef:
Walter Zechlin (parteilos; 1926–1932)

Die Regierungen der deutschen Länder, Freien Hansestädte und Berlins
Anhalt:
Heinrich Deist (SPD), Ministerpräsident (1919–1932), Ernst Weber (DDP), Staatsrat (1922–1932), Kurt Müller (parteilos), Staatsrat (1924–14. 6. 1928)
Baden:
Adam Remmele (SPD), Staats- und Ministerpräsident (1922/23, 1927–23. 11. 1928) und Innenminister (1919–1929), Joseph Schmitt (Zentrum), Staats- und Ministerpräsident (23. 11. 1928–1930, 1931–1933) und Finanzminister (1927–1931), Gustav Trunk (Zentrum), Justizminister (1919–1929), Otto Leers (DDP), Minister für Unterricht und Kultus (1926–1929)
Bayern:
Heinrich Held (BVP), Ministerpräsident und Außenminister (1924–1930, geschäftsführend bis 1933), Karl Stützel (BVP), Innenminister (1924–1930, geschäftsführend bis 1933), Franz Gürtner (DNVP), Justizminister (1922–1932), Franz Xaver Goldenberger (BVP), Unterrichtsminister (1926–1930), Hans Schmelzle (BVP), Finanzminister (1928–1930), Heinrich Oswald (BVP), Soziale Fürsorge (1920–12. 6. 1928, das Ministerium wird aufgehoben)
Berlin:
Gustav Böß, Oberbürgermeister (1920–1929)
Braunschweig:
Heinrich Jasper (SPD), Ministerpräsident (1919/20, 1922–1924, 1927–1930)
Bremen:
Martin Donandt (DNVP), Bürgermeister (1920–1933)
Hamburg:
Karl Petersen, Regierender Bürgermeister (1924–31. 12. 1928, 1932/33)
Hessen:
Karl Ulrich, Ministerpräsident (1918–14. 2. 1928), Bernhard Adelung (SPD), Ministerpräsident (14. 2. 1928–1931, geschäftsführend bis 1933), Ferdinand Kirnberger (Zentrum), Inneres (1927–13. 2. 1928) und Justiz

(1927–1931, geschäftsführend bis 1933), Wilhelm Leuschner (SPD), Inneres (14. 2. 1928–1931, geschäftsführend bis 1933)
Lippe:
Heinrich Drake (SPD), Ministerpräsident (1920–1933)
Lübeck:
Löwigt (SPD), Regierender Bürgermeister (1927–1933)
Mecklenburg-Schwerin:
Paul Schröder (SPD), Ministerpräsident, Äußeres und Inneres (1926–1929)
Mecklenburg-Strelitz:
Karl Schwabe (deutschnational), Ministerpräsident (1923–21. 2. 1928), Beamtenministerium (29. 2.–März 1928), Kurt Artur Freiherr von Reibnitz (SPD), Ministerpräsident (1919–1923, 13. 3. 1928–11. 4. 1929, 1929–1931)
Oldenburg:
Eugen von Finkh, Ministerpräsident, Auswärtiges, Justiz, Kirche und Schule (1923–1930)
Preußen:
Otto Braun (SPD), Ministerpräsident (1920/21, 1921–1925, 1925–1932), Albert Grzesinski (SPD), Inneres (1926–1930), Hugo Am Zehnhoff (Zentrum), Justiz (1919–1932)
Sachsen:
Max Heldt (SPD), Ministerpräsident (1924–1929)
Schaumburg-Lippe:
Heinrich Lorenz (SPD), Ministerpräsident (1927–1933)
Thüringen:
Richard Leutheußer (DVP), Ministerpräsident (1924–22. 8. 1928), Paulssen (DVP), Ministerpräsident (6. 11. 1928–1929)
Württemberg:
Wilhelm Bazille (DNVP), Ministerpräsident (1924–4. 6. 1928), Eugen Bolz (Zentrum), Ministerpräsident (8. 6. 1928–1932, geschäftsführend bis 1933)

Österreich

Staatsform:
Republik
Bundespräsident:
Michael Hainisch (christlichsozial; 1920–9. 12. 1928), Wilhelm Miklas (christlichsozial; 10. 12. 1928–1938)

5. Kabinett Seipel (1927–1929)
Bundeskanzler:
Ignaz Seipel (christlichsozial; 1922–1924, 1926–1929)
Äußeres:
Ignaz Seipel (christlichsozial; 1926–1930)
Inneres:
Ignaz Seipel (christlichsozial; 1923, 1926–1929)
Vizekanzler:
Karl Hartleb (Landbund; 1927–1929)
Justiz:
Franz Dinghofer (großdeutsch; 1926–4. 7. 1928), Franz Slama (großdeutsch; 6.7. 1928–1929)
Unterricht:
Richard Schmitz (christlichsozial; 1926–1929)
Finanzen:
Viktor Kienböck (christlichsozial; 1922–1924, 1926–1929)
Handel und Verkehr:
Hans Schürff (großdeutsch; 1923–1929)

Soziale Verwaltung:
Josef Resch (christlichsozial; 1920/21, 1924–1929)
Heerwesen:
Karl Vaugoin (christlichsozial; 1921–1933)
Land- und Forstwirtschaft:
Andreas Thaler (christlichsozial; 1926–1929)

Schweiz

Staatsform:
Republikanischer Bundesstaat
Bundespräsident:
Edmund Schultheß (freisinnig; 1917, 1921, 1928, 1933)

Justiz und Polizei:
Heinrich Häberlin (freisinnig; 1920–1934)
Äußeres:
Giuseppe Motta (katholisch-konservativ; 1920–1940)
Inneres:
Ernest Louis Chuard (freisinnig; 1920–31. 12. 1928)
Finanzen und Zölle:
Jean-Marie Musy (katholisch-konservativ; 1919–1934)
Militär:
Karl Scheurer (freisinnig; 1919–1929)
Volkswirtschaft:
Edmund Schultheß (freisinnig; 1912–1935)
Post und Eisenbahn:
Robert Haab (freisinnig; 1918–1929)

Staatsoberhäupter und Regierungen ausgewählter Länder 1928

Die Einträge zu den wichtigsten Ländern des Jahres 1928 informieren über die Staatsform (hinter dem Ländernamen), Titel und Namen des Staatsoberhaupts sowie in Klammern dessen Regierungszeit. Es folgen – soweit vorhanden – die Regierungschefs, bei wichtigeren Ländern auch die Außenminister des Jahres 1928; jeweils in Klammern stehen die Zeiträume der Amtsausübung. Eine Kurzdarstellung gibt – wo es sinnvoll erscheint – einen Einblick in die innen- und außenpolitische Situation des Landes. Über bewaffnete Konflikte und Unruhegebiete, auf die hier nicht näher eingegangen wird, informiert der Anhang »Kriege und Krisenherde des Jahres 1928« gesondert.

Abessinien (Äthiopien): Kaiserreich
Kaiserin: Woisero Zäudito (1916–7. 10. 1928)
Regent und Thronfolger: Täfäri Mäkwännen (1916–7. 10. 1928), danach König (7. 10. 1928–1930, Kaiser 1930–1974 als Haile Selassie I.)

Afghanistan: Königreich
König: Aman Ullah Khan (1926–1929, zuvor Sultan 1919–1926)

Ägypten: Königreich
König: Fuad I. (1922–1936, zuvor Sultan 1917–1922)
Ministerpräsident: Abd Al Chalik Tharwat Pascha (1927–4. 3. 1928), Mustafa Nahhas Pascha (16. 3.–25. 6. 1928, 1930, 1936/37, 1942–1944), Muhammad Mahmud Pascha (27. 6. 1928–1929, 1937–1939)
Britischer Oberkommissar: George Ambrose Lord Lloyd of Dolobran (1925–1929)
Obwohl das Land seit 1922 eine unabhängige Monarchie ist, bleibt der Einfluß Großbritanniens, das den König auf seiner Seite weiß, bestehen. Die nationalistische Wafd-Partei fordert die Abschaffung der britischen Reservatrechte in Ägypten und bekämpft den »probritischen König«, der ein diktatorisches Regime errichtet.

Albanien:
Republik, ab 1. 9. 1928 Königreich
Präsident: Achmed Bey Zogu (1925–31. 8. 1918), zugleich Ministerpräsident (1923/24, 1925–1. 9. 1928)
König: Achmed Zogu (1. 9. 1918–1939)
Ministerpräsident: Kosta Kotta (7. 9. 1928–1930, 1936–1939)
Albanien ist seit 1927 faktisch italienisches Protektorat.

Algerien:
Französisches Generalgouvernement
Generalgouverneur: Pierre Louis Bordes (1927–1930)

Annam: Kaiserreich
Kaiser: Bao-Dai (1925–1945, danach Staatschef von Vietnam 1945/48/49–1955)
Das Kaiserreich Annam ist als Teil der Indochinesischen Union französisches Protektorat.

Argentinien: Republik
Präsident: Marcelo Torcuato de Alvear (1922–12. 10. 1928), Hipólito Irigoyen (1916–1922, 12. 10. 1928–1930)

Australien:
Bundesstaat im British Empire
Ministerpräsident und Außenminister: Stanley Melbourne Bruce (1923–1929)
Britischer Generalgouverneur: John Lawrence Baird Baron Stonehaven (1925–1930)

Belgien: Königreich
König: Albert I. (1909–1934)
2. Kabinett Jaspar (katholisch; 1927–1929):
Ministerpräsident: Henri Jaspar (katholisch; 1926–1931)
Außenminister: Paul Hymans (liberal; 1918–1920, 1924/25, 1927–1934, 1934/35)
Das Deutsche Reich, die USA, Belgien, Frankreich, Großbritannien, Italien, Japan, Polen und die Tschechoslowakei unterzeichnen am 27. August 1928 in Paris den Briand-Kellogg-Pakt, einen internationalen Kriegsächtungspakt (benannt nach dem französischen Außenminister Aristide Briand und US-Außenminister Frank Kellogg).

Bhutan: Königreich
König: Jigme Wangchuk (1926–1952)
Das Land im östlichen Himalaja erkennt die britisch-indische Vormacht an, regelt seine inneren Angelegenheiten jedoch selbständig.

Birma: Provinz von Britisch-Indien
Gouverneur: Charles Innes (1927–1932)

Bolivien: Republik
Präsident: Hernando Siles, Präsident (1926–1930)

Brasilien: Bundesrepublik
Präsident: Washington Pereira de Souza (1926–1930)
Außenminister: Joao Otavio Mangabeira (1926–1930)

Bulgarien: Königreich
König/Zar: Boris III. (1918–1943)
Ministerpräsident: Andreas Ljáptschew (1926–1931)
Außenminister: Athanasios Burow (1926–1931)

Chile: Republik
Präsident (Diktator): Oberst Carlos Ibáñez del Campo (1927–1931)

China: Republik
Präsident: Tschang Tso-lin (1927–4. 6. 1928), Chiang Kai-shek (10. 10. 1928–1931)

Costa Rica: Republik
Präsident: Ricardo Jiménes Oreamuno (1910–1912, 1924–8. 5. 1928, 1932–1936), Cleto González Víquez (1906–1910, 1912–1914, 8. 5. 1928–1932)

Dänemark: Königreich
König: Christian X. (1912–1947)
Ministerpräsident: Thomas Madsen-Mygdal (1926–1929)
Außenminister: Laust Jevsen Moltesen (1926–1929)

Danzig: Freie Stadt
unter dem Schutz des Völkerbunds
Völkerbundskommissar: Joost Adrian van Hamel (Holländer; 1925–1929)
Senatspräsident: Heinrich Sahm (1920–1931)
Danzig gehört zum polnischen Zollgebiet, Polen vertritt die Freie Stadt im Ausland.

Dominikanische Republik: Republik
Präsident: Horacio Vásquez (1899, 1902/03, 1924–1930)
Die USA haben zwar 1924 nach internationalen Protesten ihre Besatzungstruppen abgezogen, jedoch mit Vásquez einen ihnen genehmen Präsidenten eingesetzt.

Ecuador: Republik
Präsident: Isidro Ayora (1926–1931)

El Salvador: Republik
Präsident: Pio Rómeo Bosque (1927–1931)

Estland: Republik
Staats- und Ministerpräsident: Hans Tonisson (1919/20, 1927–19. 11. 1928, 1933), August Rei (19. 11. 1928–1929)

Finnland: Republik
Präsident: Lauri Relander (1925–1931)
Ministerpräsident: Juho Sunila (1927–22. 12. 1928), Oskar Mantere (22. 12. 1928–1929)
Außenminister: Hjalmar Procope (1924/25, 1927–1931)
Der erneute Kabinettswechsel ist einer von 23 in den Jahren 1917–1939.

Frankreich: Republik
Präsident: Gaston Doumergue (1924–1931)
4./5. Kabinett Poincaré, 1926–6. 11. 1928, 11. 11. 1928–1929:
Ministerpräsident: Raymond Poincaré (1912/13, 1922–1924, 1924, 1926–6. 11. 1928, 11. 11. 1928–1929)
Außenminister: Aristide Briand (1915–17, 1921/22, 1925–1932)
Die wirtschaftlichen Probleme des Landes (Inflation, Arbeitslosigkeit) führen zu einer Krise des parlamentarischen Systems, das von rechts- und linksradikalen Gruppen bedroht wird. Außenminister Aristide Briand setzt die Politik des Ausgleichs mit dem Deutschen Reich fort. – Das Deutsche Reich, die USA, Belgien, Frankreich, Großbritannien, Italien, Japan, Polen und die Tschechoslowakei unterzeichnen am 27. August 1928 in Paris den Briand-Kellogg-Pakt, einen internationalen Kriegsächtungspakt (benannt nach den Außenministern Aristide Briand und Frank Kellogg).

Griechenland: Republik
Präsident: Pavlos Konduriotis (1924–1926, 1926–1929)
Ministerpräsident: Alexander Zaimis (1897–1899, 1901/02, 1915, 1916, 1917, 1926–28. 6. 1928), Eleftherios Weniselos (1910–1915, 1917–1920, 1924, 4. 7. 1928–1932, 1932, 1933)
Außenminister: Andreas Michalakopoulos (1926–30. 6. 1928), Perikles Arjiropoulos (1926, 4. 7. 1928–1929)

Großbritannien: Königreich
König: Georg V. (1910–1936)
2. Kabinett Baldwin (konservativ, 1924–1929):
Premierminister: Stanley Baldwin (1923/24, 1924–1929)
Außenminister: Joseph Austen Chamberlain (1924–1929)
Schatzkanzler: Winston Churchill (1924–1929)
Gesundheitsminister: Neville Chamberlain (1924–1929)
Das Deutsche Reich, die USA, Belgien, Frankreich, Großbritannien, Italien, Japan, Polen und die Tschechoslowakei unterzeichnen am 27. August 1928 in Paris den Briand-Kellogg-Pakt, einen internationalen Kriegsächtungspakt (benannt nach dem französischen Außenminister Aristide Briand und US-Außenminister Frank Kellogg).

Guatemala: Republik
Präsident: Lázaro Chacón (1926–1930)

Haiti: Republik
Präsident: Joseph Luis Bornó (1922–1930)
1915–1934 ist Haiti von den USA besetzt, die das politische Geschehen, die Finanzen und die Zölle kontrollieren.

Honduras: Republik
Präsident: Miguel Paz Baraona (1925–1929)

Indien (Britisch-Indien):
Britisches Vizekönigreich
Vizekönig: Edward Wood Lord Irwin of Kirby Underdale (1925–1929)

Indochinesische Union:
Französisches Protektorat
Generalgouverneur: Alexandre Varenne (1925 bis Januar 1928), Montguillot (vorläufig; Januar bis August 1928), Pierre Pasquier (August 1928 bis 1934)
Indochina besteht aus den 1887 vereinigten französischen Protektoraten Annam, Tonkin und Kambodscha, der Kolonie Kotschinchina und (seit 1893) Laos.

Irak: Königreich
König: Faisal I. (1921–1933)
Ministerpräsident und Außenminister: Dscha'far Pascha al-'Askari (1923/24, 1926–14. 1. 1928), Abd al-Muhsin Bey al Sa'dun (1922/23, 1925/26, 14. 1. 1928–1929, 1929)

Iran: siehe Persien

Irland: Republik
(Freistaat im Commonwealth)
Ministerpräsident: Liam T. Mac Cosgair = William Cosgrave (1922–1932)
Außenminister: Patrick Mac Giollagain = Mac Gilligan (1927–1932)

Britischer Generalgouverneur: James McNeill (1927–1932)

Island: Republik
(in Personalunion mit Dänemark)
Ministerpräsident: Trygvi Thorhallson (1927–1932)

Italien: Königreich/Diktatur
König: Viktor Emanuel III. (1900–1946)
Ministerpräsident: Benito Mussolini (1922–1943, 1943–1944); Außenminister 1922–1929, 1932–1936, 1943; Innenminister 1922–1924, 1926–1943; Kriegsminister, Marineminister und Luftfahrtminister 1933–1943
Nach dem neuen Wahlgesetz vom 12. Mai 1928 werden die 400 Abgeordneten vom Faschistischen Großrat ausgewählt und auf eine Einheitsliste gesetzt. Der Wähler hat nur mehr das Recht, die Einheitsliste insgesamt abzulehnen oder zu befürworten. – Das Deutsche Reich, die USA, Belgien, Frankreich, Großbritannien, Italien, Japan, Polen und die Tschechoslowakei unterzeichnen am 27. August 1928 in Paris den Briand-Kellogg-Pakt, einen internationalen Kriegsächtungspakt (benannt nach dem französischen Außenminister Aristide Briand und US-Außenminister Frank Kellogg).

Japan: Kaiserreich
Kaiser: Hirohito (seit 1926)
Ministerpräsident und Außenminister: Giichi Baron Tanaka (1927–1929)
Das Deutsche Reich, die USA, Belgien, Frankreich, Großbritannien, Italien, Japan, Polen und die Tschechoslowakei unterzeichnen am 27. August 1928 in Paris den Briand-Kellogg-Pakt, einen internationalen Kriegsächtungspakt (benannt nach dem französischen Außenminister Aristide Briand und US-Außenminister Frank Kellogg).

Jemen (Sana): Königreich
König: Hamid Ad Din Jahja (1918–1948, davor Imam 1904–1918)

Jugoslawien: siehe »Königreich der Serben, Kroaten und Slowenen«

Kambodscha: Königreich
zur Indochinesischen Union gehörendes französisches Protektorat
König: Sisovath Monivong (1927 bzw. 22. 7. 1928–1941)

Kanada: Parlamentarische Monarchie innerhalb des britischen Commonwealth
Premier- und Außenminister: William Lyon Mackenzie King (1921–1926, 1926–1930, 1935–1948)
Britischer Generalgouverneur: Freeman Freeman-Thomas Viscount Ratendone of Willingdone (1926–1931)

Kirchenstaat: siehe Papst

Kolumbien: Republik
Präsident: Miguel Abadía Méndez (1926–1930)

Königreich der Serben, Kroaten und Slowenen: Monarchie
(amtlich »Königreich Jugoslawien« 1929)

König: Alexander II. (1921–1934)
Ministerpräsident: Welja Vukicević (1927–4. 7. 1928), Anton Korošec (27. 7. 1928–1929)

Korea: Japanisches Generalgouvernement Chosen (1910–1945)
Generalgouverneur: Hanzo Yamanashi (1927–1929)

Kuba: Republik
Präsident: Gerardo Machado de Morales (1925–1933)

Kuwait:
Emirat unter britischem Protektorat
Emir: Scheich Ahmad (1921–1950)

Laos: Königreich
(Seit 1893 zur Indochinesischen Union gehörendes französisches Protektorat)
König: Sisavong Vong (1904–1959)

Lettland: Republik
Präsident: Gustav Zemgals (1927–1930)
Ministerpräsident: Marger Skujeneek (1926–21. 1. 1928), Peter Jurasevski (21. 1.–13. 11. 1928), Hugo Celmins (1924/25, 1. 12. 1928–1931)

Libanon:
Französisches Völkerbundmandat
Präsident: Charles Dabbas (1926–1934)
Ministerpräsident: Bischara Bey al-Churi (1927–9. 8. 1928, 1929), Habib Pascha as-Sad (10. 8. 1928–1929)

Liberia: Republik
Präsident: Charles Dunbar Burgess King (1920–1930)

Liechtenstein: Fürstentum
Fürst: Johann II. (1858–1929)

Litauen: Diktatur
Diktator: Anton Smetona (1919–1922, 1926–1940)
Ministerpräsident: Augustin Voldemaras (1918, 1926–1929)

Luxemburg: Großherzogtum
Großherzogin: Charlotte (1919–1964)
Ministerpräsident: Joseph Bech (1926–1937, 1953–1958)

Marokko: Sultanat
unter französischem Protektorat
Sultan: Sidi Muhammad V. (1927–1953)
Großwesir: Muhammad al-Muqri (1917–1955)
Französischer Generalresident: Théodore Steeg (1925–1929)

Memelgebiet: Autonomer Staat
unter Litauen 1924–1939
Landespräsident (vom Parlament gewählt): Kadgiehn (1927–1930)

Mexiko: Bundesrepublik
Präsident: Plutarco Elias Calles (1924–1. 12. 1928), Emilio Portes Gil (1. 12. 1928–1930)

Monaco: Fürstentum
Fürst: Ludwig II. (1922–1949)

Mongolische Volksrepublik:
Volksrepublik

Vorsitzender des Präsidiums des Großen Rates (Staatspräsident): Korlin Tschoibalsan (1924–1930)
Ministerpräsident: Korlin Tschoibalsan (1924–1952)

Nepal: Königreich
König: Tribhuvana (1911–1950, 1952/53)

Neuseeland: Dominion
im britischen Commonwealth
Premierminister: Joseph Gordon Coates (1925–7. 12. 1928), Joseph Ward (1906–1912, 7. 12. 1928–1930)
Britischer Generalgouverneur: Charles Fergusson (1924–1929)

Nicaragua: Republik
Präsident: Adolfo Díaz (1911–1916, 1926–1929)

Niederlande: Königreich
Königin: Wilhelmina (1890–1948)
Ministerpräsident: Dirk Jan de Geer (1926–1929)
Außenminister: Frans Beelaerts van Blokland (1927–1929)

Nordirland: Teil von Großbritannien
Ministerpräsident: James Craig Viscount Craigavon (1921–1940)

Norwegen: Königreich
König: Håkon VII. (1905–1957)
Ministerpräsident: Ivar Lykke (1926–20. 1. 1928), Christopher Hornsrud (20. 1.–15. 2. 1928), Johann Ludwig Mowinckel (1924–1926, 15. 2. 1928–1931, 1933–1935)
Außenminister: Ivar Lykke (1926–20. 1. 1928), Edvard Bull (28. 1.–8. 2. 1928), Johann Ludwig Mowinckel (1924–1926, 15. 2. 1928–1931, 1933–1935)

Palästina:
Britisches Völkerbundmandat
Oberkommissar: Herbert Charles Onslow Baron Plumer (1925–1928), John Robert Chancellor (1928–1931)

Panama: Republik
Präsident: Roberto Chiari (1924–1. 10. 1928), Florencio Harmodio Arosemana (1. 10. 1928–1931)
Die Republik Panama wird de facto finanziert von der US-Firma United Fruit Company.

Papst: Pius XI.,
vorher Achille Ratti (1922–1939)
Kardinalstaatssekretär: Kardinal Pietro Gasparri (1914–1930)
Der frühere Kirchenstaat ist seit 1870 dem italienischen Nationalstaat eingegliedert. Erst 1929 wird durch die Lateranverträge zwischen dem Heiligen Stuhl und Italien der autonome Stadtstaat Vatikanstadt geschaffen.

Paraguay: Republik
Präsident: Eligio Ayala (1923/24, 1924–15. 8. 1928), José Particio Guggiari (15. 8. 1928–1931)

Persien: Königreich
(amtlich »Iran« ab 1934)
Schah: Resa Pahlawi (1925–1941)

Ministerpräsident: Mahdi Quly Chan Hidajät (1927–1930)

Peru: Republik
Präsident: Augusto Bernardino Leguía (1908–1912, 1919–1930)

Philippinen: Gouvernement der USA
Generalgouverneur: Henry Lewis Stimson (1927–1929)

Polen:
Republik/autoritär regierter Staat
Präsident: Ignacy Mościcki (1926–1939)
Kriegsminister: Josef Piłsudski (1926–1930)
Ministerpräsident: Josef Piłsudski (1926–27. 6. 1928, 1930), Kasimir Bartel (1926, 27. 6. 1928–1929, 1929/30)
Außenminister: August Zaleski (1926–1930, 1931/32)
Das Deutsche Reich, die USA, Belgien, Frankreich, Großbritannien, Italien, Japan, Polen und die Tschechoslowakei unterzeichnen am 27. August 1928 in Paris den Briand-Kellogg-Pakt, einen internationalen Kriegsächtungspakt (benannt nach dem französischen Außenminister Aristide Briand und US-Außenminister Frank Kellogg). – Der Gegensatz zwischen dem autoritär regierenden Piłsudski und dem Sejm verschärft sich.

Portugal: Diktatur
Präsident: António Óscar Fragoso Carmona (1926–1951)
Ministerpräsident: António Óscar Fragoso Carmona (1926–16. 4. 1928), José Vicente Freitas (19. 4.–9. 11. 1928, 12. 11. 1928–1929)

Rumänien: Königreich
König: Michael I. (1927–1930, 1940–1947)
Ministerpräsident: Vintilă Brătianu (1927–2. 11. 1928), Iuliu Maniu (10. 11. 1928–1930, 1930/31, 1932/33, 1944)
Außenminister: Nikolaus Titulescu (1927–2. 11. 1928, 1932–1936), Georg Mirunescu (10. 11. 1928–1931)

Sansibar: Sultanat
unter britischem Protektorat
Sultan: Chalifa II. (1911–1960)

Saudi-Arabien: Königreich
König: Abd Al Asis Ibn Saud (1926–1953)

Schweden: Königreich
König: Gustav V. (1907–1950)
Ministerpräsident: Karl Gustav Ekman (1926–26. 9. 1928, 1930–1932), Arvid Lindman (1906–1911, 1. 10. 1928–1930)
Außenminister: Eliel Löfgren (1926–26. 9. 1928), Ernst Trygger (1. 10. 1928–1930)

Siam: Königreich
(amtlicher Name ab 1939: Thailand)
König: Rama VII. Prajadhipock (1925–1935)

Sowjetunion: siehe UdSSR

Spanien: Königreich
König: Alfons XIII. (1886–1931)
Ministerpräsident/Militärdiktator: Miguel Primo de Rivera y Oraneja (1923–1930, 1927–1930 zugleich Außenminister)

Südafrikanische Union: Dominion im britischen Commonwealth
Ministerpräsident: James Barry Munnick Hertzog (1924–1939)
Generalgouverneur: Alexander Earl of Athlone (1924–1931)

Syrien:
Französisches Völkerbundsmandat
Oberkommissar: Henri Ponsot (1926–1931)
Ministerpräsident: Damad Ahmad Nami Bey (1926–9. 2. 1928), Tadsch ad-Din al-Hasani (1925/26, 15. 2. 1928–1931, 1934–1936)

Thailand: siehe Siam

Tibet: Autonomer Staat seit 1914
Dalai-Lama: Thupten Gjatso (1876/95–1933)
Pantschen-Lama: Tschökji Njima (1883–1937)

Tschechoslowakei: Republik
Präsident: Tomáš Garrigue Masaryk (1918/20–1935)

Ministerpräsident: Anton Svehla (1922–1926, 1926–1929)
Außenminister: Eduard Beneš (1918–1935, danach Staatspräsident)
Das Deutsche Reich, die USA, Belgien, Frankreich, Großbritannien, Italien, Japan, Polen und die Tschechoslowakei unterzeichnen am 27. August 1928 in Paris den Briand-Kellogg-Pakt, einen internationalen Kriegsächtungspakt (benannt nach dem französischen Außenminister Aristide Briand und US-Außenminister Frank Kellogg).

Tunis: Französisches Protektorat
Bei: Muhammad VI. (1922–1929)
Generalresident: Lucien Saint (1921–1929)

Türkei: Republik
Präsident: Mustafa Kemal Pascha, ab 1934 genannt Kemal Atatürk (1923–1938)
Ministerpräsident: Mustafa Ismet Pascha, ab 1934 genannt Ismet Inönü (1923/24, 1925–1937, 1961–1965)
Außenminister: Tevfik Rüstü (1925–1938)

UdSSR: Republik
Parteichef: Josef W. Stalin (1922–1953)
Präsident (Vorsitzender des Präsidiums des Obersten Sowjets): Michail I. Kalinin (1919/1923–1946)
Ministerpräsident (Vorsitzender des Rates der Volkskommissare): Alexei I. Rykow (1924–1930)
Außenminister (Volkskommissar des Äußeren): Georgi W. Tschitscherin (1918–1930)
Verteidigung: Kliment J. Woroschilow (1925–1940)

Ungarn: Monarchie
König: Otto II. (1922–1944/45) lebt in Bayern, nachdem sein Vater, König Karl IV. († 1922) 1921 zweimal an der Rückkehr nach Ungarn gehindert worden ist. 1921 hat die Nationalversammlung die Thronenthebung der Habsburger ausgesprochen.
Reichsverweser: Miklós Horthy (1920–1944)
Ministerpräsident: István Graf Bethlen von Bethlen (1921–1931)
Außenminister: Ludwig Walkó (1925–1930)

Uruguay: Republik
Präsident: Juan Campisteguy (1927–1931)

USA: Bundesstaat
Präsident: Calvin Coolidge (Republikaner), 29. Präsident (1923–1929)
Vizepräsident: Charles Gates Dawes (1925–1929)
Außenminister: Frank Billings Kellogg (1925–1929)
Das Deutsche Reich, die USA, Belgien, Frankreich, Großbritannien, Italien, Japan, Polen und die Tschechoslowakei unterzeichnen am 27. August 1928 in Paris den Briand-Kellogg-Pakt, einen internationalen Kriegsächtungspakt (benannt nach dem französischen Außenminister Aristide Briand und US-Außenminister Frank Kellogg).

Venezuela: Diktatur
Präsident: Juan Vicente Gómez (1908–30. 5. 1929, 1931–1935), Juan Bautista Perez (30. 5. 1929–1931)
Unter Gómez wird Venezuela führende Wirtschaftsmacht Lateinamerikas.

Ausgewählte Neuerscheinungen auf dem Buchmarkt 1928

Die Auswahl berücksichtigt nicht nur Neuerscheinungen von literarischem oder wissenschaftlichem Wert, sondern auch vielgelesene Bücher des Jahres 1928. Innerhalb der einzelnen Länder sind die erschienenen Werke alphabetisch nach Autoren geordnet.

Deutsches Reich

Ernst Barlach
Ein selbsterzähltes Leben
Autobiographie
Zehn Jahre vor seinem Tod legt der deutsche Bildhauer, Grafiker und Dichter Ernst Barlach (1870–1938) beim Verlag Bruno Cassirer in Berlin seine Autobiographie unter dem Titel »Ein selbsterzähltes Leben« vor. 83 Abbildungen illustrieren das Buch des vielseitigen Künstlers. Auf einer Rußlandreise fand Barlach 1906 die endgültige Richtung seiner bildhauerischen Arbeit: Die einfachen bäuerlichen Schnitzwerke, die nach alten byzantinischen Vorbildern gearbeitet waren, erkannte er als seiner eigenen künstlerischen Auffassung wesensverwandt. Im Mittelpunkt seiner Werke steht das menschliche Leid – Arme und Bedrückte, Geknechtete, Gefangene und Verzweifelte –, aber auch die Hoffnung auf Erlösung aus Dunkelheit und Unterdrückung. In seinen Holzbildwerken und Bronzefiguren, Zeichnungen und Holzschnitten sowie in seinem literarischen Werk gestaltete der ab 1910 zurückgezogen in Güstrow in Mecklenburg lebende Künstler innere und äußere Lebenssituationen und seelische Verfassungen des Menschen. Unter seinen literarischen Werken sind die Dramen »Der tote Tag« (1912), »Der arme Vetter« (1918), »Die echten Sedemunds« (1920), »Der Findling« (1922), »Die Sündflut« (1924) und »Der blaue Boll« (1926) hervorzuheben.

Hans Friedrich Blunck
Gewalt über das Feuer
Eine Sage von Gott und Mensch
Mit dem beim Verlag Eugen Diederichs in Jena erscheinenden Werk »Gewalt über das Feuer. Eine Sage von Gott und Mensch« liegt – nach »Streit mit den Göttern« (1925) und »Kampf der Gestirne« (1926) – der dritte und letzte Teil der Germanen-Trilogie »Die Urvätersaga« des deutschen Schriftstellers Hans Friedrich Blunck (1888–1961) vor. Blunck ist mit seinen historischen und zeitgenössischen Romanen, Märchen, Sagas, Spukgeschichten, Schwänken, Sagenbearbeitungen u. a. ein niederdeutscher Vertreter der Blut-und-Boden-Heimatdichtung. In den beiden Romantrilogien »Urvätersaga« (1925–1928) und »Werdendes Volk« (1922–1924) verherrlicht er die Entwicklung des deutschen Menschen in vorgeschichtlicher und geschichtlicher Zeit. Weitere Werke wie die Balladensammlung »Nordmark« (1912), die »Märchen von der Niederelbe« (1923), der historische Roman »König Geiserich« (1936) und das Epos »Die Sage vom Reich« (1941).

Rudolf Carnap
Der logische Aufbau der Welt
Wissenschaftslogisches Werk
In seinem ersten Hauptwerk »Der logische Aufbau der Welt« bezeichnet der deutsche Philosoph Rudolf Carnap (1891–1970) – bedeutendstes Mitglied des sog. Wiener Kreises, Mitbegründer und Hauptvertreter des logischen Empirismus – das Wissen der überlieferten philosophischen Systeme als Scheinwissen, das beiseite geschoben werden müsse, damit in der Philosophie ein neuer Anfang möglich sei, bei dem die Logik im Mittelpunkt stehe. Die Logik soll für die Philosophie dieselbe Rolle übernehmen wie die Mathematik für die Physik. Unter dieser Voraussetzung würde eine Gruppe von naturwissenschaftlich und philosophisch geschulten Denkern innerhalb kurzer Zeit mehr erreichen als alle Philosophen der Vergangenheit.

Stefan George
Das neue Reich
Gedichtsammlung
Mit dem Gedichtzyklus »Der siebente Ring« hatte der deutsche Neuromantiker Stefan George (1868–1933) 1907 den poetischen Elfenbeinturm verlassen und sich zum mystischen Denker und hymnischen Künder einer neuen Bildungsreligion und eines neuen, ästhetisch begründeten Ethos entwickelt. Die Schönheit wird zur rauschhaften Selbstbestätigung der zukünftigen Herrschaft Berufenen: »Die starken heute sind die gestern schönen.« Der Wert der Lyrik soll nicht mehr durch ihre Form, sondern durch ihren metaphysischen Gehalt bestimmt werden; dieser Gehalt wiederum wird durch das »Erlebnis« begründet. Mit der im Verlag Georg Bondi in Berlin erscheinenden Gedichtsammlung »Das neue Reich« – sie enthält die seit 1908 entstandenen Gedichte, die 1914 nicht im »Stern des Bundes« erschienen waren – gibt George direkte dichterische Kommentare zur Zeit ab: Das industrielle Zeitalter mit seinen sozialen Problemen wird abgelehnt, postuliert wird ein feudalaristokratisches Heldenethos im Verein mit einer präfaschistischen Mythologie von Volk und Heimat. Vorauskündend wird festgestellt, daß eine Zeit der Unmenschlichkeit und geistfeindlichen Despotie nahe.

Ernst Gläser (auch: Glaeser)
Jahrgang 1902
Roman
Der aufsehenerregende Roman »Jahrgang 1902« von Ernst Gläser (1902–1963), der in 23 Sprachen übersetzt und auch verfilmt wird, unterscheidet sich insofern von anderen Antikriegsromanen, als er nicht das Grauen der Schlachtfelder heraufbeschwört, sondern die Erlebnisse eines 1902 geborenen Jungen nachzeichnet, der wegen seines Alters gerade noch davor bewahrt bleibt, auf dem Altar des Vaterlandes geopfert zu werden, jedoch zu einer Generation gehört, die sich, ideell und materiell von den Auswirkungen des Ersten Weltkriegs betroffen, zu den Vaterlandslosen zählt.
Mit seinem Antikriegsroman »Jahrgang 1902« begründet der vormals linksradikale Gläser seinen internationalen Ruhm als Pazifist.

Carl Haensel
Der Kampf ums Matterhorn
Roman
Der deutsche Schriftsteller Carl Haensel (1889–1968) schildert in seinem beim Verlag Engelhorn in Stuttgart erschienenen Tatsachenroman »Der Kampf ums Matterhorn« die Geschichte der Erstbesteigung dieses Alpengipfels im Jahre 1865 durch eine britische Seilschaft unter Führung von Edward Whymper. Das Werk wird 1928 und 1937 (durch Luis Trenker) verfilmt.

Heinrich Hauser
Brackwasser
Roman
Heinrich Hauser (1901–1955), deutscher Schriftsteller der Neuen Sachlichkeit, schildert in seinem beim Verlag Reclam in Leipzig erscheinenden autobiographisch gefärbten Roman »Brackwasser« den vergeblichen Versuch eines Matrosen, das unstete See- und Hafenleben aufzu-

geben und sich – zusammen mit einer ehemaligen Prostituierten, in die er sich verliebt hat – eine Existenz an Land aufzubauen. Das erfolgreiche Werk wird 1929 mit dem Gerhart-Hauptmann-Preis ausgezeichnet.

Manfred Hausmann
Lampioon küßt Mädchen und kleine Birken
Abenteuer eines Wanderers
Roman

Der Lyriker, Erzähler und Dramatiker Manfred Hausmann (1898–1986) verbreitet in seinem beim Verlag Schünemann in Bremen erschienenen ersten Roman »Lampioon küßt Mädchen und kleine Birken« einen elegischen Romantizismus, wobei er einen empfindsamen Abenteurer, den »Wanderer namens Lampioon« in den Mittelpunkt der Handlung stellt. Lampioon, der vor Jahren aus Eifersucht seine Frau getötet hat, führt ein Vagabundenleben. Aber er wird nicht von seinem Gewissen immer weitergetrieben, sondern von etwas Unerklärlichem, das er als »dies kranke und sehnsüchtige Gefühl in der Brust« bezeichnet. Soziale Bindungs- und Verantwortungslosigkeit erscheint als überlegene Lebensform: »Wandern, nichts besitzen, ein Mädchen küssen, einen blühenden Zweig berühren, nichts wissen.«

Erich Kästner
Emil und die Detektive
Ein Roman für Kinder

Großen internationalen Erfolg erringt Erich Kästner (1899–1974), deutscher Lyriker und Erzähler im Gefolge der Neuen Sachlichkeit, mit seinem beim Chronos-Verlag Mörike in Berlin erschienenen »Emil und die Detektive«, der in zahlreiche Sprachen übersetzt sowie dramatisiert und verfilmt wird. Die Geschichte dieses Buchs umschreibt Kästner so: »Der erste Band handelte von der ersten Reise des Neustädter Realschülers Emil Tischbein nach Berlin. Emil sollte seiner Großmutter hundertvierzig Mark nach Berlin bringen. Aber das Geld wurde ihm in der Eisenbahn gestohlen, während er schlief. Emil hatte einen Mann in Verdacht, der Grundeis hieß und einen steifen Hut trug. Doch der Junge wußte erstens nicht, ob dieser Herr Grundeis tatsächlich der Dieb war. Und zweitens war Herr Grundeis, als Emil erwachte, nicht mehr im Abteil.« Freundschaft und gemeinsames Handeln der Berliner Kinder verhelfen Emil zu seinem Geld. Dabei entwirft Kästner in den spannenden Vorgängen dieser Geschichte ein Bild humaner Beziehungen unter den Kindern, die er in der Erwachsenenwelt vermißt.

Klabund
Borgia
Roman einer Familie

Klabund (= »Wandlung«), eigentl. Alfred Henschke (1890–1928), deutscher Lyriker, Dramatiker und Erzähler zwischen Impressionismus und Expressionismus, Nachdichter und Übersetzer aus dem Chinesischen, Persischen, Japanischen und Französischen, zeichnet in seinem im Phaidon-Verlag in Wien erschienenen Familienroman »Borgia« die Geschichte des aus Spanien stammenden italienischen Adelsgeschlechts der Borgia nach, aus dem u. a. zwei Päpste hervorgingen. Klabund wurde durch die Gedicht-

sammlungen »Morgenrot! Klabund! Die Tage dämmern« (1913), »Die Himmelsleiter« (1916) und »Harfenjule« (1927) bekannt. Seine Prosawerke – die Romane »Moreau« (1916), »Mohammed« (1917), »Bracke« (1918) und »Borgia« – propagieren in historischer Verkleidung eine pazifistische und freizügige Lebenshaltung.

Annette Kolb
Daphne Herbst
Roman

Die deutsche Schriftstellerin Annette Kolb (1870–1967) legt mit ihrem beim Verlag S. Fischer in Berlin erschienenen zweiten Roman, »Daphne Herbst«, die von einer ironisch-traurigen Grundstimmung durchzogene Geschichte einer adligen Familie in der untergehenden Welt der Münchner Hofgesellschaft im Jahre 1914 vor. Mit diesem Roman, in dessen Mittelpunkt ein intelligentes, schönes und stolzes Mädchen steht, will die Autorin darlegen, »daß die Menschen zwar nicht dem Stande nach (das war ein Mißverständnis), wohl aber innerlich höchst ungleich sind und daß die innerlich Geringen nicht zur Führung gelangen dürfen, weil sonst alles drunter und drüber geht«.

Kolb, Tochter einer französischen Pianistin und eines Münchner Gartenbauarchitekten, ist in ihrem literarischen Schaffen vor allem um die Aussöhnung zwischen Frankreich und Deutschland bemüht (»Briefe einer Deutsch-Französin«, 1916). In kritischen Essays, z. T. in französischer Sprache, tritt sie für Aufklärung und Verständigung zwischen den Völkern ein und bezieht zu zahlreichen zeitgeschichtlichen und kulturpolitischen Problemen Stellung.

Gertrud von Le Fort
Das Schweißtuch der Veronika
Der römische Brunnen
Roman

Unter dem Titel »Der römische Brunnen« erscheint beim Verlag Kösel & Pustet in München der erste Teil des Romans »Das Schweißtuch der Veronika« der 1926 zum Katholizismus konvertierten deutschen Lyrikerin, Erzählerin und Essayistin Gertrud von Le Fort (1876–1971). »Der römische Brunnen« erzählt in der Ichform die Jugend des sensiblen Mädchens Veronika in Rom vor dem Hintergrund der geistigen Strömungen der Zeit: Christentum, Heidentum, von Nietzsche geprägter Vitalismus. Veronika verkörpert – zur Zeit des Faschismus in Italien – Stärke und Schönheit humanen Menschentums. In der Auseinandersetzung mit den glaubensfeindlichen Mächten kann sie sich durch die Kraft des Glaubens und die göttliche Gnade bewähren und behaupten.

Heinrich Mann
Eugénie oder Die Bürgerzeit
Roman

Der deutsche Schriftsteller Heinrich Mann (1871–1950), Bruder des Literaturnobelpreisträgers Thomas Mann, Verfechter eines »humanistischen Sozialismus«, zeichnet in seinem beim Verlag Zsolnay in Wien erschienenen Roman »Eugénie oder Das Ende der Bürgerzeit« den Untergang der Lübecker Familie West im Jahre 1873, am Ende der sog. Gründerzeit nach der Gründung des deutschen Kaiserreichs. Die moralische

Labilität des Bürgertums, das sich nach dem Sieg über Frankreich auf dem Höhepunkt der Macht fühlt, wird verkörpert durch den Spekulanten Pidohn, der mit dem Konsul West eine Geschäftsverbindung eingegangen ist und Zutritt zum Haus erhält, obwohl West in diesem Mann einen »Abenteurer« sieht, der ein »Doppelleben« voll »dunkler Hintergründe« führt. Als die Frau des Konsuls während einer privaten Theateraufführung mit dem Spekulanten auf und davon gehen will, wird die Verhaftung Pidohns gemeldet. Durch den Bankrott Pidohns ist auch der Konsul ruiniert, doch die Eheleute finden wieder zusammen.

Ernst Penzoldt
Der arme Chatterton
Geschichte eines Wunderkindes

Der deutsche Erzähler, Dramatiker, Lyriker und Essayist Ernst Penzoldt (1892–1955) erringt mit seinem beim Insel Verlag in Leipzig erschienenen Roman »Der arme Chatterton. Geschichte eines Wunderkindes« seinen ersten Erfolg. Erzählt wird die düster-romantische Geschichte des britischen Dichters Thomas Chatterton (1752–1770), der sich im Alter von 17 Jahren mit Arsen vergiftete und, so Penzoldt, das Glück hatte, »nie erwachsen zu sein« und »sich selbst vor einem vielleicht langen unrühmlichen Durchschnittsdasein bewahrte«.

Ludwig Renn
Krieg
Roman

Der im Weltkrieg hochdekorierte Berufsoffizier Arnold Friedrich Vieth von Golssenau (1889–1979) schildert in seinem beim Societäts-Verlag in Frankfurt am Main erschienenen Erstlingswerk, dem Antikriegsroman »Krieg«, aus der Perspektive des Soldaten Ludwig Renn – unter diesem Namen veröffentlicht Vieth von Golssenau das Buch – die Zeit vom Ausbruch des Weltkriegs bis zum Untergang des deutschen Kaiserreichs. Als ein Inferno aus Schmutz, Verstümmelung und Tod wird die mörderisch-stumpfsinnige Wirklichkeit des Kriegs realistisch beschrieben. 1914 ist Renn noch glücklich, am Krieg teilnehmen zu können. 1918 sind seine heroischen Illusionen zerstoben, die nationalen Phrasen erscheinen ihm hohl und fragwürdig. Als der Frontsoldat heimkehrt, weiß er nicht, was ihn erwartet.

Anna Seghers
Der Aufstand der Fischer von St. Barbara
Erzählung

Für ihr Erstlingswerk, die 1928 beim Verlag Gustav Kiepenhauer in Berlin erschienene Erzählung »Der Aufstand der Fischer von St. Barbara«, erhält die deutsche sozialistische Erzählerin Anna Seghers (1900–1983) ein Jahr später den Kleistpreis. – Die Fischer von St. Barbara fordern von den Reedern einen höheren Anteil am Fang, schließen sich zusammen und erheben sich gegen die Allianz von Schiffseignern und Staatsgewalt. Als der Aufstand niedergeschlagen ist, bleibt den Fischern das Wissen um die Stärke gemeinsamen Handelns.

Das im Stil der Novellen Heinrich von Kleists verpflichtete Werk ist ein bedeutendes Dokument des Stils der Neuen

Sachlichkeit. 1934 wird die Erzählung in der UdSSR verfilmt.

Jakob Wassermann
Der Fall Maurizius
Roman

Der deutsche neuromantische Erzähler Jakob Wassermann (1873–1934) kritisiert in dem auch verfilmten Roman »Der Fall Maurizius« die bürgerliche Justiz am Beispiel eines Justizverbrechens aus dem Jahre 1906: Der junge Etzel Andergast – durchdrungen vom Glauben an eine absolute, reine Gerechtigkeit – deckt ein Fehlurteil auf, das von seinem Vater, einem sich als Beauftragter eines »absoluten Herrn« (des nicht genannten Kaisers) fühlenden Staatsanwalt, mitverursacht wurde. Andergast erwirkt die Freilassung des 18 Jahre lang im Zuchthaus eingekerkerten Leonhart Maurizius, der in einem Indizienprozeß wegen Mordes an seiner Ehefrau verurteilt worden war. Doch Maurizius kann mit der wiedergewonnenen Freiheit nichts mehr anfangen. Er wählt den Freitod.

Frankreich

André Breton
Nadja
(Nadja)
Erzählung

Der französische Schriftsteller André Breton (1896–1966), Wortführer, Kritiker und Dichter des Surrealismus, legt mit »Nadja« den Prototyp einer surrealistischen Erzählung vor. Das Werk erreicht noch im Erscheinungsjahr 20 Auflagen. Ein Ich-Erzähler berichtet in tagebuchartigen Einträgen von seiner Begegnung mit Nadja, einer geheimnisvollen Frau, die mit intuitiven Kräften begabt ist und Zusammenhänge erkennen kann, die sich dem normalen Verstand verschließen. Nadja endet in einer Irrenheilanstalt. – Breton wollte mit diesem spontan entstandenen Werk »ein paar Männer dazu inspirieren, auf die Straße zu eilen, da ihnen, wenn schon nicht die Nichtigkeit, so wenigstens die bedenkliche Ungenügen jeder sogenannten strengen Kalkulation über sich selbst zum Bewußtsein gebracht wurde und daher jeder Handlung, die eine regelmäßige Anstrengung erfordert oder die im voraus überlegt werden kann.« – Die deutsche Übersetzung erscheint 1960.

Maurice Constantin-Weyer
... ein Blick zurück und dann ...
(Un homme se penche sur son passé)
Roman

In dem autobiographischen Roman »... ein Blick zurück und dann ...«, der 1928 mit dem Literaturpreis Prix Goncourt ausgezeichnet wird, schildert der französische Schriftsteller Maurice Constantin-Weyer (1881–1964) seine Versuche, sich in Kanada eine Existenz aufzubauen. Nach dem vergeblichen Versuch, seine Frau, die ihn verlassen hat, zurückzugewinnen, kehrt er nach Frankreich zurück. Eigentlicher Held dieser tragischen Liebesgeschichte ist die Natur. Constantin-Weyer war 1902 nach Kanada ausgewandert mit dem Ziel, ein ursprünglicheres Leben zu führen als im »dekadenten« Frankreich, und hatte sich dort als Cowboy, Farmer, Holzfäller, Trapper, Holz- und Fellhändler sowie als Journalist durchgeschlagen.

Buchneuerscheinungen 1928

André Malraux
Die Eroberer
(Les conquérants)
Roman
Für »Die Eroberer«, seinen ersten Roman, wird der französische Romancier und Kunsttheoretiker André Malraux (1901–1976) mit dem Prix Interallié für das beste belletristische Werk eines Journalisten ausgezeichnet. Der Roman, dem Malraux' Erfahrungen während der Unruhen in China von 1925 bis 1927 zugrunde liegen, erzählt die Geschichte des Kommunistenaufstands in Kanton. Im Vordergrund steht jedoch weniger die kommunistische Sache als das persönliche Abenteuer des engagierten Reporters. – Die deutsche Übersetzung erscheint 1929.

André Maurois
Wandlungen der Liebe
(Climats)
Roman
Der Liebesroman »Wandlungen der Liebe« von André Maurois (1885–1967) – Auflage im Erscheinungsjahr: 280 000 Exemplare – thematisiert die Unvereinbarkeit der Einstellungen von Mann und Frau zur Liebe. Vollkommene Liebe scheint unmöglich zu sein, solange jeder im Partner das Ideal sucht, das er selbst sich geschaffen hat. Der puritanisch erzogene Philippe Mercenat heiratet eine lebenslustige Frau, die sich ihm entfremdet, als er versucht, erzieherisch auf sie einzuwirken. Die beiden trennen sich. Bei seiner zweiten, in strenger Pflichterfüllung aufgehenden Frau sucht er vergeblich die Lebensfreude seiner ersten Frau, und wird Ziel derselben Vorwürfe, die er seiner ersten Frau gemacht hat: Er sei oberflächlich und frivol. Die Positionen haben sich umgekehrt.

Großbritannien

Aldous Huxley
Kontrapunkt des Lebens
(Point Counter Point)
Roman
Der britische Schriftsteller und Kulturkritiker Aldous Huxley (1894–1963) zeichnet in »Kontrapunkt des Lebens« mit den Mitteln der Satire und Ironie das Bild einer chaotischen Welt, die vom Antagonismus zwischen Denken und Fühlen gekennzeichnet ist. Diesem Antagonismus entsprechen im Aufbau des Romans kontrapunktisch angelegte Personengruppen und Handlungsabläufe. – Die deutsche Übersetzung erscheint 1930.
In seinen stilistisch brillanten, oft satirisch-pessimistischen Romanen, Erzählungen und Essays kritisiert Huxley die verlogene Moral der höheren Gesellschaft (»Parallelen der Liebe«, 1925) ebenso wie blinden Fortschrittsglauben.

D(avid) H(erbert) Lawrence
Lady Chatterley
(Lady Chatterley's Lover)
Roman
Die freizügige Darstellung sexueller Beziehungen macht den Roman »Lady Chatterley« des stark von Sigmund Freuds Psychoanalyse beeinflußten britischen Schriftstellers David Herbert Lawrence (1885–1930) zu einem Skandalerfolg und führt in Großbritannien und den USA zum Verbot vollständiger Ausgaben für Jahre. Die Vorwürfe der Obszöni-

tät, der Verherrlichung des Ehebruchs und der hemmungslosen Zivilisationsfeindlichkeit lassen das Werk andererseits zum Bestseller werden. Die erste deutsche Übersetzung erscheint 1930, 1955 wird der Roman in Frankreich verfilmt. – Hauptfigur des Romans ist die adlige Lady Chatterley, die sich von ihrem Mann, einem impotenten Kriegsinvaliden, abwendet und bei einem vitalen Bergmannssohn und Wildhüter Liebeserfüllung findet.

Virginia Woolf
Orlando
Die Geschichte eines Lebens
(Orlando
A Biography)
Roman
Die britische Erzählerin und Essayistin Virginia Woolf (1882–1941) schafft mit der Hauptfigur ihres Romans »Orlando« eine Verkörperung der englischen Dichtung während drei Jahrhunderten. Orlando beginnt als junger Adliger am Hof von Königin Elisabeth I., verwandelt sich in eine Zigeunerin und ist im 20. Jahrhundert eine sensible und intellektuelle Schriftstellerin. Die letzte Metamorphose Orlandos trägt deutlich Züge der mit der Autorin befreundeten Schriftstellerin Victoria Sackville-West, der das Buch gewidmet ist. – Die erste deutsche Übersetzung erscheint 1929.

William Butler Yeats
Der Turm
(The Tower)
Gedichte
Der irische Lyriker und Dramatiker William Butler Yeats (1865–1939), Literaturnobelpreisträger 1923, erreicht mit der Gedichtsammlung »Der Turm« den Höhepunkt seines lyrischen Schaffens. Zentrale Themen sind der Gegensatz zwischen Jugend und Alter, Vergänglichkeit und Unvergänglichkeit.

Österreich

Arthur Schnitzler
Therese
Chronik eines Frauenlebens
Roman
Der österreichische Dramatiker und Erzähler Arthur Schnitzler (1862–1931) schildert in dem drei Jahre vor seinem Tod beim Verlag S. Fischer in Berlin erschienenen Roman »Therese. Chronik eines Frauenlebens« die Geschichte eines Mädchens, das sich nach dem Auseinandergehen der Familie in verschiedenen Stellungen als Gouvernante und schlechtbezahlte Privatlehrerin durchschlägt. Sie erfährt Demütigungen und Enttäuschungen; wechselnde Männerbekanntschaften bringen nicht das ersehnte dauerhafte Glück. Von einem ihrer Liebhaber wird sie verlassen, als sie schwanger ist, ein Abtreibungsversuch mißlingt, das Kind – Franz – kommt zur Welt und wird zu Bauern zur Erziehung gegeben. Franz entwickelt sich zum Dieb und Zuhälter und erschlägt seine Mutter, als sie ihm einmal Geld verweigert.

Franz Werfel
Der Abiturententag
Die Geschichte einer Jugendschuld
Roman
Der beim Verlag Zsolnay in Wien erschie-

nene Roman »Der Abiturententag. Geschichte einer Jugendschuld« ist nach »Nicht der Mörder, der Ermordete ist schuldig« (1919) Franz Werfels (1890–1945) zweiter Roman, der um das Problem der Mitverantwortung für das Schicksal erniedrigter, beleidigter Menschen kreist: Als dem Landgerichtsrat Sebastian der verkommene Journalist Franz Adler vorgeführt wird, der eine Prostituierte ermordet haben soll, glaubt er, in ihm einen ehemaligen Mitschüler zu erkennen, den er selbst auf die schiefe Bahn gebracht hat. Gleichsam unter Zwang schreibt er ein Selbst- und Schuldbekenntnis nieder, in dem er die Vorgänge während seiner Schulzeit schildert. – Der Roman wird 1956 dramatisiert.

Schweden

Selma Lagerlöf
Anna, das Mädchen aus Dalarne
(Anna Svärd)
Roman
Die schwedische Erzählerin Selma Lagerlöf (1858–1940), die 1909 den Literaturnobelpreis erhalten hat »in Würdigung des hohen Idealismus, der lebendigen Einbildungskraft und der durchgeistigten Darstellung, die sich in ihren Werken offenbaren«, veröffentlicht mit »Anna, das Mädchen aus Dalarne« den letzten Roman ihrer Löwensköld-Trilogie. Bereits erschienen sind »Der Ring des Generals« (1925) und »Charlotte Löwensköld« (1925). Wie im zweiten Band steht auch hier der Pfarrer Karl Artur Ekenstedt im Mittelpunkt. Wie er es im Zorn seiner Verlobten Charlotte Löwensköld geschworen hat, heiratet er das erste weibliche Wesen, das ihm begegnet, die Hausiererin Anna Svärd aus Dalarne. Zwischen beiden kommt es bald zur Entfremdung, Karl Artur ergibt sich dem Alkohol und zieht als Wanderprediger umher. Sein Wille, ein guter Christ zu sein, kann ihn vor dem Abstieg nicht retten. – Selma Lagerlöf wendet sich in diesem Roman gegen eine lebensfeindliche Auffassung vom Christentum. Die deutsche Übersetzung erscheint 1929.

Schweiz

Carl Gustav Jung
Die Beziehungen zwischen dem Ich und dem Unbewußten
Tiefenpsychologische Abhandlung
Der schweizerische Psychoanalytiker Carl Gustav Jung (1875–1961), Begründer der analytischen Psychologie, versucht in seiner tiefenpsychologischen Abhandlung »Die Beziehungen zwischen dem Ich und dem Unbewußten«, die Reaktion der bewußten Persönlichkeit auf die Einwirkungen des Unbewußten darzustellen. Für Jung, der anfangs (1907–1912) mit Sigmund Freud zusammenarbeitete, besteht die Psyche aus drei Ebenen: dem Bewußten sowie dem persönlichen und dem kollektiven Unbewußten. Die tiefste Schicht, das kollektive Unbewußte, enthält ererbte Vorstellungen und Prägungen, in ihm haben die Mythen ihre Wurzel. Jung untersucht religiöse Grundideen, Märchen und Stammesmythen verschiedener Zeiten und Kulturen und stellt dabei gleichartige Strukturen fest. Grundlegend wird Jungs

Typenlehre »Psychologische Typen« (1921), in der er den introvertierten vom extrovertierten Typ unterscheidet, wobei er Denken, Fühlen, Empfinden und Intuieren als konstitutiv für den Charakter beschreibt.

Spanien

Federico García Lorca
Zigeunerromanzen
(Romancero gitano)
Lyrisch-epische Dichtungen
Federico García Lorca (1898–1936) gilt als Erneuerer der spanischen Bühnendichtung und Lyrik. In Fortsetzung der Tradition seiner Heimat Andalusien schafft er ausdrucksstarke Werke voller Musikalität wie z. B. die »Zigeunerromanzen«, die er als »andalusische Bilderfolge des gesamten Andalusiertums« bezeichnet: Liebe, Leidenschaft, Haß, gewaltsamer Tod, Auseinandersetzungen mit der Polizei, volkstümliche Religiosität u. a. sind die Themen dieser 18 Romanzen, deren deutsche Übersetzung 1953 erscheint. Ein weiteres bekanntes Werk García Lorcas ist der ebenfalls 1928 erscheinende Gedichtband »Buch der Dichtungen«. García Lorca schreibt auch Geschichten für Kinder, Schwänke und Puppenspiele.

USA

Upton Sinclair
Boston
(Boston)
Roman
Der US-amerikanische Schriftsteller Upton Sinclair (1878–1968) macht in seinem Roman »Boston« den Justizskandal Sacco-Vanzetti zum Thema. Unter scharfer Bewachung und strengen Sicherheitsvorkehrungen wurden am 23. August 1927 in Boston im US-Bundesstaat Massachusetts die beiden des Mordes für schuldig befundenen Italo-Amerikaner Nicola Sacco und Bartolomeo Vanzetti durch den elektrischen Stuhl hingerichtet. Urteil und Hinrichtung erregten weltweites Aufsehen und stießen auf Unverständnis. Die beiden Arbeiter, nach eigenen Angaben Anarchisten, sollen sieben Jahre zuvor an einem Lohngeldraub, bei dem zwei Männer ermordet wurden, beteiligt gewesen sein. Sacco und Vanzetti wurden verhaftet, angeklagt und trotz nie bewiesener Schuld zum Tod verurteilt, angeblich aus politischen Motiven, d. h. allein deswegen, weil sie sich zum Anarchismus bekannten. Der Fall Sacco-Vanzetti, in dem viele einen Justizskandal sehen, ist bis heute nicht definitiv geklärt, allgemein akzeptiert wird jedoch Sinclairs Darstellung in »Boston«.

Uraufführungen Schauspiel, Oper, Operette und Ballett 1928

Die bedeutendsten Uraufführungen aus Schauspiel, Oper, Operette und Ballett sind alphabetisch nach Autoren/Komponisten geordnet.

Deutsches Reich

Bertolt Brecht/Kurt Weill
Die Dreigroschenoper
Ein Stück mit Musik in einem Vorspiel und acht Bildern nach dem Englischen des John Gay
Im Theater am Schiffbauerdamm in Berlin wird am 31. August unter der Regie von Erich Engel »Die Dreigroschenoper« uraufgeführt. Den Text schrieb Bertolt Brecht (1898–1956), die Musik komponierte Kurt Weill (1900–1950). Das Werk wird teilweise mit Begeisterung, teilweise mit Empörung aufgenommen. Zum ersten Mal wird hier in der zeitgenössischen Oper Kritik an den herrschenden gesellschaftlichen Zuständen geübt. Die bei der Uraufführung mitwirkenden Schauspieler Lotte Lenya, Roma Bahn, Harald Paulsen, Erich Ponto und Hermann Thimig tragen wesentlich zum Erfolg der »Dreigroschenoper«, die auf die »Beggar's Opera« des englischen Lyrikers und Dramatikers John Gay aus dem Jahre 1728 zurückgeht, bei. Brecht bringt hier die Kehrseite einer Großstadt auf die Bühne: Huren, Bettler, Hinterhofexistenzen u. a., an deren Beispiel er bürgerlich-kapitalistische Vorstellungen entlarven will. Die »Dreigroschenoper« behandle, so Brecht, diese bürgerlichen Vorstellungen »nicht nur als Inhalt, indem sie diese darstellt, sondern auch durch die Art, wie sie sie darstellt. Sie ist eine Art Referat über das, was der Zuschauer im Theater vom Leben zu sehen wünscht.«
In die Handlung sind – meist kommentierende – Songs eingebaut. Die Musik geht auf die Tradition der Bänkelsänger zurück, nimmt aber auch Elemente des Jazz und der Unterhaltungsmusik auf und verarbeitet Parodien auf Opern und Operetten. Die Lieder sind für im Gesang nicht speziell ausgebildete Schauspieler geschrieben. Es kommt Weill nicht auf schönen Gesang an, sondern auf eine dem Milieu des Stücks entsprechende Interpretation. Große Popularität erreicht innerhalb kurzer Zeit der Mackie-Messer-Song »Und der Haifisch, der hat Zähne«.

Richard Strauss/
Hugo von Hofmannsthal
Die ägyptische Helena
Oper in zwei Akten
In der Dresdner Hofoper wird am 6. Juni die Oper »Die ägyptische Helena« von Richard Strauss (1864–1949), Text von Hugo von Hofmannsthal, uraufgeführt. Das nach dem Ende des Trojanischen Kriegs spielende Werk nimmt eine Art Übergangsposition zu den reifen Spätwerken von Strauss ein. Die mitreißende Kraft und der melodische Einfallsreichtum früherer Opern werden vielfach vermißt, der Erfolg ist gering. Thematisiert wird die antike Sage von den zwei Helenen, dem man nach Troja versetzten Scheinbild und der wirklichen Helena in Ägypten.

Frankreich

Jean Giraudoux
Siegfried
(Siegfried)
Schauspiel (Stück) in vier Akten
Bereits in seinem 1922 erschienenen Roman »Siegfried« hat Jean Giraudoux (1882–1944), Romancier, Essayist und einer der bedeutendsten modernen Dramatiker Frankreichs, das Thema des deutsch-französischen Ausgleichs nach dem Weltkrieg behandelt, dem die Bemühungen der Politiker Aristide Briand und Gustav Stresemann galten. Zentrale Gestalt der Komödie »Siegfried«, die am 3. Mai in der Comédie des Champs-Elysées in Paris unter der Regie von Louis Jouvet uraufgeführt wird, ist der Dichter Jacques Forestier, der zugleich Deutscher und Franzose ist. Infolge einer Kriegsverletzung löscht ein partieller Gedächtnisverlust die Existenz des französischen Dichters aus, das deutsche Milieu, in dem er gepflegt wird und seine neue Identität als Siegfried konstituiert, ermöglicht eine glänzende Karriere als Minister und Verfechter des deutschen Nationalismus. Seine französische Verlobte versucht zunächst vergeblich, den Franzosen in ihm wiederzuerwecken. Schließlich wird er von französischen Generälen zur Heimkehr überredet, jedoch ohne ein Bekenntnis zum französischen Patriotismus abzugeben. Er will in Frankreich zugleich als Siegfried und als Forestier leben und versuchen, deutsche und französische Wesensart – von Giraudoux karikiert als Kalkül (Frankreich) und Empfindsamkeit (Deutschland) – in sich zu vereinen.

Marcel Pagnol
Das große ABC
(Topaze)
Komödie in vier Akten
Mit der bühnenwirksamen Gesellschaftssatire »Das große ABC«, die am 9. Oktober im Théâtre des Variétés in Paris uraufgeführt wird, erobert der humorvoll-satirische Dramatiker Marcel Pagnol (1895–1974), ab 1946 Mitglied der Académie française, das Boulevardtheater. Das Werk handelt vom Aufstieg des weltfremden, idealistischen Internatslehrers Topaze, einem skrupellosen Geschäftemacher und Spekulanten großen Stils. – Die deutschsprachige Erstaufführung erfolgt 1928 im Münchner Volkstheater.

Roger Vitrac
Victor oder Die Kinder an der Macht
(Victor ou Les enfants au pouvoir)
Schauspiel
Roger Vitrac (1899–1952), vom Dadaismus, dem Surrealismus und dem Einfluß Alfred Jarrys geprägter französischer Dramatiker, verbindet in der bitterbösen, zugleich farcenhaften Bühnensatire »Victor oder die Kinder an der Macht«, die am 24. Dezember in Paris durch das Théâtre Alfred Jarry unter der Regie von Antonin Artaud uraufgeführt wird, Elemente des Surrealismus und – in parodistischer Form – des Boulevardtheaters. Gleichzeitig führt Vitrac die Bürgerschrecktradition Jarrys fort und wird zum Vorläufer des absurden Theaters der 50er Jahre. An seinem neunten Geburtstag entdeckt der Musterknabe Victor, daß sein ehrbarer Vater ein Verhältnis mit der Mutter seiner sechsjährigen Spielkameradin hat. Mit überzogenen Gesten imitieren Victor und Esther während der Geburtstagsfeier die Galanterie und das erotische Verhalten der Erwachsenen, wobei sie auch deren physische Defekte lächerlich machen. Mit von der Partie ist außer einem vertrottelten General eine Dame, die hörbar unter Blähungen leidet. Die Geburtstagsfeier endet in einer Tragödie: Esthers Vater erhängt sich aus Gram über die Treulosigkeit seiner Frau, Victors Eltern erschießen sich, der Knabe selbst stirbt.

Österreich

Ferdinand Bruckner
Die Verbrecher
Schauspiel in drei Akten
Der österreichische Dramatiker Ferdinand Bruckner, eigentl. Theodor Tagger (1891–1958), wirkt mit dem bühnenwirksamen, in zündenden Dialogen geschriebenen zeit- und gesellschaftskritischen Stück »Die Verbrecher«, das am 23. Oktober im Deutschen Theater in Berlin unter der Regie von Heinz Hilpert uraufgeführt wird, bühnentechnisch bahnbrechend, weil er hier die Technik der Simultanbühne wiederentdeckt. Die Zimmer, in denen das Stück spielt, sind auf drei Stockwerke verteilt, je nach Bedarf werden sie nacheinander erleuchtet. Das Stück handelt von den Problemen junger Leute während der Inflationszeit und attackiert die Klassenjustiz der Weimarer Republik.
Seinen ersten sensationellen Bühnenerfolg errang Bruckner 1926 mit dem von Sigmund Freuds Psychopathologie beeinflußten Stück »Krankheit der Jugend«.

USA

Eugene O'Neill
Und Lazarus lachte
(Lazarus Laughed)
Ein Schauspiel für ein imaginatives Theater
Eugene O'Neill (1888–1953), der Begründer des modernen US-amerikanischen Dramas, zeigt in dem von Friedrich Nietzsches »Zarathustra« beeinflußten vieraktigen Versdrama »Und Lazarus lachte«, das am 9. April im Pasadena Community Playhouse in Pasadena im US-Bundesstaat Kalifornien uraufgeführt wird, die neutestamentliche Gestalt des Lazarus nach dem Wunder seiner Wiederauferstehung als unerschütterlichen Verneiner des Todes und lachenden Bejaher des Lebens mit großer Ausstrahlung. Er verkündet, daß der Tod tot ist – den Tod definiert er als »die Furcht zwischen dem ewigen Nein und dem ewigen Ja« –, und zieht von Bethanien nach Athen und Rom, wo er von Kaiser Caligula getötet wird. Sein Lachen ist die mystische Botschaft von der Unsterblichkeit des Menschen.

Eugene O'Neill
Seltsames Zwischenspiel
(Strange Interlude)
Drama in zwei Teilen
Eugene O'Neill (1888–1953) deutet in seinem Drama »Seltsames Zwischenspiel«, das am 30. Oktober im John Golden Theatre in New York uraufgeführt wird, unter dem Einfluß von Arthur Schopenhauer und Sigmund Freud das Leben als »seltsames Zwischenspiel« zwischen Vergangenheit und Zukunft, im Widerstreit zwischen Geist und Trieb. »Unser Leben ist nichts als ein seltsames dunkles Zwischenspiel in dem elektrischen Feuerwerk, das Gottvater entfaltet« lautet die resignierte Erkenntnis der Hauptgestalt Nina Leeds. – Die deutschsprachige Erstaufführung findet am 4. November 1929 im Berliner Künstlertheater statt.

Filme 1928

Die neuen Filme des Jahres 1928 sind im Länderalphabet und hier wiederum alphabetisch nach Regisseuren aufgeführt. Bei ausländischen Filmen steht unter dem deutschen Titel der Originaltitel.

Belgien

Jacques Feyder
Du sollst nicht ehebrechen
(Thérèse Raquin)
Gina Manès spielt die weibliche Hauptrolle in Jacques Feyders Film »Du sollst nicht ehebrechen«, eine im Stil des Expressionismus mit düsteren Schatteneffekten inszenierte Liebes- und Familientragödie, die zu den Hauptwerken dieses französischen Regisseurs zählt. In dem nach Emile Zolas Roman »Thérèse Raquin« gedrehten Streifen kompensiert eine Frau die Unausgefülltheit ihrer Ehe in den Armen eines Liebhabers (Hans Adalbert Schlettow). Als ein unvorhergesehenes Ereignis die beiden zu trennen droht, beschließen sie, den Ehemann (Wolfgang Zilzer) zu ermorden. Das Verbrechen wird nicht aufgeklärt, die Mörder warten zwei Jahre und heiraten; doch beide kommen von dem Gedanken an die schreckliche Tat nicht los. Die Ehe wird eine Hölle permanenter Schuldzuweisung und Selbstzerfleischung, sie endet im gemeinsamen Selbstmord.

Deutsches Reich

Kurt Bernhardt
Schinderhannes – Der Rebell vom Rhein
In lockerer Szenenfolge bringt Kurt Bernhardt in dem Film »Schinderhannes – Der Rebell vom Rhein«, uraufgeführt am 1. Februar im Berliner Tauentzienpalast, die Geschichte des 1803 hingerichteten deutschen Räuberhauptmanns Johann Bückler auf die Leinwand, der beim Volk damals schon nicht als Verbrecher, sondern als Helfer der Armen und Schwachen gegen eine ungerechte Obrigkeit gegolten hatte. Der Film findet ebenso wie das Drama »Schinderhannes« (1927) von Carl Zuckmayer, das als Vorlage diente, beim breiten Publikum großen Anklang.

Wilhelm Dieterle
Die Heilige und ihr Narr
In dem Jahr, in dem Agnes Günthers 1913 erschienener Roman »Die Heilige und ihr Narr« das 107. Tausend erreicht, kommt die erste Filmversion des erfolgreichen Buchs ins Kino. Am 4. Oktober wird der Film »Die Heilige und ihr Narr« unter der Regie von Wilhelm Dieterle mit Dieterle als Harro Graf von Thorstein und Lien Deyers als Rosemarie von Brauneck im Berliner Capitol uraufgeführt.
Inhalt dieses Bestsellers, in dem sich sentimental ausschweifende Frömmigkeit mit schwärmerischen Mädchenträumen und gefühlsseliger Pseudoromantik verquickt, ist die Geschichte eines weltfremden Prinzchens, das dem Übermaß der eigenen Güte und dem Haß einer bösen Schwiegermutter zum Opfer fällt. Die verschlossene und in ihrer Familie als zurückgeblieben geltende Prinzessin von

Brauneck wird in der Christnacht vom Gutsnachbarn, dem verarmten »Ruinengrafen« Harro von Thorstein, als Kind im verschneiten Wald gefunden. In den folgenden Jahren entsteht aus der Freundschaft zwischen den beiden Liebe, sie heiraten. Nach kurzer, glücklicher Ehe und der Geburt eines Sohnes wird Rosemarie von ihrer hysterischen Schwiegermutter durch einen Schuß lebensgefährlich verletzt. Ihr Tod ist für den Grafen Anlaß, zum gläubigen Menschen zu werden.
Der Regisseur und männliche Hauptdarsteller über den Film: »Der größte Erfolg unter meinen deutschen Stummfilmen war ›Die Heilige und ihr Narr‹, eine gewaltige Schnulze … Es war eine verrückte, romantische Geschichte, nicht besser und nicht schlimmer als viele andere, aber für meine Karriere als Regisseur war der Film jedenfalls sehr gut.«

Henrik Galeen
Alraune
»Alraune« von Henrik Galeen mit Brigitte Helm in der Titelrolle, die Geschichte einer aus künstlicher Befruchtung entstandenen Frau, ist die Verfilmung des 1911 erschienenen lüstern-phantastischen Erfolgsromans »Alraune. Die Geschichte eines lebendigen Wesens« von Hanns Heinz Ewers. Das Mädchen Alraune ist entstanden durch die von einem experimentierenden Geheimrat vorgenommene künstliche Befruchtung einer Dirne – »nur Geschlecht von Scheitel bis zur Sohle« – mit dem Sperma eines Lustmörders, das diesem im Augenblick seiner Hinrichtung abgenommen wurde. Mit zunehmendem Alter entfaltet Alraune immer ungehemmter ihre erotische Ausstrahlung, treibt den Geheimrat, der ihre Erzeugung ins Werk setzte, zum Selbstmord und betätigt sich schließlich sogar als Vampir. Ihr »geistiger Vater« wird sie schließlich los, als sie während eines nachtwandlerischen Spaziergangs vom Dach stürzt.

Gerhard Lamprecht
Der alte Fritz
Otto Gebühr spielt den Preußenkönig Friedrich II., den Großen, in Gerhard Lamprechts zweiteiligem Film »Der alte Fritz«, dessen erster Teil am 20. Januar im Berliner Ufa-Palast am Zoo uraufgeführt wird. Harry Kahn kommentiert nach der Premiere in der »Weltbühne«: »Das ist auch nichts weiter als eine Anekdotensammlung in Lichtbildern für die reifere Jugend, deren – wohl von Bruno Franks sehr menschlichem Friedrichbuch beeinflußte – Haltung man sich gefallen lassen könnte, wenn das reine stoffliche Element nicht wieder Wasser auf die Mühle des schon beinahe versiegten Fridericusrummels triebe, den der leichenschänderische Monarchismus zu seinen bekannten Zwecken angezettelt hat. Aber das alles wird einem für zwei Stunden ganz gleichgültig vor der außerordentlichen Leistung des Schau-

spielers Otto Gebühr. Wie dieser König auf dem Eisesfirn seines Thrones und seines Genies, allein gelassen von Bruder, Freund, Hund, einem einsamen Tode entgegenstirbt mit dem qualvollen Bewußtsein, daß sein Werk, um dessentwillen sein Leben in Einsamkeit und Qual erstarren mußte, in den Händen eines eitlen Schwächlings zerrinnen werde – diese erschütternde Tragik eines genialen Menschen, für die sind all die gutgestellten und schön photographierten Bildchen nur Beiwerk, aber sie wird auf uns übertragen vom Gesicht dieses Otto Gebühr, das immer mehr zerfällt, aus dem die Augen immer glanzloser blicken; von seiner Gestalt, die immer gebeugter und kraftloser, von seiner Hand, die immer steifer und gläserner wirkt.«

Fritz Lang
Spione
Nicht ohne Zeitbezug läßt Fritz Lang in seinem Film »Spione«, uraufgeführt am 22. März, das Buch schrieb Langs Frau Thea von Harbou, einen Generaldirektor (Rudolf Klein-Rogge) ein Doppelleben als scheinbar gelähmter Bankier und Chef eines internationalen Spionerings spielen. Als Haghi, so sein Name, von dem Agenten 326 (Willy Fritsch) gejagt wird, läßt er diesen durch seine Agentin Sonja (Gerda Maurus) bekämpfen. Doch Sonja verliebt sich in 326, der überdies auch ein Eisenbahnattentat übersteht. Von allen Seiten gejagt, schafft sich Haghi eine dritte Existenz als Clown, doch sein Spiel ist aus: Als man ihm auch als Clown auf die Spur kommt, erschießt er sich auf der Bühne – während das Publikum glaubt, eine seiner Glanznummern mitzuerleben und frenetisch den Tod des Clowns beklatscht.

Frankreich

Germaine Dulac
Die Muschel und der Pfarrer
(La coquille et le clergyman)
Germaine Dulacs »Die Muschel und der Pfarrer« – ein junger Pfarrer verliebt sich in ein Mädchen, kann jedoch seine psychischen Komplexe nicht überwinden – gilt als erster surrealistischer Film, wird jedoch gleichwohl von den meisten Surrealisten abgelehnt, bei der Uraufführung kommt es zu einem Skandal.
Das Drehbuch verfaßte Antonin Artaud, der hier versuchte, »jene visuelle Idee des Films zu verwirklichen, bei der sogar die Psychologie vom Geschehen verschlungen wird … Dieses Drehbuch ist nicht die Wiedergabe eines Traums und soll auch nicht als solcher angesehen werden … Dieses Buch sucht die düstere Wahrheit des Bewußtseins. Die Bilder entwickeln sich ausschließlich aus sich selbst, und sie haben ihren Sinn nicht aus der Situation, aus der sie hervorgehen, sondern vielmehr aus einer inneren zwingenden Notwendigkeit, mit der sie in das Licht unwiderstehlicher Beweiskraft projiziert werden.«

Jean Epstein
Der Untergang des Hauses Usher
(La chute de la maison Usher)
Jean Debucourt und Marguerite Denis Gance spielen die Hauptrollen in Jean Epsteins Verfilmung von Edgar Allan Poes

Schreckenserzählung »Der Untergang des Hauses Usher« (1839). In diesem Film wird erstmals die Zeitlupe als dramatisches Hilfsmittel eingesetzt. Der ungarische Dichter und Filmästhetiker Béla Balázs merkt an, daß dieser Film »uns nicht den Inhalt der Ballade Poes zeigt, sondern ihre beunruhigenden Eindrücke und jene Stimmungs- und Bildassoziationen, die er im Leser erwecken. Hier sehen wir konturlose Hallen und ungewisse Treppen, endlose finstere Gänge, die von tragischen Schatten bevölkert sind. Türen gehen auf, Gardinen wehen, Hände strecken sich aus, und Schleier schweben in nebelhaften Gewässern. Das sind keine verständlichen und keine darstellenden Illustrationen. Es sind Assoziationen der dunklen Eindrücke einer dunklen Ballade«.

Großbritannien

Clyde Bruckman
Die Schlacht des Jahrhunderts
(The Battle of the Century)
Oliver Hardy und Stan Laurel sind die Hauptakteure in Clyde Bruckmans Filmkomödie »Die Schlacht des Jahrhunderts«, die Henry Miller als den besten komischen Film bezeichnet, der je gedreht wurde. Hardy spielt einen Boxmanager, Laurel ist der Boxer. Die Schlacht des Jahrhunderts ist jedoch kein Boxkampf, sondern eine Schlacht, bei der rund 300 Torten geworfen werden.

Schweden

Victor Sjöström
Das göttliche Weib
(The Divine Woman)
Greta Garbo ist »Das göttliche Weib« in Victor Sjöströms gleichnamigem Film. Sie spielt eine Schauspielerin, die nach einer Erkrankung verarmt und von keinem ihrer früheren Gönner und Verehrer mehr beachtet wird – mit Ausnahme des Soldaten Lucien (Lars Hanson).

Spanien

Luis Buñuel/Salvador Dalí
Ein andalusischer Hund
(Un chien andalou)
Das zusammen mit Salvador Dalí gedrehte surrealistische Werk »Ein andalusischer Hund« ist der erste Film Luis Buñuels. In den Hauptrollen sind neben Buñuel und Dalí Simone Mareuil und Pierre Batcheff zu sehen. Der Inhalt entzieht sich der Beschreibung, da es die Absicht der Regisseure war, daß nichts in diesem Film rational erklärbar sein und alles die Logik eines Traums haben solle. Im Vorspann heißt es: »Jedes Bild, jeder Gedanke, der in den Mitarbeitern aufstieg, wurde sofort verworfen, wenn er aus der Erinnerung oder aus ihrem Kulturmilieu stammte, oder wenn er auch nur eine bewußte Assoziation mit einem früheren Gedanken hatte. Die Mitarbeiter erkannten nur solche Bilder als gültig an, die auch bei gründlichster Untersuchung keinerlei Erklärungsmöglichkeit boten. Natürlich wurde auch die Beschränkungen der üblichen Moral oder Vernunft aufgegeben.«

UdSSR

Sergei M. Eisenstein
Oktober
(Oktober)
Den Revolutionsfilm »Oktober« hatte Sergei M. Eisenstein vertragsgemäß 1927 zum zehnten Jahrestag der Oktoberrevolution fertiggestellt, doch mußte er nach der offiziellen Verdammung Leo D. Trotzkis vollständig überarbeitet werden und kommt erst 1928 ins Kino. Trotzki wurde als zentrale Gestalt der Revolution gestrichen, »Helden« des Films sind nun die Massen. Bis 1917 blieb Eisenstein, der aus einem bürgerlichen Elternhaus stammte, apolitisch. Als 1918 der Bürgerkrieg zwischen den Weißen und den Roten ausbrach, trat er in die Rote Armee ein. 1920 wurde er Bühnenbildner am Proletkulttheater und 1923 Regieassistent von Wsewolod E. Mejerchold (Meyerhold) und wandte sich 1924 ganz dem Film als Mittel revolutionärer Propaganda zu. Im Mittelpunkt seiner frühen Filme, in denen er den revolutionären Kampf der russischen Arbeiterschaft gestaltete, steht nicht das Individuum, sondern das Kollektiv. Durch ihre Metaphern, krasse Realistik und spannungserzeugende Montagetechnik werden seine Filme wegweisend für den modernen internationalen Film.

Wsewolod I. Pudowkin
Sturm über Asien
(Potomok Tschingis-Chana)
Wsewolod I. Pudowkins letzter Stummfilm, »Sturm über Asien«, wird ein internationaler Erfolg trotz der Proteste aus dem Ausland, z.B. aus Großbritannien, wo er verboten wird. Der mongolische Nomade Bair schließt sich während des russischen Bürgerkriegs den Widerstandstruppen gegen die Briten an (historische Tatsache ist, daß britische Truppen zu diesem Zeitpunkt niemals in der Mongolei standen), wird nach der Gefangennahme bei einer Exekution schwer verwundet, aber nicht getötet. Es stellt sich heraus, daß er Träger eines alten Dokuments ist, das ihn als Erben Dschingis-Khans ausweist. Die Briten versuchen ihn nun zum König einer Marionettenregierung in der Mongolei zu machen, doch Bair ruft die Mongolen zum Aufstand auf.

USA

Charlie Chaplin
Circus
(The Circus)
»Circus« ist Charlie Chaplins letzter Stummfilm. Auf der Flucht vor der Polizei stößt er zu einem Zirkus, bei dem er als Hilfsarbeiter bleiben kann. Durch Zufall wird er hier Clown. – Als die US-amerikanische Academy of Motion Picture Arts and Sciences 1929 erstmals den Oscar verleiht, erhält Chaplin einen Oscar für »seine Vielseitigkeit und Genialität in der Gestaltung von Drehbuch, Hauptrolle, Regie und Produktion in ›Circus‹«.

King Vidor
Ein Mensch in der Masse
(The Crowd)
Mit dem brillant inszenierten und gespielten Film »Ein Mensch in der Masse« schafft King Vidor einen der bedeutendsten US-amerikanischen Filme der 20er Jahre. Gezeigt wird in diesem ergreifenden sozialen Drama der Durchschnittsalltag eines normalen Ehepaars der Unterschicht (James Murray, Eleanor Boardman) in einer Massengesellschaft, in der einzig der Erfolg zählt.

Erich von Stroheim
Königin Kelly
(Queen Kelly)
»Königin Kelly« mit Gloria Swanson in der Titelrolle ist zwar Fragment geblieben, gilt jedoch vielen Kritikern als perfektester Film Erich von Stroheims. Offiziell konnte Stroheim den Film über eine junge Waise, die Königin wird, nicht beenden, weil die Produktionsgesellschaft wegen des Aufkommens der Tonfilme die Arbeiten einstellen ließ, der tatsächliche Grund dürfte darin liegen, daß Stroheim – wie so oft – wieder einmal nicht fähig gewesen war, Kunst und Kommerz unter einen Hut zu bringen. Der aus einer Familie der Mittelschicht stammende Stroheim – das Adelsprädikat fügte er erst nach Beginn seiner Filmlaufbahn dem Namen zu – emigrierte 1906 in die USA, war ab 1914 in kleineren Rollen beim Film tätig und wirde Regieassistent von D. W. Griffith. Er begann sich auf Rollen zu spezialisieren, die der allgemeinen Vorstellung vom brutalen preußischen Offizier entsprachen; in der Folgezeit verkörperte er den »Mann, den man liebend gern haßt«. Die gesellschaftskritischen Filme, die er drehte, brachten ihn fast durchweg in Gegensatz zu den Produzenten, da es ihm nicht gelang, seine Ideen in kommerziell verwertbarer Weise umzusetzen; sie kamen fast immer geschnitten in die Kinos: »Blinde Ehemänner« (1918), »Närrische Frauen« (1921), »Karussel des Lebens« (1922), »Gier nach Geld« (1923), »Der Hochzeitsmarsch« (1928), »Die Flitterwochen« (1928), »Königin Kelly«.

Sportereignisse und -rekorde des Jahres 1928

Die Aufstellung erfaßt Rekorde, Sieger und Meister in wichtigen Sportarten. Aufgenommen wurden nur solche Wettbewerbe, die in den vergangenen Jahren bereits regelmäßig ausgetragen worden sind oder ab 1928 kontinuierlich zu den Sportprogrammen gehören. Sportarten in alphabetischer Reihenfolge.

Automobilsport

Grand-Prix-Rennen

Großer Preis von (Datum) Kurs/Strecke (Länge)	Sieger (Land)	Marke	Ø km/h
Deutschland (15.7.) Nürburgring (508,8 km)	Rudolf Caracciola (GER)/ Christian Werner (GER)	Mercedes	103,690
Frankreich (1.7.) Comminges–St. Gaudens (263 km)	William Grover (FRA)/ Williams (GBR)	Bugatti	136,568
Italien (9.9.) Monza (600 km)	Louis Chiron (MON/FRA)	Bugatti	159,898
Spanien (29.7.) Lasarte–St. Sebastian (259,7 km)	Louis Chiron (MON/FRA)	Bugatti	127,735
Coupe Georges Boillot (8.9.) Boulogna/FRA (448,5 km)	Boris Ivanowski (URS/ FRA)	Alfa-Romeo	112,528

Langstreckenrennen

Kurs/Dauer (Datum)	Sieger (Land)	Marke	Ø km/h
Indianapolis/500 ms (30.5.)	Louis Meyer (USA)	Miller	160,100
Le Mans/24 h (16./17.6.)	Woolf Barnato (GBR)/ Bernard Rubin (AUS)	Bentley	111,219
Mille Miglia/1618 km (31.3./1.4.)	Guiseppe Campari (ITA) Giulio Ramponi (ITA)	Alfa-Romeo	84,128
Spa-Francorchamps/24 h (7./8.7.)	Boris Ivanowsky (SOV/ FRA)/ Attilio Marinoni (ITA)	Alfa-Romeo	102,662
Targa Florio/540 km (6.5.)	Albert Divo (FRA)	Bugatti	73,478
Tourist Trophy/660 km Ards–Belfast (18.8.)	Kaye Don (GBR)	Lea-Francis	119,725

Rallyes

Monte Carlo	Bignan (ITA)	Fiat 509

Boxen/Schwergewicht

Ort/Datum	Weltmeister	Gegner	Ergebnis
New York/26.7.	Gene Tunney (USA)	Tom Heeney (USA)	k. o. (11. R.)

Eiskunstlauf

Turnier	Ort	Datum
Weltmeisterschaften	Berlin (Herren) London (Damen/Paare)	
Europameisterschaften	Troppau	
Deutsche Meisterschaften	Füssen	

Einzel	Herren	Damen
Weltmeister	Willy Böckl (AUT)	Sonja Henie (NOR)
Europameister	Willy Böckl (AUT)	
Deutscher Meister	Werner Rittberger (Berlin)	Anna Flebbe (Berlin)

Paarlauf

Weltmeister	Andrée Joly/Pierre Brunet (FRA)
Europameister	Andrée Joly/Pierre Brunet (FRA)
Deutsche Meister	Ilse Kishauer/Ernst Gaste (Berlin)

Fußball

Länderspiele	Ergebnis	Ort	Datum
Deutschland (+4/ =0/ −2)			
Schweiz – Deutschland	2:3	Bern	15. 4.
*Deutschland – Schweiz	4:0	Amsterdam	28. 5.
*Deutschland – Uruguay	1:4	Amsterdam	3. 6.
Deutschland – Dänemark	2:1	Nürnberg	16. 9.
Norwegen – Deutschland	0:2	Oslo	23. 9.
Schweden – Deutschland	2:0	Stockholm	30. 9.
Österreich (+5/ =2/ −1)			
Belgien – Österreich	1:2	Brüssel	
Italien – Österreich	2:2	Rom	
Österreich – Jugoslawien	3:0	Wien	6. 5.
Schweden – Österreich	2:3	Stockholm	
Österreich – Schweiz	2:0	Wien	29.10.
Österreich – Tschechoslowakei	0:1	Wien	
Ungarn – Österreich	5:5	Budapest	6. 5.
Österreich – Ungarn	5:1	Wien	

* Olympisches Fußball-Turnier

Fußball (Forts.)

Länderspiele	Ergebnis	Ort	Datum
Schweiz (+2/=0/−6)			
Italien – Schweiz	3:2	Genua	1. 1.
Schweiz – Frankreich	4:3	Lausanne	11. 3.
Schweiz – Deutschland	2:3	Bern	15. 4.
Schweiz – Holland	2:1	Basel	6. 5.
*Schweiz – Deutschland	0:4	Amsterdam	28. 5.
Schweiz – Italien	2:3	Zürich	14. 10.
Österreich – Schweiz	2:0	Wien	29. 10.
Ungarn – Schweiz	3:1	Budapest	1. 11.

* Olympisches Fußball-Turnier

Landesmeister

Deutschland	Hamburger SV – Hertha BSC Berlin 5:2 (29. 7., Altona)
Österreich	Admira Wien
Schweiz	Grasshoppers Zürich
Belgien	AC Beerschoot
Dänemark	nicht ausgetragen
England	FC Everton
Finnland	Turnu PS Turku
Holland	Feijenoord Rotterdam
Italien	AC Turin
Jugoslawien	Gradjanska Agram
Norwegen	Oern Horten
Schottland	Glasgow Rangers
Schweden	Oergryte
Spanien	FC Barcelona – Real Sociedad 3:1

Landespokal

Österreich	Admira Wien – Wiener AC 2:1
Schweiz	Servette Genf – Grasshoppers Zürich 5:1
England	Blackburn Rovers – Huddersfield Town 3:1
Frankreich	Red Star Olympique Paris
Holland	RCH Den Haag
Schottland	Glasgow Rangers

Gewichtheben

Weltrekord (Land)	Dreikampf	Drücken	Reißen	Stoßen
Karl Mörke (GER)	380,0			
Rudolf Schilberg (AUT)		128,0		
Charles Rigoulot (FRA)			126,5	161,5

Leichtathletik

Deutsche Meisterschaften

Disziplin	Sieger (Ort)	Leistung
Männer (Düsseldorf, 14.–16. 7. 1928)		
100 m	Richard Corts (Berlin)	10,4
200 m	Helmut Körnig (Berlin)	21,6
400 m	Joachim Büchner (Magdeburg)	48,4
800 m	Hermann Engelhard (Berlin)	1:52,4
1500 m	Hans Wichmann (Berlin)	3:58,4
5000 m	Willi Boltze (Hamburg)	15:09,0
10 000 m	Otto Kohn (Berlin)	32:36,4
Marathon	Franz Wanderer (Potsdam)	2:48:57,0
110 m Hürden	Hans Steinhardt (Karlsruhe)	15,0
400 m Hürden	Otto Neumann (Berlin)	55,0
4 × 100 m	Eintracht Frankfurt	41,9
4 × 400 m	SC Teutonia Berlin	3:18,1
50 km Gehen*	Karl Hähnel (Erfurt)	5:01:21,0
Mannschaft	SC Charlottenburg	
Hochsprung	Wolf Boneder (Regensburg)	1,905
Stabhochsprung	Julius Müller (Cannstadt)	3,82
Weitsprung	Erich Köchermann (Hamburg)	7,45
Kugelstoß	Emil Hirschfeld (Allenstein)	15,46
beidarmig	Emil Hirschfeld (Allenstein)	26,85
Diskuswurf	Ernst Paulus (Wetzlar)	47,35
beidarmig	Alfred Lingnau (Dortmund)	79,32
Speerwurf	Bruno Schlokat (Insterburg)	62,34
beidarmig	Erich Stoschek (Breslau)	103,85
Zehnkampf	Hugo Barth (Nürtingen)	6272
4 × 1500 m	SC Teutonia Berlin	16:42,0

Disziplin	Sieger (Ort)	Leistung
Frauen (Berlin, 14./15. 7. 1928)		
100 m	Erna Steinberg (Berlin)	12,6
800 m	Lina Radke-Batschauer (Breslau)	2:25,7
4 × 100 m	TSV 1860 München	49,7
Hochsprung	Helma Notte (Düsseldorf)	1,52
Weitsprung	Eva von Bredow (Berlin)	5,33
Kugelstoß	Grete Heublein (Barmen)	11,96
Diskuswurf	Milly Reuter (Frankfurt)	36,75
Speerwurf	Ruth Lautemann (Berlin)	37,32
Schlagballwurf	Anni Groth (Itzehoe)	67,95
Fünfkampf	Selma Grieme (Bremen)	262

*) Nürnberg, 7. 10. 1928

Weltrekorde (Stand: 31. 12. 1928)

Disziplin	Name (Land)	Leistung	Datum	Ort
Männer				
100 m	Charles Paddock (USA)	10,4	23.04.1921	Redlands
200 m (Gerade)	Roland Locke (USA)	20,6	01.05.1926	Lincoln
400 m	Emerson Spencer (USA)	47,0	12.05.1928	Palo Alto
800 m	Séraphin Martin (FRA)	1:50,6	14.07.1928	Paris
1000 m	Otto Peltzer (GER)	2:25,8	18.09.1927	Paris
1500 m	Otto Peltzer (GER)	3:51,0	11.09.1926	Berlin
Meile	Paavo Nurmi (FIN)	4:10,4	23.08.1923	Stockholm
5000 m	Paavo Nurmi (FIN)	14:28,2	19.06.1924	Helsinki
10000 m	Paavo Nurmi (FIN)	30:06,2	31.08.1924	Kuopio
110 m Hürden	Earl Thompson (CAN)	14,4	29.05.1920	Philadelphia
400 m Hürden	Morgan Taylor (USA)	52,0	04.07.1928	Philadelphia
4 × 100 m	Deutschland	40,8	02.09.1928	Berlin
4 × 400 m	USA	3:14,2	05.08.1928	Amsterdam
Hochsprung	Harold Osborn (USA)	2,03	27.05.1925	Urbana
Stabhoch	Lee Barnes (USA)	4,30	28.04.1928	Fresno
Weitsprung	Sylvio Cator (HAI)	7,93	09.09.1928	Paris
Dreisprung	Archibald Winter (AUS)	15,53	12.07.1924	Paris
Kugelstoßen	Emil Hirschfeld (GER)	16,04	26.08.1928	Bochum
Diskuswurf	Clarence Houser (USA)	48,20	03.04.1926	Palo Alto
Hammerwurf	Patrick Ryan (USA)	57,77	17.08.1913	New York
Speerwurf	Erik Lundqvist (SWE)	71,01	15.08.1928	Stockholm
Zehnkampf	Paavo Yrjölä (FIN)	7 036	19./20.07.28	Viipun
Frauen				
100 m	Myrtle Cook (CAN)	12,0	02.07.1928	Halifax
200 m	Eileen Edwards (GBR)	25,4	12.06.1927	Berlin
800 m	Lina Radke-Batschauer (GER)	2:16,8	02.08.1928	Amsterdam
4 × 100 m	Kanada	48,4	05.08.1928	Amsterdam
80 m Hürden	Lida Sychrova (CSR)	12,2	01.07.1928	Prag
Weitsprung	Kinue Hitomi (JAP)	5,98	20.05.1928	Osaka
Hochsprung	Carolina Gisolf (HOL)	1,60	18.07.1928	Maastricht
Kugelstoßen	Gustl Herrmann (GER)	12,26	12.07.1928	Köln
Diskuswurf	Halina Konopacka (POL)	39,62	31.07.1928	Amsterdam
Speerwurf	Anneliese Hargus (GER)	38,39	18.08.1928	Berlin

Deutsche Rekorde (Stand: 31. 12. 1928)

Disziplin	Name (Ort)	Leistung	Datum	Ort
Männer				
100 m	Helmut Körnig (Breslau)	10,4	08.08.1926	Leipzig
200 m	Helmut Körnig (Berlin)	20,9	19.08.1928	Berlin
400 m	Jochen Büchner (Magdeburg)	47,8	02.09.1928	Berlin
800 m	Otto Peltzer (Stettin)	1:51,6	03.07.1926	London
1000 m	Otto Peltzer (Stettin)	2:25,8	19.09.1927	Paris
1500 m	Otto Peltzer (Stettin)	3:51,0	11.09.1926	Berlin
3000 m	Willi Boltze (Hamburg)	8:35,3	11.09.1928	Düsseldorf
5000 m	Otto Kohn (Berlin)	15:03,2	21.08.1927	Paris
10000 m	Otto Petri (Hamburg)	32:00,8	17.07.1927	Berlin
110 m Hürden	Heinrich Troßbach (Berlin)	14,9	08.08.1926	Berlin
400 m Hürden	Otto Peltzer (Stettin)	54,8	17.07.1927	Berlin
4 × 100 m	Nationalstaffel	40,8	02.09.1928	Berlin
	Eintracht Frankfurt	41,0	10.06.1928	Halle
4 × 400 m	Nationalstaffel	3:14,6	15.07.1928	Amsterdam
	SC Teutonia Berlin	3:17,2	07.08.1928	Köln
Hochsprung	Robert Pasemann (Berlin)	1,923	13.08.1911	Braunschw.
Stabhochsprung	Julius Müller (Kuchen)	3,82	15.07.1928	Düsseldorf

Disziplin	Name (Ort)	Leistung	Datum	Ort
Weitsprung	Rudolf Dobermann (Köln)	7,645	10.06.1928	Jena
Dreisprung	Arthur Holz (Berlin)	14,99	01.07.1922	Berlin
Kugelstoßen	Emil Hirschfeld (Allenstein)	16,04	26.08.1928	Bochum
Diskuswurf	Hans Hoffmeister (Münster)	48,77	22.07.1928	Gelsenkirchen
Hammerwurf	Josef Mang (Regensburg)	46,05	17.06.1928	Fürth
Speerwurf	Bruno Schlokat (Insterburg)	64,60	18.09.1927	Oslo
Zehnkampf	Kurt Weiß (Berlin)	6366	6./7.8.1927	Breslau
Frauen				
100 m	Gertrud Gladitsch (Karlsruhe)	12,1	03.07.1927	Stuttgart
200 m	Leni Schmidt (Bremen)	25,8	09.09.1928	Hamburg
800 m	Lina Batschauer-Radke (Karlsruhe)	2:16,8	02.08.1928	Amsterdam
1000 m	Wally Lingner (Berlin)	3:15,0	18.07.1926	Berlin
80 m Hürden	Eva von Bredow (Berlin)	12,8	12.06.1927	Berlin
4 × 100 m	Nationalstaffel	49,0	05.08.1928	Amsterdam
	TSV 1860 München	49,7	15.07.1928	Berlin
4 × 200 m	SC Charlottenburg	1:50,6	24.06.1928	Berlin
Hochsprung	Helma Notte (Düsseldorf)	1,545	08.07.1928	Düsseldorf
Weitsprung	Gertrud Gladitsch (Karlsruhe)	5,62	04.09.1927	Hannover
Kugelstoßen	Gustl Herrmann	12,26	12.07.1928	Köln
Diskuswurf	Milly Reuter (Frankfurt)	38,34	22.08.1926	Braunschw.
Speerwurf	Augustine Hargus (Lübeck)	38,39	18.08.1928	Berlin

Pferdesport

Disziplin/Turnier	Sieger (Land)	Pferd (Gestüt)	Tag
Galopprennen			
Deutsches Derby	E. Haynes	Lupus	
Prix de l'Arc de Triomphe			
Trabrennen			
Deutsches Derby	R. Großmann (GER)	Britton (Briesen/Zeller)	
Prix d'Amerique			
Turniersport			
Springreiten			
Deutsches Derby	Freiherr von Langen (GER)	Falkner	

Radsport

Disziplin, Ort, Datum	Plazierung, Name (Land)	Zeit/Rückstand
Straßenweltmeisterschaften in Budapest		
Profis (192 km)	1. Georges Ronsse (BEL)	
	2. Nebe	
	3. Wolke	
Amateure (190 km)	1. Allegro Grandi (ITA)	
	2. Michele Mara (ITA)	
	3. Jean Aerts (BEL)	
Rundfahrten (Etappen)		
Tour de France (22) Datum: 17.6.–15.7. Länge: 5376 km 162 Starter, 41 im Ziel	1. Nicolas Frantz (Lux)	192:48:58
	2. André Leducq (FRA)	50:07
	3. Marc Dewaele (BEL)	56:16
Giro d'Italia (12) Datum: 12.5.–3.6. Länge: 2938 km 208 Starter, 124 im Ziel	1. Alfredo Binda (ITA)	114:15:19
	2. Giuseppe Pancera (ITA)	18:13
	3. Bartolomeo Aymo (ITA)	27:25

Schwimmen

Deutsche Meisterschaften in Berlin (13.–15.7.)

Disziplin	Sieger (Ort)	Leistung
Männer		
Freistil 100 m	Karl Schubert (Breslau)	1:03,0
Freistil 200 m	Herbert Heinrich (Leipzig)	2:27,0
Freistil 400 m	Franz Berges (Darmstadt)	5:17,2
Freistil 1500 m	Walter Handschuhmacher (Dortmund)	21:39,7
Freistil 4 × 100 m	Magdeburg 1896	4:22,0
Freistil 4 × 200 m	Magdeburg 1896	10:06,0
Seite 100 m	Robert Dahlem (Breslau)	1:12,8
Brust 200 m	Erich Rademacher (Magdeburg)	2:52,0
Brust 4 × 200 m	Hellas Magdeburg	12:07,0
Rücken 100 m	Ernst Küppers (Viersen)	1:13,6
Lagen 4 × 100 m[1]	Hellas Magdeburg	4:55,8
Frauen		
Freistil 100 m	Reni Erkens (Oberhausen)	1:16,2
Freistil 400 m	Dorle Schönemann (Dresden)	6:16,4
Freistil 3 × 100 m	Borussia Poseidon Stettin	4:11,0
Brust 200 m	Lotte Mühe (Hildesheim)	3:11,2
Brust 3 × 200 m	1. Magdeburger SV	10:14,2
Rücken 100 m	Anni Rehborn (Bochum)	1:28,6
Lagen 3 × 100 m[2]	Germania 1894 Berlin	4:35,0

[1] Brust, Seite, Rücken, Kraul
[2] Rücken, Brust, Kraul

Weltrekorde (Stand 31.12.1928)

Disziplin	Name (Land)	Leistung	Datum	Ort
Männer				
Freistil 100 m	Johnny Weissmueller (USA)	57,4	17.2.1924	Miami
Freistil 200 m	Johnny Weissmueller (USA)	2:08,0	5.4.1927	Ann Arbor
Freistil 400 m	Arne Borg (SWE)	4:50,3	11.9.1925	Stockholm
Freistil 800 m	Johnny Weissmueller (USA)	10:22,2	27.7.1927	Honolulu
Freistil 1500 m	Arne Borg (SWE)	19:07,2	2.9.1927	Bologna
Freistil 4 × 100 m	GER	4:22,0	15.7.1928	Berlin
Freistil 4 × 200 m	USA	9:36,2	11.8.1928	Amsterdam
Brust 100 m	Walter Spence (USA)	1:14,0	28.10.1927	New York
Brust 200 m	Erich Rademacher (GER)	2:48,0	20.3.1927	Brüssel
Rücken 100 m	George Kojac (USA)	1:08,2	9.8.1928	Amsterdam
Rücken 200 m	Toshio Irie (JAP)	2:37,8	14.10.1928	Tamagawa
Frauen				
Freistil 100 m	Ethel Lackie (USA)	1:10,0	28.1.1926	Toledo
Freistil 200 m	Martha Norelius (USA)	2:40,6	28.2.1926	Miami
Freistil 400 m	Martha Norelius (USA)	5:39,2	27.8.1928	Wien
Freistil 800 m	Martha Norelius (USA)	12:17,8	31.7.1927	Massapaqua
Freistil 1500 m	Martha Norelius (USA)	23:44,6	28.7.1927	Massapaqua
Freistil 4 × 100 m	USA	4:47,6	9.8.1928	Amsterdam
Brust 100 m	Lotte Mühe (GER)	1:26,3	9.6.1928	Magdeburg
Brust 200 m	Lotte Mühe (GER)	3:11,2	15.7.1928	Berlin
Rücken 100 m	Marie Braun (HOL)	1:21,6	11.8.1928	Amsterdam
Rücken 200 m	Marie Braun (HOL)	2:59,2	24.11.1928	Brüssel

Deutsche Rekorde

Disziplin	Name (Ort)	Leistung	Datum	Ort
Männer				
Freistil 100 m	Karl Schubert (Breslau)	1:00,6	4.11.1928	Breslau
Freistil 200 m	Herbert Heinrich (Leipzig)	2:19,0	3.3.1927	Leipzig
Freistil 400 m	Herbert Heinrich (Leipzig)	5:07,0	30.5.1928	Halle
Freistil 800 m	Walter Handschuhmacher (Dortmund)	11:25,9	15.7.1928	Berlin
Freistil 1500 m	Walter Handschuhmacher (Dortmund)	21:39,7	15.7.1928	Berlin
Freistil 4 × 100 m	SV Magdeburg 1896*)	4:22,0	15.7.1928	Berlin
Freistil 4 × 200 m	SV Magdeburg 1896	10:06,8	13.7.1928	Berlin
Brust 100 m	Erich Rademacher (Magdeburg)	1:15,0	22.3.1924	München
Brust 200 m	Erich Rademacher (Magdeburg)	2:48,0	20.3.1927	Brüssel
Rücken 100 m	Ernst Küppers (Viersen)	1:11,2	7.10.1928	Krefeld
Rücken 200 m	Ernst Küppers (Viersen)	2:40,7	3.12.1928	Aachen
Frauen				
Freistil 100 m	Reni Erkens (Oberhausen)	1:13,6	24.6.1928	Koblenz
Freistil 200 m	Reni Erkens (Oberhausen)	2:47,8	17.1.1928	Duisburg
Freistil 400 m	Reni Erkens (Oberhausen)	6:08,0	26.1.1928	Duisburg
Freistil 800 m	Reni Erkens (Oberhausen)	14:05,2	18.8.1928	Gladbeck
Freistil 1500 m	Reni Erkens (Oberhausen)	26:43,2	18.8.1928	Gladbeck
Freistil 4 × 100 m	Hamburger Tb	6:16,5	1926	Köln
Brust 100 m	Lotte Mühe (Hildesheim)	1:26,3	9.6.1928	Magdeburg
Brust 200 m	Lotte Mühe (Hildesheim)	3:11,2	15.7.1928	Berlin

*) Mit der Nationalmannschaft identisch.

Schwimmen (Forts.)

Deutsche Rekorde

| Rücken 100 m | Anni Rehborn (Bochum) | 1:28,6 | 13. 7.1928 | Berlin |
| Rücken 200 m | Hanna Wunram (Hildesheim) | 3:18,0 | 8. 3.1926 | Magdeburg |

Tennis

Meisterschaften	Ort	Datum
Wimbledon	London	25.6.–7.7.
French Open	Paris	
US Open	Forest Hills/New York Chestnut Hill/Mass.	
Australian Open	Melbourne	
Internationale Deutsche	Hamburg	5.–12.8.
Daviscup-Endspiel	Paris	

Turnier	Sieger (Land) – Finalgegner (Land)	Ergebnis
Herren		
Wimbledon	René Lacoste (FRA) – Henri Cochet (FRA)	6:1, 4:6, 6:4, 6:2
French Open	Henri Cochet (FRA) – René Lacoste (FRA)	5:6, 6:3, 6:1, 6:3
US Open	Henri Cochet (FRA) – Frank Hunter (USA)	4:6, 6:4, 3:6, 7:5, 6:3
Australian O.	Jean Borotra (FRA) – R. O. Cummings (AUS)	6:4, 6:1, 4:6, 5:7, 6:3
Int. Deutsche	Daniel Prenn (GER) – Hans Moldenhauer (GER)	6:1, 6:4, 6:3
Daviscup	Frankreich – USA 4:1	
Damen		
Wimbledon	Helen Wills (USA) – Lily de Alvarez (SPA)	6:2, 6:3
French Open	Helen Wills (USA) – Elizabeth Bennett (USA)	6:1, 6:2
US-Open	Helen Wills (USA) – Helen Jacobs (USA)	6:2, 6:1
Australian O.	Daphne Akhurst (AUS) – Esna Boyd (AUS)	7:5, 6:2
Int. Deutsche	Daphne Akhurst (AUS) – Cilly Aussem (GER)	2:6, 6:0, 6:4
Herren-Doppel		
Wimbledon	Jacques Brugnot (FRA)/ Henri Cochet (FRA) – John Hawkes (AUS)/ Gerald Patterson (AUS)	13:11, 6:4, 6:4
French Open	Jean Borotra (FRA)/ Jacques Brugnon (FRA) – René de Buzelet (FRA)/ Henri Cochet (FRA)	6:4, 3:6, 6:2, 3:6, 6:4
US Open	George Lott (USA)/ J. Hennessy (USA) – John Hawkes (AUS)/ Gerald Patterson (AUS)	6:2, 6:1, 6:2
Australian Open	Jean Borotra (FRA)/ Jacques Brugnon (FRA) – E. F. Moon (AUS)/ J. Willard (AUS)	6:2, 4:6, 6:4, 6:4
Int. Deutsche	R. O. Cummings (AUS)/ E. F. Moon (AUS) – Hans Moldenhauer (GER)/ Daniel Prenn (GER)	8:6, 6:0, 6:4

Turnier	Sieger (Land) – Finalgegner (Land)	Ergebnis
Damen-Doppel		
Wimbledon	Peggy Saunders (GBR)/ Caterine Watson (GBR) – Eileen Bennett (USA)/ Ermyntrude Harvey (GBR)	6:2, 6:3
French Open	Eileen Bennett (USA)/ Caterine Watson (GBR) – S. Deve/ A. Lafaurie	6:0, 6:2
US Open	Hazel Wightman (USA)/ Helen Wills (USA) – E. Goss/ L. A. Harper (USA)	6:2, 6:2
Australian Open	Daphne Akhurst (AUS)/ Esna Boyd (AUS) – K. Le Mesurier/ D. Weston	6:3, 6:1
Int. Deutsche	Daphne Akhurst (AUS)/Esna Boyd (AUS)	
Mixed		
Wimbledon	Patrick Spence (SAF)/ Elizabeth Ryan (USA) – Jack Crawford (AUS)/ Daphne Akhurst (AUS)	7:5, 6:4
French Open	Henri Cochet (FRA)/ Eileen Bennett (USA) – Frank Hunter (USA)/ Helen Wills (USA)	6:3, 6:2
US Open	George Lott (USA)/ Betty Nuthall (GBR) – Henry Austin/ B. C. Covell	6:2, 6:3
Australian Open	Jean Borotra (FRA)/ Daphne Akhurst (AUS) – John Hawkes (AUS)/ Esna Boyd (AUS)	kampflos
Int. Deutsche	Cilly Aussem (GER)/ R. R. Boyd (AUS) – Daphne Akhurst (AUS)/ E. F. Moon (AUS)	7:5, 6:4

Das Rekordproblem: Seit der Mensch sportliche Leistungen registriert und vergleicht – und das geschieht überschaubar seit rund 100 Jahren – gibt es das Problem der genauen Feststellung der Rekorde.

Weltrekorde z. B. wurden zuerst privat aufgezeichnet. Später übernahmen internationale und nationale Verbände diese Aufgabe und gaben Höchstleistungen durch ihre Anerkennung den offiziellen Charakter.

Probleme bei der Anerkennung der Rekorde ergaben sich allerdings daraus, daß von manchen nationalen Verbänden im Ausland erzielte Bestleistungen nicht anerkannt wurden, oder Rekorde von Sportlern, die nicht zu einem Weltverband gehörten, ignoriert wurden. Zudem wurden in einigen wenigen Fällen aufgrund sprachlicher Mißverständnisse und falscher Umrechnungen (z. B. yards in Meter, inches in Zentimeter) Weltrekorde anerkannt, die in Wirklichkeit gar keine waren.

Generell darf man sagen, daß 95% aller Weltrekorde vor 1912 das Ergebnis privater Recherchen sind und daß einige Höchstleistungen von 1912 bis 1945 den heutigen Maßstäben nicht standhalten – das bedeutet, daß einige offizielle Weltrekorde falsch und mehr oder weniger »privat« registrierte die richtigen sind.

In den Rekordlisten des Jahres 1928 sind also inoffizielle deutsche oder Welt- und Europarekorde genauso verzeichnet wie die offiziellen, sofern sie der Nachprüfung standhalten.

Olympische Winterspiele (St. Moritz, 11.–19. 2. 1928)

	Gold		Silber		Bronze	
Ski nordisch						
Langlauf 18 km	Johan Gröttumsbraaten (NOR)	1:37:01,0	Ole Hegge (NOR)	1:39:01,0	Reidar Ödegaard (NOR)	1:40:11,0
50 km	Per Erik Hedlund (SWE)	4:52:03,4	Gustaf Jonsson (SWE)	5:05:30,0	Volger Andersson (SWE)	5:05:46,0
Sprunglauf	Alf Andersen (NOR)	19,208	Sigmund Ruud (NOR)	18,542	Rudolf Burkert (ČSR)	17,937
Nordische Kombination	Johan Gröttumsbraaten (NOR)	17,833	Hans Vinjaergen (NOR)	15,303	John Snersrud (NOR)	15,021
Eiskunstlauf						
Damen	Sonja Henie (NOR)	8	Fritzi Burger (AUT)	25	Beatrix Loughran (USA)	28
Herren	Gillis Grafström (SWE)	12	Willy Böckl (AUT)	13	Robert van Zeebroeck (BEL)	27
Paare	Andrée Joly/ Pierre Brunet (FRA)	14	Lilly Scholz/ Otto Kaiser (AUT)	17	Melitta Brunner/ Ludwig Wrede (AUT)	29
Eisschnellauf						
500 m	Clas Thunberg (FIN) Bernt Evensen (NOR)	43,4 43,4			John O'Neil Farrell (USA) Roald Larsen (NOR) Jaakko Friman (FIN)	43,6 43,6 43,6
1500 m	Clas Thunberg (FIN)	2:21,1	Bernt Evensen (NOR)	2:21,9	Ivar Ballangrud (NOR)	2:22,6
5000 m	Ivar Ballangrud (NOR)	8:50,5	Julius Skutnabb (FIN)	8:59,1	Bernt Evensen (NOR)	9:01,1
10000 m	im 5. Lauf wegen starken Tauwetters abgebrochen					
Bob						
Viererbob (2 Läufe)	USA II (W. Fiske)	3:20,5	USA I (J. Heaton)	3:21,0	Deutschland II (H. Kilian)	3:21,9
Skeleton (3 Läufe)	Jennison Heaton (USA)	181,8	John R. Heaton (USA)	182,8	David Earl of Northesk (GBR)	185,1
Eishockey	Kanada		Schweden		Schweiz	

Olympische Sommerspiele (Amsterdam, 17. 5.–12. 8. 1928)

	Gold		Silber		Bronze	
Leichtathletik – Herren						
100 m	Percy Williams (CAN)	10,8	Jack London (GBR)	10,9	Georg Lammers (GER)	10,9
200 m	Percy Williams (CAN)	21,8	Walter Rangeley (GBR)	21,9	Helmut Körnig (GER)	21,9
400 m	Raymond Barbuti (USA)	47,8	James Ball (CAN)	48,0	Joachim Büchner (GER)	48,2
800 m	Douglas Lowe (GBR)	1:51,8	Erik Byléhn (SWE)	1:52,8	Hermann Engelhard (GER)	1:53,2
1500 m	Harry Larva (FIN)	3:53,2	Jules Ladoumègue (FRA)	3:53,8	Eino Purje (FIN)	3:56,4
5000 m	Ville Ritola (FIN)	14:38,0	Paavo Nurmi (FIN)	14:40,0	Edvin Wide (SWE)	14:41,2
10 000 m	Paavo Nurmi (FIN)	30:18,8	Ville Ritola (FIN)	30:19,4	Edvin Wide (SWE)	31:00,8
Marathon	Mohammed El Quafi (FRA)	2:32:57	Miguel Plaza (CHI)	2:33:23	Martti Marttelin (FIN)	2:35:02
110 m Hürden	Sidney Atkinson (SAF)	14,8	Stephen Anderson (USA)	14,8	John Collier (USA)	14,9
400 m Hürden	David Burghley (GBR)	53,4	Frank Cuhel (USA)	53,6	F. Morgan Taylor (USA)	53,6
3000 m Hindernis	Toivo Loukola (FIN)	9:21,8	Paavo Nurmi (FIN)	9:31,2	Ove Andersen (FIN)	9:35,6
4 × 100 m-Staffel	USA	41,0	Deutschland	41,2	Großbritannien	41,8
4 × 400 m-Staffel	USA	3:14,2	Deutschland	3:14,8	Kanada	3:15,4
Hochsprung	Robert King (USA)	1,94	Benjamin Hedges (USA)	1,91	Claude Ménard (FRA)	1,91
Stabhochsprung	Sabin William Carr (USA)	4,20	William Droegemuller (USA)	4,10	Charles McGinnis (USA)	3,95
Weitsprung	Edward Hamm (USA)	7,73	Silvio Cator (HAI)	7,58	Alfred Bates (USA)	7,40
Dreisprung	Mikio Oda (JAP)	15,21	Levi Casey (USA)	15,17	Vilho Tuulos (FIN)	15,11
Kugelstoßen	John Kuck (USA)	15,87	Herman Brix (USA)	15,75	Emil Hirschfeld (GER)	15,72
Diskuswurf	Clarence Houser (USA)	47,32	Antero Kivi (FIN)	47,23	James Corson (USA)	47,10
Hammerwurf	Patrick O'Callaghan (IRL)	51,39	Ossian Skiöld (SWE)	51,29	Edmund Black (USA)	49,03
Speerwurf	Erik Lundkvist (FIN)	72,71	Béla Szepes (UNG)	69,80	Olav Sunde (NOR)	63,97
Zehnkampf	Paavo Yrjölä (FIN)	8053	Akilles Järvinen (FIN)	7931	John Kenneth Doherty (USA)	7706
Leichtathletik – Damen						
100 m	Elizabeth Robinson (USA)	12,2	Fanny Rosenfeld (CAN)	12,3	Ethel Smith (CAN)	12,3
800 m	Lina Radke-Batschauer (GER)	2:16,8	Kinue Hitomi (JAP)	2:17,6	Inga Gentzel (SWE)	2:17,8
4 × 100 m-Staffel	Kanada	48,4	USA	48,8	Deutschland	49,0
Hochsprung	Ethel Catherwood (CAN)	1,59	Carolina Gisolf (HOL)	1,56	Mildred Wiley (USA)	1,56
Diskuswurf	Halina Konopacka (POL)	39,62	Lillian Copeland (USA)	37,08	Ruth Svedbarg (SWE)	35,92
Schwimmen – Herren						
100 m Kraul	Johnny Weissmuller (USA)	58,6	István Bárány (UNG)	59,8	Katsuo Takaishi (JAP)	60,0
400 m Kraul	Alberto Zorilla (ARG)	5:01,6	Andrew Charlton (AUS)	5:03,6	Arne Borg (SWE)	5:04,6
1500 m Kraul	Arne Borg (SWE)	19:51,8	Andrew Charlton (AUS)	20:02,6	Clarence Crabbe (USA)	20:28,8
100 m Rücken	George Kojac (USA)	1:08,2	Walter Laufer (USA)	1:10,0	Paul Wyatt (USA)	1:12,0
200 m Brust	Yoshiyuki Tsuruta (JAP)	2:48,8	Erich Rademacher (GER)	2:50,6	Teofilo Yldefonzo (PHI)	2:47,1
4 × 200 m Kraul	USA	9:36,2	Japan	9:41,4	Kanada	9:47,8
Kunstspringen	Peter Desjardins (USA)	185,04	Michael Galitzen (USA)	174,06	Farid Simaika (EGY)	172,46
Turmspringen	Peter Desjardins (USA)	98,74	Farid Simaika (EGY)	99,58	Michael Galitzen (USA)	92,34
Wasserball	Deutschland		Ungarn		Frankreich	
Schwimmen – Damen						
100 m Kraul	Albina Osipowich (USA)	1:11,0	Eleonor Garatti (USA)	1:11,4	Margaret Joyce Cooper (GBR)	1:13,6
400 m Kraul	Martha Norelius (USA)	5:42,8	Maria-Johanna Braun (HOL)	5:57,8	Josephine McKim (USA)	6:00,2
200 m Brust	Hilde Schrader (GER)	3:12,6	Mietje Baron (HOL)	3:15,2	Lotte Mühe (GER)	3:17,6
100 m Rücken	Maria-Johanna Braun (HOL)	1:22,0	Ellen E. King (GBR)	1:22,2	Margaret Joyce Cooper (GBR)	1:22,8
4 × 100 m Kraul	USA	4:47,6	Großbritannien	5:02,8	Südafrika	5:13,4
Kunstspringen	Helen Meany (USA)	78,62	Dorothy Poynton (USA)	75,62	Georgia Coleman (USA)	73,38
Turmspringen	Elizabeth Pinkston-Becker (USA)	31,60	Georgia Coleman (USA)	30,60	Lala Sjöqvist (SWE)	29,20
Boxen						
Fliegengewicht	(− 50,8 kg)	Antal Kocsis (UNG)	Armand Appel (FRA)		Carlo Cavagnoli (ITA)	
Bantamgewicht	(− 53,52 kg)	Vittorio Tamagnini (ITA)	John Daley (USA)		Harry Isaacs (SAF)	
Federgewicht	(− 57,15 kg)	Bep van Klaveren (HOL)	Victor Peralta (ARG)		Harold Devine (USA)	
Leichtgewicht	(− 61,24 kg)	Carlo Orlandi (ITA)	Stephen Michael Halaiko (USA)		Gunnar Berggren (SWE)	
Weltergewicht	(− 66,68 kg)	Edward Morgan (SWE)	Raúl Landini (ARG)		Raymond Smillie (CAN)	
Mittelgewicht	(− 72,57 kg)	Piero Toscani (ITA)	Jan Hermánek (ČSR)		Léonard Steyaert (BEL)	
Halbschwergewicht	(− 79,38 kg)	Victor Avendano (ARG)	Ernst Pistulla (GER)		Karl Leendert Miljon (HOL)	
Schwergewicht	(+ 79,38 kg)	Arturo R. Jurado (ARG)	Nils Ramm (SWE)		M. Jacob Michaelsen (DAN)	
Gewichtheben						
Federgewicht	(− 60 kg)	Franz Andrysek (AUT)	287,5	Pierino Gabetti (ITA)	282,5	Hans Wölpert (GER)	282,5
Leichtgewicht	(− 67,5 kg)	Kurt Helbig (GER)	322,5			Fernand Arnout (FRA)	302,5
		Hans Haas (AUT)	322,5				
Mittelgewicht	(− 75 kg)	Roger Francois (FRA)	335,0	Carlo Calimberti (ITA)	332,5	August Scheffer (HOL)	327,5
Leichtschwergewicht	− 82,5 kg)	Sayed Nosseir (EGY)	355,0	Louis Hostin (FRA)	352,5	Johannes Verheijen (HOL)	337,5
Schwergewicht	(+ 82,5 kg)	Josef Straßberger (GER)	372,5	Arnold Luhäär (EST)	360,0	Jaroslav Skobla (ČSR)	357,5
Ringen, griechisch-römisch						
Bantamgewicht	(− 58 kg)	Curt Leucht (GER)		Jindrich Maudr (CSR)		Giovanni Gozzi (ITA)	
Federgewicht	(− 62 kg)	Voldemar Väli (EST)		Erik Malmberg (SWE)		Gerolamo Quaglia (ITA)	
Leichtgewicht	(− 67,5 kg)	Lajos Keresztes (UNG)		Eduard Sperling (GER)		Edvard Vesterlund (FIN)	
Mittelgewicht	(− 75 kg)	Väino Kokkinen (FIN)		László Papp (UNG)		Albert Kusnets (EST)	
Halbschwergewicht	(− 82,5 kg)	Ibrahim Moustafa (EGY)		Adolf Rieger (GER)		Onni Pellinen (FIN)	
Schwergewicht	(+ 82,5 kg)	Rudolf Svensson (SWE)		Hjalmar E. Nyström (FIN)		Georg Gehring (GER)	

Sport 1928

Olympische Sommerspiele (Amsterdam, 17.5.–12.8.1928) (Forts.)

		Gold		Silber		Bronze	
Ringen, freier Stil							
Bantamgewicht	(−56 kg)	Kaarlo Mäkinen (FIN)		Edmond Spapen (BEL)		James Trifunov (CAN)	
Federgewicht	(−61 kg)	Allie Morrison (USA)		Kustaa Pihlajamäki (FIN)		Hans Minder (SUI)	
Leichtgewicht	(−66 kg)	Osvald Käpp (EST)		Charles Pacome (FRA)		Eino Leino (FIN)	
Weltergewicht	(−72 kg)	Arvo Haavisto (FIN)		Lloyd Appleton (USA)		Maurice Letchford (CAN)	
Mittelgewicht	(−79 kg)	Ernst Kyburz (SUI)		Donald P. Stockton (CAN)		Samuel Rabin (GBR)	
Halbschwergewicht	(−87 kg)	Thure Sjöstedt (SWE)		Arnold Bögli (SUI)		Henri Lefèbre (FRA)	
Schwergewicht	(+87 kg)	Johan Richthoff (SWE)		Aukusti Sihvola (FIN)		Edmond Dame (FRA)	
Fechten							
Florett – Einzel, Herren		Lucien Gaudin (FRA)	9+2	Erwin Casmir (GER)	9+1	Giulio Gaudini (ITA)	9
Florett – Mannschaft, Herren		Italien		Frankreich		Argentinien	
Degen – Einzel		Lucien Gaudin (FRA)	8	Georges Buchard (FRA)	7	George Calnan (USA)	6
Degen – Mannschaft		Italien		Frankreich		Portugal	
Säbel – Einzel		Ödön Tersztyánsky (UNG)	9+1	Attila Petschauer (UNG)	9	Bino Bini (ITA)	8
Säbel – Mannschaft		Ungarn		Italien		Polen	
Florett – Einzel, Damen		Helene Mayer (GER)	7	Muriel B. Greeman (GBR)	6	Olga Oelkers (GER)	4
Moderner Fünfkampf							
Einzel		Sven Thofelt (SWE)	47	Bo Lindman (SWE)	50	Helmuth Kahl (GER)	52
Rudern							
Einer		Henry Pearce (AUS)	7:11,0	Kenneth Myers (USA)	7:20,8	Theo D. Collet (GBR)	
Doppelzweier		USA	6:41,4	Kanada	6:51,0	Österreich	
Zweier ohne Steuermann		Deutschland	7:06,4	Großbritannien	7:08,8	USA	7:20,4
Zweier mit Steuermann		Schweiz	7:42,6	Frankreich	7:48,4	Belgien	7:59,4
Vierer ohne Steuermann		Großbritannien	6:36,0	USA	6:37,0	Italien	6:31,6
Vierer mit Steuermann		Italien	6:47,7	Schweiz	7:03,4	Polen	7:12,8
Achter		USA	6:03,2	Großbritannien	6:05,6	Kanada	
Segeln							
Ein-Mann-Boot		Sven Thorell (SWE)		Henrik Robert (NOR)		Bertil Broman (FIN)	
6 m		Norwegen		Dänemark		Estland	
8 m		Frankreich		Niederlande		Schweden	
Radsport							
Straßenrennen, Einzel (168 km)		Henry Hansen (DAN)	4:47:18	Frank W. Southall (GBR)	4:55:06	Gösta Carlsson (SWE)	5:00:17
Straße, Mannschaftswertung		Dänemark		Großbritannien		Schweden	
1000-m-Zeitfahren		Willy F. Hansen (DAN)	1:14,4	Gerard Bosch (HOL)	1:15,2	Edgar Gray (AUS)	1:15,6
1000-m-Sprint		René Beaufrand (FRA)		Antoine Mazairac (HOL)		Willy F. Hansen (DAN)	
2000-m-Tandemfahren		Niederlande		Großbritannien		Dänemark	
4000-m-Mannschaftsverfolgung		Italien	5:01,8	Niederlande	5:06,2	Großbritannien	
Reitsport							
Military – Einzel (Pferd)		Charles F. Pahud de Montagne (HOL) »Marcroix«	1969,92	Gerard Pierer C. de Krujff (HOL) »Va-t-en«	1967,26	Bruno Neumann (GER) »Ilja«	1944,42
Military – Mannschaft		Niederlande		Norwegen		Polen	
Dressur – Einzel (Pferd)		Carl Friedrich Freiherr von Langen (GER) »Draufgänger«	237,42	Charles Marion (FRA) »Linon«	231,0	Ragnar Olson (SWE) »Günstling«	229,78
Dressur – Mannschaft		Deutschland		Schweden		Niederlande	
Jagdspringen – Einzel (Pferd)		Frantisek Ventura (ČSR) »Eliot«	0/0/0	Pierre Bertran de Balanda (FRA) »Papillon«	0/0/2	Charley Kuhn (SUI) »Pepita«	0/0/4
Jagdspringen – Mannschaft		Spanien		Polen		Schweden	
Turnen							
Mehrkampf – Einzelwertung		Georges Miez (SUI)	247,500	Hermann Hänggi (SUI)	246,625	Leon Stukelj (YUG)	244,875
Mehrkampf – Mannschaft		Schweiz	1718,625	Tschechoslowakei	1712,250	Jugoslawien	1648,750
Barren, Herren		Ladislav Vácha (ČSR)	18,83	Josip Primozic (YUG)	18,50	Hermann Hänggi (SUI)	18,08
Pferdsprung, Herren		Eugen Mack (SUI)	9,58	Emanuel Löffler (ČSR)	9,50	Stane Derganc (YUG)	9,46
Seitpferd		Hermann Hänggi (SUI)	19,75	Georges Miez (SUI)	19,25	Heikki Savolainen (FIN)	18,83
Reck		Georges Miez (SUI)	19,17	Romeo Neri (ITA)	19,00	Eugen Mack (SUI)	18,92
Ringe		Leon Stukelj (YUG)	19,25	Ladislav Vácha (ČSR)	19,17	Emanuel Löffler (ČSR)	18,83
Mehrkampf, Mannschaft, Damen		Niederlande	316,75	Italien	289,00	Großbritannien	258,25
Fußball		Uruguay		Argentinien	1:1/2:1	Italien	
Landhockey		Indien		Niederlande	3:0	Deutschland	

Abkürzungen zu den Sportseiten

AFG	Afghanistan	CUB	Kuba	HOL	Niederlande	NEP	Nepal	SOV	Sowjetunion
ARG	Argentinien	DAN	Dänemark	IRA	Persien (Iran)	NIC	Nicaragua	SPA	Spanien
AUS	Australien	DOM	Dominikanische	IRK	Irak	NOR	Norwegen	SUI	Schweiz
AUT	Österreich		Republik	IRL	Irland	NZL	Neuseeland	SWE	Schweden
BEL	Belgien	ECU	Ecuador	ITA	Italien	PAN	Panama	THA	Thailand
BOL	Bolivien	EGY	Ägypten	JAP	Japan	PAR	Paraguay	TUR	Türkei
BRA	Brasilien	ETH	Äthiopien	LET	Liberia	PER	Peru	UNG	Ungarn
BUL	Bulgarien	FIN	Finnland	LIB	Libanon	POL	Polen	URU	Uruguay
CAN	Kanada	FRA	Frankreich	LIE	Lichtenstein	POR	Portugal	USA	Vereinigte Staaten
CHI	Chile	GBR	Großbritannien	LIT	Litauen	PUR	Puerto Rico		von Amerika
CHN	China	GER	Deutschland	LUX	Luxemburg	RUM	Rumänien	VEN	Venezuela
COL	Kolumbien	GRE	Griechenland	MCO	Monaco	SAF	Südafrika	YUG	Jugoslawien
COS	Costa Rica	GUA	Guatemala	MEX	Mexiko	SAL	El Salvador		
ČSR	Tschechoslowakei	HAI	Haiti	MON	Mongolei	SAN	San Marino		

Nekrolog 1928

Bekannte Persönlichkeiten aus allen Bereichen des gesellschaftlichen Lebens, die im Jahr 1928 gestorben sind, werden – alphabetisch geordnet – in Kurzbiographien dargestellt.

Gustave Ador

schweizerischer Jurist und liberaler Politiker, Bundespräsident 1919, Präsident des Internationalen Komitees vom Roten Kreuz von 1910 bis 1928 (*23. 12. 1845, Genf), stirbt am 31. März in Cologny bei Genf.
Ador, ursprünglich Rechtsanwalt, wurde 1878 Mitglied des Ständerats und 1879 der Regierung von Genf, deren Finanzdepartement er von 1885 bis 1897 leitete. Von 1889 bis 1917 gehörte er als Liberaler dem Nationalrat an (Präsident 1902) und leitete von 1917 bis 1918 das Politische Departement (Außenministerium), dann bis 1919 das Departement des Innern, 1919 war er Bundespräsident. Von 1920 bis 1924 vertrat er die Schweiz im Völkerbund, nachdem er die schweizerische Neutralität bei den Verhandlungen über den Eintritt der Schweiz in den Völkerbund erreicht hatte. Von 1910 bis 1928 war er Präsident des Internationalen Komitees vom Roten Kreuz.

Roald Amundsen

norwegischer Polarforscher, erster Mensch am Südpol (*16. 7. 1872, Borge), stürzt wahrscheinlich am 18. Juni 1928 bei der Bäreninsel ab während der internationalen Aktion zur Rettung des italienischen Generals und Luftschiffkonstrukteurs Umberto Nobile, der am 24. Mai mit dem Luftschiff »Italia« über dem Nordpol abgestürzt war. Am 24. Juni wird die Absturzstelle der »Italia« gefunden, Nobile wird gerettet. Amundsen, der mit dem französischen Wasserflugzeug »Latham« gestartet war, bleibt verschollen.
Amundsen unternahm 1906 die erste Fahrt durch die Nordwestpassage und erreichte 1911 als erster Mensch den Süd-

pol. Er erforschte in der Nordöstlichen Durchfahrt von 1918 bis 1920 die geophysikalischen Verhältnisse an der nordsibirischen Küste und überflog 1926 mit Umberto Nobile und Lincoln Ellsworth den Nordpol.

Adolphe Appia

schweizerischer Bühnenbildner (*1. 9. 1862, Genf), stirbt am 29. Februar in Nyon.
Appia gestaltete Bühnenräume als von gemalten Dekorationsstücken freie »Terrains«, die ihre Atmosphäre aus dem Verhältnis zwischen Licht und Schatten erhielten. Er begann im Stil der Romantik, ehe er ab 1900 zu rein abstrakter Bühnenraumgestaltung überging. Appia veröffentlichte u. a. »Die Inszenierung des Wagnerischen Dramas« (1895) und »Die Musik und die Erziehung« (1899).

Herbert Henry Asquith

seit 1925 Earl of Oxford and Asquith, britischer liberaler Politiker, Premierminister von 1908 bis 1916 (*12. 9. 1852, Morley/Yorkshire), stirbt am 15. Februar in London.
Asquith begann als Rechtsanwalt, wurde 1886 liberaler Abgeordneter des Unterhauses und war 1892 bis 1895 Innenminister im Kabinett Gladstone-Rosebery. Während des Burenkriegs unterstützte er als Vizepräsident der imperialistischen Liberalen Liga die konservative Regierung. 1905 wurde er Schatzkanzler im Kabinett Campbell-Bannermann und übernahm 1908 das Amt des Premierministers. 1911 setzte er nach heftigen Auseinandersetzungen eine Beschränkung der Vetorechte des Oberhauses durch, wodurch die Peers als wesentlicher Faktor der Gesetzgebung ausgeschaltet wurden. 1913

setzte er das Gesetz über die Selbstverwaltung in Irland (Homerule) durch. 1916 wurde er von seinem innerparteilichen Rivalen David Lloyd George als Premierminister abgelöst, was zur Spaltung der Liberalen Partei führte. Nach der Ablösung von Lloyd George vereinigte er die Liberale Partei noch einmal unter seiner Führung, verzichtete jedoch 1926 zugunsten von Lloyd George.

Moritz von Auffenberg von Komarów

österreichisch-ungarischer General (*22. 5. 1852, Troppau/heute Opava, ČSSR), stirbt am 18. Mai in Wien.
Freiherr von Auffenberg zog als Generalinspektor der Korpsoffizierschulen ab 1907 und als Kommandierender General in Sarajevo ab 1909 die Aufmerksamkeit des Thronfolgers Erzherzog Franz Ferdinand auf sich, der 1911 seine Ernennung zum Reichskriegsminister durchsetzte. In dieser Stellung trieb Auffenberg die Rüstung voran, u. a. durch Einführung des 30,5-cm-Mörsers und durch ein neues Wehrgesetz. 1912 wurde er zum Armeeinspektor ernannt. Bei Ausbruch des Weltkriegs übernahm er den Befehl über die 4. Armee und schlug Ende August/ Anfang September 1914 die Russen vernichtend in der Umfassungsschlacht bei Komarów. Die großen Verluste, die er in den anschließenden Kämpfen bei Rawaruska erlitt, nahmen einflußreiche Gegner zum Anlaß, seinen Sturz herbeizuführen. 1915 wurde er von der Anklage, während seiner Amtszeit als Minister Dienstkenntnisse zu Börsenzwecken verwendet zu haben, freigesprochen und als General a. D. in Rang und Würden wieder eingesetzt.

Alphonse Aulard

französischer Revolutionshistoriker (*19. 7. 1849, Montbron/Charente), stirbt am 23. Oktober in Paris.
Aulard wurde 1886 erster Professor des neugeschaffenen Lehrstuhls für Revolutionsgeschichte an der Sorbonne in Paris, den er bis 1922 innehatte. Er begründete die wissenschaftliche, nur auf authentischen Dokumenten beruhende Geschichtsschreibung der Französischen Revolution. Als Journalist vertrat er die Interessen der Radikalen Partei. 1927 leitete er als Präsident der internationalen

Vereinigung der Völkerbundsligen die Tagung in Berlin. Sein Hauptwerk ist die »Politische Geschichte der Französischen Revolution. Entstehung und Entwicklung der Republik 1789–1804« (1901).

Vicente Blasco Ibáñez

spanischer naturalistischer Romanschriftsteller (*29. 1. 1867, Valencia), stirbt am 28. Januar in Menton in Frankreich.
Blasco Ibáñez war einer der meistgelesenen und beliebtesten Romanautoren seiner Zeit, großen Erfolg hatte er vor allem in Spanien und in den USA.
Nach dem Jurastudium begann er mit Erzählungen aus seiner Heimat Valencia; die rastlosen und kämpferischen Helden dieser Erzählungen tragen ebenso wie die zentralen Gestalten seiner späteren Werke deutlich autobiographische Züge. Da er sich aktiv auf seiten der Republikaner engagierte, kam er wiederholt in Haft oder mußte ins Ausland fliehen. 1901 gründete er die radikale Zeitschrift »El pueblo«.
Von 1904 bis 1907 war er Abgeordneter in den Cortes (Parlament), zog sich 1909 von der aktiven Politik zurück, reiste durch Frankreich und Amerika (Argentinien). Während des Weltkriegs machte er von Paris aus Propaganda für die Alliierten, u. a. in seinem Kriegsroman »Die apokalyptischen Reiter« (1916), in dessen Mittelpunkt er die Figur eines in Paris lebenden reichen Argentiniers französischer Herkunft stellte, der als Freiwilliger im Weltkrieg fällt. Die Handlung liefert das Gerüst für eindrucksvolle Situationsschilderungen, die die eigentliche Stärke dieses Buchs ausmachen: Mobilmachung in Paris, Abschied am Bahnhof, Marneschlacht, Kriegsschilderungen (mit Ausfällen gegen die Deutschen).
Blasco Ibáñez, der unter dem Einfluß Emile Zolas und der französischen Realisten stand, war der bedeutendste Vertreter des spanischen Naturalismus, blieb aber formal und ideell dem 19. Jahrhundert verbunden. Nach sozialistischen und antiklerikalen Themen wandte er sich

dem historischen Roman zu: »Reis und Fischerboot« (1894), »Die Bauernhütte« (1898) und »Die blutige Arena« (1908), die zahlreiche Übersetzungen sowie Bühnen- und Filmbearbeitungen erfuhren.

Karl Bleibtreu

deutscher Kritiker, Dramatiker und Erzähler des Naturalismus (*13. 1. 1859, Berlin), stirbt am 30. Januar in Locarno.
Bleibtreu, Sohn des Schlachtenmalers Georg Bleibtreu, forderte in seiner programmatischen Kampfschrift »Revolution der Literatur« (1886), der Schriftsteller müsse sich der »furchtbaren sozialen Fragen und der großen Zeitfragen« bemächtigen. 1890 war er Mitbegründer der Deutschen Bühne in Berlin, die wie die Freie Bühne überwiegend zeitgenössische Stücke spielte, war jedoch selbst als Dramatiker meist historischer Stoffe wenig erfolgreich. Seine Hauptwerke sind naturalistische Novellen und Romane aus der Berliner Großstadtwelt und Boheme, z. B. »Schlechte Gesellschaft« (1885) und »Größenwahn« (1881).

Ulrich von Brockdorff-Rantzau

deutscher Diplomat und Politiker, Führer der deutschen Friedensdelegation in Versailles, seit 1922 erster deutscher Botschafter in der Sowjetunion (*29. 5. 1869, Schleswig), stirbt am 8. September in Berlin.
Graf von Brockdorff-Rantzau begann als Gardeoffizier, schlug 1894 die diplomatische Laufbahn ein, wurde 1909 Generalkonsul in Budapest und 1912 Gesandter in Kopenhagen, wo er für einen Ausgleich zwischen dem Deutschen Reich und Dänemark wirkte und versuchte, den Eintritt Dänemarks in den Weltkrieg zu verhindern. Im Dezember 1918 wurde er von den Volksbeauftragten zum Staatssekretär des Äußern (Außenminister) berufen, 1919 trat er als Parteiloser als Reichsaußenminister in das Kabinett Philipp Scheidemann ein. Als Führer der deutschen Friedensdelegation in Versailles protestierte er gegen die Alleinschuldthese, versuchte vergebens eine Milderung der unerfüllbaren Friedensbedingungen zu erreichen und trat als Reichsaußenminister zurück, als er die Ablehnung der Unterzeichnung des Friedensvertrags nicht durchsetzen konnte. 1922 ging er als erster deutscher Botschafter nach Moskau und betrieb dort eine vorsichtige Annäherung zwischen dem Deutschen Reich und der Sowjetunion.

Manfred Graf Clary und Aldringen

österreichischer Politiker (*30. 5. 1852, Wien), stirbt am 12. Februar in Schloß Hernau bei Salzburg.
Clary und Aldringen wurde 1896 Landespräsident im österreichischen Schlesien. Als letzter Statthalter der Steiermark von 1898 bis 1918 wirkte er für einen Ausgleich der Nationalitäten, errichtete eine moderne Verwaltung und förderte soziale Einrichtungen. Als Ministerpräsident 1899 hob er die Badenischen Sprachenverordnungen für Böhmen und Mähren auf, zog sich dadurch die erbitterte Gegnerschaft der Tschechen zu, die

parlamentarische Verhandlungen unmöglich machten, und trat noch im selben Jahr zurück.

Armando Diaz

italienischer Marschall (*5. 12. 1861, Neapel), stirbt am 29. Februar in Rom.
Diaz trat 1881 in die Armee ein und wurde 1890 Mitglied des Generalstabs. Er nahm 1911 am Italienisch-Türkischen Krieg teil, war 1915/16 Chef der Operationsabteilung im Generalstab, führte 1916 die 49. Infanteriedivision am Isonzo und wurde am 8. November 1917, nach der Niederlage von Karfreit, Nachfolger Luigi Cadornas als Generalstabschef. Im Juni 1918 schlug er den österreichischen Angriff an der Piave zurück und besiegte Österreich in der Schlußoffensive von Vittorio Veneto Ende Oktober bis Anfang November 1918 entscheidend. Für seine Verdienste wurde er von Benito Mussolini zum Kriegsminister ernannt. Bei seinem Rücktritt 1924 wurde ihm die Marschallwürde von Italien verliehen.

Heinrich Federer

schweizerischer Schriftsteller (*7. 10. 1866, Brienz), stirbt am 29. April in Zürich.
Federer, Priester ab 1893, freischaffender Schriftsteller in Zürich ab 1907, Träger des Gottfried-Keller-Preises 1924, schildert als realistischer schweizerischer Heimaterzähler in seinen vielgelesenen Romanen und Erzählungen aus katholischer Haltung heraus das Leben der kleinen Leute auf dem Lande. Am erfolgreichsten wurden die Romane »Berge und Menschen« (1911) und »Papst und Kaiser im Dorf« (1924). Neben seinen Bergromanen schrieb er auch dramatische Novellen (»Eine Nacht in den Abruzzen«, 1916, »Unter südlichen Sonnen und Menschen«, 1926).

Giovanni Giolitti

italienischer liberaler Politiker, fünfmal Ministerpräsident (*27. 10. 1842 Mondovì), stirbt am 17. Juli in Cavour.
Giolitti begann als Beamter in der Finanzverwaltung und wurde 1882 liberaler Abgeordneter. 1889/90 war er unter Francesco Crispi Schatzminister und für kurze Zeit auch zugleich Finanzminister. Die Reformpolitik, die er als Ministerpräsident 1892/93 einleitete, scheiterte an der durch Bankenskandale erschütterten Finanzlage. Die Zeit von 1903 bis 1914, in der er erneut dreimal Ministerpräsident war (1903–1905, 1906–1909, 1911–1914), diesmal mit z. T. diktatorischem Einfluß, wird als Giolitti-Ära bezeichnet. Seine Hauptverdienste waren die Verstaatlichung der Eisenbahnen (1905), die Eroberung Libyens im Italienisch-Türkischen Krieg (1911), die Einführung des staatlichen Lebensversicherungsmonopols (1912) und des allgemeinen Wahlrechts (1913). Giolitti betrieb eine deutschlandfreundliche Politik, befürwortete beim Ausbruch des Weltkriegs die italienische Neutralität und hielt sich während des Kriegs politisch im Hintergrund. Als er 1920/21 zum letzten Mal Ministerpräsident war, machte er sich die Nationalisten und Faschisten zum Feind, weil er die gewaltsame Besetzung der Fabrikbetriebe durch revolutionäre Arbeiter duldete und Gabriele D'Annunzio zur Räumung von Fiume (Rijeka) zwang. Dem Faschismus, mit dem er zunächst

ein Bündnis gesucht hatte, stand er ab 1925 ablehnend gegenüber.

Ferdinand Gregori

deutscher Schauspieler und Theaterleiter (*13. 4. 1870, Leipzig), stirbt am 12. Dezember in Berlin.
Gregori kam 1891 zur Bühne, war 1895 bis 1898 am Deutschen Theater in Berlin und 1901 bis 1910 am Wiener Burgtheater engagiert, leitete als Intendant 1910 bis 1912 das Nationaltheater in Mannheim und war danach bis 1921 als Spielleiter, Schauspieler und Schauspiellehrer der Reinhardt-Bühnen wieder in Berlin tätig, wo er auch zahlreiche Dichterabende veranstaltete. Seine größten Erfolge hatte er in großen klassischen Rollen (Hamlet, Faust, Tell, Rosmer u. a.).

Konstantin Gutberlet

deutscher katholischer Philosoph und Theologe (*10. 1. 1837, Geismar/Landkreis Bad Salzungen), stirbt am 27. April in Fulda.
Gutberlet, ab 1886 Professor für Dogmatik am Priesterseminar in Fulda, war ein Vertreter der katholischen Neuscholastik, in die er die Naturwissenschaften und die Psychologie mit einbrachte. Mehrere Auflagen erreichten sein »Lehrbuch der Philosophie« (sechs Bände, 1878–1885), das »Lehrbuch der Apologetik« (drei Bände, 1888–1894), »Die Willensfreiheit und ihre Gegner« (1893) und »Der Mensch, sein Ursprung und seine Entwicklung« (1896). 1888 gründete er das »Philosophische Jahrbuch der Görres-Gesellschaft«.

Thomas Hardy

britischer Romanschriftsteller und Lyriker (*2. 6. 1840, Upper Bockhampton/Dorset), stirbt am 11. Januar in Max Gate bei Dorchester.
Hardy, ursprünglich Architekt, lebte ab 1880 als freier Schriftsteller. Seinen frühen pittoresken Erzählungen folgten düstere, pessimistische Schicksalsromane, in denen alltägliche Charaktere in ihrem Streben nach Glück an der unausweichlichen Vorsehung scheitern. Seine bekanntesten Werke sind die Romane »Die Liebe der Fancy Day« (1872), »Fern der rasenden Menge« (1874), »Die Rückkehr« (1878), »Der Bürgermeister von Casterbridge« (1886), »Eine reine Frau – Tess von d'Urbervilles« (1891), »Juda der Unberühmte« (1895) und das epische Geschichtsdrama »Die Dynasten« (1903–1908), das in Blankversen, Prosa und Chorgesprächen die Napoleonischen Kriege zum Thema hat.

Henry von Heiseler

deutscher Schriftsteller (*23. 12. 1875, Petersburg/Leningrad), stirbt am 25. November in Vorderleiten in der Nähe von Rosenheim.
Das poetische Werk des in einer deutschrussischen Familie aufgewachsenen Übersetzers, Dramatikers, Lyrikers und Erzählers von Heiseler, Vater des Schriftstellers Bernt von Heiseler, zielte auf Mittlerschaft zwischen der deutschen und russischen Kultur. Meisterhaft sind seine Übersetzungen aus dem Russi-

schen (Alexandr S. Puschkin, Nikolai S. Leskow, Fjodor M. Dostojewski u. a.). Sein eigenes lyrisches und dramatisches Schaffen zeugt von einer tragischen, vom Gedanken des Leidens und des Opferns geprägten christlichen Grundanschauung. Seine Hauptwerke sind die Tragödie »Peter und Alexei« (1912), das Lustspiel »Die magische Laterne« (1919) und das Adventsspiel »Die Nacht des Hirten« (1927) sowie die Erzählung »Der Begleiter« (1919).

Leoš Janáček

tschechischer Komponist (*3. 7. 1854, Hukvaldy bei Příbor), stirbt am 12. August in Ostrau.
Janáček, einer der bedeutendsten Vertreter der neueren Musik seiner Heimat, verließ kaum jemals Mähren. 1881 gründete er in Brünn eine eigene Orgelschule, 1919 wurde er Professor am Brünner Konservatorium. Seine Oper »Jenufa«, Text von Gabriele Preis, 1904 in Brünn uraufgeführt, erlebte 1916 in Wien in der Übersetzung von Max Brod ihre deutschsprachige Premiere. In der Brodschen Übersetzung wurde die Oper über das Schicksal von Jenufa und ihrem Geliebten Stewa im ganzen deutschen Sprachraum verbreitet. Das musikalisch aus dem Gut der mährischen Volksmusik schöpfende Werk wurde nicht nur Janáčeks populärstes Stück, sondern neben der »Verkauften Braut« von Bedřich Smetana die bekannteste tschechische Oper überhaupt. Weitere Opern Janáčeks sind »Die Ausflüge des Herrn Broucek« (1920), »Katja Kabanova« (1921), »Das schlaue Füchslein« (1924), »Die Sache Makropoulos« (1926) und die postum uraufgeführte Oper »Aus einem Totenhaus« (1930). Diese Opern zählen zu den ersten realistischen Werken. Ihre herbe Melodik verbindet sich einzigartig mit dem typischen Tonfall des Tschechischen.
Außer Opern komponierte Janáček Kammerwerke und die »Glagolithische Messe« (1926).

Leopold Graf von Kalckreuth

deutscher Maler (*15. 5. 1855, Düsseldorf), stirbt am 1. Dezember in Eddelsen bei Hittfeld/Harmstorf in der Nähe von Harburg.
Graf von Kalckreuth, Sohn des spätromantischen Landschaftsmalers Stanislaus von Kalckreuth, erhielt seine Ausbildung an der von seinem Vater 1860 gegründeten und geleiteten Kunstschule in Weimar und an der Münchner Akademie. Von 1885 bis 1890 war er Professor an der Weimarer Kunstschule, wurde 1895 an die Akademie nach Karlsruhe und 1899 an die Stuttgarter Akademie berufen; ab 1903 war er Präsident des im selben Jahr gegründeten Deutschen Künstlerbundes.
Von Kalckreuth begann mit naturalistischen Szenen aus dem Volksleben. Es folgten Darstellungen des Menschen in der Landschaft und reine Landschaftsbilder in impressionistischer Malweise (»Der Sommer«, 1890). Seine figürlichen Gemälde sind dem Symbolismus zuzurechnen (»Das Alter«, 1894).

Kalckreuth schuf außerdem zahlreiche Porträts von Familienangehörigen und Freunden (»Käthe Kollwitz«).

Ottokar Kernstock

österreichischer Dichter (*25. 7. 1848, Maribor), stirbt am 5. November in Festenburg (Steiermark).

Kernstock, Pfarrvikar auf der Festenburg, verfaßte neben historisch-theologischen und archäologischen Schriften lyrische Gedichte und patriotische Lieder und Balladen im Stil der Spätromatik, von denen viele vertont wurden, darunter die österreichische Nationalhymne der Jahre 1934 bis 1938. Seine Hauptwerke sind die Gedichtsammlungen »Die wehrhafte Nachtigall« (1900), »Aus dem Zwingergärtlein« (1901), »Turmschwalben« (1908), »Schwertlilien aus dem Zwingergärtlein« (1915) und »Der redende Born« (1922).

Klabund

eigentl. Alfred Henschke, deutscher Lyriker, Dramatiker und Erzähler (*4. 11. 1890, Crossen/Oder), stirbt am 14. August in Davos.

Klabund (= Wandlung) wurde durch die Gedichtsammlungen »Morgenrot! Klabund! Die Tage dämmern« (1913), »Die Himmelsleiter« (1916) und »Harfenjule« (1927) bekannt. Er war vom deutschen Volkslied und von François Villon beeinflußt und stand zwischen Impressionismus und Expressionismus. Seine zahlreichen Prosawerke – die Romane »Moreau« (1916), »Mohammed« (1917), »Bracke« (1918), »Borgia« (1928) und »Rasputin« (postum 1929) – propagieren in historischer Verkleidung eine pazifistische und freizügige Lebenshaltung. Besondere Anerkennung fand seine Nachdichtung fernöstlicher Lyrik aus deutschen, englischen oder französischen Übersetzungen: »Dumpfe Trommeln und berauschtes Gong« (1915) aus dem Chinesischen oder »Das Sinngedicht des persischen Zeltmachers« (1917) aus dem Persischen. Mit der Bearbeitung des chinesischen Dramas »Der Kreidekreis« (1925) wirkte er auf Bertolt Brecht.

Martin Kukučín

slowakischer Schriftsteller (*17. 5. 1860, Jasenová), stirbt am 21. Mai in Lipik in Kroatien.

Kukučín – Bauernsohn, Lehrer, Arzt – zählt mit seinen psychologisch vertieften Dorfnovellen zu den bedeutendsten Vertretern des slowakischen Realismus. Seine Hauptwerke sind die Erzählungen »Der Tölpel« (1886) und »Jugendjahre« (1889) sowie der Roman »Das Haus am Hang« (1903/04) und der fünfbändige Roman »Die Mutter ruft« (1926/27).

Karl Max Fürst von Lichnowsky

deutscher Diplomat (*8. 3. 1860, Kreuzenort bei Ratibor), stirbt am 27. Februar in Berlin.

Fürst von Lichnowsky begann als Offizier, trat 1899 in den diplomatischen Dienst über und wurde 1912 zum Botschafter in London ernannt, wo er sich bis zum Ausbruch des Weltkriegs vergeblich um eine deutsch-britische Verständigung bemühte. Während des Weltkriegs verfaßte er eine gegen das Auswärtige Amt gerichtete Denkschrift, »Meine Londoner Mission 1912–14« (1918), die gegen seinen Willen an die Öffentlichkeit gelangte und wegen seiner Ausführungen über die Kriegsschuldfrage seinen Ausschluß aus dem preußischen Herrenhaus und eine allgemeine gesellschaftliche Ächtung zur Folge hatte.

Hendrik Antoon Lorentz

niederländischer Physiker, Physiknobelpreisträger 1902 (*18. 7. 1853, Arnheim), stirbt am 4. Februar in Haarlem.

Lorentz formulierte die Gesetze für Reflexion und Brechung des Lichts und begründete die Elektronentheorie, die auf die Entwicklung der Elektrizität und Kernphysik revolutionär ausgewirkt hatte. Zahlreiche Gleichungen und Erscheinungen in der Relativitäts- und Quantentheorie tragen den Namen von Lorentz (Lorentz-Kraft, Lorentz-Kontraktion, Lorentz-Transformation).

Otto Nordenskjöld

schwedischer Geologe und Polarforscher (*6. 12. 1869, Hässleby/Jönköping), stirbt am 2. Juni in Göteborg.

Nordenskjöld, der Neffe des schwedischen Polarforschers Adolf Erik von Nordenskiöld, leitete die schwedische Südpolarexpedition von 1901 bis 1903. Er veröffentlichte »Wissenschaftliche Ergebnisse der schwedischen Südpolarexpedition 1901–1903« (sechs Bände, 1905–1920).

Emmeline Pankhurst

geborene Goulden, britische Frauenrechtlerin, Mitbegründerin der Women's Social and Political Union (*14. 7. 1858, Manchester), stirbt am 14. Juni in London.

Emmeline Pankhurst, die bei ihrem Kampf um die Gleichberechtigung der Frauen von ihrem Mann, einem Rechtsanwalt und Abgeordneten, unterstützt wurde, war die maßgebliche Persönlichkeit der Frauenbewegung in den ersten beiden Jahrzehnten des 20. Jahrhunderts. 1903 gründete sie zusammen mit ihrer Tochter die Women's Social and Political Union, den Kampfverband der Frauenrechtlerinnen, der durch aufsehenerregende Aktionen bis hin zur Belagerung des Parlaments, zu Brandstiftung und Bombenanschlägen auf die Benachteiligung der Frauen aufmerksam machte und die Regierung zur Gewährung des Wahlrechts für Frauen zwingen wollte. Pankhurst, die mehrmals inhaftiert war, vergrößerte als Führerin Hunderttausender von Suffragetten mit ihren eindrucksvollen Reden auf Massenkundgebungen ihre Anhängerschaft auch in den oberen Gesellschaftsschichten. 1918 erhielten die Frauen in Großbritannien das Wahlrecht, 1928 erhielten sie die rechtliche Gleichstellung mit den Männern. – Pankhurst trat 1918 der Konservativen und Unionistischen Partei bei und lebte 1919 bis 1925 in Kanada und in den USA.

Ludwig Pastor

Freiherr von Campersfelden, deutschösterreichischer Historiker (*31. 1. 1854, Aachen), stirbt am 30. September in Innsbruck.

Pastor ist der Autor der monumentalen 16bändigen »Geschichte der Päpste seit dem Ausgang des Mittelalters (1477–1799)« (1886–1933). 1920 wurde er österreichischer Gesandter beim Vatikan. Pastor war Schüler von Johannes Jansen, dessen streng katholische Geschichtsauffassung er teilte. Von 1901 bis zum Antritt als Gesandter beim Vatikan war er Direktor des Österreichischen Historischen Instituts in Rom.

Stjepan Radić

kroatischer Politiker (*11. 7. 1871, Trebarjevo Desno bei Rijeka), erliegt am 8. August in Zagreb den Verletzungen, die er bei einer Schießerei während einer Parlamentsdebatte am 20. Juni erlitten hatte.

Radić gab von 1902 bis 1906 die Monatsschrift »Hrvatska misao« (Kroatischer Gedanke) heraus und gründete 1904 die kroatische Bauernpartei. Nach dem Zerfall der Habsburgermonarchie und der Gründung des Königsreichs der Serben, Kroaten und Slowenen (Jugoslawien) 1918 war er Führer der Opposition gegen den großserbischen Zentralismus, forderte Autonomie für die Kroaten und verfolgte republikanische Ziele. 1919/20 und erneut 1920 war er in Haft, lebte 1923/24 im Ausland und trat mit den Bolschewisten in Verbindung. Nach dem großen Wahlerfolg seiner kroatischen Bauernpartei 1925 kam es zu einer Verständigung mit den serbischen Radikalen, Radić wurde Unterrichtsminister (1925/26).

Klara Ratzka

deutsche Schriftstellerin (*4. 9. 1872, Hamm), stirbt am 3. November in Berlin.

In ihren z. T. autobiographisch gefärbten Romanen gestaltete Klara Ratzka in lebensvollen Bildern das Leben in ihrer westfälischen Heimat, so in »Familie Brake« (1919), »Die Sieben und ihr Weg« (1921) oder »Renate im Irrgarten« (1923). Auf die Eindrücke von einer Italienreise gehen die Romane »Blaue Adria« (1916) und »Die Venus von Syrakus« (1924) zurück. Nach einer Reise durch Finnland und Litauen schrieb sie die Romane »Urte Kalwis« (1917) und »Das Bekenntnis« (1927).

José Eustasio Rivera

kolumbianischer Lyriker und Erzähler (*19. 1. 1888, Neiva), stirbt am 1. Dezember in New York.

Rivera, Jurist, Abgeordneter und Abenteurer, wurde berühmt mit dem in viele Sprachen übersetzten Roman »Der Strudel« (1924), der realistischen Schilderung vom Kampf des Menschen gegen die Naturgewalten; der Urwald, die »grüne Hölle«, verschlingt den Menschen. Er verfaßte auch formvollendete Sonette (»Tierra de primisión«, 1921).

Reinhard Scheer

deutscher Admiral (*30. 9. 1863, Obernkirchen), stirbt am 26. November in Marktredwitz.

Scheer war 1909 bis 1911 Chef des Stabs der Hochseeflotte, 1911 bis 1913 Direktor des Allgemeinen Marinedepartements im Reichsmarineamt, wurde 1913 Geschwaderchef in der Hochseeflotte und leitete 1916 als Chef der Hochseeflotte (ab 1916) die Seeschlacht vor dem Skagerrak. Am 8. August 1918 wurde er Chef des Admiralstabs und der neugeschaffenen Seekriegsleitung. Sein Einsatzbefehl löste Ende Oktober 1918 die Meuterei in Kiel und damit die Novemberrevolution aus, die zum Sturz des Kaiserreichs führte. Scheer trat für den offensiven Einsatz der Hochseeflotte ein und befürwortete den uneingeschränkten U-Boot-Krieg.

Max Scheler

deutscher Philosoph, Neubegründer der philosophischen Anthropologie (*22. 8. 1874, München), stirbt am 19. Mai in Frankfurt am Main.

Scheler gilt als Neubegründer der philosophischen Anthropologie, der es um das Erfassen der menschlichen Persönlichkeit geht. Nach Scheler ist dies nicht durch rationale Erkenntnis, sondern in der direkten »Wesensschau« möglich. Ihr enthüllt sich der Mensch in seiner bevorzugten Stellung im Kosmos (»Die Stellung des Menschen im Kosmos« ist der Titel des letzten größeren Werks von Scheler, 1928). Durch ein ursprüngliches Wertgefühl kann der Mensch die objektive Rangordnung der Werte, an deren oberster Stelle die Liebe zu Gott steht, erfassen. Mit seinem ethischen Hauptwerk »Der Formalismus in der Ethik und die materiale Wertethik« (1913–1916) begründete er die materiale Wertethik, die das Handeln des Menschen durch den Bezug auf ein Reich von Werten begründet. Die Werte, nach denen der Mensch strebt, sind absolute, für sich bestehende, unveränderliche Wesenheiten, die inhaltlich (material) erfaßt werden müssen, damit man eine Ethik aufbauen kann. Es gibt positive und negative, niedere und höhere Werte. Nach Scheler sind die niedersten Werte die des bloßen sinnlichen Fühlens, des Angenehmen und Unangenehmen; darüber stehen die Werte des vitalen Fühlens, des edlen und Gemeinen; über ihnen stehen die Werte der Erkenntnis, des Schönen, des Rechten und ihre Gegensätze; zuoberst stehen die religiösen Werte des Heiligen.

Weitere Werke: »Zur Phänomenologie und Theorie der Sympathiegefühle und von Liebe und Haß« (1913), »Vom Ewigen im Menschen« (1921), »Schriften zur Soziologie und Weltanschauungslehre« (vier Bände, 1923/24), »Die Formen des Wissens und die Bildung« (1925), »Die Wissensformen und die Gesellschaft« (1926), »Mensch und Geschichte« (postum 1929).

Ferdinand Schmutzer

österreichischer Maler und Radierer (*21. 5. 1870, Wien), stirbt am 26. Oktober in Wien.

Schmutzer, von 1914 bis 1917 Präsident der Wiener Secession, war vor allem als Bildnisradierer tätig und schuf rund 300 Platten, darunter auch Landschaften und Genredarstellungen.

Franz von Stuck

deutscher Maler Münchner Jugendstils (*23. 2. 1863, Tettenweis/Passau), stirbt am 30. August in München.
Stuck, Sohn eines Dorfmüllers, besuchte die Kunstgewerbeschule und die Akademie in München. Er suchte abseits vom traditionellen Lehrstil nach neuen Techniken und Ausdrucksformen und gründete 1892 mit Wilhelm Trübner die Münchner Secession. 1895 wurde er Professor der Akademie und unterrichtete u. a. Wassili Kandinsky und Paul Klee. 1906 erhielt er den Adelstitel. Von Arnold Böcklin angeregt, bevorzugte er mystisch-unwirkliche Themen aus dem Bereich des Fabelhaften sowie allegorische und symbolistische Gestaltungen wie »Die Suende« (1893) und »Der Krieg« (1894). Beispielhaft für seine Vorstellungen von einem Gesamtkunstwerk ist seine 1898 vollendete Villa in München mit selbstgeschaffenen Möbeln und Plastiken.

Hermann Sudermann

deutscher Erzähler und Dramatiker des Naturalismus (*30. 9. 1857, Matziken in Ostpreußen), stirbt am 21. November in Berlin.
Um die Jahrhundertwende wurde Sudermann aufgrund seiner erfolgreichen Dramen »Die Ehre« (1890), »Sodoms Erbe« (1891) und »Heimat« (1893) von der Kritik in einem Atemzug mit dem gleichaltrigen Gerhart Hauptmann genannt, später aber wegen oberflächlicher Effekthascherei angegriffen. Sudermann verband das Unterhaltende des französischen Konversationsstücks mit naturalistischer, spannender Darstellung und virtuoser Bühnentechnik. Romane: »Frau Sorge« (1887), »Der Katzensteg« (1890). In seinen vier »Litauischen Geschichten« (1917) vom Leben einfacher Menschen in der Memelniederung gestaltete er ostpreußische Schicksale: In »Miks Bumbullis« das Schicksal eines Wilddiebs, der einen Förster erschossen hat, in »Die Magd« die Versuche einer Frau, einen Mann, eine Heimat und ein wenig Glück zu finden, in »Jons und Erdme« den durch nichts zu brechenden Willen eines Ehepaars, sich im Moor eine Existenz aufzubauen; am berühmtesten wird »Die Reise nach Tilsit«, die Geschichte eines verhinderten Gattenmordes (verfilmt 1927 von Friedrich Wilhelm Murnau).

Italo Svevo

eigentl. Ettore Schmitz, italienischer Schriftsteller (*19. 12. 1861, Triest), kommt am 13. September in Motta di Livenza (Treviso) bei einem Autounfall ums Leben.
Italo Svevo, entdeckt und gefördert durch James Joyce und Valéry Larbaud, ist der erste und bedeutendste Vertreter des psychoanalytischen Romans in Italien. Berühmt wurde er 1923 mit seinem dritten Roman, »Zeno Cosini«, in dem ein wohlhabender Bürger sein Leben als therapeutische Aufgabe für den Psychoanalytiker erzählt. In »Ein Leben« (1892) schildert er die Geschichte eines lebensuntüchtigen jungen Mannes, der Selbstmord begeht. »Ein Mann wird älter« (1898) analysiert die Liebesleidenschaft.

Jan Toorop

niederländischer Maler und Grafiker (*20. 12. 1858, Purworedjo/Java), stirbt am 3. März in Den Haag.
Toorop durchlief in seinem künstlerischen Schaffen mehrere Phasen. Er begann mit impressionistischen Bildern aus dem Fischerleben, wandte sich dann dem Pointillismus (»Verführung«, 1886) zu, folgte ab 1890 dem Symbolismus und arbeitete später ausschließlich in Jugendstilmanier (»Die drei Bräute«, 1893). Nach seinem Übertritt zum Katholizismus 1905 malte er überwiegend religiöse Bilder. Er schuf außerdem die Fresken in der Amsterdamer Börse (nach 1902), die Passionsfolge in der Kirche zu Oosterbeek (1918), Glasmalereien, kunstgewerbliche Arbeiten (Kacheln, Emailarbeiten, Zementguß), Radierungen und Lithographien.

Wilhelm Wien

deutscher Physiker, Physiknobelpreisträger 1911 (*13. 1. 1864, Gaffken/Landkreis Samland), stirbt am 30. August in München.
Wien, Professor in Aachen, Gießen, Würzburg und München, erhielt 1911 den Physiknobelpreis für seine Arbeiten zur Temperaturstrahlung des schwarzen Körpers (Formulierung des nach ihm benannten Wienschen Strahlungsgesetzes und des Wienschen Verschiebungsgesetzes). Durch Experimente versuchte er, einen schwarzen Strahler zu entwickeln.

Personenregister

Das Personenregister enthält alle in diesem Buch genannten Personen (nicht berücksichtigt sind mythologische Gestalten und fiktive Persönlichkeiten sowie Eintragungen im Anhang mit Ausnahme des Nekrologs). Die Herrscher und Angehörigen regierender Häuser mit selben Namen sind alphabetisch nach den Ländern ihrer Herkunft geordnet. Kursive Zahlen verweisen auf Abbildungen.

Personenregister

Sachregister

Das Sachregister enthält Suchwörter zu den in den einzelnen Artikeln behandelten Ereignissen sowie Hinweise auf die im Anhang erfaßten Daten und Entwicklungen. Kalendariumseinträge sind nicht in das Register aufgenommen. Während politische Ereignisse im Ausland unter den betreffenden Ländernamen zu finden sind (Beispiel: »Nettuno-Verträge« unter »Italien«), wird das politische Geschehen im Deutschen Reich unter den entsprechenden Schlagwörtern erfaßt. Begriffe zu herausragenden Ereignissen des Jahres sind ebenso direkt zu finden (Beispiel: »Dawesplan« eben dort). Ereignisse und Begriffe, die einem großen Themenbereich (außer Politik) zuzuordnen sind, sind unter einem Oberbegriff aufgelistet (Beispiel: »Tonfilm« unter »Film«).

Bildquellen

Abbildungen:
Deutsches Theatermuseum, München (2); Filmverleih »Die Lupe«, Göttingen (1); Harenberg Kommunikation, Dortmund (521);
Historia-Photo, Hamburg (10); Werner Hoppe, Dortmund (4); Keystone Pressedienst, Hamburg (3); Stadtarchiv Baden-Baden (1);
Stadtarchiv Ingolstadt (1); Süddeutscher Verlag, München (30)

© für die Abbildung von Kunstwerken:
René Magritte: »Les amants«, Cosmopress Genf
Joan Miró: »Danseuse espagnole«, VG Bild–Kunst, Bonn, 1987
Oskar Schlemmer: »Unterricht III«, Familie Schlemmer, Nachlaß Oskar Schlemmer, Badenweiler 1987